JN216578

交通事故
損害賠償法［第2版］

北河隆之◎著
Kitagawa Takayuki

弘文堂

はしがき ［第2版］

　本書の出版（平成23年4月）から5年近くが経過しました。この間，本書は，幸い，法律論文や裁判官の方の講演録にも引用されるなど，一定の評価を得ることができました。

　しかし，この間，重要な判例がいくつも出ており，また，読み直してみると，内容の不十分な箇所，記述の不正確な箇所が気になっていたところ，このたび出版社のご厚意により，改訂の機会に恵まれた次第です。

　本書の特色は旧版の「はしがき」で述べたとおりですが，改訂版では，これにくわえて以下の点に留意しつつ執筆作業を進めました。

(1)　私は，旧版出版後，①平成26年2月に，中西茂判事（現，東京高等裁判所），小賀野晶一教授（現，中央大学法学部），八島宏平氏（現，損害保険料率算出機構自賠責損害調査センター北日本本部長）と共著で『逐条解説 自動車損害賠償保障法』（弘文堂）を，②同年6月に，八島宏平氏，川谷良太郎氏（現，損害保険料率算出機構中部本部審査第一課長）と共著で『詳説 後遺障害―等級認定と逸失利益算定の実務』（創耕舎）を執筆する機会を得て，その過程で多くのことを学ぶことができました。改訂版では，その成果を取り込むように努めました。

(2)　当然ですが，旧版出版後の判例を取り込むようにしました。中でも，最高裁平成27年3月4日大法廷判決は，旧版でも問題点を指摘しておいた最高裁平成16年12月20日第二小法廷判決を一部変更するもので，重要な判決です。問題の多かった人身賠償補償保険についても，最高裁平成24年2月20日第一小法廷判決，最高裁平成24年5月29日第三小法廷判決などが出ています。さらに，責任無能力者（認知症患者）の法定監督義務者に関する最高裁平成28年3月1日第三小法廷判決，送迎車から降車し，着地する際の負傷につき運行起因性を否定した最高裁平成28年3月4日第二小法廷判決，無保険車傷害保険金と自賠責保険金の控除方法に関

はしがき ［第2版］　　iii

する最高裁平成24年4月27日第二小法廷判決なども出ています。これらを含め、最高裁判例は（旧版では引用していなかったものを追加したこともあり）網羅的に引用することを徹底しました（細かいことですが、最高裁の判決については大法廷・小法廷の別も明示するようにしました）。また、改訂版では、下級審裁判例も相当数を引用しました。

(3) 旧版では学説・見解を紹介する際に一々文献を明示しませんでしたが、本書が「理論と実務の架橋」を目指すものである以上、それではやはり不十分であると考え直し、学説・見解を紹介する際には文献をできるだけ明示するように努めました。

(4) 改訂版では、（旧版でも一部引用しておきましたが）いわゆる『赤い本』（公益財団法人日弁連交通事故相談センター東京支部『民事交通事故訴訟損害賠償額算定基準』）に収録されている東京地方裁判所民事第27部（民事交通部）の裁判官の方々による講演録（2005年版から「下巻」として分冊された）をできるだけ引用するように努めました。この講演録は交通事故損害賠償事件に取り組む法曹実務家にとって大変貴重な内容だからです。しかし、詳細な講演録の内容を簡潔に（ときには数行で）要約することは難しく、一応の手掛かりを与える程度のものにとどめざるを得ませんでした。

(5) 民法（債権法）改正案の内容にも言及しておきました。不法行為法では、法定利率、中間利息控除、消滅時効が主なものです。法定利率は変動制が導入されますが、それに備えて、中間利息控除については、従来の年5パーセントのホフマン・ライプニッツ係数表にくわえて、年2・3・4パーセントのライプニッツ係数表も掲載しました。その他の資料も新しいものに入れ替えました。

(6) 全般的に説明を充実させました。特に大幅に加筆した個所を例示すると、法定監督義務者（民法714条）、営造物責任（国賠法2条）、運行起因性、免責事由、人身傷害補償保険金、共同不法行為、物件損害などです。

（7）他方，頁数の増加を可及的に抑えるため，旧版に掲載していた自動車保険標準約款（**資料19**）と人身傷害補償条項（**資料20**）の一部を削除しました。

＊＊＊＊＊＊＊＊＊＊＊＊＊＊＊＊＊＊＊＊＊＊＊＊＊＊＊＊＊

今回の改訂により，本書は全体的にかなり詳細で充実した内容となり，「現在の交通事故損害賠償法の全体像を，判例を中心に据えながら浮き彫りにする」という本書の性格をいっそう推し進めることができたのではないかと考えています。法曹実務家の方々は，本書を『赤い本』の「理解の手引き」としても利用できると思います。

今回の改訂版の刊行については，前記『逐条解説 自動車損害賠償保障法』の出版に引き続き，弘文堂編集部の北川陽子氏に大変お世話になりました。北川氏の辛抱強いご協力なくして改訂版の刊行はあり得ませんでした。記して感謝いたします。

平成28年3月吉日

北河隆之

＊本書の内容を常にアップデートしておく趣旨で，本書刊行後の交通事故損害賠償法関連の重要判例を，メトロポリタン法律事務所のホームページ（http://www.metro-law.jp/）に簡単な解説付きで随時アップしようと考えております。本書と併せてご利用ください。

はしがき

　本書は，現在の交通事故損害賠償法の全体像を，判例を中心に据えながら浮き彫りにするものです。交通事故損害賠償事件に取り組む法曹の方々を読者対象として，まず念頭に置いて執筆したものですが，その内容から，交通事故の相談を受けることがある隣接専門職（司法書士，公認会計士，税理士，行政書士など）の方々，自動車保険・共済の仕事にたずさわる方々にも，さらに法科大学院生のテキストとしても大いに活用していただけるものと考えています。

　著者は，弁護士の傍ら，琉球大学法科大学院において教鞭をとっていますが，法科大学院の目標の1つは，「理論と実務の架橋」にあると言われます。本書では，実務に役立つとともに，理論的に交通事故損害賠償法の発展に少しでも寄与できるように努力しました。

　そのため，重要な判例をほぼ網羅しつつ，損害賠償実務・保険実務における留意点にも言及し，書式・資料も豊富に収録しました。同時に，重要な判例については，かなり突っ込んだ検討も行なうように努めました。その結果，概説書とは言っても，（単著という点を含め）これまでに類書のないような内容となっていると思います。改めて本書の特色を挙げると，次のようなものです。

(1) 重要な最高裁判例は最新のものまでほぼ網羅し（社会保険給付との損益相殺的な調整の対象となる損害と，損害が填補されたと評価すべき時期について判示した，最判平成22年10月15日までを収録した），「判決」の重要部分を抜粋して掲載しました。そのため，本書は重要判例集を兼ねたものとなっています。判例については，事案の内容にもできる限り言及しました。特色のある下級審裁判例も紹介してあります（例えば，PTSDの判断基準にふれた東京地判平成14年7月17日，低髄液圧症候群の診断基準にふれた東京地判平成22年1月29日，人傷一括払いにおいて人傷社が回収した自賠責保険の充当関係について判示した東京地判平成21年12月22日などである）。

(2)「判決」の出典としては，公式判例集（民集，裁判集民）のほかに，できるだけ判例タイムズを掲記しました（それがないときは，判時，交民その他を掲記した）。これは，インターネットを利用して掲載誌（PDF）を容易に参照できるからです。詳細は「凡例」参照。

(3)「窓見出し」を多用することにより，必要な箇所を容易に参照できるように工夫しました。詳細な事項索引・判例索引も役に立つと思います。

(4) 読者の理解を助けるために図表を多用するとともに，書式・資料を豊富に収録しました。

(5) 損害賠償実務・保険実務で問題となるような論点はできるだけ拾い出し，十分ではないにせよ，何らかの手掛かりが得られるように工夫しました。主張・立証責任にも言及し，損害賠償実務・保険実務における留意点，自賠責保険における取扱などにも，可能な限り言及しています。また，最近の保険法制定・自賠法改正も踏まえて解説してあります。本書は，まずもって損害賠償実務・保険実務における実践的な手引書となるように心掛けました。

(6) 同時に，重要な判例については，かなり突っ込んだ検討も行なうように努めました。本書は，その意味で，実践的な手引書であるとともに，交通事故損害賠償法の理論書でもあるように努めました。

(7) 文献の引用は必要最小限にとどめ，引用する場合にも実務的な文献（『赤い本』など）を中心に引用しました。それを補うものとして，主要文献一覧を掲げました。

＊＊＊＊＊＊＊＊＊＊＊＊＊＊＊＊＊＊＊＊＊＊＊＊＊＊＊

　本書の原型は，野村好弘先生（東京都立大学名誉教授）のご推薦で，東京都立大学法学部の非常勤講師として，自動車事故賠償法の講義を担当した際のレジュメにあります。その後，損害保険事業総合研究所や全労済再共済連，国土交通大学校（国土交通省）での講義，道路管理研究委員会（道路環境研究所）での報告（その一部は，平成13年にぎょうせいから刊行された野村好弘＝小早川光郎編『道路管理の法と争訟』に収録されている）などを経て，少しずつ内容を書き足してきたのですが，それをもとにしながらも──新たな書き下

ろしと言ってよいほど——大幅に再構成し，加筆したのが本書です。

　私にとって，この間の，交通事故紛争処理センター嘱託弁護士としての経験（特に合同会議での議論），日弁連交通事故相談センター東京支部委員としての経験（特に『赤い本』編集作業での議論），損害保険料率算出機構の自賠責保険（共済）審査会委員としての経験は，いずれも貴重なものであり，その経験は本書にも反映されています。

＊＊＊＊＊＊＊＊＊＊＊＊＊＊＊＊＊＊＊＊＊＊＊＊＊＊＊

　損害保険料率算出機構の八島宏平氏（近畿本部　審査第一課長）には，再校ゲラの段階で，ご多忙な中，極めて短期間にご高閲を賜り，数々の貴重なアドバイスを頂戴することができました。ここに記して感謝いたします（もちろん，本書の内容についての全責任が著者である私にあることは当然です）。

　還暦を目前とした今，何とか本書の刊行に漕ぎつけることができたのは，弘文堂編集部の上野庸介氏のお陰です。上野氏は，私が東京都立大学法学部で自動車事故賠償法を講義していた当時の教え子でもあります。上野氏の献身的な協力なくして本書の刊行はあり得なかったでしょう。感謝いたします。

　最後に，私の東京都立大学法学部在学中の恩師である，野村好弘先生の学恩を挙げなければなりません。野村先生は，普通の弁護士であった私に，さまざまな研究と発表の機会を与えてくださいました。先生のそのようなご配慮・ご指導がなければ，現在の私はありませんし，本書を上梓することもなかったでしょう。ここに改めて感謝する次第です。

平成 23 年 3 月吉日

北河隆之

交通事故損害賠償法─目次

はしがき［第2版］ iii

はしがき vi

凡　例 xx

主要参考文献 xxii

第1章　交通事故賠償法総論 ————————————1

1 – 民事損害賠償責任 ………………………………………1

1　3つの責任　1

2　民事損害賠償責任に適用される法律　1

3　民法709条と自賠法3条との適用関係　2

4　自賠法の仕組み　2

2 – 一般不法行為責任（民法709条）概説 ………………………6

1　故意・過失　6

2　権利・利益侵害（違法性）　9

3　損害の発生およびその額　10

4　加害行為と損害の発生との間の因果関係　10

5　責任能力の存在　13

6　違法性阻却事由の不存在　14

3 – 使用者責任（民法715条）概説 ………………………… 14

4 – 法定監督義務者等の責任（民法714条）概説 ………………… 16

5 – 未成年者に責任能力がある場合の親の責任 ……………… 21

6 – 営造物責任（国家賠償法2条）概説 ……………………… 22

第2章　運行供用者・総論 ————————————26

1　運行供用者責任の発生要件　26

2　自賠責保険とのリンク　28

3　保有者　29

4　二元説・一元説　29

目　次　ix

5 事実説(具体説・請求原因説)　33

6 法的地位説(抽象説・抗弁説)　34

7 規範的要件説　35

8 証明責任　36

9 請求権競合　36

10 運行供用者責任と責任能力　37

第3章　運行供用者・各論 ———————————— 38

1 – 所有者 ……………………………………………………… 38

1 レンタカー業者(有償貸出)　38

2 使用貸借の貸主(無償貸出)　39

3 無断運転　42

4 泥棒運転　46

5 代行運転　52

6 所有権留保特約付売主・リース会社　53

7 陸送業者の惹起した事故　54

2 – 所有者以外の者 ……………………………………………… 55

1 貸金の担保として車を預かった者　55

2 自動車修理業者　55

3 従業員所有車両による事故についての使用者の責任　56

4 請負人所有車両による事故についての注文者の責任　59

5 子の所有車両による事故についての親の責任　61

第4章　運行起因性 ———————————————— 64

1 –「運行」 ……………………………………………………… 64

1 当該装置　65

2 固有装置の範囲・操作の必要性　67

3 駐停車と「運行」　70

4 複数車両が関与する事故　70

2 –「によって」(因果関係) ……………………………………… 77

3 – 事故類型による「運行起因性」の検討 ……………………… 77

第5章　他人性―――――――――――――――――83

1－運行供用者と「他人」との関係 ················· 83
2－運転者・運転補助者 ························· 84
 1　運転者　84
 2　運転補助者　85
3－共同運行供用者の他人性 ··················· 88
 1　問題の所在　88
 2　代々木トルコ風呂事件　89
 3　青砥事件　92
 4　運転代行事件　95
 5　混合型　98
 6　判例の準則（まとめ）　98

第6章　免責事由―――――――――――――102

 1　自賠法3条ただし書きによる免責　102
 2　その他の免責事由　105

第7章　損害総論―――――――――――――107

1－損害の捉え方 ····························· 107
 1　差額説　107
 2　労働能力喪失説　107
 3　死傷損害説　108
 4　評価説　109
 5　評価段階説　110
 6　個別損害項目積み上げ方式　110
 7　包括・一律請求方式　112
 8　裁判所の基本的立場　113
2－訴訟物 ································· 116
3－不法行為に基づく損害賠償請求権の特色 ········· 117

目　次　xi

1　遅延損害金　117

2　相殺禁止　117

第8章　積極損害 ——————————————— 120

1　治療関係費　120

2　付添看護費　123

3　将来介護料・定期金賠償　124

4　入院雑費　129

5　通院交通費・宿泊費等　129

6　装具・器具等購入費　130

7　家屋・自動車等改造費，調度品購入費　132

8　成年後見人に係わる費用　133

9　葬儀関係費　133

10　弁護士費用　134

11　遅延損害金　134

第9章　休業損害 ——————————————— 139

1 - 逸失利益の分類 ……………………………………… 139

2 - 休業損害の算出方法 ………………………………… 140

3 - 基礎収入の諸問題(1)—現実収入がある場合 …………… 141

1　不労所得　141

2　給与所得(公務員，会社員等)　142

3　役員報酬(会社役員)　148

4　事業所得者(個人営業主)　153

5　企業損害(間接被害者の真正間接損害)　160

6　違法収入　165

4 - 基礎収入の諸問題(2)—現実収入がない場合 …………… 167

1　主婦(家事従事者)　167

2　幼児・児童・生徒・学生　169

3　失業者　172

5－基礎収入の諸問題(3) ―やや特別な被害者‥‥‥‥‥‥‥‥‥‥174

 1 外国人被害者 174

 2 ホステス，俳優，タレント，モデル，歌手，スポーツ選手など 177

 3 障害者 177

第10章 後遺症(障害)逸失利益————————————179

1－後遺症(障害)逸失利益の算出方法‥‥‥‥‥‥‥‥‥‥‥‥‥‥179

2－基礎収入の確定‥‥‥‥‥‥‥‥‥‥‥‥‥‥‥‥‥‥‥‥‥‥‥‥180

3－労働能力喪失率‥‥‥‥‥‥‥‥‥‥‥‥‥‥‥‥‥‥‥‥‥‥‥‥180

4－労働能力喪失率が争われることが多い後遺障害‥‥‥‥‥‥‥185

 1 外貌醜状痕 185

 2 嗅覚・味覚の障害 186

 3 腸骨の採取 186

 4 脊柱の変形 187

 5 鎖骨の変形 187

 6 歯牙障害 187

 7 脾臓喪失 188

 8 腓骨の偽関節 188

 9 下肢短縮 189

 10 PTSD(心的外傷後ストレス障害) 189

 11 RSD(反射性交感神経ジストロフィー) 190

 12 高次脳機能障害 191

 13 むち打ち損傷・低髄液圧症候群 192

 14 加重障害 194

 15 併合 195

 16 自賠責保険で非該当とされた後遺障害 195

5－労働能力喪失期間‥‥‥‥‥‥‥‥‥‥‥‥‥‥‥‥‥‥‥‥‥‥195

6－中間利息の控除‥‥‥‥‥‥‥‥‥‥‥‥‥‥‥‥‥‥‥‥‥‥‥‥196

7－事故と無関係な後発的事情による死亡‥‥‥‥‥‥‥‥‥‥‥‥199

 1 序論 199

2　相当因果関係が存在する場合　200

　　3　病死　201

　　4　第二事故による死亡　203

　　5　積極損害について　209

第11章　死亡逸失利益 ————————————————212

1 - 死亡逸失利益の算出方法 ………………………………212

2 - 基礎収入の確定 …………………………………………213

　　1　年金の逸失利益性　213

　　2　幼児・児童・生徒・学生　217

　　3　専業主婦　218

　　4　若年の給与所得者　218

3 - 生活費控除 ………………………………………………219

4 - 稼働可能期間 ……………………………………………224

5 - 中間利息の控除 …………………………………………224

6 - 相続構成と非相続構成（扶養利益構成）……………………229

第12章　慰謝料 ————————————————————234

　　1　慰謝料の意義　234

　　2　近親者の慰謝料請求権　234

　　3　慰謝料の機能　236

　　4　慰謝料の認定とその基準　238

　　5　胎児の損害賠償請求権　245

　　6　外国人被害者の慰謝料　245

第13章　損益相殺・損害の填補 ——————————247

1 - 総論 ………………………………………………………247

　　1　損益相殺の意義　247

　　2　代位との関係　248

3　重複填補の調整方法　250

　　4　控除の可否の判断基準　250

2 - 支出節約型 ……………………………………………………251

　　1　養育費　251

　　2　税金　251

　　3　生活費　252

3 - 社会保険給付 …………………………………………………252

　　1　根拠条文　252

　　2　控除の準則(1)―控除の客観的範囲　253

　　3　控除の準則(2)―控除の時的範囲　258

　　4　控除の準則(3)―控除の主観的範囲　261

　　5　控除の準則(4)―過失相殺との先後関係　262

　　6　控除の準則(5)―損益相殺的な調整の対象となる損害・損害が
　　　　填補されたと評価すべき時期　267

　　7　介護保険　271

4 - 社会保険給付以外の給付 …………………………………272

　　1　自賠責保険から支払われた損害賠償額　272

　　2　政府保障事業の損害填補金　276

　　3　対人賠償保険・対物賠償保険から支払われた損害賠償額　276

　　4　生命保険金　277

　　5　所得補償保険金　277

　　6　搭乗者傷害保険金　278

　　7　人身傷害補償保険金　279

　　8　独立行政法人自動車事故対策機構(旧・自動車事故対策センター)
　　　　の介護料　287

　　9　生活保護法による扶助費　288

　　10　障害者総合支援法による介護給付費等　288

第14章　過失相殺・好意同乗減額 ────────────── 289

1 - 過失相殺 ……………………………………………… 289

1　過失相殺の意義　289

2　自己過失　289

3　被害者側の過失　291

4　過失相殺の対象となる損害　295

5　過失相殺率　295

6　過失相殺の法的性質　297

7　一部請求と過失相殺の方法　298

2 - 好意同乗減額 ……………………………………… 300

第15章　素因減責 ───────────────────── 304

1　序論　304

2　心因的要因の競合　307

3　体質的素因の競合　308

4　身体的特徴の影響　309

5　判例の準則　311

6　立証責任　313

7　基準化の試み　314

第16章　共同不法行為 ───────────────── 321

1　共同不法行為の意義　321

2　共同不法行為論の現状　322

3　実務において問題となる3つの事故態様　327

4　交通事故と医療過誤の競合　329

5　共同不法行為の効果　332

6　共同不法行為と過失相殺　334

第17章　物件損害———337

1　修理費　337

2　買替え差額　338

3　評価損　340

4　リース車両に係わる損害賠償請求権の帰属　341

5　代車使用料　342

6　休車損　343

7　登録手続関係費　344

8　保険料差額　345

9　慰謝料　345

10　ペットの死傷　346

第18章　自賠責保険（共済）・自動車保険・政府保障事業———347

1 - 自賠責保険···347

1　基本補償　347

2　被保険者　348

3　保険金額　348

4　加害者請求（15条請求）　349

5　被害者請求（16条請求）　350

6　一括払い制度　353

7　支払基準の法定化　354

8　重過失減額　356

9　因果関係の有無の判断が困難な場合の減額　356

2 - 任意自動車保険··································357

1　対人賠償保険　357

2　自損事故保険　361

3　搭乗者傷害保険　361

4　無保険車傷害保険　363

5　対物賠償保険　365

6　車両保険　365

7　人身傷害補償保険　365

3 - 政府保障事業 ……………………………………………………… 366

第19章　期間制限 ——————————————————369

1　損害賠償請求権　369

2　消滅時効の起算点　370

3　時効の停止　374

4　時効の中断　374

5　被害者請求権（自賠法16条）　376

6　加害者請求権（自賠法15条）　377

7　保障金請求権　377

8　人身傷害保険の支払いに基づく求償権の消滅時効　379

第20章　紛争解決手段 ——————————————380

1 - 示談 ……………………………………………………………… 380

1　示談の法的性質　380

2　権利放棄条項　381

3　共同不法行為と免除（債権放棄）の効力　382

4　示談と労災保険　383

2 - 裁判外紛争処理機関（ADR） ……………………………………… 385

1　公益財団法人交通事故紛争処理センター　385

2　公益財団法人日弁連交通事故相談センター（N-TACC）　385

3　弁護士会の仲裁センター・簡易裁判所の民事調停　386

3 - 損害賠償請求訴訟 ………………………………………………… 387

1　管轄裁判所　387

2　当事者　387

3　請求原因（根拠条文）　389

4　証拠関係での留意事項　389

5　被害者に意思能力が欠けているとき　390

4 – 債務不存在確認訴訟 ·· 390

巻末資料

1　後遺障害別等級表・労働能力喪失率　394
2　自賠責保険・共済支払基準　401
3　簡易生命表　415
4　賃金センサス一覧表　422
5　ホフマン係数およびライプニッツ係数表　426
6　在留資格一覧表　432
7　休業損害証明書　436
8　自賠責保険後遺障害診断書　437
9　自賠責委任状　439
10　自賠責保険支払請求書　440
11　時効中断申請書　441
12　自賠責保険後遺障害認定等級異議申立書　442
13　示談書　443
14　免責証書　444
15　紛争処理申請書　445
16　訴状（傷害事故）　447
17　訴状（死亡事故）　452
18　訴状（債務不存在確認訴訟）　456
19　自動車保険普通保険約款（標準約款）　459
20　人身傷害補償条項　487

　　事項索引　493
　　判例索引　502

凡　　例

【判例集】

民集　　　最高裁判所民事判例集
裁判集民　最高裁判所裁判集民事
高民集　　高等裁判所民事判例集
下民集　　下級裁判所民事裁判例集
裁時　　　裁判所時報
訟月　　　訟務月報
交民　　　交通事故民事裁判例集
金判　　　金融・商事判例
金法　　　金融法務事情
判時　　　判例時報
判タ　　　判例タイムズ

【定期刊行物】

自保ジャーナル　自動車保険ジャーナル

【インターネット検索】

LEX/DB　　TKC 法律情報
LLI/DB　　　LIC 判例秘書

【単行本】

『赤い本 0000 年版』　　『民事交通事故訴訟損害賠償額算定基準』（日弁連交通事故相談センター東京支部）

『逐条解説』　　　　　北河隆之＝中西茂＝小賀野晶一＝八島宏平『逐条解説自動車損害賠償保障法』（弘文堂・2014 年）

『民事弁護と裁判実務』　南敏文＝大嶋芳樹＝田島純蔵編『民事弁護と裁判実務 5 損害賠償 I 自動車事故・労働災害』（ぎょうせい・1997 年）

『損害賠償の諸問題』　　東京三弁護士会交通事故処理委員会編『交通事故による損害賠償の諸問題』（東京三弁護士会交通事故処理委員会・1987 年）

『損害賠償の諸問題 II』　東京三弁護士会交通事故処理委員会＝（財）日弁連交通事

故相談センター東京支部編『交通事故による損害賠償の諸問題 II』（東京三弁護士会交通事故処理委員会＝（財）日弁連交通事故相談センター東京支部・2000 年）

『損害賠償の諸問題 III』　（財）日弁連交通事故相談センター東京支部編『交通事故による損害賠償の諸問題 III』（（財）日弁連交通事故相談センター東京支部・2008 年）

【主要参考文献】

1 体系書・概説書 　＊不法行為法全般の体系書等は除く。

『概説交通事故賠償法［第3版］』（藤村和夫＝山野嘉朗・日本評論社・2014年）
『自動車事故の責任と賠償［第3版］』（高崎尚志・第一法規出版・1991年）
『例題解説 交通事故損害賠償法』（法曹会・2006年）
『交通事故損害賠償の実務と判例』（宮﨑直己・大成出版社・2011年）

2 講座・大系・双書

『リーガル・プログレッシブ・シリーズ5 交通損害関係訴訟［補訂版］』（佐久間邦夫＝八木一洋編・青林書院・2013年）
『現代民事裁判の課題8 交通損害 労働災害』（塩崎勤編・新日本法規・1989年）
『裁判実務体系8 民事交通・労働災害訴訟法』（吉田秀文＝塩崎勤編・青林書院・1985年）
『実務民事訴訟講座3 交通事故訴訟』（鈴木忠一＝三ケ月章藍修・日本評論社・1969年）
『現代裁判法大系6 交通事故』（飯村敏明編・新日本法規・1998年）
『現代損害賠償法講座3 交通事故』（有泉亨監修・吉岡進編・日本評論社・1972年）
『現代損害賠償法講座6 使用者責任・工作物責任・国家賠償』（有泉亨監修・日本評論社・1974年）
『現代損害賠償法講座7 損害賠償の範囲と額の算定』（有泉亨監修・日本評論社・1974年）
『裁判実務大系26 損害保険訴訟法』（金澤理＝塩崎勤編・青林書院・1996年）
『新・現代損害賠償法講座4 使用者責任ほか』（山田卓生＝國井和郎編・日本評論社・1997年）
『新・現代損害賠償法講座5 交通事故』（山田卓生＝宮原守男編・日本評論社・1997年）
『新・現代損害賠償法講座6 損害と保険』（山田卓生＝淡路剛久編・日本評論社・1998年）
『新・裁判実務大系5 交通損害訴訟法』（塩崎勤＝園部秀穂編・青林書院・2003年）
『新損害保険双書2 自動車保険』（田辺康平＝石田満編・文眞堂・1983年）
『専門訴訟講座1 交通事故訴訟』（塩崎勤＝島田一彦＝小賀野晶一編・民事法研究会・2008年）
『民事弁護と裁判実務5 損害賠償Ⅰ自動車事故・労働災害』（南敏文＝大嶋芳樹＝田島純蔵編・ぎょうせい・1997年）

3 註釈書

『逐条解説 自動車損害賠償保障法』（北河隆之＝中西茂＝小賀野晶一＝八島宏平・弘文堂・2014年）
『注解 交通損害賠償算定基準（上）［3訂版］』（損害賠償算定基準研究会・ぎょうせい・2002年）
『注解 交通損害賠償算定基準（下）［3訂版］』（損害賠償算定基準研究会・ぎょうせい・2002年）
『注解 交通損害賠償法1』（川井健＝宮原守男＝小川昭二郎＝塩崎勤＝伊藤文夫編・青林書院・1997年）
『注解 交通損害賠償法2』（川井健＝宮原守男＝小川昭二郎＝塩崎勤＝伊藤文夫編・青林書院・1996年）

『注解 交通損害賠償法3』（川井健＝宮原守男＝小川昭二郎＝塩崎勤＝伊藤文夫編・青林書院・1996年）

『改訂 逐条解説 自動車損害賠償保障法』（国土交通省自動車交通局保障課監修自動車保障研究会編・ぎょうせい・2005年）

『注釈 自動車損害賠償保障法［新版］』（木宮高彦＝羽城守＝坂東司朗＝青木荘太郎・有斐閣・2003年）

『註釈 自動車保険約款（下）』（鴻常夫編集代表・有斐閣・1995年）

『註釈 自動車保険約款（上)』（鴻常夫編集代表・有斐閣・1995年）

4 算定基準・講演録

『交通事故による損害賠償の諸問題』（東京三弁護士会交通事故処理委員会・1987年）

『交通事故による損害賠償の諸問題Ⅱ』（東京三弁護士会交通事故処理委員会＝(財)日弁連交通事故相談センター東京支部・2000年）

『交通事故による損害賠償の諸問題Ⅲ』((財)日弁連交通事故相談センター東京支部・2008年）

『大阪地裁における交通損害賠償の算定基準［第3版］』（判例タイムズ社・2013年）

『民事交通事故訴訟損害賠償額算定基準』（赤い本，2005年版〜2016年版）((財)日弁連交通事故相談センター東京支部・2005年〜2016年）

『交通事故損害賠償額算定基準』（青い本，20訂版〜25訂版）((財)日弁連交通事故相談センター・2006年〜2016年）

『民事交通訴訟における過失相殺率の認定基準［全訂5版］』（判例タイムズ社・2016年）

5 論文集

『民事交通事件の処理に関する研究』（福永政彦・法曹会・1974年）

『交通事故賠償理論の新展開』（藤村和夫・拓殖大学政治経済研究所・1998年）

『自動車事故 民事責任と保険の交錯』（伊藤文夫・保険毎日新聞社・1999年）

『現代損害賠償法の諸問題』（塩崎勤・判例タイムズ社・1999年）

『交通事故賠償の再構築』（高野真人＝溝辺克己＝八木一洋編・ぎょうせい・2009年）

『自動車事故』（ジュリスト増刊総合特集42）（有斐閣・1986年）

『交通事故損害賠償の現状と課題』((財)日弁連交通事故相談センター30周年記念・判例タイムズ社・1997年）

『割合的解決と公平の原則』（野村好弘監修・北河隆之＝小賀野晶一編・ぎょうせい・2002年）

『交通事故訴訟の理論と展望』（東京三弁護士会交通事故処理委員会編・ぎょうせい・1993年）

『交通事故損害賠償の法理と実務—(財)交通事故紛争処理センター創立10周年記念論文集』（ぎょうせい・1984年）

『交通事故賠償の法理と紛争処理—(財)交通事故紛争処理センター創立20周年記念論文集【上】』（ぎょうせい・1994年）

『交通事故損害賠償の新潮流—(財)交通事故紛争処理センター創立30周年記念論文集』（ぎょうせい・2004年）

『交通賠償論の新次元―（財）交通事故紛争処理センター創立 40 周年記念論文集』（判例タイムズ社・2007 年）

『交通事故賠償の新たな動向―交通事故民事裁判例集創刊 25 周年記念論文集』（ぎょうせい・1996 年）

『自動車事故の損害賠償と保険』（加藤一郎＝木宮高彦編・有斐閣・1991 年）

『交通事故慰謝料算定論』（東京三弁護士会交通事故処理委員会慰謝料部会編・ぎょうせい・1996 年）

『交通事故紛争処理の法理―（公財）交通事故紛争処理センター創立 40 周年記念論文集』（（公財）交通事故紛争処理センター編・ぎょうせい・2014 年）

『交通事故損害賠償実務の未来』（法曹会・2011 年）

6　判例評釈・解説

『交通事故判例百選［第 4 版］』別冊ジュリスト NO.152（宮原守男＝森島昭夫＝野村好弘編・有斐閣・1999 年）

『交通事故判例百選［第 2 版］』別冊ジュリスト NO.48（加藤一郎＝宮原守男＝野村好弘編・有斐閣・1975 年）

『新交通事故判例百選』別冊ジュリスト NO.94（加藤一郎＝宮原守男＝野村好弘編・有斐閣・1987 年）

7　その他

『自転車事故過失相殺の分析』（（財）日弁連交通事故相談センター東京支部過失相殺研究部会編著・ぎょうせい・2009 年）

『詳解　後遺障害逸失利益』（北河隆之＝藤村和夫・ぎょうせい・1996 年）

『新しい交通賠償論の胎動』（東京三弁護士会交通事故処理委員会編・ぎょうせい・2002 年）

『新型・非典型後遺障害の評価』（羽成守編著・新日本法規・2005 年）

『自賠責保険のすべて［12 訂版］』（伊藤文夫＝佐野誠編・保険毎日新聞社・2014 年）

『Q＆A 新自動車保険相談』（（財）交通事故紛争処理センター編・ぎょうせい・2007 年）

『寄与度と非典型過失相殺』（東京三弁護士会交通事故処理委員会編・ぎょうせい・2002 年）

『詳説　後遺障害―等級認定と逸失利益算定の実務』（北河隆之＝八島宏平＝川谷良太郎・創耕舎・2014 年）

『交通事故における素因減額問題』（小賀野晶一＝栗宇一樹＝小笛恵子編・保険毎日新聞社・2014 年）

『交通事故におけるむち打ち損傷問題［第 2 版］』（栗宇一樹＝古笛恵子編・保険毎日新聞社・2012 年）

『画像でわかる脳脊髄液漏出症』（木内博之＝堀越徹監修・渡辺新著・日本評論社・2012 年）

『交通事故における過失割合―自動車事故及び消滅時効、評価損等の諸問題』（伊藤秀城・日本加除出版・2014 年）

『要約　交通事故判例 140』（高野真人・学陽書房・2014 年）

第1章——交通事故賠償法総論

1 - 民事損害賠償責任

1 3つの責任

民事上の責任　交通事故を惹起し，他人の生命・身体を侵害（人身事故），あるいは，他人の財産を侵害（物損事故）した者は，それにより他人が被った損害を賠償しなければならない。これが，本書の対象とする民事上の損害賠償責任である。これは損害の公平な分担を目的とするものであり，本書は交通事故におけるこの民事上の損害賠償責任を解説するものである。

刑事責任　他人の生命・身体を侵害した者には，国家の刑罰権の発動として刑事責任を問われることがある。過失運転致死傷罪（自動車の運転により人を死傷させる行為等の処罰に関する法律5条）や危険運転致死傷罪（同法2条）がそれである。

行政上の責任　交通事故には道路交通法違反を伴うのが一般的であり，公安委員会から運転免許の停止や取消しが行われることがある。これは，道路交通の安全確保の目的で行われる行政庁（公安委員会）による行政処分である。

2 民事損害賠償責任に適用される法律

　人身事故・物損事故に共通して適用される法律は，民法709条（一般不法行為），同法715条（使用者責任）であり，自動車により惹起された人身事故に限り適用される法律が自動車損害賠償保障法（以下，「自賠法」）3条（運行供用者責任）である。このほかに，道路等の公の営造物の設置または管理の

瑕疵（欠陥）により事故が発生した場合に適用される法律に国家賠償法2条（営造物責任）がある。

3 民法709条と自賠法3条との適用関係

　一般的に，人身損害の次元では，自賠法3条本文に基づく運行供用者責任が成立する範囲は，民法709条に基づく不法行為責任が成立する範囲よりも広いと説明されている。運行供用者責任は無過失責任に近いという意味ではそのとおりであるが，それぞれ独自の成立要件があるから，この説明は厳密にいえば正確ではないということになる。その例が，最一小判昭和63年6月16日民集42巻5号414頁・判タ681号111頁である（→71～74頁）。

　イメージ図として書けば，運行供用者責任を大きな丸として書くと，民法709条に基づく不法行為責任は，その丸の中に含まれる小さな丸として書くことができるが，完全に含まれるわけではなく，少しだけ大きな丸からはみ出す部分があるということになる。

図1　民法709条と自賠法3条との適用関係

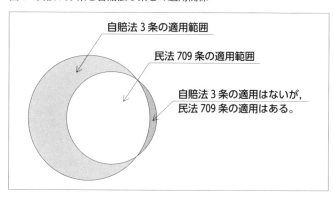

4 自賠法の仕組み

　交通事故賠償法で中心的な法律となるのは自賠法である。そこで，まず自

賠法の仕組みを概観しておくことにする。

法律の目的　自賠法の目的は，自動車の運行によって人の生命または身体が害された場合における損害賠償を保障する制度を確立することにより，被害者の保護を図り，あわせて自動車運送の健全な発達に資することである（自賠法1条）。条文の解釈も，この目的に沿ってなされる必要があろう。

運行供用者責任　運行供用者責任（自賠法3条）は，人身事故においては最も中心的な損害賠償責任の発生根拠となっている。

民法の適用[1]　運行供用者責任には民法が適用される（自賠法4条）。本条が主として対象とする民法の規定は，第3編第5章の不法行為（同法709～724条）であるが，同法712条，713条，715条3項，720条1項（正当防衛）が自賠法3条の運行供用者責任に適用されるかどうかは検討を要する（→105～106頁）。民法が明示規定を置いていない損益相殺，相殺の禁止に関する同法509条も対象になる。同法709条，715条1・2項，716～718条，720条2項（緊急避難），723条は適用の余地はない。ただし，同法709条，715条1項に基づく損害賠償責任が運行供用者責任と競合して成立することがあるのは別論である。

自賠責保険・共済の締結強制　自動車損害賠償責任保険・共済（自賠責）が締結されていない自動車は運行の用に供してはならず（自賠法5条），これに違反すると刑事罰の対象となる（自賠法86条の3第1号）。刑事罰により締結が強制されているので，自賠責保険・共済は強制保険といわれる。

　車検には自動車損害賠償責任保険証明書（自賠法7条）が必要であり，車検とのリンクによっても，自賠責保険・共済の締結は強制されている。他方，保険会社・共済は契約の締結義務がある（自賠法24条）。

自賠責保険・共済の適用除外車　①国その他の政令で定める者が政令で定め

1　『逐条解説』60頁以下〔小賀野晶一〕参照。

る業務または用途のため運行の用に供する自動車（自賠法施行令1条の2に規定されている，自衛隊車両・駐留米軍車両・国連軍車両がこれに当たる），および，②道路以外の場所のみにおいて運行の用に供する自動車（構内自動車）については，自賠責保険・共済の締結が強制されない（自賠法10条）。

　注意すべきことは，自賠法10条が適用除外としている条文には自賠法3条は含まれていないので，自賠責保険・共済の適用除外車にも，自賠法3条は適用されることである。

　また，自動車損害賠償保障事業からの填補金（→367頁）は，構内自動車の事故には支払われない（自賠法72条1項後段括弧書き）。

自賠責保険・共済の支払要件と被保険者　　自賠責保険は，「第3条の規定による保有者の損害賠償の責任」が発生した場合に，これによる保有者の損害および運転者の損害を保険会社が填補し，保険金を支払うものであるから，保有者に運行供用者責任が発生することが支払要件である（自賠法11条）。「保有者」とは，自動車の所有者その他自動車を使用する権利を有する者で，自己のために自動車を運行の用に供するものをいい（自賠法2条3項），「運転者」とは，他人のために自動車の運転または運転の補助に従事する者をいう（同条4項）。被保険者は「保有者」と「運転者」である。

保険金額　　自賠責保険の保険金額は自賠法施行令で規定されている（自賠法13条，自賠法施行令2条）。大雑把にいうと，死亡による損害につき3000万円，介護を要する後遺障害による損害につき3000万〜4000万円，その他の後遺障害による損害につき75万〜3000万円，傷害による損害につき120万円である。

免　　責　　保険会社は，保険契約者または被保険者の悪意によって生じた損害についてのみ，填補責任を免れる（自賠法14条）。ここでいう「悪意」とは害意のことで，未必の故意は含まれないと解されている。なお，保険契約者等の悪意によって生じた損害でも，被害者からの自賠法16条請求は可能である（自賠法16条4項，72条2項，76条2項）。

加害者請求・被害者請求　　被保険者（保有者および運転者）は，被害者に対する損害賠償額について自己が支払いをした限度で，保険会社に対して「保険金」の支払いを請求することができる（自賠法 15 条）。これが被保険者からの保険金請求（加害者請求）である。

　一方，被害者は，保険会社に対し，保険金額の限度において，「損害賠償額」の支払いをなすべきことを請求することができる（被害者請求。自賠法 16 条 1 項）。これは法が被害者保護のために政策的に創設した，被害者の保険会社に対する直接請求権である。被害者は自賠責保険の被保険者ではないから，「保険金」の支払いではない。

支払基準の法定化　　自賠法の平成 14 年改正により，保険会社は，保険金等を支払うときは，国土交通大臣および内閣総理大臣が定める支払基準（→資料 2）に従って支払わなければならないとされ（自賠法 16 条の 3），従来は通達にすぎなかった支払基準が法律に根拠をもつようになった。同時に，支払基準の保険会社に対する拘束力が法定された。

　支払基準は保険会社を拘束するのみであり，裁判所は拘束されない（最一小判平成 18 年 3 月 30 日民集 60 巻 3 号 1242 頁・判タ 1207 号 70 頁）。

損害賠償額の支払いの履行期　　保険会社は，被害者から自賠法 16 条 1 項の規定による損害賠償の支払請求があった後，当該請求に係る自動車の運行による事故および当該損害賠償額の確認をするために必要な期間が経過するまでは，遅滞の責任を負わない（自賠法 16 条の 9）。

仮渡金　　被害者は，保険会社に対し，政令で定める金額を，自賠法 16 条 1 項の規定による損害賠償額の支払いのための「仮渡金」として支払うべきことを請求することができる（自賠法 17 条 1 項）。金額は自賠法施行令 5 条に規定されている。

被害者請求権の差押禁止　　被害者請求権および仮渡金請求権は差押えが禁止されている（自賠法 18 条）。差押えが禁止されるのは，被害者から保険会社に対する請求権の差押えだけであり，預金に入金されると，預金を差し押

第 1 章　交通事故賠償法総論　　5

さえることは可能である。

短期消滅時効　被害者請求権および仮渡金請求権については3年（平成22年3月31日以前は2年間）の短期消滅時効が規定されている（自賠法19条）。

指定紛争処理機関　国土交通大臣および内閣総理大臣が指定した紛争処理機関が，自賠責保険金（共済金）の支払いに関する紛争の調停を行うが（自賠法23条の5，23条の6），現在，「自賠責保険・共済紛争処理機構」のみが指定されている。

政府保障事業　政府は，ひき逃げ（自賠法72条1項前段），無保険車・泥棒運転など（同項後段），被害者が保有者に対して自賠法3条に基づく損害賠償の請求ができないときは，被害者に対し損害の填補を行う。政府保障事業による損害填補である。なお，いわゆる構内自動車には適用されないが（自賠法72条1項後段括弧書き），構内自動車が道路を走行中に惹起した事故には適用される（最三小判平成5年3月16日裁判集民168号21頁・判タ820号191頁）。

填補金請求権の差押禁止　政府に対する填補金請求権も差押えは禁止されている（自賠法74条）。

2 – 一般不法行為責任（民法709条）概説

　民法709条が規定する一般不法行為は，自賠法が適用されない物損事故や，人身事故でも自賠法が適用されない場合に適用される条文であるから，以下に概説しておくことにする。

1 故意・過失

客観的過失論　日常用語では，故意は「わざと」，過失は「うっかりと」というニュアンスの概念であるが，現在では，過失は，そのような精神的緊

張の欠如としてではなく,「結果（権利・利益侵害）の予見可能性を前提とした結果回避義務」違反として捉えられている（客観的過失論）。

客観的過失論においては,結果の発生を回避するために被告が「なすべきであった行為」を措定し,これと被告が「実際に行った行為」との間に齟齬（ズレ,喰い違い）が存在することが過失と評価される。その喰い違いが被告の精神的緊張の欠如によってもたらされたものかどうかは,問題とならない。

主観的過失論　過失を精神的緊張の欠如として把握するのが主観的過失論である。

たとえば,自動車を運転していた Y が前方の信号機が赤信号となったのを見落として,停止位置で停車せず,そのまま進行し,横断歩道を横断中の X に衝突し,負傷させたとする。この場合,Y に「過失」があることは当然であるが,主観的過失論においては,Y が精神的緊張を欠いてうっかりと赤信号を見落とした点を「過失」と捉えることになる。

一方,客観的過失論では,「Y は信号機が赤信号となった時は停止位置で停車すべきであった」（なすべきであった行為）のに,「Y は停止位置で停車せずに,そのまま進行した」（実際に行った行為）という点（「なすべきであった行為」と「実際に行った行為」とのズレ・喰い違い）を「過失」と捉えるのである。客観的過失論では,そのズレ・喰い違いが精神的緊張を欠如していたために生じたかどうかは問題としない。もっとも,交通事故においては,精神的緊張を欠如していたからこそ,そのようなズレ・喰い違いが生じるのが通常である。

過失の主要事実　「過失」というような規範的評価を必要とする概念（規範的要件という）はそれ自体が主要事実ではなく,規範的評価の成立を根拠づける具体的事実（「評価根拠事実」という）が主要事実であると考えられている。この見解では,「過失」の評価を積極方向に根拠づける評価根拠事実についての証明責任は原告側が負い,この事実と両立するものの,「過失」の評価を消極方向に根拠づける事実（「評価障害事実」という）は「抗弁」として位置づけられ,その証明責任は被告側が負うことになる。

第1章　交通事故賠償法総論　7

信頼の原則　　過失があるといえるためには，結果の予見可能性（予見義務を前提とする）と回避可能性が必要である。予見可能性の限界を画するものに「信頼の原則」がある。もともとは刑法学で発展してきた考え方であるが，最三小判平成 3 年 11 月 19 日裁判集民 163 号 487 頁・判タ 774 号 135 頁にみられるように，不法行為法においても確立した判例となっている。

　本判決は，交差点を直進する自動車運転者には，交差点内で右折のため停止している車両の後続車が，停止車両の側方を通過して右折することまでの予見義務はない，としたものである。

●最三小判平成 3 年 11 月 19 日裁判集民 163 号 487 頁・判タ 774 号 135 頁

図 2　最三小判平成 3 年 11 月 19 日の事故態様の図解

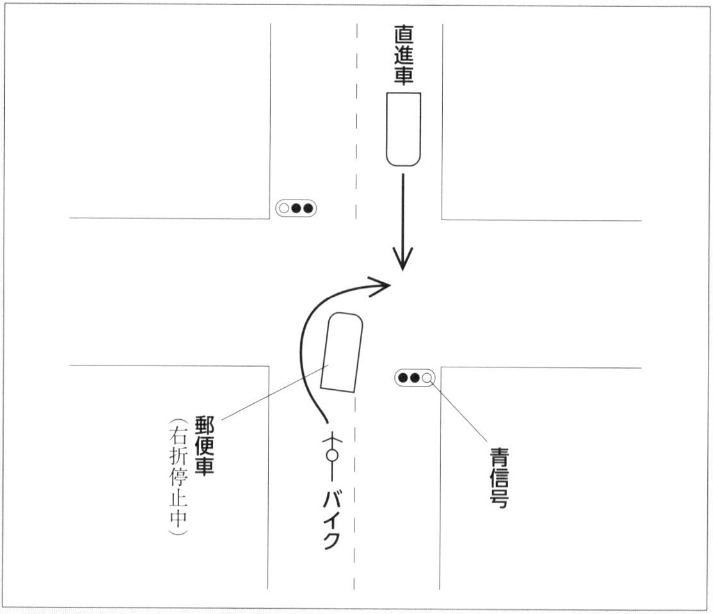

直進車

郵便車
（右折停止中）

←●→ バイク

青信号

　「道路交通法 37 条は、交差点で右折する車両等は、当該交差点において直進しようとする車両等の進行妨害をしてはならない旨を規定しており、車両の運転者は、他の車両の運転者も右規定の趣旨に従つて行動するものと想定して自車を運転するのが通常であるから、右折しようとする車両が交差点内で停止している場

合に、当該右折車の後続車の運転者が右停止車両の側方から前方に出て右折進行を続けるという違法かつ危険な運転行為をすることなど、車両の運転者にとつて通常予想することができないところである。前記事実関係によれば、上告人は、青色信号に従つて交差点を直進しようとしたのであり、右折車である郵便車が交差点内に停止して上告人車の通過を待つていたというのであるから、上告人には、他に特別の事情のない限り、郵便車の後続車がその側方を通過して自車の進路前方に進入して来ることまでも予想して、そのような後続車の有無、動静に注意して交差点を進行すべき注意義務はなかつたものといわなければならない。そして、前記確定事実によれば、本件においては、何ら右特別の事情の存在することをうかがわせるものはないのであるから、上告人には本件事故について過失はないものというべきである。」

　上記平成 3 年判決の事案は、民法 709 条に基づく損害賠償請求であるため、直進車両の運転者の「過失」の有無が争点となった。しかし、自動車人身事故については、現在では、自賠法 3 条本文に基づく運行供用者責任が追及されることが通常である。この場合には、加害者（運行供用者）の「過失」は損害賠償責任の発生要件とはならないから、信頼の原則の果たす役割は低くなるが、運行供用者および運転者が無過失であり、かつ被害者または運転者以外の第三者に過失があることが同条ただし書の規定する免責要件の一部を構成するので、その役割がなくなるわけではない。

2 権利・利益侵害（違法性）

　平成 16 年改正前の民法 709 条では、「他人ノ権利ヲ侵害シタル者」とされていたところを、改正により「他人の権利又は法律上保護される利益を侵害した者」と改められた。これは、未だ「権利」として確立していない「法律上保護される利益」の侵害であっても、不法行為が成立する場合がありうるという趣旨である。

　改正前の民法 709 条について、学説は、不法行為制度の本質は法律秩序を破ること自体にあり、「権利」は法律秩序が部分的に発現したものにすぎない、権利侵害は「違法性」の 1 つの徴表にすぎず、「違法性」概念に置き換えるべきである、と主張していた（違法性論、違法性徴表説）。そして、違法

性の有無は，被侵害利益の種類（強固さ）と，侵害行為の態様（悪質性）との相関関係（衡量）で判断される（相関関係説）。もっとも，交通事故においては，被侵害利益は生命・身体・財産という重要な権利であるから，侵害行為の態様を問題とする余地がない。

3 損害の発生およびその額

　不法行為があっても，被害者に損害が発生しなければ，不法行為に基づく損害賠償請求権は発生しない。損害の意義については後述する（→第7章以下）。

4 加害行為と損害の発生との間の因果関係

2つの因果関係　　民法709条の文理上，因果関係は，故意・過失による加害行為と権利・利益侵害との間の因果関係（「責任成立の因果関係」や「責任設定的因果関係」と称される）と，権利・利益侵害と損害の発生（およびその額）との間の因果関係（「損害範囲の因果関係」や「責任充足的因果関係」と称される）との二段階の因果関係の存在が要件となっている。理論的には区別すべきものであるが，実際には，加害行為と損害の発生との間の因果関係を検討すれば足りる。

因果関係の判断過程　　加害者が賠償すべき損害額を判定するためには，まず，①不法行為（加害行為）と損害との間に，「事実的因果関係」の存在することが必要である。「事実的因果関係」とは自然的因果関係のことであり，条件関係（「あれ（加害行為）なければ，これ（損害）なし」という不可欠条件公式）の有無で判定される。
　次に，②事実的因果関係が肯定される損害のうち，どこまでの損害を賠償させるべきか，という法的価値判断が必要となる（帰責相当性の判断）。そうでないと，損害の公平な分担という不法行為法の基本原理に反して，加害者に過酷な負担を強いる結果になるからである。「損害賠償の範囲」の問題である。

最後に，③「損害の算定」（「損害の金銭的評価」ともいわれる）が必要となる。

相当因果関係論　　伝統的通説・判例は，この 3 つの作業（事実的因果関係，損害賠償の範囲，損害の算定）を「相当因果関係」という基準で一挙に判定する。損害項目の「額」も「相当因果関係」の問題として処理される。

　相当因果関係論とは，当該不法行為によって現実に生じた損害のうち，当該の場合に特有な損害を除き，かような不法行為があれば一般に生じるであろうと認められる損害だけが賠償の対象となるという考え方である。伝統的通説・判例は，民法 416 条は「相当因果関係」を規定したものと理解し，同条を不法行為にも類推適用する（大判大正 15 年 5 月 22 日民集 5 巻 386 頁，最一小判昭和 48 年 6 月 7 日民集 27 巻 6 号 681 頁）。

　伝統的通説は，民法 416 条は 1 項で，このような相当因果関係の原則を立言し，2 項は，その基礎とすべき特別の事情の範囲を示すものであると解する。したがって，債務者（加害者）が予見しまたは予見しうべきであったもの，というのは，当該不法行為に関連して存在した事情であって，生じた損害ではない。その事情を加えて，その前提の下に通常生ずべき損害が決定されるのである，と説明している。

　しかし，実際には，2 項は予見可能性のある限度で 1 項の原則を拡げたものと見れば足りる。何が「相当」因果関係に立つ損害かは，「公平」の観念を最後の標準として判断するほかはない。

学説の批判　　不法行為において予見可能性を問題とすることに，学説は批判的である。しかし，「通常損害」について規定する 1 項では「予見可能性」を全く問題としていないから，ある損害を 1 項の「通常損害」に振り分ければ「予見可能性」は不要となり，仮に 2 項の「特別損害」に振り分けても，「特別の事情」の予見可能性を緩やかに解すれば，格別の不都合を生じない。たとえば，最一小判昭和 49 年 4 月 25 日民集 28 巻 3 号 447 頁は，ウィーンに留学するため途中モスクワに滞在していた被害者の娘が，モスクワから被害者の看護のために横浜まで帰国するための旅費と，無駄になった横浜からウィーンまでの旅費を，交通事故により「通常生ずべき損害」とみている

（→129頁）。そこにおける通常性の判断は極めて広い。

非接触事故[2]　　車両が被害者に接触していないからといって，ただちに因果関係がないことになるものではない。

　最三小判昭和 47 年 5 月 30 日民集 26 巻 4 号 939 頁・判タ 278 号 145 頁は，非接触事故でも因果関係があると認めうることにつき言及している。事案は，歩行者 X の傷害が Y の運転していた車両が X に衝突したことによって生じたとの X の主張に対し，X の転倒位置と車両の停車位置とは離れすぎており，X に車両が衝突した傷跡はなく，同人の受傷は一人で転倒しても起こる等の事情から，車両が X に衝突したものとは認め難いとして，X の請求を棄却した原判決を破棄し，差し戻したものである。

●最三小判昭和 47 年 5 月 30 日民集 26 巻 4 号 939 頁・判タ 278 号 145 頁

「不法行為において、車両の運行と歩行者の受傷との間に相当因果関係があるとされる場合は、車両が被害者に直接接触したり、または車両が衝突した物体等がさらに被害者に接触したりするときが普通であるが、これに限られるものではなく、このような接触がないときであつても、車両の運行が被害者の予測を裏切るような常軌を逸したものであつて、歩行者がこれによつて危難を避けるべき方法を見失い転倒して受傷するなど、衝突にも比すべき事態によつて傷害が生じた場合には、その運行と歩行者の受傷との間に相当因果関係を認めるのが相当である。」

　上記昭和 47 年判決では「常軌を逸したもの」「衝突にも比すべき事態」という表現が出てくるが，要するに，非接触の一事をもって車両の運行と被害者の受傷との間の相当因果関係を否定することはできないという趣旨の判示であると指摘されている[3]。

2　『赤い本 2007 年版（下）』41 頁以下〔中園浩一郎〕。
3　『赤い本 2007 年版（下）』42 頁〔中園〕。

5 責任能力の存在

　民法712条は「未成年者は、他人に損害を加えた場合において、自己の行為の責任を弁識するに足りる知能を備えていなかったときは、その行為について賠償の責任を負わない」と規定し、同法713条本文は「精神上の障害により自己の行為の責任を弁識する能力を欠く状態にある間に他人に損害を加えた者は、その賠償の責任を負わない」と規定している。この「自己の行為の責任を弁識するに足りる知能（能力）」が「責任能力」であり，不法行為時に責任能力が存在しない者は損害賠償責任を負わない。

抗　　弁　　民法709条との関係では，責任能力の不存在が，被告側の抗弁となる。なお，同法714条に基づき親（法定監督義務者）に対して損害賠償を請求するときには，損害惹起者に責任能力が存在しなかった事実は請求原因となる。

未成年者　　未成年者については，一応の目安としていえば，「責任能力」は小学校卒業前後で具わる（中学生になれば責任能力が認められる）と考えてよいが，10歳前後で具わるとする有力な見解もある[4]。

疾患による心神喪失　　車の運転中に，てんかん発作，脳梗塞，くも膜下出血などにより意識が喪失し，事故が発生することがある。民法713条が適用されることになるが，同条ただし書きは「ただし、故意又は過失によって一時的にその状態を招いたときは、この限りでない」と規定しているので，このただし書きの適用が問題となる。この場合の「故意又は過失」とは，心神喪失を招くことに関するものである（通説）[5]。

裁判例に現れた疾患　　くも膜下出血による意識障害[6]，脳梗塞による不全麻

4　責任能力の有無が微妙な年齢の未成年者が起こした自転車事故につき，『赤い本2015年版（下）』7頁〔村主隆行〕以下が詳しい。

5　四宮和夫『不法行為』（青林書院・1987年）381頁。

6　東京地判平成21年11月24日交民42巻6号1540頁。

第1章　交通事故賠償法総論　　13

痺[7]，てんかん発作による意識喪失[8]，Ⅰ種糖尿病に基づく無自覚性低血糖による分別もうろう状態[9]，その他がある。

ただし書き適用の判断　運転者の不法行為責任に関して，ただし書きの「過失」が認められるためには，①意識喪失の予見可能性および②結果回避可能性が必要であり，これらの判断に当たっては，疾患の内容，過去の意識喪失発作の有無・頻度，医師による診察の有無・内容，運転者の服薬等の有無の事実を検討する必要がある，と指摘されている[10]。

6　違法性阻却事由の不存在

　民法720条は，正当防衛と緊急避難を違法性阻却事由として規定している。このほかに，明文の規定はないが，解釈上，被害者の承諾，正当業務行為，事務管理（同法697条）などが違法性阻却事由とされている。違法性阻却事由の存在が，被告側の抗弁となる。

3 - 使用者責任（民法715条）概説

　ある事業のために他人（被用者）を使用している者（使用者）は，被用者がその事業の執行について（事業執行性）第三者に加えた損害を賠償する責任を負う（民法715条1項）。この場合，加害行為を行った被用者本人も，一般不法行為（同法709条）に基づく損害賠償責任を負う。

事業執行性　「事業」は広く解されており，違法な事業も含む。事業執行性は，外形的・客観的に判断される（外形理論，外形標準説）。外形標準説を事実行為的不法行為における判断基準として採用することには学説の反対が強いが，判例は，交通事故についても外形標準説を採用している（最三小判

7　名古屋地判平成23年12月8日交民44巻6号1527頁。
8　横浜地判平成23年10月18日判時2131号86頁。
9　東京地判平成25年3月7日判タ1394号250頁。
10　『赤い本2014年版（下）』10頁〔古市文孝〕。

昭和 39 年 2 月 4 日民集 18 巻 2 号 252 頁・判タ 159 号 181 頁）。

> ●最三小判昭和 39 年 2 月 4 日民集 18 巻 2 号 252 頁・判タ 159 号 181 頁
> 　「<u>民法 715 条に規定する『事業ノ執行ニ付キ』というのは、必ずしも被用者が</u><u>その担当する業務を適正に執行する場合だけを指すのでなく、広く被用者の行為</u><u>の外形を捉えて客観的に観察したとき、使用者の事業の態様、規模等からしてそ</u><u>れが被用者の職務行為の範囲内に属するものと認められる場合で足りるものと解</u><u>すべきであるとし……た</u>原審の判断は、正当である。」

　事案は，自動車等の販売等を目的とする Y₂ 会社の従業員 Y₁（販売契約係）が，日頃から業務執行のために使用していた Y₂ 会社の所有自動車を，Y₂ 会社に無断で乗り出して，自宅への帰途，事故を起したものである。Y₂ 会社では，内規により，自動車を私用に使うことは禁止されていた。判決は，「会社業務の適正な執行行為ではなく，主観的には Y₁ の私用を弁ずる為であったというべきであるから，Y₂ 会社の内規に違反してなされた行為ではあるが」として，上記のように判示した。

使用関係　　「他人を使用する」という要件は，判例上，雇用契約には限定されず，「実質的な（事実上の）指揮監督関係」に置き換えられている。

運行供用者責任との関係　　現在であれば自賠法 3 条に基づき運行供用者責任が追及されるべき事案においても，かつては（自賠法施行後もしばらくの間は），民法 715 条に基づく使用者責任が追及されていたことがある。現在でも，物損事故については民法 715 条が適用されることになる。現在では，自賠法 3 条の運行支配の有無の判断と，民法 715 条の業務執行性の判断とは合流一致する方向にある。

免　　責　　使用者が，被用者の選任およびその事業の監督について相当の注意をしたとき，または相当の注意をしても損害が生ずべきであったときは責任を免れる。使用者責任は過失の立証責任を転換した中間責任である。

代理監督者　　代理監督者も，使用者と同じ責任を負う（民法 715 条 2 項）。

第 1 章　交通事故賠償法総論　　15

「代理監督者」につき，判例は，使用者が法人である場合において，代表者が単に法人の代表機関として一般的業務執行権限を有するに過ぎない場合は代理監督者に当たらず，現実に被用者の選任，監督を担当している者がこれに当たるとしている（現実監督説）。

　現実監督説によれば，従業員にすぎない立場の営業所長，工場長，支店長などが代理監督者責任を問われる可能性があるが，使用者責任が報償責任原理に基礎を置くものと考えると不当であろう。

●最三小判昭和 42 年 5 月 30 日民集 21 巻 4 号 961 頁・判タ 208 号 108 頁
　「民法 715 条 2 項にいう『使用者ニ代ハリテ事業ヲ監督スル者』とは、客観的に見て、使用者に代り現実に事業を監督する地位にある者を指称するものと解すべきであり［最一小判昭和 35 年 4 月 14 日民集 14 巻 5 号 863 頁］、使用者が法人である場合において、その代表者が現実に被用者の選任、監督を担当しているときは、右代表者は同条項にいう代理監督者に該当し、当該被用者が事業の執行につきなした行為について、代理監督者として責任を負わなければならないが、代表者が、単に法人の代表機関として一般的業務執行権限を有することから、ただちに、同条項を適用してその個人責任を問うことはできないものと解するを相当とする。」

　上記昭和 42 年判決は，タクシーにはねられて負傷した X が，運転手とその使用者であるタクシー会社（都内に四営業所があり，200 人以上の運転手がいた），さらにタクシー会社の代表取締役を被告として，損害賠償を求めたものである。原審（東京高判昭和 38 年 11 月 27 日高民集 16 巻 8 号 734 頁）は，代表取締役は代理監督者に当たらないと判断し，最高裁もこの判断を是認したものである。

4 - 法定監督義務者等の責任(民法 714 条)概説

　事故発生時に運転者（損害惹起者）に責任能力がない場合には，その責任無能力者を監督する法定の義務を負う者（法定監督義務者）が損害賠償責任を負う（民法 714 条 1 項本文）。監督義務者がその義務を怠らなかったとき，またはその義務を怠らなくても損害が生ずべきであったときは免責されるが

（同項ただし書き），この免責が認められることは容易ではない[11]。監督義務者に代わって責任無能力者を監督する者（代理監督義務者）も同じ責任を負う（同条2項）。

法定監督義務者　従来，法定監督義務者としては，未成年者に対する親権者（民法820条），親権代行者（同法833条，867条），未成年後見人（同法857条），児童福祉施設の長（児童福祉法47条），精神障害者に対する成年後見人（民法858条）などが挙げられてきた。

代理監督義務者　監督義務者に代わって責任無能力者を監督する者とは，法定監督義務者との契約によって責任無能力者を預かっていた精神科病院などが挙げられてきた。

法定監督義務者に準ずべき者　最三小判平成28年3月1日自保ジャーナル1963号5頁は，精神上の障害による責任無能力者の成年後見人であることや（民法858条），同居の配偶者であることから（同法752条），直ちに責任無能力者の法定監督義務者に当たるものではないとした上で，法定監督義務者に該当しない者であっても，責任無能力者の監督義務を引き受けたとみるべき特段の事情が認められる場合には，「法定監督義務者に準ずべき者」として，民法714条1項が類推適用される，とした。

事案の概要　認知症患者で責任無能力者であるA（91歳，要介護4）が駅構内の線路に立ち入り，列車に衝突し，鉄道会社に損害が生じたことから，鉄道会社が同居していたAの妻Y_1（85歳，要介護1）と別居していた長男Y_2

11　最一小判平成27年4月9日民集69巻3号455頁・判タ1415号69頁は，小学校校庭で児童（11歳）が蹴ったサッカーボールが校庭から転がり出て，校庭横の道路を自動二輪車で進行してきた男性が，それを避けようとして転倒して負傷し，死亡した事故につき，「責任能力のない未成年者の親権者は，その直接的な監視下にない子の行動について，人身に危険が及ばないよう注意して行動するよう日頃から指導監督する義務がある」としつつ，両親は子に対する監督義務を尽くしていたとして，民法714条1項に基づく損害賠償責任を否定した。これまでの類似訴訟では，ほぼ親の監督責任が認められる傾向にあったが，この平成27年判決はその傾向を修正するものである。

に対し，民法709条または714条に基づき損害賠償を求めたものである。原審は，長男 Y_2 に対する請求は棄却したが，妻 Y_1 に対する請求は一部認容した。原告と被告 Y_1 から上告がなされたところ，最高裁は，妻 Y_1 敗訴部分を破棄し請求を棄却した（妻 Y_1 にも長男 Y_2 にも損害賠償責任はない）。

●最三小判平成28年3月1日自保ジャーナル1963号5頁
「(1) ア　民法714条1項の規定は，責任無能力者が他人に損害を加えた場合にはその責任無能力者を監督する法定の義務を負う者が損害賠償責任を負うべきものとしているところ，このうち精神上の障害による責任無能力者について監督義務が法定されていたものとしては，平成11年法律第65号による改正前の精神保健及び精神障害者福祉に関する法律22条1項により精神障害者に対する自傷他害防止監督義務が定められていた保護者や，平成11年法律第149号による改正前の民法858条1項により禁治産者に対する療養看護義務が定められていた後見人が挙げられる。しかし，保護者の精神障害者に対する自傷他害防止監督義務は，上記平成11年法律第65号により廃止された（なお，保護者制度そのものが平成25年法律第47号により廃止された。）。また，後見人の禁治産者に対する療養看護義務は，上記平成11年法律第149号による改正後の民法858条において成年後見人がその事務を行うに当たっては成年被後見人の心身の状態及び生活の状況に配慮しなければならない旨のいわゆる身上配慮義務に改められた。この身上配慮義務は，成年後見人の権限等に照らすと，成年後見人が契約等の法律行為を行う際に成年被後見人の身上について配慮すべきことを求めるものであって，成年後見人に対し事実行為として成年被後見人の現実の介護を行うことや成年被後見人の行動を監督することを求めるものと解することはできない。そうすると，平成19年当時において，保護者や成年後見人であることだけでは直ちに法定の監督義務者に該当するということはできない。
イ　民法752条は，夫婦の同居，協力及び扶助の義務について規定しているが，これらは夫婦間において相互に相手方に対して負う義務であって，第三者との関係で夫婦の一方に何らかの作為義務を課するものではなく，しかも，同居の義務についてはその性質上履行を強制することができないものであり，協力の義務についてはそれ自体抽象的なものである。また，扶助の義務はこれを相手方の生活を自分自身の生活として保障する義務であると解したとしても，そのことから直ちに第三者との関係で相手方を監督する義務を基礎付けることはできない。そうすると，同条の規定をもって同法714条1項にいう責任無能力者を監督する義務を定めたものということはできず，他に夫婦の一方が相手方の法定の監督義務者であるとする実定法上の根拠は見当たらない。

したがって，精神障害者と同居する配偶者であるからといって，その者が民法
714条1項にいう「責任無能力者を監督する法定の義務を負う者」に当たるとす
ることはできないというべきである。
ウ　第1審被告Y₁はAの妻であるが（本件事故当時Aの保護者でもあった
（平成25年法律第47号による改正前の精神保健及び精神障害者福祉に関する法
律20条参照）。），以上説示したところによれば，第1審被告Y₁がAを「監督す
る法定の義務を負う者」に当たるとすることはできないというべきである。
　また，第1審被告Y₂はAの長男であるが，Aを「監督する法定の義務を負
う者」に当たるとする法令上の根拠はないというべきである。
　(2)ア　もっとも，法定の監督義務者に該当しない者であっても，責任無能力
者との身分関係や日常生活における接触状況に照らし，第三者に対する加害行為
の防止に向けてその者が当該責任無能力者の監督を現に行いその態様が単なる事
実上の監督を超えているなどその監督義務を引き受けたとみるべき特段の事情が
認められる場合には，衡平の見地から法定の監督義務を負う者と同視してその者
に対し民法714条に基づく損害賠償責任を問うことができるとするのが相当であ
り，このような者については，法定の監督義務者に準ずべき者として，同条1項
が類推適用されると解すべきである［最一小判昭和58年2月24日裁判集民138
号217頁・判タ495号79頁参照］。その上で，ある者が，精神障害者に関し，こ
のような法定の監督義務者に準ずべき者に当たるか否かは，その者自身の生活状
況や心身の状況などとともに，精神障害者との親族関係の有無・濃淡，同居の有
無その他の日常的な接触の程度，精神障害者の財産管理への関与の状況などその
者と精神障害者との関わりの実情，精神障害者の心身の状況や日常生活における
問題行動の有無・内容，これらに対応して行われている監護や介護の実態など諸
般の事情を総合考慮して，その者が精神障害者を現に監督しているかあるいは監
督することが可能かつ容易であるなど衡平の見地からその者に対し精神障害者の
行為に係る責任を問うのが相当といえる客観的状況が認められるか否かという観
点から判断すべきである。」

判決の意義　　従来，民法714条1項本文の法定監督義務者としては，精神
上の障害のある者については成年後見人が挙げられてきたが，本判決はこれ
を否定し（なお，本件では成年後見人は選任されていない），「法定の監督義務
者に準ずべき者」に当たるかどうかを検討し，Y₁もY₂もこれに当たらな
いとしている[12]。「法定の監督義務者に準ずべき者」という概念自体は，本

12　本判決には木内道祥裁判官の補足意見と，岡部喜代子裁判官・大谷剛彦裁判官の意見が付され

判決が引用する最一小判昭和 58 年 2 月 24 日裁判集民 138 号 217 頁・判タ 495 号 79 頁に現れているが，その具体的な判断基準が示されたのは，本判決が初めてである。

なお，本判決は，精神上の障害のある者の法定監督義務者に関するものであり，責任能力のない未成年者の法定監督義務者の解釈は別論である。こちらに関しては，親権者が法定監督義務者に当たることは異論がない。

残された課題　本判決は，認知症患者の介護に従事する家族の第三者に対する責任を軽減したものであるが，他方，認知症患者が加害者となる不法行為の被害者（第三者）の救済はされない結果となる。本件に限れば，被害者は鉄道会社であるからそれほど違和感はないであろうが，個人が被害者となる場合[13]には大きな問題が残されたことになる。国家的な補償制度が望まれるが，それまでは生命保険等で自己防衛するほかないであろう。

監督義務の内容　民法 714 条 1 項本文に基づく責任無能力者の法定監督義務者の責任は，理論的には，監督義務懈怠（不作為）についての責任ではあっても，自己の行為についての責任ではない。したがって，（責任能力者による）権利侵害自体には，法定監督義務者に故意・過失はなく，ただ，監督義務懈怠によって他人（責任無能力者）による不法行為を誘起したという関係に立つにすぎない。

自転車事故　しかし，未成年者の惹起した自転車事故について言えば，裁判例が問題とする監督義務は，基本的な躾を含む一般的な監督義務ではなく，民法 709 条の監督義務，すなわち自転車事故の防止に向けられた具体的な監督義務を意味していると捉えることが可能である，と指摘されている[14]。

ている。裁判官 2 名の意見は，長男 Y_2 を「法定の監督義務者に準ずべき者」としながら，同人はその監督義務を怠っていなかったとして，民法 714 条 1 項ただし書きによる免責を認めるものである。

13　上記昭和 58 年判決の事案は，精神障害者で心神喪失の状況にあった男性が，自宅前路上で突然主婦に襲いかかり，重傷を負わせたもので，まさにそのようなケースであった。判決は，同居していた両親（父は 1 級の身体障害者，母は日雇仕事で生活を支えていた）に対し，民法 714 条の法定監督義務者またはこれに準ずべき者として責任を問うことはできないとした。

裁判例　　神戸地判平成 25 年 7 月 4 日判時 2197 号 84 頁は，A（当時 11 歳，小学 5 年生）が運転する自転車が歩行者 X と衝突した事故により，X が重傷を負った事案（植物状態に陥った）につき，A の唯一の親権者である母親 Y に対し，民法 714 条 1 項に基づき合計 9520 万円の損害賠償を命じている。母親が監督義務を尽くしていたかどうかについて，次のように判示している。

●神戸地判平成 25 年 7 月 4 日判時 2197 号 84 頁

　A は，本件事故当時 11 歳の小学生であったから，いまだ責任能力がなかったといえ，本件事故により原告 X に生じた損害については，A の唯一の親権者で，A と同居してその監護に当たり，監督義務を負っていた Y が，民法 714 条 1 項により賠償責任を負うものといえる。

　被告は，A に対し，日常的に自転車の走行方法について指導するなど監督義務を果たしていた旨主張するが，上記認定の F の加害行為および注意義務違反の内容・程度，また，被告は，A に対してヘルメットの着用も指導していたと言いながら，本件事故当時は A がこれを忘れて来ていることなどに照らすと，被告による指導や注意が奏功していなかったこと，すなわち，被告が A に対して自転車の運転に関する十分な指導や注意をしていたとはいえず，監督義務を果たしていなかったことは明らかであるといえ，被告の主張は採用できない。

---

5 − 未成年者に責任能力がある場合の親の責任

　責任能力が存在する未成年者による不法行為につき，監督義務者（親）に対して（民法 714 条によらずに）民法 709 条に基づく損害賠償責任を肯定するのが判例（最二小判昭和 49 年 3 月 22 日民集 28 巻 2 号 347 頁）[15] となっている。交通事故でも，親が加害車に対する運行支配を有していない場合や，物件損害について問題となりうる。

14　『赤い本 2015 年版（下）』15 頁以下〔村主〕。村主裁判官は，事故態様から未成年者の重大な過失が認められる場合，その事実は，親権者の指導監督が不十分であったことを推認させる重要な間接事実になること，事案によっては，親権者は口頭で注意するだけでは足りないと判断されるものがあることを指摘している。

15　事案は，中学 3 年生（15 歳）であった A が小遣い銭欲しさに，中学 1 年生の遊び友達 B を殺害して所持金を強奪したところ，A は当時責任能力を有していたというものである。B の母親が，（A とともに）A の両親に対して民法 709 条に基づき損害賠償を請求した。

> ●最二小判昭和 49 年 3 月 22 日民集 28 巻 2 号 347 頁
> 「未成年者が責任能力を有する場合であっても監督義務者の義務違反と当該未
> 成年者の不法行為によって生じた結果との間に相当因果関係を認めうるときは、
> 監督義務者につき民法 709 条に基づく不法行為が成立するものと解するのが相当
> であって、民法 714 条の規定が右解釈の妨げとなるものではない。」

民法 714 条ルートとの相違　　この民法 709 条ルートによる請求が，民法 714
条ルートによる請求と異なる点は，監督義務者の義務違反と当該未成年者の
不法行為によって生じた結果との間に相当因果関係が必要なことである。し
かし，この点は，従来，緩やかに解される傾向にあった。

最二小判平成 18 年 2 月 24 日　　最二小判平成 18 年 2 月 24 日裁判集民 219 号
541 頁・判タ 1206 号 177 頁は，その傾向に歯止めをかけたものである。事
案は，親権者の養育監護の下を離れた犯行当時 19 歳の少年らが，共同して
強盗傷人を行ったものであり，被害者が少年らの親権者に対し，監督義務違
反を理由に民法 709 条に基づき損害賠償を請求したものである。本判決は，
親権者が未成年者らに及ぼしうる影響力は限定的なものとなっており，監督
義務を尽くす手段も限定的となっていたとし，「本件事件に結びつく監督義
務違反」を否定した（請求を棄却した原審の判断を是認）。監督義務者の義務
違反は，あくまで具体的な結果との関係で論じられるべきものであることを
示唆するものである。

6 - 営造物責任（国家賠償法 2 条）概説

　　国家賠償法 2 条 1 項は，「道路、河川その他の公の営造物[16]の設置又は管

16　「公の営造物」とは，国または公共団体により設置・管理され，公の目的に供されている有体
　物または物的施設のことである（西埜章『国家補償法概説』（勁草書房・2008 年）109 頁）。信号
　機などもこれに当たる。「公共団体」とは，「国からその存在目的を与えられた公法人」であり，
　地方公共団体（地方自治法 1 条の 3），公共組合（土地改良区，土地区画整理組合など），特殊法
　人，独立行政法人などが含まれる（同書 30 頁）。民営化後の高速道路株式会社等はこれに該当し
　ない，と解されようか（東京地判平成 22 年 7 月 28 日 LLI/DB06530396）は棄却事案であるが，
　西日本高速道路株式会社に対して民法 717 条 1 項（土地工作物責任）に基づく損害賠償を請求し

理に瑕疵があつたために他人に損害を生じたときは、国又は公共団体は、これを賠償する責に任ずる」と規定している。営造物責任である。したがって，道路の設置または管理に瑕疵があったために交通事故が発生したときは，設置管理者である国または公共団体が損害賠償責任を負う。

設置または管理の瑕疵　「国家賠償法 2 条 1 項の営造物の設置または管理の瑕疵とは、営造物が通常有すべき安全性を欠いていることをいい、これに基づく国および公共団体の賠償責任については、その過失の存在を必要としない」（国道 56 号高知落石事件：最一小判昭和 45 年 8 月 20 日民集 24 巻 9 号 1268 頁・判タ 252 号 135 頁）[17]とされている。

客観説と義務違反説　設置または管理の「瑕疵」の意義について，学説は大きく客観説と義務違反説とに大別される。客観説は，「瑕疵」を公の営造物として通常有すべき安全性を欠いていることとする（有力学説は，さらに進めて，公の営造物により損害が発生したことが立証されれば瑕疵の存在を推定してよく，瑕疵の存在は設置または管理の瑕疵と推認してよいと主張する）。これに対し，義務違反説は，客観的注意義務違反（損害回避義務違反，安全確保義務違反）を営造物の設置または管理の瑕疵と捉える立場である。客観説においても管理者の過失的要素は考慮されるから（法文は「営造物の瑕疵」ではなく，「営造物の設置又は管理の瑕疵」と規定している），義務違反説との実質的

たケースである）。これに対し，公共団体該当性は形式的な面からではなく，実質的な観点から判断すべきであり，高速道路株式会社等にも公共団体該当性が認められることになるのではないか，との指摘も有力である（西埜章『国家賠償法コンメンタール［第 2 版］』（勁草書房・2014 年）820 頁以下）。最三小判平成 22 年 3 月 2 日裁判集民 233 号 181 頁・判タ 1321 号 74 頁の事案では，被告は，当初，日本道路公団とされていたが，途中で，同公団の権利義務を承継した東日本高速道路株式会社が訴訟引受けをしたところ（日本道路公団は脱退），原審（札幌高判平成 20 年 4 月 18 日自保ジャーナル 1739 号 2 頁）は，同高速道路株式会社に対し，国家賠償法 2 条 1 項に基づく損害賠償責任を認めていた。最高裁は，道路の設置または管理の瑕疵を否定し，原判決を破棄し，請求を棄却したので，高速道路株式会社の公共団体該当性に関する判断は示されていない。もっとも，民法 717 条 1 項の「土地工作物」の設置・保存の瑕疵の意義については，国家賠償法 2 条 1 項の「公の営造物」の設置・管理の瑕疵と同じに理解されてきたから，道路など「土地の工作物」に限れば結論は異ならないであろう。

17　国道 56 号の上方の私有地が崩壊し，道路を進行していた貨物自動車の運転席と助手席の上部に岩石が落下し，助手席に乗車していた者が即死した事故である。

な差は大きくないと思われる[18]。判例は客観説に立つものと理解されている。

瑕疵の有無の判断基準　国家賠償法2条1項にいう営造物の設置または管理に瑕疵があったとみられるかどうかは，当該営造物の構造，用法，場所的環境および利用状況等諸般の事情を総合考慮して具体的個別的に判断すべきものであり，当該事故が営造物の設置管理者において通常予測することのできない被害者の行動に起因するものであったときは，営造物につき本来それが具有すべき安全性に欠けるところがあったとはいえないから，そのような通常の用法に即しない行動の結果生じた事故について設置管理者は責任を負わない（神戸市道防護柵幼児転落事件：最三小判昭和53年7月4日民集32巻5号809頁・判タ370号68頁）[19]。

予見可能性　結果の予見可能性がない場合は「瑕疵」が否定されるが，予見可能性は定性的予見可能性[20]で足りる，とするのが裁判例の大勢である。飛驒川バス転落事件控訴審判決（名古屋高判昭和49年11月20日判タ295号153頁）は，定性的予見可能性説の立場から，自然現象の発生の危険が蓋然的に認められる場合であれば，これを通常予測しうるものといって妨げないから，その危険より道路の安全を確保する措置が講じられていなければ，道路管理に瑕疵があったものといえるとしている。予見可能性の不存在は被告（設置管理者）側が主張・立証しなければならない抗弁事実と解される（大阪国際空港騒音訴訟上告審判決：最一小判昭和56年12月16日判時1025号39頁）。

18　北河隆之「営造物管理責任について」交通法研究26号32頁以下。

19　6歳の男児が，道路の防護柵の上段手摺に後ろ向きに腰かけて遊ぶうち，誤って，4メートル下の高校の校庭に転落し，重傷を負った事故である。

20　「定性的」予見可能性に対置される概念は「定量的」予見可能性であるが，要するに，どこまで個別具体的な予見可能性が必要かということである。たとえば，土石流について，特定の場所で，どれだけの降雨量があれば土石流が発生するかというように，時期・場所・規模等により特定された具体的な予見可能性が定量的予見可能性である。飛驒川バス転落事件第一審判決（名古屋地判昭和48年3月30日判タ295号153頁）は，そのような立場から予見可能性を否定していた。これに対し，定性的予見可能性説では，そこまで特定された個別具体的な予見可能性は必要ではなく，当該場所を含む一定範囲において，台風等による大雨が降れば土石流が発生する蓋然性が認められるという程度の予見可能性で足りる。ただし，単なる一般的危惧感では足りない。

回避可能性　　結果の回避可能性がない場合にも「瑕疵」が否定される。最一小判昭和50年6月26日民集29巻6号851頁・判タ325号189頁[21]は，「本件事故発生当時，被上告人において設置した工事標識板，バリケード及び赤色灯標柱が道路上に倒れたまま放置されていたのであるから，道路の安全性に欠如があったといわざるをえないが，それは夜間，しかも事故発生の直前に先行した他車によって惹起されたものであり，時間的に被上告人において遅滞なくこれを原状に復し道路を安全良好な状態に保つことは不可能であったというべく，このような状況のもとにおいては，被上告人の道路管理に瑕疵がなかったと認めるのが相当である」としている。回避可能性の不存在も被告（設置管理者）側が主張・立証しなければならない抗弁事実と解される（国道43号訴訟事件：最二小判平成7年7月7日民集49巻7号1870頁・判タ892号124頁）[22]。

予算制約論　　道路等の人工公物に関しては，予算制約論は排斥されている（管理者側の抗弁にはならない）。前述の国道56号高知落石事件判決は，「本件道路における防護柵を設置するとした場合，その費用の額が相当の多額にのぼり，上告人県としてその予算措置に困却するであろうことは推察できるが，それにより直ちに道路の管理の瑕疵によつて生じた損害に対する賠償責任を免れうるものと考えることはできないのであり，その他，本件事故が不可抗力ないし回避可能性のない場合であることを認めることができない旨の原審の判断は，いずれも正当として是認することができる」と判示している。

21　県道上に，道路工事標識板，バリケード，赤色灯標識柱が倒れて散乱し，赤色灯も消えていたところ，そこを通過しようとした自動車の運転者が急拠ハンドルを切って衝突を免れたが，ハンドルを復元することができず，車は道路崖下に転落し，助手席の同乗者が死亡した事故である。
22　道路の設置管理者である国と阪神高速道路公団に対し，沿道の住民（道路端から50メートル以内に居住し，または居住していた者）が，道路を走行する自動車による騒音，振動，大気汚染によって被害を受けていると主張し，①一定基準値を超える騒音と二酸化窒素の居住敷地内への侵入の差止めと，②過去および将来の損害賠償を求めて提起した訴訟である。いわゆる供用関連瑕疵の事案である。

第1章　交通事故賠償法総論　　25

第2章——運行供用者・総論

1 運行供用者責任の発生要件

運行供用者責任　自動車事故の中でも人身事故（他人の生命または身体を害したとき）については，自賠法3条に民法709条の特則がある。一定の場合には免責が認められているから，運行供用者責任は完全な無過失責任ではないが，それに極めて近い厳格な責任といえる。

> **◆自賠法3条**
> 　自己のために自動車を運行の用に供する者は，その運行によつて他人の生命又は身体を害したときは，これによつて生じた損害を賠償する責に任ずる。ただし，自己及び運転者が自動車の運行に関し注意を怠らなかつたこと，被害者又は運転者以外の第三者に故意又は過失があつたこと並びに自動車に構造上の欠陥又は機能の障害がなかつたことを証明したときは、この限りでない。

責任主体　責任主体は「自己のために自動車を運行の用に供する者」であり，これは「運行供用者」と略称されている。運行供用者についての定義規定は置かれていない。

自動車[1]　「自動車」については自賠法2条1項に定義規定がある。そこでは道路運送車両法2条2項に規定する「自動車」から農耕用小型特殊自動車を除き，同条3項に規定する原動機付自転車を加えている。自転車は含まれない[2]。

具体例　エンジンがない電気自動車，超小型モビリティ[3]，鉄輪で走行す

1　自動車の定義については，『逐条解説』6〜7頁〔中西茂〕に詳述されている。
2　自転車加害人身事故には自賠法3条の適用はないので，民法709条，715条が適用されることになるが，近時，高額賠償事例が増えている。この問題については『判例でみる自転車トラブル（仮）』（平凡社）を出版する予定である。

るロードローラー，カタピラによって走行するクレーン車，ブルドーザー，ショベルローダー[4]，パワーショベル，戦車[5]，雪上車，スノーモービル，フォークリフト，ゴルフカートなども自賠法2条1項の「自動車」に含まれる。これに対し，電動アシスト自転車，電動シニアカーは含まれない。

◆道路運送車両法2条

　2項　この法律で「自動車」とは、原動機により陸上を移動させることを目的として製作した用具で軌条若しくは架線を用いないもの又はこれにより牽引して陸上を移動させることを目的として製作した用具であつて、次項に規定する原動機付自転車以外のものをいう。

　3項　この法律で「原動機付自転車」とは、国土交通省令で定める総排気量又は定格出力を有する原動機[6]により陸上を移動させることを目的として製作した用具で軌条若しくは架線を用いないもの又はこれにより牽引して陸上を移動させることを目的として製作した用具をいう。

行為態様　　行為態様は「その運行によって」と規定されている。このうちの「運行」については自賠法2条2項に定義規定があり，「人又は物を運送するとしないとにかかわらず、自動車を当該装置の用い方に従い用いること」とされている。

保護客体　　保護客体は「他人」の生命または身体である。そこで「他人」とは誰のことかが問題となる。判例は，加害者側に立つ，運行供用者・運転者以外の者をいうとしている。「運転者」については自賠法2条4項に定義規定が置かれている（自賠法2条4項によれば，運転者とは「他人のために自動

3　自動車よりコンパクトで小回りが利き，環境性能に優れ，地域の手軽な移動の足となる一人乗りまたは二人乗り程度の車両。

4　最二小判昭和48年7月6日裁判集民109号473頁・判タ300号207頁。

5　東京地判昭和52年9月27日交民10巻5号1372頁（ただし運行供用者責任は否定）。

6　道路運送車両法2条3項が規定する原動機付自転車の総排気量または定格出力につき，同法施行規則1条1項は，「内燃機関を原動機とするものであって、二輪を有するもの（側車付のものを除く。）にあっては総排気量0.125リットル以下、その他のものにあっては0.05リットル以下」，「内燃機関以外のものを原動機とするものであって、二輪を有するもの（側車付のものを除く。）にあっては、その定格出力は1.00キロワット以下、その他のものにあっては0.60キロワット以下」と規定している。

第2章　運行供用者・総論　　27

車の運転又は運転の補助に従事する者」である）。

人身損害　　他人に生じた人身被害（人損）のみが保護され，物件被害（物損）は保護されない。しかし，身体に密着し，かつ身体の機能の一部を代行するもの，具体的には，義肢・義眼・眼鏡（コンタクトレンズを含む）・補聴器・松葉杖等の用具の損傷は人身被害に含まれる（自賠責保険支払基準でもそのように規定されているところである）。

　着衣については見解が分かれているが，身体の機能の一部を代行するものではないから，消極に解すべきであろう。

2　自賠責保険とのリンク

自賠責保険から支払われる場合　　運行供用者責任は自動車損害賠償責任保険（自賠責保険，強制保険）とリンクしているところにも特色がある。

　すなわち，加害車両の「保有者」に運行供用者責任が発生する場合は，加害車両に付保されている自賠責保険から保険金もしくは損害賠償額が支払われるシステムとなっている（自賠法11条，16条1項）。裏からいえば，保有者に運行供用者責任が発生しなければ，——仮に民法709条に基づく損害賠償責任が発生したとしても——自賠責保険から保険金もしくは損害賠償額は支払われない。

無保険車　　しかし，自賠責保険に加入していない無保険車であっても，自賠法3条は適用されるので，運行供用者に運行供用者責任が発生することは当然である。この場合，被害者に対し自賠責保険から損害賠償額は支払われないが，政府保障事業の対象となる（自賠法72条1項）。

構内自動車　　道路以外の場所のみにおいて運行の用に供する，いわゆる構内自動車については，自賠責保険の締結は強制されていないが（自賠法10条，5条），構内自動車についても自賠法3条は適用される（最二小判昭和48年7月6日裁判集民109号473頁・判タ300号207頁）。

　なお，構内自動車が道路上で運行されている際に発生した人身事故につい

ては，同法72条1項後段括弧書きにかかわらず，政府保障事業が適用される（最三小判平成5年3月16日裁判集民168号21頁・判タ820号191頁）。

3 保有者

定　義　「保有者」とは，「自動車の所有者その他自動車を使用する権利を有する者で，自己のために自動車を運行の用に供する者」のことである（自賠法2条3項）。保有者は，運行供用者のうちでも，所有者に代表されるような，自動車を使用する正当な権利を有する者のことである。

車の所有者はもちろん保有者に当たるが，所有者Aから無償で車両の貸与を受けた友人Bも保有者となる。これに対し，無断でA社の所有車両を乗り出し，私用運転した従業員Bや，所有者Aから車両を盗み出し運転した泥棒Bは保有者ではない。すなわち，保有者は運行供用者よりも狭い概念であって，運行供用者の中には保有者と非保有者とがあることになる。

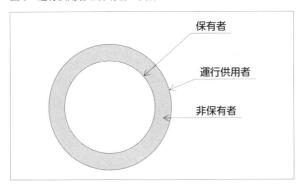

図3　運行供用者と保有者の関係

4 二元説・一元説

(1)　二元説

自賠法には「運行供用者」についての定義規定は置かれていない。立案担当者は，「通常自動車の所有者または使用者等のように，自動車の使用につ

いて支配権を有し，かつ，その使用によって利益を受ける者を指している」
と説明していた[7]。

　判例・通説は，運行供用者とは，事故を起こした車（加害車両）について
「運行支配」と「運行利益」が帰属する者をいうとしている。この見解を二
元説と称するが，自賠法3条の危険責任的側面から運行支配が，報償責任的
側面から運行利益が，判断基準として導かれるとされる。

　判例としての嚆矢はおそらく最三小判昭和43年9月24日裁判集民92号
369頁・判タ228号112頁であろうと思われるが（「運行」ではなく，「使用」
という言葉を用いているが），以降，多くの最高裁判決が出ており，確定判例
となっている。

●最三小判昭和43年9月24日裁判集民92号369頁・判タ228号112頁
　「自賠法3条にいう『自己のために自動車を運行の用に供する者』とは、自動
車の使用についての支配権を有し、かつ、その使用により享受する利益が自己に
帰属する者を意味する」。

　事案は，父親から自動車を借り受けて自己の営業に常時使用していた息子
が惹起した交通事故につき，父親は「自動車の運行自体について直接の支配
力を及ぼしえない関係にあった」として運行供用者に当たらないとしたもの
である。

　なお，この事案は，事故を惹起した息子に関しては，民法709条との関係
で，「既に先行車に続いて追抜態勢にある車は、特別の事情のないかぎり、
並進する車が交通法規に違反して進路を変えて突然自車の進路に近寄ってく
ることまでも予想して、それによって生ずる事故の発生を未然に防止するた
め徐行その他避譲措置をとるべき業務上の注意義務はない」として，民事事
件につき信頼の原則を認めた判例でもある。

中間項　　運行支配・運行利益の概念は，運行供用者該当性を判断する際の
メルクマールにすぎず，いわば中間項であって，主要事実ではない。

7　当時は，保有者以外の者（無断運転者，泥棒運転者など）が運行供用者となりうることは想定
　されていなかったようである。

(a) 運行支配の内容

加害車両の運行を指示・制御すべき立場　　運行支配の内容について，判例は，当初，（直接の）支配力（最二小判昭和 39 年 12 月 4 日民集 18 巻 10 号 2043 頁，最三小判昭和 43 年 9 月 24 日裁判集民 92 号 369 頁，最二小判昭和 44 年 1 月 31 日裁判集民 94 号 155 頁），客観的支配（最二小判昭和 44 年 9 月 12 日民集 23 巻 9 号 1654 頁，最二小判昭和 43 年 10 月 18 日判タ 228 号 115 頁）と捉えていたが，その後は「加害車両の運行を指示・制御すべき立場（地位）」とするものが多いようである（最一小判昭和 45 年 7 月 16 日裁判集民 100 号 197 頁・判時 600 号 89 頁，最一小判昭和 47 年 10 月 5 日民集 26 巻 8 号 1367 頁・判タ 285 号 158 頁，最一小判昭和 48 年 12 月 20 日民集 27 巻 11 号 1611 頁・判時 737 号 40 頁など）。

　中には，従来の運行支配の概念を用いずに，「自動車の運行を事実上支配，管理することができ，社会通念上自動車の運行が社会に害悪をもたらさないよう監視、監督すべき立場」にあるかをメルクマールとする判決もある（最三小判昭和 50 年 11 月 28 日民集 29 巻 10 号 1818 頁・判タ 330 号 258 頁〔→62〜63 頁〕）が，同判決は，運行支配の内容を「加害車両の運行を指示・制御すべき立場（地位）」と捉える一連の判決の延長線上に位置付けることができよう。

事故を防止すべき責任を負う者　　共同運行供用者の他人性に関するリーディングケースの 1 つである最二小判昭和 57 年 11 月 26 日民集 36 巻 11 号 2318 頁・判タ 485 号 65 頁が，車に同乗していた被害者（所有者）は「事故の防止につき中心的な責任を負う所有者として同乗していた」のであるから，特段の事情のない限り，自賠法 3 条本文の「他人」には当たらないとしていること，最二小判平成 9 年 10 月 31 日民集 51 巻 9 号 3962 頁・判タ 959 号 156 頁が，運転代行を依頼していた場合には，「事故の発生を防止する中心的な責任」は運転代行業者が負うとし，同乗していた（準）所有者は自賠法 3 条本文の「他人」に当たるとしていることも考え併せると，「運行供用者」とは，「事故を防止すべき責任を負う者」のことであるといえよう。

事実概念から規範的概念へ　　運行支配の概念は，当初の端的な事実概念から，規範的概念（「……すべき」といった当為の問題として捉える）へと推移，

変質してきた。そのため，運行供用者概念の外延（範囲）は広がったが，内包（中身）は大変希薄になり，実質的判断基準として機能していないと批判されるに至る。

学　説　学説は，運行支配に代わるさまざまな運行供用者概念を提唱したが[8]，いずれも二元説に代わりうる明確な基準とはなりえていないように思われる。多くの判例が蓄積されている現在，抽象論よりも，運行支配を中心に据えた二元説に依拠しつつ，類型的な整理・考察を行うほうが有益であろう。

容　認　車両を第三者が運転している最中に事故を起こした場合において，当該車両に同乗していない（間接占有している）保有者と目される者の，当該車両に対する運行支配の有無については，保有者と目される者が当該第三者の運転を「容認」していたかどうかが，運行支配の有無のメルクマールとなると考えられる（最二小判平成 20 年 9 月 12 日裁判集民 228 号 639 頁・判タ 1280 号 110 頁〔→43～46 頁〕）。この「容認」は，通常は，賃貸（レンタル）・使用貸借などのような，いわば「主観的容認」であるが，無断運転・泥棒運転においては「客観的容認」であることもある。

(b) 運行利益の内容

「運行支配」の抽象化に伴い，運行利益もまた抽象的に捉えられるようになっている。無断私用運転中の事故であっても，無断運転者の運行を全体として客観的に観察するときは，運行利益は所有者に帰属しているとした，最一小判昭和 46 年 7 月 1 日民集 25 巻 5 号 727 頁・判タ 266 号 176 頁は，その一例である。

8　学説は，危険性関連説，保有者管理地位説，人的物的管理責任説，決定可能性説，制御可能性説，支配管理可能性説，最安価事故回避者説，賠償責任回避可能性説，損害回避義務違反説，運行関与者説，供用支配一元説など，運行支配に代わるさまざまな運行供用者概念を提唱している（学説については木宮高彦＝羽成守＝坂東司朗＝青木荘太郎『注釈 自動車損害賠償保障法［新版］』（有斐閣・2003 年）39 頁以下，供用支配一元説については藤村和夫『交通事故Ⅰ責任論』（信山社・2012 年）33 頁以下を参照）。

(2) 一元説

　これに対し，運行供用者のメルクマール（判断基準）としては「運行支配」一本を用い，「運行利益」は運行支配の一徴表（事実を証明する材料）として位置づける考え方が一元説である。判例は現在も基本的には二元説を維持しているが，実際には運行支配を中心に判断しており，大差はない。

　一元説は自賠法 3 条を，報償責任に依拠する民法 715 条とは非連続なもの，危険責任に依拠する同法 717 条，718 条と連続性のあるものとして捉えるのである。

5 事実説（具体説・請求原因説）

　最三小判昭和 39 年 2 月 11 日民集 18 巻 2 号 315 頁・判タ 160 号 69 頁のように，被害者＝原告側が，①自動車の所有者と第三者との間の密接な関係の存在，②日常の自動車の運転状況，③日常の自動車の管理状況等の具体的事実を主張立証しなければならない，とする立場は，具体説＝請求原因説と呼ばれる。この立場は，運行供用者概念を事実概念として把握するものである（事実説）。

●最三小判昭和 39 年 2 月 11 日民集 18 巻 2 号 315 頁・判タ 160 号 69 頁

　「一審判決を引用する原判決の確定したところによれば，上告組合は，本件事故当時自動車 4 台を所有し，係運転手に対しては終業時に自動車を車庫に格納した上自動車の鍵を当直員に返還させる建前をとり，終業時間外に上司に無断で自動車を使用することを禁じていたけれども，右自動車及び鍵の管理は従来から必らずしも厳格ではなく，係運転手において就業時間外に上司に無断で自動車を運転した例も稀でなく，また，かゝる無断使用を封ずるため上告組合において管理上特段の措置を講じなかつたこと，上告組合の運転手である甲は，本件事故前日の昭和 35 年 8 月 13 日正午過頃本件自動車を一旦車庫に納め自動車の鍵を当直員に返納したが，たまたま同日相撲大会に参加するため汽車で盛岡に赴くことになつていたところ，乗車時間に遅れそうになつたので本件自動車を利用して乗車駅の水沢駅まで行こうと考え，同日午後 1 時半頃組合事務室の机上にあつた本件自動車の鍵を当直員や上司に無断で持ち出した上，右自動車を運転して水沢に赴き自動車修理工場を営む乙方に預け，翌 14 日夜盛岡からの帰途同工場に立寄り本件自動車を運転して帰る途中，原判示の事故を起したというのである。そして，

第 2 章　運行供用者・総論　　33

> 原審は、自動車損害賠償保障法の立法趣旨並びに民法715条に関する判例法の推移を併せ考えるならば、たとえ事故を生じた当該運行行為が具体的には第三者の無断運転による場合であつても、自動車の所有者と第三者との間に雇傭関係等密接な関係が存し、かつ日常の自動車の運転及び管理状況等からして、客観的外形的には前記自動車所有者等のためにする運行と認められるときは、右自動車の所有［者］は『自己のために自動車を運行の用に供する者』というべく自動車損害賠償保障法3条による損害賠償責任を免れないものと解すべきであるとし、前記認定の上告組合と甲との雇傭関係、日常の自動車の使用ないし管理状況等によれば、本件事故発生当時の本件自動車の運行は、甲の無断運転によるものにせよ、客観的外形的には上告組合のためにする運行と認めるのが相当であるから、上告組合は同法3条により前記運行によつて生じた本件事故の損害を賠償すべき義務があると判断しているのであり、原審の右判断は正当である。」

6 法的地位説（抽象説・抗弁説）

これに対し，運行供用者概念を法的概念（法的地位）として把握し（法的地位説），当該具体的運行前に，運行供用者は抽象的に決まっており（抽象説），当該車両の所有権を取得した者や賃借権を取得した者は，当該具体的運行時においても運行支配を有しているものと推定され，被告側において，

図4　法的地位説の考え方

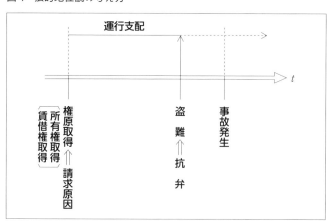

運行支配を喪失させる事実（これが問題であるが，たとえば，他への車の譲渡引渡とか，盗難とか，従業員の無断乗り出し等）を主張立証しない限り，運行供用者責任を免れない（抗弁説），という考え方がある。

　現在の下級審裁判所は抗弁説に基づいて審理しており，最高裁も黙示で抗弁説を承認しているといっても過言ではないといわれている[9]。

抗弁説の限界　　抗弁説は，所有権などの明確な利用権を有する者の運行供用者該当性を判断する際には適切であるが，明確な利用権を有しない者（窃取車両についての泥棒，子が所有する車両についての親，従業員のマイカーについての会社，レンタカーの同乗者など）の運行供用者該当性を判断する際には具体説によらざるをえない。

> **【「その運行」の読み方】**
> 　具体説は，自賠法3条の文言中の「その運行」を「自己のための運行」と読み，当該事故の原因となった具体的運行に対する運行支配の帰属する者を運行供用者とするものであり，抽象説は，「その運行」を「その自動車の運行」と読むことにより，当該事故の原因となった具体的運行と切り離して，当該事故の原因となった具体的運行が開始される前の段階で，一般的に（抽象的に）その自動車に対する運行支配の帰属する者を運行供用者とするものである，と説明される。しかし，あまりわかりやすい説明ではないであろう。

7　規範的要件説

　抗弁説を理論的に洗練させた見解である。運行供用者とは「事故を抑止すべき立場を有する者」と捉え，原告側は，被告がそのような立場を有する者であったと評価される事実（評価根拠事実）を主張立証することを要し，被告側が，そのような立場を有する者であったという評価を障害する事実（評価障害事実）を主張立証することを要する[10]。抗弁説の運用と同様に，原告が当該自動車の所有権者であるとか賃借権者であった（使用権限があった）

9　『民事弁護と裁判実務』161頁〔南敏文〕。
10　塩崎勤編『現代民事裁判の課題(8)』（新日本法規出版・1989年）102頁以下〔加藤新太郎〕。

第2章　運行供用者・総論　　35

と主張立証すれば，被告が事故を抑止すべき立場にあった者であることが経験則上推認される。

　抗弁説は，立証責任の分配に関する法律要件分類説からみるとやや難点があるため，過渡期的には，抗弁説の処理を維持しつつ法律要件分類説との整合性を意図した説として間接反証説も登場したが，現在では，運行供用者概念を過失概念と同じように規範的要件と捉える規範的要件説が正当であろう。

8 証明責任

　原告側は，請求原因として，①当該自動車の運行により原告の生命または身体が害されたこと，②被告が事故を防止すべき責任を負う者（事故を抑止すべき立場を有する者）であったこと，③損害の発生および額，④運行による生命侵害または身体侵害と損害との因果関係を主張立証すべきことになる。要件②については，通常は，被告が（当該事故より前に）所有権・賃借権等の使用権限を取得したことを主張立証すれば足り（これにより事故時に運行支配を有していたことが推認される），被告が抗弁として（当該事故より前に）運行支配を喪失していたこと（泥棒運転，無断運転，譲渡等が問題となる）を主張立証する必要がある。

　しかし，原告が，所有権・賃借権などの使用権限を有する者以外の者を被告として自賠法3条に基づき損害賠償請求を行う場合には，具体説に拠らざるをえないので，被告が事故時に運行支配を有していた（事故を防止すべき責任を負う者であった）と評価される事実（評価根拠事実）を主張・立証すべきことになる。これに対し，被告側は，抗弁として，そのような評価を障害する事実（評価障害事実）を主張・立証すべきことになる。

9 請求権競合

　運行供用者が事故を惹起した運転者の使用者でもある場合は，自賠法3条に基づく損害賠償責任と民法715条（使用者責任）に基づく損害賠償責任とは請求権競合となる。運行供用者に過失があり，同法709条（一般不法行為責任）に基づく損害賠償責任が生じる場合も同様である。

10 運行供用者責任と責任能力

　民法712条，713条が運行供用者責任について適用されるかは見解が分かれる。自賠法4条により，運行供用者責任にも民法712条，713条が適用されると解するのが条文に忠実と思われるが，運行供用者責任の免責事由は自賠法3条ただし書きに限定されていると考えることもできる。

裁判例　　運転者が突然クモ膜下脳出血によって心神喪失状態に陥って発生した事故につき，免責三要件（→102～105頁）を充たさないので自賠法3条ただし書きの適用による免責が認められる余地はないとしながら，「不可抗力」として免責が認められるかを検討し，心神喪失は原則として免責事由には当たらないとした裁判例（新潟地判平成7年11月29日交民28巻6号1638頁），糖尿病に罹患していた運転者が，運転中に無自覚性低血糖により意識が不明瞭となり惹起した事故につき，民法713条は自賠法3条の運行供用者責任には適用されないとした裁判例（東京地判平成25年3月7日判タ1394号250頁）がある。

実務・学説の方向性　　運行供用者については民法712条，713条は適用されないとの考え方が大勢である[11]。運転者については自賠法3条ただし書きの免責要件との関係で問題となるが，そこでも消極説が大勢である。

11　樫見由美子「自賠法における責任無能力者の問題」交通法研究42号22頁以下。

第2章　運行供用者・総論　37

第3章――運行供用者・各論

1 - 所有者

　車の所有者が一般的に運行支配を有していることは，誰も異論がないであろう。問題は所有者が車を第三者に有償もしくは無償で貸し出したり，従業員等に無断運転されたり，盗まれたりして，車を直接占有していない時に事故が発生する場合である。前述した法的地位説に従えば，どのような事実が運行支配の喪失原因事実となるか（抗弁事実たりうるか），という問題である。

1 レンタカー業者（有償貸出）

原　　則　レンタカー業者からレンタルを受けた客（借受人）が事故を起こした場合，レンタカー業者は原則として運行供用者となる（最一小判昭和50年5月29日裁判集民115号33頁・判時783号107頁，最三小判昭和46年11月9日民集25巻8号1160頁・判タ269号100頁）。レンタカー業者には経済的な運行利益もあるし，レンタカー業者と借受人は貸渡契約で結合しており，約束の期限に返車されるのであるから，レンタカー業者の運行支配は貸し出し中も継続していると考えられる。
　この場合，借受人も運行供用者と考えられるので，運行供用者（保有者）は複数存在することになる。

運行支配喪失原因事実　しかし，契約上の返還期間を著しく徒過したり，借受人がレンタカー業者に無断で第三者に転貸して全く自由に運転させたりした場合には，レンタカー業者の運行支配は失われ，その後は運行供用者ではなくなると考えられる。

裁判例　約定の返還期限をどの程度徒過すると運行支配が消滅するかは，他の事実との相関関係もあって一概にはいいにくい。神戸地判平成10年3

月 19 日交民 31 巻 2 号 377 頁は約定の返還時間の 6 時間余り後に，借受人の就寝中に車を持ち出した同居人が発生させた事故につき，和歌山地判平成 6 年 12 月 20 日交民 27 巻 6 号 1858 頁は約 55 時間後に借受人が発生させた事故につき，いずれも業者の運行支配は喪失していないとして運行供用者責任を肯定している。

これに対し，大阪地判昭和 62 年 5 月 29 日判タ 660 号 203 頁は，返還予定日（当日返還の約定）の 25 日経過後に，借受人から無断転貸を受けた者が起こした事故につき，レンタカー業者の運行供用者責任を否定している。他方，大阪地判平成 5 年 9 月 27 日交民 26 巻 5 号 1215 頁は，返還期日から 4 か月余り後に，借受人の友人が運転中に起こした事故について，業者の運行支配は失われていないとして運行供用者責任を肯定している。

2 使用貸借の貸主 (無償貸出)

原　　則　車の所有者から無償で車を借り受けた者が事故を起こした場合も，原則として貸主（所有者）は運行供用者となる。この場合，貸主には経済的な利益はないが，一般的に，使用貸借の当事者間には密接な人的関係が存在しており，借主が返還を約束している以上，運行支配は貸出中も継続していると考えられる。この場合，借受人も運行供用者と考えられるので，運行供用者（保有者）は複数存在することになる。

元被用者　人的関係に着目すると，最三小判昭和 46 年 1 月 26 日民集 25 巻 1 号 102 頁・判タ 260 号 212 頁は，車の所有者（雇い主）が，退職直後の被用者に無償で 2 日後に返還を受ける約束のもとに所有車両を貸し出したところ，被用者が返還するために運行中に起こした事故につき，所有者は運行支配を失わないとした。

代　　車　最三小判昭和 46 年 11 月 16 日民集 25 巻 8 号 1209 頁・判タ 271 号 180 頁は，自動車販売会社が顧客に販売した中古車の整備等を終えるまでの 10 日余りの間，販売車の納車と引き換えに返却してもらうとの約定で顧客に代車を提供したところ，顧客の被用者がその代車で起こした事故につい

て，自動車販売会社は運行供用者に当たるとした[1]。

子の友人・親戚　最三小判昭和 53 年 8 月 29 日交民 11 巻 4 号 941 頁は，父親（沖縄県在住）がその所有車両を息子（熊本市内に下宿）に貸与していたところ，息子からさらに貸与を受けた友人が起こした事故について，父親は運行供用者である地位を失わないとした。最三小判昭和 46 年 1 月 26 日裁判集民 102 号 137 頁・判時 621 号 35 頁は，車の所有者の近所に居住している姻族関係にあった者が，所有者の家人に借りる旨を告げて（所有者の承諾は得ていない），車を乗り出して私用運転中に発生した事故につき，所有者は運行支配を失っていないとした。

友人夫妻　最三小判昭和 48 年 1 月 30 日裁判集民 108 号 119 頁・判時 695 号 64 頁は，車の所有者が友人夫妻に，休日のドライブという一時的な目的で車を貸与し，夫妻が被用者に運転させてドライブに出かけたところ，被用者の過失により発生した事故について，車の所有者は運行供用者に当たるとした。

最一小判平成 9 年 11 月 27 日　もっとも，ここでも，予定された返還期間を著しく徒過したり，借受人が貸与者に無断で第三者に転貸して全く自由に運転させたりした場合には，貸与者（所有者）の運行支配は失われ，その後は運行供用者ではなくなると考えられる。

　この点，2 時間後に返還するとの約束で，友人に所有車両を無償貸与したところ，友人が車を返還せず，約 1 か月後に発生させた事故につき，貸与者（所有者）は，本件事故当時，何ら車の運行を指示，制御しうる立場になかったとして，貸与者の運行供用者責任を否定した最一小判平成 9 年 11 月 27 日裁判集民 186 号 227 頁・判タ 960 号 95 頁が参考となる。

> **●最一小判平成 9 年 11 月 27 日裁判集民 186 号 227 頁・判タ 960 号 95 頁**
> 「原審［東京高判平成 6 年 6 月 15 日交民 27 巻 3 号 555 頁］の確定した事実関

1　代車所有者（貸主）の運行供用者責任を肯定した例として東京地判平成 14 年 10 月 24 日判時 1805 号 96 頁が，否定した例として東京地判平成 7 年 12 月 14 日判タ 909 号 214 頁がある。

係によれば、(1) 本件自動車の所有者である X は、平成 3 年 12 月 10 日、友人である甲野太郎に対して、2 時間後に返還するとの約束の下に本件自動車を無償で貸し渡したところ、甲野は、右約束に反して本件自動車を返還せず、約 1 箇月間にわたってその使用を継続し、平成 4 年 1 月 11 日、本件自動車を運転中に本件事故を起こした、(2) 甲野は、本件自動車を長期間乗り回す意図の下に、2 時間後に確実に返還するかのように装って X を欺き、本件自動車を借り受けたものであり、返還期限を経過した後は、度々 X に電話をして、返還の意思もないのにその場しのぎの約束をして返還を引き延ばしていた、(3) X は、甲野から電話連絡を受けた都度、本件自動車を直ちに返還するよう求めており、同人による使用の継続を許諾したものではなかったが、自ら直接本件自動車を取り戻す方法はなく、同人による任意の返還に期待せざるを得なかった、というのであり、以上の点に関する原審の事実認定は、原判決挙示の証拠関係に照らして首肯することができる。そして、右事実関係の下においては、本件事故当時の本件自動車の運行は専ら甲野が支配しており、X は何らその運行を指示、制御し得る立場になく、その運行利益も X に帰属していたとはいえないことが明らかであるから、X は、自動車損害賠償保障法 3 条にいう運行供用者に当たらないと解するのが相当である。」

貸主の責任否定要素　　上記平成 9 年判決に関連して，山崎秀尚判事は，下級審裁判例を検討した上で，返還期限を徒過した後に借主が交通事故を起こした場合に，貸主の責任否定要素として考慮されている要素として，①貸主と借主の人的関係の希薄性の程度，②借主と運転者の不一致，③使用内容に関する欺罔行為の有無，④貸主の意思と現実の使用との不一致の有無・程度，⑤返還期限徒過後の経過時間の程度，⑥借主側の運行費用の負担の有無・程度，⑦運行態様に対する貸主の指示とその違反の程度，⑧返還に対する貸主の努力の有無・程度を挙げている[2]。

　上記平成 9 年判決では，③④⑤⑧の要素が考慮されていると思われるが，⑧の要素については努力不足ではないか（警察への届出や相談をしていない）との指摘がある[3]。

2　山崎秀尚「返還約束徒過後の貸主の運行供用者責任について」判タ 1024 号 31 頁。
3　山口裕博「判評」判例評論 476 号 43 頁（判時 1646 号 221 頁）。

3 無断運転

最三小判昭和39年2月11日　　車の所有者に無断で，被用者や親族が車を乗り出し，私用運転中に事故を起こした場合はどうであろうか。具体説・事実説の先例として紹介した最三小判昭和 39 年 2 月 11 日民集 18 巻 2 号 315 頁・判タ 160 号 69 頁（→33〜34 頁）は，農協の運転手が農協の所有車両を無断で乗り出し，私用運転中に事故を起こしたケースで，所有者である農協の運行供用者責任を肯定したものである。

　昭和 39 年判決のケースでは，車の所有者と無断運転者との間には密接な人的関係として雇用契約が存在し，私用運転後は車の返却が当然予定されていた。このような場合には，被用者による無断運転中も車の所有者の運行支配は失われないと考えられる。被用者の無断私用運転による使用者（所有者）の運行供用者責任を肯定した判例は，このほかにも多くのものが存在する（最一小判昭和 46 年 7 月 1 日民集 25 巻 5 号 727 頁・判タ 266 号 176 頁，最一小判昭和 52 年 9 月 22 日裁判集民 121 号 281 頁，最二小判昭和 44 年 9 月 12 日民集 23 巻 9 号 1654 頁・判タ 240 号 143 頁（ただし，後述の自動車修理業者の事案であり，修理業者が預かり保管中の自動車をその被用者が無断運転中に惹起した事故につき，修理業者の運行供用者責任が認められたもの），最一小判昭和 42 年 11 月 30 日民集 21 巻 9 号 2512 頁・判タ 215 号 94 頁（ただし，加害車は被告会社代表取締役個人の所有車両），最二小判昭和 41 年 4 月 15 日裁判集民 83 号 201 頁ほか）。

　そうすると，被告の抗弁事実としては，被用者の無断私用運転であるとの事実だけでは足りないことになる。最二小判昭和 44 年 9 月 12 日民集 23 巻 9 号 1654 頁・判タ 240 号 143 頁は，所有者ではない自動車修理業者の運行供用者責任に関するものであるが，間接反証説の立場からこのことを明らかにしている（括弧書きに注意）。

> ●最二小判昭和 44 年 9 月 12 日民集 23 巻 9 号 1654 頁・判タ 240 号 143 頁
> 　「原審の適法に確定したところによれば，本件事故は，自動車修理業を営む X が訴外京都共盛市場運輸企業組合から修理のため預かり保管中の加害自動車を，X の被用者である訴外 A が運転中に引き起こしたものであるというのであると

ころ、一般に、自動車修理業者が修理のため自動車を預かつた場合には、少なくとも修理や試運転に必要な範囲での運転行為を委ねられ、営業上自己の支配下に置いているものと解すべきであり、かつ、その被用者によつて右保管中の車が運転された場合には、その運行は、特段の事情の認められないかぎり（被用者の私用のための無断運転行為であることは、原審認定のような事情のもとでは、ここにいう特段の事情にあたらない。）、客観的には、使用者たる修理業者の右支配関係に基づき、その者のためにされたものと認めるのが相当であるから、Ｘは、本件事故につき、自動車損害賠償保障法３条にいう自己のために自動車を運行の用に供する者としての損害賠償責任を免れない」。

抗弁事実　そうなると，被告は抗弁としてどのような事実を主張・立証すればよいのかが問題となる。この点につき，井上繁規判事は，裁判例を検討した上で，被用者の無断私用運転につき使用者の運行供用者責任の有無を判断する主な類型的要素として，使用者と無断私用運転者との間に雇用ないしこれに準じる関係が存在することを前提要件として，①自動車の所有者（使用者であるか被用者ないし第三者であるか）と自動車の業務用使用の頻度・形態，②被用者の平素の担当業務と自動車運転との密着度，③使用者の被用者に対する指揮監督と自動車（および鍵）の管理に関する過失の内容・程度，④好意同乗者が負傷して賠償請求をしている場合には，好意同乗者と被用者・使用者との人間関係の密着度，⑤無断乗り出し態様の悪質性と目的の業務非関連性の度合い，⑥好意同乗者が被用者による無断私用運転であることを認識した度合いあるいは無断私用運転を慫慂した度合い，⑦無断乗り出しから事故発生までの時間的場所的近接度，⑧短時間内における返還予定の有無を挙げている[4]。

　なお，無断運転者自身も運行供用者（ただし，非保有者）となることは当然である。

最二小判平成 20 年 9 月 12 日　無断運転における運行支配を考える際に参考となる判例が出されている（最二小判平成 20 年 9 月 12 日判タ 1280 号 110 頁）。

4　井上繁規「被用者の無断私用運転」判タ 625 号 42～43 頁，48 頁。

図5 最二小判平成 20 年 9 月 12 日の図解

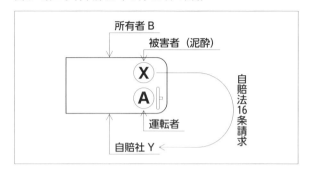

事案は，X（女性）が父親Bの所有車両を運転して親しい関係にあったA（男性）を同乗させてバーに赴き，自動車のキーをバーのカウンターの上に置いたまま泥酔して寝込んでしまったため，A（無免許かつ飲酒状態）がXを自動車に運び込み，上記キーを使用して自宅に向けて運転中に事故を起こし，同乗していたXが負傷したというものである。Xが自動車の自賠責保険会社（自賠社）Yに対し，自賠法16条に基づく損害賠償額の支払いを求めて提訴した。

原審の判断　原審（名古屋高判平成19年3月22日交民41巻5号1095頁）は，XにはAに対して本件自動車の運転を依頼する意思がなく，Xは泥酔していて意識がなかったため，Aが本件自動車を運転するについて指示はおろか，運転していること自体認識していないことなどから，Xの本件自動車に対する運行支配はなかったというべきであり，そうすると，Xを介して存在していたBの運行支配も本件事故時には失われていたとして，Bは運行供用者に当たらないとして，Xの請求を棄却した。

最高裁の判断　Xが上告したところ，最高裁は原判決を破棄し，差し戻した。

●最二小判平成 20 年 9 月 12 日裁判集民 228 号 639 頁・判タ 1280 号 110 頁
「前記事実関係によれば，本件自動車はXの父親であるBの所有するものであ

るが、Xは実家に戻っているときにはBの会社の手伝いなどのために本件自動車を運転することをBから認められていたこと、Xは、親しい関係にあったAから誘われて、午後10時ころ、実家から本件自動車を運転して同人を迎えに行き、電車やバスの運行が終了する翌日午前0時ころにそれぞれの自宅から離れた名古屋市内のバーに到着したこと、Xは、本件自動車のキーをバーのカウンターの上に置いて、Aと共にカウンター席で飲酒を始め、そのうちに泥酔して寝込んでしまったこと、Aは、午前4時ころ、Xを起こして帰宅しようとしたが、Xが目を覚まさないため、本件自動車にXを運び込み、上記キーを使用して自宅に向けて本件自動車を運転したこと（以下、このAによる本件自動車の運行を『本件運行』という。）、以上の事実が明らかである。そして、Xによる上記運行がBの意思に反するものであったというような事情は何らうかがわれない。

これらの事実によれば、<u>Xは、Bから本件自動車を運転することを認められていたところ、深夜、その実家から名古屋市内のバーまで本件自動車を運転したものであるから、その運行はBの容認するところであったと解することができ、また、Xによる上記運行の後、飲酒したXが友人等に本件自動車の運転をゆだねることも、その容認の範囲内にあったと見られてもやむを得ないというべきである。</u>そして、Xは、電車やバスが運行されていない時間帯に、本件自動車のキーをバーのカウンターの上に置いて泥酔したというのであるから、Aが帰宅するために、あるいはXを自宅に送り届けるために上記キーを使用して本件自動車を運転することについて、Xの容認があったというべきである。そうすると、<u>BはAと面識がなく、Aという人物の存在すら認識していなかったとしても、本件運行は、Bの容認の範囲内にあったと見られてもやむを得ないというべきであり、Bは、客観的外形的に見て、本件運行について、運行供用者に当たると解するのが相当である。</u>」

最高裁は、Xが私用のために実家から名古屋市内のバーまで本件自動車を運転した運行は車両所有者B（Xの父親）の「容認」の範囲内にあり、Xが飲酒後に友人等に運転を委ねることもBの「容認」の範囲内にあるとみられてもやむをえないとしている。そして、Xは泥酔して意識がなかったけれども、その状況から見て、Aが運転することについてXの「容認」があったというべきであるとして、二段階の「容認」により、「客観的・外形的」に見て、Bが運行供用者に当たるという結論を導き出した。

Xの「他人」性の問題　　自判せずに差し戻した理由は、B（保有者）に対す

第3章　運行供用者・各論　　45

る関係において X が自賠法 3 条の「他人」に当たるかどうかついて審理を
尽くさせるためであった。差戻し控訴審である名古屋高判平成 21 年 3 月 19
日交民 41 巻 5 号 1097 頁では，事故車を運転していた A も（所有者である B
と並んで）保有者であるとされたが，X は，B および A のいずれに対する関
係においても「他人」に当たらないとして，請求が棄却されている（→98 頁）。

運行支配と「容認」との関係　　上記平成 20 年判決によれば，無断運転され
た所有者の当該車両に対する運行支配とは，他人が当該車両を運転すること
を「容認」していることである。そして，この「容認」には主観的容認（当
該車両を有償・無償で他人に使用させる場合がこれに当たる）と客観的容認（主
観的な容認はないけれども，客観的・外形的には容認していると評価されてもや
むをえない事情がある場合）とがあり，これにより無断運転・泥棒運転まで含
めて整合的に説明することができる。

4 泥棒運転

原　　則　　無断運転の場合には，無断運転者と車の所有者との間に，雇用
関係とか身分関係とかの人的関係が存在していたため，それを媒介として，
加害車両に対する所有者の運行支配が認められやすいが，泥棒運転のケース
では，そのような人的関係が存在しない。

　また，無断運転の場合には，無断運転者は私用運転後，車を所有者のもと
に返還する意思を有していることが普通であり，これも所有者の運行支配が
認められやすい要素の 1 つである。ところが，泥棒運転のケースでは，泥棒
が使用後に車両を返還する意思を有しているとは通常考えられない。

　したがって，泥棒運転のケースでは，車を盗まれた時点で，原則として所
有者の運行支配は失われ，その後に泥棒が起こした事故について，所有者は
運行供用者責任を負わない。

最一小判昭和 48 年 12 月 20 日　　最高裁も，タクシー会社の周囲をブロック
塀で囲まれた構内駐車場にエンジンキーを差し込んだまま，ドアに施錠せず
に駐車していたタクシー会社の所有車両を盗み出した者が，約 2 時間後に事

故を発生させたケースで、タクシー会社（車の所有者）の運行供用者責任を否定している（最一小判昭和48年12月20日民集27巻11号1611頁・判時737号40頁）。このケースでは、盗まれたタクシーは構内裏門付近に駐車していたが、裏門の扉は開いていた。事故の被害者Xが車両所有者であるYに対し、自賠法3条と民法715条に基づき損害賠償を求めた。

●最一小判昭和48年12月20日民集27巻11号1611頁・判時737号40頁

図6　最一小判昭和48年12月20日の被告方見取図（概略図）

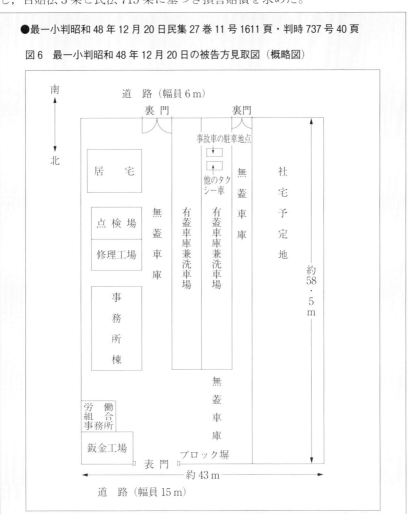

「原審が適法に確定したところによれば、Ｙは、肩書住所地において、44 台の営業車と 90 余名の従業員を使用してタクシー業を営む会社であり、本件自動車もＹの所有に属していたものであるが、昭和 42 年 8 月 22 日本件自動車は、その当番乗務員が無断欠勤したのに、朝からドアに鍵をかけず、エンジンキーを差し込んだまま、原判示のような状況にあるＹの車庫の第一審判決別紙見取図表示の地点に駐車されていたところ、訴外Ａは、Ｙとは雇傭関係等の人的関係をなんら有しないにもかかわらず、Ｙの車を窃取してタクシー営業をし、そのうえで乗り捨てようと企て、同日午後 11 時頃扉が開いていた車庫の裏門から侵入したうえ本件自動車に乗り込んで盗み出し、大阪市内においてタクシー営業を営むうち、翌 23 日午前 1 時 5 分頃大阪市港区○○町 X 丁目 XX 番地附近を進行中、市電安全地帯に本件自動車を接触させ、その衝撃によって客として同乗していたＸに傷害を負わせた、というのである。

右事実関係のもとにおいては、<u>本件事故の原因となつた本件自動車の運行は、訴外Ａが支配していたものであり、Ｙはなんらその運行を指示制御すべき立場になく、また、その運行利益もＹに帰属していたといえないことが明らかであるから、本件事故につきＹが自動車損害賠償保障法 3 条所定の運行供用者責任を負うものでない</u>」。

民法 715 条に関する判断　この点について最高裁は，Ｙの車両管理にはいささか適切さを欠く点のあったことが認められるとしながらも，「自動車の所有者が駐車場に自動車を駐車させる場合，右駐車場が，客観的に第三者の自由な立入を禁止する構造，管理状況にあると認めうるときには，たとえ当該自動車にエンジンキーを差し込んだままの状態で駐車させても，このことのために，通常，右自動車が第三者によって窃取され，かつ，この第三者によって交通事故が惹起されるものとはいえないから，自動車にエンジンキーを差し込んだまま駐車させたことと当該自動車を窃取した第三者が惹起した交通事故による損害との間には，相当因果関係があると認めることはできない」とした。

客観的容認説　車を盗んで運転していた泥棒Ａが運行供用者に当たることは当然であるが，泥棒運転者は「運行供用者」ではあっても「保有者」ではないから，被害者は，加害車両に付けられている自賠責保険から損害賠償額の支払いを受けることができない。もちろん，泥棒本人は運行供用者責任を

48

負うが，通常無資力であり，被害者が損害の賠償を受けることはまず不可能である。

　そこで，客観的にみて，車両の保有者において第三者が車両を運転するのを「容認」したのと同視しうるような状況がある場合には，例外的に，保有者の運行支配が残っていると解する立場が有力となってきた（客観的容認説）[5]。見方を変えれば，所有者（保有者）に自動車管理上の過失が存在する場合ということもできるが（管理責任説）[6]，「過失」という要素を運行供用者責任の判定に持ち込むことは説明としては避けたほうがよいであろう。

窃取時点での運行支配の喪失の有無　　問題は「客観的容認」の有無（管理責任説からいえば車両管理上の過失の有無）はどのような事実から判断されるかである。最も重要なファクターは①駐停車していた場所と，②エンジンキー・ドアロック（施錠）の状況である。上記昭和48年判決からも分かるとおり，周囲を塀等で囲まれ，第三者の自由な出入りが禁止されている場所に駐停車している場合には，扉が開いていて，エンジンキーをつけたままでドアロックをしていなくても，客観的容認は否定される方向にある。

　これに対し，公道上にエンジンキーをつけたままドアロックもしないで駐停車していた場合には，客観的容認が肯定される。公道に面した空地，囲いのない青空駐車場，工事現場など，第三者の自由な出入りが可能な場所に，エンジンキーをつけたままドアロックもしないで駐停車していた場合も，客観的容認が肯定される傾向にあるようである[7]。

最二小判昭和57年4月2日　　公道上にエンジンキーをつけたままドアロックをしないで駐車していたケースに最二小判昭和57年4月2日裁判集民135号641頁・判タ470号118頁がある。これは，C会社の所有車両を，同社従業員が会社事務所と反対側の路上に駐車させ，キーを差し込み，ドアをロックせずに半ドアのまま放置したところ，それから9時間近く経過後に，

5　有泉亨監修・吉岡進編『現代損害賠償法講座3 交通事故』（日本評論社・1972年）90〜91頁〔茅沼英一〕。

6　有泉監修・吉岡編・前掲注5 61頁〔荒井真治〕。

7　伊藤文夫『自動車事故民事責任と保険の交錯』（保険毎日新聞社・1999年）106〜133頁。

第3章　運行供用者・各論　49

シンナーを吸引した二人組がこの車に乗り込み，Bが運転して157メートル程進行したあたりで，コンクリート製電柱に激突し，助手席に同乗していたAが死亡した事案である。Aの遺族が加害車両の自賠責保険会社に対して自賠法16条に基づき損害賠償額の支払いを求めた。

　主たる争点はAが自賠法3条の「他人」に当たるか，であったが，原判決（名古屋高判昭和56年7月16日判タ473号233頁）は，C会社が運行供用者に当たるとしながら，Aの他人性を否定し，請求を棄却した。最高裁もC会社による加害車両の運行支配は肯定しながら，Aの他人性を否定し，原判決を是認した。

最一小判昭和62年10月22日　　公道上にエンジンキーをつけたままドアロックをしないで駐車していたとしても，運行支配が否定されることもある。最一小判昭和62年10月22日自保ジャーナル748号[8]がそれであるが，次のような事案であった。

　Y所有の貨物自動車を従業員Cが社用により運転中，突然，道路脇から下着姿で，狂人風の男性Bが現れ，両手を挙げて立ちはだかった。Cは手前で急停車したが，Bが何かつぶやきながら車に近づき，ボンネットを叩き，その上に上がって来ようとした。Cは車を発進させハンドルを右に切ってBをかわそうとしたが，Bはドアを開けようとし，車体後部にしがみついてきた。Cが振りほどこうと速度を上げたところ，Bは道路上に仰向けに倒れ，動かなくなった。CはBが大けがをしたのではないかと思い，車を止め，エンジンを切り，エンジンキーを差し込んだまま車を離れ，近くの雑貨屋に駆け込み，店の電話を借りて110番通報をした。ところが，Bがその間に起き上がり，棒切れを持って暴れながら雑貨屋に近づいてきたので，店の者が店舗のサッシ戸に鍵をかけ警戒していると，Bは道路に止めてあった自動車を見つけ，これに乗って走り去った。10分後にA運転の車両に衝突し，Aが死亡した。Aの遺族が車の所有者Yに対し運行供用者責任（および使用者責任）に基づき損害賠償を求めた。

　最高裁はYの責任を否定した原判決（東京高判昭和62年3月31日判タ645

8　北河隆之「交通事故訴訟判例研究第6回」交通と医療2巻11号10頁以下。

号226頁）の判断を簡単に是認したが，原判決は，Bは「Cが本件加害車両をエンジンキーを差し込んだまま駐車させておいたのを奇貨として，右車両を乗り捨てる意思でこれを窃取したものというべきであり，また，客観的にみてCにおいてBが加害車両を運転するのを容認したのと同視しうるような状況が存したということもできないから，Yの加害車両に対する支配は右窃取の時点で排除され，本件事故当時においてはBのみに加害車両の運行支配と運行利益とが帰属していたものというべきである」としていた。

運行支配の減衰　窃取された時点では保有者の運行支配がただちに喪失しなくても，盗難後の時間的経過や盗難場所からの距離の拡大により，保有者の運行支配は減衰していき，やがて消滅することになる。距離的ファクターとしては，ガソリン満タンでの走行範囲が限界となり，時間的ファクターとしては3～4日が限界となるとの指摘もある[9]。警察への盗難被害届の提出も運行支配を断ち切る重要なファクターの1つとなろう。

図7　泥棒運転と保有者の運行支配の関係（イメージ図）

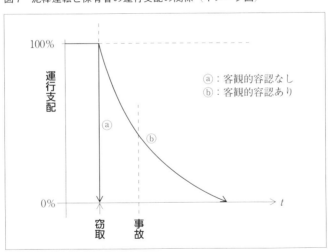

自賠責保険の取扱い　時間的要素について，自賠責保険の実務では，比較

9　伊藤・前掲注7 135頁は制御可能性説の立場からこのように指摘する。

的緩やかに解されており，盗難から1週間程度以内に発生した事故について
は保有者の運行供用者責任を肯定する余地を認めているようである。

事故時点での運行支配の有無の判断要素　　運行支配の有無の具体的な判断要
素として，①保有者と運転者の人的関係の内容・強弱，②管理上の過失の態
様・程度（駐車場所，駐車時間，管理態様，盗難発見後の保有者の措置），③乗
り出し態様，④返還予定の有無，⑤窃取後事故までの時間的・距離的間隔，
運転継続の有無が挙げられている[10]。

5　代行運転

　昨今，飲酒運転に対する取締りが厳しくなっており，そのため運転代行が
注目を浴びている。運転代行では，運転代行を依頼したAは，運転代行業
者Bの運転する自分の車（A所有車両）に同乗して行くのが一般的である。
運転代行業者BがA所有車両を代行運転中に，車外の歩行者などを死傷さ
せた場合はどうであろうか。

　運転代行業者Bが運行供用者に当たることは当然としても，運転代行を
依頼したA（加害車両の所有者）が運行供用者に当たるかは，議論があると
ころである。Aは飲酒等で車を運転できない状況にあるために有償で運転
代行を依頼したのであるから，Bによる代行運転中は，Aは運行支配を失っ
ており，その間は運行供用者に当たらないという考え方もある。この見解に
よれば，代行運転契約（請負契約の一種）が抗弁事実（運行支配喪失原因事実）
となるわけである。

最二小判平成9年10月31日　　現在のところ，この点に関する直接の最高裁
判決は見当たらないが，依頼者Aも車外の歩行者などとの関係では運行支
配を完全には喪失していない，と解する見解が有力である。

　最二小判平成9年10月31日民集51巻9号3962頁・判タ959号156頁[11]

10　『民事弁護と裁判実務』183〜184頁〔齋藤一彦〕。
11　北河隆之「運転代行と運行供用者責任」損害保険研究59巻4号37頁以下。

52

も，「本件事故当時においては，本件自動車の運行による事故の発生を防止する中心的な責任はＰ代行が負い，被上告人［運転代行依頼者］の運行支配はＰ代行のそれに比べて間接的、補助的なものにとどまっていたものというべきである」と判示しているので，車外の第三者に対しては，運転代行依頼者はなお運行支配を失っていないとの立場と思われる[12]。

なお，ここでは車外の第三者が死傷することを前提としているが，運転代行を依頼したＡ自身が死傷した場合に，被害者となったＡが運転代行業者Ｂに対して運行供用者責任を追及できるか，は別の問題である。この問題は「共同運行供用者の他人性」として論じられ，平成9年判決が出ているので，後に詳しく解説する（→95〜97頁）。

6 所有権留保特約付売主・リース会社

所有権留保特約付売主　単に割賦代金の担保のためだけに車の所有権を留保している，所有権留保特約付割賦販売契約の売主（自動車販売会社）は，原則として運行供用者とはならない（最三小判昭和46年1月26日民集25巻1号126頁・判タ260号214頁）。この場合，車を使用している買主が運行供用者となる。

●最三小判昭和46年1月26日民集25巻1号126頁・判タ260号214頁
　「所有権留保の特約を付して，自動車を代金月賦払いにより売り渡す者は，特段の事情のないかぎり販売代金債権の確保のためにだけ所有権を留保するにすぎないものと解すべきであり，該自動車を買主に引き渡し，その使用に委ねたものである以上，自動車の使用についての支配権を有し，かつ，その使用により享受する利益が自己に帰属する者ではなく，したがつて，自動車損害賠償保障法3条にいう『自己のために自動車を運行の用に供する者』にはあたらないというべきである。」

12　この平成9年判決の調査官解説でも，運転代行者，運転代行依頼者の双方に運行支配，運行利益があり，第三者に対する関係では，双方とも保有者としての責任を負うと解するのが相当であるとされている（法曹会編『最高裁判所判例解説民事篇平成9年度（下）』(2000年) 1270頁〔山下郁夫〕）。

ファイナンス・リース　　これと似ている類型に，ファイナンス・リース契約におけるリース会社がある。

　ファイナンス・リース契約とは，リース会社が自動車販売会社（サプライヤー）からユーザーの指定する車を購入し，それをユーザーに賃貸する契約である。ユーザーはリース会社に賃料（リース料）を支払っていくわけであるが，その実質は本来の賃貸借ではなく金融であり，所有権留保特約付売主の立場と酷似する（所有権留保特約付割賦販売契約では，割賦代金の支払いが終われば車の所有権は買主に移転するが，リース契約では，リース期間が終了しても車の所有権はユーザーに移転せず，ユーザーは車をリース会社に返還しなければならないという違いはある）。

　リース契約では，車の所有者はリース会社であるが，リース会社は所有権留保特約付売主と同様，原則として車に対する運行支配は有していないと解されるので運行供用者とはならない（最高裁判決はまだないようであるが，リース会社の運行供用者責任の否定例として神戸地判平成3年9月4日判タ791号209頁が，肯定例として東京地判昭和58年12月23日交民16巻6号1734頁（リース会社はユーザー会社のリース部門を独立させたもので，会社所在地・代表取締役・その他の役員も全て同一のケース）がある）。この場合，車を使用しているユーザーが運行供用者となる。

メンテナンス・リース　　これに対し，車両の維持管理までをリース会社が引き受けるメンテナンス・リースについては運行供用者責任を肯定する見解と否定する見解とがある。肯定説はリース会社を後述の自動車修理業者と同じように考えるわけであるが，否定説が妥当であろう。

7　陸送業者の惹起した事故

　最一小判昭和47年10月5日民集26巻8号1367頁・判タ285号158頁は，半製品自動車の所有者甲から車体の架装を請け負った乙が，架装完了後，自己に専属する運送業者丙に，当該自動車の甲までの陸送を請け負わせたところ，陸送中に事故が発生した場合において，「当時の本件自動車の運行は乙ないし丙がこれを支配していたものであり、甲はなんらその運行を指示・制

禦すべき立場になかつたものと認めるべきであつて、本件自動車が甲の所有
に属し、甲がその営業として自動車の製作、販売を行なう一過程において本
件事故が生じたものであるなど所論の事情を考慮しても、なお、甲の運行支
配を肯認するに足りない」として，自動車の所有者甲の運行供用者責任を否
定している。

2 – 所有者以外の者

　以上は，車の所有者が運行供用者に当たるか否かについて検討してきたの
であるが，車の所有者ではない者であっても，加害車両についての「運行支
配」を有するとして運行供用者に当たるとされる場合がある。この点につい
て，これまでの解説の中でも所々で触れてきたが，改めて判例を整理してお
く。

1 貸金の担保として車を預かった者

　貸金の担保のために債務者所有の車を預かり，その占有管理下に置いた者
は，運行供用者とされる（最二小判昭和 43 年 10 月 18 日判タ 228 号 115 頁）。
担保として預かっているわけであるが，車を占有管理下に置いている以上，
運行支配を否定できない。

2 自動車修理業者

　自動車修理業者が修理のために顧客からその所有車両を預かっている間は，
その修理業者はその車両の運行供用者となる（最二小判昭和 44 年 9 月 12 日民
集 23 巻 9 号 1654 頁・判タ 240 号 143 頁）。
　その間は，車の所有者である顧客は，一時的に運行支配を喪失していると
みるべきであろう。

3 従業員所有車両による事故についての使用者の責任[13]

　従業員の所有車両（従業員のマイカー）が起こした事故について，所有者ではない会社（使用者）が運行供用者責任を負うことがあるであろうか。

　この点，会社が日頃から従業員がマイカーを業務に使用することを許容したり，承認したり，あるいは黙認していた場合に，事故が会社の業務中またはこれに準じるようなとき（通退勤途中など）に発生したとすると，会社が従業員のマイカーに対する運行支配を有しているとされ，運行供用者責任を負うことがある（最一小判昭和 52 年 12 月 22 日裁判集民 122 号 565 頁・判時 878 号 60 頁，最三小判平成元年 6 月 6 日交民 22 巻 3 号 551 頁，いずれも従業員がマイカーを使用して工事現場から自宅に帰る途中で起こした事故のケース）。

●最一小判昭和 52 年 12 月 22 日裁判集民 122 号 565 頁・判時 878 号 60 頁

　「<u>上告人会社熊本営業所に属する内線工の大半は，単車等の自家用車を有し，これを通勤のため使用するほか，しばしば営業所から，また，上司の指示があるときは自宅から工事現場への往復にも利用し，そのさいには自家用車を持たない同僚を同乗させることも多く，上告人会社は右利用を承認して走行距離に応じたガソリン手当及び損料の趣旨で単車手当を支給し，内線工のひとりである訴外丙も同様に自己所有の単車を通勤及び業務のため利用していたところ，同訴外人は事故前日及び当日，上司に自宅から直接工事現場へ出勤するよう指示され，指示どおり出勤し業務に従事し，事故当日午後 10 時ごろその日の仕事を終り右単車で帰宅することになったが，そのさい営業所近くの上告人会社の寮に帰る同僚を右単車に同乗させ，営業所で同僚を降ろし，そこから自宅へ帰る途中で本件事故を起こしたものであるなど，原審の適法に確定した事実関係のもとにおいては，上告人会社は事故当時における右訴外人の単車の運行について運行支配と運行利益を有し，被上告人に対し自賠法 3 条に基づく損害賠償責任を負う旨の原審の判断は，正当として是認することができ，その過程に所論の違法はない。</u>」

●最三小判平成元年 6 月 6 日交民 22 巻 3 号 551 頁

　本件は以下のような原審（高松高判昭和 61 年 9 月 30 日交民 22 巻 3 号 564 頁）の判断を簡単に正当として是認したものである。「自賠法 3 条にいう運行供用者

---

13 『損害賠償の諸問題』244 頁以下〔小林和明〕，『民事弁護と裁判実務』199 頁以下〔一宝真〕。

とは、自動車の運行によつて利益を得ている者であつて、かつ、自動車の運行を事実上支配、管理することができ、社会通念上その運行が社会に害悪をもたらさないよう監視、監督すべき立場にある者をいうが、右支配、管理の態様は、個々の車両の運行を実際に逐一、かつ、具体的に支配、命令し指揮するまでの必要はなく、直接または間接にそのような指揮、監督をなしうる地位にあることをもつて足りると解すべきところ、被控訴人は、本件事故の際を含めて、ときに、甲によつて本件加害車が寮から作業現場への通勤手段といて利用されていたことを黙認し、これにより事実上利益を得ており、かつ、被控訴人は、甲の雇用者として同人を会社の寮に住まわせ、会社の社屋に隣接する駐車場も使用させていたのであるから、本件加害車の運行につき直接または間接に指揮監督をなしうる地位にあり、社会通念上もその運行が社会に害悪をもたらさないよう監視、監督すべき立場にあつた者ということができ、本件事故は、同人が作業を終えて、加害車を運転して、その現場から寮へ帰る途中に生じたものであるから、被控訴人は本件加害車の運行供用者として、同法3条本文に基づき、本件事故によつて、Nやその親族に生じた人的損害を賠償すべき責任があるといわざるをえない。」

考慮要素　この問題を考える際には，①当該自動車と会社の業務との関連性と，②当該事故当時の運行の目的，が重要である。上記昭和52年12月判決のケースも，加害車両は日頃から会社の業務に利用されており（会社はそれを承認し，ガソリン手当等を支給している），事故は退勤途上で発生している。上記平成元年判決のケースも，加害車両は日頃から会社の業務に利用されており（会社はそれを黙認し，駐車場を提供している），事故は現場から寮へ帰る途上で発生している。

　これに対し，加害車両が会社の業務に全く利用されていない場合には，たとえ従業員が通退勤に当該車両を利用しており（会社が駐車場を提供したり，ガソリン代を支給したりしていたとしても），通退勤途上で発生した事故について会社の運行支配は及んでいないとみるべきであろう。

最一小判昭和52年9月22日　会社がマイカーの業務への利用を禁止していたことを理由の1つに挙げて，民法715条の業務執行該当性を否定した判例に最一小判昭和52年9月22日民集31巻5号767頁・判タ354号253頁がある。自賠法3条の運行支配を考える際にも参考となろう。

事案は，従業員が工事現場へマイカーを利用して往復し，その帰途に事故を惹起したものである。会社では，従業員がマイカーを利用して通勤したり工事現場に往復したりすることを原則として禁止し，県外出張の場合にはできる限り汽車かバスを利用し，マイカーを利用するときは直属課長の許可を得るよう指示していた。当該従業員も，このことを熟知しており，これまで会社の業務にマイカーを使用したことがなかった。本件出張についても，特急列車を利用することが可能であったのに，会社に届け出ないで自家用車を利用して出張したというものである。最高裁は次のように判示し，使用者責任を否定した原判決（広島高松江支判昭和 51 年 6 月 30 日民集 31 巻 5 号 782 頁）を是認している。

> ●最一小判昭和 52 年 9 月 22 日民集 31 巻 5 号 767 頁・判タ 354 号 253 頁
> 　「右事実関係のもとで，被上告人が甲に対し同人の本件出張につき自家用車の利用を許容していたことを認めるべき事情のない本件においては，同人らが米子市に向うために自家用車を運転したことをもつて，行為の外形から客観的にみても，被上告人の業務の執行にあたるということはできず，したがつて，右出張からの帰途に惹起された本件事故当時における同人の運転行為もまた被上告人の業務の執行にあたらない旨の原審の判断は，正当というべきである。」

　会社が従業員のマイカー利用を禁止していたとしても，その運用がルーズだと「黙認」していたと評価されるおそれがあるので，会社としては注意しなければならない。

最三小判昭和 46 年 4 月 6 日　従業員のマイカーが会社の業務に使用されていたとしても，事故が会社の業務と全く関係がない，従業員の私用目的での運行中に発生した場合には，原則として会社の運行支配は及んでいないと考えられる。ただ，これにも例外はありうるのであって，最三小判昭和 46 年 4 月 6 日裁判集民 102 号 401 頁・判時 630 号 62 頁はその一例である。
　本件は，マイカーとはいってもダンプカーで，従業員が自己所有のダンプカーを使用者の砂利採取場構内に持ち込み，これを運転して砂利運搬作業に従事していたところ，妹を実家へダンプカーで送り届ける途中で事故を惹起したケースであった。事故時の運行目的は業務とは関係のない私用目的であ

ったが，燃料は全て使用者負担，ダンプカーは構内に保管，本人は家族とともに構内の飯場に居住していたなどの特別な事情があった。本判決は，使用者は「ダンプカーの運行について実質上支配力を有し、その運行による利益を享受していたもので、自己のためにダンプカーを運行の用に供する者に当たる」，「右事故当時の運行は、客観的外形的には、上告人のためにする運行と解するのが相当」としている。

4 請負人所有車両による事故についての注文者の責任

原　　則　　運送契約や工事請負契約がある場合，業務中に請負人がその所有車両で起こした事故について注文者は運行供用者責任を負うであろうか。加害車が請負人の所有車両であることや，民法上，注文者は請負人がその仕事について第三者に加えた損害を賠償する責任がないのが原則とされていること（民法716条）から，原則的に注文者は運行供用者責任を負わない（最二小判昭和45年2月27日裁判集民98号295頁・判時586号57頁）。

> ●最二小判昭和45年2月27日裁判集民98号295頁・判時586号57頁
> 「本件事故は、貨物自動車を所有して運送業を営んでいた訴外Aが被上告会社との運送契約に基づき自己の営業のためその被用者である訴外Bをして従事させていた加害自動車の運行中に生じたもので、被上告会社はAとの右運送契約上の注文主にすぎず、原判示のような事情から加害車の車体に被上告会社の許諾を得てその社名が表示されていたとはいえ、右自動車の運行自体については、被上告会社はなんら支配力を有していなかったものというべきであるから、右事故につき、被上告会社に自動車損害賠償保障法3条にいう『自己のために自動車を運行の用に供する者』としての責任を負わせることはできないとした原審の判断も、正当ということができる。」

名義貸与者　　上記昭和45年判決は，名義貸与者の責任問題として捉えることもできる。名義貸与者の責任を肯定したケースとして最一小判昭和44年9月18日民集23巻9号1699頁・判タ240号144頁がある。同判決では，自動車運送事業の免許は受けないで，専属的にA社の製品等の運送に従事していたBの（従業員が）惹起した事故につき，A社が運行供用者に当たる

とされた。A 社は B の元勤務先であり，自動車検査証には使用者として A 社が記載され（販売会社の所有権留保），車体にも A 社の商号が表示されていた。販売会社に対しては割賦代金支払いのために A 社振出しの手形が差し入れられ，A 社が決済しており，ガソリン代・修理代も A 社が支払っており，これらは B に支払う運賃から差し引かれていた。

考慮要素　　名義貸与者の運行支配の有無を判断する際の重要な事情として，①名義貸与の経緯，②名義貸与者と名義借受人との間の人的関係，③自動車の保管場所・保管状況，④費用や経費の負担が挙げられている[14]。後述の最三小判昭和 50 年 11 月 28 日民集 29 巻 10 号 1818 頁・判タ 360 号 258 頁も参照（→62～63 頁）。

商法 14 条　　名板貸人の責任については商法 14 条に規定があるが，条文上明らかなように「取引」関係についての規定であるから，名板借人が交通事故その他の事実行為的不法行為に起因して負担するに至った損害賠償債務には適用されない（最二小判昭和 52 年 12 月 23 日民集 31 巻 7 号 1570 頁・判タ 359 号 209 頁）。

名義残り　　名義貸与と似たような問題に「名義残り」がある。車両を譲渡し引き渡したが名義書換が未了のうちに譲受人が事故を起こした場合，廃車手続を業者に依頼し車両を引き渡したが，業者が廃車手続をとらずにこれを他に売却し，車両の名義だけが旧所有者名義となっていたような場合には，原則として登録名義人の運行支配は否定される。

元請負人の指揮監督が下請負人に及んでいる場合　　しかしながら，下請負人もしくはその被用者に対して，直接または間接的に元請負人の指揮監督が及んでいる場合には，元請負人の運行供用者責任が認められる[15]。この点は民

14　飯村敏明編『現代裁判法大系 6 交通事故』（新日本法規・1998 年）84 頁〔小西義博〕。

15　元請負人と下請負人との関係は，普通の請負と何ら異なるところがないとされているが（我妻栄『債権各論 中巻二』（岩波書店・1962 年）619 頁），その関係には種々の関係があり，元請負人と下請負人との間の実質関係の検討を抜きにしては元請負人の損害賠償責任を定めかねるとこ

法715条の判例と軌を一にするものである。

　下請業者の被用者が惹起した交通事故につき，元請負人の賠償責任を肯定した判例として，民法715条に係るリーディングケースとしては最二小判昭和37年12月14日民集16巻12号2368頁・判タ141号49頁があり，自賠法3条に関するものとしては最三小判昭和46年12月7日裁判集民104号583頁・判時657号46頁[16]，最一小判昭和50年9月11日裁判集民116号27頁・判時797号100頁がある。

肯定要素　　元請人の運行供用者責任を肯定するための要素としては，次のような要素が挙げられている[17]。①主観的要件としては，元請人と下請人との間に密接な人間関係の存在すること，具体的には(イ)専属的関係ないしこれに準じる関係の存在，(ロ)下請人に対する事務所またはその敷地の貸与，工事の資材・機械等の貸与，(ハ)下請作業の執行に対する元請人の関与（元請人が下請作業現場に監督員を派遣していること，作業の一般的指示が行われていることなど），②客観的要件としては，元請人と事故車との間に密接な関係が存在すること，具体的には(イ)元請人が車の実質上の所有権ないし使用権等を有することまたは名義貸的関係を伴うこと（車の貸与，車に対する使用権限，下請人の代車使用につき黙認，下請人の車購入に対する融資，車のガソリン代・修理費等の負担，車の格納場所の貸与，車の登録名義の貸与・使用者の届出名義の貸与・自賠責保険契約名義の貸与・車体の表示名義の貸与等），(ロ)事故車の運行が下請作業の執行中または下請作業に赴く途中であること。

5　子の所有車両による事故についての親の責任

　子がその所有車両で起こした事故について，親が運行供用者責任を負うことがあるか。子が親と別居して生計を別にしており，車の購入代金や維持費

　ろに，その責任の要件等に関して問題が生じると指摘されている（福永政彦「元請・下請」判タ268号71頁。

16　なお，同小法廷の同日付判決で，下請負人の被用者の起こした事故につき元請負人の運行供用者責任を否定した判決もある（裁判集民104号595頁・判時657号50頁）。

17　福永・前掲注15 72～73頁。

を自ら負担している場合には，親が運行供用者責任を負うことはありえない。

親が購入費用等を負担している場合　　これに対し，子の所有車両であっても，親が車の購入代金やガソリン代，保険料などの維持費を負担している場合には，親にも運行供用者責任が認められている。最三小判昭和49年7月16日民集28巻5号732頁・判タ312号209頁は，未成年の子（17歳）がその所有する原付自転車で起こした事故について，父親の運行供用者責任を肯定した原判決（高松高判昭和48年4月10日民集28巻5号739頁・判タ306号238頁）の判断を是認したものであるが，原判決は，①車は父親が買い与えたものであること，②子が父親方から通勤していたこと，③子が就職したばかりで給与を得ていなかったこと，④加害車の保険料その他の経費は父親が負担していたこと，⑤子が生活を父に依拠して営んでおり，独立して生活する能力を有していなかったことなどから，父親の運行供用者責任を肯定していた。

子が親に経済的に依存している場合　　親が車の購入費用等を負担していないけれども，子が親と同居しており，親に経済的に依存しているという場合はどうであろうか。最高裁は，親が登録名義人となっており，子（満20歳）が親と同居して農業に従事しており，車は親の家の庭に保管されていたというケースで，親の運行供用者責任を認めている。

●最三小判昭和50年11月28日民集29巻10号1818頁・判タ330号258頁
　「自動車の所有者から依頼されて自動車の所有者登録名義人となつた者が，登録名義人となつた経緯，所有者との身分関係，自動車の保管場所その他諸般の事情に照らし，自動車の運行を事実上支配，管理することができ，社会通念上自動車の運行が社会に害悪をもたらさないよう監視，監督すべき立場にある場合には，右登録名義人は，自動車損害賠償[保]償法3条所定の自己のために自動車を運行の用に供する者にあたると解すべきである。
　原審の適法に確定した事実によると，A［父親］は，昭和44年3月ころ，本件自動車の所有者であるB［子］から，その所有者登録名義人となつていることを知らされ，これを了承するに至つたのであるが，Bは，Aの子であり，当時満20歳で，A方に同居し農業に従事しており，右自動車はA居宅の庭に保管されていたというのであり，右事実関係のもとにおいては，Aは本件自動車の運行

> を事実上支配、管理することができ、社会通念上その運行が社会に害悪をもたら
> さないよう監視、監督すべき立場にあつたというべきであつて、右自動車の運行
> 供用者にあたると解するのを相当とする。」

原判決　上記昭和 50 年判決は，父親は運行供用者には当たらないとした原判決（福岡高宮崎支判昭和 50 年 1 月 20 日交民 8 巻 6 号 1606 頁）を破棄し，差し戻したものである。原判決は，①車両の購入代金はアルバイト収入から子自身が支払っていること，②父親が登録名義人となったのも後からやむなく承諾したものであること，③父親は運転免許証を有しておらず，加害車を運転したことも同乗したこともなく，④その管理費用も全て子が支弁していたこと，⑤本件事故も子が知人を用事先へ送って行った帰途での出来事であったことから，父親には運行支配も運行利益もなかったとして，父親の運行供用者責任を否定していた。

新しい判断基準　上記昭和 50 年判決は，従来の運行支配・運行利益という中間項を媒介としていない点に特徴が見出せるが，運行支配概念を「社会通念上その運行が社会に害悪をもたらさないよう監視、監督すべき立場」といい換えたものであり，「運行供用者」が規範的概念であることを明確にしたものとの理解が妥当であろう。また，所有者ではない自動車の登録名義人（名義貸与者）がどのような場合に運行供用者責任を負わされるか，という観点からも重要な判例といえる。

昭和 49 年判決との関係　親が車両の購入代金や維持費を負担していた前述の最三小判昭和 49 年 7 月 16 日民集 28 巻 5 号 732 頁・判タ 312 号 209 頁（→62 頁）との関係については，子の生活費を親が負担しているからこそ，子は自分の収入を車の購入代金や維持費に充てることができたわけであり，親が直接，車の購入代金や維持費を負担する場合と実質的に変わらないと指摘されている[18]。

18　宮原守男＝森島昭夫＝野村好弘編『交通事故判例百選［第 4 版］』（有斐閣・1999 年）13 頁〔宮川博史〕。

第4章——運行起因性

　自賠法3条本文に基づく運行供用者責任が発生するためには，人身事故が加害車両の「運行によって」生じた事故であることが必要である。これは「運行起因性」の問題といわれる。「運行」と「によって」（因果関係）とは，理論的には一応切り離して論じることができ，本書でも分けて説明するが，実際には一体として判断されているといってよい[1]。

1 – 「運行」

　条文には「その運行によって」と書かれているが，このうち「運行」については自賠法2条2項に定義規定がある。

> ◆自賠法2条
> 2項　この法律で「運行」とは，人又は物を運送するとしないとにかかわらず，自動車を当該装置の用い方に従い用いることをいう。

　語感的に「運行」は「運転」よりは広い概念だろうとは推測できるが，「自動車を当該装置の用い方に従い用いることをいう」といわれても，よくわからない。特に「当該装置」とは何を指しているかが問題である。

1　『赤い本2015年版（下）』27頁以下〔中村修輔〕は，バス乗降中の事故につき，設例をもとに具体的な検討を行ったものであるが，「運行」に当たるか否かは，固有装置説を前提にした上で，自動車固有の危険性という実質的な要素も考慮し，事故当時の状況，事故の性質・内容などの諸般の事情を考慮し，自動車に備えられた装置を本来的用法に従って使用した行為が，自動車固有の危険性を顕在化させ得るものといえるか否かを，実質的に判断していくことになる，とする。「によって」（相当因果関係）については，事故当時の状況，事故の性質・内容など，諸般の事情を考慮し，自動車固有の危険性が現に顕在化したといえるか否かを検討することになるが，両者は実質的には重なる場合が多い，と述べる。後述の最二小判平成28年3月4日自保ジャーナル1963号1頁(→362〜363頁)も，ほぼ同じ考え方に立つものといえよう。

1 当該装置

「当該装置」の意味について，判例は，原動機説，走行装置説を経て，現在，「固有装置説」といわれる考え方をとっている。最一小判昭和52年11月24日民集31巻6号918頁・判タ357号231頁[2]がリーディングケースである。事案は以下のようなものであった。

固有装置説　Y会社がA会社から道路脇に転落した貨物自動車の引き揚げを請け負い，Y会社所有のクレーン車（運転手はY会社の従業員）を派遣した。引き揚げ作業を手伝っていたA会社の従業員Bが，クレーン車のブームから吊り下がっているワイヤー先端のフックに転落車に巻いてあった吊場の台付ワイヤーを掛けようとしたところ，ブームから吊り下げたワイヤーが上空の高圧線に触れ，Bが感電死した。

Bの遺族がY会社に対し，自賠法3条に基づき損害賠償を求めて提訴したところ，第一審・第二審（津地四日市支判昭和49年11月18日民集31巻6号924頁，名古屋高判昭和51年6月29日民集31巻6号936頁）ともこれを認容したため，Y会社が，本件事故はクレーン車を固定（駐車）してクレー

図8　最一小判昭和52年11月24日の図解

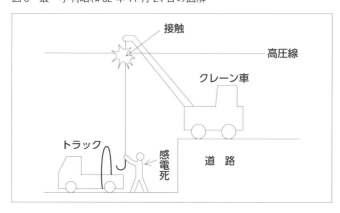

2　宮原守男 = 森島昭夫 = 野村好弘編『交通事故判例百選［第4版］』（有斐閣・1999年）30頁以下〔北河隆之〕。

第4章　運行起因性　65

を操作し，転落車の引き揚げ作業中に発生したものであるから自賠法3条の運行に該当せず，運行との因果関係もないとして上告した。

　最高裁は，Bの死亡は，Y会社所有のクレーン車の「運行」によって生じたものであるとして，Y会社の運行供用者責任を認めた（上告棄却）。ここで示されている考え方が固有装置説である。

●最一小判昭和52年11月24日民集31巻6号918頁・判タ357号231頁
　「自動車損害賠償保障法2条2項にいう『自動車を当該装置の用い方に従い用いること』には，自動車をエンジンその他の走行装置により位置の移動を伴う走行状態におく場合だけでなく，本件のように，特殊自動車であるクレーン車を走行停止の状態におき，操縦者において，固有の装置であるクレーンをその目的に従つて操作する場合をも含むものと解するのが相当である。したがつて，原審の適法に確定した事実関係のもとで，右と同旨の判断のもとに，本件事故は本件クレーン車の運行中に生じたものであるとし，亡Bの死亡との間の相当因果関係をも肯認して，上告人に対し同法3条所定の責任を認めた原審の判断は，正当として是認することができ，原判決に所論の違法はない。」

走行装置説　この判決が出る以前，最高裁は，自動車をハンドル，ブレーキなどの装置を操作しながら走行させているときは「運行」に当たる，としていた（最三小判昭和43年10月8日民集22巻10号2125頁・判タ228号114頁）。このような考え方を走行装置説と呼んでいるが，走行装置説では，上記のような，車が停止している状態は「運行」に当たるとはいえないことになる。最高裁は，上記昭和52年判決により，走行装置説から固有装置説へ踏みだし，判例は現在でも（少なくとも形式的には）固有装置説を維持している。

●最三小判昭和43年10月8日民集22巻10号2125頁・判タ228号114頁
　「右にいう運行の定義として定められた『当該装置』とは，エンジン装置，即ち原動機装置に重点をおくものではあるが，必ずしも右装置にのみ限定する趣旨ではなく，ハンドル装置，ブレーキ装置などの走行装置もこれに含まれると解すべきであり，従つて本件の如くエンジンの故障によりロープで他の自動車に牽引されて走行している自動車も，当該自動車のハンドル操作により，或いはフットブレーキまたはハンドブレーキ操作により，その操縦の自由を有するときにこれ

らの装置を操作しながら走行している場合には，右故障自動車自体を当該装置の用い方に従い用いた場合にあたり，右自動車の走行は，右法条にいう運行にあたると解すべきである」。

2 固有装置の範囲・操作の必要性

「特殊自動車の固有装置」という部分に着目すれば，クレーン車のクレーンのほかにも，ミキサー車のミキサー，フォークリフトのフォーク，パワーショベルのアームなども「固有装置」に含まれることになるから，その固有装置の操作中に発生した事故も「運行」によって生じた事故ということになる。

問題は，①このような「固有装置」の範囲である。また，それとも関連するが，②「運行」といえるためには，このような固有装置を操作していることまでが必要なのか，ということも問題となる。

最二小判昭和 56 年 11 月 13 日　最高裁は，普通貨物自動車に積載していた古電柱の荷降ろし作業中に，突然，積載中の古電柱の 1 本が落下し，積み降ろし人夫が下敷きとなって死亡したケースについて，これは貨物自動車の「運行」によって発生したものとはいえない，としている（最二小判昭和 56 年 11 月 13 日判タ 457 号 82 頁）。本判決は，運行起因性を否定した原判決（大阪高判昭和 55 年 12 月 23 日交民 14 巻 6 号 1261 頁）を簡単に是認したものであるが，原判決は否定の理由の 1 つに，「本件事故車のような普通貨物自動車の場合，側板や後板と区別された意味での荷台が仮に『当該装置』に当るとしても，右荷台については，ダンプカー等の場合と異なり，『操作』ということは考えられないし，本件事故時側板や後板が操作された形跡も証拠上うかがわれない」ことを挙げている。

最一小判昭和 63 年 6 月 16 日　その後，最高裁は，木材運搬専用の普通貨物自動車（荷台にフォークリフトのフォーク挿入用枕木がついている）から，フォークリフトのフォークを使って荷台上の原木を荷台の反対側に突き落としたところ，そこを通りかかった児童が下敷きになって死亡したケースについて

図 9　最一小判昭和 63 年 6 月 16 日の図解

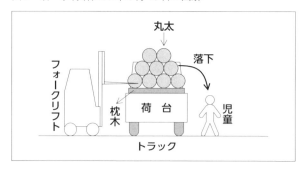

は，貨物自動車の「運行」によって発生した事故である，と認めた（最一小判昭和 63 年 6 月 16 日裁判集民 154 号 177 頁・判タ 685 号 151 頁〔→73〜74 頁【乙事件】〕）。

●最一小判昭和 63 年 6 月 16 日裁判集民 154 号 177 頁・判タ 685 号 151 頁
　「自動車損害賠償保障法 2 条 2 項にいう『自動車を当該装置の用い方に従い用いること』には、走行停止の状態におかれている自動車の固有の装置をその目的に従って操作使用する場合をも含むものと解するのが相当であるところ［最一小判昭和 52 年 11 月 24 日民集 31 巻 6 号 918 頁参照］、原審の適法に確定した事実関係によれば、(1) 昭和 54 年 1 月 30 日午前 7 時 50 分頃、原判示 X 製作所敷地内において、折から被上告人の子女のもとを訪れるため右敷地内を通行中の Y（当時 6 歳）が、ラワン材原木の下敷きになって死亡するという本件事故が発生した、(2) 右ラワン材原木は、Z が普通貨物自動車（以下『本件車両』という。）の荷台上に積載して同製作所に運搬してきた 8 本のうちの一部であって、同製作所の経営者である被上告人が、その荷降ろし作業をするため、フォークリフトを本件車両の側面に横付けし、右フォークリフトを用いてこれを荷台上から反対側面下の材木置場に突き落としたものである、(3) 本件車両は、木材運搬専用車であって、その荷台には木材の安定緊縛用の鉄製支柱のほかフォークリフトのフォーク挿入用の枕木等が装置されており、その構造上フォークリフトによる荷降ろし作業が予定されている車両であるところ、本件事故は、被上告人が前記フォークリフトのフォークを右枕木により生じているラワン材原木と荷台との間隙に挿入したうえ、右フォークリフトを操作した結果、発生したものである、というのであり、右事実関係のもとにおいては、右枕木が装置されている荷台は、本件車両の固有の装置というに妨げなく、また、本件荷降ろし作業は、直接的にはフォ

> ークリフトを用いてされたものであるにせよ、併せて右荷台をその目的に従って
> 使用することによって行われたものというべきであるから、本件事故は、本件車
> 両を『当該装置の用い方に従い用いること』によって生じたものということがで
> きる。」

操縦・操作　　上記昭和 63 年判決に従えば，可動式とはなっていない（固定
されて動かない）木材運搬専用の貨物自動車の荷台も「固有装置」に当たる
ということになり，荷台自体は動かないわけであるから，操縦・操作という
要素は必ずしも必要ではないことになる。また，車が駐停車している状態も
「運行」と解することが可能となる。

枕木の設置は重要ファクターか　　上記昭和 63 年判決は，荷台に木材の安定
緊縛用の鉄製支柱とフォーク挿入用の枕木が装置されていたケースであり，
判決も「右枕木が装置されている荷台」と限定的に述べているが，果たして，
この程度の装置が設置されていることが荷台を固有装置と認めるためにどの
程度重要なファクターであるのか（あるいはあるべきか）は疑わしい。
　そのように考えると，昭和 63 年判決は，昭和 52 年判決を引用しながら，
改めて固有装置説に立つことを宣明しているが，その実質は昭和 52 年判決
をさらに推し進め，実質的には車自体説に近づいたものとなっているように
思われる。

車自体説・車庫出入り説　　車自体説は自賠法 2 条 2 項の「当該装置」の意
義を自動車そのもの，あるいは自動車の全装置と解する立場である。しばし
ば車庫出入り説（車がいったん車庫から出た以上，その所用を終えて再び車庫に
格納されるまでは，その途中で駐停車等により路上にとどまる状態にある場合で
も，なお自動車の使用は継続しており，駐停車も運行に当たるとする学説）と同
一の学説として整理されることがあるが，車庫出入り説は「場」の理論であ
って，車自体説とは視点が異なるものである。このほかに「運行」の意義に
関する学説としては，車自体説のバリエーションとして物的危険原因説，自
賠法 2 条 2 項の文言解釈と離れた危険性説がある。

3 駐停車と「運行」

かつては車が路上に駐停車している状態が「運行」に当たるかは議論があったが，現在では，①違法駐停車中の車両に後方から進行してきた車両が衝突したようなケース，②ドアの開閉に伴う事故，③荷積み・荷降ろし中の事故などについては，この点は争点とならなくなっている。現在では因果関係の有無（運行「によって」発生した事故であるといえるかどうか）や，過失相殺が主たる争点となっている。

理論構成　　理論構成としては，①駐停車自体は「運行」に当たらず，駐車しようとして停止するまでの動作が「運行」であり，その後は相当因果関係の問題として把握する立場（立案担当者の見解がこれであった）と，②駐停車自体を「運行」に当たるとする立場がある。これは，「当該装置」の意義をどのように解するかとも関連している（車自体説や車庫出入り説では駐停車自体が「運行」に当たることになる）。①説では因果関係の起点が駐停車直前の動作となるから，②説よりも相当因果関係の判断に枠がはめられることはやむをえないことになる（直前の走行行為との密接関連性が求められる）。

裁判実務の大勢は①説であると思われる。

4 複数車両が関与する事故

問題となる理由　　さらに難問なのは，共同作業中の複数車両が関与する事故である。フォークリフトと貨物自動車とが共同して荷降ろし作業に当たっている際に，直接にはフォークリフトが原因となって事故が発生した場合に，それが貨物自動車の運行によって生じたものといえるかが問題となった。このような事故がフォークリフトの運行によって生じたものであること，したがって，フォークリフトの所有者（保有者）が運行供用者責任を負うことは当然のことであるが，通常，構内自動車であるフォークリフトには自賠責保険が付保されていない（自賠法10条）。

これに対し，（フォークリフトと）共同作業中の貨物自動車には必ず自賠責保険が付保されているから，もし，事故が貨物自動車の「運行」によって生

じた事故であると評価することができれば，貨物自動車に付保されている自賠責保険を利用できることになる。そのため，直接的にはフォークリフトが起こした事故であっても，貨物自動車の「運行」によって生じたものといえるかどうかが争われることになる。

難問であるが，同じ日（昭和63年6月16日）に同じ小法廷（第一小法廷）で言い渡された2つの最高裁判決が参考となる。

最一小判昭和63年6月16日【甲事件】　1つは，道路に停車中の木材運搬用貨物自動車（荷台と積荷木材との間にフォークリフトのフォークを挿入するための多くの枕木が装置されている）から，道路を挟んで反対側の構内へ木材を搬入するために，フォークリフトで荷降ろし作業中，構内から道路へ約1.5メートル突き出たフォークに（貨物自動車とフォークの先端とは約1メートル離れていたと推測できる），道路を通過する車両が衝突し，運転者Xが重傷を負ったというケースである（最一小判昭和63年6月16日民集42巻5号414頁・判タ681号111頁。これを【甲事件】とする）。

図10　【甲事件】の図解

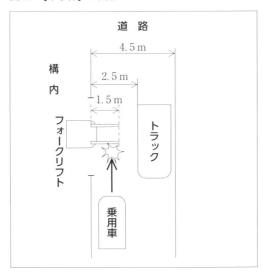

Ｘが貨物自動車の所有者Ｙに対し，自賠法3条に基づき損害賠償を求め
て提訴したところ，原審（東京高判昭和61年5月28日判タ617号134頁）は，
「第一審被告は，本件車両を搬入場所とは反対側の道路左側端に駐車させた
ため、道路上運転することが許されていないフォークリフトが道路を横断し
て往復することとなり、フォークリフトの運転者Ｍと共同して本件車両の
右側方道路上において他の通行車両の交通の妨害となる方法で、事故発生の
危険性の高い状況のもとで荷降ろし作業を行ったものである。してみれば、
右のような態様のもとにおいて荷降ろし作業が行われる場合、フォークリフ
トの運転操作と本件車両の運行とは密接不可分の関係にあり、本件車両の運
行と本件事故との間の因果関係を否定することはできない」として，事故は
木材運搬用貨物自動車の運行によって生じたものと認めた。Ｙが上告。
　最高裁は【甲事件】では，事故は木材運搬用貨物自動車の運行によって生
じたものとはいえないとした。

●最一小判昭和63年6月16日民集42巻5号414頁・判タ681号111頁
　「法3条の損害賠償責任は、自動車の『運行によつて』、すなわち、自動車を
『当該装置の用い方に従い用いることによつて』（法2条2項）他人の生命又は身
体を害したときに生じるものであるところ、原審の確定した前記の事実関係によ
れば、本件事故は、被上告人Ｘが、被害車を運転中、道路上にフォーク部分を
進入させた状態で進路前方左側の空地に停止中の本件フォークリフトのフォーク
部分に被害車を衝突させて発生したのであるから、<u>本件車両がフォークリフトに
よる荷降ろし作業のための枕木を荷台に装着した木材運搬用の貨物自動車であり、
上告人が、荷降ろし作業終了後直ちに出発する予定で、一般車両の通行する道路
に本件車両を駐車させ、本件フォークリフトの運転者Ｍと共同して荷降ろし作
業を開始したものであり、本件事故発生当時、本件フォークリフトが3回目の荷
降ろしのため本件車両に向かう途中であつたなどの前記の事情があつても、本件
事故は、本件車両を当該装置の用い方に従い用いることによつて発生したものと
はいえないと解するのが相当である。</u>」

民法709条に基づく損害賠償責任　　しかし，結論は上告棄却であった。最高
裁は，原告は「法3条に規定する要件事実のほか民法709条に規定する要件
事実をも主張しており、原審は本件事故が上告人の過失によつて惹起された
ものであることをも認定判断しているところ、右の認定判断は正当として是

認することができる」として，Ｙの損害賠償責任は認めたのである。

　Ｙの「過失」とは，Ｙは通過車両の有無を監視する態勢をとりながら道路上でフォークリフトの運転者と共同で，木材の荷降ろし作業を開始したのであるから，作業にあたっては，道路を進行し本件車両の右側方を通過しようとする車両の有無を監視し安全を確保した上，通過車両とフォークリフトとが衝突する等の危険が生じないようフォークリフトを適切に誘導し事故の発生を未然に防止すべき注意義務があるのに，これを怠ったというものである。

問題点と教訓　　確かに原告は請求原因として，第一審のときから自賠法 3 条と民法 709 条に基づく請求を掲げていた（理論的には選択的併合となろう）。第一審は人的損害については自賠法 3 条に基づく請求を認容し（物的損害については民法 709 条により認容），控訴審も同様であった。したがって，被告代理人となった弁護士（任意保険会社が選任した弁護士）も，人的損害については自賠法 3 条のみが意識の中にあり，運行起因性が否定できれば人的損害については賠償義務を免れるとの強い思い込みがあったのではなかろうか。しかし，柴田保幸判事が指摘しているとおり[3]，上告したことにより，Ｙは，自賠責保険による填補は受けられず，任意保険の約款を厳密に適用すれば任意保険から填補を受けることも難しいという[4]，極めて不利な立場に追い込まれたのである。上告せずに原判決を確定させておけば，自賠責保険からも（それを超過する部分については）任意保険からも填補を確実に受けられたはずである。この点，われわれ弁護士にとって教訓とすべきことである。なお，本件では，さすがに任意社が根っこから（自賠責保険分も含めて）補填したそうであるが。

最一小判昭和 63 年 6 月 16 日【乙事件】　　もう 1 つの事件は，最一小判昭和 63 年 6 月 16 日裁判集民 154 号 177 頁・判タ 685 号 151 頁である（これを

3　柴田保幸判事は，任意保険会社から選任された被告代理人弁護士の弁護士倫理上の問題も指摘している（『損害賠償の諸問題 II』47 頁以下）。

4　任意保険（対人賠償保険）では，自動車の所有，使用または管理に起因して他人の生命・身体を害すること（対人事故）が支払いの要件とされているが，厳格に解釈すれば，事故態様がこれに該当するか微妙な事案であった。

第 4 章　運行起因性　　73

【乙事件】とする）。

　木材運搬専用車（荷台に木材の安定緊縛用の鉄製支柱とフォーク挿入用の枕木が装置さている）の荷台上の丸太を，側面に横付けしたフォークリフトによって反対側に突き落としたところ，貨物自動車の側を通りかかった児童の頭上に落下し，児童が死亡したというケースである。最高裁は，【乙事件】では，事故が木材運搬専用車の運行によって生じたものであることを認めた（→67〜69頁）。

最一小判平成7年9月28日　最一小判平成7年9月28日交民28巻5号1255頁は，大型貨物自動車のアウトリガー（作業時に車体の横に張り出して接地することにより車体を安定させる装置）を操作し，荷台からパワーショベルを降ろすため荷台を傾斜させたところ，被害者（パワーショベルの所有者）Aが運転操作中のパワーショベルが荷台を滑走して転落し，被害者Aが下敷きとなって死亡したケースである。

　被害者の遺族が貨物自動車の所有者等に対し，自賠法3条等に基づき損害賠償を求めた。最高裁は，このケースは貨物自動車の「運行」によって発生したものであると認めた原判決を是認した。

> **●最一小判平成7年9月28日交民28巻5号1255頁**
> 　最高裁は簡単に原判決（広島高判平成6年12月15日交民27巻6号1569頁）を是認したものであるが，原判決は次のとおり判示している。
> 　「自賠法2条2項によれば，『運行』とは『自動車を当該装置の用い方に従い用いる』ことをいうとされるところ，加害車は建設機械等の運搬を目的として購入され，平成元年7月ころ，荷台にユニットクレーンを取付るべく改造がなされた大型貨物自動車であつて，加害車のアウトリガー，荷台は加害車の固有の装置に該当するというべきである。そして，本件事故は，一審被告Yが加害車に被害車を積載して本件事故現場まで運搬し，走行停止のうえ，被害車を加害車から積降すべく，加害車のアウトリガーを操作して荷台を傾斜させていた際に発生したものであるから，自賠法2条2項の『運行』の定義にいう『自動車を当該装置の用い方に従い用いる』場合に該当し，また，前記認定事実によれば，本件事故と亡Aの死亡の結果とは相当因果関係があると認めるのが相当であつて，本件事故は加害車の運行によつて生じた事故というべきである。」

最三小判昭和 57 年 1 月 19 日　共同作業中の複数車両が関与する事故については，最三小判昭和 57 年 1 月 19 日民集 36 巻 1 号 1 頁・判タ 463 号 123 頁のケースも参考となる。

　これは，盛土にはまって動けないダンプカーと，これをワイヤーで牽引しようとしたブルドーザーとの間で，被害者 A が，両車間を連結していたワイヤーの掛けられたブルドーザー後部に垂直に立てられていた鉄棒の上部を握っていたところ，誤ってバックしてきたブルドーザーがダンプカーの前部に衝突し，被害者がダンプカーに胸部を押し付けるような姿勢で，胸・背部を右両車にはさみつけられて強打され，死亡したというケースである。ダンプカーはエンジンを始動させ，運転者がアクセルを踏んで走行可能な状態にしていたものの，動いてはおらず，動いたのはブルドーザーのほうだった。

図 11　最三小判昭和 57 年 1 月 19 日の図解

　この事故がバックしてきたブルドーザーの運行によって生じたものであることには疑問はないが，このブルドーザーには自賠責保険が付保されていなかった。

　そこで，被害者の遺族は，この事故がダンプカーの運行によって生じたものであると主張して，ダンプカーの保有者と自賠責保険契約を締結していた損保会社に対して自賠法 16 条に基づいて損害賠償額の支払いを求めた。最高裁は，この事故がダンプカーの運行によって生じたものであると認めた原判決（大阪高判昭和 53 年 10 月 17 日交民 15 巻 1 号 16 頁）を是認した。

●大阪高判昭和 53 年 10 月 17 日交民 15 巻 1 号 16 頁
　上記昭和 57 年判決は控訴審の判断を簡単に是認したものであるが，控訴審判

決も第一審（大阪地判昭和52年10月28日交民15巻1号9頁）の判断を簡潔に是認したものなので，以下では第一審の判断を引用する。

「そうだとすると，Aの胸・背部の打撲は事故車の場所的な移動によって生じたものではなく，直接はブルドーザーの後進によって生じたものではあるが，事故車が当該場所に停車，存在していなければ発生しなかったものであり，また，同車はその場所に継続的かつ静然と停車した訳ではなく，同車の運転者大津はエンジンを始動し，アクセルを踏んでブルドーザーの牽引に応じて事故車を前進させようと同車の走行，操縦動作をしていたものであるから同車の当該装置の用い方に従い同車を使用していた場合にあたり，運行中にあったものであるので，その状態にあった同車の存在とAの前記の被害との間に因果関係があったことは優に首肯することができる。のみならず，本件の場合，事故車とブルドーザーは至近距離にあり，かつ，事故車の走行装置は始動していることからすると，比較的継続した牽引走行とは異なり，ブルドーザーは事故車が盛土から脱出するために一時的に牽引の用に供された補助道具とみられ，またブルドーザーの運転者Bは事故車の走行のための運転補助者とみられることから，ブルドーザーの瞬時的な走行は法律的に事故車の運行と同一視される。したがって，Aの被害は事故車の運行によって発生したものというべきである。」

補助道具論　第一審の昭和52年判決では，ブルドーザーは事故車（ダンプカー）の「補助道具」だったという論理が用いられている。

判例の整合的理解　共同作業中の複数車両が関与する事故について，4件の最高裁判決を紹介してきたが，判例に理論的一貫性があるのかどうか批判もあるところである。

しかし，単純に考えてよいのではなかろうか。というのは，前述の昭和63年【甲事件】では，木材運搬用貨物自動車とフォークリフトとは約1メートル離れていたが，同年【乙事件】では，木材運搬専用車とフォークリフトとは接着しており，また，昭和57年判決のケースでは，ダンプカーとブルドーザーとがワイヤーで連結されていた。つまり，共同作業中の複数車両が接着していたり，連結されていたりして，物理的に一体化していると評価できるかどうかにより結論が分かれたと考えることができるであろう。

2 – 「によって」（因果関係）

相当因果関係　　運行に「よって」とは，「運行」と人身被害との間に「因果関係」が必要であることを意味しているわけであるが，民法 709 条の「によって」と同じく「相当因果関係」を意味していると理解されている（通説・判例）[5]。

相当性　　因果関係の「相当性」の判断においては，事故現場が公道上か，一般通行人や一般通行車の出入りが自由な場所であったか，被害者が誰であったか（子どもか大人か，一般通行人か関係者か等），その他の具体的個別的事情が十分に斟酌されるべきである。

昭和 63 年【甲事件】【乙事件】の整合的理解　　同じように荷台にフォーク挿入用の枕木が装置された木材運搬用大型貨物自動車とフォークリフトのかかわる事故でありながら，昭和 63 年【甲事件】と【乙事件】とで運行起因性の判断が分かれた理由も，このような「運行」（どちらの事件でも貨物自動車は「運行」状態にあったと解される）と人身被害との間の相当因果関係の有無によるものと捉えることにより，整合的に理解することができる。

3 – 事故類型による「運行起因性」の検討

　前述のとおり，「運行」と「によって」（因果関係）とは，実際には一体として判断されているといってよいので，以下では主な事故類型ごとに「運行起因性」を検討しておくことにする。

5　最三小判昭和 54 年 7 月 24 日裁判集民 127 号 287 頁・判タ 406 号 91 頁は，道路外の施設に入るために右折しようとしたバスの運転者には，直進対向車が法定の最高速度を時速 10 ないし 15 キロメートル程度超過して走行している可能性のあることを予測にいれた上で右折の際の安全を確認すべき注意義務があり，バスの右折と衝突事故との間に「相当因果関係」があるとした原審の判断を正当として是認している。

(1)　駐車車両が関与する事故

追突・接触型　　東京地判平成 8 年 9 月 19 日判タ 925 号 269 頁は，夜間，大井コンテナ埠頭付近の道路上に，牽引車両を切り離して駐車されていたトレーラー（コンテナを積載する台車車両）の後部に，普通乗用自動車が激突した事故につき，トレーラー所有者に自賠法 3 条の責任を肯定した[6]（過失相殺 3 割）。

千葉地判平成 3 年 8 月 30 日判時 1404 号 105 頁は，道路に駐車していた自動車に後ろから進行してきた原付自転車が接触転倒した事故につき，駐車車両の運転者に自賠法 3 条の責任を肯定した（過失相殺 7 割）。

大阪高判平成 19 年 2 月 27 日交民 40 巻 1 号 49 頁は，自動二輪車を運転中の被害者が自ら転倒し，道路に 7 時間にわたり違法駐車していた自動車に衝突した事故につき，駐車車両の所有者に自賠法 3 条の責任を肯定した（過失相殺 8 割）。

回避型　　大阪地判平成 2 年 9 月 17 日判時 1377 号 76 頁は，約 19 メートルの間隔をおいて道路の左右端それぞれに貨物自動車が違法駐車している直線道路上で，その間を対向直進してくる乗用車との接触を避けるために，自動二輪車が急制動をかけて転倒した事故につき，それぞれの貨物自動車の所有者に自賠法 3 条の責任を肯定した（過失相殺 4 割）。

問題の実質　　問題の実質は，駐停車の「運行」該当性よりも，駐停車と事故との相当因果関係のほうにあるが，「運行起因性」が認められるためには，駐車車両の駐車に事故を誘発する危険性があり，事故はその危険が現実化したものということができることが必要であろう。相当数の下級審裁判例においては，先行行為と駐停車との間に時間的，場所的関連，駐車目的等から一体性，連続性があるかどうかを検討し，一体性，連続性があれば，駐停車が「運行」に該当する（駐停車は「運行」自体に含まれる）と解されている，との指摘がある[7]。

6　トレーラーの運転者を使用していた会社には民法 715 条の使用者責任を，道路を管理していた東京都には国家賠償法 2 条の営造物責任を肯定している。
7　『逐条解説』15 頁〔中西茂〕。

非接触事故　　駐停車車両を回避しようとした車が対向車と衝突した場合（回避型）とか，駐停車車両があるため見通しが悪くなっていた交差点において通行車両による衝突事故が発生した場合（遮蔽型）などの非接触事故（駐車車両から見たとき）では，相当因果関係の有無が問題となることが多い。このような場合は，駐停車車両が惹起させた危険が事故の発生に相当な関与をしているかどうかで判断するほかはないが[8]，道路交通法に違反する駐停車方法であることを前提にして，駐停車の場所，時間帯，駐停車の継続時間などの要素を総合斟酌することになろう。これらの斟酌要素は，民法709条の過失の有無とほぼ同一と考えられるから，因果関係が肯定される場合には，同条に基づく損害賠償請求も可能となろう[9]。

(2)　バッテリーの爆発

　　最一小判平成8年12月19日交民29巻6号1615頁は，自動車保険自損事故条項の「被保険自動車の運行に起因する急激かつ偶然な外来の事故」該当性に関するものであるが，車両のエンジンを始動させようとしたところ，セルモーターが回転せずエンジンが始動しなかったため，予備バッテリーを持ち込み，車両のバッテリーと接続させてエンジンを始動させようとしていた際に，予備バッテリーとリード線の接続部分の操作を誤ったことにより，車両のバッテリーが爆発し，右眼を失明した事故につき，少なくとも「運行」とは相当因果関係を欠くとした原審（札幌高判平成4年11月26日交民29巻6号1621頁）の判断を正当として是認している。

(3)　車外避難中の轢過

　　最三小判平成19年5月29日裁判集民224号449頁・判タ1255号183頁は，自動車保険搭乗者傷害条項の「被保険自動車の運行に起因する急激かつ偶然な外来の事故に……より身体に傷害を被り，その直接の結果として死亡

8　『赤い本1999年版』239頁〔馬場純夫〕。

9　駐車車両の存在による事故では，駐車車両の運転者から見てそのような場所に駐停車させると事故を誘発することが予見でき，現実に駐停車車両の存在と事故発生との間に相当因果関係が認められるのであれば，駐車車両の運転者に対して民法709条による損害賠償責任を求めることが可能であり，実際，同条に基づく請求がされる事案が多い（『逐条解説』16頁〔中西〕）。

した」こと該当性に関するものであるが，被保険自動車の運転者が，夜間，高速道路において自損事故（中央分離帯のガードレールへの衝突等）を起こし，これにより走行不能となった上記自動車から降りて路肩付近に避難したが，その直後に後続車に轢過されて死亡した事案につき，自損事故と轢過との間に相当因果関係を認めている（原判決〔仙台高判平成18年8月30日交民40巻3号586頁〕を破棄，自判）。

(4) 幼児の車内放置による死亡

駐車中の車内に3歳の幼児を放置した結果，約2時間後に車内の幼児が熱射病で死亡した事故につき，「運行」該当性も死亡との間の相当因果関係も否定した裁判例（東京地判昭和55年12月23日判時993号68頁）がある。

(5) 自然災害

自然災害による事故については問題がある。有名な飛騨川バス転落事故[10]では運転手を除く全遺族に自賠責保険が支払われているが，これは自然災害による危険が予見できた状況にあったからであった。東京地判平成24年12月6日判タ1391号261頁[11]は，自動車が，集中豪雨のため冠水していた道路に進入し，走行不能になり，同乗者（運転者の妻子）が降車し，避難する際に濁流に流され死亡した事故につき，同乗者の死亡は，予測を超える局地的な集中豪雨による川の氾濫という自然災害によるもので，自動車本来が有する固有の危険性が具体化したものではないから，車両の運行によるものとはいえないとし，その死亡と車両の運行との間には相当因果関係はないとしている。

(6) 駐停車車両内の一酸化炭素中毒事故

搭乗者傷害保険金請求であるが，高速道路パーキングエリアに駐車し，自動車内で仮眠中，運転者が一酸化炭素中毒死していた事案で，運行起因性を

---

10 昭和43年8月18日，岐阜県加茂郡白川町の国道41号において，観光バス2台が集中豪雨による土砂崩れにより飛騨川に転落し，乗員・乗客104名が死亡した事故である。

11 同判決は控訴審（東京高判平成25年5月22日交民46巻6号1701頁）でも是認されている。

否定したもの（東京高判昭和 63 年 1 月 26 日判タ 671 号 220 頁)[12]がある。同じく，搭乗者傷害保険金請求であるが，ホテルの駐車場内で暖機運転していた運転者が一酸化炭素中毒死をした事案で，運行起因性を肯定したもの（富山地判平成 9 年 2 月 28 日判タ 946 号 257 頁)，同乗者を自宅まで送っていく途中，一時的に休息をとるため自宅ガレージに自動車を入れ，シャッターを閉め，エアコンをオンにしてエンジンを稼働させたまま車内で時間を過ごしているうち，排気ガスが車内に流入し，同乗者が一酸化炭素中毒死した事案で，運行起因性を肯定したもの（大阪高判平成 12 年 8 月 9 日交民 33 巻 4 号 1132 頁）がある。

(7) 駐停車中の自動車のドア開閉による事故

固有装置説に立つと，ドアの開閉は固有装置の操作であるから，現在，「運行」に該当することは争われていない。ドアの開閉と事故発生との相当因果関係（運行起因性）が問題となるケースはある[13]。

(8) 荷降ろし作業中の事故

自動車を停止して荷降ろし作業中に積み荷が転倒し，荷台上で作業を手伝っていた作業員が死亡した事案で運行起因性を肯定したもの（甲府地判平成 3 年 1 月 22 日判タ 754 号 195 頁)，停車中の大型トラックの荷台にユンボを積載しようとした際，ユンボの運転を誤って荷台から転落させ，運転者がその下敷きになって死亡した事案で運行起因性を否定したもの（仙台地判平成元年 12 月 6 日判タ 722 号 259 頁)，積荷の積み替え作業中に作業員が荷台から足を踏み外して転落，死亡した事案で運行起因性を否定したもの（仙台高判平成 14 年 1 月 24 日判時 1778 号 86 頁）などがある。

(9) 送迎車から降車し，着地する際の事故

骨粗しょう症の老人（83 歳）が，老人デイサービスセンターの送迎車から降車し，着地する際に，右大腿骨頸部骨折の傷害を負った事故につき，当該

---

12 同判決は，最三小判平成 3 年 4 月 23 日自保ジャーナル 905 号 2 頁により是認されている。
13 『逐条解説』13 頁〔中西〕。

第 4 章　運行起因性　　81

事故が，搭乗者傷害特約の保険金支払事由とされる，被保険自動車（送迎車）の「運行に起因する事故」といえるかどうか争われた事案で，最二小判平成28年3月4日自保ジャーナル1963号1頁は運行起因性を否定した（→362〜363頁）。

同判決は，事故が車両の運行に起因するものといえるかどうかは，「車両の運行が本来的に有する危険が顕在化したものであるかどうか」により判定されるとしたものであり，運行起因性を考える際に重要な指針となるものである。

第5章——他人性

1 – 運行供用者と「他人」との関係

保護の客体　自賠法3条は，「自己のために自動車を運行の用に供する者」が「他人の生命又は身体を害したとき」に運行供用者責任が発生するとしている。つまり，運行供用者責任を負う者（責任主体）は「自己のために自動車を運行の用に供する者」すなわち運行供用者であり，損害賠償を請求できる者（保護の客体）は「他人」ということになる。

　素直に理解すれば，「運行供用者」と「他人」とは相容れない，対立する概念ということになり，運行供用者自身が「他人」として保護されるということはありえないことになる。

妻は「他人」事件　もっとも，運行供用者の妻であるからといって，それだけで「他人」から除かれるわけではない。これは，「妻は『他人』事件」として有名な下記判例が明らかにしたところである。

　この事件は，夫Aが所有し運転する車に，夫Aの妻Bが同乗していたとき，車ごと崖から転落し，同乗していた妻Bが重傷を負ったというケースである。夫Aは，この車につき，C保険会社と自賠責保険を締結していたが，被害者BがC保険会社に対して自賠法16条（被害者請求）に基づき損害賠償額の支払いを求めた。もし，同乗していた妻Bも（夫Aとともに）運行供用者に当たるとすれば，Bは自賠法3条の「他人」とはならないから，被害者請求は認められないが，最高裁は，妻Bは自賠法3条の「他人」に当たるとして，被害者請求を認めた。

●最三小判昭和47年5月30日民集26巻4号898頁・判タ278号106頁
　「自賠法3条は、自己のため自動車を運行の用に供する者（以下、運行供用者という。）および運転者以外の者を他人といつているのであつて、被害者が運行供用者の配偶者等であるからといつて、そのことだけで、かかる被害者が右にい

第5章　他人性　83

> う他人に当らないと解すべき論拠はなく、具体的な事実関係のもとにおいて、か
> かる被害者が他人に当るかどうかを判断すべきである。本件において、原審が適
> 法に確定したところによれば、Bは訴外Aの妻で生活を共にしているものであ
> るが、本件自動車は、Aが、自己の通勤等に使用するためその名をもつて購入
> し、ガソリン代、修理費等の維持費もすべて負担し、運転ももつぱらAがこれ
> にあたり、B個人の用事のために使用したことはなく、Bがドライブ等のために
> 本件自動車に同乗することもまれであり、本件事故当時Bは運転免許を未だ取
> 得しておらず、また、事故当日Aが本件自動車を運転し、Bが左側助手席に同
> 乗していたが、Bは、Aの運転を補助するための行為を命ぜられたこともなく、
> また、そのような行為をしたこともなかつた、というのである。かかる事実関係
> のもとにおいては、Bは、本件事故当時、本件自動車の運行に関し、自賠法3条
> にいう運行供用者・運転者もしくは運転補助者といえず、同条にいう他人に該当
> するものと解するのが相当であり、これと同趣旨の原審の判断は、正当として是
> 認することができる。」

　ただ，この昭和47年判決は，車に同乗して被害者となったのが車の所有
者の妻である，ということだけで「他人」性が否定されるものではない，と
しただけであるから，妻も車を日常的に使用していたということになれば，
運行供用者に当たると評価されることもありうる。

2 - 運転者・運転補助者

1 運転者

「他人」とは　　このように，「運行供用者」自身は「他人」から除かれるが，
そのほかにも，加害者側に属する自賠法2条4項に規定されている「運転
者」も他人から除かれる。上記「妻は『他人』事件」判決もそのことを判示
している。

　運転者が加害者側に属することは，自賠法11条において，運転者が運行
供用者（保有者）と並んで自賠責保険の被保険者とされていることからわか
る。なお，運転者が損害賠償責任を負う根拠条文は自賠法3条ではなく，民

法709条である。

運転者　自賠法2条4項に規定されている「運転者」は，さらに「他人のために自動車の運転……に従事する者」（狭義の運転者）と，「他人のために自動車の……運転の補助に従事する者」（運転補助者）に分けられる。いずれも加害者側として，運行供用者とともに「他人」から除外される。「他人のために」とは，自賠法3条の「自己のために」の反対概念であるから，運行支配・運行利益が自分ではなく，他人に帰属することである。タクシー会社に雇用されているタクシー運転手とか，バス会社に雇用されているバス運転手が（狭義の）運転者の典型例である。

運転者の地位の離脱　運転者であっても，一時的にその地位を離脱し，「他人」に当たることもある。長距離トラックの運転者が事故当時，同乗していた交替運転手や運転助手に運転を委ねて，助手席あるいは車内ベッドで仮眠していたような場合である。しかし，事故時に直接運転に従事していなかったからといって直ちに運転者の地位を離脱するわけではない。

　たとえば，最二小判昭和44年3月28日民集23巻3号680頁・判タ234号127頁は，正運転手として自ら事故車を運転すべき職責を有し，助手に運転させることを業務命令で厳禁されていたにもかかわらず，転入して来て日が浅く，まだ地理を知らない助手に事故車を運転させ，事故時には助手席にいた正運転手（助手席から助手に指図していた）は，事故車の「運転者」であり，自賠法3条の「他人」に当たらないとしている。

　この昭和44年判決の事案は，事故で死亡した正運転手の遺族が自賠法3条および民法715条1項に基づき事故車の保有者に対し損害賠償を求めたものであるが，民法715条1項所定の「第三者」にも当たらないとしている。

2　運転補助者

　「運転補助者」については，「自動車の運転の補助」とはどのような行為なのかということが問題となる。バスの車掌がバスの後退を誘導する行為とか，ラリーのナビゲーターなどは正に「運転」の補助行為そのものであり，「運

転補助者」となることは明らかであるが，その他にどのような行為が含まれるであろうか[1]。

荷物の積み下ろし・玉掛け作業　貨物自動車の荷台からの荷物の積み下ろし作業の補助や，クレーン車の玉掛け作業[2]は，「運転」そのものの補助行為とはいえないが，これらの行為も運転補助行為に含まれると解するのが裁判例の大勢である。そうなると，荷物の積み下ろし作業を手伝っていた者や，玉掛け作業をしていた者が被害者となった場合には，それらの者は「他人」とは評価されないことになる。

矛　盾　裁判例の大勢は「運転」の補助行為と「運行」の補助行為とを区別していないことになるが，前述したように，「運行」概念が拡大傾向にあるため，必然的に運転補助者概念も拡大することになる。運行概念の拡大は被害者保護のためであったが，それが逆に「他人」として保護される者の範囲を狭めているという矛盾が生じることになる。

　もちろん，通りすがりの者が好意で自動車のバックの誘導をした際に，その車に衝突されたような場合は運転補助者には当たらず，「他人」として保護される，と解されている。

　そこで，運転補助者となるか，ならないかの判断基準とはどのようなものかが問題となってくる。この点も争いがあったが，最二小判平成 11 年 7 月 16 日裁判集民 193 号 493 頁・判夕 1011 号 81 頁が参考となる。

最二小判平成 11 年 7 月 16 日　N がトラックに積載して運搬してきた鋼管くいの荷降ろし作業中に，鋼管くい 1 本に玉掛けを行い，H がクレーン車を運転して鋼管くいをつり上げたところ，これが落下し，N の身体に当たり死亡した。N の遺族が，クレーン車の保有者 X らに対し損害賠償請求訴訟を提起したところ，裁判上の和解が成立し，保有者 X は損害賠償金を支

1　『損害賠償の諸問題 II』185〜189 頁〔大工強〕。
2　玉掛け作業とは，ワイヤロープを用いて，つり荷をクレーン等のフックに取り付けたり取り外したりする作業である。クレーンの玉掛け業務には，必ず有資格者（玉掛作業者）が従事しなければならない。

払った。X はクレーン車の自賠責保険会社 Y に対し，自賠法 15 条に基づく
保険金の支払いを求め提訴した。

●最二小判平成 11 年 7 月 16 日裁判集民 193 号 493 頁・判タ 1011 号 81 頁

　原判決（福岡高那覇支判平成 8 年 11 月 19 日交民 32 巻 4 号 1000 頁）は，玉掛
け作業の特殊性，危険性にかんがみると，資格のある N が玉掛け作業に従事す
る場合には，それが本来同人の行うべき業務でなく，好意で一時的に携わったと
しても，本件クレーン車の運転の補助に従事する者であることを否定することは
できず，N は自賠法 3 条本文の「他人」には当たらないとした。最高裁は次の
ように判示し，原判決を破棄し，差し戻した。
　「本件トラックにより本件工事現場へ運搬された鋼管くいは現場車上渡しとす
る約定であり，本件トラックの運転者 N は，H が行う荷下ろし作業について，
指示や監視をすべき立場になかったことはもちろん，右作業を手伝う義務を負う
立場にもなかった。また，鋼管くいが落下した原因は，前記のとおり，鋼管くい
を安全につり上げるのには不適切な短いワイヤーロープを使用した上，本件クレー
ンの補巻フックにシャックルを付けずにワイヤーロープを装着したことにある
ところ，これらはすべて H が自らの判断により行ったものであって，N は，H
が右のとおりワイヤーロープを装着した後に，好意から玉掛け作業を手伝い，フ
ックとシャックルをワイヤーロープの両端に取り付け，鋼管くいの一端にワイ
ヤーロープの下端のフックを引っ掛けて玉掛けをするという作業をしたにすぎず，
N の右作業が鋼管くい落下の原因となっているものではない。そうすると，N
は，本件クレーン車の運転補助者には該当せず，自賠法 3 条本文にいう『他人』
に含まれると解するのが相当である。」

　従来から，運転補助者については，業務として運転者の運転行為に参与し，
これを助けている者をいうとする説[3]や，現に運転補助行為をなしまたはす
べかりしにこれを怠り，それらによって当該事故が生じたときに限り，他人
性が阻却されるとする説[4]が主張されてきた。
　最高裁は，①玉掛け作業を手伝っていた被害者が，荷降ろし作業について
指示や監視をすべき立場になかったことはもちろん，その作業を手伝う義務

3　木宮高彦＝羽成守＝坂東司朗＝青木荘太郎『註釈自動車損害賠償保障法［新版］』（有斐閣・
　2003 年）24 頁〔木宮・青木〕。
4　吉岡進「交通事故訴訟の課題」鈴木忠一＝三ケ月章監修『実務民事訴訟講座 3 交通事故訴訟』
　（日本評論社・1969 年）24 頁。

を負う立場にもなかったこと，②被害者が行った作業が事故（鋼管くいの落下）の原因となっていなかったこと（補助行為と事故発生との間に因果関係がないこと），を理由に挙げて，玉掛け作業を手伝っていた被害者が「運転補助者」には当たらないとした。これは，上記の両学説の趣旨を巧みに取り入れたものと評価できるであろう。

運転補助者の判断基準　そうすると，「運転補助者」に該当するためには，①運転を指示・監視をすべき立場にあるか，運転を手伝う義務を負う立場にあること（業務的要素），および②補助者の行為が事故の原因となっていること（因果関係の存在）の2つの要件が必要と考えられる。

因果関係　上記平成11年判決の事案を鳥瞰的に考察すると，被害者の行為と事故との因果関係が存在するといえなくもないように思われる。しかし，最高裁は事故発生に至るプロセスを厳密に考察することにより，被害者の行為が事故の直接の原因となっていないと判断した。

3 - 共同運行供用者の他人性

1 問題の所在

　これまでの解説でもわかるとおり，運行供用者と評価される者が複数存在することがある。このように，運行供用者と評価される者が2人いて（AとBとする），そのうちの1人（Bとする）が被害者となった場合はどう考えるのであろうか。

　被害者であるB自身も運行供用者であるということを重視すれば，Bは「他人」には当たらないことになる。「他人」とは，運行供用者，運転者および運転補助者以外の第三者のことをいうと解されているからである。

　そうすると，被害者となったB（被害運行供用者）は，他方の運行供用者（加害運行供用者）であるAに対し，自賠法3条に基づく運行供用者責任は追及できないということになりそうである。これが「共同運行供用者の他人

性」として議論されてきた問題である。

議論されてきた理由　なぜ，このような議論がなされてきたかというと，他方の運行供用者であるＡが「保有者」である場合，被害者となったＢが自賠法３条の「他人」に該当すれば，保有者Ａに対して自賠法３条に基づく運行供用者責任を追及できることになり，その結果，事故を起こした車に付保されている自賠責保険から填補を受けることができるからである。

2 代々木トルコ風呂事件

　この問題に関するリーディングケースとなる最高裁判決が２つあるが，その１つは，「代々木トルコ風呂事件」といわれる，最三小判昭和 50 年 11 月 4 日民集 29 巻 10 号 1501 頁・判タ 330 号 256 頁である。

　事案は，Ａ会社の代表取締役の次男であるＢが，Ａ会社の従業員であるＣからトルコ風呂（ソープランド）に行こうと誘われ，Ａ会社の所有する車両にＣを同乗させ，自ら運転して無断で乗り出したが，途中で接触事故を起こしたため，運転をＣに交代してもらった。ところが，Ｃが運転している最中にガードレールに衝突し，同乗していたＢが負傷したというケースである。これがなぜ「代々木トルコ風呂事件」と呼ばれているかというと，新宿方面のトルコ風呂に向かう途中，代々木付近で事故が起きたからである。

　Ａ会社は，自分に自賠法３条の運行供用者責任があることを認めて，Ｂに対し損害賠償金を支払った上で，事故車の任意社Ｙに対して対人賠償保険契約に基づき保険金を請求した。原審（東京高判昭和 49 年 7 月 30 日民集 29 巻 10 号 1516 頁）は，Ａ会社はＢに対して自賠法３条に基づく損害賠償責任を負うと判断し，Ａ会社の請求を認容した。Ｙが上告したところ，最高裁は原判決を破棄した。

●最三小判昭和 50 年 11 月 4 日民集 29 巻 10 号 1501 頁・判タ 330 号 256 頁
　「自賠法３条により自動車保有者が損害賠償責任を負うのは、その自動車の運行によつて『他人』の生命又は身体を害したときであり、ここに『他人』とは、自己のために自動車を運行の用に供する者及び当該自動車の運転者を除くそれ以

外の者をいうことは、当裁判所の判例の趣旨とするところである［最二小判昭和37年12月14日民集16巻12号2407頁，最二小判昭和42年9月29日裁判集民88号629頁，最三小判昭和47年5月30日民集26巻4号898頁］。したがつて、A会社がBに対し自賠法3条による賠償責任を負うかどうかを判断するためには、Bが右の意味における『他人』にあたるかどうかを検討することが必要である。

　そうして、原審確定の上記の事実関係に徴すると、BはA会社の業務終了後の深夜に本件自動車を業務とは無関係の私用のためみずからが運転者となりこれにCを同乗させて数時間にわたつて運転したのであり、本件事故当時の運転者はCであるが、この点も、BがA会社の従業員であるCに運転を命じたという関係ではなく、Bみずからが運転中に接触事故を起こしたために、たまたま運転を交代したというにすぎない、というのであつて、この事実よりすれば、Bは、本件事故当時、本件自動車の運行をみずから支配し、これを私用に供しつつ利益をも享受していたものといわざるをえない。もつとも、原審認定のA会社による本件自動車の管理の態様や、BのA会社における地位・身分等をしんしやくすると、Bによる本件自動車の運行は、必ずしも、その所有者たるA会社による運行支配を全面的に排除してされたと解し難いことは、原判決の説示するとおりであるが、そうであるからといつて、Bの運行供用者たる地位が否定される理由はなく、かえつて、A会社による運行支配が間接的、潜在的、抽象的であるのに対し、Bによるそれは、はるかに直接的、顕在的、具体的であるとさえ解されるのである。

　それゆえ、本件事故の被害者であるBは、他面、本件事故当時において本件自動車を自己のために運行の用に供していた者であり、被害者が加害自動車の運行供用者又は運転者以外の者であるが故に『他人』にあたるとされた当裁判所の前記判例の場合とは事案を異にするうえ、原判示のとおりA会社もまたその運行供用者であるというべきものとしても、その具体的運行に対する支配の程度態様において被害者たるBのそれが直接的、顕在的、具体的である本件においては、BはA会社に対し自賠法3条の『他人』であることを主張することは許されないというべきである。」

共同運行供用者　　最高裁は，車両の所有者であるA会社の運行支配は残っていたから，A会社は運行供用者であるが，被害者となったBも，事故当時，車両に対する運行支配を有していたから，運行供用者に当たる，とした。A会社は車の所有者であるから事故車の保有者であるが，B（およびC）は

無断運転者であるから保有者ではない。

運行支配の程度・態様の比較　その上で，最高裁は，A会社による運行支配の程度・態様を，Bによる運行支配の程度・態様と比較して，A会社による運行支配が〈間接的，潜在的，抽象的〉であるのに対し，被害者となったBによる運行支配は，はるかに〈直接的，顕在的，具体的〉であると解されるから，BはA会社に対して自賠法3条の「他人」に当たることを主張できない，とした。

最高裁は，運行供用者が複数存在し，そのうちの1人が被害者となった場合には，被害者となった運行供用者（被害運行供用者）の運行支配の程度・態様と，他方の運行供用者（加害運行供用者）のそれとを比較し，被害運行供用者の運行支配の程度，態様が優っている（強い）場合には，被害者は自

図12　運行支配の比較図

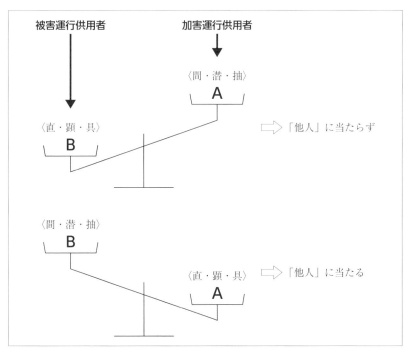

賠法3条の「他人」として保護されない，としたわけである。これは，裏からいえば，被害者が共同運行供用者であったとしても，その運行支配の程度・態様が，他方の運行供用者のそれと比較して劣っている（弱い）場合には，被害運行供用者は，自賠法3条の「他人」として保護される余地があることを認めたともいえる。

保有者非同乗・被害者車内型　　共同運行供用者の他人性を議論する際には，保有者が事故車に同乗していたかどうか，被害者が車内にいたか車外にいたかによって類型化して検討されてきた経緯がある。「代々木トルコ風呂事件」は，被害運行供用者が事故車内におり，加害運行供用者（所有者）は（会社であるから当然であるが）車外にあり同乗していないケースである。

3　青砥事件

　それでは，被害者となった運行供用者の運行支配の程度，態様が，他方の運行供用者のそれとほぼ同等の場合にはどうなるのか，という疑問が湧いてくるが，この疑問に答えたのが，青砥事件である。

　事案は次のようなものである。Bは，B所有の車両に友人らを同乗させて，スナックに赴き，ウィスキー等を飲みながら歓談した後，友人らを最寄りの青砥駅まで送ってから帰宅するつもりで運転席に着こうとした。ところが，友人のAから，駅まで運転させてほしいと強く懇請されて，渋々ながらエンジン・キーをAに渡し，Bは後部座席に搭乗した。Aは，駅の近くにある下宿で友人と飲みなおそうと考えていた。ところが，Aが運転中，ガードレールに激突し，車の所有者であるBが死亡した。これがなぜ「青砥事件」と呼ばれているかというと，青砥駅（東京都葛飾区）に向かう途中で事故が起きたからである。Bの両親が事故車の自賠社Yに対して自賠法16条に基づく損害賠償額の支払いを求めた。

保有者　　この場合，車に同乗していた被害者Bも運行供用者となり，車を運転していたAも運行供用者となる。Bは所有者であるから保有者であるが，友人Aも，所有者Bの承諾を得て車を運転していたのであるから保有

者となる。とすれば，被害者となった運行供用者Ｂが，他方の運行供用者
（保有者）Ａに対して自賠法3条の運行供用者責任を追及できれば（自賠法3
条の「他人」であることを主張できれば），自賠責保険が支払われることにな
る。

原審の判断　　代々木トルコ風呂事件のルールに従えば，被害運行供用者Ｂ
と加害運行供用者（保有者）Ａとの運行支配の程度の強弱を比較することに
なる。この場合，実際に車を運転していたＡの運行支配のほうが，同乗し
ていたＢよりも強い（直接的・顕在的・具体的である）という考え方も当然あ
りうる。この事件の第二審判決（東京高判昭和55年9月4日判タ430号132
頁）はそのように考えて，被害者となったＢは自賠法3条の「他人」に当
たる，と判断した。

最二小判昭和57年11月26日　　Ｙが上告したところ，最高裁は原判決を破
棄し，差し戻した（差戻し控訴審判決は東京高判昭和59年1月23日交民17巻
1号16頁であるが，原告の請求は棄却された）。

●最二小判昭和57年11月26日民集36巻11号2318頁・判タ485号65頁
　「原判決の認定するところによれば、本件事故当時Ｂは友人らの帰宅のために
本件自動車を提供していたというのであるから、その間にあつてＡが友人らの
一部の者と下宿先に行き飲み直そうと考えていたとしても、それはＢの本件自
動車の運行目的と矛盾するものではなく、Ｂは、Ａとともに本件自動車の運行に
よる利益を享受し、これを支配していたものであつて、単に便乗していたもので
はないと解するのが相当であり、また、Ｂがある程度Ａ自身の判断で運行する
ことをも許したとしても、Ｂは事故の防止につき中心的な責任を負う所有者とし
て同乗していたのであつて、同人はいつでもＡに対し運転の交替を命じ、あるい
いは、その運転につき具体的に指示することができる立場にあつたのであるから、
ＡがＢの運行支配に服さず同人の指示を守らなかつた等の特段の事情がある場
合は格別、そうでない限り、本件自動車の具体的運行に対するＢの支配の程度
は、運転していたＡのそれに比し優るとも劣らなかつたものというべきであつ
て、かかる運行支配を有するＢはその運行支配に服すべき立場にあるＡに対す
る関係において同法3条本文の他人にあたるということはできないものといわな
ければならない。」

図13 運行支配の比較図

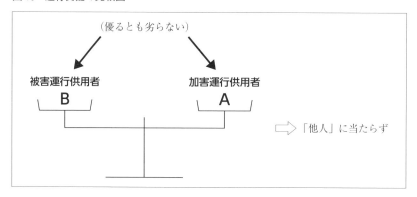

　最高裁は，被害者となったBは，車を運転していたAとともに，車の運行を支配していたが（AとBは共同運行供用者（保有者）となる），被害者Bは，「事故の防止につき中心的な責任を負う所有者」として同乗していたのであって，いつでも運転者Aに対し運転の交替を命じ，あるいは，その運転につき具体的に指示することができる立場にあったのであるから，AがBの運行支配に服さずBの指示を守らなかった等の「特段の事情」がある場合は格別，そうでない限り，自動車の具体的運行に対するBの支配の程度は，運転していたAのそれに比し優るとも劣らなかったもの（同等のもの）というべきであって，Bは「他人」には当たらない，とした。

「所有者」の責任　　最高裁は，①被害運行供用者の運行支配の程度が，加害運行供用者の運行支配の程度と同等の場合には，被害運行供用者は自賠法3条の「他人」として保護されない，そして，②所有者は事故の防止につき中心的な責任を負っており，事故車に同乗している以上，事故時に車を運転していなくても運行支配の程度は「特段の事情」がない限り，加害運行供用者と同じくらいであり「他人」には当たらない，とした。

特段の事情　　それでは，同乗していた所有者が例外的に「他人」に当たる「特段の事情」とは何か，ということが問題となる。最高裁自身が挙げている例は，①運転していた加害運行供用者が所有者の運行支配に服さず同人の

指示を守らなかった場合であるが，学説は，そのほかに，②所有者が病人と
して自己の自動車で搬送される場合，③所有者が脅迫されて自動車を運転者
に貸与しつつ同乗する場合，④泥酔して，判断能力を全く失った形で，自分
の車に乗せられて，友人等が運転して保有者の自宅に送られる途中に事故で
保有者が死傷した場合が挙げていた[5]。ただし，④の場合には，最二小判平
成 20 年 9 月 12 日裁判集民 228 号 639 頁・判タ 1280 号 110 頁の差戻し控訴
審である名古屋高判平成 21 年 3 月 19 日交民 41 巻 5 号 1097 頁〔→98 頁〕)
の判断に照らすと「特段の事情」と言えるか疑問である。

便 乗　「特段の事情」として「便乗」を挙げる学説もあるが，青砥事
件判決を読むと，所有者が単に「便乗」していた場合には，そもそも運行支
配がなく運行供用者に当たらないと考えられるから，理論的には誤りであろ
う。もっとも「便乗」とは何かは不明確である。

保有者同乗・被害者車内型　この青砥事件は，保有者（借受人）B が同乗・
運転し，被害運行供用者（所有者）A が事故車内にいたケースである。

4 運転代行事件

　「特段の事情」に関しては，運転代行に関連して注目すべき最高裁判決
（最二小判平成 9 年 10 月 31 日民集 51 巻 9 号 3962 頁・判タ 959 号 156 頁）が出て
いる[6]。事案は，会社所有の自動車（事故車）を貸与され，私用に使うこと
も許されていた従業員 X が，退勤後，スナックで飲酒し，飲酒運転の危険
を回避するため，運転代行業者である P 代行（有限会社）に自宅まで代行運
転を依頼した。P 代行はこれを承諾して代行運転者 A を派遣し，A は X を
自動車の助手席に同乗させて運転し，X の自宅に向かったが，途中で他車

5　②と③は加藤新太郎「運行供用者責任論の現代的課題」塩崎勤編『現代民事裁判の課題 8 交
　通損害 労働損害』（新日本法規出版・1989 年）114 頁，④は佐々木一彦「自賠法 3 条の「他人」
　の意義」山田卓生＝宮原守男編『新・現代損害賠償法講座 5 交通事故』（日本評論社・1997 年）
　65 頁に挙げられている例である。
6　北河隆之「運転代行と運行供用者責任」損害保険研究 59 巻 4 号 37 頁。

と衝突し，Xが負傷したというものである。Xは事故車の自賠責保険会社Yに対し，自賠法16条に基づき損害賠償額の支払いを求めて提訴した。原審は，Xの請求を認容したため，Yが上告した。最高裁は次のように判示し，上告を棄却した。

> ●最二小判平成9年10月31日民集51巻9号3962頁・判タ959号156頁
> 　「前記事実関係によれば、P代行は、運転代行業者であり、本件自動車の使用権を有するXの依頼を受けて、Xを乗車させて本件自動車を同人の自宅まで運転する業務を有償で引き受け、代行運転者であるAを派遣して右業務を行わせていたのであるから、本件事故当時、本件自動車を使用する権利を有し、これを自己のために運行の用に供していたものと認められる。したがって、P代行は、法2条3項の『保有者』に当たると解するのが相当である。
> 　ところで、自動車の所有者は、第三者に自動車の運転をゆだねて同乗している場合であっても、事故防止につき中心的な責任を負う者として、右第三者に対して運転の交代を命じ、あるいは運転につき具体的に指示することができる立場にあるのであるから、特段の事情のない限り、右第三者に対する関係において、法3条の『他人』に当たらないと解すべきところ［最二小判昭和57年11月26日民集36巻11号2318頁・判タ485号65頁参照］、正当な権原に基づいて自動車を常時使用する者についても、所有者の場合と同様に解するのが相当である。そこで、本件について特段の事情の有無を検討するに、前記事実関係によれば、Xは、飲酒により安全に自動車を運転する能力、適性を欠くに至ったことから、自ら本件自動車を運転することによる交通事故の発生の危険を回避するために、運転代行業者であるP代行に本件自動車の運転代行を依頼したものであり、他方、P代行は、運転代行業務を引き受けることにより、Xに対して、本件自動車を安全に運行して目的地まで運送する義務を負ったものと認められる。このような両者の関係からすれば、本件事故当時においては、本件自動車の運行による事故の発生を防止する中心的な責任はP代行が負い、Xの運行支配はP代行のそれに比べて間接的、補助的なものにとどまっていたものというべきである。したがって、本件は前記特段の事情のある場合に該当し、Xは、P代行に対する関係において、法3条の『他人』に当たると解するのが相当である。
> 　以上によれば、P代行が保有者に当たり、XがP代行に対する関係で他人に当たるとした原審の判断は正当である。」

代行運転契約は「特段の事情」　　最高裁は，運転代行業者P代行に運転代行を依頼したXが，自分の車に同乗中に発生した事故により負傷したケース

96

で，事故の発生を防止する中心的な責任を負うのは運転代行業者であるＰ代行であり，依頼者Ｘの運行支配はＰ代行のそれに比べて間接的，補助的なものにとどまっているとして，Ｘが自賠法３条の「他人」に当たることを認めた。これは，運転代行契約が「特段の事情」に当たるとしたものである。

準所有者　　この事案の車の所有者は運転代行依頼者Ｘではなく，Ｘが勤務していた会社であった。しかし，Ｘは，会社から車両を貸与され，これを会社の業務および通勤のために使用するほか，私用にも使うことを許されていた。最高裁は，このような「正当な権原に基づいて自動車を常時使用する者」（準所有者と称しておく）についても，所有者の場合と同様に解するのが相当である，として，青砥事件判決の理論を適用している。

　「正当な権原に基づいて自動車を常時使用する者」とは，自賠法２条３項（保有者の定義）の「自動車を使用する権利を有する者」よりは狭い概念であり，一時的な使用権利者は含まれない。ただし，この点は，一時的な使用権限を有する者も，事故防止責任を負うべき立場にあることは所有者と同様であるから，前述の昭和57年判決（青砥事件）の射程が及ぶとの見解もある[7]。

車外の第三者との関係　　上記平成９年判決は，運転代行契約を「特段の事情」としたものであるが，間接的・補助的なものとはいっても，依頼者Ａも運行支配を有していること（運行供用者であること）を前提とするものであるから，車外の第三者（歩行者や他車の搭乗者など）に対してはＡも運行供用者責任を負わなければならないと解される（→53頁）。

保有者同乗・被害者車内型　　この代行運転事件は，青砥事件と同様に保有者が同乗・運転し，被害運行供用者（準所有者）が事故車内にいたケースである。

7　『赤い本2010年版（下）』78頁〔中辻雄一朗〕。

第5章　他人性　　97

5 混合型

　保有者非同乗・被害者車内型，保有者同乗・被害者車内型の混合型もある。最二小判平成 20 年 9 月 12 日裁判集民 228 号 639 頁・判タ 1280 号 110 頁（→43〜45 頁）の差戻し控訴審である名古屋高判平成 21 年 3 月 19 日交民 41 巻 5 号 1097 頁はその一例である。

名古屋高判平成 21 年 3 月 19 日　　事案は前述したが（→44 頁），同じ記号を利用して説明すると，差戻し控訴審判決は，被害運行供用者 X は，①事故車の所有者 B（X の父親）との関係でも「他人」には当たらず（B の運行支配が間接的・潜在的・抽象的であるのに対し，X の運行支配はより直接的・顕在的・具体的である），②事故車を運転していた A との関係でも「他人」には当たらない（A も保有者と言えるが，X の運行支配の程度は運転を行った A の運行支配に優るとも劣らない），したがって，X は自賠責保険会社 Y に対して自賠法 16 条に基づき損害賠償額の支払いを請求することはできない，とした。
　この事案は，①事故車の所有者 B との関係では，「保有者非同乗・被害者車内型」のケースであり，②事故車を運転していた A との関係では，「保有者同乗・被害者車内型」のケースということになる。
　なお，本判決に対しては上告・上告受理申立てがなされていたが，最高裁は平成 21 年 9 月 4 日，上告棄却・上告不受理とした。

被害者車外型　　このほかの類型としては，B 所有の自動車を A が借り受けて運転中に，車外にいた B を轢過したような被害者車外型がある。この場合には，B が「他人」に当たることには異論がないようである。

6 判例の準則（まとめ）

　共同運行供用者の他人性に関する判例の準則は，以下のとおり要約することができる。
　⑴　被害者となった運行供用者の運行支配の程度・態様が，他方の運行供用者の運行支配のそれと比較して，直接的・顕在的・具体的である場合

には，被害者は自賠法3条の「他人」には当たらない。

⑵　被害者となった運行供用者の運行支配の程度・態様が，他方の運行供用者の運行支配のそれと優るとも劣らない場合（同等の場合）も，被害者は自賠法3条の「他人」には当たらない。

⑶　被害者となった運行供用者の運行支配の程度・態様が，他方の運行供用者の運行支配のそれと比較して，間接的・潜在的・抽象的である場合には，被害者は自賠法3条の「他人」に当たる。

⑷　事故車に同乗していた所有者は，「特段の事情」がない限り，自賠法3条の「他人」には当たらない。

⑸　事故車に同乗していた所有者が自賠法3条の「他人」に当たる「特段の事情」としては，①運転していた運行供用者が所有者の運行支配に服さず同人の指示を守らなかった場合とか，②運転代行契約がある。

⑹　⑷⑸のルールは，正当な権原に基づいて自動車を常時使用する者（準所有者）にも適用される。

他人性が否定された例　最一小判昭和52年9月22日裁判集民121号289頁，最二小判昭和52年5月2日裁判集民120号567頁，最三小判昭和55年6月10日判タ424号82頁，最二小判昭和57年4月2日裁判集民135号641頁・判タ470号118頁，最三小判昭和57年4月27日判タ471号99頁がある。

他人性が肯定された例　最一小判昭和52年9月22日裁判集民121号281頁，最二小判平成4年4月24日交民25巻2号283頁，最三小判平成6年11月22日判タ867号169頁，最三小判平成7年5月30日交民28巻3号701頁がある。

留意点　被害者の「他人性」が否定された場合であっても，運転者に過失があれば民法709条に基づく損害賠償責任が発生する（自賠責保険の支払対象とはならない）。また，被害者の「他人性」が肯定された場合であっても，無償・好意同乗減額が問題となりうる。

第5章　他人性　99

立証責任（他人性欠缺の抗弁）　被害者が自賠法 3 条の「他人」に当たらないこと（他人性の欠缺）は被告の抗弁と解される[8]。被告としては，被害者が事故車に同乗している場合（同乗型）には，被害者が所有者もしくは準所有者であることを主張立証すれば足り，「特段の事情」の存在は原告の再抗弁に回ることになる。

　具体的には，被告は，①原告（被害者）が共同運行供用者，運転者，運行補助者に該当することを主張・立証すべきことになるが，運行供用者については，判例の準則を考慮すると，それだけは足りず，②当該自動車の具体的運行に対する原告（共同運行供用者）の運行支配の程度が（被告のそれに比べて）直接的・顕在的・具体的であることを主張・立証すべきことになる[9]。

規範的要件　運行供用者概念と同様に（→35〜36 頁）「他人性」概念も規範的要件であると捉えるならば，被告は，抗弁事実として，原告（被害者）が「事故を抑止すべき立場」にあるという評価を根拠づける事実（所有者，準所有者であること）を主張立証する必要があり，原告は，再抗弁事実として，原告（被害者）が「事故を抑止すべき立場」にあるとの評価を障害する事実（「特段の事情」に該当する事実）を主張立証する必要があるということになろう[10]。

新責任肯定説　運行支配の程度・態様の強弱を基準とする判例理論に対し，さまざまな学説が提唱されているが，その中でも特色のある学説が新責任肯定説である。

　新責任肯定説は，運行供用者とは，損害賠償の責任主体として，当該運行により生命・身体を害された他人（被害者）との相対関係にあり，その被害の賠償の責に任ずる地位に立つ者をいうのであるから，被害者たる他人が存在せず，他人から損害賠償を請求される立場にない者については，そもそも運行供用者性を検討する必要がないと主張する。

　また，この説は，任意保険が付保されている場合には，運転者に過失があ

8　高松高判平成 13 年 10 月 22 日判時 1789 号 92 頁。
9　森剛「自賠法 3 条の『他人』の立証責任」判タ 1127 号 40 頁。
10　『赤い本 2007 年版（下）』23〜24 頁〔湯川浩〕。

り，民法709条に基づく損害賠償責任が成立する場合には根っこから（自賠責保険分も含めて）保険金が支払われるという，保険実務の予想しなかった事態が生じることを指摘する（しかし，被害者が記名被保険者等である場合には対人賠償保険でも保険金は支払われない）。また，交替運転者の過失による事故で同乗者が死亡した場合は，被害同乗者が「他人性」を否定されると，搭乗者傷害保険金はもちろん，自損事故保険金までが支払われる現象を指摘する[11]。

しかし，任意保険に加入していない自動車もあり，任意保険の約款上の問題をもって自賠法3条の解釈の根拠とすることは適当ではない。自賠法が「運行供用者」と「他人」を対立する概念として位置付けていることは明らかであり，自賠法3条の責任とリンクしている自賠責保険は，可能的加害者である自動車の所有者等から拠出された保険料により危険の分散と具体的加害者の責任の免脱を図るものであるから，新責任肯定説の解釈は行き過ぎであろう。

解釈論としては，判例のような考え方が被害者保護の限界であると思われる。確かに，運行支配の程度・態様を比較する判例理論には曖昧な部分が残るのであるが，それは見方を変えれば弾力的な解決が可能であるということであるし，判例の集積によりその内容もかなり明らかになってきている。

11　羽成守「『運行供用者』と『他人性』」加藤一郎＝木宮高彦編『自動車事故の損害賠償と保険』（有斐閣・1991年）313頁以下。

第6章──免責事由[1]

1 自賠法3条ただし書きによる免責

　運行供用者責任は，無過失責任に近い責任ではあるが，完全な無過失責任ではない（相対的無過失責任といわれることがある）。自賠法3条ただし書きに規定されている要件がそろえば免責となるからである。

免責三要件　　免責されるためには，責任を追及される運行供用者側で，次の3つの事実（免責三要件といわれている）を全て立証する必要がある。

（1）　自己および運転者が自動車の運行に関し注意を怠らなかったこと

　1つ目の要件は，運行供用者および運転者ともに過失がない，ということである。

運行供用者　　運行供用者は「運行」に関してどのような注意義務を負うかであるが，自ら運転する場合は運転者としての注意義務を負い，自ら運転しない場合には，運転者の選任監督義務と点検整備義務を負う。運行供用者が事故車に同乗している場合には，運転について注意義務を負うことがある。

運転者　　運転者の「運行」に関する注意義務には，自動車運転に関する注意義務と自動車の点検整備に関する注意義務とがある。

責任能力　　責任能力のない者の行為については「過失」に相当するものの有無を考慮することができないというのが判例[2]であるが，（1）の要件との関係では，運行供用者，運転者の責任無能力は車両圏内の要因であるから，

1　有泉亨監修・吉岡進編『現代損害賠償法講座3 交通事故』（日本評論社・1972年）145頁以下〔篠田省二〕。

2　最三小判平成7年1月24日民集49巻1号25頁・判タ872号186頁。

運行供用者は免責されないと解されている[3]。

(2)　被害者または運転者以外の第三者に故意または過失のあったこと

　2つ目の要件は，被害者に故意または過失があったか，運転者以外の第三者に故意または過失のあったことの，どちらかが必要ということである。

「被害者側」の過失　　過失相殺の場合と同様に（→291頁以下），「被害者側」の過失を含む（最一小判昭和45年1月22日民集24巻1号40頁・判タ244号157頁はその一例である）。

責任能力　　(2)の要件との関係で，被害者または運転者以外の第三者の過失が認められるためには，被害者または第三者に責任能力，少なくとも事理弁識能力は必要であろうか。上記昭和45年判決は，被害者である5歳の幼児の過失ではなく，母親の過失を問題としているから，少なくとも事理弁識能力は必要と考えていると思われる。学説では，被害者または運転者以外の第三者の「故意または過失」は，運行供用者責任を排除する事由なのだから，一定の行動パターンからの逸脱（客観的落ち度）さえあれば十分で，責任能力は不要と解すべきである，と指摘されている[4]が，事理弁識能力も不要との趣旨であろう。

(3)　自動車に構造上の欠陥または機能の障害がなかったこと

欠陥車　　この(3)の要件は，自賠法の立法当初は，保有者の整備不良による後発的な（自動車メーカーから出荷後の）欠陥や機能障害を想定していたようであるが，現在では，自動車メーカーの出荷段階から欠陥の存在する「欠陥車」の場合も含まれると解されている。したがって，被害者から運行供用者責任を追及された運行供用者は，その車がもともと欠陥車であったと主張・立証しても責任を免れないことになる。

3　有泉監修・吉岡編・前掲注1 156頁，159頁〔篠田〕。
4　四宮和夫『不法行為』（青林書院・1987年）383頁。

製造物責任の肩代わり　　もちろん，欠陥車であれば，被害者は自動車メーカーに対して，製造物責任法に基づいて「製造物責任」も追及できるが，製造物責任法のもとでも，人身損害については運行供用者責任を追及するほうが容易であるから，多くの場合は被害者としてはそうするであろう。そうなると，「自賠法3条による製造物責任の肩代わり」という現象が生じることになるが，その場合，運行供用者は自動車メーカーに対して求償できる。

　運行供用者が免責となるためには，原則として，以上の免責三要件に当たる事実を全て立証することが必要である。これは容易なことではなく，事実上の無過失責任に近い，といわれるゆえんである。

事故の発生と因果関係のない免責要件　　しかし，事故の発生と因果関係のない免責要件事実については，そのこと（因果関係がないこと）を立証すれば足りる。

　最一小判昭和45年1月22日民集24巻1号40頁・判タ244号157頁は，渋滞していた対向方向の車列のかげから，幼児（5歳10か月）が突如として飛び出し，事故車（A会社の所有車両で，従業員Bが運転していた）が急停車の措置をとっても接触を避けることができず，幼児に接触してしまったという事案である。

　事故について運転者Bには過失がなく，事故は幼児を帯同していた監護者である母親Cの過失により生じたものであった。免責要件事実のうち，①事故車の運転者Bに過失がなかったこと，②被害者側の母親Cに過失があったことについては主張立証がなされたが，③事故車の所有者A会社（運行供用者）に過失がないこと，④事故車に構造上の欠陥または機能の障害がなかったことについては主張立証がなされなかった。最高裁は，次のように判示した上で，A会社は③と④の要件事実は本件事故と関係のない旨暗黙の主張をしており，原審（大阪高判昭和43年7月5日民集24巻1号51頁・判タ225号183頁）もその旨の認定判断をしているとした。

●最一小判昭和45年1月22日民集24巻1号40頁・判タ244号157頁
　「自己のため自動車を運行の用に供する者が，その運行によつて他人の生命または身体を害し，よつて損害を生じた場合でも，右運行供用者において，法3条

但書所定の免責要件事実を主張立証したときは、損害賠償の責を免れるのであるが、しかし、右要件事実のうちある要件事実の存否が、当該事故発生と関係のない場合においても、なおかつ、該要件事実を主張立証しなければ免責されないとまで解する必要はなく、このような場合、運行供用者は、右要件事実の存否は当該事故と関係がない旨を主張立証すれば足り、つねに右但書所定の要件事実のすべてを主張立証する必要はないと解するのが相当である。」

免責事故　　実際に免責となる可能性の高い事故は，①被害車両のセンターラインオーバーによる事故，②被害車両の信号無視による事故，③被害車両の追突による事故などである。

2 その他の免責事由

正当防衛　　民法の規定が適用されるから（自賠法 4 条），正当防衛（民法720 条 1 項）も免責事由となりそうであるが，責任能力と同じように運行供用者責任には適用されないと解する余地はあるだろう[5]。

不可抗力　　不法行為に基づく損害賠償責任の免責事由の 1 つとして「不可抗力」が挙げられている。運行供用者責任についてはどうであろうか。たとえば，車道を安全運転していたが，突然巨大地震に襲われ，ハンドルをとられて歩道上の歩行者に衝突したような事例が想定される。肯定，否定の両説がありうるが，巨大地震に襲われたような事例では，運行供用者責任については免責事由というよりも「運行起因性」自体が否定されることになろう[6]。

被害者の承諾[7]　　被害者の承諾は自賠法 3 条の運行供用者責任の免責事由としては論じられてこなかったが，① A が所有する自動車を B に貸与したところ，B は，C と共謀して，保険金取得目的で，自動車を運転し故意に C に衝突させ，C が負傷したような場合，② A が所有する自動車を運転中，C

5　『逐条解説』62 頁〔小賀野晶一〕。
6　『逐条解説』62 頁〔小賀野〕。
7　『逐条解説』62 頁以下〔小賀野〕。

が自殺しようとして道路に飛び出してきたところ，Ａは前方の注意を怠っていたため，飛び出してきたＣの発見が遅れ，Ｃをひいたような場合に共通しているのは，Ｃに対する生命・身体の侵害につき「被害者の承諾」があることである。被害者の承諾は，民法709条の不法行為責任の免責事由の1つとされているが（違法性阻却事由として説明される），自賠法3条の損害賠償責任においてはどうであろうか。

裁判例　東京地判平成22年6月24日判時2082号149頁は，上記①に類似した事案であるが，Ｃが傷害を受けることを予め承諾し，Ｂはこれを知った上で加害行為を行ったと認められるから，Ｂの行為は，自賠法3条の「他人の身体を害した」には当たらないとして，保有者ＡはＣの損害について，自賠法3条による損害賠償責任は負わない，としている。責任を否定する説明としては，運行供用者責任には民法が適用されるから，被害者の承諾は運行供用者責任についても免責事由（違法性阻却事由）となると説明することもできよう。

　上記②については，保有者Ａの運行供用者責任を認めた上で，過失相殺で処理することが妥当であろう。

第7章——損害総論

1 - 損害の捉え方

「損害」とは，広く捉えれば，「人またはその財産について生じた・従来の状態または期待される状態に比して不利益と考えられる・変化」と定義されている[1]。人身被害の財産的損害に関する実務で有力な考え方として差額説と労働能力喪失説がある。

1 差額説

差額説は，損害を「当該事故がなかったと仮定したならば存在したであろう利益状態」（仮定的利益状態）と，「当該事故の結果として現実にもたらされて存在している利益状態」（現実的利益状態）との「差」である，と捉える。現実損害説と呼ばれることもあり，逸失利益を念頭に置いて所得喪失説と呼ばれることもある。損害を金銭として捉えることから損害＝金銭説ともいわれる。

差額説の立場を徹底すると，いくら被害者に労働能力の喪失や減退があっても，現実の収入減（経済的不利益）が発生しなければ，逸失利益は認められないことになる（「減収なければ損害なし」のドグマ）。

2 労働能力喪失説

これに対し，人身損害における「逸失利益」を，人間の労働能力（稼働能力）の喪失それ自体として捉える考え方があり，労働能力喪失説と呼ばれる[2]。労働能力喪失説は，人間の労働能力を一種の資本財とみて（収入はこ

---

1 四宮和夫『不法行為』（青林書院・1987年）434頁。
2 大阪高判昭和40年10月26日下民集16巻10号1636頁が，初めてこの見解を明らかにした画期的な判決とされる。吉岡進，楠本安雄，加藤和夫ら，多くの実務家により支持された。

第7章 損害総論 107

の資本財から生まれる），事故当時に存在していた労働能力の全部または一部が失われること自体を損害と捉えるものであり，差額説では消極損害として説明されてきた逸失利益を，積極損害的に把握するものである。

労働能力喪失説においては，現実に収入が減るかどうかは，失われた労働能力を金銭的に評価するための1つの資料にすぎないことになるから，現実の収入減がなくても，労働能力の喪失があると評価できれば，損害が認められることになる。労働能力喪失説では，労働能力の喪失自体が主要事実となる。

3 死傷損害説

死傷損害説は，人の死傷そのものを全体で1個の非財産的損害と捉え，従来のような個別損害項目積み上げ方式（差額説も労働能力喪失説もこの方式）を否定し，全体として損害を一括評価し，広い意味で定額化する必要性を主張する学説である[3]。損害額は発見できるものではなく，裁判官の裁量により創造されるべきものである，とする。

差額説は，実費主義・個別主義を基本的性格として有しており，個別損害項目積み上げ方式では，財産的損害，特に逸失利益が損害賠償額において中心的役割を果たすため，結果的に極端な個人差が生じてしまうことを避けられない。死傷損害説は，これは人間の平等，個人の尊厳に反する，と批判し，広い意味での定額化によって賠償額の相場が形成されるべきであるとする。この説は，損害を人の死傷の事実として把握することから，これを損害＝事実説と呼ぶ学説[4]がある（この意味では，労働能力喪失説も損害＝事実説に分類できるが，労働能力喪失説は伝統的な個別損害項目積み上げ方式に依拠している）。

死傷損害説は，実務を極端な実費主義の呪縛から解放する契機となり，入院雑費や入院付添費，葬儀費などの損害費目の定額化を推進し，公害・薬害等の集団訴訟における包括一律請求方式に道を開いた。

しかしながら，損害賠償訴訟全体においては，人身損害の一括評価，定額

3　西原道雄により昭和39年以降多くの論稿において提唱されたが，さしあたり西原「損害賠償額の法理」ジュリ381号148頁以下参照。

4　平井宜雄『債権各論II 不法行為』（弘文堂・1992年）75～76頁による命名である。

化は実務に受け入れられなかった[5]。死傷損害説が人の死傷自体を損害と見る点は理念的に正当であるとしても，実務として受け入れるにはあまりに漠然としており，具体的な算定基準とはなりえず，本来，損害賠償額は具体的・個別的に算定されるべきものと考えられるからである。裁判官の裁量に全て委ねてしまうことにより，適正な賠償額が形成できるとも思われない。個別損害項目積み上げ方式に拠ってこそ，第三者からの具体的な批判が可能となるであろう。また，死傷損害説は実践的には，賠償額の底上げとともに，賠償額の上限を抑制する機能を果たすことになるが，後者の点は，賠償額の定額化＝低額化につながることになる。

　損害を，死傷損害説のように人の死傷のレヴェルで把握するか，それともそれに起因する金銭的損失のレヴェルで把握するかは，理念的な問題であり，どちらの把握も可能である。死傷損害説の問題点は，その損害評価方式にある。

```
┌ 差額説 ────── 個別損害項目積み上げ方式 ────── 実費主義・個別主義
│
└ 死傷損害説 ── 一括評価方式 ────────── 定額主義・定型主義
```

4 評価説

　そこで，理念的な損害の把握としては死傷損害説に拠りつつ，しかし，損害を金銭的に評価する方法としては，伝統的な個別損害項目積み上げ方式を維持し，これを資料とする立場があり，評価説と呼ばれている[6]。評価説は，結果的に差額説あるいは労働能力喪失説と同じことになる。

5　西原理論に対する実務からの評価については，鈴木忠一=三ケ月章監修『実務民事訴訟講座3 交通事故訴訟』（日本評論社・1969年）159〜160頁〔楠本安雄〕，後藤孝典『現代損害賠償論』（日本評論社・1982年）234〜251頁参照。

6　鈴木忠一=三ケ月章監修『新・実務民事訴訟講座5 不法行為訴訟2』（日本評論社・1983年）88頁以下〔佐藤歳二〕は，死傷損害説を評価説と一括評価定額説（西原理論）に分けている。評価説を下級審裁判例の主流とみる見方もあるが，評価説の立場では，本来は死亡または傷害の部位程度のみが主要事実であり，その内容である治療費等の損害費目は間接事実にすぎないことになりそうである（同書95頁以下〔佐藤〕）。

第7章　損害総論　　109

5 評価段階説

　評価段階説は，死傷損害説のバリエーションであり，基本的に死傷損害説を正当としながら，当事者が従来の個別損害項目積み上げ方式によって主張・立証してきた場合にはそれによるが，そのような主張・立証がない場合には，裁判所が裁量により包括的に損害評価を行うべきである，とする学説である[7]。

　死傷損害説のウィークポイントとされてきた損害評価の原則としては生活保障説（不法行為があったことによって存在する被害者およびその家族の状況を救済することが損害評価の目標であり，この目標は人間の尊厳と平等の観点から定められるべきであるところ，健康被害そのものについては可能な限りその完全な回復が図られるべきであり，経済的諸条件の救済については普通並みの，平均的な生活を保障されることが第一次的に要求される，とする説）を提唱した。

　評価段階説は，交通事故訴訟における個別損害項目積み上げ方式と，公害・薬害訴訟における包括請求方式との併存を整合的に説明できるが，損害評価においては死傷損害説に傾き過ぎていると思われる（たとえば，死亡逸失利益につき，被害者が平均賃金以上の収入をあげていたことが立証されても，平均賃金によるべきであるとする）。

6 個別損害項目積み上げ方式

　伝統的見解によれば，損害は，侵害された利益（被侵害利益）に応じて，人身損害（人損）と物件損害（物損）に分類される。人身損害は財産的損害と非財産的損害（精神的損害）に分けられ，さらに財産的損害は積極損害と消極損害に分けられる。

　財産的損害とは経済的不利益の性質を有する損害のことである。このうち，積極損害とは，被害者またはその遺族が既存財産から積極的な支出を余儀なくされた損害であり，既存財産の減少である。たとえば，治療費，葬儀費，弁護士費用などの支出がこれに当たる。

7　淡路剛久『不法行為法における権利保障と損害の評価』（有斐閣・1984年），特に72〜80頁。

消極損害とは，事故がなければ得られたであろう収入が，得られなくなった損害である。「逸失利益」とか「得べかりし利益」とも呼ばれる。
　このように積極損害・消極損害・精神的損害の各損害項目を個別的に算定し，これを積み上げていくことによって，総損害額を算出する方式（個別損害項目積み上げ方式）が伝統的な方式である。

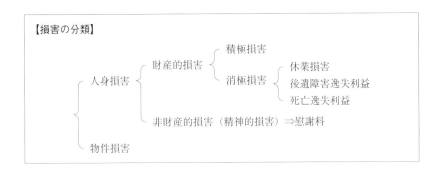

図14　積極損害・消極損害のイメージ図

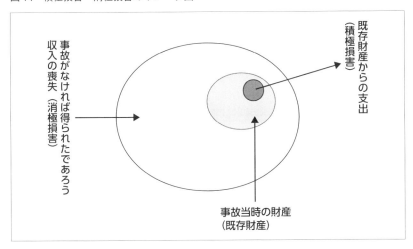

図15　個別損害項目積み上げ方式

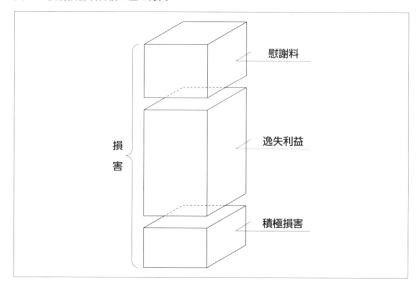

7 包括・一律請求方式

　公害・薬害訴訟において，原告側は，口頭弁論終結時までに被った社会的・経済的・精神的被害の全てを包括したもの，総体としての被害を損害とし，これに対する賠償を求めるようになったが，これを包括請求方式と呼ぶ。
　また，被害者をランク別に分け，ランクごとに一律の賠償を求めるようになったが，これを（ランク別）一律請求方式と呼ぶ。
　このような包括・一律請求方式は，公害・薬害訴訟において適法性が認められており，原告側の立証の負担を軽減し，訴訟の促進に役立ち，集団訴訟における被害者の団結にも有利に作用する。
　しかし，その意図とは別に，結果的に賠償額の定額化＝低額化につながる危惧があり（この危惧は現実のものとなっている），集団訴訟の特殊性から，例外的に必要悪としてのみ認められるとの消極的評価もある。交通事故においても，原告側が包括請求方式で請求してきた場合に不適法として却下すべきではないが，原告側にとって，あえて包括請求方式を採るメリットは何も

ないであろう。

8 裁判所の基本的立場

最二小判昭和42年11月10日　　最高裁は，基本的に差額説に立っている。最二小判昭和42年11月10日民集21巻9号2352頁・判タ215号94頁は次のように判示し，左大腿複雑骨折による傷害を受けたが（身体障害等級表5級該当），復職後は，従来どおり会社（漬物・佃煮の製造卸販売業）に勤務し，従来の作業（漬物佃煮の製造作業，原料の買い出し）に従事し，労働能力の減少によって格別の収入減を生じていない被害者の逸失利益の発生を否定している。これは典型的な差額説の立場であるが，この程度の後遺障害に至れば，労働能力喪失説の立場からは逸失利益の発生を否定できないと思われる。

> **●最二小判昭和42年11月10日民集21巻9号2352頁・判タ215号94頁**
> 　「交通事故による傷害のため、労働力の喪失・減退を来たしたことを理由として、将来得べかりし利益喪失による損害を算定するにあたつて、上告人の援用する労働能力喪失率が有力な資料となることは否定できない。しかし、損害賠償制度は、被害者に生じた現実の損害を填補することを目的とするものであるから、労働能力の喪失・減退にもかかわらず損害が発生しなかつた場合には、それを理由とする賠償請求ができないことはいうまでもない。原判決の確定した事実によれば、Aは本件交通事故により左太腿複雑骨折の傷害をうけたが、その後従来どおり会社に勤務し、従来の作業に従事し、本件事故による労働能力の減少によつて格別の収入減を生じていないというのであるから、労働能力減少による損害賠償を認めなかつた原判決の判断は正当であつて、所論の判例に反するところもない。」
> 【注】　本件は、被害者Aに労災補償をして被害者に代位した国が、加害者に対し、労働能力喪失率表による労働能力喪失率は79パーセントであるから、これに照応する将来の収入減を前提として賠償を訴求したケースである。後遺障害の内容は、左膝関節部および左足関節の用廃、左大腿部下肢短縮等であった。この程度の重い後遺障害であれば、現在では後遺障害逸失利益が全く認められないことはありえないであろう。

最三小判昭和56年12月22日　　しかし，最三小判昭和56年12月22日民集

第7章　損害総論　　113

35 巻 9 号 1350 頁・判タ 463 号 126 頁は，身体障害等級 14 級の後遺障害（腰部挫傷による神経症状）が残存する通産省工業技術院繊維高分子材料研究所技官の後遺症逸失利益につき，次のように判示し，結論的には差額説的立場を維持したものの，やや軌道修正を窺わせる措辞を用いている。

なお，本件では，①事故によって右手，右臀部に加療 5 日間を要する挫傷を受け，約 2 年 10 か月にわたる通院治療の結果，身体障害等級 14 級に該当する腰部挫傷後遺症を残して症状が固定し，右下肢に局部神経症状があるものの，上・下肢の機能障害および運動障害はないとの診断を受けたこと，②後遺症は多分に心因性のものであると考えられること，③被害者は，事故前はかなり力を要するプラスチック成型加工業務に従事していたが，事故後は腰部痛および下肢のしびれ感があって従前の仕事がやりづらいため，座ったままでできる測定解析業務に従事するようになったこと，④事故後も給与面については格別不利益な取扱いは受けていないことが認定されている。

●最三小判昭和 56 年 12 月 22 日民集 35 巻 9 号 1350 頁・判タ 463 号 126 頁
　「しかしながら，<u>かりに交通事故の被害者が事故に起因する後遺症のために身体的機能の一部を喪失したこと自体を損害と観念することができるとしても，その後遺症の程度が比較的軽微であつて，しかも被害者が従事する職業の性質からみて現在又は将来における収入の減少も認められないという場合においては，特段の事情のない限り，労働能力の一部喪失を理由とする財産上の損害を認める余地はないというべきである。</u>
　ところで，被上告人は，研究所に勤務する技官であり，その後遺症は身体障害等級 14 級程度のものであつて右下肢に局部神経症状を伴うものの，機能障害・運動障害はなく，事故後においても給与面で格別不利益な取扱も受けていないというのであるから，現状において財産上特段の不利益を蒙つているものとは認め難いというべきであり，<u>それにもかかわらずなお後遺症に起因する労働能力低下に基づく財産上の損害があるというためには，たとえば，事故の前後を通じて収入に変更がないことが本人において労働能力低下による収入の減少を回復すべく特別の努力をしているなど事故以外の要因に基づくものであつて，かかる要因がなければ収入の減少を来たしているものと認められる場合とか，労働能力喪失の程度が軽微であつても，本人が現に従事し又は将来従事すべき職業の性質に照らし，特に昇給，昇任，転職等に際して不利益な取扱を受けるおそれがあるものと認められる場合など，後遺症が被害者にもたらす経済的不利益を肯認するに足り</u>

> る特段の事情の存在を必要とするというべきである。原審が以上の点について何
> ら審理を遂げることなく、右後遺症の存在のみを理由にこれによる財産上の損害
> を認めている点で、原判決には損害認定に関する法令の解釈、適用の誤り、ひい
> ては審理不尽、理由不備の違法があるといわざるをえず、論旨は理由がある。」

　この事件の第二審（東京高判昭和 53 年 12 月 19 日判タ 382 号 116 頁）は次の
ように判示して，労働能力喪失率 2 パーセント，喪失期間 7 年間とする逸失
利益を認めていた。

> ●東京高判昭和 53 年 12 月 19 日判タ 382 号 116 頁
> 　「交通事故による傷害のため労働能力の現象を来たした場合であつても、その
> ことによつて収入の減少が生じていないときは、被害者は、労働能力の減少を理
> 由とする損害賠償請求権を有しないとするのが、判例の伝統的、かつ、支配的な
> 見解である。しかし、かく解さざるを得ない論理的必然性があるわけではなく、
> また、その結果も、必らずしも、合理的であるとはいえない、と思われる。そこ
> で、当裁判所としては、かかる見解に従うことなく、むしろ、事故による生命・
> 身体の侵害（本件に則していえば、労働能力の喪失）そのものを損害と観念し、
> 伝統的な見解でいう損害、すなわち、事故によつて余儀なくされた支出とか得べ
> かりし利益の喪失等は、損害を金銭に評価するための一資料にすぎないものであ
> るから、事故等によつて被害者が労働能力の全部又は一部を喪失した事実が認め
> られる以上、たとえそのことによつて収入に格別の減少がみられないとしても、
> なお、被害者の受傷前後の収入のほか、職業の種類、後遺症の部位、程度等を総
> 合的に勘案して、その損害の額を評価、算定するのが相当であると判断する。」

　これは労働能力喪失説に立つものであるが，最高裁はこれを破棄し，差し
戻した。

特段の事情　　上記昭和 56 年判決では，減収がなくても逸失利益が肯定さ
れる「特段の事情」として，①事故の前後を通じて収入に変更のないことが
本人において労働能力低下による収入の減少を回復すべく特別の努力をして
いるなど事故以外の要因に基づくものであって，かかる要因がなければ収入
の減少を来たしているものと認められる場合と，②労働能力喪失の程度が軽
微であっても，本人が現に従事しまたは従事すべき職業の性質に照らし，特
に昇給，昇任，転職等に際して不利益な取扱いを受けるおそれがあるものと

第 7 章　損害総論　　115

認められる場合を挙げている。

　本判決は、「減収なければ損害なし」というドグマに必ずしもとらわれる必要がないことを明らかにした点において、大きな意義があった。

概括（修正差額説）　現在の裁判例の傾向を概括すれば、個別損害項目積み上げ方式を基本とし、休業損害については、差額説の基本的立場をほぼ維持しているが、将来の逸失利益（後遺症逸失利益、死亡逸失利益）については、労働能力喪失説を採り入れて、具体的妥当性を図っている、といえる。

　過去の逸失利益である休業損害においては減収の有無をはっきり把握できるが、将来の逸失利益については長い将来の予測という性質があるため、労働能力喪失説的な考え方を採り入れやすいという事情がある。このような裁判例の傾向は「柔軟な差額説」あるいは「修正差額説」と称することができるであろう。

　個別損害項目積み上げ方式のメリットは、損害、特に逸失利益の算出過程が外部から明らかであり、第三者からの批判的検討が可能なところにある。この方式は、個別的・具体的な問題においては批判を受けながら、修正を重ね、相対的には妥当な損害賠償額の形成に寄与してきた。今後も、この方式を基本としながら、妥当でない部分について個別に修正を施していけばよいであろう。

2―訴訟物

訴訟物の単位　人身損害の賠償請求権と物件損害の賠償請求権は、たとえ同一人に生じた損害であっても被侵害利益を異にするから別個の請求権（訴訟物）である。人身損害のうちの財産的損害と精神的損害（慰謝料）は1個の損害の内訳であり、訴訟物（請求権）は1個である。

損害項目間の損害額の流用　最一小判昭和48年4月5日民集27巻3号419頁・判タ299号298頁は、原告の請求総額の範囲内で、財産上の損害と精神上の損害とを流用することができるか（損害項目間の損害額の流用）が問題となった事案であるが、最高裁は1個の訴訟物であることを理由にこれを認め

た。したがって，裁判所は，原告が逸失利益として 200 万円，慰謝料として 50 万円を請求している場合に（請求総額 250 万円），逸失利益として 100 万円，慰謝料として 100 万円を認容することが可能である（認容総額 200 万円）。

> ●最一小判昭和 48 年 4 月 5 日民集 27 巻 3 号 419 頁・判タ 299 号 298 頁
> 　「本件のような<u>同一事故により生じた同一の身体傷害を理由とする財産上の損害と精神上の損害とは</u>，原因事実および被侵害利益を共通にするものであるから，その賠償の<u>請求権は 1 個であり，その両者の賠償を訴訟上あわせて請求する場合にも，訴訟物は 1 個であると解すべきである。</u>」
> 　【注】　本判決は，一部請求と過失相殺の問題につき，いわゆる外側説を採用したものであるが，この点については過失相殺の箇所で説明する（→298～299 頁）。

　訴訟物（請求権）が 1 個であれば，請求総額の範囲内で，損害項目間の損害額を流用することは民事訴訟法 246 条（処分権主義）に反することにはならないが，弁論主義に反することにならないかは損害賠償請求権の主要事実をどのように把握するかに係わることであり，損害項目別の損害額が主要事実であると考えると，問題がないわけではない。

物損の訴訟物　　損傷した物件ごとに 1 個の訴訟物（損害賠償請求権）と考えるべきであろう。

3—不法行為に基づく損害賠償請求権の特色

1 遅延損害金

　遅延損害金について特色ある取扱いがなされているが，後述する（→134 頁以下）。

2 相殺禁止

　不法行為に基づく損害賠償債権を受働債権（相殺される側の債権）とする

相殺は禁止されている（民法509条）。しかし，不法行為の被害者がその損害賠償債権を自働債権（相殺する側の債権）として相殺することは自由である（最一小判昭和42年11月30日民集21巻9号2477頁・判タ216号118頁）。民法509条の立法趣旨にも言及している判例なので紹介しておく。

> ●最一小判昭和42年11月30日民集21巻9号2477頁・判タ216号118頁
> 「民法509条は，不法行為の被害者をして現実の弁済により損害の填補をうけしめるとともに，不法行為の誘発を防止することを目的とするものであるから，不法行為に基づく損害賠償債権を自働債権とし不法行為による損害賠償債権以外の債権を受働債権として相殺をすることまでも禁止する趣旨ではないと解するのを相当する。」

交叉的不法行為　問題は，1つの交通事故で，当事者双方に被害が発生した場合（交叉的不法行為）である。判例は，このような場合にも，それぞれの当事者が相手方に対して損害賠償請求権を取得するものと考え，民法509条が適用されるとしている（交叉責任説）。双方の被害が物件損害の場合にも同様とされる。

> ●最三小判昭和49年6月28日民集28巻5号666頁・判タ311号140頁
> 「しかしながら，民法509条の趣旨は，不法行為の被害者に現実の弁済によって損害の填補を受けさせること等にあるから，およそ不法行為による損害賠償債務を負担している者は，被害者に対する不法行為による損害賠償債権を有している場合であつても，被害者に対しその債権をもつて対当額につき相殺により右債務を免れることは許されないものと解するのが，相当である［最三小判昭和32年4月30日民集11巻4号646頁参照］。したがって，本件のように双方の被用者の過失に基因する同一交通事故によつて生じた物的損害に基づく損害賠償債権相互間においても，民法509条の規定により相殺が許されないというべきである。」

訴訟における取扱い　したがって，不法行為に基づく損害賠償請求訴訟を提起された被告は，相殺の抗弁は（たとえそれが同一事故により生じた損害についてであっても）提出できない（主張自体失当ということになる）。被告が同一事故により生じた損害について請求する場合には反訴（民訴法146条）を

提起しなければならない。

相殺合意　当事者が合意により相殺することは認められる。交叉的不法行為においては，物損の示談においてそのような処理がなされることもある。しかし，事故の当事者双方が任意保険（対物賠償保険）に加入している場合には注意が必要である。

【事例】
　甲車と乙車が衝突し，A 所有の甲車に修理代 100 万円，B 所有の乙車に修理代 50 万円の物損が発生した。過失割合は甲車 60 パーセント，乙車 40 パーセントとする。A は C 保険会社と対物賠償保険を締結し，B は D 保険会社と対物賠償保険を締結していた。

図 16　上記事例の図解

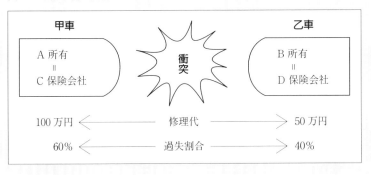

　事例のようなケースでは，A は B に対して 30 万円（50 万円×60％）の，B は A に対して 40 万円（100 万円×40％）の損害を賠償しなければならない。A の自己負担となる修理代は 60 万であり，B の自己負担となる修理代は 20 万円である。
　ところが，双方の損害賠償額を相殺処理すると，B の契約していた D 保険会社から A に対して 10 万円（40 万円−30 万円）だけ支払われる取扱いとなるから，本来であれば自己負担が 60 万円で済んだはずの A は 90 万円を負担しなければならず，自己負担が 20 万円で済んだはずの B は修理代全額の 50 万円を負担しなければならない結果となるからである。

第 7 章　損害総論　119

第8章——積極損害

　積極損害とは，事故があったために，被害者またはその遺族が不可避的に支出せざるをえない金銭のことである。その内容はさまざまで，ここに全てを尽くすことはできないが，主な損害項目について取り上げておく。

1　治療関係費

　被害者が医療機関に支払った治療費はその全額が損害賠償の対象となるのが原則であるが，医学的必要性・合理性のない診療（過剰診療），診療に対する報酬額が不相当な診療（高額診療）の治療費は否定されることがある。

高額診療　　高額診療については，健康保険診療の診療報酬基準との比較で言えば，その1.5倍から2倍程度が一応の目安となるであろう。

　『赤い本』では，1989年版までは「原則として，おおむね健保基準の2.5倍を超えるもの」とされていたが，いわゆる1点単価10円判決（東京地判平成元年3月14日判タ691号51頁）[1]の出現と，適正な診療報酬額についての三者間協議（都道府県医師会，損害保険協会，損害保険料率算出機構（旧自動車保険料率算定会））の開始を契機として削除され，今日に至っている。

　なお，上記三者間協議は，（平成27年11月時点で）全都道府県で診療報酬基準案の合意がなされているとのことである。しかし，合意された基準案の個別の医療機関に対する普及率は別の問題であるため，普及率の低い都道府県にどう浸透させるかということが課題となっているとのことである。

　しかし，この問題を健保基準との比較だけで論じることは当を得ないであろう。被害者の受傷内容，診療行為の内容，診療に当たった医療機関の体制等を考慮しながら判断すべきである。たとえば，重傷患者が救命救急センタ

1　北河隆之「交通事故訴訟判例研究第11回・第12回」・交通と医療3巻5号10頁以下，6号12頁以下。

ーに運び込まれ，緊急手術を受けたような場合には，急性期には健保基準の何倍もの診療報酬が認められて然るべきであり，安定期には健保基準に近い基準でよいと考えられる。

　さらに問題なのは，過剰・高額診療であるかどうか，被害者には通常分からないことである。この点からは，福井地武生支判昭和52年3月25日交民10巻2号473頁のような考え方が妥当なように思われる。

> ●福井地武生支判昭和52年3月25日交民10巻2号473頁
> 「仮に右治療が過剰診療、過誤診療であつたとしても、同原告においてこれを認識してあるいは少なくとも認識しなかつたことに過失があつて右診療を受けたというような特別な事情がない限り、右診療は、本件事故と因果関係のあるものというべきである。」

健康保険診療の可否　　自動車事故の場合でも，患者が健康保険証を提示することにより健保診療が可能である（労働省昭和43年10月12日保険発第106号厚生省保険局保険課長通知，大阪地判昭和60年6月28日判タ565号170頁）。ただ，医療機関側はこれを好まず，患者からの積極的な申し出がない限り，自由診療扱いにするのが通常である。

　交通事故による受傷で，自由診療でなければできない治療はほとんどないといわれている。自分が悪くないのにどうして自分の健康保険を使わなければならないのか，とかたくなに健保診療を拒否する被害者もいるが，過失相殺が認められるようなケースでは，健康保険診療に切り替えるほうが被害者にとっても有利である。交通事故で健康保険診療を受けようとする場合には「第三者の行為による傷病届」を保険者（健康保険組合等）に提出し，保険者は後日，加害者に求償することになる。

治療費の支払方法　　加害者が任意自動車保険に加入している場合は，保険会社（任意社）が医療機関と交渉して医療機関に治療費を直接支払うのが一般的であるが，これを拒否する医療機関もある。加害者が自賠責保険（強制保険）にしか加入していない場合は，医療機関が患者（被害者）から委任状をとり，患者が保険会社（自賠社）に対して有する被害者請求権を医療機関が代理行使して，治療費に充当することもある。

歯科インプラント治療　歯科インプラント治療については治療費が高額なことから（平成24年4月以降，健康保険の適用対象となったが，適用条件が限定されている），治療の相当性が争われることがある。傷害の内容・程度により判断されることになろう[2]。

ブラッドパッチ治療　低髄液圧症候群とブラッドパッチ治療については後述する（→193頁）。

東洋医学による施術費　柔道整復・鍼灸・あん摩・マッサージ・指圧などの東洋医学による施術が事故と相当因果関係のある損害として認められる要件として，次のような要件が指摘されている[3]。
　第一に，原則として施術を受けるにつき医師の指示が必要である。ただし，医師の指示がなくても施術が認められるべき場合もある。
　第二に，医師の指示の有無にかかわらず，①施術の必要性，②施術の有効性，③施術内容の合理性，④施術期間の相当性，⑤施術費の相当性が必要である。

カイロプラクティック療法　前述の東洋医学的施術が法的な免許制度に裏付けされているのに対し，米国発のカイロプラクティック療法（脊椎矯正法）は日本では民間資格にとどまっている。その意味で，原則として，治療としての必要性を欠き，相当因果関係が否定されるとの指摘がある[4]。

温泉療養費　医師の勧めがあるようなときには一定限度で認められることがある。

特別室使用料　入院は大部屋（相部屋）が原則とされており，特別室使用

2　歯科インプラント治療の相当性を認めたものとして，東京地判平成22年7月22日交民43巻4号911頁，大阪地判平成19年12月10日判タ1274号200頁など。歯科インプラントでは上部構造の交換が将来の治療費として問題となる。
3　『損害賠償の諸問題III』192〜208頁〔片岡武〕。
4　『損害賠償の諸問題II』176頁〔近藤宏子〕。

料は原則として損害として認められないが，医師の指示や，特別の事情があれば認められることがある。特別な事情とは，症状が重篤であるとか，空室がないとかいうことであるが，被害者の社会的地位を考慮すべきかについては意見が分かれるところである。

症状固定後の治療費　症状固定後の治療費は損害とは認められないのが原則である。しかし，症状固定後も治療を施さないと症状が悪化するおそれがある場合には，症状固定後の治療費も損害として認められることがある。

2 付添看護費

入院付添費　入院付添費は医師の指示があれば認められる。医師の指示がなくても，受傷の程度，被害者の年齢などから付添看護の必要性があれば認められる。医療機関が完全看護体制であったからといって認められないわけではない[5]。

　職業付添人の場合には実費全額が認められ，近親者が付き添った場合には，1日当たり6500円程度とされている。

　有職の近親者が休業して付き添った場合には，休業による損害と定額の近親者付添費とを比較して，どちらか高いほうの金額が認められる。しかし，休業による損害が職業付添人の付添費を超える場合には，職業付添人を雇うべきであるから，職業付添人の付添費が上限金額となるであろう。

通院付添費　被害者の症状や年齢から通院にも付添いの必要性が認められる場合は，通院付添費として入院付添費の半額程度が認められる。

5　たとえば，札幌地判平成22年12月3日自保ジャーナル1844号34頁は，後遺障害別等級表第一1級1号の重度後遺障害が残った被害者の，家族（妻と両親）による入院付添看護費につき，被害者が入院していた病院は完全看護であったと推認されるが，被害者が事故により極めて重度の傷害を負ったものであり，治療状況，リハビリテーションの状況等によれば，被害者が請求する入院期間175日中，91日分の付添看護費（日額8000円）は，本件事故による損害と認めるのが相当である，とした。

3 将来介護料・定期金賠償

将来介護料　　通常の付添看護費は過去（既支出）の積極損害であるが，重度後遺障害においては，将来の付添看護が必要となることがあり，介護料とか介護費と称され，被害者本人の損害として認められている。

近親者付添人　　近親者付添人については，同じ付添看護費であっても入院付添費より単価が高く，『赤い本』では1日当たり8000円とされている。裁判例では，介護の状況により1日当たり1万円程度認めている例もある[6]。近親者による付添いが可能かどうかは，個別具体的な判断となる。近親者による付添いが不可能であれば，職業付添人による介護となろう。なお，常時介護ではなく，随時介護で足りる場合には，単価が減額される。

　当初，近親者付添いが可能であっても，近親者が稼動可能年齢の終期（67歳）に達した後は，職業付添人による介護を前提として算定する裁判例が多い。

職業付添人　　実費全額とされているが，裁判例では1日当たり1万2000円から2万円程度の認定例が多いようである[7]。公的扶助，特に介護保険を斟酌すべきかについては，制度が不安定なこともあり，少なくとも将来分については斟酌しないのが大勢である。

6　『赤い本2011年版（下）』5頁以下〔山田智子〕は，近時の裁判例を概観すると，近親者介護の場合，後遺障害等級1級および2級の事例においては，概ね日額4000円から1万円の間で認定されていること，後遺障害等級1級の事案では，多くは日額8000円から1万円の間で認められており，中でも日額8000円の認定例が多いこと，後遺障害2級の事案では，概ね日額5000円から8000円の範囲で認められていることを指摘している。

7　『赤い本2011年版（下）』5頁以下〔山田〕は，近時の裁判例を概観し，職業人介護の場合，後遺障害等級1級および2級の事例において認定された将来介護費には相当幅があり，概ね日額1万円から3万円台の間で認定されていること，近時は，後遺障害等級1級の場合に日額1万5000円から1万8000円の範囲で認めたものが増えていること，「実費」といっても，そこには評価が伴うのであり，支出額，見積額がそのまま認められるものではないこと，介護保険制度開始後の職業介護費の変動も含めた不確定要素を考慮して，控え目な認定がなされることは否定できないことを指摘している。

【設例】

　交通事故により常時介護を必要とするようになった被害者（症状固定時 20 歳の男子）の将来介護費を，①母（50 歳）の稼動可能年齢（後遺症逸失利益の算定と同様に 67 歳とする）までは近親者付添人 1 日当たり 8000 円として，②それ以降は職業付添人による介護を前提に 1 人 1 日当たり 1 万 5000 円として算定せよ。

【計算式】

　介護は被害者の平均余命（平成 19 年簡易生命表による男子 20 歳の平均余命は 59 年である）まで必要。

　症状固定時から母が 67 歳（被害者 37 歳）になるまで 17 年間分

　　8000 円×365 日×11.2741（年金現価表による 17 年のライプニッツ係数）

　　　＝3292 万 0372 円……α

　それ以降の 42 年間分（59 年－17 年）

　　1 万 5000 円×365 日×（18.8758 [59 年間の係数] －11.2741 [17 年間の係数]）＝4161 万 9307 円……β

　$\alpha + \beta$＝7453 万 9679 円

施設介護と在宅介護　　　将来介護料は在宅介護が前提となるが，現在は施設介護であってもそれがいつまでも続けられるか保証はないので，在宅介護の蓋然性については慎重な判断が必要である[8]。

介護料が認められる重度後遺障害　　　基本的には，遷延性意識障害（植物状態），脊髄損傷，重度の高次脳機能障害を中心とする，後遺障害 1 級ないし 2 級に該当する後遺障害であるが，3 級以下の後遺障害についても認められることがある[9]。特に高次脳機能障害では監視費用（見守り）としての介護費が認

8　『赤い本 2008 年版（下）』209 頁以下〔湯川浩昭〕は，裁判例の傾向を踏まえ，基本的な考え方として，施設からの退所が見込まれるところ，在宅介護を前提とした将来的な介護計画等につき一応の主張・立証がなされた場合は，在宅介護の蓋然性が否定される事情が存在しない以上，在宅介護の蓋然性を認めるのが相当であること，これは植物状態にある被害者の場合も（植物状態にない被害者の場合と）異ならないことを指摘し，施設介護を前提とした場合の将来の治療費，施設利用料，介護費用，介護雑費の算定についても論及している。

9　この点につき，『赤い本 2007 年版（下）』209 頁以下〔蛭川明彦〕参照。

第 8 章　積極損害　　125

められることも多い[10]。

植物状態患者の介護料に特有の問題―余命短縮　　植物状態となってしまった
被害者に認められる将来介護料については，被告側（実際には，保険会社側）
から，余命期間の短縮や定期金賠償方式が強力に主張されることがある。介
護は被害者が生きている限り必要であるから，介護料が認められる期間は，
被害者の余命期間と一致することになるが（要介護期間＝余命期間），植物状
態患者の余命は，健常者の平均余命よりも短縮されるのではないか，という
指摘があるからである。

余命期間の認定　　植物状態となった被害者の余命期間を認定する作業は裁
判所にとっても辛い。被害者の家族にしてみれば，自分で植物状態にしてお
きながら，植物人間の余命は短い，と主張されることは感情的に許し難いも
のであるが，余命短縮を裏付けるような統計や医師の発言もあり（もちろん，
反対の資料や発言もある），余命の認定は大変困難だからである。この点，現
在までの下級審裁判例の大勢は，余命期間の短縮認定には慎重であるといえ
よう。この問題は事実認定の問題なので，法律審である最高裁は，原審の判
断を尊重する傾向にある[11]。

定期金賠償方式　　定期金賠償方式を採れば，被害者の余命期間を認定する
必要がなくなる。定期金賠償方式では，判決主文において，たとえば，「原
告の生存中，平成○○年○月○日以降，毎月末日限り月額○○万円の金員を
支払え」と命じることができるからである。

10　たとえば，大阪地判平成17年7月25日交民38巻4号1032頁は，高次脳機能障害（旧別表2
　　級3号），視力障害（9級3号），併合1級の被害者につき，現在，介助なく食事の摂取や排泄，
　　入浴をすることができ，常時の身体介護は不要であるといえるが，転倒防止等のために絶えず見
　　守りをすることが必要である上に，感情の起伏が激しく自傷行為のおそれがあること，半側空間
　　無視があるため慣れない場所に1人で放置しておくことはできないこと，重度の記憶障害と注意
　　障害が認められることなどからすると，常時の看視，声掛けが必要であるということができる，
　　として，近親者付添費として日額1万3000円を認めた。
11　『民事弁護と裁判実務』309頁以下〔北河隆之〕。

判例の立場　　民法には一時金賠償方式によらなければならないとの規定はないが，不法行為の時に（将来損害も含めて）1個の損害賠償請求権が発生すると考えれば，一時金賠償方式を原則とすることは素直な理解である。最高裁は「損害賠償請求権者が訴訟上一時金による賠償の支払を求める旨の申立をしている場合に，定期金による支払を命ずる判決をすることはできないものと解するのが相当である」としている（最二小判昭和62年2月6日裁判集民150号75頁・判タ638号137頁）。原告自身が定期金賠償を申し立てたとき[12]は格別，原告が一時金賠償を申し立てているときにその意思に反して，裁判所が一時金賠償を命ずることはできない，という趣旨である。

否定説の根拠　　同判決はその理由を述べていないが，従来から定期金賠償方式を採用できない主な理由として，①被告（債務者）の将来の支払拒絶や支払不能に備えた履行確保制度（担保供与制度）がないこと，②事情の変更により定期金の額が不相当となったときの変更判決制度が存在しないことが挙げられてきた。このうち，②の問題については，平成8年の民事訴訟法の改正により，新たに117条が設けられ，定期金賠償を命じた確定判決の変更判決制度が導入されたので，一応解決した。しかし，依然として①の問題は残されている[13]。訴訟法の視点からは，原告が一時金として請求しているのに定期金による賠償を命じるのは処分権主義（民訴法246条）に反するのではないか，という問題もある[14]。

12　原告の申立てにより，死亡逸失利益の一部について定期金賠償を命じた裁判例として，東京地判平成15年7月24日判タ1135号184頁がある。東名高速道路上で，酒酔い運転の大型貨物自動車が渋滞の車列に突っ込み，炎上した被害車両に同乗していた2名の女児が両親の目の前で焼死したという悲惨な事案である。死亡した女児（被害者）は事故当時3歳と1歳であったが，裁判所は，それぞれが18歳になる年の命日から32歳になる年の命日までの15年間について，命日ごとの定期金賠償方式による支払いを命じた（以後の逸失利益については，16年目の命日を期限とする一括払いを命じた）。

13　損害保険契約者保護機構による補償が導入されても問題が解消されていないことにつき，佐野誠「定期金賠償の動向と課題」（財）日弁連交通事故相談センター編『交通賠償論の新次元―財団法人日弁連交通事故相談センター設立40周年記念論文集』（判例タイムズ社・2007年）162頁以下。

14　この点は，単なる支払方法の違いにすぎず，処分権主義違反は生じないという見解もある（『赤い本2013年版（下）』71頁以下〔小河原寧〕）。しかし，単なる支払方法の違いにすぎないと言い切れるのか，疑問である（勅使川原和彦「定期金賠償請求訴訟と処分権主義」早稲田法学81巻4号79頁以下）。

第8章　積極損害　　127

原告の意思に反する定期金賠償判決　　原告側が一時金賠償方式による支払い
を求めているにもかかわらず，定期金賠償方式による支払いを命じた裁判例
として，東京高判平成 15 年 7 月 29 日判時 1838 号 69 頁がある。事案は交通
事故であるが，被告は F 火災の自動車保険に加入していた。同判決は，①
の問題（履行の確保）について，次のように述べている。

> **●東京高判平成 15 年 7 月 29 日判時 1838 号 69 頁**
> 　「賠償義務者が任意に損害保険会社と保険契約を締結している場合には，保険
> 会社が保険者として賠償義務を履行することになるから，不履行の危険性は少な
> くなるものといい得る。……控訴人は，自動車事故による損害を填補するため，
> F 火災と任意に損害保険契約を締結していたことが認められるから，控訴人の損
> 害賠償義務は保険者である F 火災が履行することになると推認される。もっと
> も，……F 火災は平成 13 年 9 月中間決算期に経常損益が赤字であるなど経営状
> 況が安定しているとはいい難く，近年は保険自由化が進み，保険会社間の競争も
> 激化し，下位の損害保険会社の中には倒産したものがあったことが認められるが，
> F 火災が将来破産など倒産するとまで予測することはできない。そうであれば，
> 被控訴人花子の将来介護費用の損害賠償債権は，その履行の確保という面では一
> 時金方式であっても定期金賠償方式であっても合理性を欠く事情があるとはいえ
> ないし，民事訴訟法 117 条の活用による不合理な事態の回避も可能であるから，
> 将来の介護費用損害に定期金賠償方式を否定すべき理由はない。」

批　　判　　しかし，訴訟当事者ともなっていない保険会社の話を持ち出し，
保険会社の経営状況について裁判所が判定することは適当とは思われない。
そもそも，前述の最二小判昭和 62 年 2 月 6 日裁判集民 150 号 75 頁・判タ
638 号 137 頁は，公立学校における体育授業中の事故で，被告は横浜市であ
ったから，民間保険会社より履行の確保は確実なケースであった。
　それにもかかわらず，最高裁は，原告の意思に反する定期金賠償を否定し
ているのであるから，上記①の問題（履行の確保）は重視していないことが
わかる。

その後の展開　　原告側が一時金賠償方式による支払いを求めている場合に
定期金賠償方式による支払いを命じた裁判例としては，その後も，福岡高判

平成 18 年 4 月 11 日（LLI/DB06121057）[15]，東京地判平成 24 年 10 月 11 日判タ 1386 号 265 頁などが出ているが，依然として否定説が裁判例の多数を占めているといってよいであろう（たとえば，福岡高判平成 23 年 12 月 12 日判時 2151 号 31 頁，東京地判平成 17 年 2 月 24 日交民 38 巻 1 号 275 頁）。

定期金賠償における期間の終期　　定期金賠償を命じる場合には，その期間の終期が問題となるが，定期金賠償の趣旨からいえば「死亡」までとされるべきであろう[16]。

4 入院雑費

　入院雑費は，実際の支出額にかかわらず定額化されており，現在，1 日当たり 1500 円程度が基準となっている。これは完全に定額化されており，原告は入院日数を立証すれば足りる。

5 通院交通費・宿泊費等

通院交通費　　通院は，原則的には電車やバスなどの公共交通機関の利用が前提となる。しかし，被害者の年齢，症状，交通の便などの理由によって，タクシーの利用がやむをえないと認められる場合には，タクシー料金が認められる。自家用車を利用したときは，実費相当額（ガソリン代，高速道路料金，駐車場料金など）が認められる。

近親者の交通費　　最高裁は，一定の要件のもとに，被害者の近親者の交通費も，被害者本人の損害として請求できるとしている。
　事案は，被害者の娘がウィーンに留学すべく，横浜からナホトカ経由で出発したところ，途中モスクワに到着した際，事故の通知を受けたため急遽帰

15　ただし，遷延性意識障害に陥った事故時 18 歳の女性被害者につき，将来介護料だけで 21 億円余という破格に高額な請求をしていた事案である。

16　『赤い本 2013 年版（下）』71 頁以下〔小河原〕は，定期金賠償を支持する立場から，期間の終期を「死亡」とする。

国し，被害者の付添看護に当たった後に，改めてウィーンに赴いたというケースである。無駄になった横浜からナホトカ経由ウィーンまでの旅費 13 万円余と，帰国のために要したモスクワからナホトカ経由横浜までの旅費 8 万円余を，被害者本人の損害として認めている。

> ●最一小判昭和 49 年 4 月 25 日民集 28 巻 3 号 447 頁
> 　「おもうに，交通事故等の不法行為によつて被害者が重傷を負ったため，被害者の現在地から遠隔の地に居住又は滞在している被害者の近親者が，被害者の看護等のために被害者の許に赴くことを余儀なくされ，それに要する旅費を出捐した場合，当該近親者において看護等のため被害者の許に赴くことが，被害者の傷害の程度，当該近親者が看護に当たることの必要性等の諸般の事情からみて社会通念上相当であり，被害者が近親者に対し右旅費を返還又は償還すべきものと認められるときには，右旅費は，近親者が被害者の許に往復するために通常利用される交通機関の普通運賃の限度内においては，当該不法行為により通常生ずべき損害に該当するものと解すべきである。そして，国際交流が発達した今日，家族の一員が外国に赴いていることはしばしば見られる事態であり，また，日本にいるその家族が他の構成員が傷病のため看護を要する状態となった場合，外国に滞在する者が，右の者の看護等のために一時帰国し，再び外国に赴くことも容易であるといえるから，前示の解釈は，被害者の近親者が外国に居住又は滞在している場合であっても妥当するものというべきである。」

将来分　　将来の通院交通費も認められることがある。

6 装具・器具等購入費

　必要性が認められれば，義歯[17]，義足，義手，眼鏡（コンタクトレンズ），車椅子，松葉杖，身障者用ベッドなど，装具・器具購入費が損害として認められることは当然である。事故により失明状態となった被害者につき，盲導犬関係費用を損害として認めた裁判例もある[18]。

17　金床陶歯による義歯の架工は通常生ずべき損害の範囲に属するとした判例として，最二小判昭和 43 年 10 月 18 日裁判集民 92 号 625 頁がある。

18　東京地判昭和 61 年 5 月 15 日判タ 620 号 149 頁。盲導犬自体は盲導犬協会から無償貸与されるものである。なお，事故で盲導犬が死亡した場合は盲導犬協会が損害賠償を請求できるが，名古

交換年数　これらの装具・器具などは将来交換（買替え）が必要であるが，交換年数が問題となる。1つの目安として，義手，義足，車椅子等については「補装具の種目，受託報酬の額等に関する基準」（昭和48年6月16日厚生省告示第171号）の耐用年数がある。同告示においては，たとえば，車椅子や歩行器は5年，電動車椅子は6年などとなっている。

車椅子の台数　1回の購入時に建物内用と建物外用と2台は認めることができる[19]。

交換の終期　交換がいつまで認められるかであるが，これらの装具・器具は日常生活に不可欠と考えられるから，平均余命期間の範囲で認められる。歩行器具については，平均余命期間ではなく就労可能期間の範囲で認めるとの見解もある[20]。この見解は，歩行器具を日常生活に不可欠のものではなく，労働能力を補充するものと考えているわけであるが，疑問である。

将来分の計算　将来の装具・器具購入費を認める場合には中間利息の控除が必要である。

　なお，装具・器具購入費に関しては，被害者の申請があれば公的補助が受けられることがあるが，少なくとも将来の公的補助については損害から差し引く必要はない。

> **【設例】**
> 　交通事故により車椅子の使用を必要とするようになった被害者（症状固定時20歳の男子）の将来にわたる車椅子の購入費用を，5年ごとに買替えが必要となるものとして算定せよ。ただし，1台の購入費は50万円で，1台目は症状固定時に購入するものとする。

屋地判平成22年3月5日判時2079号83頁は，盲導犬の客観的価値は，すべての訓練犬について要した育成費用の合計額を育成された盲導犬の頭数（完成頭数）で除した額とするのが相当であるとする。

19　長久保守夫＝森木田邦裕「東京地裁民事第27部（民事交通部）における民事交通事件の処理について（1）」司法研修所論集86号39〜40頁。

20　長久保＝森木田・前掲注19 40頁。

【計算式】

車椅子は被害者の平均余命（平成 19 年簡易生命表による男子 20 歳の平均余命は 59 年である）まで必要。

50 万円 ×（1 + 0.7835 + 0.6139 + 0.4810 + 0.3768 + 0.2953 + 0.2313 + 0.1812 + 0.1420 + 0.1112 + 0.0872 + 0.0683）= 218 万 5850 円

ただし，0.7835 は現価表による 5 年のライプニッツ係数，以下，5 年のごとの係数である。最後の 0.0683 は 55 年の係数。

7 家屋・自動車等改造費，調度品購入費

自動車改造費　改造自動車が必要とされる場合には，改造費用相当額が認められる。改造費のみならず，自動車自体の購入費も損害として認められるかについては，消極に解する裁判例が多いようである。しかし，従来は家族の誰も自動車を所有していなかったようなケースでは自動車自体の購入費も認められるべきであろう[21]。

交換年数　これも将来交換が必要であるが，交換年数は普通乗用車では 10 年とし，就労可能期間の範囲で認める，との見解があるが[22]，歩行器具と同じように疑問である。買替え期間は税法上の償却期間に合わせ 6 年ごととする裁判例が増えている。

家屋改造費　家屋改造費については，後遺障害の内容・程度に応じて，必要かつ相当な範囲で認められているが，その判断は難しいことがある。具体的な改造内容としては，トイレ・浴室・スロープ・エレベーター・段差解消機・車椅子用斜行型昇降機などが考えられる。

21　東京地判平成 21 年 10 月 2 日自保ジャーナル 1816 号 35 頁は，被害者は，これまで自動車を購入したことがあったわけではないし，自動車を購入する計画があったわけでもないことからすると，被害者が本件事故による被害を受けたか否かにかかわらず近い将来自動車を購入したであろう蓋然性が高いということはできない，として，改造自動車購入費を認めている（6 年ごとの買替えを平均余命 49 年間まで）。
22　長久保＝森木田・前掲注 19 40 頁。

家族のための便宜の考慮　　裁判例の中には，エレベーターは同居の家族の便宜にもなるからという理由で，設置費用の全額から家族の便宜分を控除するものもある[23]。しかし，これまでエレベーターを必要としなかった家庭が，エレベーターの設置を余儀なくされたわけであるから，この考え方は疑問である。自動車と異なり，エレベーターの設置は一般的に普及してもいない。家族の便宜分は反射的利益にすぎないとみるべきであろう。

8　成年後見人に係わる費用

　被害者が遷延性意識障害など事理弁識能力を欠く況況となったときは，家庭裁判所に後見開始の審判を申立て，成年後見人を選任してもらうことが必要となる（民法7条）。この場合の申立手数料，登記手数料，添付書類の取得費用，鑑定費用は事故と相当因果関係のある損害となる[24]。

9　葬儀関係費

定額とされていることの意味　　葬儀費用は原則として150万円とされている。入院雑費のような意味で定額化されているわけではなく，葬儀費用の立証が必要であり，支出した葬儀費用が150万円を下回る場合には，その額となる。人は事故に遭わなくてもいずれ葬式は出さなければならないから，支出が早まったことが損害と言えないこともなく，実際には香典が入ってくることも考慮され，この程度が基準とされている。これとは別に仏壇・仏具購入費や墓碑建立費を損害として認める裁判例もある。

23　たとえば，大阪地判平成10年6月29日判タ1039号206頁は，自宅改造費のうちホームエレベーター設置費用については他の家族の利便と生活向上にもつながるものであるとして設置代金の8割の限度で相当因果関係を認めている。

24　『赤い本2012年版（下）』5頁以下〔小河原寧〕が詳しい。申立てを弁護士に委任したときの弁護士費用は，申立ての性質からみて，損害とは認められない（もっとも，大阪地判平成26年6月26日交民47巻3号784頁は弁護士費用を損害として認容している）。成年後見人の報酬については，既に報酬決定がされ，支払いがされている場合は，それまでの報酬決定額（基本報酬）をベースにして平均余命までの期間の分が損害として認められる。いまだ報酬決定がされた実績がない場合は，専門職が成年後見人に選任された場合の報酬の目安とされている額（月額2万円）が1つの基準となる，と指摘されている。

第8章　積極損害　　133

香　　典　　香典は損益相殺されないが，その反面，香典返しは損害として認められない。

10 弁護士費用

　訴訟外の円満示談が成立せず，訴訟の提起に至った場合には，弁護士費用の一部も損害に含まれる（最一小判昭和45年2月26日裁判集民98号255頁）。「この理は，被害者が自動車損害賠償保障法16条1項に基づき保険金額の限度において損害賠償額の支払を保険会社に対して直接請求する場合においても異ならない」（最三小判昭和57年1月19日民集36巻1号1頁・判タ463号123頁）とされている。

　実際に弁護士に支払う報酬の全額ではなく，損害額の10パーセント程度が一応の目安とされている。示談の場合には（ADR（裁判外紛争解決）での解決も含めて）認めていないのが一般的である。

●最一小判昭和45年2月26日裁判集民98号255頁

　「不法行為の被害者が，自己の権利擁護のため訴を提起することを余儀なくされ，訴訟追行を弁護士に委任した場合には，その弁護士費用は，事案の難易，請求額，認容された額その他諸般の事情を斟酌して相当と認められる額の範囲内のものにかぎり，右不法行為と相当因果関係に立つ損害として，その賠償を求めうるものと解すべきことは，当裁判所の判例とするところである［最一小判昭和44年2月27日民集23巻2号441頁参照］。原審も，これと同趣旨の見解に立ち，後見人選任の申立を含め，本件事故により被つた損害の賠償を訴求するための手続の遂行を弁護士に委任し，その報酬として支払いもしくは支払を約した費用のうち，被上告人両名につきそれぞれ金72万5000円づつを，本件事故により通常生ずべき損害として，上告会社をして賠償の責に任ぜしめるのを相当としたものと解せられ，その判断は正当である。」

---

11 遅延損害金

起算日　　不法行為に基づく損害賠償債務は，損害の発生と同時に何らの催告を要することなく遅滞に陥ると解されており，不法行為の日から遅延損害

金が発生する（最三小判昭和 37 年 9 月 4 日民集 16 巻 9 号 1834 頁・判タ 139 号 51 頁）。

利　　率　　利率は民事法定利率である年 5 パーセント（民法 404 条）であるが，民法改正案は法定利率につき変動制を導入している。

【民法（債権法）改正案の法定利率】
　民法改正案では，法定利率は現在の 5 パーセント固定制から変動制へと変更される。改正案では民法 404 条は次のような内容となっている。

（法定利率）
第 404 条　利息を生ずべき債権について別段の意思表示がないときは、その利率は、その利息が生じた最初の時点における法定利率による。
2　法定利率は、年 3 パーセントとする。
3　前項の規定にかかわらず、法定利率は、法務省令で定めるところにより、3 年を 1 期とし、1 期ごとに、次項の規定により変動するものとする。
4　各期における法定利率は、この項の規定により法定利率に変動があった期のうち直近のもの（以下この項において「直近変動期」という。）における基準割合と当期における基準割合との差に相当する割合（その割合に 1 パーセント未満の端数があるときは、これを切り捨てる。）を直近変動期における法定利率に加算し、又は減算した割合とする。
5　前項に規定する「基準割合」とは、法務省令で定めるところにより、各期の初日の属する年の 6 年前の年の 1 月から前々年の 12 月までの各月における短期貸付けの平均利率（当該各月において銀行が新たに行った貸付け（貸付期間が 1 年未満のものに限る。）に係る利率の平均をいう。）の合計を 60 で除して計算した割合（その割合に 0.1 パーセント未満の端数があるときは、これを切り捨てる。）として法務大臣が告示するものをいう。

要　　約　　大雑把にいうと，①法定利率は利息が生じた最初の時点における利率による，②法定利率は 5 パーセントから 3 パーセントに引き下げられる，③利率は 3 年を 1 期として見直される，④各期の利率は，過去 5 年（60 か月）の 1 年未満の短期貸付金利の平均を「基準割合」として，「直近変更期」と「基準割合」の差が 1 パーセント以上の場合には（その差が 1 パーセント未満の場合は見直しは行わない），その差に相当する割合を 1 パーセント

第 8 章　積極損害　　135

単位で反映をさせる，というものである。なお，適用される利率は，当該利息が生じた最初の時点（不法行為の場合には不法行為の日となる）における法定利率によることになり，それが途中で変動するわけではない。

弁護士費用　　この理は，弁護士費用についても同様である。

●最三小判昭和 58 年 9 月 6 日民集 37 巻 7 号 901 頁・判タ 509 号 123 頁
　「不法行為の被害者が自己の権利擁護のため訴えを提起することを余儀なくされ、訴訟追行を弁護士に委任した場合には、その弁護士費用は、事案の難易、請求額、認容された額その他諸般の事情を斟酌して相当と認められる額の範囲内のものに限り、右不法行為と相当因果関係に立つ損害であり、被害者が加害者に対しその賠償を求めることができると解すべきことは、当裁判所の判例［最一小判昭和 44 年 2 月 27 日民集 23 巻 2 号 441 頁］とするところである。しかして、不法行為に基づく損害賠償債務は、なんらの催告を要することなく、損害の発生と同時に遅滞に陥るものと解すべきところ［最三小判昭和 37 年 9 月 4 日民集 16 巻 9 号 1834 頁・判タ 139 号 51 頁参照］、弁護士費用に関する前記損害は、被害者が当該不法行為に基づくその余の費目の損害の賠償を求めるについて弁護士に訴訟の追行を委任し、かつ、相手方に対して勝訴した場合に限って、弁護士費用の全部又は一部が損害と認められるという性質のものであるが、その余の費目の損害と同一の不法行為による身体傷害など同一利益の侵害に基づいて生じたものである場合には 1 個の損害賠償債務の一部を構成するものというべきであるから［最一小判昭和 48 年 4 月 5 日民集 27 巻 3 号 419 頁参照］、右弁護士費用につき不法行為の加害者が負担すべき損害賠償債務も、当該不法行為の時に発生し、かつ、遅滞に陥るものと解するのが相当である。なお、右損害の額については、被害者が弁護士費用につき不法行為時からその支払時までの間に生ずることのありうべき中間利息を不当に利得することのないように算定すべきものであることは、いうまでもない。」

個々の損害費目との関係　　上記昭和 58 年判決のような判例の立場に立てば，個々の損害項目ごとに遅延損害金の起算日の特定を問題にする余地はないことになる。

●最二小判平成 7 年 7 月 14 日交民 28 巻 4 号 963 頁
　「不法行為に基づく損害賠償債務は、損害の発生と同時に、なんらの催告を要

> することなく，遅滞に陥るものである［最三小判昭和37年9月4日民集16巻9号1834頁・判タ139号51頁参照］。そして，<u>同一事故により生じた同一の身体傷害を理由とする損害賠償債務は1個と解すべきであつて，一体として損害発生の時に遅滞に陥るものであり，個々の損害費目ごとに遅滞の時期が異なるものではないから</u>［最三小判昭和58年9月6日民集37巻7号901頁・判タ509号123頁参照］，<u>同一の交通事故によつて生じた身体傷害を理由として損害賠償を請求する本件において，個々の遅延損害金の起算日の特定を問題にする余地はない。</u>また，上告人が損害額及びこれから控除すべき額を争つたからといつて，これによつて当然に遅延損害金の請求が制限される理由はない。」

上記平成7年判決は，原判決が，事故発生日から訴状送達の日までの遅延損害金請求を棄却した点を違法とし，破棄したものである。原判決は，本件で損害賠償金の支払いが延引したのは，被害者が損害の総額やこれから控除すべき額を争ったことにある上，損害の残額の計算方法，損害費目ごとの各遅延損害金の起算日の特定が不可能であるところ，その主たる責任は被害者にあり，これを過失として相殺すべきであるとして，認容すべき遅延損害金を訴状送達の日の翌日以降のものに限定していた。

民法405条の不適用　民法405条は，利息の支払いが1年以上延滞した場合において，債権者が催告をしても，債務者がその利息を支払わないときは，債権者がこれを元本に組入れることを認めているが，交通事故に基づく損害賠償請求権について生じる遅延損害金については，その性質上，同条は適用されない（大阪地判平成26年1月9日交通事故紛争処理センター新判例紹介17811号）。

以上は，加害者に対する損害賠償請求権に関する遅延損害金についてであるが，関連する請求権については次のとおりである。

任意保険会社に対する直接請求権　任意保険会社（任意社）に対する損害賠償額の支払請求（約款に基づく直接請求権）については，被保険者に対する判決確定を条件として，事故日から年5分の割合による遅延損害金が発生する（東京地判平成8年7月31日交民29巻4号1132頁）。

自賠法 16 条の直接請求権　　自賠法の改正（平成 22 年 4 月 1 日施行）により，①保険会社は，自賠法 16 条第 1 項の規定による損害賠償額の支払いの請求があった後，当該請求に係る自動車の運行による事故および当該損害賠償額の確認をするために必要な期間が経過するまでは，遅滞の責任を負わず，また，②保険会社がその確認をするために必要な調査を行うに当たり，被害者が正当な理由なく当該調査を妨げ，またはこれに応じなかった場合には，保険会社は，これにより損害賠償額の支払いを遅延した期間について，遅滞の責任を負わないと規定された（自賠法 16 条の 9）。なお，この点は，政府に対する保障請求権についても同様である（自賠法 73 条の 2）。

第9章── 休業損害

1 - 逸失利益の分類

逸失利益の意義　消極損害（逸失利益）とは，事故に遭わなければ将来（事故以降に）獲得できたはずの収入の喪失である。理論的にも実際的にも難しい問題を多く抱えている。

逸失利益の分類　逸失利益は，さらに①休業による逸失利益，②後遺症による逸失利益および③死亡による逸失利益の3つに分けられる。その損害としての性質は共通であるが，①を「休業損害」と呼び，②および③だけを特に「逸失利益」と呼ぶことも多い。本書では，①を休業損害，②および③を併せて「将来の逸失利益」と呼ぶことがある。

　一般的には，症状が固定した日を基準として，それ以前の逸失利益を「休業損害」として，それ以後の逸失利益を後遺症逸失利益として取り扱っている。比喩的にいえば，休業損害とは「過去の逸失利益」であり，後遺症逸失利益および死亡逸失利益は「将来の逸失利益」ということができる。

図17　休業損害と後遺症逸失利益との関係

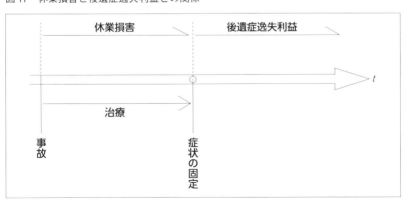

2 - 休業損害の算出方法

休業損害の意義　休業損害は仕事を休んだことによる収入の喪失である。したがって，働いていない幼児・児童・生徒・学生には，アルバイトによる収入を得ていた場合は格別，休業損害は発生しない。

算　　式　休業損害の算式それ自体では単純である。しかし，基礎収入の確定が容易でない場合もあるし，休業日数も，入院期間は問題が少ないが，通院期間については事故による就労制限がどこまで認められるか争いになることも多い。

【算式】
休業損害＝1日当たりの基礎収入×休業日数

証明方法　保険・裁判実務では，給与所得者の休業損害は，勤務先が発行する休業損害証明書・賞与減額証明書や源泉徴収票などにより，自営業者の休業損害は，税務署の受付印のある確定申告書や市区町村の発行する課税証明書などを基に算定される。

1日当たりの基礎収入　休業損害証明書（→資料7）には事故前3か月間に支給した月例給与が稼働日数とともに記載されるが，一般的には，3か月間の支給金額（付加給を含む，社会保険料や所得税を控除する前の名目額）を90日で除した額を1日当たりの基礎収入とする取扱いである。しかし，稼働合計日数で除した額とすべきではないかとの主張に接することがある。これは休業期間をどのように算定するかに係ると思われる。入院期間のように休業期間を土日・祝日まで含めて算定する場合には90日で除する方法が適切である。他方，実通院日のように稼働日のみを算定する場合には稼働合計日数で除する方法が適切である。

基礎収入に係わる諸問題　休業損害であれ，将来の逸失利益（後遺症，死亡）であれ，まず基礎収入の確定が問題となる。大方は共通に論じることが

できるが，そうではない部分もある[1]。本書では，紙幅の節約のために，基礎収入の確定に関する諸問題は，この休業損害の項においてまとめて取り上げ，適宜，後遺症逸失利益，死亡逸失利益における異同について触れることにする。

3 – 基礎収入の諸問題（1）―現実収入がある場合

1 不労所得

不労所得に休業損害なし　休業損害の対象となる収入は，原則としていわゆる勤労所得[2]であって，家賃・地代・利息などの不労所得は含まれない（不労所得に休業損害なし）。被害者が就労不能の状態に陥っても減収につながらないからである。

将来の逸失利益　後遺症逸失利益や死亡逸失利益についてはどうであろうか。被害者に後遺障害が残っても減収は生じない。死亡した場合でも，不労所得を生む財産は相続人に承継されるから，相続人は従前と同様の収入を得ることができる。しかし，被害者の労働能力が死亡により失われた以上，賃金センサスを基礎にして死亡逸失利益を認めるべきである。後遺障害により労働能力の一部または全部が失われたことが明らかであれば，軽度の後遺障害の場合は格別，賃金センサスを基礎にして後遺症逸失利益を認めるべきである。

> **【具体例】**
>
> 　松山地判昭和 61 年 5 月 26 日交民 19 巻 3 号 688 頁は，貸家業を営む女性被害者 A（69 歳）の死亡逸失利益の算定に当たり，①貸家業による収入は損害賠償の対象から外すべきものとしたが，②68 歳以上の女子平均給与を基礎に 5 年間の逸失利益を認めた。参考となる部分を引用しておく。

1　たとえば，学生・生徒等には休業損害は認められないが，後遺症逸失利益，死亡逸失利益は認められるとか，年金収入の逸失利益算入は死亡逸失利益のみで問題となるとか，純収入への固定経費の加算（売上からの非控除）は休業損害のみで問題となるなどである。

2　所得税法上の所得に対応していえば，事業所得，給与所得および山林所得がこれに該当する。

第 9 章　休業損害　　141

①の点について。「原告ら主張の貸家業等による収入を損害賠償の根拠にすることはできない。原告ら主張の右収入は、いわば、A 自身が生み出したものではなく、A に帰属する財産そのものが生み出したものであり、A は、生み出された収入の帰属主体になっていただけであるから、A に帰属していた右財産そのものが同人死亡後も存続する限り、右収入は同人死亡前と同様に得られ続けるのであり、同人死亡によって変わるのは、その帰属主体が同人の相続人になる点だけである。このような場合には、貸家業等による収入は、A の死亡の前後を通じて失われていないものとして、これを損害賠償の対象から外すべきである」。

②の点について。「A は、死亡当時収入を得るための労働はしていなかった。しかし、同人が労働をしていなかったのは、家賃等による収入及び年金関係の収入があってこれにより労働の必要がなくなっていたからであり、労働の能力（ここでは、必要ならば働くという潜在的労働意欲も含む。）が欠けていたからではない……。A の有していた右労働能力そのものが同人の死亡により失われた以上、右労働能力の喪失を金銭的に評価したものは、原則的には、損害賠償の対象となるものと考えるべきである。」

2 給与所得（公務員，会社員等）

(1) 基本的な取扱い

休業損害　休業損害においては，事故前の現実の給与額を基礎として，受傷による欠勤のために支給を受けられなかった減収分である。

将来の逸失利益　将来の逸失利益（後遺症，死亡）においても原則として同様であるが，休業損害と異なるのは，現実の給与額が賃金センサスの平均額を下回っている場合，被害者が若年であって（概ね 30 歳未満），将来平均賃金が得られる蓋然性が認められれば，平均賃金（全年齢）を基礎とすることである（→218～219 頁）。休業損害においては差額説的立場が貫かれているのに対し，将来の逸失利益においてはこれが修正されることになる。

> 【賃金センサスを使用する場合】[3]
> 　賃金センサスを利用して逸失利益を算定すべき場合には，上記のような①若年

3　『赤い本 2007 年版（下）』97～130 頁〔齊藤顕〕。

労働者型のほかにも，②家事従事者型（→167頁），③幼児・生徒・学生型（→169頁），④違法収入型（→165頁），⑤実収入額を把握する十分な証拠はないが，相当程度の収入があることは推認できるような証拠不十分型（→153頁），⑥無職型（→172頁）がある。

いずれの場合においても，第1巻第1表の企業規模計・産業計平均賃金を利用するのが一般的である（本書でもこれを整理して巻末に付けてある〔→資料4〕）。しかし，その中でも，男女別を使用するのか，年齢別を使用するのか，学歴別を使用するのかという問題がある。さらに，企業規模計・産業計平均賃金以外の，企業規模別平均賃金，職種別平均賃金，産業別平均賃金，都道府県別平均賃金を利用する例もある。要は，当該被害者の基礎収入を推認するについて蓋然性の高い平均賃金を使用することになる。

このほかに，どの年度の賃金センサスを使うか，という問題もある。この点について，『共同提言』では，原則として，死亡の場合には死亡した年の平均賃金を採用し，後遺障害の場合には症状が固定した年の平均賃金を採用する，としている。

(2) 定期昇給，ベースアップの斟酌

定期昇給とベースアップの違い　賃金上昇（賃上げ）には，定期昇給とベースアップ（ベア）とがある。定期昇給とは，年齢等に応じて賃金が上昇していくもので，縦軸に賃金，横軸に年齢をとると，大体右上がりの曲線（賃金カーブ）を描くことになる。ベースアップとは，そのような賃金カーブの底上げ（上方へのシフト）のことである。ベースアップは，必ずしもインフレーションに伴う名目賃金の是正（貨幣価値の下落の回復）には限定されないが，しかし，実際にはベースアップ斟酌論はインフレーション斟酌論と表裏をなすものである。

過去分　定昇であれ，ベアであれ，立証の問題に帰着するとすれば，休業損害においてはもちろん，将来の逸失利益（後遺症，死亡）においても，事実審の口頭弁論終結時までの分を斟酌しうることは当然と思われる。

将来のベースアップ　問題は，将来の逸失利益（後遺症，死亡）において，事実審の口頭弁論終結時以後の，将来の定昇やベアを斟酌しうるか，という

第9章　休業損害　143

点であるが，大多数の裁判例は，将来のベースアップ分の斟酌については否
定的である。

将来の定期昇給　　事実審の口頭弁論終結時以後の，将来の定昇分について
は，公務員，大企業労働者のように，昇給規定が整備されている場合は認め
る裁判例が多い。この点，最三小判昭和 43 年 8 月 27 日民集 22 巻 8 号 1704
頁・判タ 226 号 78 頁は，死亡逸失利益について，昇給規定の存在を認定す
ることなく，同一会社に勤務する被害者と同程度の学歴，能力を有する者の
「平均値的な昇給率」によって昇給を斟酌した原判決（大阪高判昭和 41 年 3
月 17 日判タ 191 号 85 頁）を是認している。

賞　　与　　上記昭和 43 年判決は，賞与についても，同様に，同一会社に
勤務する被害者と同程度の学歴，能力を有する者に対し現実に支給された賞
与の額の基本給に対する比率を参考にし，定年（当時は 55 歳）まで賞与が毎
年支給されるものとして計算した原判決の判断を是認している。

●最三小判昭和 43 年 8 月 27 日民集 22 巻 8 号 1704 頁・判タ 226 号 78 頁
　　問題となったのは，高卒で，某大電機メーカーの系列会社（会社の規模は不明
であるが，調査官解説では中規模以上の会社のようである）に就職した 22 歳男
子給与所得者の死亡逸失利益の算定方法であった。原審は，昇給規定の存在を認
定することなく，基本給について，被害者が死亡の前月に受けた給与の額を基準
にして，①死亡後 4 年間は，同一会社に勤務する被害者と同程度の学歴，能力を
有する者の毎年の実際の昇給率と同一割合で昇給するものとし，②5 年目以降，
被害者が 44 歳に達するまでは，①の 4 年間の平均昇給率の割合で毎年昇給する
ものとし，③それ以後も定年である 55 歳まで（それよりは低い昇給率ではある
が）昇給を続けるものとして計算した。
　　最高裁は，まず，「不法行為によって死亡した者の得べかりし利益を喪失した
ことによる損害の額を認定するにあたっては，裁判所は，あらゆる証拠資料を総
合し，経験則を活用して，でき得るかぎり蓋然性のある額を算出するよう努める
べきであり，蓋然性に疑いがある場合には被害者側にとって控え目な算定方法を
採用すべきであるが，ことがらの性質上将来取得すべき収益の額を完全な正確さ
をもって定めることは不可能であり，そうかといって，そのために損害の証明が
不可能なものとして軽々に損害賠償請求を排斥し去るべきではないのであるから，

客観的に相当程度の蓋然性をもつて予測される収益の額を算出することができる場合には、その限度で損害の発生を認めなければならないものというべきである。そして、死亡当時安定した収入を得ていた被害者において、生存していたならば将来昇給等による収入の増加を得たであろうことが、証拠に基づいて相当の確かさをもつて推定できる場合には、右昇給等の回数、金額等を予測し得る範囲で控え目に見積つて、これを基礎として将来の得べかりし収入額を算出することも許されるものと解すべきである」とした。

その上で，原審の計算方法は、「A が生存していた場合にこのようにして昇給することは、確実であるとはいえないにしても、相当程度の蓋然性があるものと認められないことはなく、<u>このような平均値的な昇給率によつて予測された昇給をしんしやくして将来の収入を定めることは、なお控え目な算定方法にとどまるものとして是認することができるものというべきである</u>」とした。

(3)　将来の退職金算入の可否

判　　例　　上記昭和 43 年判決は，22 歳男子給与所得者の死亡逸失利益の算定に当たり，将来の退職金（定年 55 歳，従業員退職規定に基づき基本給に対する所定比率をもって算定される）を算入した原判決を，その点についても是認した。

退職金規程の必要性　　退職金は賃金の後払い的性格を有するとされているが，退職金請求権が発生するためには，退職金規程の存在が必要である（退職金規程がなくても，退職金支給の慣行が確立していればよい）。

退職金差額　　退職時に現実に支給された退職金と，定年まで勤務すれば支給されたであろう退職金との差額も逸失利益となりうるが，退職金差額が損害として認められるための要件として，①交通事故による受傷（死亡または後遺障害）と退職との間に因果関係があること，②被害者が定年退職時まで勤務を継続する蓋然性および③定年退職時に退職金が支給される蓋然性があること，が指摘されている。そして，要件①については，死亡事案や労働能力喪失率が 100 パーセントの後遺障害事案では当然肯定されるが，裁判例では，労働能力喪失率が 79 パーセント以上といった重度後遺障害事案でも肯

定される傾向にあること，要件②および③については，被害者の年齢，職歴，現在の勤務先における勤続年数，定年までの期間，勤務先の企業規模，経営状況等を考慮して肯否を検討することになることが指摘されている[4]。

(4)　定年退職後の基礎収入をどう捉えるか

　一般的に，企業においては定年制が採用されている。たとえば，60歳定年制が採用されている企業の従業員が死亡した場合，逸失利益を稼働可能年齢とされる67歳まで算定するとして，60歳以後の基礎収入をどう捉えるべきであろうか。

判　　例　　上記昭和43年判決は，定年（55歳）以後60歳までの間は，定年時の収入の5割を基礎として算定した原判決を，「その程度の収入が得られる蓋然性があることは経験則上肯定することができる」として是認している。同事案のように，逸失利益の算定に際し，将来の昇給を斟酌し，将来の退職金まで算入する場合には，退職後の減収も斟酌しなければバランスがとれないであろう。退職がある程度現実味を帯びている年齢の被害者の場合にも，定年退職後の減収を考慮するのが妥当であろう。この場合，退職後の基礎収入につき，賃金センサスの平均賃金を使用する裁判例もあるが，従前の給与額の何割かを基礎として算定する裁判例も多い。

(5)　有給休暇を使用した場合[5]

有給休暇の利用　　欠勤期間中，有給休暇を利用したため減収を免れた場合には，有給休暇利用分は休業損害として評価されるとするのが裁判例の大勢である（休業損害証明書にも年次有給休暇の取得日数を記入する欄がある〔→資料7〕）。この点につき，余剰の有給休暇を会社が買い取る制度がない限り，有休取得分を休業損害として評価するのは相当ではなく，慰謝料算定の斟酌事由とするのが相当であるという見解もあるが，損害として認められることは変わらない。

4　『赤い本2012年版（下）』15～34頁〔川﨑直也〕。
5　『損害賠償の諸問題II』51頁以下〔渡邉和義〕。

有給休暇のカット　　欠勤のため事故の翌年度の有給休暇20日分がカットされた場合に，カット分を有給休暇喪失損として認めた裁判例がある[6]。

(6)　使用者が給料を支払った場合

肩代わり分　　使用者が，被用者（従業員）に対し，欠勤期間中の給与を全額または一部支給した場合には，支給された限度では被用者には休業損害は発生していない。

　この場合，使用者は，直接被害者である被用者が加害者に対して請求できる損害を肩代わりして支払ったのであるから，法律構成はともかく，使用者から肩代わり分の損害賠償請求が認められるべきことには異論がない（「不真正間接損害」といわれる）。

　使用者から，後日返還すべき性質の仮払いの形で支給されている場合には，被用者の休業損害として認められる。

真正間接損害と不真正間接損害　　不真正間接損害と区別されるべきものに，被用者の死亡等により，使用者（会社）が売上減少等の損害を被る場合（真正間接損害，企業損害といわれる）がある（→160頁）。このような真正間接損害が使用者の固有損害であるのに対して，不真正間接損害は肩代わり損害であり，内容的には被用者の損害と重なり合うものである。

法律構成　　使用者から加害者に対する不真正間接損害の請求が是認されることには異論がないが，その法律構成に関しては議論がある。使用者の支払いが法律上の義務に基づくものである場合は民法422条（損害賠償者の代位）の類推適用に拠るのが適当である（同条では「全部」の支払いが代位の要件となっているが，ここではこの要件は不要と解すべきであり，その意味で「類推」適用である）。使用者の支払いが法律上の義務に基づくものでない場合には，贈与でなければ，貸付金とか仮払金とか，いずれにしても被用者（被害者）が返還義務を負っているのであるから，被害者の損害は補填されておらず，被害者からの損害賠償を認めれば十分であり，あえて使用者からの請求を認

6　神戸地判昭和63年5月27日交民21巻3号539頁。

第9章　休業損害　　147

める必要はない。ただし，場合によっては，民法 423 条の要件のもとに債権者代位権の行使を認めるとか，事務管理に基づく有益費償還請求（同法 702 条）や不当利得返還請求（同法 703 条）を認めるとかの法律構成も考えられる。

3 役員報酬（会社役員）[7]

(1) 基本的な取扱い

　裁判実務は，休業損害および将来の逸失利益（後遺症，死亡）を通じて，会社役員の報酬については，その内の労務提供の対価部分（労働対価部分）のみが逸失利益を構成し，利益配当の実質をもつ部分（利益配当的部分）[8]は損害とは認められない，としている。しかし，死亡逸失利益に関しては問題がある。

個人営業主の逸失利益算定における労務価額説との関係　　法人成りしていない個人営業主の逸失利益算定に当たっては，事業主の収入のうち，本人の寄与部分を基礎に算定すべきであるとの考え方が判例となっている（→155 頁）。そこでは「労務価額説」と称されているが，役員報酬について労働対価部分のみが逸失利益の基礎となるとする考え方も労務価額説のバリエーションとして理解することができる。

> 【具体例】
> 　　X_2（株式会社）の代表取締役兼部長 X_1 が事故に遭い負傷，休業し，10 級の後遺障害が残存したが，X_2 は X_1 に対し，症状固定前も，さらに症状固定後も約 10 か月間は，従前どおりの役員報酬（年間 1500 万円）を支給してきた。X_2 は，労務の提供を全部もしくは一部受けていないのに X_1 に支給してきた役員報酬につき，1500 万円を基礎として労務の提供を受けなかった範囲で賠償を求め，X_1 も，1500 万円を基礎として後遺障害逸失利益を算定し（X_2 から支給を受け

7　『赤い本 2000 年版』235〜237 頁〔北河隆之〕，『赤い本 2005 年版（下）』11〜35 頁〔松本利幸〕。
8　役員報酬中の労務対価性を有しない部分としては，このほかに，情誼的に交付される部分，法人税の負担を軽減するための加算部分等が考えられる（『赤い本 2005 年版（下）』12 頁〔松本〕）。「利益配当的部分」とは，役員報酬中の労務対価性を有しない部分と理解すればよい。

た部分を除いて）賠償を求めた。

　東京地判昭和 61 年 5 月 27 日判タ 621 号 162 頁は，X_2 の規模（資本金 3000 万円，従業員 48 名），X_1 が担当していた職務（総務部長と営業部長を兼任し，顧客の新規開拓の決裁，仕入れの値引き交渉，人事，その他の職務も相当幅広く担当していたが，特に主要仕入れ先との割引交渉は X_1 自らが他の 1 名と行ってきた）を勘案し，X_1 の役員報酬のうち 900 万円（役員報酬の 60 パーセント）を「本人の稼働による収入」として認定し，これを基礎として X_1 および X_2 の請求を一部認容した。本件のように，この問題は，会社が役員報酬を肩代わりして支払い，その賠償を求めるケースで問題となることが多い。

図 18　役員報酬と逸失利益

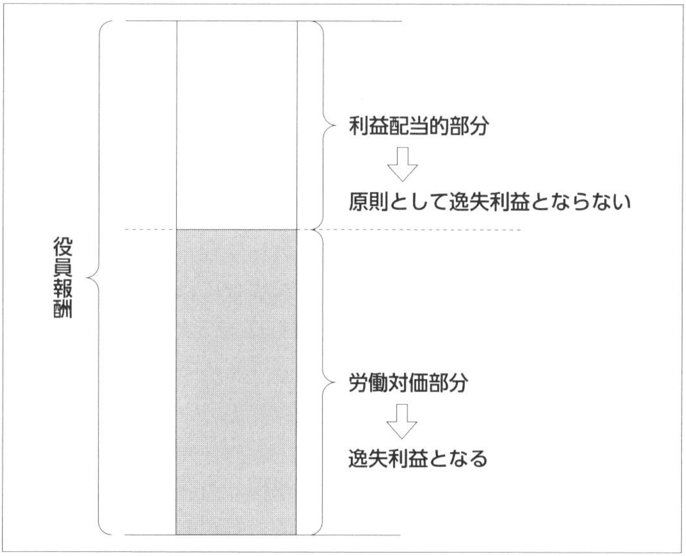

●東京地判昭和 61 年 5 月 27 日判タ 621 号 162 頁
　「ところで、会社役員の報酬中には、役員として実際に稼働する対価としての実質をもつ部分と、そうでない利益配当等の実質をもつ部分とがあるとみるべきところ、そのうち後者については、傷害の結果役員を解任される等の事情がなく、その地位に留まるかぎり、原則として逸失利益の問題は発生しないものと解され

第 9 章　休業損害　　149

> るから、前者についてのみ逸失利益の判断をすればよいと解されるが、本件においては、X₁は、X₂の従業員としても実質上稼働していたものであるから、その収入の名目を問わず実質に着目すると、この部分についても逸失利益を考慮する必要があり、以上の全ての面を勘案すると、X₁の収入のうち年900万円を本人の稼働による収入とするのが相当である。」

(2) 死亡逸失利益の算定においてはどう考えるべきか

上記昭和61年判決によれば，傷害の結果役員を解任される等の事情があり，その地位に留まれない場合には，利益配当的部分についても逸失利益を構成することになる。死亡した場合も当然同じことになろう。

これに対し，死亡逸失利益の場合にも休業損害や後遺症逸失利益と同様に考えるべきであるとし，中小企業の経営者が死亡した場合には，親族間の争いにより相続人が経営権を引き継げなかったような場合に限り，例外的に，役員報酬全部を基礎に逸失利益を算定すべきである，とする有力な見解がある[9]。このような見解の前提には，役員報酬の利益配当的部分は，特段の事情がない限り，相続人により承継されるという考え方が存在している。

しかし，相続人が数人いて，その一部が会社に経営権を承継できたが，経営権を承継できなかった相続人もいたような場合にはどのように考えるのであろうか。福岡高判平成2年4月17日訟月37巻5号909頁[10]はそのような例であるが，役員報酬の全額を基礎収入として認めている。

(3) 労働対価部分の認定

労働対価部分は，役員報酬の額，企業の規模，当該役員の執務状況，その他諸般の事情をきめ細かく考慮して，具体的・個別的に判断するほかはないが，次のような指摘がなされている[11]。

(1) 個人営業主が法人成りした個人企業で，実態が個人営業主と変わらない場合には，社長等の役員報酬のうち労働対価部分を基礎として逸失利

9　大工強「役員の休業損害及び逸失利益の算定」判タ842号14頁以下。
10　医療過誤事件である。死亡被害者の法定相続人のうち，長男・次男は会社の経営権を承継しているが，妻・長女・次女は会社の役員となっておらず，経営権を承継していないケースである。
11　大工・前掲注9 14頁以下。

益を算定する。法人の収益が減少したとすれば，それは企業損害の問題（→160頁）として処理する。

(2)　中小企業の経営者の場合も(1)と同様であるが，休業の結果，役員の地位を解任されたような場合には，利益配当の実質を持つ部分を享受できなくなることをもって別の損害と考えられるので，例外的に役員報酬全額を基礎として逸失利益を算定する。また，役員死亡の場合，長男等相続人が経営権を引き継げなかった場合は，相続人が利益配当部分を喪失することは明らかであり，例外的に役員報酬全額を基礎として算定する。

(3)　中小企業の経営者の親族で，現実に業務に従事している場合も，(2)の場合と同様に考えてよい。

(4)　中小企業で現実に業務に従事していない名目的役員の場合には，労働対価部分はゼロであるから，役員報酬は全く逸失利益の基礎とはできない（ただし，妻が夫の会社の名目的役員となっているような場合には，主婦としての逸失利益は認められる）。

(5)　中小企業に長年勤務してきた従業員が役員になった場合には，役員報酬の中に利益配当部分が含まれていることはなく，役員報酬全額が労働対価部分と認められる。

(6)　大企業（一部上場企業等）のサラリーマン重役の場合には，役員報酬全額が労働対価部分と認められるので，それを基礎に逸失利益を算定する（役員報酬の全額が得られる就労可能年数は定年制が敷かれているときは，その年齢までとする）。

労働対価部分の判断において検討すべき要素　　主な要素として，①会社の規模・利益状況，②当該役員の地位・職務内容，③役員報酬の額，④他の役員・従業員の職務内容と報酬・給料の額，⑤事故後の役員報酬額の減少等，⑥同種企業における平均的な役員報酬額などが指摘されている[12]。

労働対価部分の認定例[13]　　比較的分かりやすい例として，札幌地判昭和60

12　『赤い本2005年版（下）』11〜35頁〔松本〕は裁判例を整理しながら詳細に検討している。
13　大阪地判平成25年6月28日交民46巻3号842頁は，従業員から社長に昇格した被害者の後遺症逸失利益につき，「確かに原告の役員報酬の内には労働対価部分と利益配当部分ないし業績

年7月10日自保ジャーナル628号を紹介しておく。

　被害者Xは，事故当時，夫が経営するC運輸の専務取締役として経理事務を担当し，1か月21万円の報酬を得ていたが，事故により重篤な後遺障害（併合3級）が残存した。本件は，Xからの損害賠償請求であるが，その休業損害および後遺障害逸失利益の基礎とすべき収入額が問題となった。

　同判決は，当時XがE運輸の取締役も兼ね，C運輸同様経理事務を担当し，1か月10万円の報酬を得ていたこと，E運輸の事務担当者はXのみでありC運輸においてはもう1人女性事務員が雇用されていたこと，事故後Xは両社から従前の報酬を全く得ていないこと，事故後両社は新たに事務員を雇用し，1か月10万円の給与を支給していた時期のあることなどから，C運輸からの月額21万円の報酬のうち，「労働の対価」としての部分は1か月10万円程度（役員報酬の約48パーセント）であり，その余は「利益配当」としての意味をもつものであった，として，結局1か月20万円を基礎として休業損害および後遺症逸失利益を算出した。このケースの場合には，Xは重篤な傷害のためC運輸からもE運輸からも従前の報酬を全く得られなくなっている。実質的には役員を解任されたとも考えられ，そうであれば，役員報酬全体を基礎収入とすることも十分に考えられるのではなかろうか。

労働対価部分をゼロと認定した例　　そのようなわかりやすい例として，仙台高判昭和57年1月27日交民15巻1号37頁・判タ469号241頁を紹介しておく。

　これは，会社役員と従業員とが，同一事故により一定期間就労不能になったが，その間，従業員に対しては賃金が支給されず，会社役員に対しては役員報酬が支給されていたケースである。会社は加害者に対し，支給した役員報酬の弁償（事務管理に伴う有益費償還と構成）を求めたが，同判決はこれを全部棄却している。同判決は，事案の内容に照らすと，役員報酬の全部分が利益配当部分と考えられたと理解すべきものであろう。

対応部分の両者が含まれていると考えられるが，原告は，本件事故で受傷して役員の任を解かれたことにより，本件事故がなければ得られたはずの労働対価部分も利益配当部分ないし業績対応部分も得られなくなったのであるから，これら全てが消極損害にあたる」としたものである（北河隆之「評釈」交民46巻索引・解説号292～298頁参照）。

4 事業所得者（個人営業主）[14]

(1) 基本的な取扱い

純収入　事業所得者（個人営業主）の休業損害および将来の逸失利益（後遺症，死亡）は，原則として，事故前年の所得税確定申告所得によって認定する。この場合，一般的には，事故の前年の年収（売上）から，その収入を得るために要した経費を控除した後の純収入（税法上の「所得」に相当するもの）をもって，事故の年以降の「得べかりし純収入」と推定し，これを基礎収入として算定する。

具体的には　白色申告であれば収支内訳書の売上（収入）金額から，売上原価，経費，専従者控除を差し引いた後の所得金額（純収入）を基礎収入として，青色申告であれば損益計算書の売上（収入）金額から，売上原価，経費，専従者給与を差し引いた後の所得金額（純収入）を基礎収入としている。青色申告の場合，経費性のない青色申告特別控除額は差し引かない[15]。

(2) 申告外収入の取扱い[16]

　申告額と実収入額が異なる場合には，立証があれば実収入額を基礎とすべきであるが，裁判所においては，休業損害についても，将来の逸失利益についても，申告外収入を認めることには極めて慎重であり，厳格な立証が求められている[17]。

　このような取扱いの背景には，都合の良いときには収入を少なく申告し，都合が悪くなると多く申告するような，二枚舌は許さないという判断がある。税務申告の問題と損害賠償の問題とは切り離して考えるべきものであるが，申告外収入に係る証拠の信用性は低いと評価されてもやむをえず，特に税務申告額と被害者の主張する実収入額との乖離が大きいほどそうであろう（修

14　『赤い本 2006 年版（下）』13〜51 頁〔湯川浩昭〕。
15　青色申告で認められる貸倒引当金も経費性はないから差し引かない。
16　『赤い本 2006 年版（下）』14 頁以下〔湯川〕。
17　東京地裁民事交通訴訟研究会編『民事交通訴訟における過失相殺率の認定基準〔全訂 5 版〕』（判例タイムズ社・2014 年，別冊判夕 38 号）14 頁。

第 9 章　休業損害　　153

正申告をしてもそれだけでは認められない）。

賃金センサスの利用　申告所得額が過小であり，事故前これを相当上回る収入を得ていたことは窺われるものの，実所得額を確定するに足りる証拠は存しない場合に，賃金センサスを利用する裁判例もある[18]。

(3)　休業中に支出した固定経費の取扱い

休業損害独自の問題　休業損害についても将来の逸失利益（後遺症，死亡）についても，一般的には，売上（収入）から必要経費を控除した後の純収入をもって，基礎収入としているが，休業損害の算定に際しては独自の問題がある。

　すなわち，必要経費を，売上に比例して増減する変動経費と，売上とは無関係に支出される固定経費とに分けた場合，休業期間中も支出せざるをえない固定経費は控除せずに（換言すれば純収入に固定経費を加算した上で），基礎収入としなければならないのではないか，という問題である（考え方としては，休業期間中の固定経費の支出は，休業損害とは別の，一種の積極損害とみる立場もある）。

固定経費の非控除　この点，かつては裁判例も分かれていたが，最近では，固定経費は控除せずに（純収入に加算して）基礎収入とするのが一般的となっている[19]。むしろ問題なのは，そのような固定経費の範囲である。この点，共通の認識があるとは言い難いようであるが，一般的には，賃料・従業員給料・減価償却費[20]・損害保険料・電話基本料・水道光熱費基本料などが考えられる。

18　たとえば，神戸地判平成 19 年 10 月 1 日自保ジャーナル 1743 号 2 頁は，畳職人の休業損害と後遺症逸失利益の算定に当たり，事故前年の確定申告による所得金額は 160 万円であるが，原告の収入から支払っていた公共料金や住宅ローン等の合計が 400 万円前後に達することなどから，賃金センサス産業計・企業規模計・学歴計の 60〜64 歳の平均賃金を基礎収入としている。

19　たとえば，東京地判平成 21 年 10 月 27 日自保ジャーナル 1823 号 57 頁は，レンタルビデオ店経営者の休業損害算定に当たり，所得と固定経費（租税公課，修繕費，減価償却費，利子割引料，管理諸費，リース料，諸会費）との合計額を基礎収入としている。

20　減価償却費は，所得税法において過去に投資したものについて必要経費として控除できるとされているにすぎないので，将来の逸失利益（後遺症，死亡）においても基礎収入に含める（純収

被害者の損害拡大防止義務　被害者にも損害拡大防止義務があるから，たとえば，休業の長期化が予想される場合には，賃貸借契約の一部解約とか，従業員の一部休職など，固定経費の支出を最小限度に抑えるべき努力が必要である。

(4)　労務価額説

労務価額説　個人営業主の収入は，一般的には，①企業主の個人的手腕によって生み出される部分（これが本人の寄与部分）と，②企業としての物的設備によって生み出される部分（これが資本利得部分）[21]や，③人的組織（家

図 19　労務価額説の図解

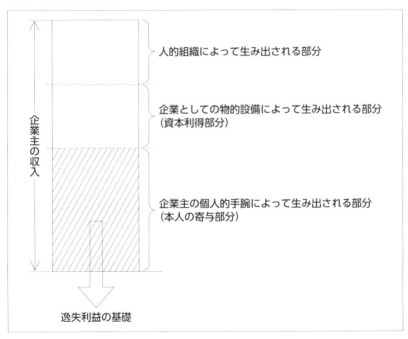

入に加算する）ことになる（たとえば，東京地判平成 27 年 3 月 26 日自保ジャーナル 1950 号 1 頁）。

21　企業主の収入の中に，事業収入の他に不動産収入があれば，不動産収入が基礎収入から除かれることは当然である。ここで問題としているのは，事業収入の中にも物的設備の寄与部分が考え

族や従業員）によって生み出される部分とから成り立っている。そして，個人企業主の休業損害および将来の逸失利益（後遺症，死亡）の算定は，個人企業主の収入に対する本人の寄与部分の割合によって算定すべきである，と準則化されている。この考え方は労務価額説（労務価値説）[22]と称される。

最二小判昭和43年8月2日　最二小判昭和43年8月2日民集22巻8号1525頁・判タ227号131頁は，法人成りしていない個人企業主の死亡逸失利益につき，労務価値説をとるべきことを明らかにしたリーディングケースである。

事　　案　同判決のケースでは，個人企業主（畳表の卸小売商）Aが昭和32年に事故で死亡し，その営業を相続人Xが承継したが，昭和27年から同31年までの5年間の平均年間営業収益額は97万8044円であるのに対し，A死亡後，営業を承継したXが昭和33年にあげた営業収益は20万8318円であった。

原審（広島高岡山支判昭和37年1月22日民集22巻8号1549頁）は，97万8044円がAの逸失利益の1年分であるとしたのであるが（この考え方は全額説といわれる），最高裁は，これを否定し，Aの1年当たりの逸失利益は，97万8044円から20万8318円を差し引いた額であると推定するのが相当である，とした。つまり，その差額こそが，Aの個人的寄与部分である，としたわけである。

●最二小判昭和43年8月2日民集22巻8号1525頁・判タ227号131頁
　「企業主が生命もしくは身体を侵害されたため、その企業に従事することができなくなつたことによつて生ずる財産上の損害額は、原則として、企業収益中に占める企業主の労務その他企業に対する個人的寄与に基づく収益部分の割合によつて算定すべきであり、企業主の死亡により廃業のやむなきに至つた場合等特段の事情の存しないかぎり、企業主生存中の従前の収益の全部が企業主の右労務等によつてのみ取得されていたと見ることはできない。したがつて、企業主の死亡

られるということである。しかし，後述するように，そのような意味での物的設備の寄与部分は，純収入（所得）算出の過程で，大部分は（経費として）収入から控除されている。
22　『赤い本2006年版（下）』21頁以下〔湯川〕。

にかかわらず企業そのものが存続し、収益をあげているときは、従前の収益の全部が企業主の右労務等によつてのみ取得されたものではないと推定するのが相当である。」

図20　最二小判昭和43年8月2日の図解

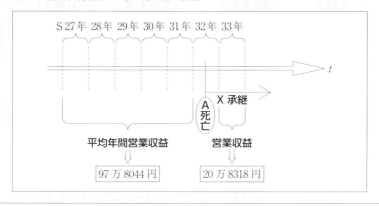

昭和43年判決に対する若干の疑問[23]　　上記昭和43年判決は，Aの生前の年収から，Aの死亡後，営業を承継したXがあげた年収を差引いた金額がA本人の寄与部分であるとしている。

この考え方には，Xがあげた年収は全てAから承継した人的組織および物的設備から生じたものという前提がある。ここでは単に「X」と表示したが，実際にはAの妻と長女（事故当時，大学卒業直前）であり，両名とも家業については全く未経験であった。

そのため，A死亡の翌年の営業収益は，両名が商売に全く不慣れであった事実を考慮すると，Aの個人的手腕を除外した岡田商店という物的設備（営業資産としては，店舗のほかオート三輪1台，スクーター1台，自転車2台があった）ならびに人的組織（事務員1名，店員2名）によってもたらされた収益である，とされている。

それにしても，A死亡の翌年の営業収益の中には，相続人両名の寄与部

23　『赤い本2000年版』232～235頁〔北河〕。

図21 昭和43年判決に対する疑問の図解

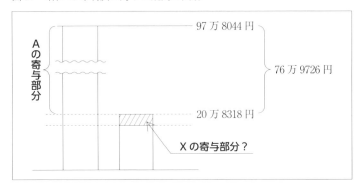

分が全くないといえるのであろうか。不慣れとはいいながら，A死亡の翌年の営業収益（20万8318円）の中には，相続人であるXの寄与部分が若干でも含まれているのではなかろうか。

昭和43年判決から導かれる準則　上記昭和43年判決から，自営業者の休業損害および将来の逸失利益（後遺症，死亡）の算定に当たっては，次のような準則を導くことができる，と指摘されている[24]。

(1) 労務価額説の見地からは，企業収益中に占める，企業主の労務その他企業に対する個人的寄与に基づく収益部分の割合によって算定するのが大原則であること。

(2) 企業主の休業中あるいは死亡後も従前と同様の営業を継続した場合には，事故前と事故後の営業収益の差額をもって企業主の個人的寄与部分と推定できること。

(3) 営業形態に重大な変更があって，差額をとる方法が妥当しない場合には，事故前の営業の実態等を判断して，事故前の営業収益を基礎に企業主個人の寄与度を算定する方法をとるべきこと。

(4) 企業主の個人的寄与に基づく収益部分の割合が高く，企業主の死亡により，その家族等による企業の維持・継続が困難で廃業のやむなきに至

---

24 『損害賠償の諸問題 III』34頁以下〔竹野下喜彦〕。

った場合等，特段の事情があるときには，企業主生存中の従前の収益の全部が企業主の労務等個人的寄与に基づくものと認めることも許されるということ。

(5) 個人的寄与部分の通常の算出方法

青色申告　通常は，企業主の個人的寄与部分を上記のような差額から推定することは難しいため，事故前年の収入を基礎として，企業主個人の寄与度（率）を乗じて算定することが多い。その際，青色申告において，従業員の給与（人件費）や専従者給与が適正に（その労務の実態に相応する金額で）計上されていれば，純収入算出の過程で，これらは収入から控除されているから，人的組織によって生み出される部分は清算済みということになる。

専従者控除・専従者給与　しかし，白色申告における事業専従者控除には，所得税法上，一定の限界が設けられているから（事業専従者が事業主の配偶者である場合で年間86万円，配偶者でなければ専従者1人につき年間50万円），事業専従者の寄与部分が適正に清算されているとは言い難い。青色申告者における専従者給与も，労務の実態に相応する金額で適正に清算されていないことが少なくない。そのような場合には，純収入（所得）に専従者控除もしくは専従者給与を加算し，そこに事業者本人の寄与率を乗じて，企業主の個人的寄与部分を抽出することになる。

人件費　人件費が適正に計上されていない場合には，これも純収入に加算してから，事業者本人の寄与率を乗じ，企業主の個人的寄与部分を算定することになるが，人件費が実態とかけ離れている場合はあまりないであろう。また，事業者が従業員の給与分を上回る収益を得ている場合には，従業員の給与分を上回る収益は，事業者の経営手腕によって得られたものであり，事業者の個人的寄与によって生み出されたものと評価すべきであるから，従業員の給与分を経費として収入から控除した場合は，それ以上に営業収益から従業員の寄与分を控除すべきではない，との指摘がある[25]。

---

25 『赤い本2006年版（下）』24頁〔湯川〕。

物的設備　物的設備の寄与部分については，通常は，減価償却費や地代家賃という経費科目として計上され，純収入（所得）算出の過程で，その大部分は収入から控除され，清算済みといえよう[26]。

事業所得者の寄与率の判断要素　裁判例において考慮されている事情として，①事故前後の収支状況・営業状況，②業種・業態，③事業所得者の職務内容・稼働状況，④家族・他の従業員の関与の程度・給与額，⑤代替労働力の雇用などが挙げられている[27]。

休業損害　なお，休業期間中も支出せざるをえない固定経費を純収入に加算した上で，これを休業損害算定の基礎収入とする場合（→154頁），もし企業の営業が継続され，売上があがっているときには，〈固定経費×本人寄与率〉を加算するのが，理論的には妥当ということになろう（企業主の個人的寄与部分に相応する固定経費のみ加算すべきであるから）。

自由業者　同じ事業所得者であっても，自由業者（開業医，弁護士，作家など）の収入は，ほとんど本人の手腕才能に負っているので，多少家族等の助力があってもそれを評価すべきではなく，この場合には，本人の寄与率100パーセント（収入の全部が本人の寄与部分）と考えるべきである。

5 企業損害（間接被害者の真正間接損害）

真正間接損害　企業の構成員（代表者，役員または従業員）の死傷により，企業の営業利益が減少し，企業が損害を被ることがある。この企業の営業上の逸失利益が企業損害である。事故に遭って直接被害を被った者を直接被害者といい，間接的に（二次的に，波及的に）被害を被った者を間接被害者ということがあるが，この場合の企業はこの意味での間接被害者の典型例である。

26　企業主の収入の中に，不動産の賃料が含まれている場合（事業収入のほかに不動産収入がある場合）は，それを収入から除外することは当然である。
27　『赤い本2006年版（下）』21頁以下〔湯川〕。

法人化されていない場合　ここで取り扱う企業とは，法律上，経営者とは別個の法人格を有する，法人化された企業のことである。法人化されていない企業経営者の死傷の場合は，前述の事業所得者の問題となる。

真明堂薬局事件　この問題については，「真明堂薬局事件」（最二小判昭和43年11月15日民集22巻12号2614頁・判タ229号153頁）がリーディングケースとされている。

事　　案　A（薬剤師）は個人で薬局を経営していたが，納税上不利であるということから法人成りして，有限会社Xを設立し，その代表取締役となって薬局を経営していた。Xの社員はAと妻の2名だけで，XにはA以外には薬剤師がいない。Aの負傷により，Xの営業利益が減少したため，XはY（加害者）に対し，その逸失利益の賠償を求めた。AはXから従前同様給与の支給を受けているので休業損害はなく，治療費と慰謝料の賠償を求めた。

　第一審はAの請求は認容したが，Xの請求は棄却した。第二審はXの請求を認容した。Yが上告したが，最高裁は次のように判示し，上告を棄却した。

> ●最二小判昭和43年11月15日民集22巻12号2614頁・判タ229号153頁
> 　「本件において、Yの過失により惹起された加害行為の直接の被害者となつたのはAであり、同人の負傷により得べかりし利益を喪失したと主張してその損害の賠償を求めるのは、同人を代表者とするXであつて、法律上、両者が人格を異にすることは所論のとおりである。
> 　しかし、原判決の確定するところによれば、Aは、もと個人で飯田薬局という商号のもとに薬種業を営んでいたのを、いつたん合資会社組織に改めた後これを解散し、その後ふたたび個人で真明堂という商号のもとに営業を続けたが、納税上個人企業による経営は不利であるということから、昭和33年10月1日有限会社形態のXを設立し、以後これを経営したものであるが、社員はAとその妻Bの両名だけで、Aが唯一の取締役であると同時に、法律上当然にXを代表する取締役であつて、Bは名目上の社員であるにとどまり、取締役ではなく、XにはA以外に薬剤師はおらず、Xは、いわば形式上有限会社という法形態をとつたにとどまる、実質上A個人の営業であつて、Aを離れてXの存続は考えるこ

とができず、Xにとつて、同人は余人をもつて代えることのできない不可欠の存在である、というのである。

　すなわち、これを約言すれば、Xは法人とは名ばかりの、俗にいう個人会社であり、その実権は従前同様A個人に集中して、同人にはXの機関としての代替性がなく、経済的に同人とXとは一体をなす関係にあるものと認められるのであつて、かかる原審認定の事実関係のもとにおいては、原審が、YのAに対する加害行為と同人の受傷によるXの利益の逸失との間に相当因果関係の存することを認め、形式上間接の被害者たるXの本訴請求を認容しうべきものとした判断は、正当である。」

企業損害の取扱い　　本件は，会社の代表者（直接被害者）が負傷したケースについて，①代表者の非代替性（「余人をもって代え難い」ということ）と，②代表者個人と会社との経済的一体性（「財布は1つ（ワン・パース）」ということ）とを要件として，企業損害の賠償請求を認めたものであるが，その実質は，原則として企業損害の請求は認められない，というところにある。

代表者ではない場合　　直接被害者が，代表者ではない役員または従業員である場合は，通常，上記二要件（特に経済的一体性）は認められないから，企業損害の賠償は認められていない。

理論構成　　学説[28]としては，第一に，この問題を損害賠償請求権の主体の問題として捉え，民法709条（自賠法3条）の解釈として，直接被害者のみが損害賠償請求権を取得すると解する立場がある。これにも，この考え方を貫徹して企業（間接被害者）からの請求を一切認めない立場（全面的否定説）と，例外的に，直接被害者と企業との間に経済的同一体関係が認められる場合に企業損害を認める立場（原則的否定説）とがある。

　第二に，損害賠償請求権の主体は直接被害者に限られないとした上で，企業の被った間接損害であっても，加害行為と損害との間に相当因果関係が存

28　学説の整理については，川井健＝宮原守男＝小川昭二郎＝塩崎勤＝伊藤文夫編『新版注解 交通損害賠償法2〔民法〕』（青林書院・1996年）70〜71頁〔安田実〕参照。

在すれば賠償の対象となるとする説がある。この説はこの問題を損害賠償の範囲の問題として捉え，相当性の要件から絞りをかけようとするものである（相当因果関係説）。

　第三に，損害賠償請求権の主体が直接被害者に限定されることを認めながら，企業が，その役員または従業員に対する委任契約上または雇用契約上の労務給付請求権が侵害されたものと捉え，企業を直接被害者とみて企業損害を認める立場（債権侵害説）もある。

　上記昭和43年判決は，相当因果関係説か原則的否定説に拠ったものと解されるが，そのどちらを採用したものかは明らかではない。相当因果関係説の立場からは同判決の判示する上記二要件は相当性の判断要素と解することができる。

実質的理由　　企業損害の賠償が制限的に解されている実質的理由は，これを認めると加害者が予期しえない過大な賠償義務を負わせられることになること，企業はその構成員が事故に遭うことも計算に入れた上でその対策（危険分散措置）を講じておくべきことが挙げられる。この価値判断は是認されるべきであろうが，日本の企業の実態を考えると，法人化されていない企業（個人事業主）とのバランス上，全面的否定説を採ることは躊躇される（全面的否定説では直接被害者である代表者からの損害賠償を認めれば十分ということになるが，常にそういえるか疑問がある）。債権侵害説には理論上の難点がある（債権侵害に対する過失を認めるのは困難な上，単なる過失による債権侵害を認めることは，債権侵害が不法行為となるのは故意に基づくような，侵害行為の態様の違法性が強度の場合に限られるとの通説に反する）。結局，法律構成としては，相当因果関係説か原則的否定説が妥当ということになるが，実際の適用結果においては両説で大差ないと思われる。他の問題場面との整合性に配慮するとともに，弾力的に解する余地を残しておくならば，相当因果関係説が妥当であろう。

経済的一体性の判断要素　　湯川浩昭「企業損害に関する諸問題」（判タ842号19頁）は，裁判例を分析した結果，経済的一体関係の有無の判断要素として，①法人格取得前からの営業形態，②企業規模（資本金額，売上額，従

業員数等），③出資割合・持株比率，④代表者の担当する業務内容，⑤経営に関する実権の所在，⑥会社財産と代表者の個人財産との混同の有無・程度，⑦会計区分の確立の有無・程度，⑧会社債務に対する代表者の個人保証・担保差し入れの有無，⑨株主総会・取締役会等の開催状況等を抽出している。

そして，まず，代表者の担当する業務内容および会社経営における実権の所在が最も重視されていること，また，会社と代表者との財産の混同・会計区分の確立の程度などの経済的側面に関する要素が重視されていることを指摘している。

その他の間接被害者・真正間接損害　　間接被害者の真正間接損害としては，真明堂薬局事件のような企業損害のほかに，次のような直接被害者の近親者の間接損害[29]もある。

> **【設例】**
> 　母親が子（9歳）と公園に遊びに来ていた。子が公園の出入口と道路を挟んで反対側に設置された自動販売機に飲み物を買いに行き，母親も出入口付近に移動していたが（母親と子との距離は道路を挟んで約 10 メートルないし 12 メートル），子が車にひかれ死亡した。母親は事故直後の子の悲惨な状況を目撃して，PTSD（Post Traumatic Stress Disorder＝心的外傷後ストレス障害）に罹患し，4 年間にわたり全く稼動することができなかった。
> 　このような設例における，母親自身の治療費と休業損害は損害賠償の対象となるであろうか。

上記設例は，東京地判平成 15 年 12 月 18 日交民 36 巻 6 号 1623 頁をベースとしたものであるが，判決は，次のように述べて損害賠償を認めなかった。

> **●東京地判平成 15 年 12 月 18 日交民 36 巻 6 号 1623 頁**
> 　「しかし、他方、本件に即して判断すると、原告春子は、亡太郎とは道路を挟んで直線で約 10 ないし 12 ｍ 離れた位置におり、亡太郎のすぐそばにいて共に事故に巻き込まれたものではなく……、加害行為、すなわち、亡太郎を轢過した

29　『損害賠償の諸問題 III』240 頁以下〔松本利幸〕。

> 　本件事故自体による生命・身体の侵害の危険性は、原告春子自身に対して直接向けられたものとは評価できないから、原告春子の被った精神的打撃は、あくまで本件事故直後の亡太郎の悲惨な状態を目撃したという事実及び本件事故によって亡太郎が死亡したという事実が介在して初めて生じ得るものであるということは否定できない。
> 　したがって、原告春子は、本件事故の直接被害者とは認められないし、原告春子の被った損害は、本件事故により直接生じたものとはいえず、本質的に二次的、間接的なもの（間接損害）であるというべきである。」

　判例が，企業損害について原則否定説をとる実質的理由は，前述のとおり，①加害者に過酷な結果となること，②企業はリスクを見越して損害回避の手立て講じておくべきであることにある。しかし，上記のような設例では，同じ間接被害者といっても，②の理由は当てはまらない。直接被害者と間接被害者との区別もそれほど明瞭ではなく，難しい問題である。いずれにせよ，裁判例の大勢は，間接損害の賠償について極めて消極的である。

間接損害と自賠法3条の「損害」との関係　　自賠法3条の「損害」は「他人の生命又は身体を害した」ことによって生じた損害であるから，生命・身体を侵害された人（直接被害者）に生じた損害に限られ，間接被害者に生じた間接損害は含まれないという考え方もありうる。しかし，自賠法3条は「これによって生じた損害」と規定するだけで，「その者に生じた損害」とは限定していないので，生命・身体侵害と相当因果関係に立つ損害と評価できれば，必ずしも間接被害者に生じた間接損害が排除されるわけではない（東京地判昭和42年12月8日判夕216号171頁)[30]。

6　違法収入[31]

問題点　　収入獲得の手段に違法性がある場合である。問題分析の視点は2

30　『逐条解説』57頁以下〔北河隆之〕。ただし，自賠責保険では直接被害者のみが対象とされていることにつき，本書355頁参照。
31　『損害賠償の諸問題II』13～14頁〔藤村啓〕。

つある。第一は，違法な手段によって獲得された収入は法的保護に値する利益といえるか（逸失利益算定の基礎とできるか）ということである。

　第二は，第一の視点からは法的保護に値する利益といえたとしても，そのような収入は安定性に欠け，継続性がないのではないかということである。

基本的な考え方　　第一の問題については，違法性の程度が公序良俗に違反する程度に達しているかどうかが，一応の判断基準となる。公序良俗違反の場合には，そのような所得は法的保護に値しない。これに対し，単なる行政取締法規違反にすぎない場合には，そのような所得も法的保護に値する，と一応考えられる。

売春行為　　収入獲得の手段が公序良俗に反するとされ，現実収入を基礎収入とすることが否定される場合の典型は売春行為による収入である[32]。ただし，あくまで現実収入を基礎収入とすることは認められないということであり，賃金センサスの平均賃金を使用して算定されることになる。

白トラ　　行政取締法規（道路運送法）違反の例としてよく出てくるのが，国土交通大臣の免許を受けないで自動車運送業に従事する者（いわゆる「白トラ」）である。かつては，白トラ営業による現実収入を基礎収入とすることは損害賠償制度における倫理性を著しく損なうとして否定的な裁判例もあったが，裁判例の大勢は，収入の不確実性・不安定性の要素を斟酌して割合的に処理する方向にある。

判　　例　　最一小判昭和 39 年 10 月 29 日民集 18 巻 8 号 1823 頁・判タ 170号 120 頁は，債務不履行に基づく損害賠償の事案であるが，無免許運送業者の営業利益を保護したものである。なお，行政取締法規違反であっても，たとえば，医師の免許がないのに医業をなして収入をあげていた場合などは公

32　たとえば，名古屋地判昭和 54 年 1 月 31 日交民 12 巻 1 号 157 頁は，トルコ嬢として稼働していた被害者の休業損害につき，高額収入の多くは売春行為による対価であることが窺われるが，それは公序良俗に反する行為であり，そのまま休業損害として認めることはできないとし，年齢別女子労働者学歴計の平均賃金を基礎に算定している。

序良俗に違反するものと考えるべきであろう。

4 – 基礎収入の諸問題（2）―現実収入がない場合

1 主婦（家事従事者）

家事従事者　　家事従事者とは家族のために（自分のためではない）主婦的労務に従事する者をいい，性別は問わない。ただ，現実には家事従事者は女性（主婦）であることが圧倒的である。

専業主婦　　無職の専業主婦の休業損害および逸失利益は，賃金センサス第1巻第1表の産業計・企業規模計・学歴計・女性労働者の全年齢平均賃金を基礎として算出する。

　専業主婦は，現実の収入をあげていないということで休業損害を否定されていた時代があったが，家事労働は経済的評価が可能であるから，現在では女性の平均賃金を基礎収入として休業損害が認められている（最三小判昭和50年7月8日裁判集民115号257頁・交民8巻4号905頁）。なお，死亡逸失利益については，同判決で引用されている最二小判昭和49年7月19日民集28巻5号872頁・判タ311号134頁（→218頁）がある。

> ●最三小判昭和50年7月8日裁判集民115号257頁・交民8巻4号905頁
> 　「妻の家事労働が財産上の利益を生ずるものであり，これを金銭的に評価することが不可能といえないことは，当裁判所判例［最二小判昭和49年7月19日民集28巻5号872頁］の示すとおりである。これと同旨の見解に立つて，被上告人が本件事故による負傷のため家事労働に従事することができなかつた期間について財産上の損害を被つたものとした原審の判断は，正当として是認することができ，原判決に所論の違法はない。」

自賠責保険　　自賠責保険では1日当たり5700円で算定される。任意保険でも同額で提示してくることが一般的である。

どの平均賃金を使用すべきか　　平均賃金といっても，女性労働者の①全年齢平均賃金を使用するのか，②年齢別平均賃金を使用するのかは裁判例が分かれている。概ね 60 歳前後からは年齢別平均賃金を使用する裁判例が多くなるようである。

　このほか，③学歴別平均賃金を使用するという立場もありうる。家事労働の経済的評価という観点からは，それが学歴や年齢により変わるというのは疑問であり，学歴計・全年齢平均を使用するのが妥当と思われるが，潜在的な労働能力の評価という側面を考えると，疑問がないではない。

兼業主婦　　有職の兼業主婦については，実際の収入と上記平均賃金とを比較して，どちらか高いほうを基礎収入とする。これは，外に出て稼働している主婦は，その間の家事労働を犠牲にしていると考え，家事労働分を平均賃金で評価すれば，平均賃金以下の現実収入分はそれに含まれているとみていることになる。しかし，家事労働の性質を考慮すると疑問がないではない。

専業主夫　　男性が家事労働に従事している場合（いわば「主夫」）には，男女どちらの平均賃金を使うことになるのであろうか。家事労働の経済的評価という観点からは女性平均賃金を基礎収入とすべきであろう（裁判例の大勢である）[33]。

高齢主婦　　高齢主婦については，家事労働の実態からみて平均賃金以下で評価されることが多い。

代替労働のための支出　　家事労働に代替労働力（家政婦代や保育費など）を利用した場合に支払った費用は，損害（積極損害）の一部として認められるが，主婦本人の休業損害と支払った費用とを比較して，どちらか高いほうを認めるのが原則である。主婦本人の休業損害を平均賃金で算定した上に，さらにこれらの費用を加算して請求することは，原則として認められない。

33　たとえば，横浜地判平成 24 年 7 月 30 日交民 45 巻 4 号 922 頁は，原告の妻が正社員として働いており，原告が専業主夫として洗濯，掃除，料理，食器洗い等の家事労働を行っていた事案で，休業損害，後遺症逸失利益とも学歴計・女性全年齢平均賃金を基礎として算定している。

事実審口頭弁論終結前に家事従事者ではなくなった場合　事故当時は夫婦2人暮らしで配偶者がおり，家事従事者であった者（被害者）が，事実審口頭弁論終結前に配偶者が死亡し，家事従事者ではなくなり1人暮らしとなった場合には，どのように考えるべきであろうか。

　東京地判平成25年1月30日交民46巻1号176頁は，「労働能力の一部喪失による損害は本件事故の時に一定の内容のものとして発生しているものと考えられ，親族関係や収入状況が変動しうる事故後の諸事情のうち配偶者の死亡のみを理由として加害者の負担が軽減する結果となることは衡平の理念に反し，そのような結果を正当とすべき特別の事情も認められない」として，事故後（症状固定前に）夫が死亡して独身となった主婦（症状固定時63歳，平均賃金の3分の1に満たない現実収入がある）つき，家事従事者としての休業損害と後遺症逸失利益を認めている。本件では，被告側は，家事従事者には当たらないから，現実収入を基礎に算定すべきであると主張していた。

　東京地判平成19年12月20日交民40巻6号1666頁も，事故当時，息子と同居し2人暮らしをしていたが，その後（症状固定後に，息子が結婚予定の女性と同居するようになったことに伴い），1人暮らしをしている女性（被害者）の休業損害と後遺症逸失利益につき，家事従事者として算定している。

　高松高判平成12年9月7日自保ジャーナル1399号2頁は，養子と2人暮らしであった女性の死亡逸失利益について，養子（原告）が結婚した以後は家事従事者としての逸失利益を認定することはできないとの被告側の主張を排斥し，家事従事者として算定している。

　事故後の被扶養者の変動（→220頁）と似た問題であるが，継続説的な考え方（→199頁）によれば，事故時点で家事従事者である以上，休業損害も逸失利益（後遺症，死亡）も家事従事者として算定すべきことになろう。

2　幼児・児童・生徒・学生

休業損害　休業損害については，原則として認めないが，アルバイトなどの収入があれば認める。

逸失利益　これに対し，将来の逸失利益（後遺症，死亡）については，賃

第9章　休業損害　　169

金センサス第1巻第1表の産業計・企業規模計・学歴計・男女別全年齢平均の賃金額を基礎とする。休業損害については差額説がほぼ維持されているが，逸失利益については労働能力喪失説の視点も採り入れ，具体的妥当性が図られている，と述べたが（→116頁），ここにはその違いが反映されているといえよう。

留年費用と就職遅延による逸失利益　　事故のために留年せざるをえなくなったと認められる場合には，授業料等の留年費用が損害として認められるが（これは積極損害である），さらに，その留年の結果として就職が遅れた場合には，就職遅延による逸失利益も損害として認められる。しかし，事故との相当因果関係の判断に困難が伴うことがある。

どの平均賃金を使用すべきか　　未就労の幼児・生徒等の若年者の逸失利益に関しては，中間利息の控除方法とも関連して，かつて，①男女別・全年齢平均賃金を基礎として中間利息はライプニッツ方式で控除する東京方式と，②男女別・18〜19歳の平均賃金（いわば初任給である）を基礎として中間利息はホフマン方式で控除する大阪方式とがあったが，『共同宣言』により東京方式に統一された。

　家族の学歴も高く，成績優秀な児童については，4年制大学を卒業することは確実とみて，新大卒女性の平均賃金を基礎とした裁判例もあるが，裁判例の大勢は学歴計平均賃金を使用している。

　この問題は，結局，蓋然性の判断に帰するわけである。大学在学中の大学生についてはもちろん，既に大学に合格している高校生の場合には，新大卒の平均賃金を基礎とすることが合理的と考えられる（もっともその場合には稼働開始年齢は大学を卒業する22歳としなければならない）。高校生や予備校生については裁判例が分かれている。

　特定の職種に従事する蓋然性が高くなれば，それも斟酌しなければならない。医大生について，病院長・副院長・医科長を除く医師の平均賃金を基礎として算定した裁判例がある。

どの年度の賃金センサスを使用すべきか　　一般的には，休業損害については

事故年度のものを，死亡逸失利益については死亡時のものを，後遺症逸失利益については症状固定時のものを使用している。しかし，理論的には，算定時までに既に経過している期間については，各当該年度のものを用いるべきではなかろうか。

男女別賃金格差　幼児・児童等に男女別平均賃金を使用することになると，賃金センサスにおける男女間格差（女性の平均賃金は男性の概ね 6 割前後である）が，そのまま逸失利益に反映されることになる。

女性の平均賃金が低い理由　女性の雇用形態の特徴として M 字型構造が指摘されている。これは，結婚前の腰かけ的労働といわれる 18 歳から 25 歳位までと，子育てが済んだ 45 歳から 50 歳位の部分に雇用のピークがあることである。この 2 つの山に挟まれた谷に当たる部分が，男性では働き盛りで賃金が高い部分なのに，女性では無職かパートということになるため，平均賃金が低くならざるをえないのである[34]。

格差の是正方法　そこで，男女間の平均賃金の格差を是正する方策が実務では模索されてきた。その 1 つが，生活費控除率の調整によって格差を縮める方式であるが（→219 頁），この方式は死亡逸失利益の場合にしか有効ではない。

家事労働加算の否定　女性の労働能力の評価という観点からすると，女性労働者平均賃金というのは女性が社会に出て得ることができる収入であるから，これに別途，家庭内での家事労働分を加算するという方式が考えられる。この方式を採用した下級審裁判例もかなりあったが，最二小判昭和 62 年 1 月 19 日民集 41 巻 1 号 1 頁・判タ 629 号 95 頁は，事故当時 14 歳の女子中学生の死亡逸失利益につき，女性労働者平均賃金（旧中卒・新高卒）を基準として算定し，家事労働分の加算を認めなかった原審の判断を，不合理なもの

34　羽成守「女子の逸失利益について」日本交通法学会編『人身賠償・補償研究第 1 巻』（判例タイムズ社・1994 年）131 頁以下。なお，羽成弁護士は，女子についても男子の平均賃金によるべきことを提案する。

とはいえない，として是認している（本件第一審は，家事労働分として年額 60
万円を加算して逸失利益を算定していたが，第二審はこれを相当でないとして排
斥していた）。

全労働者平均賃金の採用　　現在では，年少女子の逸失利益については，男
子を含めた全労働者（男女計）の全年齢平均賃金を基礎とする方式が裁判例
の大勢となっている。

最高裁の立場　　最高裁第三小法廷は，同日（平成 14 年 7 月 9 日）付けの 2
つの決定（上告不受理決定）において，一方で，女児の死亡による逸失利益
の算定について，賃金センサスの女性労働者の平均賃金を基礎収入として算
定した原判決を是認し（交民 35 巻 4 号 921 頁），他方で，女児の死亡による
逸失利益の算定について，賃金センサスの全労働者の平均賃金を基礎収入と
して算定した原判決を是認している（交民 35 巻 4 号 917 頁）。最高裁は，事
実審の専権事項であって，どちらでもよいと考えているようである。

全労働者（男女計）の全年齢平均賃金による場合の留意点　　女子年少者の将来
の逸失利益を，全労働者平均賃金を基礎に算定する場合にはいくつかの留意
点がある。
　第一に，男子の逸失利益とのバランスをとるために，生活費控除率は一般
的な基準である 30 パーセント（→219 頁）ではなく，45 パーセントとする
裁判例が多い。
　第二に，この方式を採用できるのは概ね被害者が中学生までである。
　第三に，男子については，従来どおりの計算方法（男性労働者・全年齢平
均賃金を基礎に生活費控除率 50 パーセントでの算定）によっている。

3 失業者

失業者　　無職者のうち，特に①労働能力と②労働意欲を有しているが就業
できないでいる者が，この項にいう失業者である。

休業損害　　失業中の者には原則として休業損害は認められない。しかし，休業が長期間に及ぶ場合には，労働能力と労働意欲のある者であれば休業期間中のどこかの時点で就労できるはずであり，その時点以降は休業損害が認められるべきであるとの指摘がある。裁判例においては，休業損害を肯定する場合には，いつから就労できたかを問題とせずにその代わり基礎収入を低めに推定するなどして，妥当な金額に落ち着かせている，と指摘されている[35]。

逸失利益　　逸失利益については，事故時に通常の労働能力を有し，労働の意思がある場合は，男女別・学歴計・平均賃金を基礎とすることになろう。なお，『共同提言』には，再就職先が内定していたケース，求職活動中のケースに関する算定例がある。

労働意欲に乏しい者　　労働能力は有するが，労働意欲に乏しいか，これを欠く者については，休業損害も将来の逸失利益（後遺症，死亡）も認めることは困難であろう[36]。参考判例として，最三小判昭和 44 年 12 月 23 日裁判集民 97 号 921 頁・判タ 243 号 199 頁がある。事案は，病弱で昼間から飲酒し，労働意欲の乏しかった被害者の死亡逸失利益を否定したものであるが，被害者は完全な無職者ではなく，一応就職して（別れた内縁の妻との間の）子の扶養もしていた。なお，子からの扶養請求権の喪失損害の主張についても，被害者が子を現実に扶養する能力を有していた事実を確定できないとして排斥した原審判断を是認したものである。

●最三小判昭和 44 年 12 月 23 日裁判集民 97 号 921 頁・判タ 243 号 199 頁

　「原審の確定した原判示の事実関係，とくに，訴外 A は本件事故死の当時同人自身の生活費として 1 ケ月に少なくとも金 8,250 円を要したものであるところ，同人は病弱にして勤労意欲に乏しく，かつ，昼間から飲酒にふけることもあつて，同人の右事故死の当時の収入額は右生活費の金額にも満たなかつた，という事実

35　損害賠償算定基準研究会編『注解 交通損害賠償算定基準』（ぎょうせい・1989 年）68 頁。
36　自賠責保険の実務では，稼働の可能性を主観（意欲）ではなく，被害者の機能（能力）で評価しているので，将来の逸失利益は認められるようである。

> 関係は、挙示の証拠関係に照らして、首肯することができないわけではない。そ
> して、右事実関係のもとにおいて、右Aが右事故死の結果喪失した将来得べか
> りし利益の存在ないし金額はたやすく認定することができない、とした原審の判
> 断は、正当として是認することができないわけではない。」

5 - 基礎収入の諸問題(3) ―やや特別な被害者

1 外国人被害者

不法行為の準拠法　　日本国内に滞在している外国人（日本国籍を有しない者）
が交通事故に遭い死傷した場合，法の適用に関する通則法17条により，原
則として日本不法行為法が適用されることになる。しかし，このことと，損
害賠償額の算定を日本人と同じ基準・水準で行うかは別の問題である。

相続の準拠法　　死亡事故では，被害者に発生した損害賠償請求権の相続が
問題となるが，相続に関しては，被害者＝被相続人の本国法が準拠法となる
ことに注意しなければならない（法の適用に関する通則法36条）。

永住者　　外国人の在留資格は多岐にわたる（→資料6）。このうち「永住
者」については日本人と全く同様の基準・水準で算定すべきことに異論はな
い。

一時滞在中の外国人　　問題は，一時滞在中の外国人である。観光目的で短
期滞在中に事故に遭った場合には逸失利益を母国の基準・水準で算定すべき
ことは異論はないであろう。一時滞在中の外国人が日本国内で稼働している
場合が問題である。これにも，出入国管理及び難民認定法（以下，「入管法」）
に違反しない合法的な就労と同法に違反する不法就労とがある。不法就労者
にも，①許可を受けないで資格外活動[37]に従事する者と，②認められた在留
期間[38]を超えて滞在する者（オーバーステイ＝不法残留）とがある。実際には，

短期滞在等の就労できない在留資格で入国しながら，違法に就労し，認められた在留期間を超えてそのまま居座っているという形態（資格外活動がらみ不法残留）が問題の大半である。このほかに，そもそも入国自体が違法な密入国の場合がある。

問題点　差額説の立場では，逸失利益とは，「事故に遭わなければ得られたであろう利益」と「事故後に得られるであろう利益」との差額ということになるから，基礎収入としていかなる数値を用いるかが問題となる。

　不法就労者は入管法上，退去強制の対象となるため，長期間日本国内で稼働し続けることは不可能と考えられる。合法的な就労者であっても，在留期間の更新は権利として保証されていないから（入管法 21 条），長期間日本国内で稼働し続けることは一般的には困難である。そうすると，基礎収入額として，日本国内で得ていた実収入または日本国の平均賃金を使用すべきか（日本国賃金基準），それとも被害者の出国先（多くは母国）での実収入または平均賃金を使用すべきか（出国先賃金基準）という問題が生じてくる。

差額説の立場　差額説の帰結としては，①逸失利益算定期間が，推定される滞在可能期間（事実上可能という意味であり，合法的に可能という意味ではない）以下であれば日本国賃金基準で算定し，②逸失利益算定期間が，推定滞在可能期間を超える場合には，推定滞在可能期間内の分は日本国賃金基準で算定し，推定滞在可能期間を超える分は出国先賃金基準で算定することになる。しかし，これに反対し，一貫して日本国賃金基準で算定すべきであるとする学説もあり，それに沿う裁判例も出現していた[39]。

最三小判平成 9 年 1 月 28 日　最三小判平成 9 年 1 月 28 日民集 51 巻 1 号 78 頁・判タ 934 号 216 頁は労災事件に関するものであるが，次のように述

37　入管法「別表第一」の一から五までに，各在留資格に応じて日本国内で行うことができる活動が規定されている。

38　入管法施行規則「別表二」に，各在留資格に応じて在留期間が規定されている。

39　北河隆之「外国人の損害賠償額の算定」金判 933 号 167 頁以下，同「交通事故における外国人被害者の損害額算定方法」損害保険研究 54 巻 2 号 1 頁以下，『民事弁護と裁判実務』314 頁以下〔北河隆之〕参照。

べている。事案は，短期在留資格で来日したが不法残留し，日本国内で稼働していたパキスタン国籍の男子（25歳）が右手人指し指末節部分切断という労災事故に遭ったというものである。本判決は，休業損害（16日間分）と，42年間分の後遺症逸失利益のうち当初3年間分は日本国賃金基準で算定し，その後39年間分は出国先（パキスタン）賃金基準で算定した。

●最三小判平成9年1月28日民集51巻1号78頁・判タ934号216頁
「一時的に我が国に滞在し将来出国が予定される外国人の逸失利益を算定するに当たっては、当該外国人がいつまで我が国に居住して就労するか、その後はどこの国に出国してどこに生活の本拠を置いて就労することになるか、などの点を証拠資料に基づき相当程度の蓋然性が認められる程度に予測し、将来のあり得べき収入状況を推定すべきことになる。そうすると、予測される我が国での就労可能期間ないし滞在可能期間内は我が国での収入を基礎とし、その後は想定される出国先（多くは母国）での収入等を基礎として逸失利益を算定するのが合理的ということができる。そして、我が国における就労可能期間は、来日目的、事故の時点における本人の意思、在留資格の有無、在留資格の内容、在留期間、在留期間更新の実績及び蓋然性、就労資格の有無、就労の態様等の事実的及び規範的な諸要素を考慮して、これを認定するのが相当である。」

図22　昭和9年判決の考え方

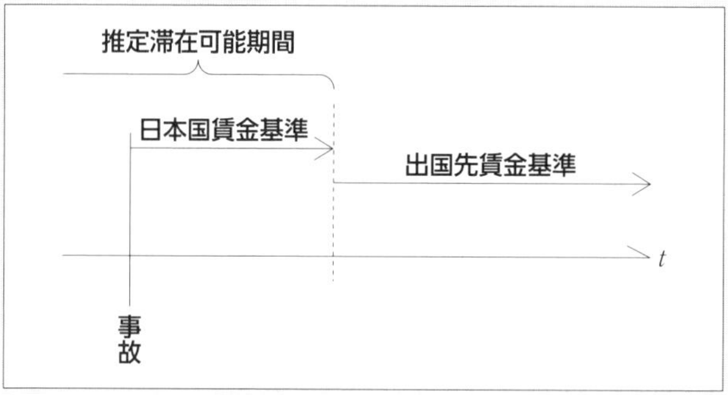

推定滞在可能期間

日本国賃金基準

出国先賃金基準

t

事故

違法性の程度が高い場合　　差額説的考え方を採る説の中には，不法就労者のうちでも，密入国者は違法性の程度が極めて高いので（推定滞在可能期間内であっても）いっさい日本国賃金基準にはよりえないとする説もある。規範的観点から，日本国内での収入は法的保護の対象とはなしえないというの

である（上記平成 9 年判決の第一審である東京地判平成 4 年 9 月 24 日判夕 806 号 181 頁は傍論でこの考え方を示唆する）。報酬を受ける活動をもっぱら行っていると明らかに認められる場合も日本国賃金基準には拠りえないことを示唆する裁判例もある。

しかし，いずれの場合も，日本国内での収入を法的保護の対象から除外するまでの強度の違法性はないと考える。不法就労により得ていた収入であっても，その就労内容自体が公序良俗に反するもの（売春，拳銃・覚醒剤等の密売など）でない限りは，推定滞在可能期間内は日本での収入を法的保護の対象とすべきである。

2 ホステス，俳優，タレント，モデル，歌手，スポーツ選手など

これらの，人気，流行の影響を受けやすい，あるいは年齢的に制限があるような特殊な職業に就いている被害者の将来の逸失利益（後遺症，死亡）の算定に当たっては，その就業・収入の継続性・安定性について問題があることに留意しなければならない[40]。

3 障害者

心身に障害を持っている人が事故により受傷し，または死亡した場合の休業損害や将来の逸失利益（後遺症，死亡）の算定はどのように考えることになるか。

問題の所在　事故当時，就業していた場合には，休業損害も将来の逸失利益（後遺症，死亡）も現実収入を基礎として算定するのが原則である。

事故当時，就業していない場合には休業損害は否定されるが，将来の逸失利益（後遺症，死亡）については，就業の可能性があればこれを認めることになる。ただし，労働能力が健常者より劣っている場合には，その基礎収入

40　『赤い本 2013 年版（下）』41 頁以下〔小林邦夫〕は，特殊な職業における就労可能年数につき裁判例を整理し，検討している。文献もそこに詳しい。

をどのように捉えるかが問題となる。

自閉症児の例　交通事故ではないが，県立養護学校高等部2年に在学中の自閉症の男子生徒（事故時16歳）が水泳授業中に水を吸引し，死亡したケースについて，東京高判平成6年11月29日判タ884号173頁は，県の最低賃金または県立養護学校高等部卒業の自閉症男子生徒の平均初任給を基礎とするのが適当であるとして，1800万円の死亡逸失利益を認めた。本件の第一審判決（横浜地判平成4年3月5日判タ789号213頁）は，被害者は地域作業所に進む可能性が高かったとして，年間平均工賃7万円余を前提に120万円余の死亡逸失利益しか認めなかったことで，当時話題となった。金額にはかなり差があるが，第一審と第二審で基本的な発想が異なるわけではない。

問題点　障害者であるからといって特別な算定方法によるわけではなく，事実認定の問題に帰着するのであるが，結果的に算出される金額だけに注目すると，1で述べたような批判（→175頁）が出てくることになろう。これは差額説ではもちろん，労働能力喪失説でも解消されない問題である。しかも，外国人被害者の場合には，逸失利益が低額となるケースでは，賠償金が出国先で費消されることが前提となるから，出国先においては十分な賠償額となるが，障害者の場合にはそうではない。

障害者の慰謝料　したがって，障害者の逸失利益が否定される場合には慰謝料の補完的機能を活用し，慰謝料の増額を図るべきである。たとえば，上記横浜地裁平成4年判決は死亡慰謝料として合計2500万円を認めており，慰謝料が基準額（平成4年当時の基準で1800万円）よりも増額されている（控訴審でも同じ）。

第10章——後遺症（障害）逸失利益

1 - 後遺症（障害）逸失利益の算出方法

症状の固定（それ以上治療を続けても，病状が良くも悪くもならない状態に達したこと）後に，労働能力を全部または一部喪失させる障害が残る場合，それにより見込まれる収入の喪失または減少が「後遺症（障害）逸失利益」である。

後遺障害の意義　後遺障害を『労災補償障害認定必携』を参考に厳密に定義すると，①負傷がなおったときに残存する当該負傷と相当因果関係を有し，かつ，②将来においても回復が困難と見込まれる精神的または身体的な毀損状態であって，③その存在が医学的に認められ，④労働能力の喪失を伴うもの，とされている。

症状の固定　そして，ここで「なおったとき」とは，傷害に対して行われる医学上一般に承認された治療方法（療養）をもってしても，その効果が期待しえない状態（療養の終了）で，かつ，残存する症状が，自然的経過によって到達すると認められる最終の状態（症状の固定）に達したときをいう。

症状固定の時期　症状固定の判断は基本的には医学的判断であるから，医師の作成した後遺障害診断書（→資料8）の症状固定日欄に記載された日とするのが原則である[1]。しかし，それとは異なる日を症状固定日と認定する裁判例も相当数あり，概ねの傾向として，症状固定日に関する医師の判断を

1　症状固定日としては最終通院日が記載されることが一般的であるが，それが後遺障害診断書を受け取りに行くだけの日で，実質的な診療がなされていない場合もある。

踏まえ，その合理性を，①傷害および症状の内容，②症状の推移，③治療・処置の内容，④治療経過，⑤検査結果，⑥当該症状につき症状固定に要する通常の期間，⑦交通事故の状況などの観点から判断し，不合理であれば別途適切な時期を症状固定日と判断している，との指摘がなされている[2]。

算　式　後遺症（障害）逸失利益は次の算式により算出される。

【算式】
後遺症（障害）逸失利益＝１年当たりの基礎収入×労働能力喪失率×
労働能力喪失期間に対応するホフマン係数またはライプニッツ係数
【設問】
年収（税込み）600万円の男子（症状固定時40歳）が，事故に遭い，左下肢を膝関節から足関節までの間で切断し，失った。後遺症（障害）逸失利益をライプニッツ式により算定せよ。ただし，労働能力喪失率は，労災保険・自賠責保険の取扱いに準じて考えなさい。
【解答】
労働能力喪失率：「１下肢を足関節以上（膝関節未満で）失ったもの」
後遺障害別等級５級５号→労働能力喪失率79％
労働能力喪失期間：67歳−40歳＝27年
27年に対応するライプニッツ係数＝14.6430
6,000,000円×0.79×14.6430＝69,407,820円

２ - 基礎収入の確定

休業損害の項（→140頁以下）を参照されたい。

３ - 労働能力喪失率

難しいのは，その後遺障害によって労働能力がどの程度失われるのかという労働能力喪失率（差額説の立場からいえば，「減収率」と表現すべきであろう

2　『赤い本2013年版（下）』7頁以下〔高木健司〕。

が，計算方法は変わらない）の判断である。

後遺障害等級の認定　　自賠責保険（強制保険）の適用がある交通事故では損害保険料率算出機構による後遺障害等級の認定制度がある。後遺障害別の等級は自賠法施行令別表第一，第二に規定されており，その内容は労災保険における後遺障害別等級（労働者災害補償保険法施行規則に規定されている）と同じである。具体的な認定も，労災保険と同様に，『労災補償障害認定必携』（一般財団法人労災サポートセンター編著）[3]に準拠して行われている。交通事故が労災事故でもある場合，同じ後遺障害であっても，自賠責における認定と労災保険における認定（労働基準監督署長）とで差が出ることもある。一般的には，自賠責保険における認定のほうが厳しいような印象を受けるが，それぞれの制度の目的とするところが違うので，やむをえないところであろう。

労働能力喪失率　　後遺障害の等級が判定できれば，自賠責保険においては自賠責保険支払基準の別表Ｉ労働能力喪失率表に規定されている労働能力喪失率が認められることになる。この喪失率は（労災保険と同様に），労働基準局長通牒（昭和32年7月2日基発第551号）に依拠するものである。

通牒所定の喪失率の根拠　　通牒所定の労働能力喪失率は，1級から3級までは労働能力が完全に喪失したものとみなして100パーセントとされている以外，4級以下の喪失率は，労働基準法77条別表第二に定められている障害補償日数を10で除した数字のパーセンテージとされている。たとえば，別表第二所定の5級の補償日数は790日分であるが，通牒所定の5級の喪失率は79パーセントとされている。しかし，この労働基準法77条は，大正5年に施行された工場法15条，同法施行令7条に由来し，そこでは「職工」の労働災害が対象とされていたこと，補償日数も政策的なものであって特に合理的根拠は見出せないことが指摘されている。

3　2016年4月に第16版が発行されている。

損害賠償訴訟における考え方　　しかし，損害賠償訴訟において，裁判所は，より具体的・個別的に労働能力喪失率を判断している。たとえば，上記【設問】において，被害者が頭脳労働者や一般事務職である場合と，肉体労働者である場合とでは，収入への影響は大きく異なるであろう。単純に労働能力喪失率が 79 パーセントとは判断はできないわけである。

　この点につき，最二小判昭和 42 年 11 月 10 日民集 21 巻 9 号 2352 頁・判タ 215 号 94 頁は，次のように判示している（事案については，本書 113 頁参照）。

> ●最二小判昭和 42 年 11 月 10 日民集 21 巻 9 号 2352 頁・判タ 215 号 94 頁
> 　「交通事故による傷害のため、労働力の喪失・減退を来たしたことを理由として、将来得べかりし利益喪失による損害を算定するにあたつて、上告人の援用する労働能力喪失率が有力な資料となることは否定できない。しかし、損害賠償制度は、被害者に生じた現実の損害を填補することを目的とするものであるから、労働能力の喪失・減退にもかかわらず損害が発生しなかつた場合には、それを理由とする賠償請求ができないことはいうまでもない。」

　他方，最二小判昭和 48 年 11 月 16 日裁判集民 110 号 469 頁・交民 6 巻 6 号 1693 頁は，次のように判示している。

　事案は，小学校教諭を退職後，音楽（主としてピアノ）および書道の家庭教師として各家庭に出張教授し，毎月 5 万円の収入を得ていた男性（症状固定時 63 歳）が交通事故に遭い，膝関節等に労働基準法施行規則別表第二身体障害等級表の 9 級（喪失率 35 パーセント）ないし 10 級（喪失率 27 パーセント）に該当する後遺障害が残ったケースである。被害者は，杖なしでは歩行不能となり，正座もあぐらも横座もできなくなり，事故以来，従前の家庭教師を辞めてしまった。原判決は，労働能力の 90 パーセント喪失（喪失期間 7 年間）を認定したが，最高裁はこれを是認した。

> ●最二小判昭和 48 年 11 月 16 日裁判集民 110 号 469 頁・交民 6 巻 6 号 1693 頁
> 　「交通事故による傷害のため、労働能力の喪失・減退を来たしたことを理由として、得べかりし利益の喪失による損害を算定するにあたつて、上告人の援用する労働能力喪失率表が有力な資料となることは否定できない。しかし、損害賠償

> 制度は、被害者に生じた現実の損害を填補することを目的とするものであるから、被害者の職業と傷害の具体的状況により、同表に基づく労働能力喪失率以上に収入の減少を生じる場合には、その収入減少率に照応する損害の賠償を請求できることはいうまでもない。」

　上記両判決は「しかし、損害賠償制度は、被害者に生じた現実の損害を填補することを目的とするものであるから」までは全く同文で，その後に続く文章が異なるが，その趣旨は共通しており，労働能力喪失率表が有力な資料となるけれども，具体的・個別的に考えよ，ということである。

　そこで，損害賠償実務においては，被害者の職業と傷害の具体的状況（後遺症の内容・程度）を中心に，過去に裁判所が認定した喪失率との相関関係を整理・分析することが必要となる[4]。

自賠責保険における等級認定　　前述のとおり，自賠責保険（強制保険）においては，被害者が自賠法16条に基づき自賠責保険会社（以下，「自賠社」）に対して損害賠償額の支払いを請求する場合も，一括手続（任意社が被害者に対して，自賠責分も含めて損害賠償額の支払いを行い，後から自賠社から自賠責分を回収する制度）に当たり，任意社が事前認定（自賠責保険からいくら回収できるか予め照会する制度）を求める場合も，損害保険料率算出機構による後遺障害の等級認定が実施される。

後遺障害等級認定の考え方[5]　　身体を解剖学的観点から10の部位に分け，さらに，それぞれの部位における後遺障害を生理学的観点から1種または数種の系列（全部で35系列）に分けている。そして，系列ごとに，介護の必要性と後遺障害の程度に応じて，介護を要する後遺障害を自賠法施行令別表第一の1級および2級の2段階に，その他の後遺障害を自賠法施行令別表第二の1級から14級までの14段階に区分している。なお，併合（自賠法施行令

4　北河隆之＝藤村和夫『詳解　後遺障害逸失利益』（ぎょうせい・1996年），北河隆之＝八島宏平＝川谷良太郎『詳説　後遺障害─等級認定と逸失利益算定の実務』（創耕舎・2014年）は，この視点から裁判例を整理・分析したものである。

5　北河＝八島＝川谷・前掲注4 19～41頁に詳説されている。

2条1項3号），加重（同条2項），相当（自賠法施行令別表第一備考，別表第二備考6）という特則がある。

異議申立て　損害保険料率算出機構による後遺障害の認定に不服であれば，被害者は「異議申立て」を行うことができるが（→資料12），自賠社から「後遺障害等級認定票」，「後遺障害事案整理票」の開示を受け，内容を検討し，認定結果が不当な理由を主張すべきである。異議申立て事案は，自賠責保険（共済）審査会の後遺障害専門部会で審議されることになる[6]。

原告代理人の心得　原告（被害者）の代理人弁護士としては，提訴前に自賠責保険における等級認定を経ておくべきである。認定に不服であれば「異議申立て」を行い，場合によっては自賠責保険・共済紛争処理機構に対する紛争処理申請も考えるべきである（→資料15）。裁判所は自賠責保険における等級認定には拘束されないし，そもそも裁判所は等級を認定することなく，適当な労働能力喪失率を認定すれば足りるはずである。しかし，実際のところ，専門機関である損害保険料率算出機構の等級認定には重みがあるし，裁判所は自賠責保険における等級認定を大いに気にする傾向にあるからである。

保険会社の対応　筆者の経験するところでは，保険会社（任意社）は，自賠責保険で後遺障害1級ないし2級に認定された被害者についても，労働能力喪失率は100パーセントではないと主張してくることがある。これは，植物状態の患者（別表第一1級1号）の労働能力喪失率が100パーセントであるとすれば，両下肢の用を全廃したとしても（別表第二1級6号），10〜20パーセント程度の労働能力は残っているはずだという発想である。保険会社は，その主張にそった顧問医の意見書を提出してくるため，原告側も主治医等に意見書を書いてもらう必要に迫られるが，これが容易ではなく，いたずらに訴訟が遅延する傾向にある。しかし，自賠責保険において1級ないし2級の後遺障害に認定された被害者が，実社会において，事故前収入の10〜

6　後遺障害の等級認定に対する異議申立て事案のほかにも，脳外傷による高次脳機能障害に該当する可能性がある事案，非器質性精神障害に該当する可能性がある事案も後遺障害専門部会で審査されることになっている（特定事案）。

20 パーセント程度の収入を継続的に得ることは不可能ではなかろうか。

4 – 労働能力喪失率が争われることが多い後遺障害

1 外貌醜状痕

　「外貌」とは，頭部，顔面部，頸部のように上下肢以外の日常露出する部分のことである。自賠責保険では，（平成 22 年 6 月 10 日以降発生した事故については）外貌の瘢痕，線状痕，組織陥没が人目につく程度以上のものであるとき，その程度に応じて，12 級 14 号，9 級 16 号，7 級 12 号に認定されるが[7]，それ自体からは減収や労働能力の減退に直ちに結びつけることが難しい障害である。

裁判実務上の取扱い　　裁判所の取扱いとしては，被害者の性別，年齢，職業等を考慮した上で，①醜状痕の存在のために配置を転換させられたり，職業選択の幅が狭められたりするなどの形で，労働能力に直接的な影響を及ぼすおそれのある場合には，一定割合の労働能力の喪失を肯定し，逸失利益を認める。②労働能力への直接的な影響は認め難いが，対人関係や対外的な活動に消極的になるなどの形で，間接的に労働能力に影響を及ぼすおそれが認められる場合には，後遺障害慰謝料の加算事由として考慮し，原則として，100 万〜200 万円の幅で後遺障害慰謝料を増額する。③直接的にも間接的にも労働能力に影響を与えないと考えられる場合には，慰謝料も基準どおりとして増額しない，ということになる，との指摘がある[8]。

　また，裁判例の概観を通じて，逸失利益の肯否は，①醜状障害の内容および程度，②被害者の職業，③被害者の性別，④被害者の年齢などの要素を考慮して判断されるが，喪失を検討すべき労働能力は，肉体的・機械的な観点からのみ把握するのではなく，対人関係円滑化の観点からも把握する必要が

7　平成 22 年 6 月 9 日以前に発生した事故については，男女間で該当等級に差が設けられていた。
8　東京三弁護士会交通事故処理委員会編『新しい交通賠償論の胎動』（ぎょうせい・2002 年）9頁〔河辺義典〕。

あること，逸失利益が肯定される事例では，労働能力喪失期間は限定しないのが原則的取扱いとなることが指摘されている[9]。

> **【上・下肢の露出面の醜状障害】**
> 　上・下肢の露出面に手のひら大の醜状（瘢痕，線状痕）を残すものは，自賠責保険では，いずれも14級と認定される。露出面とは，上肢では肩関節から先の部位（手部を含む）を，下肢では股関節から先の部位（足背部を含む）を指している。これらの部位の醜状痕は外貌以上に逸失利益に結びつけることが難しい。

2　嗅覚・味覚の障害

　後遺障害別等級表には規定されていないが，自賠責保険の実務では，別表第2備考⑥を適用することにより，嗅覚脱失・味覚脱失については12級相当，嗅覚減退・味覚減退については14級相当として取り扱っている。

　嗅覚・味覚障害は職業によっては労働能力に大きな影響を及ぼすことがあり，主婦の場合であっても，家事労働に重大な支障が生じるから，嗅覚脱失及び味覚脱失はそれぞれ12級相当として標準喪失率である14パーセントを認めるのが相当であり，嗅覚・味覚の両方を脱失した場合には併合11級として20パーセント喪失率を認めてよいと指摘されている[10]。

3　腸骨の採取

　腸骨からの採骨術が実施された場合，自賠責保険においては12級5号（骨盤骨の著しい変形）に該当する障害とされているが，労働能力の喪失を正面から肯定した裁判例は見当たらないと指摘されている。しかし，採骨による痛みによる労働能力への影響が立証できれば14級（神経症状）として捉えて，手術後から1年ないし2年を目安に逸失利益を認めてはどうかとの指摘がある[11]。

9　『赤い本2011年版（下）』39頁以下〔鈴木尚久〕。
10　『損害賠償の諸問題Ⅲ』345〜350頁〔片岡武〕。
11　『損害賠償の諸問題Ⅲ』338〜340頁〔片岡〕。

4 脊柱の変形

　自賠責保険では6級5号または11級7号に該当する障害であるが，労働能力への影響をどう考えるかは難しい問題であり，裁判例も分かれている。その中で，高度の脊柱変形は原則として喪失率表どおりの喪失率を認めることが相当であり，脊椎の器質的損傷があるものの，若年者であり，脊柱の支持性と運動性の低下が軽微であるような事案においては，労働能力喪失期間を分けた上，期間ごとに喪失率を逓減する裁判例の考え方に合理性があるとの指摘がある[12]。

5 鎖骨の変形

　自賠責保険では，鎖骨の著しい奇形は12級5号に該当するが，これは裸体となったときに変形・欠損が明らかに分かる程度のものとされている。労働能力の喪失という観点からみると，鎖骨変形自体により労働能力が減退することはあまり考えられないが，肩関節の運動障害や痛みの残存が労働能力に影響することがある。裁判例では概ね10～14パーセント程度の喪失率が認定されており，喪失期間については，変形自体や可動域制限があることによる労働能力の喪失を認める場合には67歳まで認める場合が多く，痛みによる労働能力の喪失を認める場合には，喪失率を逓減したり，喪失期間を限定したりすることが相当な場合が多い，と指摘されている[13]。

6 歯牙障害

　自賠責保険では，歯科補綴を加えた歯の数によって，10級4号，11級4号，12級3号，13級5号，14級2号に該当する後遺障害であるが，歯科補綴により歯の機能は回復するのであるから，これも直ちに労働能力の喪失には結びつけにくい障害であり，労働能力の喪失を認めた裁判例は少ない[14]。

12　『損害賠償の諸問題III』340～345頁〔片岡〕。
13　『赤い本2005年版（下）』93～99頁〔瀬戸啓子〕。
14　『赤い本2005年版（下）』99～105頁〔瀬戸〕。

なお，歯牙障害の結果，咀嚼機能や言語機能に障害が出る場合は，そちらの後遺障害（自賠責保険では最も軽度のもので10級3号）として評価される。

7 脾臓喪失

　自賠責保険では，平成18年3月31日までに発生した事故については8級11号に該当する障害であったが，平成18年4月1日以降に発生した事故については，13級11号（胸腹部臓器の機能に障害を残すもの）に含まれることになった。脾臓を喪失しても，その機能は他の臓器が代償するので人体には影響がないといわれているが，他方，感染防御能力が低下するといわれており，この点を重視すると労働能力への影響を肯定すべきであり，喪失率としては，おおよそ20パーセントから40パーセントあたりが目安となるのではないかと指摘されている[15]。

8 腓骨の偽関節

　自賠責保険では，平成16年7月1日以降に発生した事故については，腓骨の骨幹部等に癒合不全を残すものとして12級8号該当の後遺障害とされている。腓骨とは下腿骨の細いほうの骨のことであるが，太いほうの頸骨があるため，偽関節（骨折部の骨癒合が悪く，ぐらぐら動く状態のこと）となっても労働能力の喪失はほとんどないとの意見もある。一般的には，下肢の支持機能が減弱することが考えられるので，労働能力喪失率どおりの認定になると思われるが，被害者の職業が肉体的活動の要求されない職業であれば，それより低い喪失率が認定される場合があり，逆に，下腿に対する負荷が大きいと思われる職務によってはそれ以上の喪失率が認定される場合もあり，喪失期間については特段の期間制限は必要ない，と指摘されている[16]。

15　『損害賠償の諸問題 III』350〜353頁〔片岡〕。
16　『赤い本2006年版（下）』178〜184頁〔蛭川明彦〕。

9 下肢短縮

自賠責保険では，脚長差に応じて，8級5号，10級8号，13級8号該当
の後遺障害とされている。このうち，脚長差1センチメートル以上3センチ
メートル未満の障害を13級該当の後遺障害と評価することは高すぎるとの
意見もある。一般的には，この程度の脚長差でも，左右のバランスに問題が
生じ，歩行障害が生じていれば，労働能力喪失率どおりの認定になると思わ
れるが，下肢短縮の程度が1センチメートル強程度であり，歩行障害等が見
られない場合で，被害者の職業が肉体的活動の要求されない職業であれば，
それより低い喪失率が認定される場合があり，逆に，下肢短縮の程度が3セ
ンチメートル弱程度であって，被害者の職務内容によってはそれ以上の喪失
率が認定される場合もあり，喪失期間については特段の期間制限は必要ない，
と指摘されている[17]。

10 PTSD（心的外傷後ストレス障害）

基本的考え方　　被害者の精神障害がPTSD[18]に該当するかどうかが争われ，
最近はPTSDを否定する裁判例が多くなっている（東京地判平成14年7月17
日判時1792号92頁（確定）はその一例）。しかし，裁判は医学的判断の場で
はなく，被害者の労働能力への影響を判断する場であり，医学的にPTSD
に該当するかどうかは，あくまでその手掛かりにすぎない。

裁判例　　上記東京地裁平成14年判決は，外傷性神経症より重度の障害を
伴う後遺障害として位置づけられたPTSDの判断に当たっては，①自分ま
たは他人が死ぬまたは重傷を負うような外傷的な出来事を体験したこと（強
烈な外傷体験），②外傷的な出来事が継続的に再体験されていること（フラッ
シュバック），③外傷と関連した刺激を持続的に回避すること（回避症状），

17　『赤い本2006年版（下）』190頁〔蛭川〕。
18　『損害賠償の諸問題III』304〜323頁〔本田晃〕。

第10章　後遺症（障害）逸失利益　　189

④持続的な覚醒亢進症状[19]があることという要件を厳格に適用していく必要がある，として PTSD を否定したが（外傷性神経症として捉え，5 パーセント・10 年間の労働能力喪失を認めた），同判決も，PTSD に該当しなければ非器質性精神障害を一律に 14 級 10 号（現行 9 号）該当で喪失率 5 パーセントと評価しなければばらないことを示したものではない，と理解されている。

「後遺障害認定は，後遺障害内容と程度を，診断名を参考としながら，適正な等級を認定するものであり，必ずしも要件内容の明らかでない PTSD へのあてはめは，あまり意味を有するものとは思われない」（横浜地判平成 20 年 2 月 15 日自保ジャーナル 1736 号 15 頁）という考え方が妥当なように思われる（同判決は，原告の精神的障害を 9 級 10 号に該当するものとして，35 パーセント・10 年間の逸失利益を認めた）。

素因減責の可否　　そうはいっても，素因減責の可否という視点からは，PTSD に該当するか否かは，なお問題として残る。厳格に上記四要件をクリアして PTSD に該当すると判断された場合には素因減責は否定すべきであるし[20]，PTSD に該当しない精神障害の場合には素因の影響が否定できないからである。

11 RSD（反射性交感神経ジストロフィー）

外傷の治療が終わっても四肢に激しい痛みが続くことがある。外傷に不釣り合いな激痛が特徴で，医学的には疼痛・腫脹・関節拘縮・皮膚変化を主症状（四主徴）とする。自賠責保険では，関節拘縮，骨萎縮，皮膚変化（皮膚温の変化，皮膚の萎縮）という慢性期の主要な 3 つのいずれの症状も健側と比較して明らかに認められる場合に限り（医学的四主徴には含まれていない骨

19　覚醒亢進症状とは，過剰に警戒し，常に神経が張りつめた状態による，睡眠障害，注意集中困難などの症状である。

20　藤村和夫 = 山野義朗『概説交通事故賠償法［第 3 版］』（日本評論社・2014 年）362 頁。本田晃裁判官は，外傷的出来事の基準を厳格に解し，その基準に基づいて PTSD と認められる場合には，PTSD は「異常な事態における正常な反応」であるから素因減責はあまり考えられず，他方，外傷的出来事を緩やかに解する場合には，「正常な事態における異常な反応」を含みうるから素因減責をすべき場合がある，と指摘している（『赤い本 2004 年版』406 頁〔本田晃〕）。

萎縮が要件とされている），その程度に応じて別表第二7級，9級，12級に認定される[21]。RSDに該当するとした裁判例では，後遺障害等級は14級から5級までと幅があり（喪失率に着目すると5パーセントから90パーセントまでの幅がある），ほとんどの裁判例で素因減責がなされていると指摘されている[22]。

医学的診断基準と自賠責認定基準　　自賠責保険の認定基準には，医学的診断基準である四主徴には含まれていない「骨の委縮」があり，このズレが原因で訴訟に至ることが多く，その対応が問題となるが，二者択一ではなく，逸失利益，慰謝料という損害項目ごとに，判例で形成されてきた損害額算定の枠組みの中に自賠責認定基準や医学的診断基準を適切に位置づける必要性が指摘されている[23]。

12 高次脳機能障害

　脳の器質的損傷による障害[24]であり，脳の高次機能に発生した障害のことである。脳外傷による高次脳機能障害の典型的な症状は，全般的な認知障害（記憶・記銘力障害，集中力障害，遂行機能障害その他）と人格変化（感情易変，不機嫌，攻撃性，暴言・暴力その他）であるとされる。この障害は，脳が損傷され，一定期間以上，意識が障害された場合に発生し，CT，MRIなどの画像診断で脳損傷が認められることが要件とされる[25]。自賠責保険では，脳外

21　「神経系統の機能又は精神の障害に関する障害等級認定基準について」（平成15年8月8日厚生労働省労働基準局長基発第0808002号）。
22　『赤い本2006年版（下）』53〜76頁〔高取真理子〕。
23　『赤い本2013年版（下）』23頁以下〔有富正剛〕。
24　脳の器質的損傷による障害は，①脳外傷による高次脳機能障害と②身体性機能障害とに大別される。身体的機能障害は，別表第一1級1号，2級1号，別表第二3級3号，5級2号，7級4号，9級10号，12級13号に等級評価される。なお，脳の器質的損傷を伴わない精神障害が「非器質性精神障害」である。
25　北河＝八島＝川谷・前掲注4 24頁。自賠責保険では，①事故直後の高度の意識障害，②脳の器質的病変，③脳損傷に起因する認知障害・行動障害・人格変化などの発症（三要件）が必要とされているが，画像では発見しにくい微細な脳損傷もあるし（新しいMR撮像法である磁化率強調画像（SWI）が有用といわれる），意識障害が軽度の場合や遅れて出現する場合もあるとされる。自賠責保険の認定に納得できない場合には，（一財）自賠責保険・共済紛争処理機構に対

第10章　後遺症（障害）逸失利益　　191

傷による高次脳機能障害が残存する症例は「特定事案」として「高次脳機能障害専門部会」で審査され，脳外傷による高次脳機能障害と認定されれば，その症状に応じて，別表第一1級1号または2号，別表第二3級3号，5級2号，7級4号，9級10号，12級13号または14級9号に該当するとされる。裁判例も1級認定事例から非該当まで分かれている[26]。

13 むち打ち損傷・低髄液圧症候群

　むち打ち損傷は，診断書に頸椎捻挫，頸部外傷性症候群などと記載される後遺症である。自賠責保険では，12級13号または14級9号の局部神経症状と認定されるか，もしくは非該当とされることも多い。12級13号は，頸部外傷性症候群に起因する残存症状が（神経学的検査所見や画像所見などの他覚的所見により）医学的に証明しうるものであり，14級9号は，医学的に証明することはできないが，受傷時の状態，治療の経過などから説明可能な症状であり，単なる故意の誇張ではないと医学的に推定されるものである[27]。

　かつて日本賠償医学会（現在の日本賠償科学会）と自動車事故工学鑑定人から，アンチむち打ち損傷ともいうべき積極的な活動が繰り広げられた時期があった。その頃，時速16キロメートル未満の追突では受傷しないとか，むち打ち損傷は長くても3か月で治癒するとか，盛んに言われた。むち打ち損傷は画像診断上の異常所見が見いだせないことが多いため，詐病（仮病のこと）も混じっているとされ，賠償医学や工学鑑定の応援を背景に，保険会社は厳しい対応をとっていた。筆者は，当時，このようなステレオタイプ的な捉え方が不適当なことを論証しようとしたことがある[28]。現在は，「低髄液圧症候群」が問題となっている。

　する紛争処理申請も行うべきであろう。他方，自賠責保険で3級3号認定の高次脳機能障害事案につき，裁判所が高次脳機能障害を否定した裁判例（富山地判平成24年1月26日自保ジャーナル1867号1頁）があるが，専門機関である損害保険料率算出機構（自賠責）が3級の高次脳機能障害と認定したものを完全に否定した結論には疑問を抱かざるをえない（事故時9歳の男児が約12年後に症状固定に至ったという難しい事案ではあった）。

26　『赤い本2005年版（下）』67～92頁〔本田晃〕。

27　北河＝八島＝川谷・前掲注4 30～31頁。

28　判タ681号29頁以下，判タ719号45頁以下，判タ726号43頁以下に掲載された論稿がそれである。いずれも，日本交通法学会編『人身賠償・補償研究第2巻』（判例タイムズ社・1994

低髄液圧症候群の診断基準[29]　　東京地裁民事交通部の合議体判決である東京地判平成 22 年 1 月 29 日（LLI/DB06530038）は，その評価が分かれる脳脊髄液減少症研究会ガイドライン作成委員会作成のガイドラインにつき，「医師として臨床に当たってガイドラインを用いることの当否は格別，被害者に生じた損害を的確に把握し，これを当事者間で公平に分担することを旨とする損害賠償の前提となる，低髄液圧症候群の発症の認定基準として，ガイドラインを用いることは，現時点では相当ではない」とし，低髄液圧症候群の発症の有無は，国際頭痛分類基準・日本神経外傷学会基準などを踏まえ，総合的に認定するのが相当である，としている。なお，同判決は，控訴審（東京高判平成 22 年 10 月 20 日判タ 1344 号 176 頁）でも是認されている。

その後の展開　　平成 23 年 10 月に厚生労働省研究班が「脳脊髄液漏出症画像判定基準・画像診断基準」を発表し，平成 24 年にはブラッドパッチ治療が先進医療として認められた。最近，厚生労働省研究班が脳脊髄液減少症の 359 症例を分析し，ブラッドパッチ治療が 90 パーセントの確率で有効との結果が出た，と報道されている[30]。さらに，先進医療会議がブラッドパッチ療法を保険適用すべきだと判断した。これを受け，中央社会保険医療協議会は，画像診断基準に基づく漏れが認められる脳脊髄液減少症を対象とするブラッドパッチ療法を保険適用の対象とし，2016 年 4 月から保険適用となる予定である。損害賠償実務への影響も小さくないであろう[31]。

年）に収録されている。このほか，筆者も共同執筆者となっている，東京三弁護士会交通事故処理委員会むち打ち症特別研究部会の，「むち打ち症に関する医学・工学鑑定の諸問題」判タ 737 号 4 頁以下の意義は当時大きかったと思う。

29　杉田雅彦＝吉本智信『医と法から検証した脳脊髄液減少症（低髄液圧症候群）の理論と実務』（民事法研究会・2014 年）が詳しい。

30　2015 年 12 月 1 日毎日新聞朝刊。記事は，症例には交通事故などの外傷で発症したものが相当数含まれており，「髄液が漏れることは極めてまれで，患者はほとんどいないはず」と否定する声が一部に根強くあるが，8 年以上の研究はこの主張を真っ向から否定する結果となっている，と指摘している。

31　2016 年 1 月 15 日毎日新聞朝刊。記事は，研究班の研究成果では，画像検査で髄液漏れが見つかっても，ブラッドパッチで効果がない患者，代表的な症状であるである起立性頭痛がない患者が，それぞれ 1 割程度いることが明らかとされたことも，（従来，裁判等では，ブラッドパッチの効果がないこと，起立性頭痛がないことが罹患を否定する理由とされてきたので）患者の救済につながりそうだ，と指摘している。

14 加重障害

自賠責保険の取扱い　既に後遺障害（既存障害）のある者が，後発事故による傷害を受けたことによって「同一部位」（後遺障害の「系列」が同一であることを意味するとされている[32]）について後遺障害の程度を加重した場合における当該後遺障害（現存障害）による損害について，自賠責保険では，現存障害の等級に応じた保険金額から，既存障害の等級に応じた保険金額を控除した金額をもって保険金額としている（自賠法施行令2条2項，加重）。したがって，現存障害が既存障害よりも重くならなければ「加重」には該当しないことになる[33]。

損害賠償　しかし，加重障害に係わる損害賠償については問題が多い[34]。たとえば，自賠責保険では，既存障害は生涯にわたって残存すること（永久残存性）を前提としているが，後発事故の時点で既存障害が治癒しているときには，同一部位であっても現存障害が認定されてよいはずである[35]。
　また，「神経系統の機能又は精神の障害」は1つの「系列」を構成しているが，胸髄損傷による体幹および両下肢の機能全廃という既存障害（交通事故によるものではないが，最高位の等級に該当する）を有する者が，後発事故により頸椎捻挫による後遺障害（14級該当）が残った場合，既存障害が現存障害に影響を与えていると認められないとすれば，現存障害による損害賠償を認めてもよいはずである[36]。

32　たとえば，高次脳機能障害と非器質性精神障害とは同一系列（神経系統の機能または精神の障害）に属する障害なので，加重障害の対象となる。

33　北河＝八島＝川谷・前掲注4　20頁。

34　『赤い本2006年版（下）』129頁以下〔浅岡千香子〕が，逸失利益と慰謝料につき詳細な検討を行っている。

35　たとえば，大阪地判平成21年3月24日交民42巻2号418頁は，5年前の事故により，頭部および頸部に神経症状が残り，後遺障害等級14級に認定された被害者が，同一部位に後遺障害等級14級相当の障害が残存した事案につき，本件事故当時には既存障害は治癒していたと認定し，既存障害を考慮せず，逸失利益と慰謝料を算定している。

36　さいたま地判平成27年3月20日判時2255号96頁は，このようなケースにつき，胸椎と頸椎とは異なる神経の支配領域を有し，それぞれ独自の運動機能，知覚機能に影響を与えるものであるから，同一の部位であるということはできないとしたものである。

15 併　　合

　自賠責保険では，自賠法施行令別表第二に定める後遺障害が二以上ある場合，一定のルール（自賠法施行令2条1項3号）により，「併合」で等級が繰り上がる[37]。このような場合は，慰謝料は併合等級に対応する額を認定することになろうが，逸失利益の算定における労働能力喪失率をどのように認定するかは難問である。併合等級に対応する認定をするもの，併合前の最も重い後遺障害等級に対応する認定をするもの，併合等級を下方修正するもの，逓減方式をとるものなど，裁判例も分かれている。

16 自賠責保険で非該当とされた後遺障害

　自賠責保険では，たとえば，1下肢の三大関節中の1関節に機能障害が残存している場合，関節の可動域が健側の可動域角度の2分の1以下に制限されていれば10級11号に該当し，関節の可動域が健側の可動域角度の4分の3以下に制限されていれば12級7号に該当すると認定されるが，この基準に達しない場合には後遺障害として認定されないことになる。しかし，現実に機能障害が残存している以上，労働能力への影響は否定し難いから，適当な逸失利益は（後遺症慰謝料とともに）認められるべきである。

　もっとも，ADRにおける示談斡旋においては，後遺障害が自賠責保険で非該当とされた場合には後遺症損害を保険会社に認めてもらうことは極めて難しい（傷害慰謝料の中で若干考慮してもらうことはある）。

5 - 労働能力喪失期間

　後遺症は，本来，一生残る（治らない）ものであるから（治るなら，まだ症状が固定していないことになる），労働能力喪失期間は死亡逸失利益における稼動可能期間（→224頁）と同じになるはずである。【設問】でもそのように考えている。

37　北河=八島=川谷・前掲注4 20頁。

第10章　後遺症(障害)逸失利益　　195

しかし，実際には，軽い後遺障害では労働能力喪失期間を短縮して認定する判決が多い。いわゆる「むち打ち損傷」の場合には，12級で5年から10年，14級で5年以下に制限する例が多くみられる。その他の後遺障害においても，喪失期間を67歳未満に縮減する裁判例や，喪失率を逓減（漸減）していく裁判例もみられる。その理由として，馴化，すなわち馴れによって労働能力が回復する可能性があるとか，あるいは，被害者が若い場合には可塑性があり，訓練あるいは日常生活によって回復する可能性があるから，と説明されているが，これに対し疑問を呈する見解もある[38]。

器質的障害（欠損障害，変形障害，短縮障害など）では，原則に戻り，67歳までの労働能力喪失を認定する裁判例が多いし，それが妥当である。

6 - 中間利息の控除

中間利息控除の方法　　本書第11章（死亡逸失利益）を参照されたい[39]。

中間利息控除の起算点　　後遺症（障害）逸失利益の算定に当たり問題となるのが，中間利息控除の起算点である。これはどの時点での現価を算出するのかという問題であるが，裁判例の大勢は症状固定時における現価を算出し，中間利息控除の起算点を症状固定時としている（症状固定時説）。

判例の立場　　最一小判昭和62年12月17日裁判集民152号281頁も，症状固定時説を前提としているが，中間利息控除の起算点自体が争点となっていたわけではないから，後述の事故時基準説を否定するものかどうかは分からない。

●最一小判昭和62年12月17日裁判集民152号281頁
　「原審は、被上告人は……交通事故による後遺障害のため、同後遺障害が固定した日の翌日である昭和59年5月16日から少なくとも3年間はその労働能力を

38　損害賠償算定基準研究会編『注解交通損害賠償算定基準［3訂版］（上）』（ぎょうせい・2002年）220頁。
39　『赤い本2007年版』171〜207頁〔浅岡千香子〕も詳しく論じている。

20 パーセント、その後 6 年間は同能力を 7 パーセントそれぞれ喪失するもので
あることを適法に認定したうえ、右 6 年間の逸失利益を年別のホフマン式計算法
により年 5 分の割合による中間利息を控除して算定するに当たり、期間 6 年のホ
フマン係数 5.133 を使用し……、右逸失利益を 711 万 4338 円であるとした。し
かしながら、前記労働能力を 7 パーセント喪失する 6 年間は 3 年後を始期とする
ものであるから、右 6 年間の逸失利益を算定するについて使用するホフマン係数
としては、期間 9 年のホフマン係数 7.278 から期間 3 年のホフマン係数 2.731 を
差し引いた 4.547 の数値を使用すべきであつたのであり、同数値を用いて計算す
れば、前記逸失利益は 630 万 2142 円となる。そうすると、原判決には、右逸失
利益の算定に関し、711 万 4338 円から 630 万 2142 円を控除した差額 81 万 2196
円及びこれに対する反訴状送達の日の翌日である昭和 60 年 1 月 26 日から支払ず
みまで年 5 分の割合による金員部分につき、損害賠償額算定に関する法の解釈適
用を誤つた違法があるというべきであり、この違法は判決に影響を及ぼすことが
明らかである。」

これに対し，事故時における現価を算出し，中間利息控除の起算点を事故
日とする裁判例・学説がある（事故時説）[40]。具体例で示すと，次のような違
いがある。

【具体例】
交通事故の発生日　　　　　　平成 19 年 5 月 1 日
症状固定日　　　　　　　　　平成 21 年 5 月 1 日（2 年後）
被害者の事故前の年収　　　　600 万円
被害者の交通事故時の年齢　　40 歳
被害者の症状固定時の年齢　　42 歳
労働能力喪失率　　　　　　　9 級＝35％
【症状固定時説による計算】
600 万円×0.35×14.0939［67 歳－42 歳＝25 年に対応するライプニッツ係数］
≒2959 万円

40　このほかに紛争解決時説と呼ばれる見解もある。判例の基本的立場は事故時説であるとし，事
　故時説への回帰を強く主張する論文として，田中俊行「判例の立場を前提とした損害論と中間利
　息控除の基準時（上）（下）」判タ 1396 号 79 頁以下，1397 号 65 頁以下がある。これに対する反
　論として，北河隆之「債権法改正と中間利息控除」法時 87 巻 12 号 65〜71 頁がある。

第 10 章　後遺症（障害）逸失利益　　197

【事故時説による計算】

600万円×0.35×12.7836（14.6430 [67歳−40歳＝27年に対応するライプニッツ係数] −1.8594 [42歳−40歳＝2年に対応するライプニッツ係数]）

≒2684万円

症状固定時説の妥当性　事故時基準説は，不法行為に基づく損害賠償請求権が不法行為時に発生し，その時から遅延損害金が発生するとされていること（→134頁）とのバランスを考慮したものであるが，中間利息控除と遅延損害金の付加とは趣旨は異なるから（前者は利殖可能性を損害の金銭的評価に反映させる趣旨であり，後者は被害者の損害が填補されずにいることについてのペナルティーである），損害賠償債権の発生時期と損害の金銭的評価の時点とを一致させる理論的必然性はない。

　事故時説によれば，過去分の積極損害や休業損害なども事故時を基準に計算しなければならないことになるはずであり，そうなると損害額の算定が極めて複雑になる。損害額が確定する症状固定時を基準とする症状固定時説が自然であり，簡便でもある。裁判例の大勢は，中間利息は元本の複利運用を前提とする年5パーセントのライプニッツ式で控除しており，これに対し，遅延損害金は年5パーセントで単利計算されるのであるから，その点も考慮されてよい。また，事故時説に立つと，紛争が長期化すればするほど，被害者の受領する逸失利益の経済的価値が減少するという結果となってしまう。症状固定時説が妥当である。

【民法（債権法）改正案と中間利息控除の起算点】

　民法改正案404条は「利息を生ずべき債権について別段の意思表示がないときは、その利率は、その利息が生じた最初の時点における法定利率による」（1項）とし、「法定利率は、年3パーセントとする」（2項）とした。この法定利率は3年ごとに、一定の、やや複雑なルールによって見直される（3項ないし5項）（→135頁）。

　そして、新設された417条の2は「将来において取得すべき利益についての損害賠償の額を定める場合において、その利益を取得すべき時までの利息相当額を控除するときは、その損害賠償の請求権が生じた時点における法定利率により、

これをする」（1項）とした。これは，将来の逸失利益の算定の際に控除される中間利息も，その損害賠償請求権が発生した時点における法定利率により行うことを規定したものである。この417条の2は不法行為による損害賠償に準用される（722条）。

新設された417条の2の規定が，これまで保険実務と裁判例の大勢を占めてきた症状固定時説の変更を迫るものかという問題がある。

この点は，症状固定時説は事故時説より衡平性と合理性を具えており，従来の裁判例の大勢であること，民法改正案417条の2は中間利息を控除する際の「利率」についてのみ規定していること，立案関係者も症状固定時説を前提とした議論をしていたことが窺われること，民法改正案により明らかに従来の取扱いの変更がなされている場合以外は可及的に従来の取扱いが維持されることが法的安定性の面からも要請されることなどから，民法改正後も症状固定時説が維持されるべきものと考えられる[41]。

7 - 事故と無関係な後発的事情による死亡

1 序　　論

後遺障害が残存する被害者が，事故（加害行為）とは無関係な（正確には，相当因果関係のない）後発的事情により死亡した場合，後遺障害による逸失利益の算定にどのような影響が生ずるであろうか。このような後発的事情としては，①病死，②第二事故，さらに③被害者の自殺などがある。

問題の要点　　問題の要点を示しておくと，後遺症（障害）逸失利益の算定期間の終期を，一般的に稼働可能年齢の終期とされる67歳までとするか（継続説），それとも，被害者の現実の死亡時までとするか（切断説），ということである。後発的事由にもいろいろあるが，①被害者の病死と，②第二事故による死亡のケースについて最高裁の判決が出ており，そこでは，逸失利益についてはかなり徹底した継続説が採られている。

41　北河・前掲注40の論文で詳論した。

第10章　後遺症（障害）逸失利益　　199

2 相当因果関係が存在する場合

　事故と後発的事由による死亡との間に相当因果関係が存在するときは，加害者は死亡による損害を賠償すべき責任があることは当然である。ここで論じようとしているのは，そのような相当因果関係が存在しない場合のことであるが，まず相当因果関係が存在する場合を検討しておこう。

事故と相当因果関係のある被害者の自殺　　これまで裁判例によく現れたケースは，後遺障害が残った被害者が自殺した場合であった。自殺には，多かれ少なかれ被害者の自由意思の契機があることから，相当因果関係の有無の判断が難しく，また相当因果関係が肯定される場合でも，加害者に死亡による損害の全てを負担させるべきかどうかという問題がある。

最一小判平成 5 年 9 月 9 日　　加害者に死亡による損害の賠償責任を認めた上で，自殺には被害者の心因的要因も寄与しているとして相応の減額をした判例として，最一小判平成 5 年 9 月 9 日裁判集民 169 号 603 頁・判タ 832 号 276 頁がある。

事　　案　　事案は次のようなものである。A は，自動車を運転して走行中，前方不注視の過失により反対車線から中央線を越えて進入してきた Y 運転の自動車に衝突され，頭部打撲等の傷害を受け，被害車両に同乗していた A の妻子も負傷した。A は，入通院治療により身体の運動機能は順調に回復し，事故から約 2 年 2 か月後に症状固定の診断がされ，頭痛，頭重，項部痛，めまい，眼精疲労などの後遺症は，14 級 10 号（現行 9 号）と認定された。しかし，A は，その後，災害神経症状態に陥り，うつ病になり，症状固定から約 1 年 4 か月後に自殺した。うつ病にり患した者の自殺率を全人口の自殺率と比較すると約 30 倍から 58 倍にものぼるとされている。

　原判決（東京高判平成 4 年 12 月 21 日金判 940 号 29 頁）は，事故と A の自殺による死亡との相当因果関係を認めた上で，損害の拡大に寄与した A の心因的要因に応じて損害額を減額するのが相当であるとし，死亡による損害額（逸失利益と死亡慰謝料）については，その 80 パーセントを減額して，20

パーセントの限度で加害者側に賠償を命じた。最高裁も，次のように判示して原判決を是認した。

●最一小判平成 5 年 9 月 9 日裁判集民 169 号 603 頁・判タ 832 号 276 頁

「本件事故により A が被った傷害は，身体に重大な器質的障害を伴う後遺症を残すようなものでなかったとはいうものの，本件事故の態様が A に大きな精神的衝撃を与え，しかもその衝撃が長い年月にわたって残るようなものであったこと，その後の補償交渉が円滑に進行しなかったことなどが原因となって，A が災害神経症状態に陥り，更にその状態から抜け出せないままうつ病になり，その改善をみないまま自殺に至ったこと，自らに責任のない事故で傷害を受けた場合には災害神経症状態を経てうつ病に発展しやすく，うつ病にり患した者の自殺率は全人口の自殺率と比較してはるかに高いなど原審の適法に確定した事実関係を総合すると，<u>本件事故と A の自殺との間に相当因果関係かあるとした上，自殺には同人の心因的要因も寄与しているとして相応の減額をして死亡による損害額を定めた原審の判断は，正当として是認することができ</u>，原判決に所論の違法はない。」

相当因果関係の判断要素　　上記平成 5 年判決は，被害者の後遺障害自体は 14 級（神経症状）という比較的軽いケースにおいて，事故と被害者の自殺による死亡との間に相当因果関係を肯定しつつ，心因的要因の寄与（→307 頁）を理由に損害額を大幅に減額したところに特色がある。裁判所は，事故の被害者が外傷性神経症状態に陥り，それが昂じてうつ病に罹患し，自殺に至るケースでは事故と自殺による死亡との間に相当因果関係を認める傾向にあるといえる。

3 病　　死

　交通事故による精神・知能障害等の後遺障害が残存する被害者（症状固定時 44 歳）が，症状固定日から起算して 7 日後（事故から約 1 年半後）に，自宅近くの海岸でリハビリを兼ねて貝採りを行っている最中，海中で心臓麻痺を起こして死亡したケースについて，最高裁は，症状固定日から現実の死亡日までの 7 日間分の逸失利益しか認めなかった原判決を破棄し，次のように

第 10 章　後遺症（障害）逸失利益　　201

判示した(最一小判平成 8 年 4 月 25 日民集 50 巻 5 号 1221 頁・交民 29 巻 2 号 302 頁)。

●最一小判平成 8 年 4 月 25 日民集 50 巻 5 号 1221 頁・交民 29 巻 2 号 302 頁
「<u>交通事故の被害者が事故に起因する傷害のために身体的機能の一部を喪失し、労働能力の一部を喪失した場合において、いわゆる逸失利益の算定に当たっては、その後に被害者が死亡したとしても、右交通事故の時点で、その死亡の原因となる具体的事由が存在し、近い将来における死亡が客観的に予測されていたなどの特段の事情がない限り、右死亡の事実は就労可能期間の認定上考慮すべきものではない</u>と解するのが相当である。けだし、労働能力の一部喪失による損害は、交通事故の時に一定の内容のものとして発生しているのであるから、交通事故の後に生じた事由によってその内容に消長を来すものではなく、その逸失利益の額は、交通事故当時における被害者の年齢、職業、健康状態等の個別要素と平均稼働年数、平均余命等に関する統計資料から導かれる就労可能期間に基づいて算定すべきものであって、交通事故の後に被害者が死亡したことは、前記の特段の事情のない限り、就労可能期間の認定に当たって考慮すべきものとはいえないからである。また、交通事故の被害者が事故後にたまたま別の原因で死亡したことにより、

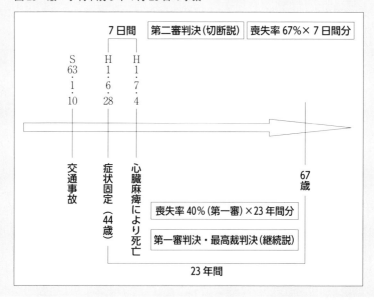

図 23　最一小判平成 8 年 4 月 25 日の事案

> 賠償義務を負担する者がその義務の全部又は一部を免れ、他方被害者ないしその
> 遺族が事故により生じた損害のてん補を受けることができなくなるというのでは、
> 衡平の理念に反することになる。」

特段の事情　本判決にいう「特段の事情」としては，被害者が事故当時，既に余命いくばくもない末期がんに罹患していたという場合以外には想定し難い。

継続説の根拠　本判決では，事故と被害者の心臓麻痺による死亡との間に相当因果関係がないことが前提となっている。本判決は，継続説を採用すべき根拠として，①逸失利益は交通事故の時に一定の内容のものとして発生しているから，その後の被害者の死亡により影響を受けないこと（形式的根拠），②交通事故の被害者が事故後にたまたま別の原因で死亡したことにより，賠償義務を負担する者がその義務を免れ，被害者やその遺族が事故により生じた損害の填補を受けることができなくなるというのでは，衡平の理念に反すること（実質的根拠）を挙げている。ただ，形式的根拠は，あくまで実質的根拠に裏付けられていることが必要であることは，後述の最一小判平成 11 年 12 月 20 日民集 53 巻 9 号 2038 頁・判タ 1021 号 123 頁（→209 頁）が判示するところである。

4 第二事故による死亡

　こちらは，高校 3 年生の被害者が，症状固定から約 3 か月後に別の交通事故（第二事故）により死亡したという事案である。原審は，高校卒業の時から 10 年間の後遺症（障害）逸失利益（12 級，14 パーセント）を認めたところ（原告の請求が 10 年間分だった），死亡した時点で打ち切るべきだとして上告がなされた。最二小判平成 8 年 5 月 31 日民集 50 巻 6 号 1323 頁・交民 29 巻 3 号 649 頁は，上記平成 8 年 4 月判決を引用しながら，次のように述べて，上告を棄却した。

第 10 章　後遺症(障害)逸失利益　　203

●最二小判平成 8 年 5 月 31 日民集 50 巻 6 号 1323 頁・交民 29 巻 3 号 649 頁
「交通事故の被害者が事故に起因する後遺障害のために労働能力の一部を喪失した場合における財産上の損害の額を算定するに当たっては、その後に被害者が死亡したとしても、交通事故の時点で、その死亡の原因となる具体的事由が存在し、近い将来における死亡が客観的に予測されていたなどの特段の事情がない限り、右死亡の事実は就労可能期間の算定上考慮すべきものではないと解するのが相当である［最一小判平成 8 年 4 月 25 日民集 50 巻 5 号 1221 頁・交民 29 巻 2 号 302 頁参照］。

　右のように解すべきことは、被害者の死亡が病気、事故、自殺、天災等のいかなる事由に基づくものか、死亡につき不法行為等に基づく責任を負担すべき第三者が存在するかどうか、交通事故と死亡との間に相当因果関係ないし条件関係が存在するかどうかといった事情によって異なるものではない。本件のように被害者が第二の交通事故によって死亡した場合、それが第三者の不法行為によるものであっても、右第三者の負担すべき賠償額は最初の交通事故に基づく後遺障害により低下した被害者の労働能力を前提として算定すべきものであるから、前記のように解することによって初めて、被害者ないしその遺族が、前後 2 つの交通事故により被害者の被った全損害についての賠償を受けることが可能となるのである。」
（＊傍点・強調は筆者による。）

図 24　最二小判平成 8 年 5 月 31 日の事案

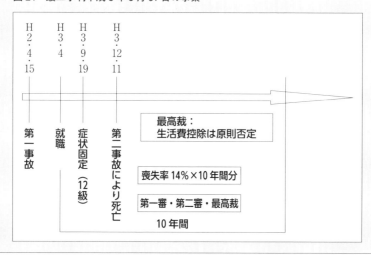

注目すべき点　上記平成8年5月判決で注目すべき点が2つある。1つ目は，被害者の死亡が「自殺」によるものであっても継続説を採るべきであると述べていることであり，2つ目は，事故と死亡との間に「相当因果関係」が存在する場合であっても継続説を採るべきであると述べていることである。

原告の選択権　そうすると，事故と被害者の自殺による死亡との間に相当因果関係がある場合であっても，被害者の遺族は，継続説に依拠して後遺障害による逸失利益を請求することができるということになる。これまで，事故と被害者の自殺による死亡との間に相当因果関係がある場合には，原告（被害者の遺族）は死亡による逸失利益を請求してきたのであるが，後遺障害による逸失利益を請求するか，死亡による逸失利益を請求するか，原告に選

図25　事故と無関係な後発的事情による死亡

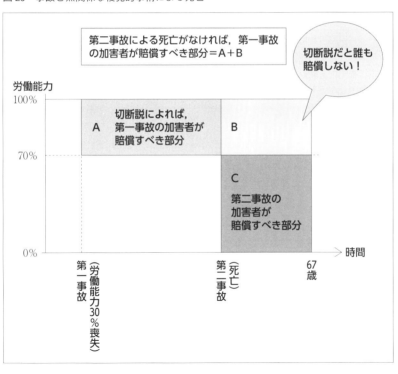

第10章　後遺症(障害)逸失利益　205

択権があることになる。死亡逸失利益を請求する場合には，前述のとおり（→201頁）大幅な減額がなされることになるから，後遺障害が重いケースにおいては，後遺症（障害）逸失利益を請求するほうが多額の賠償金を得られることがありうることになる[42]。

生活費控除の可否　従来，継続説に立つ学説においても，現実の死亡後には（後遺症（障害）逸失利益であっても）生活費控除をすべきであるとの見解が有力であった。しかし，最高裁は上記平成8年5月判決において，生活費控除を原則的に否定した。

> ●最二小判平成8年5月31日民集50巻6号1323頁・交民29巻3号649頁
> 「交通事故の被害者が事故に起因する後遺障害のために労働能力の一部を喪失した後に死亡した場合，労働能力の一部喪失による財産上の損害の額の算定に当たっては，交通事故と被害者の死亡との間に相当因果関係があって死亡による損害の賠償をも請求できる場合に限り，死亡後の生活費を控除することができると解するのが相当である。けだし，交通事故と死亡との間の相当因果関係が認められない場合には，被害者が死亡により生活費の支出を必要としなくなったことは，損害の原因と同一原因により生じたものということができず，両者は損益相殺の法理又はその類推適用により控除すべき損失と利得との関係にないからである。」

　前述のとおり，事故と後発的事由による死亡との間に相当因果関係が存在する場合でも，被害者側には，死亡逸失利益として請求するか，後遺症（障害）逸失利益として請求するか，選択権があるが，被害者側が後遺症（障害）逸失利益として請求してきた場合には，加害者側は「抗弁」として，事故と後発的事由による死亡との間に相当因果関係が存在することを主張・立証して生活費控除を主張できると思われる[43]。

生活費控除を行わないことの不都合　判例はこのように生活費控除を原則的に否定するのであるが，第二事故の加害者が賠償すべきことになる死亡逸失

42　『赤い本2000年版』241頁以下〔北河隆之〕。
43　『赤い本2000年版』241頁以下〔北河〕。

利益との関係で，第一事故の後遺症（障害）逸失利益の算定において生活費控除は行わないことの不都合が現れるように思われる。具体例で考えてみよう。

【具体例】

　Ａが30歳の時に交通事故に遭った（第一事故）。Ａは独身であり，事故前の年収は400万円とする。

【設問1】

　第一事故でＡが死亡したと想定した場合の逸失利益を算定せよ。

　【解答】

　　400万円×（1−0.5）×16.7113［37年のライプニッツ係数］≒3342万円……［a］

【設問2】

　Ａに労働能力喪失率45パーセント（8級）の後遺障害が残ったが（症状固定時の年齢も30歳とする），症状固定日から1年後（31歳の時）に，別の交通事故（第二事故）で死亡したと想定する。

(1)　第一事故の加害者が賠償すべき逸失利益を算定せよ。

　【解答】

　判例に従い，継続説を採り，かつ，生活費控除をしなければ，次のようになる。

　　400万円×0.45×16.7113［37年のライプニッツ係数］≒3008万円……［b］

(2)　第二事故の加害者が賠償すべき逸失利益を算定せよ。

　【解答と検討】

　これが問題であるが，素直に考えると次のようになるであろう。

　　400万円×（1−0.45）×（1−0.5）×16.5469［36年のライプニッツ係数］

　　≒1820万円［c］

　この計算式は，第二事故当時に残っていたＡの稼働能力（収益能力）［400万円×（1−0.45）＝2200万円］の50パーセントを生活費として控除するものである。

　しかし，これでは［b］＋［c］＝4828万円となり，第一事故で死亡した場合の逸失利益［a］を大きく上回ってしまうことになる。これはいかにも不均衡な印象を受ける。

　それゆえ，筆者は，判例とは異なり，現実に死亡した以後は生活費控除をすべきであると考えている（貝採り事件の第一審判決の考え方がそうであった）。この立場から計算すると，第一事故の加害者が賠償すべき逸失利益は次のようになる。

〈最初の 1 年間〉

400 万円×0.45×0.9523 [1 年のライプニッツ係数] ≒171 万円

〈その後の 36 年間〉

400 万円×0.45×（1−0.5）×（16.7113 [37 年のライプニッツ係数]

−0.9523 [1 年のライプニッツ係数]）≒1418 万円

〈第一事故の加害者が賠償すべき逸失利益〉

171 万円＋1418 万円＝1589 万円……[d]

　これであれば，[d]＋[c]＝3409 万円となるため，[a] との大きな不均衡は生じない。

　これに対して，「平成 8 年 5 月判決」の調査官解説（法曹会編『最高裁判所判例解説民事篇平成 8 年度（上）』(1999 年) 409～433 頁〔三村量一〕）では，第二事故による逸失利益を算定する際には「全収入の 50％」を控除すべきものである，と説明されている（同 422～423 頁）。本問に即していえば，400 万円の 50 パーセントを控除すべきである，という趣旨である。つまり，次のような計算方法を採ることになる。

（400 万円×0.55−400 万円×0.5）×16.5469 [36 年のライプニッツ係数]

＝330 万円……[e]

　[b]＋[e]≒3338 万円となり，やはり [a] との大きな不均衡は生じない。

　ことは生活費控除の性質にも係わってくるが，三村調査官は解説の中で，最三小判昭和 39 年 6 月 24 日民集 18 巻 5 号 874 頁・判タ 166 号 106 頁（→217 頁）を引用しながら，「稼動可能期間中の生活費は稼動収入を得るために要する必要経費である」と説明している（同 417 頁）。生活費控除の理論的根拠について必ずしも共通の認識があるわけではないが，大多数の判例が稼動可能期間内に限って生活費控除を実施していることからみても，稼動収入を得るために必要な労働力維持費用（労働力再生産費用）と捉えていると思われる。三村調査官による上記説明も同じ趣旨である。

　第二事故当時に A に残されていた労働能力（55 パーセント）に相応する稼動収入は，220 万円（＝400 万円×0.55）であるが，この稼動収入を得るために要する必要経費としての生活費は，[400 万円×0.5] ではなく，[220 万円×0.5] と考えるべきではないだろうか。400 万円の稼動収入を得るために必要な労働力再生産費用と，220 万円の稼動収入を得るために必要な労働力再生産費用とが同じというのは，不合理ではなかろうか。

　三村調査官のような考え方を採れば，第二事故当時に残されていた被害者の稼働能力が 50 パーセント以下である場合には，控除される生活費が稼動収入を上

回ってしまうため，第二事故の加害者が賠償すべき逸失利益はゼロとなる（同423〜424頁）。この結論は，いかにも不合理であろう。三村調査官自身も，この「結論が奇異に感じられるのは，第一事故によって被害者Xが負傷し後遺障害を被ったにもかかわらず，第一事故による逸失利益から生活費控除を全く行なわず，第二事故で死亡したことを理由に生活費全額を第二事故による逸失利益から控除したためでもある」と述べているところである（同424頁）。

5 積極損害について

　以上は，逸失利益（消極損害）に係わる問題であったが，積極損害（具体的には将来の介護料）においてはどう考えるべきであろうか。最高裁は，次のとおり判示し，積極損害については切断説の考え方を採用することを明らかにした（最一小判平成11年12月20日53巻9号2038頁・判タ1021号123頁）。

　●最一小判平成11年12月20日民集53巻9号2038頁・判タ1021号123頁
　「<u>介護費用の賠償については，逸失利益の賠償とはおのずから別個の考慮を必要とする</u>。すなわち，㈠　介護費用の賠償は，被害者において現実に支出すべき費用を補てんするものであり，判決において将来の介護費用の支払を命ずるのは，引き続き被害者の介護を必要とする蓋然性が認められるからにほかならない。ところが，被害者が死亡すれば，その時点以降の介護は不要となるのであるから，もはや介護費用の賠償を命ずべき理由はなく，その費用をなお加害者に負担させることは，被害者ないしその遺族に根拠のない利得を与える結果となり，かえって衡平の理念に反することになる。㈡　交通事故による損害賠償請求訴訟において一時金賠償方式を採る場合には，損害は交通事故の時に一定の内容のものとして発生したと観念され，交通事故後に生じた事由によって損害の内容に消長を来さないものとされるのであるが，右のように衡平性の裏付けが欠ける場合にまで，このような法的な擬制を及ぼすことは相当ではない。㈢　被害者死亡後の介護費用が損害に当たらないとすると，被害者が事実審の口頭弁論終結前に死亡した場合とその後に死亡した場合とで賠償すべき損害額が異なることがあり得るが，このことは被害者死亡後の介護費用を損害として認める理由になるものではない。以上によれば，<u>交通事故の被害者が事故後に別の原因により死亡した場合には，死亡後に要したであろう介護費用を右交通事故による損害として請求することはできない</u>と解するのが相当である。」

第10章　後遺症（障害）逸失利益　　209

上記平成 11 年判決の事案は，事故により 1 級 3 号の後遺障害が残った被害者が，第二審の口頭弁論終結前（事故から約 5 年後）に胃がんで死亡したケースである。原審（大阪高判平成 9 年 11 月 28 日 LEX/DB28040354）は，最高裁の平成 8 年 4 月判決・5 月判決を援用しながら，継続説の立場から，死亡後の介護費用も損害として認容していた。認容された将来の介護費用は 5197 万円余であるが，そのうち 4000 万円以上が死亡後の期間に係るものであった。最高裁は上記のように判示し，原判決を破棄し，差し戻した。

被害者が事実審口頭弁論終結後に死亡した場合とのアンバランス　　被害者が事実審口頭弁論終結時点で生存している場合には，平均余命期間にわたる将来介護費用が損害として認容されるが，介護費用について切断説を採る場合，被害者が事実審口頭弁論終結後に死亡した場合とのアンバランスが生じることがありうる。原判決は，判決に基づいて金員が支払われた後に被害者が死亡した場合には，加害者が既払金につき不当利得として返還を求めることはできないと解すべきであるから，切断説を採った場合には，被害者が口頭弁論終結時の前に死亡したか後に死亡したかで取扱いが分かれることになり，被害者側にとって衡平を失する，という点を，介護費用についても継続説を採るべき実質的根拠として挙げていた。この点について，最高裁は積極的な対応策までは示してはいない。それはやむをえないと割り切っているのかもしれない。

請求異議の訴え・不当利得返還請求の可否　　上記平成 11 年判決で井嶋一友裁判官が補足意見でこの点に触れており，請求異議の訴えに基づく執行力の排除と不当利得返還請求という対応策を示唆している。

> 【井嶋一友補足意見】
> 　「事実審の口頭弁論終結後に至って被害者が死亡した場合には、確定判決により給付を命じられた将来の介護費用の支払義務は当然に消滅するものではない。この場合には、確定判決に対する請求異議の訴えにより将来の給付義務を免れ、又は不当利得返還の訴えにより既払金の返還を求めることができるか否かが問題となる。私は、少なくとも、長期にわたる生存を前提として相当額の介護費用の支払が命じられたのに、被害者が判決確定後間もなく死亡した場合のように、判

決の基礎となった事情に変化があり、確定判決の効力を維持することが著しく衡平の理念に反するような事態が生じた場合には、請求異議の訴えにより確定判決に基づく執行力の排除を求めることができ、さらには、不当利得返還の訴えにより既に支払済みの金員の返還を求めることができるものとするのが妥当ではないかと考えるが、もとより、この点は、本判決の解決するところではなく、別途検討されるべき問題である。」

第11章——死亡逸失利益

1－死亡逸失利益の算出方法

算　　式　　人が死亡したことによる収入の喪失を「死亡逸失利益」という。簡単にいえば，被害者が死亡した時から，死亡しなければ稼働できたであろう期間（稼動可能期間）に得ることができたであろう収入の喪失が死亡逸失利益である。

【算式】
死亡逸失利益＝1年当たりの基礎収入×（1－生活費控除率）×稼動可能期間
　　　　　　に対応するホフマン係数またはライプニッツ係数

　死亡逸失利益は，後遺障害逸失利益の極限の場合と考えればよい。すなわち，後遺症逸失利益の算式において，労働能力喪失率を100パーセント（＝1.00）と考えればよい。ただ，後遺症逸失利益と異なるのは，死亡すれば生活費の支出を免れるから，損益相殺として生活費控除をなす点である。

【設問】
　生前の年収（税込み）600万円の40歳男性（被扶養者として，妻と未成年の子1人がいる）の死亡逸失利益をライプニッツ式により算定せよ。
【解答】
　稼動可能期間：67歳－40歳＝27年
　27年に対応するライプニッツ係数：14.6430
　生活費控除率：30%
　　6,000,000円×（1－0.3）×14.6430＝61,500,600円

2 - 基礎収入の確定

1年当たりの基礎収入については，ほぼ後遺症逸失利益に準じて考えればよい。

1 年金の逸失利益性

死亡逸失利益に独特の問題として，年金を受給していた被害者が死亡し，将来の年金受給権が喪失した場合，これによる損害を逸失利益に算入できるか，という問題がある。

退職年金　　かつては，年金の逸失利益性を全面的に否定すべきであるとの学説もみられ，最高裁の判決も混乱していたが，最大判平成5年3月24日民集47巻4号3039頁・判タ853号63頁は，地方公務員等共済組合法（昭和60年改正前）に基づく退職共済年金につき逸失利益性を肯定した。

事案は，地方公務員等共済組合法に基づく退職共済年金を受給していた62歳の男性が交通事故で死亡し，相続人（妻と子3人）が，被害者が平均余命期間（18年間）にわたり受給できたはずの退職年金の現価を逸失利益として請求したものである。本件の争点は，妻が受給することになった遺族共済年金の控除のほうにあったが（→258頁），最高裁はその前提として次のように判示している。

●最大判平成5年3月24日民集47巻4号3039頁・判タ853号63頁
　地方公務員等共済組合法に基づく「退職年金を受給していた者が不法行為によって死亡した場合には，相続人は，加害者に対し，退職年金の受給者が生存していればその平均余命期間に受給することができた退職年金の現在額を同人の損害として，その賠償を求めることができる。」

反対意見の考え方　　差額説の立場から考えれば，そこに差額が発生する以上，退職年金の逸失利益性を肯定するのが当然である。上記平成5年判決の法廷意見はこの立場に立つものであろう。これに対し，藤島昭裁判官の反対

意見は，逸失利益は被害者の稼働能力を基礎に考えるべきものであるところ，
退職年金は社会保障制度の一環として理解されるべきものである（稼働能力
を表象するものではない）として，逸失利益性を否定する（稼働能力が存在す
ると認められる場合には賃金センサス等を基礎に算定すべきであるとする）。

普通恩給・老齢年金・障害年金　　その後，最高裁は，普通恩給および国民年
金法（昭和 60 年改正前）に基づく国民年金（老齢年金）ついても逸失利益性
を肯定し（最三小判平成 5 年 9 月 21 日裁判集民 169 号 793 頁・判タ 832 号 70 頁），
国民年金法に基づく障害基礎年金と厚生年金保険法に基づく障害厚生年金に
ついても肯定した（最二小判平成 11 年 10 月 22 日民集 53 巻 7 号 1211 頁・判タ
1016 号 98 頁）。

●最三小判平成 5 年 9 月 21 日裁判集民 169 号 793 頁・判タ 832 号 70 頁
　「公務員であった者が支給を受ける普通恩給は、当該恩給権者に対して損失補
償ないし生活保障を与えることを目的とするものであるとともに、その者の収入
に生計を依存している家族に対する関係においても、同一の機能を営むものと認
められるから［最一小判昭和 41 年 4 月 7 日民集 20 巻 4 号 499 頁参照］、他人の
不法行為により死亡した者の得べかりし普通恩給は、その逸失利益として相続人
が相続によりこれを取得するものと解するのが相当である［最三小判昭和 59 年
10 月 9 日裁判集民 143 号 49 頁］。そして、国民年金法（昭和 60 年法律第 34 号
による改正前のもの。）に基づいて支給される国民年金（老齢年金）もまた、そ
の目的・趣旨は右と同様のものと解されるから、他人の不法行為により死亡した
者の得べかりし国民年金は、その逸失利益として相続人が相続によりこれを取得
し、加害者に対してその賠償を請求することができるものと解するのが相当であ
る。」

●最二小判平成 11 年 10 月 22 日民集 53 巻 7 号 1211 頁・判タ 1016 号 98 頁
　「国民年金法に基づく障害基礎年金も厚生年金保険法に基づく障害厚生年金も、
原則として、保険料を納付している被保険者が所定の障害等級に該当する障害の
状態になったときに支給されるものであって（国民年金法 30 条以下、87 条以下、
厚生年金保険法 47 条以下、81 条以下参照）、程度の差はあるものの、いずれも
保険料が拠出されたことに基づく給付としての性格を有している。したがって、

> 障害年金を受給していた者が不法行為により死亡した場合には、その相続人は、加害者に対し、障害年金の受給権者が生存していれば受給することができたと認められる障害年金の現在額を同人の損害として、その賠償を求めることができるものと解するのが相当である。」

年金未受給者[1]　　年金の受給資格を取得している者が年金支給開始前に死亡した場合はどうであろうか。年金受給の蓋然性の問題に帰着するから，年金支給開始までの年数次第ということになろう。年金の受給資格を未だ取得していない者についても同様に逸失利益として認める裁判例もあるが，年金受給の蓋然性という観点からは否定説が妥当なように思われる。

　なお，年金支給開始年齢までの掛金は損益相殺として差し引かれることになるから，年金支給開始年齢までにかなり年数がある場合には年金を逸失利益として認めるメリットは少ない。

遺族年金・扶助料　　他方，最高裁は，遺族年金（年金受給者が死亡したとき，残された妻等に支払われる年金）については逸失利益性を否定し（最三小判平成 12 年 11 月 14 日民集 54 巻 9 号 2683 頁・判タ 1049 号 220 頁），扶助料（恩給受給者が死亡したとき，一定条件を備えた遺族に支給される年金恩給）についても同様の判断をしている（最三小判平成 12 年 11 月 14 日裁判集民 200 号 155 頁・判タ 1049 号 218 頁）。

> ●最三小判平成 12 年 11 月 14 日民集 54 巻 9 号 2683 頁・判タ 1049 号 220 頁
> 　「遺族厚生年金は、厚生年金保険の被保険者又は被保険者であった者が死亡した場合に、その遺族のうち一定の者に支給される（厚生年金保険法 58 条以下）ものであるところ、その受給権者が被保険者又は被保険者であった者の死亡当時その者によって生計を維持した者に限られており、妻以外の受給権者については一定の年齢や障害の状態にあることなどが必要とされていること、受給権者の婚姻、養子縁組といった一般的に生活状況の変更を生ずることが予想される事由の発生により受給権が消滅するとされていることなどからすると、これは、専ら受

1　『損害賠償の諸問題 II』244〜248 頁以下〔竹内純一〕。

第 11 章　死亡逸失利益　　215

給権者自身の生計の維持を目的とした給付という性格を有するものと解される。
また、右年金は、受給権者自身が保険料を拠出しておらず、給付と保険料とのけ
ん連性が間接的であるところからして、社会保障的性格の強い給付ということが
できる。加えて、右年金は、受給権者の婚姻、養子縁組など本人の意思により決
定し得る事由により受給権が消滅するとされていて、その存続が必ずしも確実な
ものということもできない。これらの点にかんがみると、遺族厚生年金は、受給
権者自身の生存中その生活を安定させる必要を考慮して支給するものであるから、
他人の不法行為により死亡した者が生存していたならば将来受給し得たであろう
右年金は、右不法行為による損害としての逸失利益には当たらないと解するのが
相当である。」

障害年金の加給分　　最高裁は，障害年金の配偶者および子の加給分（障害
年金受給権者に同人によって生計を維持していた妻子がある場合に加算される分）
についても逸失利益性を否定している。この点，上記平成 11 年判決は続け
て以下のとおり判示している。

●最二小判平成 11 年 10 月 22 日民集 53 巻 7 号 1211 頁・判タ 1016 号 98 頁
　「もっとも、子及び妻の加給分については、これを亡 D の受給していた基本と
なる障害年金と同列に論ずることはできない。すなわち、国民年金法 33 条の 2
に基づく子の加給分及び厚生年金保険法 50 条の 2 に基づく配偶者の加給分は、
いずれも受給権者によって生計を維持している者がある場合にその生活保障のた
めに基本となる障害年金に加算されるものであって、受給権者と一定の関係があ
る者の存否により支給の有無が決まるという意味において、拠出された保険料と
のけん連関係があるものとはいえず、社会保障的性格の強い給付である。加えて、
右各加給分については、国民年金法及び厚生年金保険法の規定上、子の婚姻、養
子縁組、配偶者の離婚など、本人の意思により決定し得る事由により加算の終了
することが予定されていて、基本となる障害年金自体と同じ程度にその存続が確
実なものということもできない。これらの点にかんがみると、右各加給分につい
ては、年金としての逸失利益性を認めるのは相当でないというべきである。」

生活費控除率　　年金収入だけの場合には通常よりも高い控除率が採用され
ていることに注意（→222 頁）。

逸失利益算定期間　　年金は存命中は受給できるから，算定期間は平均余命期間までとなることに注意（→224頁）。

損益相殺的処理　　退職年金や恩給の逸失利益性が認められるとしても，相続人が遺族年金や扶助料を受給できる場合には，損益相殺的処理が問題となる（→258〜259頁）。

2 幼児・児童・生徒・学生

控え目算定判決　　現実の収入のない未就労の幼児・児童・生徒・学生については，賃金センサスの平均賃金を使用して算定する（最三小判昭和39年6月24日民集18巻5号874頁・判タ166号106頁）。この昭和39年判決は，実務では「控え目算定判決」と称されることがあるが，次のような判示が含まれているからである。

> ●最三小判昭和39年6月24日民集18巻5号874頁・判タ166号106頁
> 　「年少者死亡の場合における右消極的損害の賠償請求については，一般の場合に比し不正確さが伴うにしても，裁判所は，被害者側が提出するあらゆる証拠資料に基づき，経験則とその良識を十分に活用して，できうるかぎり蓋然性のある額を算出するよう努め，ことに右蓋然性に疑がもたれるときは，被害者側にとって控え目な算定方法（たとえば，収入額につき疑があるときはその額を少な目に，支出額につき疑があるときはその額を多めに計算し，また遠い将来の収支の額に懸念があるときは算出の基礎たる期間を短縮する等の方法）を採用することにすれば，慰藉料制度に依存する場合に比較してより客観性のある額を算出することができ，被害者側の救済に資する反面，不法行為者に過当な責任を負わせることともならず，損失の公平な分担を窮極の目的とする損害賠償制度の理念にも副うのではないかと考えられる。」

男女間の賃金格差の是正　　女性の全年齢平均賃金は男性のそれの6割程度であるため，それがそのまま逸失利益に反映してしまうことになるが，この点については前述した（→171頁以下参照）。

3 専業主婦

現実の収入のない専業主婦についても，賃金センサスの女性全年齢平均賃金を使用して算定する（最二小判昭和 49 年 7 月 19 日民集 28 巻 5 号 872 頁・判タ 311 号 134 頁）。

●最二小判昭和 49 年 7 月 19 日民集 28 巻 5 号 872 頁・判タ 311 号 134 頁
「原判決は，亡 A が本件事故に因り死亡しなかつたとすれば，同人は高等学校を卒業して就職し，25 歳に達したときに結婚して離職するものと推定したうえ，同人の死亡に因る財産的損害の額を認定するにあたり，結婚後の損害額を全く算定していない。したがつて，原審は，結婚して家事に専念する女子が死亡した場合には，財産的損害を生じないものと解したことは，所論のとおりである。
　おもうに，結婚して家事に専念する妻は，その従事する家事労働によつて現実に金銭収入を得ることはないが，家事労働に属する多くの労働は，労働社会において金銭的に評価されうるものであり，これを他人に依頼すれば当然相当の対価を支払わなければならないのであるから，妻は，自ら家事労働に従事することにより，財産上の利益を挙げているのである。一般に，妻がその家事労働につき現実に対価の支払を受けないのは，妻の家事労働が夫婦の相互扶助義務の履行の一環としてなされ，また，家庭内においては家族の労働に対して対価の授受が行われないという特殊な事情によるものというべきであるから，対価が支払われないことを理由として，妻の家事労働が財産上の利益を生じないということはできない。のみならず，法律上も，妻の家計支出の節減等によつて蓄積された財産は，離婚の際の財産分与又は夫の死亡の際の相続によつて，妻に還元されるのである。
　かように，妻の家事労働は財産上の利益を生ずるものというべきであり，これを金銭的に評価することも不可能ということはできない。ただ，具体的事案において金銭的に評価することが困難な場合が少なくないことは予想されうるところであるが，かかる場合には，現在の社会情勢等にかんがみ，家事労働に専念する妻は，平均的労働不能年令に達するまで，女子雇傭労働者の平均的賃金に相当する財産上の収益を挙げるものと推定するのが適当である。」

4 若年の給与所得者

逸失利益は，原則として，事故前の現実の収入額（税込み）を基礎として算定するが，若年の労働者（概ね 30 歳未満）の場合には，事故前の現実の収

入額が賃金センサスの全年齢平均賃金よりも低額であっても，将来的に生涯を通じて全年齢平均賃金程度の収入が得られる蓋然性が認められるならば，賃金センサスの全年齢平均賃金を使用する[2]。

3 - 生活費控除[3]

死亡前の年収がそのまま逸失利益とはならない。人は死ねば自分の生活費が不要となるので，収入から（支出を免れた）本人の生活費を差し引いたものが真の損害となる。このような考え方を「損益相殺」という（→247頁）。差し引くのは，あくまで死亡被害者本人分の生活費である。

●最三小判昭和43年12月17日裁判集民93号677頁・判タ230号178頁

「本件の被害者Kの学歴等原審の認定した諸般の事情に徴し，かつ被害者の得べかりし利益を算定するにあたり控除すべき被害者の生活費とは，被害者自身が将来収入を得るに必要な再生産の費用を意味するものであつて，家族のそれを含むものではないことに鑑みれば，被害者Kの得べかりし利益を算定するにあたり控除すべき同人の生活費が，その全稼働期間を通じ，収入の5割を越えないとする原審の判断は不当とはいえない。」

生活費控除率　現在では被害者の立場に応じて一定の割合で控除されている。『赤い本』の基準は次のとおりである。

一家の支柱	被扶養者1人の場合	40%
	被扶養者2人以上の場合	30%
女性（主婦，独身，幼児等を含む）		30%
男性（独身，幼児を含む）		50%

生活費控除の趣旨　元来は，上記昭和43年判決で述べられているように，労働力再生産のための必要経費という趣旨であったのであり，それゆえ，生

2　井上繁規＝中路義彦＝北沢章功「交通事故による逸失利益の算定方式についての共同提言」判タ1014号60〜61頁。
3　『赤い本2009年版（下）』39頁以下〔中辻雄一朗〕。

活費控除は稼働期間内に限って実施されてきた。しかし，『赤い本』では「兄弟姉妹のみが相続人のときは別途考慮する」と注記されているところからも窺えるとおり，遺族の生活保障的要素も配慮されている（被扶養者の人数により差を付けるやり方もその表れ）。また男女間の賃金格差の是正も考慮されており，現在ではさまざまな要素が入り込んでいる。

事故後の被扶養者の変動　事故後（かつ事実審の口頭弁論終結前）に，被扶養者に増減が生じた場合，これを考慮して生活費控除率を決めるべきか，という問題がある。前述の継続説的な考え方（→199頁）によれば，あくまで事故時当時の被扶養者の数を基準に決めるべきであるということになるが，衡平の観点からみて，現実に被扶養者に増減が生じた場合にはこれを考慮すべきであるという意見もある[4]。

将来の被扶養者の変動　さらに，将来の（事実審の口頭弁論終結後の）被扶養者の変動の可能性を考慮すべきか，という問題もある。たとえば，事故時には，被扶養者として，妻と未成年の子1人がいたとしても，子は将来生計を別にして被扶養者から抜ける可能性があるから，その後は生活費控除率を変更すべきではないか，という問題である。これを考慮した裁判例も出ているが（たとえば，大阪地判平成13年7月13日交民34巻4号906頁は，死亡時には妻と2年後に大学を卒業する見込みのある子が被扶養者としていたケースにつき，事故後2年間は控除率30パーセント，その後は40パーセントとしている），考慮説に立つとしても，被扶養者の変動に高度の蓋然性がある場合に限られるべきであって，原則として，考慮する必要はないであろう。

後遺症逸失利益　後遺症逸失利益の算定においては，死亡の場合とは異なり，被害者は生活していく過程で生活費を支出し続けていかなければならず，損益相殺の必要がないから生活費は控除しない。

植物状態の患者　後遺症逸失利益の算定においては生活費を控除しないの

4　『損害賠償の諸問題 III』84頁以下〔村山浩昭〕。

が原則であるが，植物状態の患者については生活費控除を行う裁判例がある。たとえば，普通の（健常者としての）生活をしていれば収入の50パーセントが生活費に割かれるのに対し，寝たきりの植物状態の患者は30パーセントで済むとすれば，その差20パーセントは後遺症逸失利益においても損益相殺として控除すべきではないか，という考え方である。

最高裁の立場　最二小判昭和63年6月17日自保ジャーナル762号1頁は，交通事故により植物状態となった男児（事故時7歳）の生存期間を長く見積もっても満40歳までと認定した原判決の判断を，この点については是認したものであるが，同時に，原判決が後遺症逸失利益の算定に際して20パーセントの生活費控除をしている点も是認している（ただし，原判決が満40歳を超える分の逸失利益の請求を棄却した部分を破棄し，差し戻している）。

　最一小判平成6年11月24日交民27巻6号1553頁は，植物状態の男性（事故時32歳）の推定余命年数を事実審口頭弁論終結時（35歳）から10年間とした上で，症状固定時（33歳）から34年間分の逸失利益の算定に当たり，全期間を通じて5割の生活費控除をすべきであるとの主張を排斥し，12年後から（推定される死亡後から）5割の生活費控除をした原判決を是認している（この原判決は，後遺症逸失利益の算定における生活費控除を否定したものである）。

　最高裁は，この問題は，事実審における事実認定の裁量の範囲内の事柄としているものと解される。

裁判例の大勢　この問題については，現在でも裁判例の大勢は非控除説に立っているといえよう[5][6]。非控除の理由について，東京地判平成10年3月19日判タ969号226頁は，次のように判示している。

5　東京三弁護士会交通事故処理委員会編『新しい交通賠償論の胎動』（ぎょうせい・2002年）165〜168頁。
6　その反面として，施設介護の継続を前提として将来の介護雑費を請求する場合は，健常者の日常生活においても必要とされる費用は認められない（『赤い本2008年版（下）』142頁以下〔湯川浩昭〕）。

●東京地判平成 10 年 3 月 19 日判タ 969 号 226 頁

　「なお、被告は、原告 X の将来の生活に必要な費用は治療費と付添介護費に限
定されており、労働能力の再生産に要すべき生活費の支出は必要でないから、生
活費を控除すべきであると主張する。しかし、生活費は、必ずしも労働能力の再
生産費用だけを内容とするものではなく、また、原告 X は、今後も生命維持の
ための生活費の支出を要することは明らかである上、自宅療養中の雑費の多くは、
逸失利益中から支出されることが見込まれる（前記 8 で認めた部分を除く。）か
ら、逸失利益の算定に当たり、生活費を控除するのは相当でなく、被告の右主張
は、採用できない。」

【注】　同判決は、「前記 8」の箇所で「自宅療養中の雑費の支出は、基本的には
　　　　逸失利益の中から支出されるべきものであるが、原告 X の状況によれば、
　　　　紙おむつ等通常人には不要と考えられる物品であっても、日常生活をする上
　　　　で必要と認められるので、1 日当たり 200 円の範囲で損害と認めるのが相当
　　　　である」と判示している。

　なお，植物状態以外の重度後遺障害者についても，同様の議論が可能であ
るが，生活費控除を肯定した裁判例は見当たらないようであり，いっそう慎
重に対処すべきであろう。

年金受給権の喪失と生活費控除率　　前述のとおり，年金受給権の喪失も死亡
逸失利益として算定されるが（→213 頁），年金のみで生計を立てている者に
ついては，年金額にもよるが，年金収入から生活費に充てられる部分が大き
いであろうと推測できるから，生活費控除率は通常（30〜50 パーセント）よ
りも高率とならざるをえないであろう。概ね 50〜80 パーセント程度の範囲
内で調整を図るべきとの指摘がある[7]。稼働収入を主たる収入とし，年金も
受給している場合には，特別の配慮は必要ではなく，収入合計額を基礎に通
常の生活費控除をすればよい。この問題は，収入額が少ない場合には生活費
に充てられる部分が大きくならざるをえない（生活費控除率が高率となる）と
いうことにすぎない。

7　『赤い本 1996 年版』138 頁以下〔渡辺和義〕。

図26　植物人間の生活費控除の図解

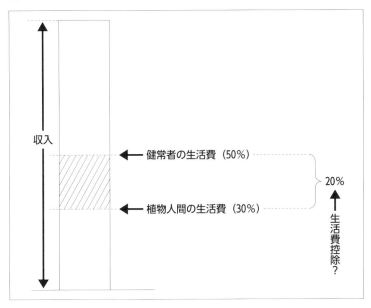

図27　収入の多寡と生活費の占める割合

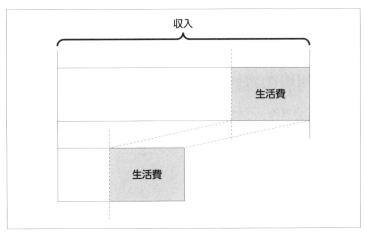

第11章　死亡逸失利益　223

4 - 稼働可能期間

始　期　　未就労の幼児・児童・生徒・学生についての稼動可能期間の始期は「18 歳」とされている（被害者が大学生であれば，22 歳となる）。

終　期　　稼動可能期間の終期は，実務では原則的に「67 歳」とされている。これは第 12 回生命表（昭和 44 年）の男子 0 歳の平均余命を採用したものであり，大して根拠のあるものではない。
　たとえば，死亡時 40 歳の被害者であれば，稼動可能期間は 27 年（＝67 歳－40 歳）となる。もちろん，これはあくまで原則にすぎないから，仕事の内容によっては終期がさらに延びることもある。

高齢者　　高齢者の場合には，〈平均余命の 2 分の 1〉と〈67 歳までの年数〉のどちらか長いほうを採用する。たとえば，死亡時 65 歳の男性被害者であれば，67 歳までの年数は 2 年であり，平均余命（平成 26 年簡易生命表によれば 19 年）の 2 分の 1 は 9 年であるから，稼働可能期間は 9 年として計算する。

年金受給権喪失　　年金受給権喪失損害については，年金は存命中は支給されるから，平均余命が終期となる。

5 - 中間利息の控除

中間利息控除の必要性　　たとえば，生前の税込年収 600 万円の 40 歳男性（被扶養者として，妻と未成年の子 1 人がいる）であれば，
　600 万円×（1－0.3）×27 年＝1 億 1340 万円
となるかといえば，そうではない。これは毎年 420 万円の収入（生活費控除後）が 27 年間累積した結果であるが，一時金賠償方式の原則を採用する民法の下では，これを現在の一時金（現価）として評価しなおさなければならない。一括で受け取った賠償金（一時金）を預金等で運用すると，利息等の運用益をあげることができるから，運用益を差し引かなければ被害者が不当

に利得することになるからである。これが中間利息の控除という作業である。

定期金賠償　　中間利息の控除という作業は一時金賠償方式に必然的に伴うものであるから，定期金賠償方式を採用すれば中間利息の控除は不要となるが，最高裁は「損害賠償請求権者が訴訟上一時金による賠償の支払を求める旨の申立をしている場合に、定期金による支払を命ずる判決をすることはできないものと解するのが相当である」としている（最二小判昭和62年2月6日裁判集民150号75頁・判タ638号137頁）。定期金賠償方式については将来介護料で大きな論争となっているので，そこで詳説した（→126〜129頁）。

控除方法　　中間利息の控除方法としては「ホフマン式」と「ライプニッツ式」がある。ホフマン式は毎年の収入を単利で運用していくことを，ライプニッツ式は毎年の収入を複利で運用することを前提にして，現在の価額（現価）を算定する方式である。

　運用利率を年5パーセントとした場合の係数表（年金現価表）[8]が用意されているので（→資料5-2〔429頁〕），実際には，そこから稼動可能期間に対応するホフマン係数またはライプニッツ係数を拾い出して，乗じればよい。

　ホフマン式を採るか，ライプニッツ式を採るかは各裁判所でバラバラであったが（最高裁はどちらでもよいとしていた），東京地裁・大阪地裁・名古屋地裁の民事交通専門部の共同提言[9]を契機としてライプニッツ式が大勢となっている。

ホフマン式に対する批判　　ホフマン式は期間が長くなると妥当でない結果が生じてくるとの指摘がなされている。すなわち，期間が36年ではホフマン係数（年金現価表）は20.2745となるが，そうすると年収200万円の人の，36年間分の逸失利益の現価は，200万円×20.2745＝4054万9000円となる。しかし，この賠償額を逆に年5パーセントで1年間運用すると，4054万9000円×0.05＝202万7450円となり，元本を超える利息が得られる結果と

8　「年金現価表」と「現価表」を混同しないように注意されたい。ここで利用するのは「年金現価表」のほうである。

9　井上＝中路＝北沢・前掲注2 52頁以下。

第11章　死亡逸失利益　　225

なる。これは不合理であるとの批判である。

> **【算式】**
> 念のために算式を示すと次のとおりである。
> X：中間利息を控除した損害額（現価）　　n：期間
> A：純利益　　　　B：年間純利益　　　r：年利率
> ホフマン式の算式：X＝A／1＋nr
> ライプニッツ式の算式：X＝A／$(1+r)^n$
> 複式ホフマン式の算式：X＝（B／1＋r）＋（B／1＋2r）＋……＋（B／1＋nr）
> 複式ライプニッツ式の算式：X＝（B／1＋r）＋$|B／(1+r)^2|$＋……＋
> $|B／(1+r)^n|$

利　　率　　控除すべき中間利息の利率について，裁判例の大勢は民事法定利率（民法404条）である年5パーセントとしていたが，昨今の低金利時代では元金を5パーセントで運用することは不可能であり，中間利息の利率はもっと低くすべきである，との批判も強く，そのような裁判例も散見された。

しかし，最三小判平成17年6月14日民集59巻5号983頁・判タ1185号109頁は，被害者の将来の逸失利益を現在価額に換算するために控除すべき中間利息の割合は，民事法定利率によらなければならない，とした。

> **●最三小判平成17年6月14日民集59巻5号983頁・判タ1185号109頁**
> 「我が国では実際の金利が近時低い状況にあることや原審のいう実質金利の動向からすれば，被害者の将来の逸失利益を現在価額に換算するために控除すべき中間利息の割合は民事法定利率である年5％より引き下げるべきであるとの主張も理解できないではない。
> しかし，民法404条において民事法定利率が年5％と定められたのは，民法の制定に当たって参考とされたヨーロッパ諸国の一般的な貸付金利や法定利率，我が国の一般的な貸付金利を踏まえ，金銭は，通常の利用方法によれば年5％の利息を生ずべきものと考えられたからである。そして，現行法は，将来の請求権を現在価額に換算するに際し，法的安定及び統一的処理が必要とされる場合には，法定利率により中間利息を控除する考え方を採用している。例えば，民事執行法88条2項，破産法99条1項2号（旧破産法（平成16年法律第75号による廃止前のもの）46条5号も同様），民事再生法87条1項1号，2号，会社更生法136条1項1号，2号等は，いずれも将来の請求権を法定利率による中間利息の

控除によって現在価額に換算することを規定している。損害賠償額の算定に当たり被害者の将来の逸失利益を現在価額に換算するについても，法的安定及び統一的処理が必要とされるのであるから，民法は，民事法定利率により中間利息を控除することを予定しているものと考えられる。このように考えることによって，事案ごとに，また，裁判官ごとに中間利息の控除割合についての判断が区々に分かれることを防ぎ，被害者相互間の公平の確保，損害額の予測可能性による紛争の予防も図ることができる。上記の諸点に照らすと，損害賠償額の算定に当たり，被害者の将来の逸失利益を現在価額に換算するために控除すべき中間利息の割合は，民事法定利率によらなければならないというべきである。」

【民法（債権法）改正案の中間利息控除の利率】

　民法改正案では，法定利率は現在の5パーセント固定制から変動制へと変更される（→135頁）。そして，改正案は中間利息の控除につき規定を新設した（417条の2）。

　　第417条の2（中間利息の控除）　将来において取得すべき利益についての損害賠償の額を定める場合において、その利益を取得すべき時までの利息相当額を控除するときは、その損害賠償の請求権が生じた時点における法定利率により、これをする。
　　2　将来において負担すべき費用についての損害賠償の額を定める場合において、その費用を負担すべき時までの利息相当額を控除するときも、前項と同様とする。

　上記規定は不法行為による損害賠償にも準用される（722条）。

係数表の追加　　そこで，本書では，従来の年5パーセントの利率で計算したホフマン係数表およびライプニッツ係数表（現価表，年金現価表）にくわえて，年2パーセント，3パーセント，4パーセントの利率で計算したライプニッツ係数表（現価表，年金現価表）も資料として掲載した（→**資料5-1**，→**資料5-2**）。

児童等の場合における係数の使い方　　未就労の幼児・児童・生徒・学生については，係数の使い方に注意が必要である。

第11章　死亡逸失利益　　227

【設問】

　死亡時 10 歳の男児の逸失利益を，平成 19 年男子全年齢平均賃金を使用して算出せよ。

【解答】

　57 年（＝67 年－10 年）に対応するライプニッツ係数→18.7605……α

　8 年（＝18 年－10 年）に対応するライプニッツ係数→6.4632……β

　　$\alpha-\beta=12.2973$

　554 万 7200 円×（1－0.5）×12.2973＝3410 万 7791 円

年金現価表と現価表の関係　　逸失利益の算定に際しては「年金現価表」を用いるのであるが，これも実は「現価表」がもととなっているので，「現価表」の利用方法について説明しておこう。

【設問】

　3 年後に入ってくる 100 万円の現価を，年 5 パーセントの利率で中間利息を控除することにより，ホフマン式で現価を算出しなさい。

【解答】

　3 年に対応する現価表のホフマン係数→0.8695

　　100 万円×0.86956522＝86 万 9565 円……α（元本）

　その意味を考えてみよう。

　　86 万 9565 円×0.05（年利）× 3 年＝13 万 0434 円……β（利息）

　　α（元本）＋β（利息）＝99 万 9999 円≒100 万円！

　中間利息を控除して「現価」を求める作業の意味がわかるであろう。

　「年金現価表」がなぜ「現価表」の応用なのかを示しておこう。

【設問】

　1 年ごとに毎年 100 万円の収入が 3 年間あるとして，その現価を，年 5 パーセントの利率で中間利息を控除することにより，ホフマン式で現価を算出しなさい。

【解答】

　手間がかかるが「現価表」を利用して計算してみる。

　　1 年後の 100 万円→100 万円×0.95238095＝95 万 2380 円……α

　　2 年後の 100 万円→100 万円×0.90909091＝90 万 9090 円……β

3年後の100万円→100万円×0.86956522＝86万9565円……γ

　　$\alpha+\beta+\gamma$＝273万1035円

　これを「年金現価表」を利用して計算すると次のように簡単に計算できる。

　　3年に対応する年金現価表のホフマン係数→2.7310

　　　100万円×2.7310＝273万1000円！

　　　0.9523＋0.9090＋0.8695＝2.7308≒2.7310！

6 - 相続構成と非相続構成（扶養利益構成）

相続構成　　死亡逸失利益については，これが死亡被害者本人に発生して相続人に相続されると考える立場（相続構成）と，死亡被害者の近親者（遺族）に扶養利益の喪失などの固有の損害が発生すると考える立場（非相続構成，扶養利益喪失構成）とがある。判例は相続構成説であるが，近時の学説においては非相続構成説が有力である（死亡による慰謝料についても同様の問題がある）。

相続構成に対する批判　　非相続構成説の相続構成説に対する批判は，次のようなものである。理論的には，人は死ねば権利主体ではなくなるから，死亡被害者本人が死亡による逸失利益を取得すると解することは困難であるとの批判である。実質的には，逆相続の場合の不合理性（相続構成説によれば，幼い子が死亡したときにも，子の稼働可能年齢の終期までの逸失利益を父母が相続することになるが，通常，父母は子の稼働可能年齢の終期まで生きることはできないから，本来は相続できるはずがない分まで相続することになる）や，「笑う相続人」（音信不通で疎遠な兄弟姉妹が，棚からぼた餅的に賠償金を取得できる場合がある）が発生することになるとの批判である。

反　論　　しかし，理論的には説明の方法はあり（たとえば，死亡と同一視すべき致命傷害による損害賠償請求権を本人が取得し，それが相続されるとする），実質的にも，逆相続がいわれるほど不合理なものであるかは，なお検討の余地がある。また，「笑う相続人」の発生を否定することは，反面で，「笑う加害者」（偶然の事情によって棚からぼた餅的に賠償義務を免れる場合がある）を

第11章　死亡逸失利益　　229

認めることでもあり，これもどちらが妥当かは，なお検討の余地があるところである。

判例の立場（並存説）　判例は，死亡による逸失利益に関しては，死者本人（被害者）に財産的損害賠償請求権が発生し，それが相続人に相続されると解している（相続構成）。しかし，内縁の配偶者のように法律上相続権がない者については，被害者の死亡によって内縁の配偶者等が扶養利益（被害者に対する扶養請求権）を喪失したものと考え，それを財産的損害と構成することを認めている。

　なお，相続人については相続構成による請求が圧倒的であるが（そのほうが簡便だからであるが，実務において簡便さということは大きなメリットである），扶養構成による請求も可能とされ，選択行使が認められている（横浜地判昭和44年8月18日交民2巻4号1121頁）。

最三小判平成5年4月6日　ひき逃げされ死亡した被害者A（62歳）の相続人X（妹）が，加害車両の保有者が不明で自賠責保険の支払いを受けられなかったため，国に対し，政府保障事業に基づく損害填補金の支払いを求めた（自賠法72条1項）。国は，Aの内縁の配偶者Bに対する損害填補額を控除した残額を支払った。Xは，内縁の配偶者は自賠法72条1項所定の「被害者」には該当しないなどと主張し，争った事案である。Bの生計はもっぱらAの収入によって維持されていたが，XはAとはほぼ音信不通の関係にあった。

　同事案につき，最三小判平成5年4月6日民集47巻6号4505頁・判タ832号73頁は，次のように判示した。

> ●最三小判平成5年4月6日民集47巻6号4505頁・判タ832号73頁
> 「自動車損害賠償保障法（以下『自賠法』という）72条1項に定める政府の行う自動車損害賠償保障事業は，自動車の運行によって生命又は身体を害された者がある場合において，その自動車の保有者が明らかでないため被害者が同法3条の規定による損害賠償の請求をすることができないときは，政府がその損害をてん補するものであるから，同法72条1項にいう『被害者』とは，保有者に対して損害賠償の請求をすることができる者をいうと解すべきところ，内縁の配偶者

が他方の配偶者の扶養を受けている場合において、その他方の配偶者が保有者の自動車の運行によって死亡したときは、内縁の配偶者は、自己が他方の配偶者から受けることができた将来の扶養利益の喪失を損害として、保有者に対してその賠償を請求することができるものというべきであるから、内縁の配偶者は、同項にいう『被害者』に当たると解するのが相当である。

　そして、政府が、同項に基づき、保有者の自動車の運行によって死亡した被害者の相続人の請求により、右死亡による損害をてん補すべき場合において、政府が死亡被害者の内縁の配偶者にその扶養利益の喪失に相当する額を支払い、その損害をてん補したときは、右てん補額は相続人にてん補すべき死亡被害者の逸失利益の額からこれを控除すべきものと解するのが相当である。けだし、死亡被害者の内縁の配偶者もまた、自賠法 72 条 1 項にいう『被害者』として、政府に対して死亡被害者の死亡による損害のてん補を請求することができるから、右配偶者に対してされた前記損害のてん補は正当であり、また、死亡被害者の逸失利益は同人が死亡しなかったとすれば得べかりし利益であるところ、死亡被害者の内縁の配偶者の扶養に要する費用は右利益から支出されるものであるから、死亡被害者の内縁の配偶者の将来の扶養利益の喪失に相当する額として既に支払われた前記てん補額は、死亡被害者の逸失利益からこれを控除するのが相当であるからである。」

　上記平成 5 年判決は，直接には自賠法 72 条 1 項の「被害者」の意義に関する判示であるが，損害賠償請求権者一般についても同様に解される。したがって，内縁の配偶者のように，死亡被害者から扶養を受けていた者は，相続人ではなくても，自己が死亡被害者から受けることができた将来の扶養利益の喪失を損害として賠償請求することができる。被扶養者が死亡被害者の相続人である場合も同様である。

　そして，被扶養者と相続人とが別人である場合には，死亡被害者の逸失利益からまず被扶養者の扶養利益喪失損害が控除され（被扶養者が優先する），その残額を相続人が取得することになる。

扶養利益が認められる場合　　そもそもどのような場合に扶養関係が認められるべきか，という基本的な問題があるが，一方で①死亡被害者が扶養可能状態にあり，他方で②その内縁の配偶者等が要扶養状態にあることが必要である。

第 11 章　死亡逸失利益　　231

扶養利益の算定　　扶養利益喪失損害は次のように算定されることになろう。まず，死亡被害者の年間の逸失利益（本人の生活費を控除した後の残額）に，死亡当時における現実の扶養実態に基づいて，一定の割合（30パーセントとか，50パーセントとか）を乗じて，年間の扶養利益を算出する。次に，年間の扶養利益に，扶養関係の存続期間に対応するライプニッツ係数またはホフマン係数を乗じて，将来の扶養利益が算出する。たとえば，内縁の妻の場合には，内縁の夫（死亡被害者）の稼働可能期間と，残された内縁の妻の平均余命期間との共通部分が扶養関係の存続期間となるであろう。

相続人が相続放棄した場合　　最一小判平成12年9月7日裁判集民199号77頁・判タ1045号120頁は，次のように述べて，被害者の相続人が相続を放棄した場合でも，扶養利益喪失による損害賠償を請求できるとした。

●最一小判平成12年9月7日裁判集民199号477頁・判タ1045号120頁

「<u>不法行為によって死亡した者の配偶者及び子が右死亡者から扶養を受けていた場合に、加害者は右配偶者等の固有の利益である扶養請求権を侵害したものであるから、右配偶者等は、相続放棄をしたときであっても、加害者に対し、扶養利益の喪失による損害賠償を請求することができるというべきである</u>。しかし、その扶養利益喪失による損害額は、相続により取得すべき死亡者の逸失利益の額と当然に同じ額となるものではなく、個々の事案において、扶養者の生前の収入、そのうち被扶養者の生計の維持に充てるべき部分、被扶養者各人につき扶養利益として認められるべき比率割合、扶養を要する状態が存続する期間などの具体的事情に応じて適正に算定すべきものである。」

　相続人が相続の放棄をすると，初めから相続人とならなかったものと看做される（民法939条）。したがって，被相続人の負債も承継しないが，積極財産も承継することができなくなる。被相続人に発生した損害賠償請求権も相続財産の一部であるから，相続人は相続の放棄をした以上，これを取得することができない。しかし，相続人が同時に被相続人の被扶養者である場合には，自分の固有損害として扶養利益喪失損害の賠償を請求することができるわけである。

　上記平成12年判決の事案は，殺人のケースであるが，殺害された被害者

（扶養者）には48億円にものぼる債務があった。そのような場合，扶養者の収入のうち被扶養者（妻子）の扶養に充てられる割合は少なくなるし，子については成長して扶養を要する状態が消滅するから，これらの点も考慮しなければならない，というのが判決の趣旨である。

第 12 章——慰謝料

1 慰謝料の意義

民法の規定　「慰謝料」という言葉は日常用語になっているが，民法には出てきておらず，710 条が，不法行為に基づいて損害賠償責任を負う者は「財産以外の損害」をも賠償しなければならないと規定している。この「財産以外の損害」（非財産的損害）の中心が精神的損害（苦痛）であり，この精神的損害に対する賠償が「慰謝料」（かつては「慰藉料」と書いた）である。

無形の損害　もっとも判例（最一小判昭和 39 年 1 月 28 日民集 18 巻 1 号 136 頁・判時 363 号 10 頁）は，民法 710 条の「財産以外の損害」には「精神上の苦痛」に限らず「すべての無形の損害」が含まれるとしている。

　民法には，慰謝料に係わる規定は，このほかには，近親者の慰謝料請求権を規定した民法 711 条が存在するにすぎない。

2 近親者の慰謝料請求権

　民法 711 条は，「生命侵害」の場合に，「被害者の父母，配偶者及び子」に固有の慰謝料請求権を認めた規定である。「固有の」という意味は，被害者本人に発生し，相続人に相続される慰謝料（本人慰謝料）とは別に，という意味である（→229 頁参照）。判例は 2 つの方向で同条の趣旨を拡張している。

近親者の範囲の拡張　判例（最三小判昭和 49 年 12 月 17 日民集 28 巻 10 号 2040 頁）は，被害者との間に民法 711 条所定の者と実質的に同視することができる身分関係が存し，被害者の死亡により甚大な精神的苦痛を受けた者にも，同条を類推適用して，固有の慰謝料請求権を認めている。

●最三小判昭和 49 年 12 月 17 日民集 28 巻 10 号 2040 頁
　「<u>不法行為による生命侵害があつた場合、被害者の父母、配偶者及び子が加害</u><u>者に対し直接に固有の慰藉料を請求しうることは、民法 711 条が明文をもつて認</u><u>めるところであるが、右規定はこれを限定的に解すべきものでなく、文言上同条</u><u>に該当しない者であつても、被害者との間に同条所定の者と実質的に同視しうべ</u><u>き身分関係が存し、被害者の死亡により甚大な精神的苦痛を受けた者は、同条の</u><u>類推適用により、加害者に対し直接に固有の慰藉料を請求しうるものと解するの</u><u>が、相当である。</u>本件において、原審が適法に確定したところによれば、被上告人 B は、A の夫である被上告人 C の実妹であり、原審の口頭弁論終結当時 46 年に達していたが、幼児期に罹患した脊髄等カリエスの後遺症により跛行顕著な身体障害等級 2 号の身体障害者であるため、長年にわたり A と同居し、同女の庇護のもとに生活を維持し、将来もその継続が期待されていたところ、同女の突然の死亡により甚大な精神的苦痛を受けたというのであるから、被上告人 B は、民法 711 条の類推適用により、上告人に対し慰藉料を請求しうるものと解するのが、相当である。」

義理の妹　　上記昭和 49 年判例の事案は，死亡した被害者の夫の実妹（身体障害者であるため，長年にわたり義姉（被害者）の庇護のもとで生活してきた）に民法 711 条の類推適用により固有の慰謝料を認めたものである。

後遺障害への拡張　　また，判例（最三小判昭和 33 年 8 月 5 日民集 12 巻 12 号 1901 頁・判時 157 号 12 頁）は，「生命侵害」（死亡）には至らない「傷害」の場合であっても，近親者が，被害者の死亡したときに比肩しうべき精神上の苦痛を受けたと認められるときには，（民法 711 条の類推適用ではなく）民法 709 条，710 条に基づき，固有の慰謝料請求権を認めている。

●最三小判昭和 33 年 8 月 5 日民集 12 巻 12 号 1901 頁・判時 157 号 12 頁
　「<u>民法 709 条、710 条の各規定と対比してみると、所論民法 711 条が生命を害</u><u>された者の近親者の慰藉料請求につき明文をもつて規定しているとの一事をもつ</u><u>て、直ちに生命侵害以外の場合はいかなる事情があつてもその近親者の慰藉料請</u><u>求権がすべて否定されていると解しなければならないものではなく、むしろ、前</u><u>記のような原審認定の事実関係によれば、被上告人 B はその子の死亡したとき</u>

> にも比肩しうべき精神上の苦痛を受けたと認められるのであつて、かかる民法
> 711条所定の場合に類する本件においては、同被上告人は、同法709条、710条
> に基いて、自己の権利として慰籍料を請求しうるものと解するのが相当である。」

　上記昭和33年判例の事案は，女手ひとつで育ててきた娘が，事故により顔面に傷害を受け，医療によって除去しえない著明な瘢痕が残った，というケースで，被害者の母親に固有の（本人とは別の）慰謝料を認めたものである。

民法711条と709条，710条との関係　　有力な見解は，もともと死亡被害者の近親者は民法709条，710条に基づき固有の慰謝料請求が可能であるが，近親者（一種の間接被害者）の受けた精神的苦痛が賠償に値するかどうか（事故により「通常生ずべき損害」といえるかどうか）という問題が存在するところ，711条は，近親者のうち，父母・配偶者・子についてはその点の立証を不要としたものである，と説明している[1]。そうであれば，711条を制限的に解する必要はなくなることになる。

3　慰謝料の機能

　慰謝料の機能は，被害者またはその近親者に生じた精神的ダメージを，金銭を受領することによる満足感・幸福感により和らげ，精神の均衡を回復するところにある，と考えられている（損害填補説，判例・通説）。

制裁的機能　　慰謝料の制裁的機能を重視する学説も有力であるが，判例・通説は，刑事責任と民事責任の分化を理由に（制裁的機能は刑事責任に委ねる），消極的である（最二小判平成9年7月11日民集51巻6号2573頁・判タ958号93頁）。そうはいっても，判例によれば，慰謝料の算定に当たって斟酌できる事情は多岐にわたっており，悪質な不法行為に対しては慰謝料が増額されるケースも少なくないし，慰謝料の制裁的機能は再評価されてよいと

1　加藤一郎『不法行為』（有斐閣・1974年）241頁。

思われる（もっとも，自動車保険から支払われる場合は制裁的機能が働かない）。

慰謝料算定の斟酌事由　　慰謝料の斟酌事由は多岐にわたる。一般的には，傷害の部位・程度，入通院期間，後遺障害の部位・程度・継続期間，後遺障害出現の不安，後遺障害悪化の可能性，男女の差，既婚・未婚の別，流産・中絶・受胎能力減退の有無，学校欠席・留年の有無・程度，被害者の年齢・職業・社会的地位・財産状態・生活程度，転職・退職の有無やその虞れ，昇進・昇給の遅れ，趣味の享楽不能，飲酒・無免許・ひき逃げ等被害者に与える苦痛を大ならしめる事情，加害者の年齢・社会的地位・身分，加害者の事故に対する態度，被害者の事故により取得する利益，被害者・加害者間の人的関係，審理における態度等が指摘されているが，これらのみに限られない[2]。

慰謝料の補完的機能　　後遺障害は存在しているけれども，財産的損害としての逸失利益を認めることが困難な場合などに，慰謝料を増額するという手法が採られることもある。「慰謝料の補完的機能」といわれる。弁論主義との関係で問題がないわけではないので，原告代理人としては，「万が一，逸失利益として認められない場合には，同額を慰謝料に加算して請求する」と陳述しておいたほうがよいであろう。

慰謝料の増額事由[3]　　慰謝料の増額事由としては，事故態様の悪質性（無免許，飲酒運転，故意の赤信号無視，著しい速度違反などが挙げられている）と，事故後の不誠実な対応（ひき逃げ，証拠隠滅，不当抗争などが挙げられる）が指摘されている[4]。

　示談斡旋などを担当していると，被害者から，「加害者が見舞いに来ない」

2　長久保守夫＝森木田邦裕「東京地裁民事第 27 部（民事交通部）における民事交通事件の処理について(1)」司法研修所論集 86 号 46 頁。
3　『赤い本 2005 年版（下）』37 頁以下〔高取真理子〕が詳しい。
4　『赤い本 2015 年版（上）』193 頁は，加害者に故意もしくは重過失（無免許，ひき逃げ，酒酔い，著しいスピード違反，ことさらに信号無視，薬物等の影響により正常な運転ができない状態で運転など），または著しく不誠実な態度などがある場合にくわえて，被害者の親族が精神疾患に罹患した場合，その他を挙げている。なお，『赤い本 2005 年版』までは増額事由の 1 つとして「被扶養者が多数の場合」が掲げられていた。

という不満を訴えられることがあるが，その程度の不誠意は既に裁判基準の中に織り込み済みと考えるべきものであり，増額事由とみるべきものではない。

立証責任　財産的損害の額については，原告が立証責任を負うというのが判例の立場であるが（最二小判昭和 28 年 11 月 20 日民集 7 巻 11 号 1229 頁），慰謝料の数額については立証責任は問題とならない（最一小判昭和 32 年 2 月 7 日裁判集民 25 号 383 頁）[5]。

4 慰謝料の認定とその基準

　慰謝料が精神的苦痛に対する損害賠償であるとすれば，同じような被害を被っても，それによって感ずる精神的苦痛は人によりさまざまなはずであるから，同じような被害であっても，慰謝料の額は被害者によってバラバラになるはずだが，それでは不公平であるし，予測も困難となる。そこで，実務においては，慰謝料の算定基準が公表されており，目安として利用されている。

裁判基準　現在，そのような基準として公表されているものに，公益財団法人日弁連交通事故相談センター編『交通事故損害額算定基準』（最新版は 2016 年 2 月刊の 25 訂版，通称『青い本』）と，公益財団法人日弁連交通事故相談センター東京支部編『民事交通事故訴訟損害賠償額算定基準』（最新版は 2016 年版，通称『赤い本』）がある。

　『赤い本』の基準も『青い本』の基準も，裁判基準としての性格を有しており，裁判所において認められる慰謝料の目安といってよいであろう。

自賠責保険基準　基本補償である自賠責保険では，「自動車損害賠償責任保

5　正確には，「精神上の苦痛に対しどれだけの慰藉料を支払ふのを相当とするかは、当該債務不履行もしくは不法行為に関する諸般の事情に即して裁判所が判断すべき事項であるから、右の諸般の事情そのものは証拠によつて認定しうるとしても慰藉料の数額のごときものについては、証拠によつて判断し得べきものではないといわなければならない」との判示である。

険の保険金等及び自動車損害賠償責任共済の共済金等の支払基準」（平成13年金融庁国土交通省告示第1号）（→**資料2**）で，慰謝料額の算出方法も決められている。

任意保険基準　　任意自動車保険では，従来は損害保険協会が統一的な支払基準を策定してきたのであるが，保険の完全自由化に伴い，独禁法上の問題を指摘され，統一的な支払基準は廃止された。したがって，現在は，保険会社ごとに支払基準が策定されている。示談交渉の際に，保険会社が提示する慰謝料の額は，通常，『赤い本』や『青い本』の基準をかなり下回るのが実情である。最初は，自賠責保険の支払基準で提示してくる例もある。

示談斡旋・審査での取扱い　　公益財団法人交通事故紛争処理センターや公益財団法人日弁連交通事故相談センターの示談斡旋や審査は，『赤い本』や『青い本』の基準で行われるのが建前となっているが，保険会社の担当者によっては，裁判基準の80パーセント相当額を強く主張してくることもある[6]。

基準の概要　　慰謝料基準は，利用しやすいように，①傷害慰謝料（入通院慰謝料ともいわれる），②後遺障害慰謝料，それに③死亡慰謝料に分けられ，それぞれ基準化されている。

傷害慰謝料　　傷害慰謝料（入通院慰謝料）は入通院期間に応じて基準化されている。『赤い本』では，通常傷害に適用される「別表Ⅰ」と，他覚的所見のないむち打ち症等[7]に適用される「別表Ⅱ」に分けて基準化されているが，傷害の内容によってはその中間値で算定するのが妥当な場合もあろう。なお，この基準額は2002年版以降，増額されていない。

6　確かに『赤い本』や『青い本』の慰謝料額が「裁判基準」であることを強調すれば，この主張に一理ないわけではない。しかし，他方で，示談斡旋・審査では遅延損害金を付すこともしていないし，慰謝料額については「裁判基準」を原則とすべきであろう。

7　「等」の言葉は2016年版により挿入され，「等」は軽い打撲・軽い挫創（挫傷）の場合を意味すると注記されている。

入 通 院 慰 謝 料

別表 I (単位：万円)

通院＼入院	A／B	1月	2月	3月	4月	5月	6月	7月	8月	9月	10月	11月	12月	13月	14月	15月
	A 53	101	145	184	217	244	266	284	297	306	314	321	328	334	340	
1月	B 28	77	122	162	199	228	252	274	291	303	311	318	325	332	336	342
2月	52	98	139	177	210	236	260	281	297	308	315	322	329	334	338	344
3月	73	115	154	188	218	244	267	287	302	312	319	326	331	336	340	346
4月	90	130	165	196	226	251	273	292	306	316	323	328	333	338	342	348
5月	105	141	173	204	233	257	278	296	310	320	325	330	335	340	344	350
6月	116	149	181	211	239	262	282	300	314	322	327	332	337	342	346	
7月	124	157	188	217	244	266	286	304	316	324	329	334	339	344		
8月	132	164	194	222	248	270	290	306	318	326	331	336	341			
9月	139	170	199	226	252	274	292	308	320	328	333	338				
10月	145	175	203	230	256	276	294	310	322	330	335					
11月	150	179	207	234	258	278	296	312	324	332						
12月	154	183	211	236	260	280	298	314	326							
13月	158	187	213	238	262	282	300	316								
14月	162	189	215	240	264	284	302									
15月	164	191	217	242	266	286										

＊『赤い本 2016 年版（上）』〔基準編〕より引用。

「別表 I」と通院実日数　　原則として，入通院期間を基準に「別表 I」を当てはめることになるが，「別表 I」については，「通院が長期にわたる場合は，症状，治療内容，通院頻度をふまえ実通院日数の 3.5 倍程度を慰謝料算定のための通院期間の目安とすることもある」（修正計算），と説明されている。「長期」とは，概ね通院期間が 1 年以上にわたる場合と考えてよい。

「別表 II」と通院実日数　　「別表 II」についても，「通院が長期にわたる場合は，症状，治療内容，通院頻度をふまえ実通院日数の 3 倍程度を慰謝料算定のための通院期間の目安とすることもある」（修正計算），と説明されてい

240

入　通　院　慰　謝　料

別表Ⅱ

(単位：万円)

通院＼入院	A'／B'	1月	2月	3月	4月	5月	6月	7月	8月	9月	10月	11月	12月	13月	14月	15月
	A'	35	66	92	116	135	152	165	176	186	195	204	211	218	223	228
1月	19	52	83	106	128	145	160	171	182	190	199	206	212	219	224	229
2月	36	69	97	118	138	153	166	177	186	194	201	207	213	220	225	230
3月	53	83	109	128	146	159	172	181	190	196	202	208	214	221	226	231
4月	67	95	119	136	152	165	176	185	192	197	203	209	215	222	227	232
5月	79	105	127	142	158	169	180	187	193	198	204	210	216	223	228	233
6月	89	113	133	148	162	173	182	188	194	199	205	211	217	224	229	
7月	97	119	139	152	166	175	183	189	195	200	206	212	218	225		
8月	103	125	143	156	168	176	184	190	196	201	207	213	219			
9月	109	129	147	158	169	177	185	191	197	202	208	214				
10月	113	133	149	159	170	178	186	192	198	203	209					
11月	117	135	150	160	171	179	187	193	199	204						
12月	119	136	151	161	172	180	188	194	200							
13月	120	137	152	162	173	181	189	195								
14月	121	138	153	163	174	182	190									
15月	122	139	154	164	175	183										

＊『赤い本 2016 年版（上）』〔基準編〕より引用。

る[8]。

基準表の成り立ち　　「別表Ⅰ」を例にとると，入院を 3 か月間し，その後 3 か月間通院して治療が終了したとすると（全治療期間 6 か月間），それぞれの該当月数が交差するところの額 188 万円が基準額となる。この額は，入院 3 か月間の額 145 万円と通院 6 か月間の額 116 万円との合計額（261 万円）か

8　2015 年版までは，「別表Ⅱ」については，「慰謝料算定の通院期間は，その期間を限度として，実治療日数の 3 倍程度を目安とする」と説明されており，修正計算が原則となるような記述となっていたが，2016 年版から改められた。

ら，（入院とダブルカウントされている）通院 3 か月間の額 73 万円を差し引いた額となっている。

1 か月未満の入通院期間がある場合　　したがって，表には記載されていない 1 か月未満の入通院期間がある場合にも同じ要領で算定することができる。たとえば，入院が 3 か月 2 週間（3.5 月），その後 3 か月間通院して治療が終了したとすると（全治療期間 6.5 月），入院 3.5 月の額 164 万 5000 円（入院 3 月と 4 月の中間値）と通院 6.5 月の額 120 万円（通院 6 月と 7 月の中間値）との合計額（284 万 5000 円）から，（入院とダブルカウントされている）通院 3.5 月間の額 81 万 5000 円（通院 3 月と 4 月の中間値）を差し引いた額である 203 万円が基準額となる。

後遺症慰謝料　　後遺症慰謝料は後遺障害等級に応じて基準化されている。『赤い本 2016 年版』から，後遺症慰謝料の基準額を紹介しておく。この基準額も 2002 年版以降，増額されていない。

1 級	2800 万円	2 級	2370 万円
3 級	1990 万円	4 級	1670 万円
5 級	1400 万円	6 級	1180 万円
7 級	1000 万円	8 級	830 万円
9 級	690 万円	10 級	550 万円
11 級	420 万円	12 級	290 万円
13 級	180 万円	14 級	110 万円

後遺障害非該当の場合　　後遺障害等級非該当の場合でも，裁判所では，障害の内容・程度により，後遺症慰謝料が認められることもあるので，『赤い本』では 14 級の下に「無等級 X」という欄が設けられている。しかし，示談斡旋では保険会社にこれを認めてもらうことは難しいのが実情である。

併合による等級の繰り上げ　　該当等級は自賠責保険における認定等級によることになる。（平成 14 年 4 月 1 日以降の事故で）別表第一の 2 級の後遺障害

と別表第二の後遺障害が残存している場合には，自賠責保険では併合による等級繰上げはなされないが[9]，『赤い本』では，慰謝料の算定に当たっては，(平成14年4月1日より前の事故と同様に) 併合による等級の繰り上げをして算定する，としている。

死亡慰謝料　死亡慰謝料は亡くなった被害者の立場に応じて基準化されて

一家の支柱	2800万円
母親，配偶者	2500万円
その他	2000万〜2500万円

いる。『赤い本2016年版』から，死亡慰謝料の基準額を紹介しておく。この基準額は，2002年以降改定されてこなかったが，2016年版から，「母親，配偶者」の基準額を2400万円から2500万円へ，「その他」の基準上限額を2200万円から2500万円へ増額改定された。

近親者の固有慰謝料との関係　被害者本人の慰謝料と，民法711条に規定されている近親者 (もしくはこれに準ずる者) の固有慰謝料との関係について，死亡慰謝料では上記基準額には近親者慰謝料が含まれるとされる (内枠式)[10]。

　他方，前述のとおり，重度の後遺障害の場合にも，近親者に固有の慰謝料が認められることがあるが，死亡慰謝料の場合とは異なり，後遺障害慰謝料の基準額は被害者本人分の金額であって，近親者分を含んでいない (外枠式)[11]。かつて，近親者の慰謝料は本人分の3割相当額とするとの意見もあったが[12]，そうすると，重度の後遺障害の場合には，本人分と近親者分とを合算すると，死亡慰謝料よりも高額となるため，問題がないわけではない。こ

9　介護を要する後遺障害 (別表第一) とそれ以外の後遺障害 (別表第二) が残存している場合には，介護を要する後遺障害の等級を認定する。これは，自賠法施行令2条1項2号が「介護を要する後遺障害をもたらす傷害を受けた者」の保険金額を定め，同項3号が「傷害を受けた者 (前号に掲げる者を除く。)」の保険金額を定めているため，同項2号が適用されるときには同項3号が適用されないことによる (北河隆之＝八島宏平＝川谷良太郎『詳説 後遺障害一等級認定と逸失利益算定の実務』(創耕舎・2014年) 19頁)。

10　『赤い本2016年版 (上)』163頁。

11　「被害者本人の後遺症慰謝料」と明記されており (『赤い本2016年版 (上)』174頁)，他方，「重度の後遺障害の場合には，近親者にも別途慰謝料請求権が認められる」としている (同186頁)。

12　沖野威「東京地裁民事交通部の損害賠償算定基準と実務傾向」別冊判タ1号14頁。

れをアンバランスとみるかどうかは意見が分かれるところである。

基準が改定された場合は　慰謝料の基準額が改定された場合（『赤い本』は毎年，『青い本』は2年ごとに改訂されているが，慰謝料の基準額がその度に改められるわけではない），どの年度の基準を使用すべきかが問題となる。
　『青い本』では，「はしがき」で，事故発生日当時の基準を適用すると述べているが，裁判所においては必ずしもそうではなく，柔軟に考えるべきあろう。

年齢は考慮されるか　死亡慰謝料の算定に当たって，被害者の年齢を斟酌すべきか（余命期間の長短は慰謝料額に影響するか）は問題である。かつては，50歳以上の者については減額することがあるとされていたが[13]，現在は，一般的に高齢者という点を特段に突出した事情として捉えてはいないようである。

胎児が死亡した場合の慰謝料　やや特殊な問題として，妊婦が事故により胎児を流産・死産した場合の取扱いが議論されている。妊婦（胎児の母）に慰謝料が認められることは争いがないが（母体に対する傷害でもあるから），いわば間接被害者の立場に当たる妊婦の夫（胎児の父）に慰謝料が認められるかについては争いがある。
　1991年に発表された東京地裁民事交通部の裁判官の論文[14]では，妊婦の夫にも慰謝料を認め，具体的には，妊娠3か月目で100万円程度，妊娠10か月目では600万〜800万円程度を慰謝料合計額の限度の目安とし，妻と夫との配分割合は，夫は妻の2分の1程度とすることが妥当であろう，とされている。

13　沖野・前掲注12 14頁。
14　長久保＝森木田・前掲注2 46〜48頁。

5 胎児の損害賠償請求権

民法 721 条　　不法行為当時,「胎児」であった者も損害賠償請求権については既に生まれたものとみなされている(民法 721 条)。たとえば,胎児である間に父親が事故で死亡した場合,胎児は民法 711 条に基づき固有の慰謝料請求権を取得するが,胎児が生きて生まれてくることが条件となる(停止条件説)。

　胎児の代理人に関する規定は存在しないから,胎児の損害賠償請求権について母などが,胎児の出生前に,胎児のためにした和解は胎児を拘束しない(大判昭和 7 年 10 月 6 日民集 11 巻 2023 頁)。

民法 886 条との関係　　民法には,胎児は相続については既に生まれたものとみなすという規定もある(民法 886 条)。こちらの規定は,不法行為に基づく慰謝料請求権についていえば,死亡被害者(たとえば,胎児の父親)本人に発生した慰謝料請求権の相続に係わる規定ということになる。また,この規定により,胎児は死亡した父親の財産的損害賠償請求権も相続することができる。

6 外国人被害者の慰謝料

　日本に一時滞在中の外国人被害者の慰謝料額については問題がある。というのは,慰謝料の機能が前述のような損害の填補であるとすれば,これを受領する人が暮らしている国の物価水準,賃金水準も,ある程度は考慮せざるをえないからである。問題は,どの程度考慮するか,という点にある。慰謝料の大枠での定額化という方向と,慰謝料には加害者に対する制裁的側面があることも否定できないところからすると,母国の物価水準,賃金水準にスライドさせる必然性はないであろう[15]。

　東京地判平成 3 年 4 月 26 日判時 1409 号 84 頁は傷害慰謝料の算定につき,次のように述べている。

15　北河隆之「外国人の損害賠償額の算定」金判増刊号 933 号 172 頁。

●東京地判平成 3 年 4 月 26 日判時 1409 号 84 頁

「精神的苦痛という非財産的損害は，本質的に測定できない損失であるが，その補償は必要であり，慰謝料として認められているところ，慰謝料の機能は，金銭の有する満足的役割等をもって，被害者の精神に幸福感を生じさせ，苦痛を被った精神の均衡を回復させる点にあるが，慰謝料額の決定については，これまで種々の形式で基準化・定額化がなされており，交通事故訴訟に係る現実の紛争解決の過程において，その有効性が認められている。傷害慰謝料については，種々の構成要素からなる全治療過程が意味をもつが，傷害の部位や程度，痛みの程度，入院日数，通院期間，これらが被害者の職業，家庭生活に及ぼした影響等重要な要素に重点を置いて基準化・定額化がなされている。もっとも，個々の事案の具体性を十分に取り上げて，適正，妥当な額を導くために，基準化・定額化は当然修正しうるものである。外国人が被害者の場合は，特にその修正を考慮する必要があるが，当該外国人が日本に在留資格を有し，かつ，在留している間に慰謝を受けるべきものとされる場合には，前記基準化・定額化された慰謝料額を考慮して決定するのが相当であり，在留資格を失った後，あるいは在留資格の有無にかかわらず，帰国した後で慰謝を受けるべきものとされる場合には，当該外国人の帰国先の所得水準，物価水準等を考慮し，前記基準化・定額化された慰謝料額を変更して決定するのが相当である。結局，当該外国人たる被害者が，どこの国の住民としての立場で慰謝を受けるべきものであると判断されるかによることになる」。

　大雑把にいえば，第一に，一時滞在中の外国人被害者が日本国内で治療を受けている間の傷害慰謝料は日本国基準で算定すべきである。事実審の口頭弁論終結時（示談であれば示談成立時）に被害者が帰国していても，そのように解すべきある。そうでないと，解決が遅れるほど加害者に不当に有利になるからである。

　第二に，後遺障害慰謝料については，後遺障害を抱えて被害者が生活する本拠が母国であるならば，その国の物価水準・所得水準を斟酌して日本国基準を修正すべきことになる。

　第三に，死亡慰謝料については，その支払いを受ける遺族が生活している国（被害者の母国）の物価水準・所得水準を斟酌して日本国基準を修正すべきことになる。

第13章——損益相殺・損害の填補

1-総　論

1　損益相殺の意義

根　　拠　「損益相殺」[1]とは，通常，不法行為によって被害者が損害を受けるとともに利益をも受ける場合において，損害からこの利益を差し引く操作をいうと説明される。民法に明文の規定はないが，民法709条の「損害」とは，このような操作後の実損害を意味しており，その根拠は，不法行為法における原状回復の理念の反面としての利得の防止の思想に基づくとされる。

利益の形態　利益の形態としては，①死亡逸失利益の算定における生活費の控除など本来支出を免れない支出が節約される場合（支出節約型）と，②不法行為者または第三者から損害賠償金とは別途の給付がなされる場合（給付型，重複填補）とがある。

損益相殺における利益 { 支出の節約 / 重複填補

中間利息の控除　将来的損害を現価に引き直す場合における中間利息の控除は，支出節約型にも重複填補型にも分類しにくいが，これは一時金賠償方

1　北河隆之「損益相殺に関する現代的諸問題」損害保険研究 56 巻 67〜103 頁，同「損益相殺・重複填補」不法行為法研究会編『交通事故賠償の新たな動向─交通事故民事裁判例集創刊 25 周年記念論文集』（ぎょうせい・1996 年）432〜448 頁。

式がとられていることによる金額の調整の問題にすぎないから，あえて損益相殺の一形態とする必要はないであろう。

2 代位との関係

判例においては，代位（民法 422 条，旧商法 662 条，保険法 25 条など）は損益相殺とは異なる概念として用いられている。損害保険金（火災保険金）についてこの理を判示したのが，最三小判昭和 50 年 1 月 31 日民集 29 巻 1 号 68 頁・判タ 319 号 129 頁である。

最三小判昭和 50 年 1 月 31 日　事案は，借主の重過失により賃借建物が焼失したが，貸主＝建物所有者の被った損害は 846 万円であり，他方，借主からは貸主に対し敷金 600 万円が差し入れられており，貸主は保険会社から火災保険金 650 万円を受領している，というものである。貸主から損害賠償訴訟が提起され，借主からは敷金返還訴訟が提起された。

第一審，第二審（宮崎地判昭和 43 年 4 月 8 日民集 29 巻 1 号 76 頁，福岡高宮崎支判昭和 49 年 3 月 27 日民集 29 巻 1 号 80 頁）は，借主が貸主に対し賠償義務を負担する実損害額は，846 万円から火災保険金 650 万円を損益相殺として控除した 196 万円であるとし，この 196 万円に敷金を充当すると，貸主は借主に対し敷金残金 404 万円の返還義務がある，とした。

これに対し，最高裁は，火災保険金の損益相殺を認めず，借主が貸主に対し賠償義務を負担する実損書額は 846 万円であり，敷金 600 万円は全額これに充当され消滅しているから，借主の敷金返還請求は認められない，としたのである。損害賠償残債権 246 万円は，保険代位（旧商法 662 条）により保険会社が取得しているから，貸主からの損害賠償請求も認められない，とされた。

●最三小判昭和 50 年 1 月 31 日民集 29 巻 1 号 68 頁・判タ 319 号 129 頁
「家屋焼失による損害につき火災保険契約に基づいて被保険者たる家屋所有者に給付される保険金は，既に払い込んだ保険料の対価たる性質を有し，たまたまその損害について第三者が所有者に対し不法行為又は債務不履行に基づく損害賠

償義務を負う場合においても、右損害賠償額の算定に際し、いわゆる損益相殺として控除されるべき利益にはあたらないと解するのが、相当である。ただ、保険金を支払つた保険者は、商法662条所定の保険者の代位の制度により、その支払つた保険金の限度において被保険者が第三者に対して有する損害賠償請求権を取得する結果、被保険者たる所有者は保険者から支払を受けた保険金の限度で第三者に対する損害賠償請求権を失い、その第三者に対して請求することのできる賠償額が支払われた保険金の額だけ減少することとなるにすぎない。また、保険金が支払われるまでに所有者が第三者から損害の賠償を受けた場合に保険者が支払うべき保険金をこれに応じて減額することができるのは、保険者の支払う保険金は被保険者が現実に被つた損害の範囲内に限られるという損害保険特有の原則に基づく結果にほかならない。」

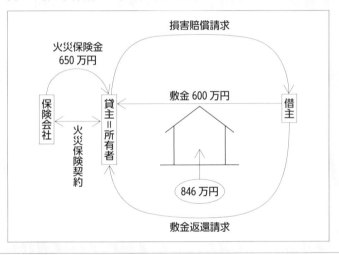

図28　最三小判昭和50年1月31日の図解

　このように，保険代位に基づき，損害賠償請求権の一部または全部が保険者に移転する結果としての，被害者の有する損害賠償請求権の縮減は損益相殺とは異なる，とするのが判例の見解である。

代位と損益相殺の異同　確かに，損害賠償義務者（不法行為者）の立場からみると，代位の場合には自己の損害賠償義務が絶対的に縮減するわけではな

いが（支払先が変わるか，分かれるだけである），損害賠償請求権者（被害者）の立場からみると，自己の有する損害賠償請求権が縮減するという意味において代位は損益相殺と異ならないから（相対的縮減といってもよい），これを「損益相殺の変態」と表現する学説もある。

3 重複填補の調整方法

重複取得型　およそ第三者から被害者に対して損害賠償金とは別途の給付がなされる場合（第三者給付型）において，損害賠償金と給付との調整方法として考えられる第一の方法は，両者間の調整は一切せず，被害者は損害賠償金と給付とを重複して取得できるとする取扱いである（重複取得型）。

代位型　第二の調整方法は，被害者は損害賠償金と給付とを重複して取得できない（給付を損害賠償金から控除する）が，他方，不法行為者の免責も認めないとする取扱いであり，代位がこれに当たる（代位型）。

免責型　第三の調整方法は，被害者に重複して給付を取得することを認めず，かつ不法行為者を免責する取扱いであり（免責型），これが本来の（狭義の）損益相殺である。代位型と免責型とを合わせて（広義の）損益相殺といわれることがある。

4 控除の可否の判断基準

伝統的見解　どのような利益を損害から控除すべきかについて，伝統的には，不法行為と相当因果関係にある範囲内の利益であるとされてきたが，結局は「公平」の理念から判断せざるをえない。第三者から被害者に対して損害賠償金とは別途の給付がなされた場合（第三者給付型）における控除の可否を検討する際には，次の点に留意しておくべきである。

代位が生じる場合　まず，第三者から給付がなされ，代位が生じる場合には，当該給付を損害賠償金から控除することは理論上当然である。

250

代位が生じない場合　　問題は，第三者から給付がなされても，代位が生じ
ない場合である。この場合，給付の損害賠償金からの控除を認めることは，
不法行為者の免責を認めることにほかならない。ここでは被害者に二重の利
得を認めるか，それとも第三者の給付による不法行為者の免責を認めるか，
という二者択一の価値判断を迫られる。この点，従来の議論では，被害者に
二重の利得を認めてよいかどうかという視点が重視されるあまり，不法行為
者に免責を認めてよいかどうかという視点が軽視されてきたように思われる。
　大まかにいえば，重複取得型（非控除）を原則としつつ，当該給付に関す
る費用の負担者や負担の割合，負担と給付との対価関係，その他の事情を総
合考慮し，不法行為者の免責が妥当と考えられる実質的根拠がある場合に，
例外的に控除を認めるべきである。

2 - 支出節約型

1　養育費

非控除　　交通事故により死亡した幼児の損害賠償債権を相続した親が，一
方で，幼児の養育費の支出を必要としなくなった場合においても，養育費は
控除しない（最二小判昭和 53 年 10 月 20 日民集 32 巻 7 号 1500 頁・判タ 371 号
60 頁）。

2　税　　金

非控除　　所得税法 9 条 1 項 17 号は，「保険業法（平成 7 年法律第 105 号）第
2 条第 4 項（定義）に規定する損害保険会社又は同条第 9 項に規定する外国
損害保険会社等の締結した保険契約に基づき支払を受ける保険金及び損害賠
償金（これらに類するものを含む。）で，心身に加えられた損害又は突発的な
事故により資産に加えられた損害に基因して取得するもの」を非課税所得と
している。
　そのため，逸失利益の算定に際して，税込みの名目額を基礎収入とすると，

収入が逸失利益に転化することにより，税金を免れる結果となる。これは被害者が税金分を不当に利得することになるから，税金は控除すべきである，との考え方があったが，判例は「所得税その他の租税額を控除すべきではない」とした（最二小判昭和 45 年 7 月 24 日民集 24 巻 7 号 1177 頁・判タ 253 号 162 頁）。

限定的控除説　　上記昭和 45 年判決の事案は，1 か月 2 万円の純益を得ていたにすぎない煙草小売業のケースであるため，現在でも，高額所得者については控除を主張する見解がある。

　しかし，限定的控除説においては，高額所得の基準をどこに引くかという困難な問題が生じる。課税対象所得 1000 万円超を 1 つの目安とする考え方があるが[2]，そうなると，所得が 990 万円の被害者と 1010 万円の被害者とでは賠償額は逆転するであろう。この不合理さはどこに基準を引いても，その基準の前後で生じることである。限定的控除説には，逸失利益の可及的な平準化という意図があるが，そもそも，この問題は国民対国家の問題（課税政策の問題）であって，被害者対加害者の問題ではない。

3　生活費

死亡逸失利益　　死亡逸失利益の算定において，一定割合の生活費控除を行うことは当然の操作となっている（→219 頁）。

3 - 社会保険給付

1　根拠条文

代位規定　　第三者給付型の典型に社会保険給付がある。健康保険法，国民

2　藤村和夫「逸失利益の算定と税金の控除」人身賠償・補償研究 1 巻（判例タイムズ社・1991
　年）251 頁。

健康保険法，国家公務員共済組合法，地方公務員等共済組合法，厚生年金保険法，国民年金法，労働者災害補償保険法，国家公務員災害補償法，地方公務員災害補償法，等々に基づく各種の社会保険給付は損害賠償額から控除されるのが原則である。いずれの根拠法令にも第三者行為災害の場合に関する代位の規定が置かれており[3]，この代位の規定が適用される給付については控除されることは当然だからである。

代位の規定が適用されない給付　　代位の規定が適用されない給付について，狭義の損益相殺としての控除は否定すべきである。たとえば，国家公務員共済組合法 70 条に基づく弔慰金は条文上，代位の対象からはずされており（同法 48 条 1 項），控除されない（大阪地判昭和 59 年 1 月 24 日交民 17 巻 1 号 67 頁）。

2 控除の準則（1）―控除の客観的範囲

対応原則　　社会保険給付を損害額から控除できるのは，保険給付の費目と損害賠償の費目とが「同一の事由」の関係にある場合に限られる（対応原則。最二小判昭和 62 年 7 月 10 日民集 41 巻 5 号 1202 頁・判タ 658 号 81 頁）。保険給付と損害賠償とが「同一の事由」の関係にあるとはどういうことであろうか。

> ●最二小判昭和 62 年 7 月 10 日民集 41 巻 5 号 1202 頁・判タ 658 号 81 頁
> 　「労災保険法又は厚生年金保険法に基づく保険給付の原因となる事故が被用者の行為により惹起され，右被用者及びその使用者が右行為によって生じた損害につき賠償責任を負うべき場合において，<u>政府が被害者に対し労災保険法又は厚生年金保険法に基づく保険給付をしたときは，被害者が被用者及び使用者に対して取得した各損害賠償請求権は，右保険給付と同一の事由（労働基準法 84 条 2 項，労災保険法 12 条の 4，厚生年金保険法 40 条参照）については損害の填補がされたものとして，その給付の価額の限度において減縮するものと解されるところ</u>［最三小判昭和 52 年 5 月 27 日民集 31 巻 3 号 427 頁，最三小判昭和 52 年 10 月

3　健康保険法 57 条，国民健康保険法 64 条，国家公務員共済組合法 48 条，地方公務員等共済組合法 50 条，厚生年金保険法 40 条，国民年金法 22 条，労働者災害補償保険法 12 条の 4，国家公務員災害補償法 6 条，地方公務員災害補償法 59 条。

25日民集31巻6号836頁参照]、右にいう保険給付と損害賠償とが『同一の事由』の関係にあるとは、保険給付の趣旨目的と民事上の損害賠償のそれとが一致すること、すなわち、保険給付の対象となる損害と民事上の損害賠償の対象となる損害とが同性質であり、保険給付と損害賠償とが相互補完性を有する関係にある場合をいうものと解すべきであって、単に同一の事故から生じた損害であることをいうものではない。そして、民事上の損害賠償の対象となる損害のうち、労災保険法による休業補償給付及び傷病補償年金並びに厚生年金保険法による障害年金が対象とする損害と同性質であり、したがって、その間で前示の同一の事由の関係にあることを肯定することができるのは、財産的損害のうちの消極損害（いわゆる逸失利益）のみであって、財産的損害のうちの積極損害（入院雑費、付添看護費はこれに含まれる。）及び精神的損害（慰謝料）は右の保険給付が対象とする損害とは同性質であるとはいえないものというべきである。したがって、右の保険給付が現に認定された消極損害の額を上回るとしても、当該超過分を財産的損害のうちの積極損害や精神的損害（慰謝料）を填補するものとして、右給付額をこれらとの関係で控除することは許されないものというべきである。」

損害項目と労災保険給付との対応関係　このように控除の客観的範囲を考えるときには，損害項目と労災保険給付との対応関係（「同一の事由」の関係）が問題となるので，その概略を整理しておく[4]。

損害項目	労災保険給付　（　）内は通勤災害の場合
治療費	療養補償給付（療養給付）
休業損害	休業補償給付（休業給付） 傷病補償年金（傷病年金）
後遺症逸失利益	障害補償給付（障害給付） ※7級以上は年金，8級以下は一時金
将来介護費	介護補償給付（介護給付）
死亡逸失利益	遺族補償給付（遺族給付） ※扶養家族ありは年金，扶養家族なしは一時金
葬儀費用	葬祭料（葬祭給付）
慰謝料	なし

4　高野真人「労災保険給付の実務と交通事故損害賠償」判タ943号114頁参照。

損害項目とその他の社会保険給付との対応関係　　その他の社会保険給付との対応関係も概ねこれに準じて考えればよいであろう。厚生年金，国民年金，公務員災害補償について整理しておくと，次のようになろう。

厚生年金

損害項目	厚生年金給付
後遺症逸失利益	障害厚生年金，障害手当金
死亡逸失利益	遺族厚生年金

国民年金

損害項目	国民年金給付
後遺症逸失利益	障害基礎年金
死亡逸失利益	遺族基礎年金

公務員災害補償

損害項目	災害補償給付
治療費	療養補償
休業損害	休業補償，傷病補償年金
後遺症逸失利益	障害補償 ※7級以上は年金，8級以下は一時金
将来介護費	介護補償
死亡逸失利益	遺族補償 ※扶養家族ありは年金，扶養家族なしは一時金
葬儀費用	葬祭補償

遺族年金を控除できる逸失利益の範囲　　後述の最大判平成5年3月24日民集47巻4号3039頁・判タ853号63頁（→258頁）は，退職年金受給権喪失損を逸失利益と認めた上で，妻が受給する遺族年金を「同質性」を有するものとして，逸失利益から控除したものであるが，このときに残された問題点の1つとして，遺族年金を控除できる損害の範囲は，死亡被害者の年金受給権喪失による逸失利益に限られるのか，それとも，（給与収入がある場合には）給与収入を含めた逸失利益全般に及ぶのか，という点があった。最二小

判平成 16 年 12 月 20 日裁判集民 215 号 987 頁・判タ 1173 号 154 頁は後者の
見解を採用した。

●最二小判平成 16 年 12 月 20 日裁判集民 215 号 987 頁・判タ 1173 号 154 頁
　「不法行為によって被害者が死亡し、その損害賠償請求権を取得した相続人が
不法行為と同一の原因によって利益を受ける場合には、損害と利益との間に同質
性がある限り、公平の見地から、その利益の額を当該相続人が加害者に対して賠
償を求め得る損害の額から控除することによって、損益相殺的な調整を図ること
が必要である〔最大判平成 5 年 3 月 24 日民集 47 巻 4 号 3039 頁・判タ 853 号 63
頁参照〕。また、国民年金法に基づく障害基礎年金及び厚生年金保険法に基づく
障害厚生年金の受給権者が不法行為により死亡した場合に、その相続人のうちに
被害者の死亡を原因として遺族厚生年金の受給権を取得した者がいるときは、そ
の者が加害者に対して賠償を求め得る被害者の逸失利益（被害者が得べかりし障
害基礎年金等）に係る損害の額から、支給を受けることが確定した遺族厚生年金
を控除すべきものである〔最二小判平成 11 年 10 月 22 日民集 53 巻 7 号 1211
頁・判タ 1016 号 98 頁参照〕。そして、この理は、不法行為により死亡した者が
障害基礎年金等の受給権者でなかった場合においても、相続人が被害者の死亡を
原因として被害者の逸失利益に係る損害賠償請求権と遺族厚生年金の受給権との
双方を取得したときには、同様に妥当するというべきである。そうすると、<u>不法
行為により死亡した被害者の相続人が、その死亡を原因として遺族厚生年金の受
給権を取得したときは、被害者が支給を受けるべき障害基礎年金等に係る逸失利
益だけでなく、給与収入等を含めた逸失利益全般との関係で、支給を受けること
が確定した遺族厚生年金を控除すべきものと解するのが相当である。</u>」

対応原則の単位　　上記平成 16 年判決と、上記昭和 62 年判決とを併せ考え
れば、対応原則は、損害の中項目、すなわち積極損害・消極損害（逸失利
益）・慰謝料という損害項目単位で考えればよいことになるが（最一小判平成
22 年 9 月 13 日民集 64 巻 6 号 1626 頁・判タ 1337 号 92 頁もこれを否定する趣旨と
は解されない）、積極損害についてはもう少し細分化して考える必要があるよ
うに思われる。少なくとも、介護補償給付（介護給付）や介護補償を将来介
護費以外の積極損害に充当すべきではなかろう。これは過失相殺の箇所で意
味をもってくる（→262 頁）。なお、求償実務においては、判例のような中項目
単位ではなく、損害項目と給付とを上記のように対応させているようである。

256

特別支給金　　労働福祉事業（労災保険法 29 条）の一環として，労働者災害補償保険特別支給金支給規則に基づき支給される各種特別支給金は損害額から控除されない（最二小判平成 8 年 2 月 23 日民集 50 巻 2 号 249 頁・判タ 904 号 57 頁）。

●最二小判平成 8 年 2 月 23 日民集 50 巻 2 号 249 頁・判タ 904 号 57 頁

　「労働者災害補償保険法（以下「法」という。）による保険給付は，使用者の労働基準法上の災害補償義務を政府が労働者災害補償保険（以下「労災保険」という。）によって保険給付の形式で行うものであり，業務災害又は通勤災害による労働者の損害をてん補する性質を有するから，保険給付の原因となる事故が使用者の行為によって生じた場合につき，政府が保険給付をしたときは，労働基準法 84 条 2 項の類推適用により，使用者はその給付の価額の限度で労働者に対する損害賠償の責めを免れると解され［最三小判昭和 52 年 10 月 25 日民集 31 巻 6 号 836 頁参照］，使用者の損害賠償義務の履行と年金給付との調整に関する規定（法 64 条、平成 2 年法律第 40 号による改正前の法 67 条）も設けられている。また、保険給付の原因となる事故が第三者の行為によって生じた場合につき、政府が保険給付をしたときは、その給付の価額の限度で、保険給付を受けた者の第三者に対する損害賠償請求権を取得し、保険給付を受けるべき者が当該第三者から同一の事由について損害賠償を受けたときは、政府はその価額の限度で保険給付をしないことができる旨定められている（法 12 条の 4）。他方、政府は、労災保険により、被災労働者に対し、休業特別支給金、障害特別支給金等の特別支給金を支給する（労働者災害補償保険特別支給金支給規則（昭和 49 年労働省令第 30 号））が、右特別支給金の支給は、労働福祉事業の一環として、被災労働者の療養生活の援護等によりその福祉の増進を図るために行われるものであり（平成 7 年法律第 35 号による改正前の法 23 条 1 項 2 号、同規則 1 条）、使用者又は第三者の損害賠償義務の履行と特別支給金の支給との関係について、保険給付の場合における前記各規定と同趣旨の定めはない。このような<u>保険給付と特別支給金との差異を考慮すると、特別支給金が被災労働者の損害をてん補する性質を有するということはできず、したがって、被災労働者が労災保険から受領した特別支給金をその損害額から控除することはできないというべきである。</u>」

　休業損害を例にとると，業務災害または通勤災害であれば，本来的保険給付から休業補償給付（業務災害）または休業給付（通勤災害）として平均賃金の 60 パーセントが支給される。これにくわえて，労働福祉事業から休業

第 13 章　損益相殺・損害の填補　　257

特別支給金として 20 パーセントが支給される。前者は休業損害から控除されるが，後者は控除されないことになる。

3 控除の準則 (2)—控除の時的範囲

確定分控除説　給付が年金方式で支給される場合，既に支給済みの分に限り控除できるのか（既支給分控除説），将来支給される分まで控除できるのか（将来分控除説），という問題がある。最大判平成 5 年 3 月 24 日民集 47 巻 4 号 3039 頁・判タ 853 号 63 頁は，次のように述べて，確定分控除説と称される立場を打ち出した。

> ●最大判平成 5 年 3 月 24 日民集 47 巻 4 号 3039 頁・判タ 853 号 63 頁
> 「一1　不法行為に基づく損害賠償制度は、被害者に生じた現実の損害を金銭的に評価し、加害者にこれを賠償させることにより、被害者が被った不利益を補てんして、不法行為がなかったときの状態に回復させることを目的とするものである。
> 　2　被害者が不法行為によって損害を被ると同時に、同一の原因によって利益を受ける場合には、損害と利益との間に同質性がある限り、公平の見地から、その利益の額を被害者が加害者に対して賠償を求める損害額から控除することによって損益相殺的な調整を図る必要があり、また、被害者が不法行為によって死亡し、その損害賠償請求権を取得した相続人が不法行為と同一の原因によって利益を受ける場合にも、右の損益相殺的な調整を図ることが必要なときがあり得る。このような調整は、前記の不法行為に基づく損害賠償制度の目的から考えると、被害者又はその相続人の受ける利益によって被害者に生じた損害が現実に補てんされたということができる範囲に限られるべきである。
> 　3　ところで、不法行為と同一の原因によって被害者又はその相続人が第三者に対する債権を取得した場合には、当該債権を取得したということだけから右の損益相殺的な調整をすることは、原則として許されないものといわなければならない。けだし、債権には、程度の差こそあれ、履行の不確実性を伴うことが避けられず、現実に履行されることが常に確実であるということはできない上、特に当該債権が将来にわたって継続的に履行されることを内容とするもので、その存続自体についても不確実性を伴うものであるような場合には、当該債権を取得したということだけでは、これによって被害者に生じた損害が現実に補てんされたものということができないからである。

4　したがって、被害者又はその相続人が取得した債権につき、損益相殺的な調整を図ることが許されるのは、当該債権が現実に履行された場合又はこれと同視し得る程度にその存続及び履行が確実であるということができる場合に限られるものというべきである。

　二1　法の規定する退職年金及び遺族年金は、本人及びその退職又は死亡の当時その者が直接扶養する者のその後における適当な生活の維持を図ることを目的とする地方公務員法所定の退職年金に関する制度に基づく給付であって、その目的及び機能において、両者が同質性を有することは明らかである。そして、給付義務を負う者が共済組合であることに照らせば、遺族年金については、その履行の不確実性を問題とすべき余地がないということができる。しかし、法の規定によれば、退職年金の受給者の相続人が遺族年金の受給権を取得した場合においても、その者の婚姻あるいは死亡などによって遺族年金の受給権の喪失が予定されているのであるから（法96条）、既に支給を受けることが確定した遺族年金については、現実に履行された場合と同視し得る程度にその存続が確実であるということができるけれども、支給を受けることがいまだ確定していない遺族年金については、右の程度にその存続が確実であるということはできない。

　2　退職年金を受給していた者が不法行為によって死亡した場合には、相続人は、加害者に対し、退職年金の受給者が生存していればその平均余命期間に受給することができた退職年金の現在額を同人の損害として、その賠償を求めることができる。この場合において、右の相続人のうちに、退職年金の受給者の死亡を原因として、遺族年金の受給権を取得した者があるときは、遺族年金の支給を受けるべき者につき、支給を受けることが確定した遺族年金の額の限度で、その者が加害者に対して賠償を求め得る損害額からこれを控除すべきものであるが、いまだ支給を受けることが確定していない遺族年金の額についてまで損害額から控除することを要しないと解するのが相当である。」

　結論的には、支給済みの分にくわえて、最大3か月分（現在では最大2か月分）まで控除を認めたものであって、既支給分控除説のバリエーションというべきであり、将来分控除説を否定したところに重要な意味がある。

自賠責保険の取扱い　　自賠責保険では、事務処理の遅れにより控除額が増えること（支払額が減ること）を避けるため、既払分も含めて控除は実施していないようである。

代位規定との関係　　上記平成 5 年判決は，遺族年金には代位規定（地方公務員等共済組合法 50 条 1 項）の適用がないことを前提としているものと考えられる（藤島昭裁判官の反対意見が明確に指摘する）。同条項は「行なった給付の価額の限度で……損害賠償の請求権を取得する」と規定しているから，支給が確定していても未だ支給されていない給付を控除できることを説明できないからである。

政府保障事業の損害填補金と労災保険給付　　他方，最高裁は自賠法 72 条 1 項に基づく損害填補金については，同法 73 条 1 項の解釈として，労災保険給付（障害年金）の控除につき将来分控除説を採用した（最一小判平成 21 年 12 月 17 日民集 63 巻 10 号 2566 頁・判タ 1315 号 90 頁。ただし控除を肯定しない宮川光治裁判官の反対意見がある）。

●最一小判平成 21 年 12 月 17 日民集 63 巻 10 号 2566 頁・判タ 1315 号 90 頁
　「自賠法 73 条 1 項は，被害者が健康保険法，労災保険法その他政令で定める法令に基づいて自賠法 72 条 1 項による損害のてん補に相当する給付（以下『他法令給付』という。）を受けるべき場合には，政府は，その給付に相当する金額の限度において，同項による損害のてん補をしない旨を規定している。上記文言から明らかなとおり，これは，政府が自動車損害賠償保障事業（以下『保障事業』という。）として自賠法 72 条 1 項に基づき行う損害のてん補が，自動車損害賠償責任保険及び自動車損害賠償責任共済の制度によっても救済することができない交通事故の被害者に対し，社会保障政策上の見地から救済を与えることを目的として行うものであるため，被害者が他法令給付を受けられる場合にはその限度において保障事業による損害のてん補を行わないこととし，保障事業による損害のてん補を，他法令給付による損害のてん補に対して補完的，補充的なものと位置付けたものである。そして，自賠法 73 条 1 項の定める他法令給付には，保障事業の創設当時から，将来にわたる支給が予定される年金給付が含まれていたにもかかわらず，自賠法その他関係法令には，年金の将来の給付分を控除することなく保障事業による損害のてん補が先に行われた場合における他法令給付の免責等，年金の将来の給付分が二重に支給されることを防止するための調整規定が設けられていない。
　保障事業による損害のてん補の目的とその位置付けに加え，他法令給付に当たる年金の将来の給付分に係る上記の調整規定が設けられていないことを考慮すれ

ば，自賠法 73 条 1 項は，被害者が他法令給付に当たる年金の受給権を有する場合には，政府は，当該受給権に基づき被害者が支給を受けることになる将来の給付分も含めて，その給付に相当する金額の限度で保障事業による損害のてん補をしない旨を定めたものと解するのが相当である。

したがって，被害者が他法令給付に当たる年金の受給権を有する場合において，政府が自賠法 72 条 1 項によりてん補すべき損害額は，支給を受けることが確定した年金の額を控除するのではなく，当該受給権に基づき被害者が支給を受けることになる将来の給付分も含めた年金の額を控除して，これを算定すべきである。

このように解しても，他法令給付に当たる年金の支給は，受給権者に支給すべき事由がある限りほぼ確実に行われるものであって（労災保険法 9 条等），その支給が行われなくなるのは，上記事由が消滅し，補償の必要がなくなる場合や，本件のように傷病が再発し，傷病の治療期間中，障害年金額と同額の傷病年金が支給されることになる場合などに限られるのであるから，被害者に不当な不利益を与えるものとはいえない。」

4 控除の準則（3）―控除の主観的範囲

死亡被害者の相続人の一部が遺族年金等の受給権者となる場合は，給付額は受給権者である相続人の取得する損害賠償額だけから控除される（最二小判昭和 50 年 10 月 24 日民集 29 巻 9 号 1379 頁・判タ 329 号 127 頁，最二小判平成 16 年 12 月 20 日裁判集民 215 号 987 頁・判タ 1173 号 154 頁）。

●最二小判昭和 50 年 10 月 24 日民集 29 巻 9 号 1379 頁・判タ 329 号 127 頁

「退職手当、遺族年金及び遺族補償金の各受給権者は、法律上、受給資格がある遺族のうちの所定の順位にある者と定められており、死亡した国家公務員の妻と子がその遺族である場合には、右各給付についての受給権者は死亡した者の収入により生計を維持していた妻のみと定められている（国家公務員等退職手当法 11 条 2 項、1 項 1 号、国家公務員共済組合法 43 条 1 項、2 条 1 項 3 号、国家公務員災害補償法昭和 41 年法律第 67 号改正前の 16 条 2 項、1 項 2 号）から、遺族の加害者に対する前記損害賠償債権額の算定をするにあたつて、右給付相当額は、妻の損害賠償債権からだけ控除すべきであり、子の損害賠償債権額から控除することはできないものといわなければならない。けだし、受給権者でない遺族が事実上受給権者から右各給付の利益を享受することがあつても、それは法律上

> 保障された利益ではなく、受給権者でない遺族の損害賠償債権額から右享受利益
> を控除することはできないからである。」

5 控除の準則（4）─過失相殺との先後関係

相殺後控除説　過失相殺がある場合における，社会保険給付の控除と過失相殺との先後関係については，まず過失相殺を実施してから，その後に社会保険給付を控除するというのが判例の立場である（最三小判平成元年4月11日民集43巻4号209頁・判タ697号186頁〔労災保険の例〕）。このような考え方を，相殺後控除説（＝控除前相殺説）という。

> **●最三小判平成元年4月11日民集43巻4号209頁・判タ697号186頁**
> 　「労働者災害補償保険法（以下『法』という。）に基づく保険給付の原因となつた事故が第三者の行為により惹起され、第三者が右行為によつて生じた損害につき賠償責任を負う場合において、右事故により被害を受けた労働者に過失があるため損害賠償額を定めるにつきこれを一定の割合で斟酌すべきときは、保険給付の原因となつた事由と同一の事由による損害の賠償額を算定するには、右損害の額から過失割合による減額をし、その残額から右保険給付の価額を控除する方法によるのが相当である［最一小判昭和55年12月18日民集34巻7号888頁参照］。けだし、法12条の4は、事故が第三者の行為によつて生じた場合において、受給権者に対し、政府が先に保険給付をしたときは、受給権者の第三者に対する損害賠償請求権は右給付の価額の限度で当然国に移転し（1項）、第三者が先に損害賠償をしたときは、政府はその価額の限度で保険給付をしないことができると定め（2項）、受給権者に対する第三者の損害賠償義務と政府の保険給付義務とが相互補完の関係にあり、同一の事由による損害の二重填補を認めるものではない趣旨を明らかにしているのであつて、政府が保険給付をしたときは、右保険給付の原因となつた事由と同一の事由については、受給権者が第三者に対して取得した損害賠償請求権は、右給付の価額の限度において国に移転する結果減縮すると解されるところ［最三小判昭和52年5月27日民集31巻3号427頁，最三小判昭和52年10月25日民集31巻6号836頁参照］、損害賠償額を定めるにつき労働者の過失を斟酌すべき場合には、受給権者は第三者に対し右過失を斟酌して定められた額の損害賠償請求権を有するにすぎないので、同条1項により国に移転するとされる損害賠償請求権も過失を斟酌した後のそれを意味すると解する

のが、文理上自然であり、右規定の趣旨にそうものといえるからである。」

客観的範囲との係わり　　注意すべきことは，控除の客観的範囲との係わりである。具体例で示しておく。

　　【計算例】
　　［設例］
　　　過失相殺率：50%
　　　損害：治療費（積極損害）　　　　100万円
　　　　　休業損害（消極損害）　　　　100万円
　　　　　慰謝料　　　　　　　　　　　100万円
　　　労災保険給付：療養補償給付　　　100万円
　　　　　　　　　　休業補償給付　　　 60万円
　　　　　　　　　　休業特別支給金　　 20万円
　　［誤った計算例］
　　　300万円×（1−0.5）−160万円＝△10万円→損害賠償額なし
　　［正しい計算例］
　　　治療費：100万円×（1−0.5）−100万円＝△50万円→損害賠償額なし
　　　休業損害：100万円×（1−0.5）−60万円＝△10万円→損害賠償額なし
　　　慰謝料：100万円×（1−0.5）−0円＝50万円→50万円の損害賠償！

　　注1：労災保険には慰謝料に対応する給付はない。
　　注2：休業特別支給金は控除しない。

過失相殺後控除説について　　過失相殺後控除説か相殺前控除説かは，労災保険給付が被災労働者に生じた「損害」自体を填補するものなのか，それとも（加害者に対する）具体的な「損害賠償請求権」を填補するものなのか，という問題として捉えることができる。前者であれば，相殺前控除説を採ることになり，後者であれば，相殺後控除説を採ることになるであろう。労災保険が，使用者の過失や責任を要件とせず，単に業務上の災害あるいは通勤災害に該当すれば（労働者の一方的な過失であっても）支給されることを考えると，被災労働者に生じた「損害」自体を填補するものと考えるほうが妥当

なように思われる。

図29 労災保険給付の填補対象のイメージ図

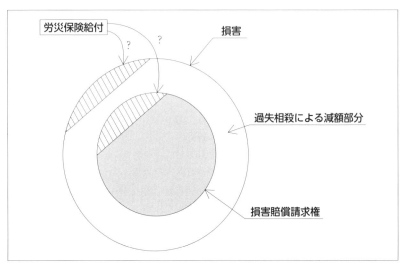

介護保険　傍論であるが，「介護保険給付は，損失補償と生活保障の機能を兼備するものではあるが，受給者の生活保障機能が重視される必要があるうえ，保険料を受給者が負担しているにもかかわらず，相殺後控除とすると受給権者に実際上の不利益を課すことになる」として，介護保険については相殺前控除を相当とするとした裁判例がある（名古屋地判平成26年12月26日自保ジャーナル1941号42頁）。

求償の範囲　ところで，この問題は，国がどの範囲で被害者の損害賠償請求権を代位取得するのか，という問題とも関係している。判例のような過失相殺後控除説に立てば，国から代位取得された部分の損害賠償の請求を受けた加害者は，国に対して過失相殺の主張をすることができないことになる。国が代位により取得したのは，既に過失相殺が実施された後の請求権だからである。災害補償の求償実務も過失相殺後控除説によって運用されている。しかし，これは加害者の立場からみると，理解に苦しむところであろう。特

に未だ被害者からの損害賠償請求がなされない間に，国から代位取得部分の請求があったような場合には，その感が深い。他方，被害者の立場からみると，具体的な損害賠償請求権（代位の対象となる権利）が被害者に生じた損害よりも少ない場合（過失相殺がなされる場合），過失相殺後控除説では，国が被害者に優先して損害賠償請求権を代位取得する結果となるわけであるから，納得がいかないであろう。

また，伊藤正己裁判官が上記平成元年判決の反対意見において指摘しているとおり，労働者災害補償保険法は，被災労働者に過失が存在しても，故意または重過失がない限り（同法 12 条の 2 の 2 所定の事由がない限り），減額されることなく（被災労働者の自己過失に基づく損害部分についても），保険給付がなされるのであるが，過失相殺後控除説を採ると，結果的に，被災労働者は自己過失に基づく損害部分について填補を受けることができなくなる。伊藤裁判官は，労災保険制度が社会保障的性格を有することを 12 条の 4 第 1 項の解釈にも反映させるべきである，とする。このように考えてくると，過失相殺前控除説のほうが妥当なように思われてくる。

健康保険に係る療養給付　　上記平成元年判決の出た後も，健康保険に係る療養給付については，給付額を控除した後に過失相殺を実施するという運用（相殺前控除説＝控除後相殺説）が定着しているが，国民健康保険法 58 条 1 項の規定による葬祭費につき，政府保障事業との関係において（自賠法 72 条 1 項後段，73 条 1 項との関係において）相殺後控除説を採用した最近の判例（最一小判平成 17 年 6 月 2 日民集 59 巻 5 号 901 頁・判タ 1183 号 234 頁）がある。

●最一小判平成 17 年 6 月 2 日民集 59 巻 5 号 901 頁・判タ 1183 号 234 頁

　「<u>法 72 条 1 項後段の規定により政府が被害者に対しててん補することとされる損害は，法 3 条により自己のために自動車を運行の用に供する者が賠償すべき責めに任ずることとされる損害をいうのであるから，法 72 条 1 項後段の規定による損害のてん補額は，被害者の過失をしんしゃくすべきときは，被害者に生じた現実の損害の額から過失割合による減額をした残額をいうものと解される。</u>そして，法 73 条 1 項は，被害者が，健康保険法，労働者災害補償保険法その他政令で定める法令に基づいて法 72 条 1 項の規定による損害のてん補に相当する給付を受けるべき場合には，政府は，その給付に相当する金額の限度において，上記

損害のてん補をしないと規定し，自動車損害賠償保障法施行令21条14号は，法73条1項に規定する政令で定める法令の1つとして国民健康保険法を挙げているから，同法58条1項の規定による葬祭費の支給は，法73条1項に規定する損害のてん補に相当する給付に該当する。したがって，法72条1項後段の規定による損害のてん補額の算定に当たり，被害者の過失をしんしゃくすべき場合であって，上記葬祭費の支給額を控除すべきときは，被害者に生じた現実の損害の額から過失割合による減額をし，その残額からこれを控除する方法によるのが相当である。」

実務の取扱い　　同じ社会保険でも，健康保険法57条1項や国民健康保険法64条1項に基づく（保険者による）損害賠償請求権の代位取得等については，加害者側（任意自動車保険を締結している損害保険会社側）から過失相殺がなされることを認めているようである。これは，過失相殺前控除説による処理ということになる。労災保険における取扱いとの差があることになるが，名古屋地判平成15年3月24日判時1830号108頁は，その理由を次のように説明している。

●名古屋地判平成15年3月24日判時1830号108頁
　「健康保険法による健康保険給付は，被害者の過失を重視することなく，社会保障の一環として支払われるべきものであることに鑑みれば，過失相殺の負担は保険者等に帰せしめるのが妥当であるから，健康保険法による傷病手当金及び高額療養費の各給付は，過失相殺前にこれを損害から控除すべきである。他方，被告の内払金等その他の既払金は，損害賠償の一般法理により，過失相殺をした後にこれらの金員の控除をすべきものと解するのが相当である。」

　このようにみてくると，過失相殺前控除説を採るか，相殺後控除説を採るかは，当該給付の「社会保障的性格」をどの程度重視するか，という価値判断に由来するように思われる。

6 控除の準則（5）―損益相殺的な調整の対象となる損害・損害が填補されたと評価すべき時期

　労災保険給付金等の社会保険給付が支給されたとき，①損益相殺の対象となる損害は何か（損害額元本に充当されるのか，遅延損害金は考慮されないのか），②損害が填補されたと評価すべき時期はどう考えるべきか（不法行為の時に填補されたものと考えるべきなのか），という問題が残されていたが，最一小判平成22年9月13日民集64巻6号1626頁・判タ1337号92頁は，①については，損害額の元本に充当される，②については，不法行為の時に填補されたものと評価すべきである，との判断を示した（最二小判平成22年10月15日裁判集民235号65頁も同旨を判示している）。

> ●最一小判平成22年9月13日民集64巻6号1626頁・判タ1337号92頁
> 「(1)　被害者が不法行為によって損害を被ると同時に，同一の原因によって利益を受ける場合には，損害と利益との間に同質性がある限り，公平の見地から，その利益の額を被害者が加害者に対して賠償を求める損害額から控除することによって損益相殺的な調整を図る必要がある［最大判平成5年3月24日民集47巻4号3039頁・判タ853号63頁］。そして，被害者が，不法行為によって傷害を受け，その後に後遺障害が残った場合において，労災保険法に基づく各種保険給付や公的年金制度に基づく各種年金給付を受けたときは，これらの社会保険給付は，それぞれの制度の趣旨目的に従い，特定の損害について必要額をてん補するために支給されるものであるから，同給付については，てん補の対象となる特定の損害と同性質であり，かつ，相互補完性を有する損害の元本との間で，損益相殺的な調整を行うべきものと解するのが相当である。
> 　これを本件各保険給付についてみると，労働者が通勤（労災保険法7条1項2号の通勤をいう。）により負傷し，疾病にかかった場合において，療養給付は，治療費等の療養に要する費用をてん補するために，休業給付は，負傷又は疾病により労働することができないために受けることができない賃金をてん補するために，それぞれ支給されるものである。このような本件各保険給付の趣旨目的に照らせば，本件各保険給付については，これによるてん補の対象となる損害と同性質であり，かつ，相互補完性を有する関係にある治療費等の療養に要する費用又は休業損害の元本との間で損益相殺的な調整を行うべきであり，これらに対する遅延損害金が発生しているとしてそれとの間で上記の調整を行うことは相当でない。

また，本件各年金給付は，労働者ないし被保険者が，負傷し，又は疾病にかかり，なおったときに障害が残った場合に，労働能力を喪失し，又はこれが制限されることによる逸失利益をてん補するために支給されるものである。このような本件各年金給付の趣旨目的に照らせば，本件各年金給付については，これによるてん補の対象となる損害と同性質であり，かつ，相互補完性を有する関係にある後遺障害による逸失利益の元本との間で損益相殺的な調整を行うべきであり，これに対する遅延損害金が発生しているとしてそれとの間で上記の調整を行うことは相当でない。

　(2)　そして，不法行為による損害賠償債務は，不法行為の時に発生し，かつ，何らの催告を要することなく遅滞に陥るものと解されるが［最三小判昭和 37 年 9 月 4 日民集 16 巻 9 号 1834 頁・判タ 139 号 51 頁参照］，被害者が不法行為によって傷害を受け，その後に後遺障害が残った場合においては，不法行為の時から相当な時間が経過した後に現実化する損害につき，不確実，不確定な要素に関する蓋然性に基づく将来予測や擬制の下に，不法行為の時におけるその額を算定せざるを得ない。その額の算定に当たっては，一般に，不法行為の時から損害が現実化する時までの間の中間利息が必ずしも厳密に控除されるわけではないこと，上記の場合に支給される労災保険法に基づく各種保険給付や公的年金制度に基づく各種年金給付は，それぞれの制度の趣旨目的に従い，特定の損害について必要額をてん補するために，てん補の対象となる損害が現実化する都度ないし現実化するのに対応して定期的に支給されることが予定されていることなどを考慮すると，制度の予定するところと異なってその支給が著しく遅滞するなどの特段の事情のない限り，これらが支給され，又は支給されることが確定することにより，そのてん補の対象となる損害は不法行為の時にてん補されたものと法的に評価して損益相殺的な調整をすることが，公平の見地からみて相当というべきである。

　前記事実関係によれば，本件各保険給付及び本件各年金給付は，その制度の予定するところに従って，てん補の対象となる損害が現実化する都度ないし現実化するのに対応して定期的に支給され，又は支給されることが確定したものということができるから，そのてん補の対象となる損害は本件事故の日にてん補されたものと法的に評価して損益相殺的な調整をするのが相当である。」

　上記平成 22 年判決の立場に従えば，損害から控除されることになる社会保険給付の額に相当する損害部分については，不法行為の時に填補されたものとされるのであるから，遅延損害金は発生しないことになる。

平成 16 年判決との整合性　　なお，上記平成 22 年判決と，後述の最二小判平成 16 年 12 月 20 日裁判集民 215 号 987 頁・判タ 1173 号 154 頁との整合性については検討を要する問題があったが（→272～273 頁），最大判平成 27 年 3 月 4 日民集 69 巻 2 号 178 頁・判タ 1414 号 140 頁は，①労働者災害補償保険法に基づく遺族補償年金と被扶養利益の喪失による損害の元本との間で損益相殺的な調整を行うべきであるとするとともに，②後述の平成 16 年判決を一部変更し，特段の事情のない限り，その填補の対象となる損害は不法行為の時に填補されたものとして損益相殺的な調整をすることが相当である，とした。この平成 27 年判決は，平成 16 年判決で問題とされた厚生年金保険法に基づく遺族厚生年金については言及していないが，遺族補償年金と同様に解すべきであろう。なお，平成 16 年判決のうち自賠責保険金についての判断には変更はない。

●最大判平成 27 年 3 月 4 日民集 69 巻 2 号 178 頁・判タ 1414 号 140 頁
　「5(1)　被害者が不法行為によって死亡し，その損害賠償請求権を取得した相続人が不法行為と同一の原因によって利益を受ける場合には，損害と利益との間に同質性がある限り，公平の見地から，その利益の額を相続人が加害者に対して賠償を求める損害額から控除することによって損益相殺的な調整を図ることが必要なときがあり得る［最大判平成 5 年 3 月 24 日民集 47 巻 4 号 3039 頁・判タ 853 号 63 頁］。そして，上記の相続人が受ける利益が，被害者の死亡に関する労災保険法に基づく保険給付であるときは，民事上の損害賠償の対象となる損害のうち，当該保険給付による填補の対象となる損害と同性質であり，かつ，相互補完性を有するものについて，損益相殺的な調整を図るべきものと解される［最二小判昭和 62 年 7 月 10 日民集 41 巻 5 号 1202 頁・判タ 658 号 81 頁，最一小判平成 22 年 9 月 13 日民集 64 巻 6 号 1626 頁・判タ 1337 号 92 頁，最二小判平成 22 年 10 月 15 日裁判集民 235 号 65 頁参照］。
　労災保険法に基づく保険給付は，その制度の趣旨目的に従い，特定の損害について必要額を填補するために支給されるものであり，遺族補償年金は，労働者の死亡による遺族の被扶養利益の喪失を填補することを目的とするものであって（労災保険法 1 条，16 条の 2 から 16 条の 4 まで），その填補の対象とする損害は，被害者の死亡による逸失利益等の消極損害と同性質であり，かつ，相互補完性があるものと解される。他方，損害の元本に対する遅延損害金に係る債権は，飽くまでも債務者の履行遅滞を理由とする損害賠償債権であるから，遅延損害金を債

務者に支払わせることとしている目的は，遺族補償年金の目的とは明らかに異なるものであって，遺族補償年金による填補の対象となる損害が，遅延損害金と同性質であるということも，相互補完性があるということもできない。

したがって，被害者が不法行為によって死亡した場合において，その損害賠償請求権を取得した相続人が遺族補償年金の支給を受け，又は支給を受けることが確定したときは，損害賠償額を算定するに当たり，上記の遺族補償年金につき，その填補の対象となる被扶養利益の喪失による損害と同性質であり，かつ，相互補完性を有する逸失利益等の消極損害の元本との間で，損益相殺的な調整を行うべきものと解するのが相当である。

(2) ところで，不法行為による損害賠償債務は，不法行為の時に発生し，かつ，何らの催告を要することなく遅滞に陥るものと解されており［最三小判昭和37年9月4日民集16巻9号1834頁・判タ139号51頁参照］，被害者が不法行為によって死亡した場合において，不法行為の時から相当な時間が経過した後に得られたはずの利益を喪失したという損害についても，不法行為の時に発生したものとしてその額を算定する必要が生ずる。しかし，この算定は，事柄の性質上，不確実，不確定な要素に関する蓋然性に基づく将来予測や擬制の下に行わざるを得ないもので，中間利息の控除等も含め，法的安定性を維持しつつ公平かつ迅速な損害賠償額の算定の仕組みを確保するという観点からの要請等をも考慮した上で行うことが相当であるといえるものである。

遺族補償年金は，労働者の死亡による遺族の被扶養利益の喪失の填補を目的とする保険給付であり，その目的に従い，法令に基づき，定められた額が定められた時期に定期的に支給されるものとされているが（労災保険法9条3項，16条の3第1項参照），これは，遺族の被扶養利益の喪失が現実化する都度ないし現実化するのに対応して，その支給を行うことを制度上予定しているものと解されるのであって，制度の趣旨に沿った支給がされる限り，その支給分については当該遺族に被扶養利益の喪失が生じなかったとみることが相当である。そして，上記の支給に係る損害が被害者の逸失利益等の消極損害と同性質であり，かつ，相互補完性を有することは，上記のとおりである。

上述した損害の算定の在り方と上記のような遺族補償年金の給付の意義等に照らせば，不法行為により死亡した被害者の相続人が遺族補償年金の支給を受け，又は支給を受けることが確定することにより，上記相続人が喪失した被扶養利益が填補されたこととなる場合には，その限度で，被害者の逸失利益等の消極損害は現実にはないものと評価できる。

以上によれば，被害者が不法行為によって死亡した場合において，その損害賠償請求権を取得した相続人が遺族補償年金の支給を受け，又は支給を受けること

が確定したときは，制度の予定するところと異なってその支給が著しく遅滞する
などの特段の事情のない限り，その填補の対象となる損害は不法行為の時に填補
されたものと法的に評価して損益相殺的な調整をすることが公平の見地からみて
相当であるというべきである［上記最一小判平成 22 年 9 月 13 日等参照］。
　上記 2 の事実関係によれば，本件において上告人らが支給を受け，又は支給を
受けることが確定していた遺族補償年金は，その制度の予定するところに従って
支給され，又は支給されることが確定したものということができ，その他上記特
段の事情もうかがわれないから，その填補の対象となる損害は不法行為の時に填
補されたものと法的に評価して損益相殺的な調整をすることが相当である。
　(3)　以上説示するところに従い，所論引用の当裁判所第二小法廷平成 16 年 12
月 20 日判決は，上記判断と抵触する限度において，これを変更すべきである。」

7　介護保険

　介護保険法 21 条 1 項には，「給付事由が第三者の行為によって生じた場合
において，保険給付を行ったときは，その給付の価額の限度において，被保
険者が第三者に対して有する損害賠償の請求権を取得する」と規定されてい
るから，既給付分が損害額から控除されることは（代位の結果として）当然
である。

　しかし，将来分については，制度自体の流動性も考慮すると，「当該債権
が現実に履行された場合と同視し得る程度にその存続及び履行が確実であ
る」（最大判平成 5 年 3 月 24 日民集 47 巻 4 号 3039 頁・判タ 853 号 63 頁〔→258
頁〕参照）とまではいえないから，消極に解する見解[5][6]が妥当であろう。

5　『赤い本 2004 年版』335〜336 頁〔高取真理子〕。
6　東京地判平成 15 年 8 月 28 日交民 36 巻 4 号 1091 頁（症状固定時 23 歳の被害者（後遺障害 1
　級）の将来介護料につき，65 歳となった以降は，介護保険制度の適用があるから自己負担額以
　上の介護費を認めるべきではないとの主張を排斥した）。

第 13 章　損益相殺・損害の填補　　271

4 - 社会保険給付以外の給付

1 自賠責保険から支払われた損害賠償額

自賠責保険から支払われた損害賠償額　　自賠法の仕組み（自賠法 16 条 2 項・3 項）からみて損害の填補であることは明らかであるから，損害額（人身損害）から控除される。

充当方法　　自賠責保険から支払われた損害賠償額は，事故日から支払日までに発生している遅延損害金にまず充当され，残額について元本に充当される（最二小判平成 16 年 12 月 20 日裁判集民 215 号 987 頁・判タ 1173 号 154 頁）。

> ●最二小判平成 16 年 12 月 20 日裁判集民 215 号 987 頁・判タ 1173 号 154 頁
> 　「被上告人らの損害賠償債務は，本件事故の日に発生し，かつ，何らの催告を要することなく，遅滞に陥ったものである［最三小判昭和 37 年 9 月 4 日民集 16 巻 9 号 1834 頁・判タ 139 号 51 頁参照］。本件自賠責保険金等によっててん補される損害についても，<u>本件事故時から本件自賠責保険金等の支払日までの間の遅延損害金が既に発生していたのであるから，本件自賠責保険金等が支払時における損害金の元本及び遅延損害金の全部を消滅させるに足りないときは，遅延損害金の支払債務にまず充当されるべきものであることは明らかである（民法 491 条1 項参照）</u>。」

平成 22 年 9 月判決・10 月判決との整合性　　上記平成 16 年判決で「自賠責保険金等」と表現されているのは，自賠責保険金のほかにも，遺族に対し，労働者災害補償保険法に基づく遺族補償年金，厚生年金保険法に基づく遺族厚生年金が支給されていたからである。そうすると，遺族補償年金・遺族厚生年金についても，まず遅延損害金から充当すべきことになる。しかし，これは，労災保険給付金等の社会保険給付は不法行為の時に，対応する損害元本が填補されたものと評価すべきであるとした，前述の最一小判平成 22 年9 月 13 日民集 64 巻 6 号 1626 頁・判タ 1337 号 92 頁，それと同旨である最二小判平成 22 年 10 月 15 日裁判集民 235 号 65 頁（→267 頁）と矛盾しないか，という疑問が出てくる。

この点につき，平成 22 年 10 月判決の法廷意見は，上記平成 16 年判決とは事案を異にする，とだけ判示するのみであるが（平成 22 年 9 月判決も同様である），どのような意味で事案が異なるのかにつき，千葉勝美裁判官の補足意見が敷衍している。補足意見は，①平成 16 年判決の事案は，被害者が不法行為の当日に死亡した事案であり，平成 22 年 10 月判決の事案は，被害者が不法行為により傷害を受け，その後に後遺障害が残った事案であること，②損益相殺的調整の対象となった給付が，平成 16 年判決の事案では，生活保障的な政策目的が加味された遺族年金給付であり，平成 22 年 10 月判決の事案では，逸失利益そのものの填補を目的とする休業給付等であることを指摘している。しかし，説得的な説明となっているか疑問であったところ，その後，最大判平成 27 年 3 月 4 日民集 69 巻 2 号 178 頁・判タ 1414 号 140 頁は，労働者災害補償保険法に基づく遺族補償年金に関して上記平成 16 年判決を一部変更した（→269～271 頁）。自賠責保険金についての判断には変更はない。

対応原則の不考慮　自賠責保険からの既払額については，対応原則は考慮されないので（費目拘束性がない），人損の範囲内では弁済充当の費目は考慮せずに総額で差し引いてよい[7]（物損は別である）。

> 【自賠責保険から被害者請求により損害賠償額の支払いを受けている場合の遅延損害金の取扱い】
> 　被害者側が自賠責保険から被害者請求により損害賠償額の支払いを受けている場合の取扱いには，①上記平成 16 年判決に則った取扱いのほかに，②最二小判平成 12 年 9 月 8 日金法 1595 号 63 頁に則り，確定遅延損害金を請求する方法もある。設例でその違いを説明しておく。遅延損害金の起算点の違いに注意されたい。
> ［設例］
> 　平成 20 年 6 月 1 日に発生した事故で，損害額 1 億円，事故から 1 年後の平成 21 年 5 月 31 日に自賠責保険から 3000 万円が支払われた。

7　最一小判平成 10 年 9 月 10 日裁判集民 189 号 819 頁・判タ 986 号 189 頁（自賠法 16 条 1 項に基づく損害賠償額の支払いがなされた場合に国民健康保険法 64 条 1 項に基づき代位取得する損害賠償請求権の額につき費目拘束性を否定したもの）。

[平成16年判決方式]
- ・自賠責保険が支払われるまでに発生していた遅延損害金→500万円
- ・3000万円をまず遅延損害金に充当し，残り2500万円を元本に充当→損害残額7500万円
- ・7500万円とこれに対する平成21年6月1日から年5パーセントの遅延損害金を請求する。

[平成12年判決方式]
- ・3000万円を元本に充当→損害残額7000万円
- ・3000万円に対する平成20年6月1日から平成21年5月31日までに発生していた遅延損害金→150万円
- ・7000万円とこれに対する平成20年6月1日から年5パーセントの遅延損害金＋確定遅延損害金150万円を請求する。

共同不法行為と自賠責保険の充当　　甲および乙が1つの交通事故によって，その被害者丙（甲車両の同乗者）に対して連帯して損害賠償責任を負う場合において，乙の損害賠償責任についてのみ過失相殺がされ，甲および乙が賠償すべき損害額が異なることになる場合，甲がした填補（甲車両の自賠責保険からの損害賠償額の支払い）は，丙が填補を受けるべき損害額から控除すべきであって，控除後の残損害額が，乙が賠償すべき損害額を下回ることにならない限り，乙が賠償すべき損害額に影響しない（最三小判平成11年1月29日裁判集民191号265頁・判タ1002号122頁）。

> ●最三小判平成11年1月29日裁判集民191号265頁・判タ1002号122頁
> 　「甲及び乙が1つの交通事故によってその被害者丙に対して連帯して損害賠償責任を負う場合において、乙の損害賠償責任についてのみ過失相殺がされ、甲及び乙が賠償すべき損害額が異なることになることがある。この場合、甲が損害の一部をてん補したときに、そのてん補された額を乙が賠償すべき損害額から控除することができるとすると、次のような不合理な結果が生ずる。すなわち、乙は、自己の責任を果たしていないにもかかわらず右控除額だけ責任を免れることになるのに、甲が無資力のためにその余の賠償をすることができない場合には、乙が右控除後の額について賠償をしたとしても、丙はてん補を受けるべき損害の全額のてん補を受けることができないことになる。また、前記の設例において、甲及び乙が共に自賠責保険の被保険者である場合を考えると、甲の自賠責保険に基づ

き損害の一部がてん補された場合に右損害てん補額を乙が賠償すべき損害額から控除すると、乙の自賠責保険に基づきてん補されるべき金額はそれだけ減少することになる。その結果、本来は甲、乙の自賠責保険金額の合計額の限度で被害者の損害全部をてん補することが可能な事故の場合であっても、自賠責保険金による損害のてん補が不可能な事態が生じ得る。以上の不合理な結果は、民法の定める不法行為法における公平の理念に反するといわざるを得ない。

したがって、甲がしたてん補の額は丙がてん補を受けるべき損害額から控除すべきであって、控除後の残損害額が乙が賠償すべき損害額を下回ることにならない限り、乙が賠償すべき損害額に影響しないものと解するのが相当である。」

被害者の直接請求権の優先　　社会保険から医療給付を受けてもなお填補されない損害について被害者が有する自賠法 16 条 1 項の直接請求権と、医療給付を行った社会保険者が代位取得した同請求権とが競合し、その合計額が自賠責保険金額を超えるときは、被害者は社会保険者に優先して、自賠社から自賠責保険の限度で損害賠償額の支払いを受けることができる（最三小判平成 20 年 2 月 19 日民集 62 巻 2 号 534 頁・判タ 1268 号 123 頁）。

●最三小判平成 20 年 2 月 19 日民集 62 巻 2 号 534 頁・判タ 1268 号 123 頁
「被害者が医療給付を受けてもなおてん補されない損害（以下『未てん補損害』という。）について直接請求権を行使する場合は、他方で、市町村長が老人保健法 41 条 1 項により取得した直接請求権を行使し、被害者の直接請求権の額と市町村長が取得した直接請求権の額の合計額が自賠責保険金額を超えるときであっても、被害者は、市町村長に優先して自賠責保険の保険会社から自賠責保険金額の限度で自賠法 16 条 1 項に基づき損害賠償額の支払を受けることができるものと解するのが相当である。その理由は、次のとおりである。
　(1)　自賠法 16 条 1 項は、同法 3 条の規定による保有者の損害賠償の責任が発生したときに、被害者は少なくとも自賠責保険金額の限度では確実に損害のてん補を受けられることにしてその保護を図るものであるから（同法 1 条参照）、被害者において、その未てん補損害の額が自賠責保険金額を超えるにもかかわらず、自賠責保険金額全額について支払を受けられないという結果が生ずることは、同法 16 条 1 項の趣旨に沿わないものというべきである。
　(2)　老人保健法 41 条 1 項は、第三者の行為によって生じた事由に対して医療給付が行われた場合には、市町村長はその医療に関して支払った価額等の限度に

第 13 章　損益相殺・損害の填補　　275

おいて，医療給付を受けた者（以下『医療受給者』という。）が第三者に対して
有する損害賠償請求権を取得する旨定めているが，医療給付は社会保障の性格を
有する公的給付であり，損害のてん補を目的として行われるものではない。同項
が設けられたのは，医療給付によって医療受給者の損害の一部がてん補される結
果となった場合に，医療受給者においててん補された損害の賠償を重ねて第三者
に請求することを許すべきではないし，他方，損害賠償責任を負う第三者も，て
ん補された損害について賠償義務を免れる理由はないことによるものと解され，
医療に関して支払われた価額等を市町村長が取得した損害賠償請求権によって賄
うことが，同項の主たる目的であるとは解されない。したがって，市町村長が同
項により取得した直接請求権を行使することによって，被害者の未てん補損害に
ついての直接請求権の行使が妨げられる結果が生ずることは，同項の趣旨にも沿
わないものというべきである。」

2 政府保障事業の損害填補金

　これも損害の填補であることは明らかであるから（自賠法 72 条 1 項，73 条
2 項，76 条 1 項〔代位規定〕），損害額（人身損害）から控除される[8]。

3 対人賠償保険・対物賠償保険から支払われた損害賠償額

　保険約款に基づき認められている，被害者の任意社に対する直接請求権に
基づき，被害者が任意社から受領した損害賠償額が損害額から控除されるこ
とは当然である。対応原則は考慮しなくてよい（人損・物損の区別は必要）。

充当関係　　自賠責保険金と同様，支払いがなされた時点において，遅延損
害金から充当される（東京地判平成 22 年 3 月 26 日交民 43 巻 2 号 455 頁）。た
だし，保険会社と被害者との間で，事故時に遡って元本に充当する旨の黙示
の合意があると解される余地もあるであろう[9]。

8　金沢地判昭和 43 年 10 月 23 日交民 1 巻 4 号 1216 頁。
9　東京高判平成 19 年 11 月 29 日民集 64 巻 6 号 1689 頁。同判決は，最一小判平成 22 年 9 月 13
　日民集 64 巻 6 号 1626 頁・判タ 1337 号 92 頁（→267〜268 頁）の原審である。

4 生命保険金

　生命保険には保険代位の適用がなく（旧商法662条，保険法25条は損害保険についての規定である），生命保険金は払い込んだ保険料の対価の性質を有するものであるから，生命保険金は損害額から控除されない（最二小判昭和39年9月25日民集18巻7号1528頁・判タ168号94頁）。学説では，慰謝料の斟酌事由となるとする見解もあるが，賛成できない。

> ●最二小判昭和39年9月25日民集18巻7号1528頁・判タ168号94頁
> 　「生命保険契約に基づいて給付される保険金は，すでに払い込んだ保険料の対価の性質を有し，もともと不法行為の原因と関係なく支払わるべきものであるから，たまたま本件事故のように不法行為により被保険者が死亡したためにその相続人たる被上告人両名に保険金の給付がされたとしても，これを不法行為による損害賠償額から控除すべきいわれはないと解するのが相当である。」

5 所得補償保険金

　所得補償保険契約[10]の約款には代位の規定はないが，代位が排除されてもおらず，旧商法662条1項（現行保険法25条）の適用により保険者代位が生じる結果，所得補償保険金は休業損害から控除される（最一小判平成元年1月19日裁判集民156号55頁・判タ690号116頁）。なお，保険金が休業損害額を上回る場合でも，休業損害額が控除の限界となり，他の損害項目から控除することはできない。

> ●最一小判平成元年1月19日裁判集民156号55頁・判タ690号116頁
> 　「原審の適法に確定したところによれば，本件に適用される所得補償保険普通保険約款には，保険者代位の規定はないが，(1) 被保険者が傷害又は疾病を被り，そのために就業不能になったときに，被保険者が被る損失について保険金が支払われるものである（1条），(2) 保険金の額は，就業不能期間1か月につき，保険証券記載の金額あるいは平均月間所得額の小さい方である（5条2項），(3) 原因及び時を異にして発生した身体障害による就業不能期間が重複する場合，そ

10　北河隆之「交通事故訴訟判例研究第13回」交通と医療3巻7号15頁以下。

の重複する期間については重ねて保険金を支払わない（7条）、(4)　重複して所得補償保険契約を締結してあり、保険金の支払われる就業不能期間が重複し、かつ、保険金の合算額が平均月間所得額を超える場合には、保険金を按分して支払う（27条）、(5)　約款に規定しない事項については日本国の法令に準拠する（32条）との趣旨の規定があるというのであるから、本件所得補償保険は、被保険者の傷害又は疾病そのものではなく、被保険者の傷害又は疾病のために発生した就業不能という保険事故により被った実際の損害を保険証券記載の金額を限度として填補することを目的とした損害保険の一種というべきであり、被保険者が第三者の不法行為によって傷害を被り就業不能となった場合において、所得補償保険金を支払った保険者は、商法662条1項の規定により、その支払った保険金の限度において被保険者が第三者に対して有する休業損害の賠償請求権を取得する結果、被保険者は保険者から支払を受けた保険金の限度で右損害賠償請求権を喪失するものと解するのが相当である。保険会社が取得した被保険者の第三者に対する損害賠償請求権を行使しない実情にあったとしても、右の判断を左右するに足りるものではない。」

6　搭乗者傷害保険金

　搭乗者傷害保険（→361頁）には代位の規定が適用されないので（約款に代位しないことが明記されている），控除されない（最二小判平成7年1月30日民集49巻1号211頁・判タ874号126頁）[11]。

> ●最二小判平成7年1月30日民集49巻1号211頁・判タ874号126頁
> 　「原審［高松高判平成3年2月26日判タ763号256頁］の適法に確定した事実によれば、(1)　本件保険契約は、被上告人D運転の前記自動車を被保険自動車とし、保険契約者（同被上告人）が被保険自動車の使用等に起因して法律上の損害賠償責任を負担することによって被る損害をてん補するとともに、保険会社が本件条項に基づく死亡保険金として1000万円を給付することを内容とするものであるが、(2)　本件保険契約の細目を定めた保険約款によれば、本件条項は、被保険自動車に搭乗中の者を被保険者とし、被保険者が被保険自動車の運行に起因する急激かつ偶然の外来の事故によって傷害を受け、その直接の結果として事故

11　北河隆之「搭乗者傷害保険金は損害賠償額から控除できるか」損害保険研究53巻3号159頁（平成7年判決の原審である高松高裁平成3年判決の評釈）。

278

発生の日から 180 日以内に死亡したときは、保険会社は被保険者の相続人に対して前記死亡保険金の全額を支払う旨を定め、また、保険会社は、右保険金を支払った場合でも、被保険者の相続人が第三者に対して有する損害賠償請求権を代位取得しない旨の定めがある、というのである。このような本件条項に基づく死亡保険金は、被保険者が被った損害をてん補する性質を有するものではないというべきである。けだし、本件条項は、保険契約者及びその家族、知人等が被保険自動車に搭乗する機会が多いことにかんがみ、右の搭乗者又はその相続人に定額の保険金を給付することによって、これらの者を保護しようとするものと解するのが相当だからである。そうすると、本件条項に基づく死亡保険金を右被保険者の相続人である上告人らの損害額から控除することはできないというべきである。」

慰謝料斟酌事由となるか　搭乗者傷害保険の保険料を加害者側が負担している場合には，慰謝料斟酌事由とする余地がないわけではない。上記平成 7 年判決も，慰謝料斟酌説の是非に対する判断は示していない。しかし，次の点に注意しておきたい。

　上記平成 7 年判決の原審は真正面から控除説を採用した判決であったため，原判決は慰謝料額の認定に際して搭乗者傷害保険金の支払いを斟酌していない。最高裁は，原判決が認定した慰謝料額をそのままにして，搭乗者傷害保険金の控除を否定し，原判決を変更し，自判したから，結果的に完全非控除説（慰謝料斟酌事由ともしない立場）の結論を採ったということである。

7　人身傷害補償保険金

　人身傷害（補償）保険とは，自動車の運行に起因する急激かつ偶然な外来の事故により，被保険者（契約車両の正規の乗車装置または正規の乗車装置のある室内に搭乗中の者）が身体に傷害を被ったときに，約款所定の基準（人傷基準）により算定される保険金が支払われる保険である。実損填補型の傷害保険であり，被保険者（被害者）に人傷保険金を支払った保険会社（人傷社）は保険法 25 条 1 項（旧商法 662 条 1 項）に基づき，被保険者が加害者に対して有する損害賠償請求権を代位取得する。被害者に過失があり，過失相殺がなされる場合でも，その分（被害者自己負担分）も含めて支払われる。

第 13 章　損益相殺・損害の填補　　279

保険金の支払いが先行した場合（人傷先払い）　　人身傷害補償保険（→365頁）において，被害者（被保険者）に過失があり，過失相殺が行われる場合につき，代位の範囲に争いがあったが，保険会社からの人傷保険金支払いが先行した場合については，いわゆる「裁判（訴訟）基準差額説」が判例となっている。裁判基準差額説は，人傷保険金はまず被害者の過失部分に充当され，残額があればその部分を保険会社が代位取得するとの考え方であり，人傷保険の本来の機能に則した解釈である。具体例では次のようになる。

【具体例】
　裁判基準損害額　　1億円
　過失相殺　　30％（3000万円）
　裁判による損害賠償額　　7000万円
　人傷基準による損害額　　8000万円
　人傷保険金　　4000万円（先行支払済み）

［裁判基準差額説による保険会社の代位の範囲］
　人傷保険金4000万円をまず過失相殺部分3000万円に充当する。
　　→残額1000万円の範囲で保険会社が代位する。

図30　裁判基準差額説の考え方

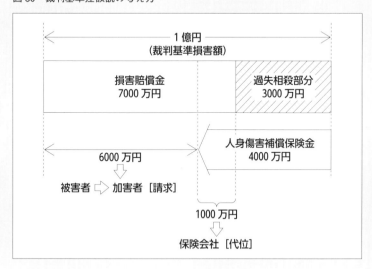

→被害者が加害者に対して有する 7000 万円の損害賠償請求権のうち 1000 万円
が保険会社に移転する。
→被害者は加害者に対し，6000 万円請求できる。
これは，見方を変えると，人傷保険金と損害賠償金との合計額が（裁判基準で
算定される）損害額全額を上回る場合についてのみ，保険会社がその上回る部分
を代位取得するとの考え方である。

人傷基準差額説　同じ差額説でも「人傷基準差額説」という考え方もあっ
た[12]。この説によると，具体例では次のようになる。なお，保険法 25 条で
は「差額説」が採用されたが，同条が人傷基準差額説を採用したものか，裁
判基準差額説を採用したものかは必ずしも明らかではないため，問題が残さ
れた。

> **【人傷基準差額説による保険会社の代位の範囲】**
>
> 　人傷保険金 4000 万円と損害賠償金 7000 万円との合計額（1 億 1000 万円）が
> 人傷基準による損害額（8000 万円）を上回る場合に，保険会社はその上回る部
> 分（3000 万円）について代位する。
>
> →被害者が加害者に対して請求できる損害賠償額は 4000 万円となる。

判例は裁判基準差額説　最一小判平成 24 年 2 月 20 日民集 66 巻 2 号 742
頁・判タ 1366 号 83 頁は，改定前の人身傷害補償条項に関するものであるが，
人身傷害補償保険金を保険金請求権者に支払った保険会社（以下，「人傷社」）
が，被害者（被保険者）の加害者に対する損害賠償請求権を保険代位（請求
権代位）によって取得する範囲がどうなるかにつき，下級審裁判例の大勢で
あった裁判基準差額説に立つことを明らかにした。これに続く，最三小判平
成 24 年 5 月 29 日裁判集民 240 号 261 頁・判タ 1374 号 100 頁も同じ判断を
している。事案は，人傷社から保険金の支払いを受けた被害者（その相続人）
から加害者に対する損害賠償請求訴訟である。被害者が支払いを受けた人傷

12　保険法改正前には，このほかにも，絶対説，比例配分説という考え方もあり（本書旧版 243
　頁），保険会社の取扱いが分かれていた。しかし，この二説は，被害者（被保険者）の過失分も
　含めて損害額の全額が補償される，という人身傷害保険の当初の説明に反するものであったため
　批判を浴びていた。

第 13 章　損益相殺・損害の填補　　281

保険金のうち，いくらが控除されるか（人傷社に移転した損害賠償債権はいくらか）が争点となった。

> ●最一小判平成 24 年 2 月 20 日民集 66 巻 2 号 742 頁・判タ 1366 号 83 頁
>
> 　「(3)　次に，被保険者である被害者に，交通事故の発生等につき過失がある場合において，訴外保険会社が代位取得する保険金請求権者の加害者に対する損害賠償請求権の範囲について検討する。
>
> 　本件約款[13]によれば，訴外保険会社は，交通事故等により被保険者が死傷した場合においては，被保険者に過失があるときでも，その過失割合を考慮することなく算定される額の保険金を支払うものとされているのであって，上記保険金は，被害者が被る損害に対して支払われる傷害保険金として，被害者が被る実損をその過失の有無，割合にかかわらず填補する趣旨・目的の下で支払われるものと解される。上記保険金が支払われる趣旨・目的に照らすと，本件代位条項にいう『保険金請求権者の権利を害さない範囲』との文言は，保険金請求権者が，被保険者である被害者の過失の有無，割合にかかわらず，上記保険金の支払によって民法上認められるべき過失相殺前の損害額（以下『裁判基準損害額』という。）を確保することができるように解することが合理的である。
>
> 　そうすると，上記保険金を支払った訴外保険会社は，保険金請求権者に裁判基準損害額に相当する額が確保されるように，上記保険金の額と被害者の加害者に対する過失相殺後の損害賠償請求権の額との合計額が裁判基準損害額を上回る場合に限り，その上回る部分に相当する額の範囲で保険金請求権者の加害者に対する損害賠償請求権を代位取得すると解するのが相当である。」

元本充当と填補される時期　　また，上記平成 24 年判決は，人身傷害保険金は損害の元本を填補するものであり，人傷社は，損害金元本の支払請求権を代位取得するものであって，損害金元本に対する遅延損害金の支払請求権を代位取得するものではない，ともしている。填補される時期は保険金支払日である。

13　要旨，①人傷社が保険金を支払うべき損害の額は，約款所定の算定基準に従い算定された金額の合計額（人傷基準損害額）とする，②人傷社が支払う保険金の額は，人傷基準損害額から既に取得した損害賠償金の額を差し引いた額とする，③保険金請求権者が他人に損害賠償の請求をすることができる場合には，人傷社は，その損害に対して支払った保険金の額の限度内で，かつ，保険金請求権者の権利を害さない範囲で，保険金請求権者がその他人に対して有する権利を取得する，という内容であった。

●最一小判平成 24 年 2 月 20 日民集 66 巻 2 号 742 頁・判タ 1366 号 83 頁

「(1)　本件約款中の人身傷害条項に基づき，被保険者である交通事故等の被害者が被った損害に対して保険金を支払った訴外保険会社は，上記保険金の額の限度内で，これによって填補される損害に係る保険金請求権者の加害者に対する賠償請求権を代位取得し，その結果，訴外保険会社が代位取得する限度で，保険金請求権者は上記請求権を失い，上記請求権の額が減少することとなるところ［最三小判昭和 50 年 1 月 31 日民集 29 巻 1 号 68 頁・判タ 319 号 129 頁参照］，訴外保険会社がいかなる範囲で保険金請求権者の上記請求権を代位取得するのかは，本件保険契約に適用される本件約款の定めるところによることとなる。

(2)　本件約款によれば，上記保険金は，被害者が被る損害の元本を填補するものであり，損害の元本に対する遅延損害金を填補するものではないと解される。そうであれば，上記保険金を支払った訴外保険会社は，その支払時に，上記保険金に相当する額の保険金請求権者の加害者に対する損害金元本の支払請求権を代位取得するものであって，損害金元本に対する遅延損害金の支払請求権を代位取得するものではないというべきである。」

対応原則（費目拘束性）の有無　人身傷害保険金の支払額が被害者の過失割合に対応する損害額を超えるかどうかは，全損害額を基準に考えるべきであり，損害項目（積極損害，消極損害，慰謝料）ごとに考えるべきではない。人傷保険金には対応原則（費目拘束性）はない[14]。

損害賠償金の支払いが先行した場合（人傷後払い）　これに対し，被害者が損害賠償金を先に得た場合に，人傷保険金請求権の存否・額はどうなるか。約款に忠実に解釈すれば，人傷社が支払う保険金の額は，人傷基準損害額（上記具体例では 8000 万円）から既に取得した損害賠償金の額（上記具体例では 7000 万円）を差し引いた額である 1000 万円となる（人傷社は 3000 万円の損害賠償債権を代位取得する）。

　大阪高判平成 24 年 6 月 7 日高民集 65 巻 1 号 1 頁・判タ 1389 号 259 頁は，被害者（その遺族）が，加害者との間で裁判上の和解をし，損害賠償金の支払いを受けた後，人傷社に対して人傷保険金の支払いを求めた事案につき，

14　『赤い本 2012 年版』55 頁以下〔三木素子〕。

支払保険金の算定は，保険契約者と保険会社との契約，すなわち約款に定める計算規定によって定められるべきであり，裁判基準差額説は，約款の解釈論としては採用する余地はない，とした（人傷基準差額説）。

格差の解消　　しかし，そうなると，人傷先払いと人傷後払いとで被害者が確保できる損害賠償金の額が異なることになるが，東京高判平成20年3月13日判時2004号143頁は，その点の不合理を衝き，約款の規定を限定解釈し，人傷後払いの場合でも裁判基準差額説によるべきことを判示した（ただし，傍論である）[15]。

> **【公益財団法人交通事故紛争処理センターにおける示談斡旋・裁定】**
> 　現在，多くの保険会社では，人身傷害条項保険金を支払うべき「損害額」を各社で定めた人身傷害条項損害額基準で算定された損害額とする旨規定した上で，「ただし，賠償義務者があり，かつ，判決または裁判上の和解において，賠償義務者が負担すべき損害賠償額が算定基準と異なる基準により算出された場合であって，その基準が社会通念上妥当であると認められるときは，その基準により算定された額を損害額とみなす」旨規定している。
> 　これは，人傷保険金は原則として人傷基準に基づき支払うが，訴訟が提起され，裁判所の判決または裁判上の和解により損害額が確定した場合に限り，裁判基準差額説により支払うという趣旨である（もっとも裁判所の決定した損害額であっても「その基準が社会通念上妥当であると認められるとき」との限定を付けている点は削除されるべきであり，実際にも機能していない）。
> 　（公財）交通事故紛争処理センターにおける示談斡旋もしくは裁定は判決または裁判上の和解ではないから，人傷基準により支払うというのが保険会社の立場である。被害者が自身の契約する人傷社から人傷保険金の支払いを受けた後，加害者の契約する任意社に対し損害賠償を求めて示談斡旋の申立てを行った場合に問題となっている。この点，人傷保険は保険契約者と保険会社との間の契約であり，上記約款の内容が直ちに保険法25条1項や消費者契約法10条に抵触するとまではいえない以上，やむをえないところであろうか。

人身傷害保険会社（人傷社）による人傷一括払い　　人傷社（任意社）が，被保

15　人傷後払いの場合にも裁判基準差額説によるためには，約款の限定解釈が必要となるが，『赤い本2011年版（下）』96頁〔森健二〕注2）が限定解釈の方法を具体的に提案している。

険者（被害者）から，自賠法 16 条に基づく自賠社に対する損害賠償額の支払請求権の移転を認める念書を取り付けて，自賠責保険分も一括して支払い，その後，自賠責保険金を回収した場合（人傷一括払い），この回収分は損害賠償請求権のどの部分に充当されるのか，被害者が加害者に対して請求できる損害賠償金にどのように影響するか，という問題が指摘されている[16]。前述の具体例を利用して具体的に考えてみる。

【具体例】

図31 裁判基準差額説を貫徹した場合の考え方

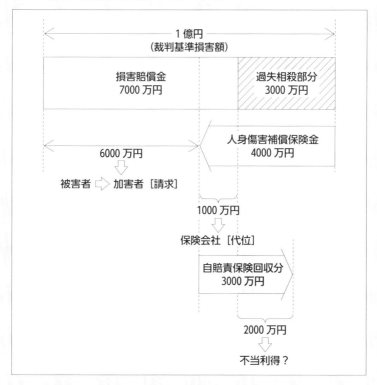

---

16 『赤い本 2011 年版（下）』93～104 頁〔森〕。

裁判基準損害額　　1億円

過失相殺　　30%（3000万円）

裁判による損害賠償額　　7000万円

人傷基準による損害額　　8000万円

人傷保険金　　4000万円（先行支払済み）

人傷社による自賠責保険からの回収額　　3000万円

　裁判基準差額説の趣旨を貫徹するのであれば，人傷社が自賠責保険から回収できる額は，人傷社が被害者から代位取得した損害賠償請求権1000万円を限度とするはずであって，それを超えて回収した部分（2000万円）は不当利得となるであろう。そして，この部分（2000万円）は，被害者が受け取ったわけではないから，被害者が加害者に対して請求できる損害賠償額（6000万円）には影響を及ぼさない（差し引かれない）と考えるべきである。

東京地裁平成21年判決と自賠責保険実務　　東京地判平成21年12月22日交民42巻6号1669頁は，まさにこのような考え方を採用した判決である。自賠責保険実務も，この裁判例（中西茂判決）に合わせた処理を行うとのことであり，上記具体例でいえば，加害者は被害者へ支払った6000万円のうち2000万円を自賠責保険に請求でき，人傷社は自賠責保険に2000万円を不当利得として返金することになる，との取扱いとなる[17]。

> **●東京地判平成21年12月22日交民42巻6号1669頁**
> 「Ａ［人傷社］は、約款上、被保険者又は保険金請求権者の権利を害さない範囲内で被保険者又は保険金請求権者の損害賠償請求権を代位取得することができるとされている……から、人身傷害保険金として支払われた金額のうち、損害賠償金の填補の対象となるのは、被保険者である原告X₁［加害車の運転者］の過失に対応する損害額（過失相殺により減額される金額）を上回る部分に限られると解すべきである。原告らの損害のうち、原告X₁の過失に対応する損害額及び上記の『上回る部分』を控除した残額は、Ａが自賠責保険から回収したか否かにかかわらず、全額が原告らに支払われるべきである。

17　自賠責保険における，人身傷害保険から自賠責保険への精算ルールは，①訴訟（判決，訴訟上の和解）によって損害額が確定している場合は，その額を保険法25条の「てん補損害額」とする，②訴訟によって損害額が確定していない場合において，人傷社と被害者の間で協定が締結されているときはその協定額を，人傷社と被害者の間で協定が締結されていないときは自賠責保険の調査額を「てん補損害額」とする，というものである。

原告らは、人身傷害保険金のほかに自賠責保険金を受け取ったわけではないから、仮に、この自賠責保険からの受取額が原告らの被告らに対する損害賠償請求の損益相殺の対象になるとすると、原告らは、Aに対して、損益相殺された金額を請求しなければならないことになる。原告らの事情でなく、Aの事情（自賠責保険から回収したかどうか）によって、原告らが不利益を受けるのは相当でない。他方、損益相殺の対象とならないとすると、被告らは、自賠責保険から回収ができなくなった部分について、Aとの間で調整をしなければならないことになるが、被告らにとっては、自賠責保険会社からの回収手続が原告側の人身傷害保険会社との調整に代わったものであるということができる。」

8 独立行政法人自動車事故対策機構（旧・自動車事故対策センター）の介護料

　独立行政法人自動車事故対策機構法13条4号に基づき同機構から支給される「介護料」（支給基準は独立行政法人自動車事故対策機構に関する省令19条に規定されている）は、交通事故被害者に対する支援という社会福祉的な施策の一環として捉えられるべきものであり、損害の填補としての性質を有しないから、控除されない。

●東京地判平成12年3月31日交民33巻2号681頁
　「自動車事故対策センター（以下、『対策センター』という。）は、自動車事故対策センター法（以下、『センター法』という。）によれば、自動車の運行の安全の確保に関する事項を処理する者に対する指導、自動車事故による被害者に対する資金の貸付け等を行うことにより、自動車事故の発生の防止に資するとともに、自動車損害賠償保障法による損害賠償の保障制度と相まって被害者の保護を増進することを目的としている（センター法1条）。
　対策センターの行う業務の1つに、交通事故被害者の後遺障害のための治療及び療養を行うための施設を設置し、運営すること（センター法31条1項5号）があり、本件で問題となる介護料の支給は、センター法31条1項9号の第1条の目的を達成するための必要な業務に含まれ、仮にセンターが被害者に対して介護料等を支給したとしても、加害者に対する代位規定は存在しない。
　対策センターの業務目的は、前記の条文からも明らかなように、交通事故の防止と被害者の保護の増進であり、自賠法の保障制度と相まってとされているが、

自賠法の規定する損害賠償制度そのものではないことはもちろん、むしろ、交通事故被害者で保護に欠ける者に対する支援という社会福祉的な施策の一環として捉えるべきであろう。

センター法の目的の中に被害者に対する資金の貸付けという損害賠償制度とは異質な業務を掲げていること（1条）、介護料の支給については、自動車事故で頭部又は脊髄に損傷を受け、その後の治療にもかかわらず寝たきりの状態の患者を抱える家族にとって、経済的、肉体的、精神的負担は大きいものがあり、その負担を軽減するために支給されるものであり（自動車関係法令質疑応答集 1507頁）、支給対象は、自力移動が不可能であるといった後遺障害が 3 か月以上継続し、常時介護を必要とする者とされており、自賠法の損害賠償制度とは違って、保護を必要とする者と相当限定しているかわりに、保護が必要と認められれば支給を受けられる制度であることも、これを裏付けるものと解される。

以上のような、センター法の掲げる目的、介護料の支給対象、代位規定の不存在等の諸点を考慮すると、被告らが主張するように、支給額の算定方法が日額 4000 円（自宅で近親者の介護を受けている場合は 2000 円）として日数分を支給するという、現実の介護費用を念頭においた方法であるとしても、センターからの介護料を民事の損害賠償制度の中で損害のてん補として扱うことは相当ではない。」

9 生活保護法による扶助費

損害賠償責任の範囲・額について係争中で，被害者が生活保護法 4 条 3 項に基づき医療扶助を受給している場合においては，のちに被害者が損害賠償を受けることができるに至ったときは，同法 63 条による費用返還義務を負うことになるから，被害者が受給した医療扶助は損害賠償額から控除されない（最三小判昭和 46 年 6 月 29 日民集 25 巻 4 号 650 頁・判タ 265 号 99 頁）。

10 障害者総合支援法による介護給付費等

障害者の日常生活及び社会生活を総合的に支援するための法律（障害者総合支援法）には介護保険法 21 条のような調整規定がないから，同法に基づく介護給付費等は控除されない。

第14章——過失相殺・好意同乗減額

1 – 過失相殺

1 過失相殺の意義

被害者に「過失」があったときは，裁判所はこれを考慮して，損害賠償の額を定めることができる（民法722条2項）。民法上，明文で損害賠償義務者に認められた唯一の減額請求権である。

2 自己過失

真正の過失・自己過失　民法722条2項は被害者の「過失」と表現しているが，過失相殺の場合は，自己に発生した損害の一部を他人（加害者）に転嫁することができないということであり，他人に対して損害賠償義務を負担することになる同法709条の「過失」とは異なる。

民法722条2項の「過失」は被害者自身のリスク負担事由にすぎないため，同法709条の「過失」におけるような注意義務違反は必要ではなく（→6頁），落ち度とか不注意といった程度のもので足りる。同法709条の「過失」を「真正の過失」，同法722条2項の「過失」を「自己過失」ということがある。

事理弁識能力　自己過失については，自己の行為の「責任」を弁識する能力・知能（民法712条，713条）は不要で，「事理」を弁識するに足りる知能（事理弁識能力）があれば足りる（最大判昭和39年6月24日民集18巻5号854頁・判タ166号105頁）。

第14章　過失相殺・好意同乗減額　　289

> ●最大判昭和 39 年 6 月 24 日民集 18 巻 5 号 854 頁・判タ 166 号 105 頁
>
> 「未成年者が他人に加えた損害につき、その不法行為上の賠償責任を問うには、未成年者がその行為の責任を弁識するに足る知能を具えていることを要することは民法 712 条の規定するところであるが、他人の不法行為により未成年者がこうむつた損害の賠償額を定めるにつき、被害者たる未成年者の過失をしんしやくするためには、未成年者にいかなる知能が具わつていることを要するかに関しては、民法には別段の規定はなく、ただ、この場合においても、被害者たる未成年者においてその行為の責任を弁識するに足る知能を具えていないときは、その不注意を直ちに被害者の過失となし民法 722 条 2 項を適用すべきではないとする当裁判所の判例 [最二小判昭和 31 年 7 月 20 日民集 10 巻 8 号 1079 頁] があることは、所論のとおりである。しかしながら、民法 722 条 2 項の過失相殺の問題は、不法行為者に対し積極的に損害賠償責任を負わせる問題とは趣を異にし、不法行為 [者] が責任を負うべき損害賠償の額を定めるにつき、公平の見地から、損害発生についての被害者の不注意をいかにしんしやくするかの問題に過ぎないのであるから、被害者たる未成年者の過失をしんしやくする場合においても、未成年者に事理を弁識するに足る知能が具わつていれば足り、未成年者に対し不法行為責任を負わせる場合のごとく、行為の責任を弁識するに足る知能が具わつていることを要しないものと解するのが相当である。したがつて、前示判例は、これを変更すべきものと認める。」

　上記昭和 39 年判決は，自転車に二人乗りしていた 8 歳（小学校 2 年生）の男児に過失相殺を適用したものである。一般的に「事理弁識能力」は小学校入学前後で具わると考えられている。

被害者側の過失との関係　　過失相殺とは，被害者の行為態様を公平のために損害の金銭的評価において考慮する制度であるから，事理弁識能力も要らないとする主張もあり，また，事理弁識能力を 4 歳 11 か月の幼稚園児にまで認めた裁判例[1]もあった。しかし，いずれも行き過ぎであり，事理弁識能力のない被害者の過失相殺については，「被害者側の過失」として処理するのが判例である。

1　横浜地川崎支判昭和 46 年 3 月 15 日判タ 261 号 248 頁。

3 被害者側の過失

被害者側の過失論　考慮されるのは被害者本人の過失であることが原則である。しかし，被害者本人の損害賠償額を定めるに当たって，被害者と一定の関係に立つ第三者の過失が考慮されることがある。「被害者側」の過失論である。

考慮される第三者の範囲　リーディングケースとなったのは，8歳の男児が道路に飛び出してトラックにひかれた事故につき，同伴していた母親の，子を抑制すべき監督上の過失を斟酌すべきことを判示した最一小判昭和34年11月26日民集13巻12号1573頁・判時206号14頁であるが，考慮される第三者の基準（「被害者と身分上ないしは生活関係上一体をなすとみられるような関係にある者」）を明確にしたのは，最三小判昭和42年6月27日民集21巻6号1507頁・判タ209号143頁である。

> ●最三小判昭和42年6月27日民集21巻6号1507頁・判タ209号143頁
> 　「民法722条2項に定める被害者の過失とは単に被害者本人の過失のみでなく，ひろく被害者側の過失をも包含する趣旨と解すべきではあるが，本件のように被害者本人が幼児である場合において，右にいう被害者側の過失とは，例えば被害者に対する監督者である父母ないしはその被用者である家事使用人などのように，被害者と身分上ないしは生活関係上一体をなすとみられるような関係にある者の過失をいうものと解するを相当とし，所論のように両親より幼児の監護を委託された者の被用者のような被害者と一体をなすとみられない者の過失はこれに含まれないものと解すべきである。けだし，同条項が損害賠償の額を定めるにあたつて被害者の過失を斟酌することができる旨を定めたのは，発生した損害を加害者と被害者との間において公平に分担させるという公平の理念に基づくものである以上，被害者と一体をなすとみられない者の過失を斟酌することは，第三者の過失によって生じた損害を被害者の負担に帰せしめ，加害者の負担を免ずることとなり，却つて公平の理念に反する結果となるからである。」

保母（保育士）と児童　上記昭和42年判決は，保育園の保母に引率されていた4歳の女児が，保母の不注意により道路に飛び出し，ダンプカーにひかれた事案であるが，保母は「被害者と身分上ないしは生活関係上一体をなす

第14章　過失相殺・好意同乗減額　291

とみられるような関係」にないとして，同人の過失を被害者側の過失として
斟酌することが否定された。

親と児童　　被害者と身分上ないしは生活関係上一体をなすとみられるよう
な関係とは，簡単にいってしまえば，「財布は1つ」ということである。児
童（被害者）とその母親はこの関係にある。

夫と妻・共同不法行為と被害者側の過失　　最一小判昭和51年3月25日民集
30巻2号160頁・判タ336号220頁は，同乗運転者（被害者の夫）と相手方
運転者（第三者）との双方の過失により事故が発生し，同乗者（妻）が被害
者となった事案である。このような共同不法行為の事案では，求償関係の一
挙解決も「被害者側の過失論」のメリットとされている。

> ●最一小判昭和51年3月25日民集30巻2号160頁・判タ336号220頁
> 「民法722条2項が不法行為による損害賠償の額を定めるにつき被害者の過失
> を斟酌することができる旨を定めたのは，不法行為によつて発生した損害を加害
> 者と被害者との間において公平に分担させるという公平の理念に基づくものであ
> ると考えられるから，右被害者の過失には，被害者本人と身分上、生活関係上、
> 一体をなすとみられるような関係にある者の過失，すなわちいわゆる被害者側の
> 過失をも包含するものと解される。したがつて，夫が妻を同乗させて運転する自
> 動車と第三者が運転する自動車とが，右第三者と夫との双方の過失の競合により
> 衝突したため，傷害を被つた妻が右第三者に対し損害賠償を請求する場合の損害
> 額を算定するについては，右夫婦の婚姻関係が既に破綻にひんしているなど特段
> の事情のない限り，夫の過失を被害者側の過失として斟酌することができるもの
> と解するのを相当とする。このように解するときは，加害者が，いつたん被害者
> である妻に対して全損害を賠償した後，夫にその過失に応じた負担部分を求償す
> るという求償関係をも一挙に解決し，紛争を1回で処理することができるという
> 合理性もある。」

内縁の夫婦　　内縁の夫婦（最三小判平成19年4月24日裁判集民224号261
頁・判タ1240号118頁）の関係も同様である。

同僚同士　　被害者と同じ職場に勤務する同僚は，身分上ないしは生活関係

上一体をなすとみられるような関係にはない（最三小判昭和 56 年 2 月 17 日裁判集民 132 号 149 頁・判タ 437 号 100 頁）。

恋人同士　自動車の運転者（男性）とこれに同乗中の被害者（女性）が 3 年前から恋愛関係にあったものの，婚姻していたわけでも，同居していたわけでもない場合には，過失相殺において運転者の過失が被害者側の過失と認められるために必要な身分上，生活関係上の一体性があるとはいえない（最三小判平成 9 年 9 月 9 日裁判集民 185 号 217 頁・判タ 955 号 139 頁）。

基準では賄いきれないケース　しかし，「被害者と身分上ないしは生活関係上一体をなすとみられるような関係にある者」という基準では賄いきれないケースもある。

共同暴走行為　最二小判平成 20 年 7 月 4 日交民 41 巻 4 号 839 頁[2]は，A が運転し B が同乗する自動二輪車と，これを停止させるため路上前方に停車していたパトカーとが衝突し，B が死亡した事故について，B の相続人がパトカーの運行供用者である岡山県に対し，自賠法 3 条に基づき損害賠償を求めた事案である。

　原審は，「A と B との間には身分上，生活関係上の一体性はない」として，A の過失を B の「被害者側の過失」として考慮することを否定したが，最高裁は，被害者 B が同乗していた自動二輪車の，事故発生当時の運転者 A の過失（前方注視義務違反，制限速度違反）も，「公平の見地に照らし」被害者（同乗者）B の過失として考慮することができる，とした。

●最二小判平成 20 年 7 月 4 日交民 41 巻 4 号 839 頁

　「前記事実関係によれば，A と B は，本件事故当日の午後 9 時ころから本件自動二輪車を交代で運転しながら共同して暴走行為を繰り返し，午後 11 時 35 分ころ，本件国道上で取締りに向かった本件パトカーから追跡され，いったんこれを

2　『赤い本 2010 年版（下）』33 頁以下〔飯畑勝之〕は，この平成 20 年判決を踏まえ，被害車両の運転者の過失が被害者側の過失に当たるとして過失相殺が認められるのは，被害車両の同乗者と運転者との間にどのような関係がある場合か，検討している。

> 逃れた後，午後11時49分ころ，Aが本件自動二輪車を運転して本件国道を走
> 行中，本件駐車場内の本件小型パトカーを見付け，再度これから逃れるために制
> 限速度を大きく超過して走行するとともに，一緒に暴走行為をしていた友人が捕
> まっていないか本件小型パトカーの様子をうかがおうとしてわき見をしたため，
> 本件自動二輪車を停止させるために停車していた本件パトカーの発見が遅れ，本
> 件事故が発生したというのである（以下，本件小型パトカーを見付けてからの
> Aの運転行為を「本件運転行為」という。）。
> 　以上のような本件運転行為に至る経過や本件運転行為の態様からすれば，本件
> 運転行為は，BとAが共同して行っていた暴走行為から独立したAの単独行為
> とみることはできず，上記共同暴走行為の一環を成すものというべきである。
> 　したがって，上告人との関係で民法722条2項の過失相殺をするに当たっては，
> 公平の見地に照らし，本件運転行為におけるAの過失もBの過失として考慮す
> ることができると解すべきである。」

　確かに，AとBとの間には「財布は1つ」という関係はないが，AとB
とは，自動二輪車を交代運転しながら暴走行為を繰り返しており，事故発生
当時は，たまたまAが運転してBが同乗していたという関係にあったにす
ぎない。最高裁が判示するように，「本件運転行為に至る経過や本件運転行
為の態様からすれば，本件運転行為は，BとAが共同して行っていた暴走
行為から独立したAの単独行為とみることはできず，上記共同暴走行為の
一環を成すものというべきである」という判断が常識に適う。

　最高裁は「被害者側の過失」という表現を慎重に避けており，共同不法行
為的発想から，Aの過失もB自身の過失として捉えているように思われる。

被害者の被用者の過失　　上記平成20年判決を引用しながら，公平の見地に
照らし，車を運転していた被用者の過失をもって，車に同乗していた使用者
（被害者）の過失として考慮した裁判例（名古屋高判平成21年2月12日交民42
巻1号1頁）がある。事案は，X（被害者）が，同人の実質的被用者であるA
が運転する自動車に同乗中，同車両がY運転の自動車と衝突し，Xが負傷
したものであるが，裁判所は，「本件事故当時のAの運転は，Xの指揮監督
の下にXの業務の執行につき行われたというべきであるから，Yとの関係
で民法722条2項の過失相殺をするに当たっては，公平の見地に照らし，控

訴人の実質的被用者である A の過失を X 側の過失として考慮するのが相当
である」とした（最三小決平成 21 年 9 月 29 日交民 42 巻 1 号 18 頁は上告を却下，
上告受理申立てを不受理とし，名古屋高裁平成 21 年判決が確定している）。

4 過失相殺の対象となる損害

　過失相殺の対象となる損害は，原則として治療関係費を含めた全損害であ
る。

5 過失相殺率

基　　準　　実務では，過失相殺率が争点となることが多い。交通事故につ
いては事故態様ごとにパターン化され，「過失相殺率の認定基準」が公表さ
れている。実務で最もよく使用されているのは，東京地裁民事交通訴訟研究
会編『民事交通訴訟における過失相殺率の認定基準［全訂 5 版］』（別冊判タ
38 号，判例タイムズ社・2014 年）（以下，「［全訂 5 版］」）である。

［全訂 5 版］の特色　　［全訂 5 版］で特筆すべきことは，これまで基準化さ
れていなかった「歩行者と自転車の事故」（「全訂 5 版」第 2 章）と「駐車場
内の事故」（「全訂 5 版」第 7 章）が基準化されたことである。歩行者と自転
車の事故は最近増加しており，かつ損害賠償額も高額化している[3]。また，
駐車場内の事故も増加しており，いずれも大変参考となる。

自転車同士の事故　　この類型については基準化されていないが，対等な関
係にあるもの同士の事故ということで，四輪車同士の事故（「全訂 5 版」第 3
章）の基準を参考としつつ，自転車の特色を考慮して検討されている[4]。

過失割合と過失相殺率　　過失相殺の基本的な考え方（絶対説・相対説）とも

3　東京地判平成 20 年 6 月 5 日（LLI/DB06331560）は合計約 9300 万円の，神戸地裁平成 25 年 7
　月 4 日判時 2197 号 84 頁は合計約 9500 万円の賠償を命じている。

4　『赤い本 2014 年版（下）』53 頁以下〔波多野紀夫〕が具体的な検討を行っている。

関係するが，「過失相殺率」という概念は，被害者側の損害賠償額の減額率に着目した概念であって，加害者と被害者との「過失割合」とは異なる概念である。しかし，四輪車同士の事故（対等者間における事故）では「過失割合」と同一に機能する。これに対し，一方当事者が，単車・自転車・歩行者である事故（強者対弱者間における事故）では，これらの者が被害者となった場合を想定した「過失相殺率」を示すものであり，これらの者が加害者となった場合における「過失割合」を示すものではない，と指摘されている[5]。

どのような事由が考慮されるのか　　不法行為の成立（損害の発生を含む）または損害の拡大と因果関係のある被害者の過失が考慮の対象となる。この点は，当然の前提とされているからか，概論書では明確に指摘されることは少ない。

　筆者がかつて，実際に経験した例を挙げる。依頼者（被害者）は，友人が運転する車の助手席にシートベルト不装着で同乗していた。運転者の運転操作ミスによりガードレールに衝突し，依頼者は車とガードレールに足を挟まれて片足切断という重傷を負った。筆者が，運転者と同人が契約していた自動車保険の保険会社を相手方として損害賠償請求訴訟を提起したところ，被告代理人は，「原告はシートベルトを装着していなかったから過失相殺がなされるべきである」と主張してきた。

　しかし，仮に，シートベルトを装着していなかったために，衝突の衝撃で車外に放り出され，頭部を地面に強打して負傷したというのであれば，この主張は適切であるが，依頼者は，車とガードレールに足を挟まれて片足を切断したのであるから，シートベルト不装着と損害の発生・拡大との因果関係はない。

　交通事故では，かつて，損害の発生・拡大との因果関係がなくても，被害者の無免許運転・酒気帯び運転・酒酔い運転は，その違法性の重大さから過失相殺事由とする，という考え方もあった。しかし，赤信号で停止中の車両が追突され，被追突車の運転者（被害者）が酒気帯びであったとしても，過失相殺事由とするのはおかしいと指摘されている。もっとも，事故態様によ

5　［全訂 5 版］44 頁。

り，無免許運転・酒気帯び運転・酒酔い運転の事実が，他の過失相殺事由（前方不注視，未熟運転等）の存在を推認させることがあることは当然である。

6 過失相殺の法的性質

抗　弁　「過失相殺」は，一般的には被告側の「抗弁」として位置づけられているが，その意味が問題である。

不法行為における過失相殺について，最三小判昭和 41 年 6 月 21 日民集20 巻 5 号 1078 頁・判タ 194 号 83 頁は，次のように判示している。

> ●最三小判昭和 41 年 6 月 21 日民集 20 巻 5 号 1078 頁・判タ 194 号 83 頁
> 「不法行為による損害賠償の額を定めるにあたり、被害者に過失のあるときは、裁判所がこれをしんしやくすることができることは民法 722 条の規定するところである。この規定によると、被害者の過失は賠償額の範囲に影響を及ぼすべき事実であるから、裁判所は訴訟にあらわれた資料にもとづき被害者に過失があると認めるべき場合には、賠償額を判定するについて職権をもつてこれをしんしやくすることができると解すべきであつて、賠償義務者から過失相殺の主張のあることを要しないものである [大判昭和 3 年 8 月 1 日民集 7 巻 648 頁参照]。」

他方で，最三小判昭和 43 年 12 月 24 日民集 22 巻 13 号 3454 頁・判タ 230号 170 頁は，債務不履行に関する過失相殺（民法 418 条）についてであるが，次のように判示している。

> ●最三小判昭和 43 年 12 月 24 日民集 22 巻 13 号 3454 頁・判タ 230 号 170 頁
> 「民法 418 条による過失相殺は、債務者の主張がなくても、裁判所が職権ですることができるが、債権者に過失があつた事実は、債務者において立証責任を負うものと解すべきである。」

主張・立証責任　学説としては，被害者（原告）の過失を根拠づける具体的事実について訴訟当事者は「主張責任」を負わない（弁論主義の適用がない）との理解がある一方で，これを肯定すべきである，との理解もある。判例が，過失と評価される具体的事実についても，弁論主義の適用を否定した

という見解は行き過ぎであろう。過失相殺の抗弁を行使するとの権利主張までは必要ではないが，過失と評価される具体的事実（これが主要事実となる）は，被告側が主張・立証しなければならないと解すべきである。

7 一部請求と過失相殺の方法

問題の所在　　損害賠償請求のような，数量的に可分な債権について，原告がその一部に限定して請求することは許される。問題は，当該訴訟における訴訟物（審判の対象）は限定された債権の一部なのか，全部なのか，という点にあり，前者であれば，当該訴訟の確定判決の効力（既判力）は限定された一部のみ生じ，残部には及ばないが，後者であれば，債権全部について生じることになる（したがって，後訴で残部を請求することは許されない）。

明示的一部請求許容説　　この点，判例は，不法行為に基づく損害賠償請求について，原告が一部請求であることを明示した場合には，明示されたその一部のみが訴訟物となり，確定判決の既判力は残部の請求には及ばない，とする（最二小判昭和 37 年 8 月 10 日民集 16 巻 8 号 1720 頁）。明示的一部請求許容説と呼ばれる考え方である。

時効中断効　　一部請求を許容する場合には，訴え提起による時効中断効（民法 149 条）も，明示されている一部請求についてのみ生じ，残部には及ばない（最二小判昭和 34 年 2 月 20 日民集 13 巻 2 号 209 頁・判時 178 号 3 頁）。

過失相殺の方法　　不法行為に基づく 1 個の損害賠償請求権のうちの一部が訴訟上請求されている場合における過失相殺の方法には，①単純に請求額を過失割合に応じて減額する方法（按分説），②全損害額を過失割合に応じて減額し，その残額を請求額の範囲で認容する方法（外側説），③全損害額から過失割合に応じて減額すべき額を，請求額から控除する方法（内側説）がある。
　最一小判昭和 48 年 4 月 5 日民集 27 巻 3 号 419 頁・判タ 299 号 298 頁は，当事者の通常の意思を根拠に外側説を採用した。

●最一小判昭和48年4月5日民集27巻3号419頁・判タ299号298頁
「1個の損害賠償請求権のうちの一部が訴訟上請求されている場合に、過失相殺をするにあたつては、損害の全額から過失割合による減額をし、その残額が請求額をこえないときは右残額を認容し、残額が請求額をこえるときは請求の全額を認容することができるものと解すべきである。このように解することが一部請求をする当事者の通常の意思にもそうものというべきであつて、所論のように、請求額を基礎とし、これから過失割合による減額をした残額のみを認容すべきものと解するのは、相当でない。したがつて、右と同趣旨において前示のような過失相殺をし、被上告人Bの第一審における請求の範囲内において前示金額の請求を認容した原審の判断は、正当として是認することができる。」

【具体例】
　過失相殺率40パーセントの事故で、全損害1000万円のうち、その一部である500万円を請求したケースで、図解する。

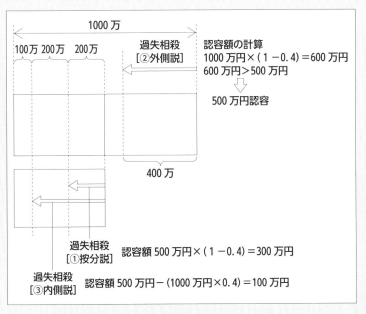

図32　一部請求と過失相殺

第14章　過失相殺・好意同乗減額　299

2 – 好意同乗減額

他人を無償で好意的に自動車に同乗させていた際に交通事故を起こした場合，運行供用者や運転者が負うべき損害賠償の額を減額できるか（好意同乗を理由に損害賠償額の減額を主張することができるか），できるとした場合のその根拠等が議論されてきた。

自賠法 3 条との関係　「同乗者」が運行供用者に当たる場合には，原則として「他人」には当たらないが，一般的には無償同乗者は運行支配を有することはないから「他人」に当たる（最二小判昭和 42 年 9 月 29 日裁判集民 88 号 629 頁・判タ 211 号 152 頁）。

かつては，好意同乗であることだけで損害賠償額を減額した裁判例もあったが，近時の裁判実務の大勢は，この問題を過失相殺の適用または類推適用の問題として捉えている。すなわち，好意同乗であること自体（単なる便乗・同乗型）では減額は行わず，同乗者（被害者）に何らかの帰責性が認められる場合に限り減額するという考え方である[6]。

同乗者の帰責性　同乗者の帰責性については，①同乗者が危険の増大に関与した場合（危険関与・増幅型）と，②同乗者が危険を承知で乗り込んだ場合（危険承知型）に類型化されている。危険関与・増幅型とは，同乗者が運転の邪魔をするとか，スピード違反を煽るような場合であり，危険承知型とは，運転者が無免許運転であるとか，薬物を使用しているとか，飲酒運転であるとか知りながら同乗する場合である。同乗者にこれらの帰責性がない，単なる便乗・同乗型については減額を行わない。

運行供用者型　このほかに，同乗者が共同運行供用者と認められ，運転者に自賠法 3 条の運行供用者責任は成立しないが，民法 709 条に基づく損害賠償責任が成立する場合が挙げられ，減額が認められている。

6　『赤い本 2003 年版』275 頁以下〔松本利幸〕は，実務はこのような考え方でほぼ固まっていると確認した上で，同乗減額と共同不法行為の問題を詳細に検討している。

減額の対象　過失相殺の適用または類推適用として処理する場合には，損害額全体について減額を行うことになるが，慰謝料のみを減額する裁判例もある。

好意同乗と共同不法行為　被害者の同乗していた自動車が，他の自動車と衝突したような場合には複雑な問題が生じる。

【設例】
　Aが運転する甲車と，Bが運転する乙車とが衝突して，甲車に同乗していたXが負傷した。事故発生についての過失割合は，Aが40パーセント，Bが60パーセントであった。Xに1000万円の損害が生じた。

図33　【設例】の図解

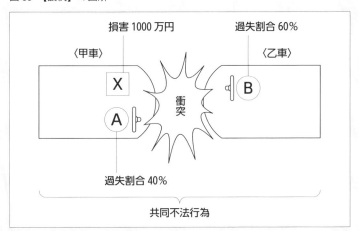

［ケース1］
　Xは，通りがかりのAからドライブに誘われ，甲車に無償で（Aの好意で）同乗していたところであったが，普通に同乗していただけであり，Aの運転を妨害するような行為はしていない。Aは運転免許を持っており，薬物を使用したり，酒を飲んだりしてはいなかった。
［ケース2］
　Xは，友達のAとカラオケスナックで一緒に飲酒し，その後，自宅に送ってもらうため，Aが相当程度酩酊していることを認識しながら，甲車に同乗した。

第14章　過失相殺・好意同乗減額　301

共同不法行為　【設例】のケースでは，AとBとはXに対して共同不法行為者となるので，民法719条に基づき，Xの被った損害を連帯して賠償すべき責任を負う（→321頁以下）。

XからBに対する損害賠償請求　XがBに対して損害賠償を請求した場合，Bは賠償額の減額を主張できるか。これを「被害者側の過失」の問題（→291頁以下）として捉えれば，被害者XとAとの間には身分上，生活関係上の一体性がないから，［ケース1］［ケース2］ともに，BはXに対し，Aの40パーセントの過失を「被害者側の過失」として援用することはできない。

　しかし，［ケース2］では，XはAと一緒に飲酒し，同人が相当程度酩酊していることを認識しながら，危険を承知で乗り込んだわけであるから（危険承知型），その点を捉えて，BはXに対し，X自身の落ち度を理由に過失相殺の適用または類推適用を主張することができる。その場合の減額率（過失相殺率）を仮に20パーセントとしておく。

XからAに対する損害賠償請求　XがAに対して損害賠償を請求した場合，Aは賠償額の減額を主張できるか。これが「好意同乗」減額の問題である。過失相殺の適用または類推適用により処理する立場に従えば，単なる便乗・同乗型である［ケース1］ではAは減額を主張できないが，危険承知型である［ケース2］ではAは減額を主張することができる。

便乗・同乗型でも減額を認める立場　単なる便乗・同乗型でも減額を認める立場においては，［ケース1］においてもAは減額を主張することができることになるが，それは甲車の運転者Aと同乗車Xとの人的・内部的関係に基づくものであるから，Xから損害賠償を請求されたBが主張できるものではない。

求　償　［ケース1］において，BがXに対して1000万円の損害賠償をした場合，BはAに対して過失割合に応じた求償——Aの過失割合40パーセントに相当する400万円の求償——をできるはずである。ところが，A

はXに対して好意同乗減額により900万円の賠償義務しか負っていないことになれば、その40パーセントに相当する360万円の求償義務しか負っていないように思われ、その差額を誰が負担することになるのか、という複雑な問題に逢着することになる。

この点（求償額の計算）は、過失相殺の適用または類推適用の問題として捉える立場では複雑な問題が生じることはない。［ケース1］においては、AもBも、Xに対して1000万円の賠償義務を負うことになり、［ケース2］においては、AからもBからも、Xに対し20パーセントの過失相殺を主張することができ、AもBも、Xに対して800万円の賠償義務を負うことになる。いずれの場合も、求償額の計算は簡単で、法律関係を簡明に処理できる[7]。

もっとも、最三小判平成13年3月13日民集55巻2号328頁・判タ1059号59頁が、「共同不法行為においても、過失相殺は各不法行為の加害者と被害者との間の過失の割合に応じてすべきものであり、他の不法行為者と被害者との間における過失の割合をしん酌して過失相殺をすることは許されない」（相対的過失相殺）としていることから（→334頁）、危険承知型や危険関与・増幅型において、Aに対する過失割合をそのままBに対する過失割合としてよいかについては疑問が提起されている[8]。裁判所における和解の場においては、同乗者（被害者）、同乗運転者、相手方運転者に過失割合を割り付ける方法による運用がされることが多いようである。

7　『損害賠償の諸問題II』81頁以下〔竹野下善彦〕は、好意同乗減額について、帰責事由がある場合にのみ過失相殺として減額するという立場は、結果的に求償関係の処理を簡明にすることができると述べているので、AもBも同一割合の減額を主張できることが前提となっていると思われる。東京三弁護士会交通事故処理委員会編『新しい交通賠償論の胎動』（ぎょうせい・2002年）221頁も参照。

8　『赤い本2003年版』275頁以下〔松本〕は、相対的過失相殺の立場から、危険承知型、危険関与・増幅型、運行供用者型に分けて、具体的に詳細な検討をしている。

第15章―素因減責

1 序　論

素因減責論とは　　加害行為とともに被害者の素因が寄与・競合することによって，損害が発生・拡大した場合に，加害行為者に発生した損害の全部について賠償責任を負わせるべきか（素因原則不考慮説），それとも加害行為が損害の発生・拡大に影響を及ぼした度合い（寄与度・寄与率）に応じた賠償責任を負わせるべきか（素因原則考慮説）という問題が，素因減責論である[1]。

被害者の素因　　被害者の素因とは，被害者自身の属性のうち心身ともに「健康」という基準からずれる部分，あるいは被害者の「個性」であり，これまで心因的要因と体質的素因とに分けられてきた。

伝統的考え方と批判　　たとえば，加害行為（寄与度60パーセント）と被害者の素因（寄与度40パーセント）とが競合して1000万円の損害が発生したとする。この場合，当該加害行為さえなければ当該損害は発生しなかったであろうという関係（条件関係＝事実的因果関係）があり，加害行為者が被害者の素因の存在について予見可能であれば，加害行為者は発生した損害の全部（1000万円）につき賠償責任があり，逆に，予見可能性がなければ加害行為者は損害賠償責任を負わないとするのが，伝統的な考え方であった。すなわち，民法416条＝相当因果関係説の判断フレームを用い，被害者の素因を同条の「特別事情」と捉えるわけである。この立場では，オール・オア・ナッ

---

[1]　素因減責論については，北河隆之「素因減責論の現状と課題」東京三弁護士会交通事故処理委員会編『交通事故訴訟の理論と展望―創立30周年記念論文集』（ぎょうせい・1993年）113頁以下，同「素因減責論の新展開」判タ943号67頁以下，同「素因減責論」野村好弘監修・北河隆之＝小賀野晶一編『割合的解決と公平の原則』（ぎょうせい・2002年）23頁以下参照。近時の論文として，森健二「交通損害賠償における『あるがまま』」判タ1326号39頁がある。

図34 素因減責のイメージ図

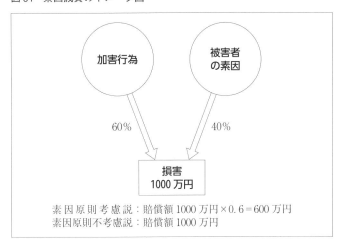

シングの結論となるが，そのような解決は硬直的であり，中間的な解決（割合的処理）をすべきであるとの批判が生まれてきた。上記設例において，加害行為者には加害行為の寄与度に応じた割合的責任【1000万円×0.6＝600万円】を認めるのが公平である，とする考え方である。

素因競合の諸相　実は一口に素因競合といっても，その中にはさまざまなケースが含まれている。以上の説明は，①事故による外力が作用するまでは発症していなかった潜在的素因が外傷契機によって顕在化した場合と，事故前に既に素因による症状が発症していたが，事故による外力が作用した結果，症状が増悪した場合を念頭においたものである（必要的競合，狭義の素因競合）。このほかに，②事故と当該具体的結果との事実的因果関係が不明な場合（原因不明の場合），③事故から発生した損害と，被害者の素因から発生した損害とが混じり合って存在する場合（複数原因による損害の混在），④具体的な損害発生の原因となったのは事故以外にはないが，事故がなくても早晩同じような損害が発生したと考えられる場合（たとえば，がんに罹患して余命いくばくもない人が事故によって死亡したようなケースを想定されたい。仮定的原因とか潜在的損害と呼ばれている問題である）がある。もっとも，実際には①②③を厳密に区別することは不可能であろう。

割合的因果関係論　素因原則考慮説の嚆矢は，割合的因果関係論（野村好弘が提唱）であった。この説は，従来の伝統的な因果関係論が事実的因果関係の有無の判断基準として不可欠条件公式（「あれなければこれなし」公式）を用いているのに対し，「当該要素が結果発生にどの程度寄与したか」というふうに事実的因果関係を量的問題として捉えていくべきであり，従来の因果関係を「寄与度」に置き換えて責任範囲確定基準としようとする考え方である。

確率的心証論　割合的因果関係論が実体法的視点からの割合的処理であるのに対し，訴訟法的視点から割合的処理を指向するものが，確率的心証論（倉田卓次が提唱）である。この説は，加害行為と損害との間の事実的因果関係の存在についての肯定的心証度に応じて損害賠償額を認容しようとする考え方である。

過失相殺類推適用説　実体法的視点での割合的処理のもう１つの方策が，過失相殺類推適用説（中野貞一郎が提唱）であり，後述のとおり最高裁が採用するところである。「過失」相殺の規定の類推適用とはいうものの，被害者の帰責性・非難性は類推適用の要件とはされていない。

素因原則不考慮説　このような素因原則考慮説の実質的価値判断（公平観）に疑問を提起し，被害者の帰責的要素を要件とせずに被害者の素因を斟酌して加害者の責任を減じることは公平ではないとする立場が素因原則不考慮説である。

英米法　英米法の教科書では，この問題がエッグ・スカル・ケースとして紹介されている。軽い打撃を受けた者が，異常に薄い頭蓋骨の持ち主であったため，そのことを知らなかった加害者の予想外の重大な結果を招いたとしても，加害者は現実に生じた全ての損害を賠償する責任を負うという法理である。英米法では「加害者は被害者のあるがままを受け入れなければならない」のが基本原則となっており（ドイツでも同様で，「健康上，虚弱な者を侵害した者は，健康な者を侵害したのと同様に扱われることを求めえない」とされて

いる），ここでいう素因原則不考慮説が通説・判例となっている。

この問題については，昭和 63 年，平成 4 年，平成 8 年に最高裁判決が出ることによって判例の準則が確立している。

2 心因的要因の競合

最一小判昭和 63 年 4 月 21 日　心因性加重の問題につき，リーディングケースとされる判決は，最一小判昭和 63 年 4 月 21 日民集 42 巻 4 号 243 頁・判タ 667 号 99 頁（以下，「昭和 63 年判決」）である。事案は，軽微な追突事故によってむち打ち症となった女性被害者が，実に 10 年以上も入通院を繰り返したという，誰が見ても異常なケースであり，最高裁は，事故の加害者が賠償責任を負担するのは，事故後 3 年間までに発生した損害のうちの 40 パーセントである，とした。同判決により示された準則（一般論）は，次のようなものである。

> ●最一小判昭和 63 年 4 月 21 日民集 42 巻 4 号 243 頁・判タ 667 号 99 頁
> 　「思うに，<u>身体に対する加害行為と発生した損害との間に相当因果関係がある</u><u>場合において，その損害がその加害行為のみによつて通常発生する程度，範囲を</u><u>超えるものであつて，かつ，その損害の拡大について被害者の心因的要因が寄与</u><u>しているときは，損害を公平に分担させるという損害賠償法の理念に照らし，裁</u><u>判所は，損害賠償の額を定めるに当たり，民法 722 条 2 項の過失相殺の規定を類</u><u>推適用して，その損害の拡大に寄与した被害者の右事情を斟酌することができる</u><u>ものと解するのが相当である。</u>」

「民法 722 条 2 項を類推適用して，その損害の拡大に寄与した被害者の右事情を斟酌することができる」とは，加害者側に支払いを命じる損害賠償額を減額できるという意味である。

評　価　本件は，いわゆる賠償神経症か，これに類似するケースと思われ（素因原則不考慮説が通説・判例となっているドイツにおいても，例外的に賠償神経症の場合には賠償の否定もしくは減責が認められている），素因原則考慮説の論者からもその結論自体には異論は出なかったが，その一般論の射程範

第 15 章　素因減責　　307

囲については限定的に解すべきであるとの指摘がなされ，そのような理解を
する下級審裁判例も出てきた（たとえば，「あるがまま判決」と呼ばれた東京地
判平成元年9月7日判夕729号191頁[2]が，その典型である）。

3 体質的素因の競合

最一小判平成4年6月25日　　昭和63年判決の一般論は，体質的素因が損
害の発生・拡大に寄与した場合の減責の可否には触れておらず，同判決の射
程は体質的素因には及ばないとする理解が大勢であったところ，最一小判平
成4年6月25日民集46巻4号400頁・判夕813号198頁[3]（以下，「平成4
年判決」）は，ほぼ同様の一般論を疾患（病気）に関しても展開するに至った。

> ●最一小判平成4年6月25日民集46巻4号400頁・判夕813号198頁
> 　「被害者に対する加害行為と被害者のり患していた疾患とがともに原因となっ
> て損害が発生した場合において，当該疾患の態様、程度などに照らし、加害者に
> 損害の全部を賠償させるのが公平を失するときは、裁判所は、損害賠償の額を定
> めるに当たり、民法722条2項の過失相殺の規定を類推適用して、被害者の当該
> 疾患をしんしゃくすることができるものと解するのが相当である。けだし、この
> 場合においてもなお、被害者に生じた損害の全部を加害者に賠償させるのは、損
> 害の公平な分担を図る損害賠償法の理念に反するものといわなければならないか
> らである。」

　事案は，事故の1か月前に一酸化炭素中毒に罹患していた男性被害者（タ
クシー運転手）が，事故による頭部打撲傷を引き金として，潜在化していた
一酸化炭素中毒における精神症状が顕在化し，次第に増悪し，事故から3年
1か月後に死亡したというケースであったが，最高裁は，事故と死亡との因
果関係を認めた上で，賠償額を50パーセント減額した原判決を是認した。

評　　価　　昭和63年判決が損害の「拡大」について被害者の素因が寄与

2　北河隆之「交通事故訴訟判例研究第17回」交通と医療4巻2号10頁。
3　評釈として，北河隆之・平成4年度重要判例解説（ジュリスト臨時増刊1024号）89頁以下，
　同・判夕797号22頁以下を参照。

308

しているときに減責を肯定したものであるのに対し，平成4年判決は損害の「発生」について被害者の素因が競合しているときに減責を肯定したものである。減責の根拠として過失相殺類推適用説を採用することも固まった。しかし，平成4年判決の事案を仔細にみていくと，その実体は，事故と死亡との因果関係については心証度に応じた割合的処理がなされたケースであり（第二審で鑑定が実施されているが，鑑定書では，患者が死に至った原因については不可解である，原因不明の極めて偶発的死亡であり，いわば突然死ともいうべきである，とされている），また，精神症状については事故と被害者の素因による損害が混在していたケースではないか（事故時，被害者のタクシーは危険な首都高速の第二車線に停止していた。第一審判決では，被害者が乗客の指示とは別の方向に走り出したり，釣銭として石を渡そうとしたりしたという苦情がタクシー近代化センターに持ち込まれていたことが窺われる。これらは，事故前の段階で，既に一酸化炭素中毒による精神症状が再発していたことを窺わせる），というのが私見である[4]。

素因減責と本来的過失相殺の実施方法　これについては，損害額に素因減責を実施し，その残額に対して過失相殺を実施する方法（順次減額方式）と，素因減責率と過失相殺率を加算して損害額に乗じる方法（加算減額方式）とがある。平成4年判決の原審（東京高判昭和63年4月25日金判920号34頁）は順次減額方式を採用している。理論的には順次減額方式が妥当であろう。

4　身体的特徴の影響

　平成4年判決は「疾患」が原因競合したケースであったが，その当否は別として，その射程範囲は体質的素因全般に及ぶものと理解された。他方で，同判決の射程範囲を可及的に制限しようとする学説からは，被害者側に何らかの帰責事由が存することを減責の要件とすべきであるなどの主張がなされた。

4　詳しくは，北河・前掲注3判タ797号25〜28頁を参照。

2つの平成8年判決　　そのような状況の中で，最高裁第三小法廷から平成8年10月29日に同日付けの二判決が出され，ここに至って，判例理論の全体像が明らかとなった。

頸椎後縦靱帯骨化症事件　　1つの判決は，頸椎後縦靱帯骨化症（OPLL）という疾患のある被害者が，追突されて頸椎捻挫（むち打ち症）の傷害を受け，治療が長期化し，神経障害が残った，というケースである。原審（大阪高判平成5年5月27日交民29巻5号1291頁）は，素因減額を否定した。これに対し，最高裁（最三小判平成8年10月29日交民29巻5号1272頁〔OPLL事件〕）は，平成4年判決を引用しながら，原判決を破棄し，差し戻した。なお，差戻し控訴審である大阪高判平成9年4月30日交民30巻2号378頁は疾患の寄与度を30パーセントと判断し，減責を実施している。

> ●最三小判平成8年10月29日交民29巻5号1272頁
> 　「被害者に対する加害行為と加害行為前から存在した被害者の疾患とが共に原因となつて損害が発生した場合において，当該疾患の態様，程度などに照らし，加害者に損害の全部を賠償させるのが公平を失するときは，裁判所は，損害賠償の額を定めるに当たり，民法722条2項の規定を類推適用して，被害者の疾患を斟酌することができることは，当裁判所の判例［平成4年判決］とするところである。そしてこのことは，加害行為前に疾患に伴う症状が発現していたかどうか，疾患が難病であるかどうか，疾患に罹患するにつき被害者の責めに帰すべき事由があるかどうか，加害行為により被害者が被つた衝撃の強弱，損害拡大の素因を有しながら社会生活を営んでいる者の多寡等の事情によつて左右されるものではないというべきである。」

首の長い女性事件　　もう1つの判決は，首が長くこれに伴う多少の頸椎不安定症がある女性被害者が追突されて頸椎捻挫の傷害を受け，左胸郭出口症候群やバレーリュー症候群を生じた，というケースである。原審（福岡高宮崎支判平成4年12月25日交民29巻5号1262頁）は，体質的素因・心因的要素の競合を理由に，40パーセントの素因減額を実施した。これに対し，最高裁（最三小判平成8年10月29日民集50巻9号2474頁・判タ931号164頁〔首の長い女性事件〕）は，同じように平成4年判決を引用しながらも，「しか

しながら」と続け，次のように述べて，賠償額の減額を否定し，原判決を破棄し，差し戻した。自判しなかったのは，心因的要素の斟酌の余地を残し（「損害賠償の額を定めるに当たり上告人の心因的要素を斟酌すべきか否かはさておき」と述べている），損害額全般について審理を尽くさせる必要があるから，ということである。なお，差戻し控訴審判決は公表されていないようである。

●最三小判平成 8 年 10 月 29 日民集 50 巻 9 号 2474 頁・判タ 931 号 164 頁
　「被害者に対する加害行為と加害行為前から存在した被害者の疾患とが共に原因となって損害が発生した場合において、当該疾患の態様、程度などに照らし、加害者に損害の全部を賠償させるのが公平を失するときは、裁判所は、損害賠償の額を定めるに当たり、民法 722 条 2 項の規定を類推適用して、被害者の疾患を斟酌することができることは、当裁判所の判例［平成 4 年判決］とするところである。しかしながら、被害者が平均的な体格ないし通常の体質と異なる身体的特徴を有していたとしても、それが疾患に当たらない場合には、特段の事情の存しない限り、被害者の右身体的特徴を損害賠償の額を定めるに当たり斟酌することはできないと解すべきである。けだし、人の体格ないし体質は、すべての人が均一同質なものということはできないものであり、極端な肥満など通常人の平均値から著しくかけ離れた身体的特徴を有する者が、転倒などにより重大な傷害を被りかねないことから日常生活において通常人に比べてより慎重な行動をとることが求められるような場合は格別、その程度に至らない身体的特徴は、個々人の個体差の範囲として当然にその存在が予定されているものというべきだからである。」

評　　価　　それまでの素因減責をめぐる議論においては，——素因減責を肯定するにせよ，否定するにせよ——被害者の素因を体質的素因と心因的要因とに二分して論じるのが一般的であり，体質的素因を，さらに身体的特徴と疾患とに分けるという考え方はなかった。その意味で，本判決は最高裁独自の考え方を打ち出したユニークなものであり，平成 4 年判決の射程範囲を明らかにするものである。

5 判例の準則

準　　則　　以上の判例理論を要約すると，①被害者の心因的（心理的）要

因や疾患（病気）の影響により，損害が発生・拡大した場合には相応の賠償額の減額を認め，②それが疾患には至らない身体的特徴の影響による場合には，原則として賠償額の減額を認めない（特段の事情がある場合には，例外的に減額を認める），ということになる。

図35 判例の準則

疾患と身体的特徴の区別　そうなると，被害者の身体的変性（特に加齢的変性）が「疾患」なのか，それとも「身体的特徴」にとどまるものなのかは重大問題となるが，その境界はどこにあるのであろうか。特に問題となるのが老化現象による身体的変性である。

判決のいう「平均的な体格ないし通常の体質」は年齢に応じて考えることになるから——老若男女を通じての平均的な体格・通常の体質など考えられない——，歳相応の老化現象による身体的変性は，それが医学的には「疾患」といえるとしても「身体的特徴」にとどまり，それを著しく超える身体的変化が「疾患」として評価されることになる[5]。その意味で，ここでいう「疾患」は——医学概念を基礎とするものではあるが——法的概念である。首の長い女性事件判決の調査官解説[6]でも，「通常の加齢による骨の変性」は疾患に当たらないとされている。

疾患に該当する場合　平成4年判決は，①加害行為と被害者の疾患とがともに原因となって損害が発生した場合において，②当該疾患の態様，程度などに照らし，加害者に損害の全部を賠償させるのが公平を失するときに賠償

---

[5] 『赤い本2009年版（下）』51頁以下〔鈴木祐治〕は，頸椎後縦靱帯骨化症，椎間板ヘルニア，脊柱管狭窄症，骨粗鬆症について裁判例を整理している。
[6] 法曹会編『最高裁判所判例解説民事篇平成8年度』（1999年）817頁〔長沢幸男〕。

額を減額できるとしている。したがって，素因が疾患に該当する場合であっても，損害の公平な分担という観点から賠償額を減額しないことも可能ということになる。

6 立証責任

抗　弁　一般的に，素因減額の主張は抗弁として位置づけられている。過失相殺の規定を類推適用するという構成からもその理解で正しいわけであるが，前述の判例の準則からみて，次のように整理できるであろう[7]。

(1)　「心因的要因」が損害の発生・拡大に寄与している場合には，被告は抗弁として，①その損害がその加害行為のみによって通常発生する程度，範囲を超えるものであること，②その損害の拡大について被害者の心因的要因が寄与していることを立証することにより，賠償額の減額を求められる。

(2)　被害者の体質的素因のうち「疾患」が損害の発生・拡大に寄与している場合には，被告は抗弁として，①被害者に対する加害行為と被害者のり患していた疾患とがともに原因となって損害が発生したこと（被害者の身体的変性が「疾患」に該当することを含む），②当該疾患の態様，程度などに照らし，加害者に損害の全部を賠償させるのが公平を失することを立証することにより，賠償額の減額を求められる。その場合，加害行為前に疾患に伴う症状が発現していなくても，疾患が難病であっても，疾患に罹患するにつき被害者の責めに帰すべき事由がなくても，事故による衝撃が強くても，当該素因を有しながら社会生活を営んでいる者が多くても，減責することに支障はない。

(3)　被害者の体質的素因のうち「身体的特徴」が損害の発生・拡大に寄与している場合には，特段の事情がない限り減責は認められないから，被告として賠償額の減額を求めるためには，①身体的特徴が損害の発生・拡大に寄与していること，②身体的特徴を斟酌できる特段の事情があることを立証しなければならない。

7　北河・前掲注1判タ943号74頁。

最一小判平成 20 年 3 月 27 日　　労災事故による損害賠償事件であるが，最一小判平成 20 年 3 月 27 日裁判集民 227 号 585 頁・判タ 1267 号 156 頁が出ている。

> ●最一小判平成 20 年 3 月 27 日裁判集民 227 号 585 頁・判タ 1267 号 156 頁
>
> 　「被害者に対する加害行為と加害行為前から存在した被害者の疾患とが共に原因となって損害が発生した場合において，当該疾患の態様，程度等に照らし，加害者に損害の全部を賠償させるのが公平を失するときは，裁判所は，損害賠償の額を定めるに当たり，民法 722 条 2 項の規定を類推適用して，被害者の疾患をしんしゃくすることができる［平成 4 年判決参照］。このことは，労災事故による損害賠償請求の場合においても，基本的に同様であると解される。
>
> 　また，同項の規定による過失相殺については，賠償義務者から過失相殺の主張がなくとも，裁判所は訴訟にあらわれた資料に基づき被害者に過失があると認めるべき場合には，損害賠償の額を定めるに当たり，職権をもってこれをしんしゃくすることができる［最三小判昭和 41 年 6 月 21 日民集 20 巻 5 号 1078 頁・判タ 194 号 83 頁参照］。このことは，同項の規定を類推適用する場合においても，別異に解すべき理由はない。」

　本来の過失相殺においても問題となる事柄であるが（→297～298 頁），これは過失相殺（素因減額）の「主張」がなくても，裁判所が職権で斟酌できるという趣旨であり，被告側は，前述のような諸事実の「立証」責任を負うことになる（立証責任は主張責任と異なり，弁論主義のもとだけではなく，職権探知主義のもとでも問題となる）。

7　基準化の試み

基準化の困難性　　裁判例の分析を踏まえての減額率の基準化は容易なことではない。分析方法も含めて慎重に取り組まなければ，かえって弊害すら出てくるかもしれないが，基準化の試みは，これまでにもなされてきた。

渡辺基準　　その嚆矢は，昭和 59 年に改訂版が公表された渡辺富雄（法医学者）による「事故の寄与度判定基準（渡辺方式）［1984 年改訂］」である。これは，もともとは自賠責保険における因果関係疑義事案の判定のために用い

られたようである。渡辺基準は，被害者の素因のうち，身体的素因（疾病）を基準化したものである。研究会基準が「減額率」を示すものであるのに対し，渡辺基準は「事故の寄与度」を示している。

若杉基準　　事故（外因）の寄与度判定基準としては，若杉長英医師による寄与度判定基準（平成6年）も公表されている[8]。

研究会基準　　平成14年には，損害賠償算定基準研究会による減額基準が公表されている。同基準は，東京三弁護士会交通事故処理委員会の研究成果に依拠したものであるが，同基準は，①心因的要因による減額基準，②既往症減額基準，③自殺の寄与基準（自殺についても心因的要因に準じて処理される〔→200～201頁〕）に分かれている。

　同基準は，寄与率減額の適用は慎重に行わなければならず，むしろ，従前，被害者の請求棄却になるような事案につき，割合的には損害賠償の一部が認められるのではないか，この程度なら被害者のために認めるべきである，という立場から検討されたものであることに留意する必要があろう。

平林基準　　平林冽医師による講演会（平成14年）において提示され基準（素因減額についての考え方）であるが，素因の程度と外力の大きさにより，発症，重症化，慢性化に及ぼす素因と外力の関係を示している[9]。

　いずれの基準とも，目に触れにくいかもしれないので，以下（→317～320頁）に紹介しておく[10]。

8　若杉長英＝黒木尚長＝白鴻成＝モハメド・ナシムル・イスラム「死亡，後遺障害に関する因果関係の割合的認定のための新基準」賠償医学18号3頁。
9　『損害賠償の諸問題Ⅲ』459頁〔平林冽〕。
10　「事故の寄与度判定基準（渡辺方式）［1984年改訂］」は，野村好広「因果関係の本質」（財）交通事故紛争処理センター編『交通事故損害賠償の法理と実務—交通事故紛争処理センター創立10周年記念論文集』（ぎょうせい・1984年）82頁からの引用となる。損害賠償算定基準研究会による減額基準は，同研究会編『注解　交通事故損害賠償算定基準［3訂版］（下）』（ぎょうせい・2002年）からの引用である。

第15章　素因減責　　315

素因減額の判断要素　　湯川浩昭裁判官[11]，天野智子裁判官[12]，鈴木祐治裁判官[13]による論稿が有益である。なお，非器質性精神障害に関するものであるが，中武由紀裁判官による論稿[14]も有益である。

11　湯川浩昭「素因減額の判断要素と割合について」判タ 880 号 41 頁以下。
12　天野智子「素因減額の考慮要素」判タ 1181 号 72 頁以下。
13　『赤い本 2009 年版（下）』51 頁以下〔鈴木祐治〕。
14　中武由紀「交通損害賠償事件における非器質性精神障害をめぐる問題(3)」判タ 1379 号 11 頁以下。

◆事故の寄与度判定基準（渡辺方式）◆

1984 年 2 月 11 日改訂

分類	判定度合		事故の寄与度
A	ゼロ段階	事故と無関係に存在する傷病と，事故による傷病との判断が混在し，前者に死亡（又は傷害・後遺障害）の原因を構成している確実性がある場合	0%
B	第1段階	事故が誘発した疾病で，事故後の短期間に死亡を惹起している場合	10%
C	第2段階	事故が原因となって発現した可能性のある傷病が，他よりも劣勢である死亡（又は傷害・後遺障害）の場合	20%
D	第3段階	事故が主な原因となって発現した可能性のある傷病が他よりも劣勢である死亡（又は傷害・後遺障害）の場合	30%
E	第4段階	事故が決定的な原因となって発現した可能性のある傷病が他よりも劣勢である死亡（又は傷害・後遺障害）の場合	40%
F	第5段階	事故と無関係に存在する傷病と，事故による傷病とが競合し，その片方のみでは死亡（又は傷害・後遺障害）を惹起しない可能性のある場合	50%
G	第6段階	事故と無関係に存在する傷病と，事故による傷病とが競合し，そのいずれでも死亡（又は傷害・後遺障害）を惹起する蓋然性の高い場合	60%
H	第7段階	事故が原因となって発現した蓋然性の高い傷病が，他よりも優勢である死亡（又は傷害・後遺障害）の場合	70%
I	第8段階	事故が主な原因となって発現した蓋然性の高い傷病が他よりも優勢である死亡（又は傷害・後遺障害）の場合	80%
J	第9段階	事故が決定的な原因となって発現した蓋然性の高い傷病による死亡（又は傷害・後遺障害）の場合	90%
K	第10段階	事故と無関係に存在する傷病と，事故による傷病との判断が混在し，後者に死亡（又は傷害・後遺障害）の原因を構成している確実性がある場合	100%

備考 (1) 「競合」とは，2つ以上の因子がほぼ同等の場合。いずれか一方が優勢又は劣勢にある場合は競合ではない。

◆若杉基準◆

【外因の関与程度判定基準】

分　類		説　　　　　明	外因の関与程度	
			医学的判断	判　定
通常パターン	A	現存する肉体的・精神的障害または死亡は，当該外因の直接作用ならびにその続発症ないし合併症に基づくものであることが確実であると判断され，たとえ「既往症等」が存在しても，その影響は全く考慮する必要がない場合	ほぼ全面的	100%
	B	現存する肉体的・精神的障害または死亡は，主として当該外因の直接作用ならびにその続発症ないし合併症に基づくものであるが，「既往症等」の関与も完全には否定できないと判断される場合，換言すれば，もし「既往症等」が存在しなければ，現存するほど高度の障害が発生しなかったと判断される場合，死亡には至らなかったと判断される場合，死亡までにより長期間を要したと判断される場合	およそ3/4	75%
	C	現存する肉体的・精神的障害または死亡は，当該外因の直接作用ならびにその続発症ないし合併症と「既往症等」が同程度に関与して生じたものと判断される場合	およそ1/2	50%
	D	現存する肉体的・精神的障害または死亡は，主として「既往症等」に基づくものであるが，当該外因の直接作用ならびにその続発症ないし合併症の関与も完全には否定できないと判断される場合，換言すれば，もし外因の直接作用ならびにその続発症ないし合併症が存在しなければ，現存するほど高度の障害が発生しなかったと判断される場合，死亡には至らなかったと判断される場合，死亡までにより長期間を要したと判断される場合	およそ1/4	25%
	E	現存する肉体的・精神的障害または死亡は，「既往症等」に基づくものであることが確実であると判断され，当該外因の直接作用ならびにその続発症ないし合併症の影響は全く考慮する必要がない場合	ほとんどない	0%
特殊パターン	F	既存の傷病ならびにその続発症ないし合併症（既往症）によって外因が発生し，その外因によって現存する肉体的・精神的障害が生じたり，死亡したと判断される場合	原因は既往症であり，当該外因はその続発症	別途判断
	G	既存の傷病ならびにその続発症ないし合併症（既往症）によって死亡し，その後に事故が発生した場合	なし	0%

318

◆研究会基準◆

【心因的要因による減額基準】

分　類	程度	減額率（参考）
第Ⅰ類	傷害の部位・程度，事故内容から見て，通常人であっても心因的影響を受けやすい状況にあると認められるもの	0%
第Ⅱ類	傷害の部位・程度，事故内容から見て，通常人であれば心因的影響をあまり受けないと認められるが，影響を受ける可能性も相当程度認められるもの	0%
第Ⅲ類	傷害の部位・程度，事故内容が軽く，気質的な要因が相当程度加わっていると認められ，通常人では影響を受ける可能性がないとはいえないが極めて低いもの	20%〜40%
第Ⅳ類	通常であれば傷害を受けるような事故ではなく，受傷当初の傷害の程度が軽く（遅発性の疾病を除く），明らかに被害者の気質的，性格的な要因の関与が認められ，通常人であれば考えられない程度の損害が発生したと見られるもの	30%〜50%

【既往症減額基準】

分　類	程度	減額率（参考）
第Ⅰ類	既往症が軽度，一般的なもので障害に対する寄与が極めて軽微であると認められるもの	0%
第Ⅱ類	既往症の関与が明らかであるが，寄与の度合いが軽微であると認められるもの	0%
第Ⅲ類	既往症の関与が明らかであり，寄与の度合いが相当程度認められるもの	20%〜40%
第Ⅳ類	既往症の関与の度合いが大きく，傷害の治療が長期化する主たる原因となっていると認められるもの	30%〜50%
第Ⅴ類	既往症がなければ，受傷の治療の必要がほとんどない程度であって，結果発生が通常では予想できないと認められるもの	40%〜70%

【自殺の寄与基準】

分　類	程度	減額率（参考）
第Ⅰ類	傷害・後遺障害の程度が極めて大きく・自己の判断能力があるとは認められないもの	0%
第Ⅱ類	傷害・後遺症の程度が大きく，通常人であっても自殺への要因となりうると認められるもの	30%～50%
第Ⅲ類	傷害・後遺症の程度は大きくないが，本人の気質，性格が加わって自殺への契機となったと認められるもの	40%～60%
第Ⅳ類	傷害・後遺症の程度が軽く，通常は自殺への契機となりえず，他の経済的要因，社会的要因，家庭的要因が加わって，自殺への契機となったと認められるもの	60%～80%

◆平林基準◆

【発症，重症化，慢性化（＋＋～－）に及ぼす素因と外力の関係】

素因 　　　　　外力		大	小	なし	
ケース1	高度	＋＋	＋	＋	減額可
ケース2	中～軽度	＋＋	＋	－	減額不可
ケース3	なし	＋	－	－	減額不可

第16章——共同不法行為

1 共同不法行為の意義

　民法719条1項は，その前段で「数人が共同の不法行為によって他人に損害を加えたときは，各自が連帯してその損害を賠償する責任を負う」と定め，後段で「共同行為者のうちいずれの者がその損害を加えたかを知ることができないときも，同様とする」としている。前段が狭義の共同不法行為と称されるものであるが，その要件・効果とも議論が錯綜している。【設例】で共同不法行為の成立が肯定される意義を考えておこう。

> **【設例】**
> 　被害者Ｖが酩酊状態で路上に座っていたところ，Ａ運転の車両に衝突されて脳挫傷の致命傷を負い（第一轢過），その4秒後，さらにＢ運転の車両に胸腹部を轢過されて即死した（第二轢過）。どちらの事故もそれだけで致命的な事故であり，Ｂによる轢過がなくても，Ａの轢過によってＶの死は不可避であったが，現実の結果はＢの轢過により発生したものである。損害としては，①葬儀費用，②逸失利益，③慰謝料である。
> 　（東京地判平成元年11月21日判タ717号180頁をベースにした設例）

Ａの責任　　Ａによる第一轢過とＶの死亡との間には条件関係（あれなければ，これなし）が存在し，相当性も認められるので，ＡはＶの死亡による損害を賠償すべき責任があることは当然である。

Ｂの責任　　Ｂによる第二轢過とＶの死亡との間に相当因果関係が認められることも当然であるが，Ｂが轢過した時点では，Ｖは瀕死状態にあったのであるから，既にその労働能力はゼロの状態にある。そうだとすれば，Ｂは逸失利益については損害賠償責任を負わないのではないか，という問題が出てくる。

問題点の分析　現に，設例のベースとした東京地判平成元年 11 月 21 日判タ 717 号 180 頁は，V の死亡による損害として，①葬儀費用合計 110 万円，②逸失利益 3382 万円余，③慰謝料合計 2050 万円を認定したが，B については，逸失利益を除いた損害（慰謝料と葬儀費用）についてのみ，A と民法 719 条 1 項前段に基づく共同不法行為責任を負うものとし，逸失利益については A のみが損害賠償責任を負うものとした。B による轢過行為と V の死亡逸失利益との間には個別的因果関係が存在しないという理由である（B が轢過した時点では，V は瀕死状態で，労働能力はゼロであったから，B による轢過行為と V の死亡逸失利益との間には個別的因果関係が存在しない）。

　しかし，わずか 4 秒差でこのような結論となることは釈然としない。【設例】のような事案では，裁判例の大勢は，むしろ A と B は共同不法行為者として，損害全部について（死亡逸失利益を含めて）連帯責任を負うとしている。そうすると，B は，自己の轢過行為と個別的因果関係のない損害（逸失利益）についても，A と連帯責任を負わされることになるが，これこそが民法 719 条 1 項前段の共同不法行為の成立を認める意義ということになる。

　わかりやすいケースとして，上記平成元年判決を取り上げて説明したのであるが，実は，同判決は次のような理論構成を採用して上記結論を導いていた。すなわち，A と B の加害行為の間には客観的関連共同性があるから民法 719 条 1 項前段の共同不法行為が成立するが，共同不法行為者間に主観的関連共同性がなく，客観的関連共同性があるにとどまる場合であって，共同不法行為者によって生じた損害が共同不法行為者の一部の者の不法行為によって生じた損害（逸失利益）と区別することができるときは，前者の損害についてのみ同項前段の適用があり，後者の損害については当該不法行為者（A）のみがその賠償責任を負うものと解すべきである。当時の有力説に従ったものであるが，いったん民法 719 条 1 項前段の共同不法行為の成立を認めながら分割責任（一部連帯）とすることは共同不法行為の意義を大幅に減殺してしまう結果となる。

2 共同不法行為論の現状

従来の通説　従来の通説といわれたものは，①各共同不法行為者の行為と

損害との間に個別的因果関係が存在すること，かつ，②各行為者の行為が客観的に関連共同していること（客観的関連共同性）を，民法 719 条 1 項前段の共同不法行為の成立要件としていた。そして，同条 1 項前段の共同不法行為が成立する場合は，その効果として，行為者全員が被害者に対して，賠償されるべき損害全額につき，原因力の大小等を問題とせずに，連帯して賠償責任を負うとした。

山王川事件　最三小判昭和 43 年 4 月 23 日民集 22 巻 4 号 964 頁・判タ 222 号 102 頁（山王川事件）が，民法 719 条 1 項前段の「共同」の意味について[1]，「共同行為者各自の行為が客観的に関連し共同して違法に損害を加えた場合」として，いわゆる客観的関連共同説を採ることを明らかにして以来，下級審裁判例も概ねこの立場に依拠してきたといってよいであろう。

> **●最三小判昭和 43 年 4 月 23 日民集 22 巻 4 号 964 頁・判タ 222 号 102 頁**
> 「共同行為者各自の行為が客観的に関連し共同して違法に損害を加えた場合において、各自の行為がそれぞれ独立に不法行為の要件を備えるときは、各自が右違法を加害行為と相当因果関係にある損害についてその賠償の責に任ずべきであり、この理は、本件のごとき流水汚染により惹起された損害の賠償についても、同様であると解するのが相当である。これを本件についていえば、原判示の本件工場廃水を山王川に放出した上告人は、右廃水放出により惹起された損害のうち、右廃水放出と相当因果関係の範囲内にある全損害について、その賠償の責に任ずべきである。」

客観的関連共同　どのような場合に客観的関連共同があると考えるのかは明確でなかったが，裁判例の趨勢は，これを緩やかに捉え，共同不法行為の成立範囲を広く認める傾向にあった[2]。学説の大勢は，これに批判的で，寄

1　判決では民法 719 条 1 項前段の共同不法行為とは述べられていないが，そのように理解されている（牛山積・昭和 43 年重要判例解説（ジュリスト臨時増刊 433 号）62 頁。客観的関連共同説は大審院当時（大判昭和 9 年 10 月 15 日民集 13 巻 1874 頁）から採られているが，「民法 719 条に規定したる共同不法行為」と表現され，最三小判平成 13 年 3 月 13 日民集 55 巻 2 号 328 頁・判タ 1059 号 59 頁でも「民法 719 条所定の共同不法行為」と表現されている。

2　もっとも，裁判例では，連帯責任を認める理由付けとして修辞的に共同不法行為の成立を述べるものが多い。競合的不法行為においても，第一次的には全部連帯責任が認められるとすれば，あえて共同不法行為というまでの必要がないケースも多い。

与度減責が認められないという強力な効果を認める以上,「共同」という要件は,それに相応しいものに絞り込むべきである,という発想のもとに理論の精緻化に努めてきた。

精緻化のマイナス面　　しかし,学説による共同不法行為論の精緻化は,結果的に被害者の救済を手薄にする方向に作用した。もともと,民法719条は被害者救済を手厚くすることを目的とした政策的規定であるから,条文の解釈にあたっても,できる限りその目的を実現できるような解釈をとるべきであると思われるが,理論の精緻化の結果として,民法719条の本来の趣旨が没却されるようなことは避けなければならない。

問題の本質　　寄与度が小さい者に全部責任を負担させるのは公平ではない,ということがいわれる。しかし,複数加害者間で,被害者との関係において共同不法行為の成立が肯定され,全部(不真正)連帯責任が肯定されても,加害者間においては寄与度に応じた求償は認められるのであるから,その段階で加害者間における損害の公平な分担は実現できる。そうであれば,問題の本質は,裁判の手間と(加害者の一部の)無資力のリスクを,他方の加害者に負担させるのが公平か,それとも被害者に負担させるのが公平か,という点にあることを再確認しておく必要もある。

　共同不法行為の成否が問題となるケースは,複合汚染公害,二重事故,交通事故と医療過誤など,多岐にわたるが,その全てを同一に論じて妥当な結論を得ることができるか,という問題もある。たとえば,複合汚染公害では,個別的因果関係の立証の困難性,巨額な賠償総額という事情を考慮すると,寄与度に応じた割合的責任を認める場合があってよいと思われるが,それを,そうした事情のない他のケースにまで拡げることには慎重でなければならない。

現状の要約　　現在の不法行為論は仔細に見ていくと十人十説の観を呈しているが,概ね次のように要約することができよう[3]。

　要件論的には,[民法719条1項前段]の共同不法行為(狭義の共同不法行為)が成立するために要求される関連共同性を,各行為者にその「寄与度を

324

超えたところまで責任を負わせてよいだけの実質的関係」が存在する場合に限ろうとする。そのような関連共同性が認められる場合は，共同行為と損害との間に因果関係が存在すれば足り，共同行為を組成する各行為と損害との間に個別的因果関係が存在することは必要ではない。換言すれば，各行為と損害との間の個別的因果関係という要件が，関連共同性という要件に置き換えられることになる。

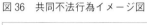
図36 共同不法行為イメージ図

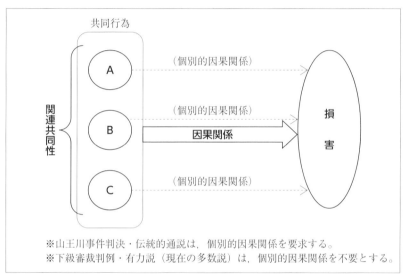

※山王川事件判決・伝統的通説は，個別的因果関係を要求する。
※下級審裁判例・有力説（現在の多数説）は，個別的因果関係を不要とする。

狭義の共同不法行為が成立する場合には，個別的因果関係が存在しないことや，寄与度がわずかであることを理由とする免責・減責は認められない。その意味で，［民法719条1項前段］は個別的因果関係の「みなし規定」と解される。

関連共同性の内容　　上記のような意味での関連共同性が，どのような場合

3　北河隆之「自賠法3条と道路管理者責任」塩崎勤＝園部秀穂編『新・裁判実務大系5 交通損害訴訟法』（青林書院・2003年）26頁以下。

に認められるかとなると見解が分かれる。主観的関連共同性（各自が他人の行為を利用し，他方，自己の行為が他人に利用されるのを認容する意思をもつこと）を要求する説，そこまでは必要としないが，複数の行為が共同の原因となって1個の損害を引き起こすに至った場合で，複数の行為から損害の発生に至る一連の経過からみて，それらの行為が社会観念上全体として1個の行為と評価するのが適切な場合とする説，「強い関連共同性」が必要であるとする見解などがあるが，判例は，「民法719条1項前段の共同の不法行為が成立するためには，不法行為者間に意思の共通（共謀）もしくは『共同の認識』を要せず，単に客観的に権利侵害が共同になされるを以て足りる」とするのみで，それ以上の具体的な説明をしていない（最三小判昭和32年3月26日民集11巻3号543頁・判タ69号63頁など）。

民法719条後段　　民法719条1項後段が適用されるのは，誰が損害を発生させたのか不明な場合（加害者不明の場合）であるが，寄与度が不明の場合にも類推適用され，そこにおいては，個別的因果関係が存在しないことや，寄与度がわずかであることを理由とする免責・減責が認められる。その意味で，後段は個別的因果関係の「推定規定」と解される。条文では「共同行為者」と規定されているが，（弱い）関連共同性は必要であるとする考え方と，関連共同性は不要であるとする考え方に分かれている。関連共同性は不要であるとすれば，競合的不法行為という概念を認める必要性は乏しくなる。

社会観念上の一体性　　客観的関連共同説（判例）に立つとしても，どのような場合に複数の加害行為の間に客観的関連共同性が認められるのであろうか。この点は，複数の加害行為が「社会観念上の一体性」を有する場合というべきであり，言い換えれば，被害者の立場からみたときに，全体として「1つの危難（災禍，災難）」と捉えることができるかどうかということである[4]。そして，「1つの危難」と評価できるかどうかは，時間的近接性・場所的近接性・内容的連続性（機能的関連性と表現されることもある）などをメルクマールにしながら判断すべきであろう。

4　山川一陽「交通事故と医療過誤」交通法研究28号23頁。

運行供用者責任と共同不法行為　　運行供用者責任にも共同不法行為は適用される（自賠法4条，民法719条）。複数の運行供用者相互間だけでなく，運行供用者責任と民法709条の不法行為責任，国家賠償法2条1項の営造物責任等との間でも成立する。後者の営造物責任には「行為」は存在しないが，損害惹起の要素となったことでは共通しており，共同不法行為の成立を認めてよい[5]。

3　実務において問題となる3つの事故態様

　交通事故訴訟の実務において共同不法行為（民法719条）に基づく請求がされる事例は，以下の3つの態様に整理することができる[6]。

事故態様①　1つの事故

　A車とB車が衝突し，A車の同乗者Cが傷害を負った場合とか，A車とB車が交差点で衝突し，その衝撃によってA車が歩道に乗り上げ，歩行者Cをはねて傷害を負わせた場合である。この事故態様においては，被害者Cに生じた全損害について共同不法行為が成立することに異論はない。

事故態様②　時間的に接近した複数事故

　A車が道路を横断中のCをはね，Cが道路上に転倒した直後に，B車が転倒していたCを轢いて，CはB車に轢過されたことによって死亡した場合である。この事故態様においても，被害者Cに生じた全損害について共同不法行為が成立することにほぼ異論はないと思われる。もっとも，訴訟の中で，A車に轢過されたことによってCは即死しており，B車がCを轢いたときにはCが既に死亡していたことが証明されると，共同不法行為の成立は否定され，B車の運行供用者はCの死亡による損害の賠償責任を負わないとされている[7]。

5　北河・前掲注3 26頁以下。
6　以下の叙述は，『逐条解説』77〜79頁〔小賀野晶一〕に依拠しているが，内容は同書と必ずしも一致していない。
7　『逐条解説』78頁。【設例】（→321頁）との違いに注意。その意味では，民法719条1項後段の共同不法行為ということになろうか。

事故態様③　別個の複数事故[8]

　第一事故と第二事故とが時間的に接近していない場合である。たとえば，A車がD車に追突し，D車の運転者Cが頸椎捻挫の傷害を負ったが（第一事故），その1か月後に，今度はB車がD車に追突し，D車の運転者Cが再度頸椎捻挫の傷害を負った（第二事故）場合である。この事故態様においては，全体として「1つの危難」と捉えることはできないから，少なくとも民法719条1項前段の共同不法行為は成立しないと解されるが，同法719条1項後段の共同不法行為と考える余地はあろう[9]。

　なお，第一事故による傷害の症状が固定した後にCが第二事故に遭ったときは，それぞれ独立した別個の不法行為となる。しかし，第二事故発生時には未だ第一事故による傷害の症状が固定しておらず（第一事故による頸椎捻挫の治療中であった），その後に至ってCの症状が固定し，後遺障害が残ったときには難しい問題が生じる。第二事故より前に発生したCの損害については，第二事故と因果関係がないことが明らかであるから，A車の運行供用者だけが損害賠償責任を負うことになるが，第二事故以後の損害については，民法719条1項後段の共同不法行為が成立すると解すべきであろう（第一事故と第二事故の受傷部位が異なる場合は別論である）。

共同不法行為における運行供用者責任の機能　　運行供用者責任については，被害者が加害者の過失の主張立証をする必要がないため，共同不法行為の主

8　『赤い本2008年版（下）』63頁以下〔齋藤顕〕が，①第一事故による傷害の症状が第二事故の前に固定していたとき，②第一事故による傷害の症状が固定する前に第二事故に遭い，その後，症状が固定していたとき，③交通事故による傷害の治療中に，医療ミスが生じ，被害者が死亡するに至ったときに分けて詳細に検討している。齋藤裁判官の見解は，①については共同不法行為とはならず，分割責任となる（第一事故の加害者は，第二事故の存在を考慮することなく算定された損害の範囲で賠償責任を負う）。②については，後遺障害が第一事故，第二事故のいずれによるものか不明であった場合，実際上は，民法719条1項後段の共同不法行為の成立が問題となることが多く，同条1項後段において関連共同性を必要としない見解に立てば，共同不法行為の成立が認められ，加害者側の因果関係不存在の抗弁，寄与度減責の抗弁となる。③についても，①，②と同様に解してよいであろうが，交通事故，医療過誤，それぞれが結果との間で因果関係が認められる場合には，交通事故と交通事故の競合事案よりは，719条1項前段の共同不法行為が認められることが多いのではないかと思われる，というものである。
9　自賠責保険では，このような場合でも共同不法行為として取り扱うようである。

張も容易となる。たとえば，A車とB車が衝突し，A車の同乗者Cが傷害を負った場合（事故態様①）において，A車の運行供用者とB車の運行供用者のいずれもが，自己の対面信号が「青」であったと争っていても，被害者Cは，信号機の色を主張することなく，それぞれが運行供用者であるとして共同不法行為の成立を主張をすれば足りるからである。A車，B車の運行供用者において自己の信号が「青」であったことが証明できない限り，共同不法行為の成立を否定できない[10]。

4 交通事故と医療過誤の競合

リーディングケース　交通事故と医療過誤が競合する場合についても，裁判例の大勢は共同不法行為を肯定してきた。

　しかし，学説の多数は，行為の異時性と異質性を理由に関連共同性を否定し，共同不法行為の成立を否定していた。この問題についてリーディングケースとなったのが，最三小判平成13年3月13日民集55巻2号328頁・判タ1059号59頁[11]である。

事　案　事案は次のようなものである。交通事故（某日午後3時40分頃発生）によって負傷したA（事故時6歳）が，Y（医療法人）経営の病院に搬送されたが，病院長であるB医師は，軽微な事故であると考え（頭部レントゲン撮影では頭蓋骨骨折は発見しなかった），頭部CT検査をしたり，病院内で経過観察をするまでの必要はないと判断し，Aとその母親に，一般的指示（「明日も診察を受けに来るように」とか，「何か変わったことがあれば来るように」など）をしたのみで帰宅させた。ところが，Aは帰宅してから，次第に容体が悪化し，救急車で搬送された別の病院で死亡した（翌日午前0時45分）。死因は，頭蓋外面線状骨折による硬膜外動脈損傷を原因とする硬膜外

10　これに対し，物損事故の場合には民法709条による請求となるから，被害者が共同不法行為の成立を主張する場合には，双方の信号の色を主張して（たとえば，A車の対面信号は赤，B車の対面信号は黄であったのに双方の自動車が交差点に進入したなど），各運転者の過失を主張する必要があり，共同不法行為の成立を主張することは容易ではない。『逐条解説』79頁〔小賀野〕。
11　北河隆之「共同不法行為」判タ1088号41頁以下。

第16章　共同不法行為　　329

血腫であった。硬膜外血腫は早期に血腫の除去を行えば高い確率で救命可能
性がある。B 医師には，患者を病院内にとどめて経過観察をするか，やむを
えず帰宅させるにしても，看護者に対し，硬膜外血腫の発生に至る脳出血の
進行が発生することがあることおよびその典型的な症状を具体的に説明し，
慎重な経過観察と，硬膜外血腫の症状の疑いが発見されたときは直ちに医師
の診察を受ける必要があること等を教示，指導する義務があるのに，これを
懈怠した過失がある。

原審の判断　　原審（東京高判平成 10 年 4 月 28 日判タ 995 号 207 頁）は，①A
の死亡は，交通事故と医療過誤が競合して発生したもので，原因競合の寄与
度を特定して主張立証することに困難を伴うので，被害者保護の見地から，
共同不法行為として，被害者は各不法行為者に対して全額の損害賠償を請求
することもできる。②しかし，個々の不法行為が当該事故の全体の一部を時
間的前後関係において構成し，その行為類型が異なり，行為の本質や過失構
造が異なる場合には，各不法行為者は各不法行為の損害発生に対する寄与度
の分別を主張することができる。③本件では，交通事故と医療事故の各寄与
度はそれぞれ 5 割と推認できるから，Y が賠償すべき損害額は，A の死亡
による全損害（弁護士費用を除く）の 5 割であり，医療事故における被害者
側の過失 1 割（父母において，A が呼吸停止に陥るまで重篤な状態に至って
いることに気付かず，何らの措置も講じなかったこと）の過失相殺を実施した。

最三小判平成 13 年 3 月 13 日　　父母が上告したところ，最高裁は②と③の判
断は是認できないとして，これを破棄し，Y に対し，全損害につき 1 割の
過失相殺を実施した。

●最三小判平成 13 年 3 月 13 日民集 55 巻 2 号 328 頁・判タ 1059 号 59 頁
　「原審の確定した事実関係によれば，本件交通事故により，A は放置すれば死
亡するに至る傷害を負ったものの，事故後搬入された被上告人病院において，A
に対し通常期待されるべき適切な経過観察がされるなどして脳内出血が早期に発
見され適切な治療が施されていれば，高度の蓋然性をもって A を救命できたと
いうことができるから，本件交通事故と本件医療事故とのいずれもが，A の死

亡という不可分の1個の結果を招来し，この結果について相当因果関係を有する関係にある。したがって，本件交通事故における運転行為と本件医療事故における医療行為とは民法719条所定の共同不法行為に当たるから，各不法行為者は被害者の被った損害の全額について連帯して責任を負うべきものである。本件のようにそれぞれ独立して成立する複数の不法行為が順次競合した共同不法行為においても別異に解する理由はないから，被害者との関係においては，各不法行為者の結果発生に対する寄与の割合をもって被害者の被った損害の額を案分し，各不法行為者において責任を負うべき損害額を限定することは許されないと解するのが相当である。けだし，共同不法行為によって被害者の被った損害は，各不法行為者の行為のいずれとの関係でも相当因果関係に立つものとして，各不法行為者はその全額を負担すべきものであり，各不法行為者が賠償すべき損害額を案分，限定することは連帯関係を免除することとなり，共同不法行為者のいずれからも全額の損害賠償を受けられるとしている民法719条の明文に反し，これにより被害者保護を図る同条の趣旨を没却することとなり，損害の負担について公平の理念に反することとなるからである。」

判決の意義　原判決は［民法719条1項後段］の類推適用を想定していたように思われる。これに対し，上記平成13年判決は，慎重に「民法719条所定の共同不法行為」としか述べていないが，［民法719条1項前段］の適用を考えていることはほぼ間違いないであろう。平成13年判決が，交通事故と医療過誤のような，異質・異時的な不法行為間に狭義の共同不法行為の成立を肯定し，寄与度減責を認めなかった意義は大きい。平成13年判決は，民法719条の解釈について，被害者保護の原点に回帰したというべき意味合いをもっている。

共同不法行為成立の理由　上記平成13年判決は，共同不法行為の成立を認める理由として，「本件交通事故と本件医療事故とのいずれもが，Aの死亡という不可分の一個の結果を招来し，この結果について相当因果関係を有する関係にある」というのみで，それ以上の説明をしていない。最高裁は，依然として客観的関連共同説に立っているものと思われるが，損害の一個不可分性が直ちに客観的関連共同につながるものとは思われないから（独立した複数の不法行為が一個不可分の損害を発生させる競合的不法行為においても不真

正連帯債務となると解されている），やはり，交通事故と医療過誤とが社会観念上一体性を有することが前提となっていると解すべきであろう。

射程範囲　　上記平成 13 年判決は，本件交通事故と本件医療事故とのいずれもが，A の死亡による全損害について相当因果関係を有する関係にある，との事実関係を前提としているから，山王川事件判決（→323 頁）の延長線上に位置づけられるものである。調査官解説においても，交通事故と医療過誤の競合事例のうちのその他の類型について，何ら指針を与えるものではない，と指摘されている[12]

5 共同不法行為の効果

不真正連帯債務　　条文では「連帯して」とされているが，不真正連帯債務と解されている。不真正連帯債務の概念は条文にはなく，解釈上認められているものであるが，連帯債務と同じように全部義務（全員が全額の支払義務を負う）と賠償額の一倍性（支払いを受けることができる額は変わらない）によって特徴づけられる。

連帯債務との違い　　連帯債務と異なるのは，弁済など債権の満足を得させる事由を除き，1 人の債務者に生じた事由は他の債務者に影響を及ぼさない（民法 434～440 条の適用がない）ことである（履行の請求につき最一小判昭和 57 年 3 月 4 日裁判集民 135 号 269 頁・判タ 470 号 121 頁，免除につき最一小判平成 6 年 11 月 24 日裁判集民 173 号 431 頁・判タ 867 号 165 頁）。

求　　償　　共同不法行為者間においては，不当利得の一類型として，過失の割合に応じた求償が認められているが（最二小判昭和 41 年 11 月 18 日民集

12　三村量一調査官は，その他の類型として，①交通事故後に運ばれた病院の適切な治療によりいったん生命の危機を免れ，快復途上にあったものの，その後の治療過程で誤った薬を投与されて死亡したという場合，②甲による交通事故により，4 肢麻痺等身体的障害は残るものの放置しても死には至らない傷害を負った被害者が，運ばれた乙病院において血液不適合の輸血をされて死亡したという場合，③交通事故後に運ばれた病院の医師に説明義務違反が問題となる場合を挙げている（法曹会編『最高裁判所判例解説民事篇平成 13 年度（上）』（2004 年）241 頁）。

20 巻 9 号 1886 頁・判タ 202 号 103 頁)[13]，注意すべき点は，連帯債務とは異なり，自己の負担すべき額を超えて弁済した場合に，その超過する額について求償が認められることである（最二小判昭和 63 年 7 月 1 日民集 42 巻 6 号 451 頁・判タ 676 号 65 頁）。

たとえば，甲と乙が，共同不法行為により，被害者丙に 100 万円の損害を生じさせ，過失割合が甲 20 パーセント，乙 80 パーセントとする。甲は丙に対し 30 万円を弁済したときに，そのうち 10 万円を乙に求償できることになる（通常の連帯債務であれば 30 万円のうち 24 万円を求償できる）。弁済額が 20 万円以下の場合には求償は認められない（通常の連帯債務であれば，20 万円弁済した場合でも，16 万円を求償できる）。

共同不法行為以外の場合　　民法 719 条に規定されている共同不法行為ではないが，運転者の賠償義務（同法 709 条）と運行供用者の賠償義務（自賠法 3 条），被用者の賠償義務（民法 709 条）と使用者の賠償義務（同法 715 条），責任無能力者の法定監督義務者の賠償義務と代理監督者の賠償義務（同法 714 条）などのように，各人がそれぞれの法律上の地位に基づいて同一の損害について賠償義務を負う場合にも不真正連帯債務となると解されている。

運行供用者から運転者への求償　　運転者が惹起した交通事故（人身事故）について運行供用者が運行供用者責任を履行した場合に，その運行供用者は運転者に対して求償することができるであろうか。自賠法には民法 715 条 3 項のような規定はないが，自賠法 4 条によって民法 715 条 3 項が適用され，求償ができると解すべきである。

13　ただし，国家賠償法 2 条（営造物責任）のような無過失責任が競合する場合や，各共同不法行為者が被害者に対して負担する損害賠償額が異なる場合（交通事故と医療過誤が競合し，相対的過失相殺がなされる場合，2 台の車が衝突し，一方の車に同乗していた被害者について好意同乗のみを理由とする減額を肯定する場合など）には，原因力・違法性の大小および共同の態様を考慮して負担部分を決定することになろう（四宮和夫『不法行為』（青林書院・1987 年）791 頁参照）。

6 共同不法行為と過失相殺[14]

相対的過失相殺　　交通事故と医療過誤との競合につき共同不法行為の成立
を肯定した上記平成13年判決の事案は，交通事故については被害者Aの過
失割合が3割（自転車とタクシーとの交差点での事故であるが，Aには交差点に
進入するに際しての一時停止義務違反，左右の安全確認義務違反がある），医療過
誤についてはAの両親の過失割合が1割（Aの経過観察や保護義務違反を懈
怠した）と認定されたケースである。最高裁は，被告とされた医療法人Yと
の関係では，全損害について1割の過失相殺を実施した。これは，他方の共
同不法行為者の過失（タクシー側の過失）を全く考慮しないやり方であり，
このような過失相殺の方法を相対的過失相殺と称する。この点に関する判示
は，以下のとおりである。

●最三小判平成13年3月13日民集55巻2号328頁・判タ1059号59頁
　「本件は，本件交通事故と本件医療事故という加害者及び侵害行為を異にする
2つの不法行為が順次競合した共同不法行為であり，各不法行為については加害
者及び被害者の過失の内容も別異の性質を有するものである。ところで，<u>過失相
殺は不法行為により生じた損害について加害者と被害者との間においてそれぞれ
の過失の割合を基準にして相対的な負担の公平を図る制度であるから</u>，本件のよ
うな共同不法行為においても，<u>過失相殺は各不法行為の加害者と被害者との間の
過失の割合に応じてすべきものであり，他の不法行為者と被害者との間における
過失の割合をしん酌して過失相殺をすることは許されない。</u>」

　この点を例を挙げて検討してみる。

【設例】
　甲：乙：丙＝1：2：3の過失割合による事故が発生し，乙に600万円の損害
　が発生した。

相対的過失相殺　　相対的過失相殺によれば，乙が甲に対して賠償を請求で

14　北河隆之「『共同不法行為と過失相殺』に関する覚書」琉大法学73号127頁以下。

きる額は次のとおりとなる。

$$600\,万円 \times (1 - \frac{2}{3}) = 200\,万円$$

同じく，乙が丙に対して賠償を請求できる額は次のとおりとなる。

$$600\,万円 \times (1 - \frac{2}{5}) = 360\,万円$$

もっとも，乙が受け取ることができる賠償額の上限は 400 万円［= 600 万円 $\times (1 - \frac{2}{6})$］であり，甲と丙との連帯の範囲は 160 万円［=（200 万円 + 360 万円）- 400 万円］と解されているようである。

加算的過失相殺　これに対し，乙が請求できる賠償額は，甲に対しても丙に対しても同額で，全損害から乙の過失部分を差し引いた額となる，と解するのが加算的過失相殺（絶対的過失相殺）と称されるやり方である。この立場では，乙は，甲に対しても，丙に対しても次の額を請求することができる。

$$600\,万円 \times (1 - \frac{2}{6}) = 400\,万円$$

このような考え方を採用したのが，最二小判平成 15 年 7 月 11 日民集 57 巻 7 号 815 頁・判タ 1133 号 118 頁である。

事案は，3 台の車両が関与した交通事故であるが，複雑なため[15]，判示のみ引用しておく。

●最二小判平成 15 年 7 月 11 日民集 57 巻 7 号 815 頁・判タ 1133 号 118 頁
「複数の加害者の過失及び被害者の過失が競合する 1 つの交通事故において，その交通事故の原因となったすべての過失の割合（以下「絶対的過失割合」という。）を認定することができるときには，絶対的過失割合に基づく被害者の過失による過失相殺をした損害賠償額について，加害者らは連帯して共同不法行為に基づく賠償責任を負うものと解すべきである。これに反し，各加害者と被害者との関係ごとにその間の過失の割合に応じて相対的に過失相殺をすることは，被害者が共同不法行為者のいずれからも全額の損害賠償を受けられるとすることによって被害者保護を図ろうとする民法 719 条の趣旨に反することになる。」

一体的過失相殺　これは前述の【設例】でいえば，甲と丙との加害行為を一体として捉え，その一体としての過失割合［4］と被害者乙の過失割合

15　北河隆之「共同不法行為と過失相殺」交通法研究 33 号 90 頁以下参照。

[2] とを比較して過失相殺を実施するものである。加算的過失相殺と同じ結果となるが，甲と丙に個別に過失を割り付ける必要がなく，[甲と丙]：乙という図式の中で，乙の過失割合を認定すれば足りる。これが従来の一般的な処理であろう。

小　　括　　上記平成13年判決と上記平成15年判決は矛盾しているわけではない。平成13年判決は「過失相殺は不法行為により生じた損害について加害者と被害者との間においてそれぞれの過失の割合を基準にして相対的な負担の公平を図る制度である」と述べているところから，相対的過失相殺が原則ということになろう。ただ，平成15年判決が述べるように，「複数の加害者の過失及び被害者の過失が競合する1つの交通事故において，その交通事故の原因となったすべての過失の割合……を認定することができるとき」には簡明な絶対的過失相殺によることになる。平成15年判決では複数の加害者の過失と被害者の過失はその内容が同質であるから同一平面で比較することができるが，平成13年判決ではその内容が異質であるため同一平面で比較することができないからである。

求償における難問　　ところで，相対的過失相殺によるときは共同不法行為者間における求償は難問である。それぞれが被害者に対して賠償すべき額が異なるからである。【設例】でいえば，相対的過失相殺によるときは，甲が被害者乙に賠償すべき額は200万円であり，丙が乙に賠償すべき額は360万円となるが，丙が被害者乙に360万円を賠償した場合，丙が甲に対して求償できる額はいくらになるのかの算定は難しい。これは，好意同乗減額を認める場合にも問題となる点である（→300〜303頁）[16]。

16　『赤い本2004年版』275頁以下〔松本利幸〕は，好意同乗減額の場面でこの問題を詳しく検討している。

第 17 章——物件損害

1 修理費

　修理が可能な場合（分損）には，適正修理費相当額が損害として認められる。適正修理費とは必要かつ相当な修理費用ということである。

仮定的修理費　　修理費については，現実に修理を実施しなくても，車両が事故によって現実に損傷を受けている以上，これによる損害は既に発生しているものというべきであり，適正修理費相当額を請求できる[1]。

修理不能　　修理が不能の場合（全損）としては，①物理的に修理不能と認められる状態になったとき（物理的全損），②経済的に修理不能と認められる状態になったとき（経済的全損），または③フレーム等車体の本質的構造部分に重大な損傷の生じたことが客観的に認められ，買替えをすることが社会通念上相当と認められるとき（社会的全損）がある。

> ●最二小判昭和 49 年 4 月 15 日民集 28 巻 3 号 385 頁
> 　「思うに，交通事故により自動車が損傷を被つた場合において，被害車輌の所有者が，これを売却し，事故当時におけるその価格と売却代金との差額を事故と相当因果関係のある損害として加害者に対し請求しうるのは，被害車輌が事故によつて，物理的又は経済的に修理不能と認められる状態になつたときのほか，被害車輌の所有者においてその買替えをすることが社会通念上相当と認められるときをも含むものと解すべきであるが，被害車輌を買替えたことを社会通念上相当と認めうるがためには，フレーム等車体の本質的構造部分に重大な損傷の生じたことが客観的に認められることを要するものというべきである。」

改造車　　改造車が被害車両となったとき，改造に関する修理費用をどこま

1　大阪地判平成 10 年 2 月 24 日自保ジャーナル 1261 号 2 頁。

第 17 章　物件損害　　337

で認めるかは難しい問題である。改造に関する修理費用も，民法 416 条 1 項の「通常生ずべき損害」として相当因果関係を認めた上で，①その改造が道路運送車両法の定める保安基準に反するなど法に抵触するような場合や，②その改造が，その改造内容に照らし，ことさらに損害を拡大するような場合には，過失相殺の法理により，例外的にその損害の負担を一定程度減額ないし免責するのが相当であろうとの指摘がある[2]。

経済的全損　　被害車両の修理費が，被害車両の時価（消費税相当額を含む）と後述の買替諸費用の合計額を超える場合には，物理的には修理が可能であっても，「経済的全損」として取り扱われている。いい換えると，修理費と，被害車両の時価と買替諸費用の合計額とを比較し，どちらか安いほうが損害賠償額となるということである。

社会的全損　　フレーム等車体の本質的構造部分に重大な損傷の生じたことが客観的に認められ，買替えをすることが社会通念上相当と認められるときは，「分損」であっても同程度の自動車への買替えが認められる[3]。

2 買替え差額

　前述のような観点から，被害車両の修理が不能の場合（全損）には，当該被害車両の事故当時における取引価格と売却代金（スクラップ代等）との差額が損害として認められる。この準則を明らかにしたのが，最二小判昭和 49 年 4 月 15 日民集 28 巻 3 号 385 頁である。

2　『赤い本 2005 年版（下）』159 頁〔蛭川明彦〕。

3　たとえば，札幌高判昭和 60 年 2 月 13 日交民 18 巻 1 号 27 頁。ラジエーターグリルおよび前部ボンネット右側先端から前部フェンダー右側面にかけた部分が押し潰され，前部バンパー右側部分も曲損後退し，フロントウィンド右側のピラー部分も折れ曲がって車体の屋根部分が全体にずれたほか，運転席側ドアの取付部等にも歪みを生じた事案である。新車購入時の車両価格は約 189 万円，修理費は約 55 万円，事故後の査定額は約 72 万円であった。購入後 6 日間（走行距離 550 キロメートル余）しか使用していなかったため，（登録落ちは考慮せず）新車価格の賠償が認められている。

事故当時における価格　　事故当時における被害車両の価格（時価）は，原則として，中古車市場における再調達価格である。昭和49年判決はこの点についても明らかにしている。

> ●最二小判昭和49年4月15日民集28巻3号385頁
> 「また、いわゆる中古車が損傷を受けた場合、当該自動車の事故当時における取引価格は、原則として、これと同一の車種・年式・型、同程度の使用状態・走行距離等の自動車を中古車市場において取得しうるに要する価額によつて定めるべきであり、右価格を課税又は企業会計上の減価償却の方法である定率法又は定額法によつて定めることは、加害者及び被害者がこれによることに異議がない等の特段の事情のないかぎり、許されないものというべきである。」

　中古車市場における再調達価格は，有限会社オートガイド発行の『自動車価格月報』（通称，レッドブック），一般財団法人日本自動車査定協会発行の『中古車価格ガイドブック』（通称，イエローブック）などが参考とされる。

「特段の事情」　　上記昭和49年判決の原審（札幌高判昭和47年12月26日民集28巻3号399頁）は，購入後3か月間使用され，走行距離も3972キロメートルに達していた被害車両が事故前に有していた価額を，新車価額から定率法による減価償却費を控除して算定していた。上記判決は，課税上の減価償却の基準である定率法または定額法を適用して，一般的，抽象的に算定することは，当事者がこれによることに異議がない等の特段の事情のない限り，許されないとしたのであるが，「等」には，市場価格が形成されていないため個別的，具体的な価格算定の資料がないときも含まれる[4]。

改造車の事故当時の車両価格　　改造車の事故当時の車両価格を算定する際には，原則として，ベース車両の車両価格にその改造費用を含めて算定の基準とし，その交換価格を検討すべきであるが，その改造が，①道路運送車両法

4　法曹会編『最高裁判所判例解説民事篇昭和49年度』（1977年）115頁〔柴田保幸〕。なお，柴田判事は，新車または新車同然と評価しうる車が損傷を受けた場合，被害車の価格は新車の再調達価格によることが許されるべきであり，この場合，いわゆる登録落ちは斟酌すべきではない，と指摘する。

第17章　物件損害　　339

の定める保安基準に反するなど法に抵触するような場合や，②車の効用を高めるものではなく，かえって車の効用を低下させる場合等，その改造車の交換価値を増価させない場合や，かえってその交換価値を減価させる場合には，例外的にベース車の車両価格のみを算定基準とし，場合によってはベース車の価格を減額すべきである，と指摘されている[5]。

新車価格の賠償　新車でも登録するとそれだけで市場価格が低下するといわれるが（登録落ち），新車価格の賠償が認められるべき場合がある。走行距離が 1000 キロメートル以内，期間は購入日から 1 年以内が新車買替差額が認められる限界であるとの見解がある[6]。

3 評価損

　修理しても，①外観や機能に欠陥が残存し（技術上の評価損），または②事故歴により商品価値の下落が見込まれる場合（取引上の評価損）に問題となるが，特に事故歴による商品価値の下落については，評価損[7]を認めるべきかどうか争いがある。しかし，評価損は交換価値の低下であり，中古車市場での交換価値の低下が避けられない以上，一般論としては，評価損は認められるべきである。問題はどのような場合に評価損の発生が認められるかということである。

事故減価額証明書　評価損の立証方法として，一般財団法人日本自動車査定協会が発行する「事故減価額証明書」[8]が利用されることもあるが[9]，内容がわかりにくいとの評価もあり，評価損を認めた裁判例では，修理費を基準として，その何パーセントかを評価損として認める方式（修理費基準方式）が多い。

5　『赤い本 2005 年版（下）』162～163 頁〔蛭川明彦〕。
6　田上富信「車両損害の賠償をめぐる諸問題（下）」判評 338 号 27 頁（判時 1221 号 173 頁）。
7　『損害賠償の諸問題 III』96～104 頁以下〔影浦直人〕。
8　『民事弁護と裁判実務』476 頁以下〔園高明〕に説明がある。
9　大阪地判平成 4 年 8 月 28 日交民 25 巻 4 号 993 頁。

修理費基準方式による算定　　評価損は，事故車両の車種，走行距離，初度登録からの期間，損傷の部位・程度（中古販売業者に修復歴の表示義務があるか否か），修理の程度，事故当時の同型車の時価，日本自動車査定協会の事故減価額証明書における査定等，を総合考慮して判断されるが，修理費を基準に3割程度の範囲内で認める例が多いとされている[10]。

裁判例の傾向　　判例の傾向として，外国車または国産人気車種で，初年度登録から5年（走行距離で6万キロメートル程度），国産車では，3年以上（走行距離で4万キロメートル程度）を経過すると，評価損が認められにくい傾向がある，との分析がある[11]。

4 リース車両に係わる損害賠償請求権の帰属

　リース車両の物件損害に係わる損害賠償請求権を取得するのは，車両の所有者であるリース業者なのか，ユーザーなのか，という問題がある。この点，損害保険会社の取扱いは，修理代・評価損とも，損害賠償請求権は基本的に当該車両の所有者であるリース業者に帰属するとの取扱いのようである（分損で修理する場合はユーザーを窓口として交渉することはあるが，示談の当事者はリース業者となる）。車両の損傷は当該車両の所有権侵害であるから，合理性はある。

　しかし，分損で修理する場合は，リース業者とユーザーとの間の契約で，車両の修理・保守はユーザーが負担するとされていることが一般的であり，そのような場合は，使用者が損害賠償請求権を取得するとする裁判例が多い[12]。

　他方，評価損や全損の場合については，所有権者であるリース業者が損害賠償請求権を取得するという考え方が有力である[13]。

10　佐久間邦夫＝八木一洋編『交通損害関係訴訟』240頁〔中園浩一郎〕（青林書院・2009年）。
11　『損害賠償の諸問題III』99頁〔影浦〕。
12　東京地判平成21年12月25日自保ジャーナル1826号39頁，名古屋地判平成25年7月9日交通事故紛争処理センター新判例紹介16865号など。
13　『損害賠償の諸問題III』17頁以下〔山崎秀尚〕は，所有権留保付売買とリース契約につき，評価損と（物理的）全損の場合の損害賠償請求権の帰属を検討したものであるが，いずれについ

第17章　物件損害　　341

リース契約の中途解約に至った場合にユーザーが負担する約定損害金は，車両の破損が修理不能といえない程度のものである場合には，特別損害であるとして相当因果関係を否定する裁判例[14]がある。修理が困難でリース契約の目的を達することができないため中途解約に至った場合には問題が残る。

残価設定型プラン　　新車の購入に当たり，予め3年から5年後の再売買価格（据置価格）を設定し，これを割り引いてローンを組むというプランがある。月々の返済額が抑えられるというメリットがあるが，事故により，約定の据置価格での再売買が不可能となったとき，査定額との差額は，買主の損害として認められるであろうか。横浜地判平成23年11月30日交民44巻6号1499頁はこれを認めた裁判例であるが，据置価格は契約の当事者が決めるものであるから，異論がありうるところであろう。リース契約でも残存予定価格を設定し，これを割り引いてリースを組むプランでは同様の問題が生じる。

5 代車使用料

代車の必要性[15]　　被害車両を営業用に使用している場合，マイカーでも通勤や日常生活に使用することが不可欠である場合（代車の必要性の要件）には認められるが，現実に代車使用料を支出したことが必要である。修理費と異なり，仮定的代車料は認められない。

ても，原則的考え方は，所有権の帰属する留保所有権者とリース業者が損害賠償請求権を取得するとする。東京地判平成2年3月13日判タ722号84頁（日本坂トンネル事故）は，所有権留保付売買において代金完済前に車両が毀滅した場合に交換価格相当の損害賠償請求権を取得するのは留保所有権者であるとしつつ，買主は，第三者の不法行為により自動車の所有権が滅失するに至っても売買残代金の支払債務を免れるわけではなく（民法534条1項），また，売買代金を完済するときは自動車を取得しうるとの期待権を有していたものというべきであるから，買主は，第三者の不法行為後において，売主に対して代金を完済するに至ったときには，民法536条2項ただし書きおよび304条の類推適用により，売主が自動車の所有権の変形物として取得した第三者に対する損害賠償請求権（と遅延損害金）を当然に取得するものと解するのが相当である，としている。

14　神戸地判平成4年8月21日交民25巻4号954頁。
15　『赤い本2006年版』77〜95頁〔小林邦夫〕。

相当期間　　代車使用期間については，修理が可能な場合には相当な修理期間，買替えが必要な場合には買替えに要する相当期間[16]が基準となる。

代車のグレード　　被害車両が高級外車である場合は，高級国産車の代車料の限度で認める裁判例が多い。

6 休車損

　休車損[17]とは，被害車両が使用不能となった期間，車両を運行していれば得られたであろう利益の喪失である。物損に係わる消極的損害（逸失利益）の性格を有する損害であり，休車損害は交通事故によって通常生ずべき損害と解されている（最一小判昭和 33 年 7 月 17 日民集 12 巻 12 号 1751 頁）。その性質上，営業用車両についてのみ認められる。

遊休車　　タクシー会社，バス会社，運送会社の場合には代替車両（遊休車）が存在するのが通常であるが，遊休車が存在しないことが休車損を認める要件となるか，遊休車の存否にかかわらず休車損が認められるべきかについて考え方が分かれている。被害者側の損害拡大防止義務を重視すれば，遊休車が存在しないこと[18]が休車損害請求の要件となると解することになるが，疑問である。なぜなら，休車損害の額は，被害車の 1 日当たりの営業収入から経費を控除し，相当な修理期間を乗じて算定されるところ，被害車の 1 日当たりの営業収入は，一般的には，事故前 3 か月間または 1 年間の売上実績を，実働台数ではなく保有台数で除して算出するから，その中で遊休車の存在は考慮されており，改めて遊休車の存在を問題とすべきではないからである[19]。

16　『損害賠償の諸問題 III』208〜218 頁〔来司直美〕。
17　『損害賠償の諸問題 III』378〜396 頁〔森剛〕。
18　正確には，代替車両が存在しなかった事実または代替車両があってもそれを使用することができなかった事実ということである。
19　『民事弁護と裁判実務』479 頁〔園〕。大阪地判昭和 61 年 1 月 30 日交民 19 巻 1 号 132 頁は，「被害車両の休車損害を考えるにあたり，原告会社に，統計上，実働していない車両があるからといつて，原告にこれを適切に運用して営業収入を得なければならない義務が存しないことは当然であるうえ，原告会社において本件事故当時ごろに遊休車が現に存在したとする証拠もなく，仮に，遊休車が存在するとしても，これを運用していたことの認められない本件では，被害車両

売上高の減少　　事故後の営業収入が事故前と比較して減少していることが休車損を認める要件となるかについても考え方が分かれている。しかし，事故前と比較して営業収入の減少がないとしても，その原因はさまざまであるから，営業収入の減少は要件と解すべきではない[20]。

代車使用料との関係　　前述の代車使用料と表裏の関係に立つから，代車使用料が認められる場合には休車損は認められないのが原則である。しかし，タクシーのような緑ナンバーの営業用車両の場合は代車の使用は不可能であるから，休車損の問題となる。

7　登録手続関係費

　全損扱いで買替えが必要となる場合に，買替え諸費用が損害として認められる場合がある。

税　　金　　税金については，未経過分の還付制度があるもの（自賠責保険料，自動車税）と，還付制度がないもの（自動車取得税）とで分けて検討する必要がある。自動車重量税には自動車税のような還付制度はないが，平成17年1月以降は，使用済自動車の再資源化等に関する法律（自動車リサイクル法）に基づく「使用済自動車に係る自動車重量税の廃車還付制度」がある。
　結局，損害として認められるのは，①再調達車両の自動車取得税と，②被害車両の自動車重量税の未経過分（ただし，使用済自動車に係る自動車重量税の廃車還付制度により還付された分は除かれる）と解されている。

手数料　　再調達車両の移転登録費用，車庫証明費用，被害車両の廃車費用分にくわえて，ディーラーの報酬である登録代行費用，車庫証明手続代行費用，納車費用も消費税を含めて損害として認められる（東京地判平成15年8月4日交民36巻4号1028頁）。

　の修理期間中，被害車両を運行の用に供することによつて得たであろう逸失利益は，被告らにおいて，これを賠償しなければならないものというべきである」とする。
20　『損害賠償の諸問題 III』386頁以下〔森〕，佐久間＝八木編・前掲注10 236頁〔中園〕。

8 保険料差額[21]

双方に過失があり，被害者が自分の過失分につき対人賠償保険，対物賠償保険を使用すれば，等級が下がり，次期保険料が増額されることがあるが，その差額は損害として認められない。被害者が自分の車両保険を使用して自分の車を修理しても同様である。

9 慰謝料

民法710条の文理解釈によれば，物件損害についても慰謝料は認められるはずであるが，一般に裁判所は否定的である。通常は，被害者が財産的損害の塡補を受けることによって，財産権侵害に伴う精神的損害も同時に塡補されると解されるからである。

特段の事情　もっとも，「特段の事情」が認められれば物損に関連する慰謝料が認められる場合もあり，そのような「特段の事情」として，①被害物件が被害者にとって特別の主観的・精神的価値を有し（ただし，そのような主観的事情・精神的価値を有することが社会通念上相当と認められることを要する），単に財産的損害の賠償を認めただけでは償い得ないほど甚大な精神的苦痛を被った場合と，②加害行為が著しく反社会的，あるいは害意を伴うなどのため，財産に対する金銭賠償だけでは被害者の著しい苦痛が慰謝されないような場合が指摘されているところである[22]。

> **【ペットの死傷に伴う慰謝料】**
> 　上記「特段の事情」①の典型がペットの死傷である。たとえば，名古屋高判平成20年9月30日交民41巻5号1186頁は，追突事故により負傷し，後肢麻痺，排尿障害が残った犬（ラブラドールレトリバー種）の飼い主夫婦に対して，動物病院の治療関係費にくわえて，各20万円（合計40万円）の慰謝料を認めている。なお，本件では犬は後部座席に乗っていたが，犬用シートベルトの不装着を理由

21　『損害賠償の諸問題II』296頁以下〔村山浩昭〕。
22　『赤い本2008年版』41〜61頁〔浅岡千香子〕。

に 10 パーセントの過失相殺をしている。

10 ペットの死傷

　ペットの死亡事案ではその時価相当額が問題となる。再調達価格という意味ではペットショップにおける同種類の動物の再購入費ということになろう（東京地判平成 24 年 9 月 6 日 LEX/DB25496887）。

　ペットが法律上は「物」であるとすれば，被害車両の修理費の上限が車両の時価を上限とするのと同じように，ペットの治療費も同種類の動物の再購入費を上限とするということになろうが，名古屋高判平成 20 年 9 月 30 日交民 41 巻 5 号 1186 頁は，「愛玩動物のうち家族の一員であるかのように遇されているものが不法行為によって負傷した場合の治療費等については，生命を持つ動物の性質上，必ずしも当該動物の時価相当額に限られるとするべきではなく，当面の治療や，その生命の確保，維持に必要不可欠なものについては，時価相当額を念頭に置いた上で，社会通念上，相当と認められる限度において，不法行為との間に因果関係のある損害に当たるものと解するのが相当である」としており，妥当な判断である。

【飼い主の精神疾患】
　飼い主がペットを失ったことからうつ病等の精神疾患に陥り，精神科等での治療を余儀なくされた場合に発生する治療費等の損害は，事故と相当因果関係のある損害として認められることは容易ではないであろう。前述したペットの死傷に伴う慰謝料算定に当たっての斟酌事由ということになろうか。

第18章―― 自賠責保険(共済)・ 自動車保険・ 政府保障事業

1－自賠責保険

1 基本補償

強制保険　自賠責保険とは「自動車損害賠償責任保険」のことであり，強制保険とも言われるものである。自賠責保険が締結されていない自動車は運行の用に供することが禁止されており（自賠法5条），これに違反した者には罰則が適用される（同法86条の3第1号）。また，車検を受けるためには，自動車損害賠償責任保険証明書（7条）が必要であり，車検とリンクさせることによっても付保が強制されている。

自賠責共済　全国共済農業協同組合連合会（JA共済）や全国労働者共済生活協同組合連合会（全労済）その他の協同組合が行う自賠責共済（6条2項）も，内容的には損害保険会社が行う自賠責保険と保障内容は同じである。

自賠責保険の適用除外車　自賠責保険の締結を義務付けられていない自動車（適用除外車）には，構内自動車（→28頁）のほかにも，①国が自衛隊の任務の遂行に必要な業務に使用する場合，②日本国内にあるアメリカ合衆国の軍隊がその任務の遂行に必要な業務に使用する場合[1]，③日本国内にある

1　アメリカ合衆国が使用する自動車による事故に係る賠償の方法については『逐条解説』112頁以下〔八島宏平〕の説明を参照のこと。

国際連合の軍隊がその任務の遂行に必要な業務に使用する場合がある（自賠
法施行令1条の2）。

自賠法3条の適用　注意すべきことは，自賠法10条が構内自動車等に適用
除外としている条文は5条，7～9条であるから，自賠法3条は適用される
ことである（最二小判昭和48年7月6日裁判集民109号473頁・判タ300号207
頁）。

2 被保険者

保有者と運転者　自賠責保険は，第3条の規定による保有者の損害賠償責
任（運行供用者責任）が発生した場合に，①これによる保有者の損害と，②
運転者も被害者に対して損害賠償責任を負うべきときのこれによる運転者の
損害を塡補するものである。したがって，自賠責保険は，加害車の保有者と
運転者を被保険者とする責任保険である。

保険契約者　被保険者と保険契約者が一致する必要はない。一致しないと
きは，第三者のための損害保険契約（保険法8条）となる。

3 保険金額

　保険金額は自賠法13条に基づき，自賠法施行令2条で次のように規定さ
れている。自賠責保険の保険金額を超える損害を補塡するものが対人賠償保
険（任意保険）である。

〔死亡事故の場合〕	死亡による損害　3000万円
	死亡に至るまでの傷害による損害　120万円
〔傷害事故の場合〕	傷害による損害　120万円
	後遺障害による損害
	⌈介護を要する後遺障害　3000万～4000万円
	⌊その他の後遺障害　　　75万～3000万円

4 加害者請求（15条請求）

先履行主義　被保険者からの保険金の請求であり，責任保険としての本来の支払いルートである。留意すべきことは，「自己が支払をした限度においてのみ」請求できることである。

弁済供託・混同　被害者の受領拒絶を理由とする損害賠償債務についての弁済供託は「支払」に当たるが（最三小判平成7年4月25日裁判集民175号123頁・判タ884号128頁），被害者の保有者に対する損害賠償債権および保有者の被害者に対する損害賠償債務が同一人に帰したとしても，これには当たらない（最一小判平成元年4月20日民集43巻4号234頁・判タ698号195頁）。

転付命令と条件成就　自賠法15条に基づく被保険者（加害者）の自賠社に対する保険金請求権は，被保険者が被害者に対して損害賠償額の支払いをなすことを停止条件とするものであるが，被害者が被保険者に対する自賠法3条に基づく損害賠償請求権を執行債権として，被保険者（加害者）の自賠社に対する保険金請求権につき転付命令を申し立て，これが確定して弁済の効力が生じることにより条件が成就する（被転付適格を肯定すべきである），というのが判例（最三小判昭和56年3月24日民集35巻2号271頁・判タ440号83頁）の立場である。

保険金請求権の代位行使　被保険者（保有者，運転者）が無資力の場合に，被害者（債権者）は保険金請求権を代位行使（民法423条）できるか。大阪地判昭和54年6月29日判時948号87頁はこれを否定している。加害者請求権は，加害者（被保険者）が，被害者（原告）に対し，その損害賠償額について支払いをした時に初めて，その支払額の限度においてのみ，発生するものであるというのが理由である。

保険契約者等の悪意　保険契約者または被保険者の「悪意」によって生じた損害については，保険会社は填補責任を免れる（自賠法14条）。「悪意」と

は害意のことで,「未必の故意」は含まれないと解されている[2]。なお,保険契約者等の悪意によって生じた損害でも,被害者からの16条請求は可能である(同法16条4項,72条2項,76条2項)。

保険契約者に悪意がない場合　　自賠法14条によれば,保険契約者または被保険者のどちらかに悪意があれば保険会社は填補責任を免れる。したがって,保険契約者には悪意がなくても,被保険者に悪意があれば,保険会社は填補責任を免れることになる。任意自動車保険における故意免責条項では,記名被保険者以外の被保険者の故意の場合には,当該被保険者についてのみ免責となる(個別適用条項)のとは異なっている点である。

被害者請求権との競合　　被害者の損害が自賠責保険の保険金額を超える場合で,既に被保険者が損害の一部を支払っているときは,加害者請求権(保険金請求権)」と被害者請求権とが競合することとなるが,加害者請求権が優先する取扱いとなっている[3]。

5 被害者請求(16条請求)

被害者の直接請求権　　これは被害者保護のために法律で特別に認められた,保険契約の当事者(被保険者)ではない被害者から保険会社に対する損害賠償額の支払請求権である。

保有者に対する損害賠償請求権との関係　　被害者請求権の成立には,自賠法3条による被害者の保有者に対する損害賠償債権が成立していることが要件となっており,保有者に対する損害賠償債権が消滅すれば,保険会社に対する直接請求権も消滅する[4]。

2　『逐条解説』122頁〔八島〕。もっとも,最二小判平成4年12月18日裁判集民166号953頁・判タ808号165頁は,自動車保険普通保険約款の「故意」免責条項の「故意」には「未必の故意」も含まれるような判示を行っている。任意自動車保険と自賠責保険との性質の差異であろう。

3　『逐条解説』128頁〔八島〕。

4　平成元年判決は相続による混同により,自賠法3条による被害者の保有者に対する損害賠償債権が消滅した事例である。ただし,死亡による損害のうち,民法711条に基づき被害者の父母・

●最一小判平成元年4月20日民集43巻4号234頁・判夕698号195頁
　「自動車損害賠償保障法（以下『自賠法』という。）3条による被害者の保有者に対する損害賠償債権及び保有者の被害者に対する損害賠償債務が同一人に帰したときには、自賠法16条1項に基づく被害者の保険会社に対する損害賠償額の支払請求権は消滅するものと解するのが相当である。けだし、自賠法3条の損害賠償債権についても民法520条本文が適用されるから、右債権及び債務が同一人に帰したときには、混同により右債権は消滅することとなるが、一方、自動車損害賠償責任保険は、保有者が被害者に対して損害賠償責任を負担することによつて被る損害を填補することを目的とする責任保険であるところ、被害者及び保有者双方の利便のための補助的手段として、自賠法16条1項に基づき、被害者は保険会社に対して直接損害賠償額の支払を請求し得るものとしているのであつて、その趣旨にかんがみると、この直接請求権の成立には、自賠法3条による被害者の保有者に対する損害賠償債権が成立していることが要件となつており、また、右損害賠償債権が消滅すれば、右直接請求権も消滅するものと解するのが相当であるからである。」

損害賠償請求権に対する転付命令　　判例は，損害賠償請求権が転付命令により（被害者の）債権者に移転したときは，被害者請求権の補助手段的性格から，被害者はその限度において自賠法16条1項に基づく被害者請求権を失うとしている。

●最一小判平成12年3月9日民集54巻3号960頁・判夕1037号101頁
　「交通事故の被害者の保有者に対する損害賠償請求権が第三者に転付された後においては、被害者は転付された債権額の限度において自賠法16条1項に基づく責任［ママ］賠償金の支払請求権を失うものと解するのが相当である。けだし、自動車損害賠償責任保険は、保有者が被害者に対して損害賠償責任を負担することによって被る損害をてん補することを目的とする責任保険であり、自賠法16条1項は、被害者の損害賠償請求権の行使を円滑かつ確実なものとするため、右損害賠償請求権行使の補助的手段として、被害者が保険会社に対して直接に責任賠償金の支払を請求し得るものとしているのであって［最一小判平成元年4月

配偶者・子が取得する固有の慰謝料請求権は混同の対象とはならない。自賠責保険支払基準でも、死亡本人慰謝料のほかに遺族に対する慰謝料が認められている。

> 20 日民集 43 巻 4 号 234 頁・判タ 698 号 195 頁参照]、その趣旨にかんがみれば、<u>自賠法 16 条 1 項に基づく責任賠償金の支払請求権は、被害者が保有者に対して損害賠償請求権を有していることを前提として認められると解すべきだからである</u>。」

社会保険からの求償との関係　　被害者に対して健康保険，労災保険等からの給付がなされると，求償規定（労災保険法 12 条の 4 第 1 項，国民健康保険法 64 条 1 項等）に基づき，社会保険者は，保険給付の価額の限度で，被害者が第三者に対して有する損害賠償請求権を代位取得するが，その中に被害者請求権も含まれる。社会保険者が代位取得した被害者請求権（求償）と被害者の直接請求権が競合した場合の優劣関係（合計額が保険金額を超える場合）はどうなるのか。

医療の給付　　最三小判平成 20 年 2 月 19 日民集 62 巻 2 号 534 頁・判タ 1268 号 123 頁は，交通事故の被害者が，老人保健法（平成 17 年法律第 77 号による改正前のもの）[5] 25 条 1 項に基づく「医療の給付」を受けてもなお填補されない損害について自賠法 16 条 1 項に基づく請求権を行使する場合は，医療の給付を行った市町村長が，老人保健法 41 条 1 項により取得した上記請求権に優先して支払いを受けることができる（合計額が保険金額を超えるとき）としている（→275〜276 頁）。

射　　程　　上記平成 20 年判決の射程が問題である。判決では，医療給付は社会保障的性格を有する公的給付であり，損害填補を目的とするものではないことを強調しているから，労災保険からの求償請求と競合した場合は，労災保険は医療費用だけでなく，損害填補に当たる給付を含んでいるので，被害者請求権はこれに優先しない（合計額が保険金額を超えるときは按分して支払われる），とされている[6]。

5　「高齢者の医療の確保に関する法律」へ改題・改正されたが，同法 58 条に同趣旨の規定がある。
6　『逐条解説』134 頁以下〔八島〕。

人身傷害補償保険からの求償との関係　人身傷害補償保険契約に基づき人傷社が被保険者（被害者）に保険金を支払ったときは，支払った保険金の限度で，かつ被保険者の権利を害さない範囲で，被保険者が有する直接請求権を取得するが（代位），人傷社からの求償（代位取得した直接請求権の行使）と被害者の直接請求権が競合し，被害者の損害額合計が保険金額を超える場合は，人傷社が取得する請求権は被害者の権利を害さない範囲に限定されるため，被害者の未填補損害額を優先して責任保険から支払い，残額を人傷社に支払うこととなる[7]。

差押禁止等　被害者請求権の差押えの禁止につき自賠法 18 条，損害賠償額の支払いの履行期につき自賠法 16 条の 9，被害者に対する「仮渡金」につき自賠法 17 条，自賠法施行令 5 条を参照。

6 一括払い制度

窓口の一本化　任意保険（上乗せ保険）が締結されている場合には，任意社のサービスとしての「一括払い」システムがある。これは，①任意社が自賠責分も含めて被害者に損害賠償額を支払い，その後，②自賠責分を自賠社から取り戻す手続である[8]。被害者にとっては窓口が任意社に一本化されるというメリットがある。「事前認定」とは，任意社が自賠責保険からいくら取り戻せるかを事前に照会する制度である。

示談交渉の長期化が見込まれる場合　しかし，一括払いでは，任意社との間で示談が成立するまでは自賠責分も支払いを受けることができないというデメリットもある。したがって，示談交渉の長期化が見込まれる場合には，いったん一括払いを解除し，被害者請求により自賠責分の支払いを受けるべきである。

7　『逐条解説』135 頁〔八島〕。
8　②の手続は自賠法 15 条に基づく保険金請求である。

第 18 章　自賠責保険（共済）・自動車保険・政府保障事業　　353

7 支払基準の法定化

支払基準　　従来は通達にすぎなかった自賠責保険の支払基準が法律上の根拠をもつようになった（自賠法 16 条の 3）。これを受けて制定されたのが，「自動車損害賠償責任保険の保険金等及び自動車損害賠償責任共済の共済金等の支払基準」（平成 13 年 12 月 21 日金融庁国土交通省告示第 1 号）（→資料 2）である。また，同支払基準の保険会社に対する拘束力も法定された。

裁判所に対する拘束力　　同支払基準は，訴訟外で保険会社が保険金等を支払う場合の基準であり，裁判所に対する拘束力はない。したがって，被害者は，保険金額の範囲内であれば，保険会社を相手取って，支払基準を超える損害賠償額の支払いを求めて提訴することが可能である（→388 頁）。

> ●最一小判平成 18 年 3 月 30 日民集 60 巻 3 号 1242 頁・判タ 1207 号 70 頁
> 　「法 16 条の 3 第 1 項は，保険会社が被保険者に対して支払うべき保険金又は法 16 条 1 項の規定により被害者に対して支払うべき損害賠償額（以下『保険金等』という。）を支払うときは，死亡，後遺障害及び傷害の別に国土交通大臣及び内閣総理大臣が定める支払基準に従ってこれを支払わなければならない旨を規定している。法 16 条の 3 第 1 項の規定内容からすると，同項が，保険会社に，支払基準に従って保険金等を支払うことを義務付けた規定であることは明らかであって，支払基準が保険会社以外の者も拘束する旨を規定したものと解することはできない。支払基準は，保険会社が訴訟外で保険金等を支払う場合に従うべき基準にすぎないものというべきである。そうすると，保険会社が訴訟外で保険金等を支払う場合の支払額と訴訟で支払を命じられる額が異なることがあるが，保険会社が訴訟外で保険金等を支払う場合には，公平かつ迅速な保険金等の支払の確保という見地から，保険会社に対して支払基準に従って支払うことを義務付けることに合理性があるのに対し，訴訟においては，当事者の主張立証に基づく個別的な事案ごとの結果の妥当性が尊重されるべきであるから，上記のように額に違いがあるとしても，そのことが不合理であるとはいえない。
> 　したがって，法 16 条 1 項に基づいて被害者が保険会社に対して損害賠償額の支払を請求する訴訟において，裁判所は，法 16 条の 3 第 1 項が規定する支払基準によることなく損害賠償額を算定して支払を命じることができるというべきである。
> 　これと同旨の原審の判断は，正当として是認することができる。論旨は採用す

ることができない。」

射　程　上記平成 18 年判決は，自賠法 16 条に基づく損害賠償額の支払
請求（被害者請求）で，かつ裁判基準による算定額のほうが自賠責支払基準
による算定額よりも有利な事案であったが，自賠法 15 条に基づく保険金の
支払請求（加害者請求）で，かつ裁判基準による算定額のほうが自賠責支払
基準による算定額よりも不利な事案についても，その射程が及ぶことが明ら
かにされている（最一小判平成 24 年 10 月 11 日裁判集民 241 号 75 頁・判タ 1384
号 118 頁）。

損害調査　損害調査は保険会社（自賠社）の依頼により，損害保険料率算
出機構により行われる。この調査結果に不満であれば，異議申立てが可能で
あり（→資料 12），さらに一般財団法人自賠責保険・共済紛争処理機構に対
して調停の申立てをすることができる（→資料 15）。自賠責保険・共済紛争
処理機構は，自賠法 23 条の 5 に基づく指定紛争処理機関（民間型 ADR）で
ある[9]。

損害賠償請求訴訟の判決と追加支払い　被害者・加害者間の損害賠償請求訴
訟の判決で，自賠責保険の支払基準により支払われた損害賠償額を超える損
害賠償額が認定された場合，保険金額の限度内であれば自賠社に対する追加
支払いの請求がなされると，追加支払いに応じる取扱いのようである。

間接被害者　自賠責保険支払基準では，「保険金額は死亡した者又は傷害
を受けた者 1 人につき……定める額とする」（同基準第 1 総則 1）とされてい
るので，自賠責保険は直接被害者のみを対象としている。

9　自賠法 23 条の 6 では「当該紛争の調停」を行うと表現されているが，実際は書面審理であり，
話し合いの斡旋を行うわけではない。

8 重過失減額

　自賠責保険では，一般不法行為におけるような過失相殺は行われないが，これに代わるものとして重過失減額の取扱いがある。過失相殺と比較すると被害者に極めて有利に取り扱われている。

【後遺障害または死亡に係るもの】

被害者の過失割合	減額割合
70% 未満	減額なし
70% 以上 80% 未満	20%
80% 以上 90% 未満	30%
90% 以上 100% 未満	50%

【傷害に係るもの】

被害者の過失割合	減額割合
70% 未満	減額なし
70% 以上 100% 未満	20%

減額の方法　　積算損害額が保険金額未満の場合には損害額から，積算損害額が保険金額以上となる場合には保険金額から減額を行う。ただし，傷害による損害額が 20 万円未満の場合はその額とし，減額により 20 万円以下となる場合は 20 万円とする。

9 因果関係の有無の判断が困難な場合の減額

　事故による受傷と，死亡または後遺障害との間の因果関係の有無の判断が困難な場合は，積算した損害額が保険金額に満たない場合には積算した損害額から，保険金額以上となる場合には保険金額から，いずれも 5 割の減額が行われる。

2 – 任意自動車保険

保険の自由化に伴い，各保険会社が販売する自動車保険も多様化しているが，ここでは対人賠償保険を中心に概説する。

1 対人賠償保険

上乗せ保険　通常，任意保険といわれている保険がこれである。自賠責保険の上乗せ保険として設計されている（標準約款第1章2条2項）[10]。

支払要件　被保険自動車の所有，使用または管理に起因して他人の生命・身体を害すること（対人事故）により，被保険者が法律上の損害賠償責任を負担することによって被る損害を填補する保険である（標準約款第1章1条，2条1項）。自賠責保険と異なり，保有者に自賠法3条の運行供用者責任が成立する場合に限らない。

　保有者に自賠法3条の運行供用者責任は成立しないが，民法709条の一般不法行為責任が成立するような場合には，根っこから対人賠償保険が支払われることもある（→73頁）。

許諾被保険者　被保険者は，保険証券記載の被保険者（記名被保険者）等であるが（標準約款第1章7条），その中に「記名被保険者の承諾を得て被保険自動車を使用または管理中の者」，いわゆる許諾被保険者（3号）があり（対人・対物に共通），その範囲が問題となった。具体的には「また貸し（転借人）」が許諾被保険者に含まれるか，という問題である。判例は消極に解している。最二小判昭和58年2月18日裁判集民138号141頁・判タ494号72頁は，自損事故保険における免責条項に規定されている「被保険自動車の使用について、正当な権利を有する者の承諾を得ないで被保険自動車を運

10　「損害の額が自賠責保険等によって支払われる金額を超過する場合に限り，その超過額に対してのみ保険金を支払います」と規定されているが，「自賠責保険等によって支払われる金額」とは自賠責保険の保険金額ではなく，自賠責保険の認定額のことである（北河隆之＝八島宏平＝川谷良太郎『詳説　後遺障害—等級認定と逸失利益算定の実務』（創耕舎・2014年）17頁以下）。

転しているときに、その本人について生じた傷害」について判示したものであるが，許諾被保険者とは記名被保険者から直接承諾を得ている者に限られ，転借人は含まないことを明らかにしている。

> ●最二小判昭和 58 年 2 月 18 日裁判集民 138 号 141 頁・判タ 494 号 72 頁
> 　「しかしながら、本件免責条項は、被保険者の範囲を保険契約の当事者が保険契約締結当時通常被保険自動車を使用するものと予定ししかもその者の損害を保険によって填補するのが相当と思料される記名被保険者及びこれに準ずる正当な使用権限者に限定しようという趣旨で定められたものと解すべきであるから、前記免責条項にいう『正当な権利を有する者』とは、一般的には賠償保険の記名被保険者に相当する者（記名被保険者・名義被貸与者）をいうものと解するのが相当であり、したがつて、<u>記名被保険者から借り受けて被保険自動車を運転しているときにその借受人について生じた傷害については、保険会社は保険金の支払を免れないが、記名被保険者の承諾を得ないで右借受人から転借して被保険自動車を運転しているときにその転借人について生じた傷害については、保険会社は保険金の支払を免れるものというべきである。</u>」

支払基準　　支払基準は各社が独自に定めることになっており，それは裁判所の動向も考慮して策定されているとのことであるが，保険会社からの実際の提示額は裁判基準をかなり下回ることも多い。

故意免責　　保険金を支払わない場合の１つに，保険契約者，記名被保険者等またはこれらの者の法定代理人の「故意」によって生じた損害がある（標準約款第１章４条１項１号）。

「故意」の意義　　「故意」の意義については，最三小判平成 5 年 3 月 30 日民集 47 巻 4 号 3262 頁・判タ 842 号 153 頁がある。故意免責条項は，傷害の故意に基づく行為により被害者を死亡させたことによる損害賠償責任を被保険者が負担した場合については適用されない，としたものである。

> ●最三小判平成 5 年 3 月 30 日民集 47 巻 4 号 3262 頁・判タ 842 号 153 頁
> 　「傷害の故意に基づく行為により予期しなかった死の結果を生じた場合には、

加害者は、右行為と被害者の死亡との間に相当因果関係が認められる限り、その死亡に伴う全損害につき損害賠償責任を負担することになるが、このことから直ちに、傷害の故意に基づく行為により予期しなかった死の結果を生じた場合に、本件免責条項により免責の効果が発生するものと解するのは相当でない。けだし、ここで問題となるのは、加害者の負担すべき損害賠償責任の範囲ではなく、本件免責条項によって保険者が例外的に保険金の支払を免れる範囲がどのようなものとして合意されているのかという保険契約当事者の意思解釈の問題であるからである。そして、本件免責条項にいう『故意によって生じた損害』の解釈に当たっては、右条項が保険者の免責という例外的な場合を定めたものであることを考慮に入れつつ、予期しなかった死亡損害の賠償責任の負担という結果についても保険契約者、記名被保険者等（原因行為者）の『故意』を理由とする免責を及ぼすのが一般保険契約当事者の通常の意思であるといえるか、また、そのように解するのでなければ、本件免責条項が設けられた趣旨を没却することになるかという見地から、当事者の合理的意思を定めるべきものである。

　以上の見地に立って考えると、傷害と死亡とでは、通常、その被害の重大性において質的な違いがあり、損害賠償責任の範囲に大きな差異があるから、傷害の故意しかなかったのに予期しなかった死の結果を生じた場合についてまで保険契約者、記名被保険者等が自ら招致した保険事故として免責の効果が及ぶことはない、とするのが一般保険契約当事者の通常の意思に沿うものというべきである。また、このように解しても、一般に損害保険契約において本件免責条項のような免責約款が定められる趣旨、すなわち、故意によって保険事故を招致した場合に被保険者に保険金請求権を認めるのは保険契約当事者間の信義則あるいは公序良俗に反するものである、という趣旨を没却することになるとはいえない。これを要するに、本件免責条項は、傷害の故意に基づく行為により被害者を死亡させたことによる損害賠償責任を被保険者が負担した場合については適用されないものと解するのが相当である。」

個別適用条項　　賠償責任条項の規定は，それぞれ被保険者ごとに個別に適用される（標準約款第1章8条）。ただし，保険契約者，記名被保険者またはこれらの者の法定代理人の故意による免責（4条1項1号）は個別適用から除外されている。したがって，記名被保険者以外の被保険者の故意による事故で，保険契約者，記名被保険者には故意がない場合には，保険会社は当該の被保険者に生じた損害についてのみ免責されるが，保険契約者または記名

被保険者に故意がある場合は，保険会社は全ての被保険者に生じた損害について免責される。

記名被保険者等に生じた人身損害　　記名被保険者，被保険者の父母，配偶者または子等に生じた人身損害は補填されない（標準約款第1章5条）。このような損害は，保険契約者群の中で処理すべきであるという趣旨である。夫が所有し運転する車に妻が同乗中，車ごと崖から転落し，同乗していた妻が負傷したようなケースでは，自賠責保険に対する請求はできても（→83頁），任意保険に対する請求はできないことになる。

示談代行制度　　保険会社は，被保険者の同意を得て，被保険者のために，被害者との折衝，示談または調停もしくは訴訟の手続を行う（標準約款第1章10条1項）。示談代行といわれる制度であり，その法的性格は「代理」と解されている。「被保険者の同意」が代理権授与行為に当たることになる[11]。

直接請求権　　被害者は，保険会社に対して，保険会社が被保険者に対して支払責任を負う限度で，直接損害賠償額の支払いを請求できる（標準約款第1章11条）。その法的性格は第三者のためにする契約（民法537条）と解される。

自賠法16条に基づく直接請求権との違い　　任意保険の直接請求権は，被保険者が被害者に対して負担する損害賠償額について，判決が確定したり，裁判上の和解もしくは調停が成立したり，示談書が作成されたり，免責証書が作成されたりすることが支払いの条件となっている。したがって，保険会社を被告として訴訟を提起する場合には「請求の趣旨」に配慮が必要となる（→388頁，→資料16）。

内払い制度　　損害賠償額が確定する前でも，治療費や休業損害等を被害者の必要に応じて支払うものである。一括払い制度を利用する場合には，自賠責保険の仮渡金は内払い制度に吸収される。

11　鴻常夫編『註釈 自動車保険約款（上)』(有斐閣・1995年）108頁〔庄司裕幸〕。

2 自損事故保険

　自動車事故により被保険自動車の保有者や運転者等が死傷した場合で，自賠法3条に基づく損害賠償請求権が発生しない場合に支払われる保険金であるが（標準約款第2章），人身傷害補償保険が組み込まれている商品ではそれによりカバーされる。

3 搭乗者傷害保険

　自動車事故により被保険自動車の正規の乗車装置または当該装置のある室内に搭乗中の者が死傷した場合に支払われる保険である（標準約款第4章5条）。

車外避難中の轢過　最三小判平成19年5月29日裁判集民224号449頁・判タ1255号183頁は，自動車保険搭乗者傷害条項の「被保険自動車の運行に起因する急激かつ偶然な外来の事故により身体に傷害を被り，その直接の結果として死亡したこと」該当性に関するものであるが，被保険自動車の運転者が，夜間，高速道路において自損事故（中央分離帯のガードレールへの衝突等）を起こし，これにより走行不能となった上記自動車から降りて路肩付近に避難したが，その直後に後続車に轢過されて死亡した事案につき，自損事故と轢過との間に相当因果関係を認めている（原判決〔仙台高判平成18年8月30日交民40巻3号586頁〕を破棄，自判）。

> ●最三小判平成19年5月29日裁判集民224号449頁・判タ1255号183頁
> 　「前記事実関係によれば，本件自損事故は，夜間，高速道路において，中央分離帯のガードレールへの衝突等により，本件車両が破損して走行不能になり，走行車線と追越車線とにまたがった状態で停止したというものであるから，Aは，本件自損事故により，本件車両内にとどまっていれば後続車の衝突等により身体の損傷を受けかねない切迫した危険にさらされ，その危険を避けるために車外に避難せざるを得ない状況に置かれたものというべきである。さらに，前記事実関係によれば，後続車にれき過されて死亡するまでのAの避難行動は，避難経路も含めて上記危険にさらされた者の行動として極めて自然なものであったと認め

第18章　自賠責保険（共済）・自動車保険・政府保障事業　　361

られ，上記れき過が本件自損事故と時間的にも場所的にも近接して生じているこ
とから判断しても，Aにおいて上記避難行動とは異なる行動を採ることを期待
することはできなかったものというべきである。そうすると，運行起因事故であ
る本件自損事故とAのれき過による死亡との間には相当因果関係があると認め
られ，Aは運行起因事故である本件自損事故により負傷し，死亡したものと解
するのが相当である。

　したがって，Aの死亡は，上記死亡保険金の支払事由にいう『被保険者が，
運行起因事故により身体に傷害を被り，その直接の結果として死亡した場合』に
該当するというべきである。

　たしかに，Aは後続車に接触，衝突されて転倒し，更にその後続車にれき過
されて死亡したものであり，そのれき過等の場所は本件車両の外であって，A
が本件車両に搭乗中に重い傷害を被ったものではないことは明らかであるが，そ
れゆえに上記死亡保険金の支払事由に当たらないと解することは，本件自損事故
とAの死亡との間に認められる相当因果関係を無視するものであって，相当で
はない。このことは，本件自損事故のように，運行起因事故によって車内にいて
も車外に出ても等しく身体の損傷を受けかねない切迫した危険が発生した場合，
車内にいて負傷すれば保険金の支払を受けることができ，車外に出て負傷すれば
保険金の支払を受けられないというのが不合理であることからも，肯定すること
ができる。本件搭乗者傷害条項においては，運行起因事故による被保険者の傷害
は，運行起因事故と相当因果関係のある限り被保険者が被保険自動車の搭乗中に
被ったものに限定されるものではないと解すべきである。」

送迎車から降車し，着地する際の事故　　最二小判平成 28 年 3 月 4 日自保ジ
ャーナル 1963 号 1 頁は，骨粗しょう症の A（83 歳，骨粗しょう症）が，老人
デイサービスセンターの送迎車から降車し，着地する際に，右大腿骨頸部骨
折の傷害を負った事案である。通常，A の降車時にはセンターの職員が A
を介助し，送迎車の床ステップ（地面からの高さ 37 センチメートル）と地面
との間に高さ 17 センチメートルの踏み台を置いて使用させていたが，事故
当日は，車両は自宅前の平坦な場所に停車し，センターの職員が踏み台を使
用せず，A の手を引いて床ステップからアスファルトの地面に下ろしたと
ころ，A は上記傷害を負ったものである。

　当該事故が，搭乗者傷害特約の保険金支払事由とされる，被保険自動車
（送迎車）の「運行に起因する事故」といえるかどうか争われたが，最高裁

は運行起因性を否定した。

●最二小判平成 28 年 3 月 4 日自保ジャーナル 1963 号 1 頁
　「本件事故は，A が本件センターの職員の介助により本件車両から降車した際
に生じたものであるところ，本件において，上記職員が降車場所として危険な場
所に本件車両を停車したといった事情はない。また，A が本件車両から降車す
る際は，上記のとおり，通常踏み台を置いて安全に着地するように本件センター
の職員が A を介助し，その踏み台を使用させる方法をとっていたが，今回も本
件センターの職員による介助を受けて降車しており，本件車両の危険が現実化し
ないような一般的な措置がされており，その結果，A が着地の際につまずいて
転倒したり，足をくじいたり，足腰に想定外の強い衝撃を受けるなどの出来事は
なかった。そうすると，本件事故は，本件車両の運行が本来的に有する危険が顕
在化したものであるということはできないので，本件事故が本件車両の運行に起
因するものとはいえない。」

判決の意義　　上記平成 28 年判決は，事故が車両の運行に起因するものと
いえるかどうかは，「車両の運行が本来的に有する危険が顕在化したもので
あるかどうか」により判定されるとしたものであり，運行起因性を考える際
にも重要な指針となるものである。

4　無保険車傷害保険

　対人賠償保険の被保険者が自動車事故の被害者になった場合に，加害者側
が対人賠償保険に加入していなかったり，加入していても保険金額が低いた
め十分な賠償を受けることができなかったりすることがある。そのようなと
きに，被害者自身が加入している保険会社が，加害者に代わって保険金を支
払うという保険である（標準約款第 3 章）。ただし，被害者の死亡または後遺
障害の発生が支払条件とされている。

胎児の保険金請求権　　無保険車傷害保険金は，無保険車事故によって被保
険者またはその父母，配偶者もしくは子が被った損害に対して，賠償義務者
がある場合に支払われるが，交通事故発生時に胎児であった者が，当該事故

により，出生後に傷害が生じ，後遺障害が残った場合，その者も保険金を請求できる（最三小判平成18年3月28日民集60巻3号875頁・判タ1207号73頁）。

●最三小判平成18年3月28日民集60巻3号875頁・判タ1207号73頁

「3 民法721条により，胎児は，損害賠償の請求権については，既に生まれたものとみなされるから，胎児である間に受けた不法行為によって出生後に傷害が生じ，後遺障害が残存した場合には，それらによる損害については，加害者に対して損害賠償請求をすることができると解される。前記事実関係によれば，X₁には，胎児である間に発生した本件事故により，出生後に本件傷害等が生じたのであるから，X₁らは，本件傷害等による損害について，加害者に対して損害賠償請求をすることができるものと解される。

また，前記の本件約款の定めによると，無保険車傷害条項に基づいて支払われる保険金は，法律上損害賠償の請求権があるが，相手自動車が無保険自動車であって，十分な損害のてん補を受けることができないおそれがある場合に支払われるものであって，賠償義務者に代わって損害をてん補するという性格を有するものというべきであるから，本件保険契約は，賠償義務者が賠償義務を負う損害はすべて保険金によるてん補の対象となる（ただし，免責事由があるときはてん補されない。）との意思で締結されたものと解するのが相当である。

そして，X₁は，本件保険契約の記名被保険者の子であり，上記のとおり，X₁らは，本件傷害等による損害について，加害者に対して損害賠償請求をすることができるのであるから，X₁らは，本件傷害等による損害について，記名被保険者の同居の親族……に生じた傷害及び後遺障害による損害に準ずるものとして，本件約款の無保険車傷害条項に基づく保険金を請求できると解するのが相当である。」

【注】 本件約款では，記名被保険者の配偶者，記名被保険者またはその配偶者の同居の親族等が被保険者となっている。本判決は，事故当時，胎児であった者を「記名被保険者の同居の親族」に準ずる者として保険金請求権を認めたものと理解されている。

自賠責保険金の控除方法　　無保険車傷害保険金は，損害額から，自賠責保険金等を控除した残額に対して支払われるが，その際，自賠責保険金の全額を差し引くのか，自賠責保険金から損害の元本に対する遅延損害金に充当した額を控除した残額を差し引くのか，という問題がある。この点，最二小判平成24年4月27日裁判集民240号223頁・判タ1371号133頁は，自賠責

保険の全額を差し引くべきものとした。

●最二小判平成 24 年 4 月 27 日裁判集民 240 号 223 頁・判タ 1371 号 133 頁[12]
　「本件約款によれば，無保険車傷害保険金は，被害者等の被る損害の元本を填補するものであり，損害の元本に対する遅延損害金を填補するものではないと解されるから，本件約款に基づき被害者等に支払われるべき無保険車傷害保険金の額は，被害者等の被る損害の元本の額から，被害者等に支払われた自賠責保険金等の全額を差し引くことにより算定すべきであり，自賠責保険金等のうち損害の元本に対する遅延損害金に充当された額を控除した残額を差し引くことにより算定すべきものとは解されない。このことは，自賠責保険金等が無保険車傷害保険金の弁済期後に支払われた場合であっても，異なるものではない。」

5　対物賠償保険

　対人賠償保険の対物版であり，被保険自動車の所有，使用または管理に起因して他人の財物を滅失，破損，汚損すること（対物事故）により，被保険者が法律上の損害賠償責任を負担することによって被る損害を填補する保険である（標準約款第 1 章 1 条，3 条）。対人賠償保険と同様に，示談代行や被害者の直接請求権が規定されている。

6　車両保険

　被保険自動車の所有者を被保険者とし，衝突等の偶発的な事故によって被保険自動車に生じた損害に対して保険金を支払うという保険である（標準約款第 5 章）。

7　人身傷害補償保険

　自動車事故等により，被保険者が身体に傷害を被ることによって被保険者

12　平成 24 年判決は，無保険車傷害保険金の支払債務は，商行為（保険契約）によって生じた債務（商法 514 条）に当たるので，無保険車保険金に対する遅延損害金の利率は，商事法定利率である年 6 パーセントである，とも判示している。

第 18 章　自賠責保険（共済）・自動車保険・政府保障事業　　365

等が被る損害に対して保険金を支払う保険である（→**資料20**）。約款所定の算定基準により算定された損害額が補填されるもので，実損填補型の傷害保険の性格を有するものである。損害賠償請求権との関係で約款上の問題点が指摘されてきたが，保険法の施行に伴い，約款が改定されている。しかし，なお問題点が残されている（→279頁以下）。

【保険法との適用関係】

　保険法は，保険を損害保険（第2章）・生命保険（第3章）・傷害疾病定額保険（第4章）に分けて，それぞれ保険契約の成立・効力・履行・終了について規定している。自賠法の自賠責保険契約に関する規定（同法11〜22条）は損害保険契約の特別法と位置づけられる（保険法1条，自賠法23条・23条の3）。任意自動車保険は，①損害保険契約に該当する賠償責任保険・車両保険，②傷害疾病定額保険契約に該当する自損事故保険・搭乗者傷害保険，③傷害疾病損害保険契約に該当する無保険車傷害保険・人身傷害補償保険から構成される複合的な保険契約となる。したがって，任意自動車保険には，保険法における損害保険契約の規定（傷害疾病損害保険契約の規定を含む）と傷害疾病定額保険契約の規定が重畳的に適用されることになる[13]。

3－政府保障事業

適用される場合　　政府は，自動車の運行によって生命または身体を害された者がある場合において，①その自動車の保有者が明らかでないため被害者が自賠法3条の規定による損害賠償の請求をすることができないとき，②責任保険（責任共済）の被保険者（被共済者）以外の者が，自賠法3条の規定によって損害賠償責任を負う場合，被害者の請求により，政令で定める金額（自賠責保険の保険金額と同じ）の限度で，その損害を填補する。

　具体的には，ひき逃げ事故が①に当たり，自賠責保険を付保していない無保険車による事故，泥棒運転による事故で保有者に運行供用者責任が発生しない場合，自賠責保険が付保されていない構内自動車が道路を走行中に惹起した事故が②に当たる。

13　山下友信＝米山高生編『保険法解説』（有斐閣・2010年）117〜120頁〔山下〕。

自賠責保険との相違点　填補額は「自動車損害賠償保障事業が行う損害のてん補の基準」（平成19年国土交通省告示第415号）に基づき算定される。現在では自賠責保険の取扱いとの差異は少なくなっているが，政府保障事業は自賠責保険を補完する制度であることから，現在でも自賠責保険とは異なる取扱いが若干残されている。

親族間事故　同一生計に属する親族間事故においては，原則として填補金は支払われない。これは，被害者への填補額について，政府が支払った限度で，加害者に求償することによる（自賠法76条1項）。ただし，加害者が死亡しており，法定相続人である被害者が相続の放棄や限定承認をした場合には支払われる。

複数車両関与　2台の自動車が関与する事故（共同不法行為）において，そのうちの1台の自動車の自賠責保険から支払がなされた場合には，他の1台が自賠責保険無保険車であっても，保障事業の対象とはならない。「政府の保障事業による救済は，他の手段によっては救済を受けることができない交通事故の被害者に対し，最終的に最小限度の救済を与える趣旨のものであると解するのが相当」との理由による（最三小判昭和54年12月4日民集33巻7号723頁・判タ406号83頁）。2台の自動車がともに自賠責保険無保険車であっても，1台分しか填補金は支払われない。

社会保険との調整　健康保険法，労災保険法その他政令で定める法令[14]に基づいて損害の填補に相当する給付を受けるべき場合には，その給付に相当する金額は差し引いて填補される（自賠法73条1項）[15]。その給付が年金により支給される場合については，「被害者が他法令給付に当たる年金の受給権を有する場合において，政府が自賠法72条1項によりてん補すべき損害額は，支給を受けることが確定した年金の額を控除するのではなく，当該受給権に

14　調整の対象となる他法令は，自賠法施行令21条により列挙されている。
15　これは，他法令に基づく給付分を填補対象外として填補額を支払うという趣旨であり，他法令に基づく給付者（保険者）は被害者の填補額支払請求権に代位することができない（『逐条解説』219頁〔八島〕）。

基づき被害者が支給を受けることになる将来の給付分も含めた年金の額を控除して，これを算定すべきである」とされている（最一小判平成 21 年 12 月 17 日民集 63 巻 10 号 2566 頁・判タ 1315 号 90 頁〔→260 頁〕）。

加害者との関係　被害者が加害者（自賠法 3 条の規定による損害賠償責任を負う者）から損害賠償を受けたときは，その金額の限度で填補されず（自賠法 73 条 2 項），政府は，損害の填補をしたときは，被害者が加害者に対して有する権利を取得する（同法 76 条 1 項）。

構内自動車と政府保障事業　構内自動車の運行によって生じた交通事故については，明文で政府保障事業の適用が排除されている（自賠法 72 条 1 項後段括弧書き）。問題は，構内自動車がその本来の用途からはずれて，道路上を走行中に交通事故が発生した場合であるが，判例は政府保障事業の適用があるとしている（最三小判平成 5 年 3 月 16 日裁判集民 168 号 21 頁・判タ 820 号 191 頁）。

第19章——期間制限

1 損害賠償請求権

消滅時効　不法行為に基づく損害賠償請求権（民法709条）は，被害者（またはその法定代理人）が「損害及び加害者を知った時」から3年間で，時効により消滅する（民法724条前段）。自賠法3条に基づく損害賠償請求権も同じである（自賠法4条）。

除斥期間　交通事故ではほとんど問題となることはないが，不法行為（事故）の時から20年という期間制限もある（民法724条後段）。文理上は明らかではないが，これは「被害者側の認識のいかんを問わず一定の時の経過によって法律関係を確定させるため請求権の存続期間を画一的に定めたもの」（最一小判平成元年12月21日民集43巻12号2209頁・判タ753号84頁），すなわち除斥期間である。

消滅時効と除斥期間の違い　①消滅時効についてはその援用が必要であるが（民法145条），除斥期間については不要であり，裁判所は期間の経過により請求権の消滅を認定すべきである。②除斥期間については，当事者による主張が不要であるから，信義則違反または権利濫用の主張は，主張自体失当となる（上記平成元年判決）。③時効の中断は認められない。他方，判例は，時効の停止に関する民法158条（最二小判平成10年6月12日民集52巻4号1087頁・判タ980号85頁）と同法160条（最三小判平成21年4月28日民集63巻4号853頁・判タ1299号134頁）について，特段の事情があるときは，その「法意に照らし，同法724条後段の効果は生じない」としている。

> 【民法（債権法）改正案】
> 　民法改正案では，①20年も消滅時効と明記され（724条柱書き），②人身損害についての短期消滅時効期間が5年に延長されている（724条の2）。

第19章　期間制限　　369

> 第724条　不法行為による損害賠償の請求権は、次に掲げる場合には、時効によって消滅する。
> 1　被害者又はその法定代理人が損害及び加害者を知った時から3年間行使しないとき。
> 2　不法行為の時から20年間行使しないとき。
> 第724条の2　人の生命又は身体を害する不法行為による損害賠償請求権の消滅時効についての前条第1号の規定の適用については、同号中「3年間」とあるのは、「5年間」とする。
> 　　　　　　　　　　　　　　　　　　　　　　　　（＊下線は筆者による。）

2　消滅時効の起算点

加害者を知った時　　3年の消滅時効の起算点は，被害者が「損害及び加害者を知った時」である。「加害者を知った時」の意味につき，判例は，「加害者に対する賠償請求が事実上可能な状況のもとに，その可能な程度にこれを知った時を意味するものと解するのが相当であり，被害者が不法行為の当時加害者の住所氏名を的確に知らず，しかも当時の状況においてこれに対する賠償請求権を行使することが事実上不可能な場合においては，その状況が止み，被害者が加害者の住所氏名を確認したとき，初めて『加害者ヲ知リタル時』にあたるものというべきである」としている（最二小判昭和48年11月16日民集27巻10号1374頁参照）。

損害を知った時　　さらに，判例は民法724条にいう「被害者が損害を知った時とは，被害者が損害の発生を現実に認識した時をいうと解すべきである」としている（最三小判平成14年1月29日民集56巻1号218頁・判タ1086号108頁〔現実認識必要説〕）。

　しかし，交通事故（傷害）においては，受傷後，治療が開始され，継続し，やがて治癒もしくは症状の固定に至り，損害額の全体が確定するという過程を辿ることになるから，その過程のどの時点を「損害を知った時」と捉えるか，問題となる。

後遺症が残存する場合　　まず，後遺症が残存する場合から考える。この点

に関する判例として，最三小判昭和 42 年 7 月 18 日民集 21 巻 6 号 1559 頁・判タ 210 号 148 頁と最一小判昭和 49 年 9 月 26 日裁判集民 112 号 709 頁が挙げられる。

●最三小判昭和 42 年 7 月 18 日民集 21 巻 6 号 1559 頁・判タ 210 号 148 頁
　「被害者が不法行為に基づく損害の発生を知つた以上、その損害と牽連一体をなす損害であつて当時においてその発生を予見することが可能であつたものについては、すべて被害者においてその認識があつたものとして、民法 724 条所定の時効は前記損害の発生を知つた時から進行を始めるものと解すべきではあるが、本件の場合のように、受傷時から相当期間経過後に原判示の経緯で前記の後遺症が現われ、そのため受傷時においては医学的にも通常予想しえなかつたような治療方法が必要とされ、右治療のため費用を支出することを余儀なくされるにいたつた等、原審認定の事実関係のもとにおいては、後日その治療を受けるようになるまでは、右治療に要した費用すなわち損害については、同条所定の時効は進行しないものと解するのが相当である。けだし、このように解しなければ、被害者としては、たとい不法行為による受傷の事実を知つたとしても、当時においては未だ必要性の判明しない治療のための費用について、これを損害としてその賠償を請求するに由なく、ために損害賠償請求権の行使が事実上不可能なうちにその消滅時効が開始することとなつて、時効の起算点に関する特則である民法 724 条を設けた趣旨に反する結果を招来するにいたるからである。」

　上記昭和 42 年判決の事案は，事故（交通事故ではない）による受傷（硫酸による火傷）時から約 1 年後に後遺症（右足関節部の内反足症状）が発生したが，手術によって治療するのは不可能と診断され，放置していたところ，後遺症発生時から約 6 年半経過後に，新たな治療方法（皮膚移植手術）が見つかり，その治療費を請求したものである。

●最一小判昭和 49 年 9 月 26 日裁判集民 112 号 709 頁
　「不法行為の被害者につきその不法行為によつて受傷した時から相当の期間経過後に右受傷に基因する後遺症が現われた場合には、右後遺症が顕在化した時が民法 724 条にいう損害を知つた時にあたり、後遺症に基づく損害であつて、その当時において発生を予見することが社会通念上可能であつたものについては、すべて被害者においてその認識があつたものとして、当該損害の賠償請求権の消滅時効はその時から進行を始めると解するのが相当である［最三小判昭和 42 年 7

月 18 日民集 21 巻 6 号 1559 頁・判タ 210 号 148 頁参照]。このような見地に立つて本件を見るに、原審の確定するところによれば、本件交通事故により上告人が受傷したのちにおける治療の経過は原判決（その引用する第一審判決を含む。以下同じ。）の説示するとおりであつて、上告人の右受傷による所論の後遺症は遅くとも昭和 41 年 2 月 12 日より以前に顕在化し、その後において症状は徐々に軽快こそすれ、悪化したとは認められないというのであるから、上告人としては右の時点で所論の後遺症に基づく本件逸失利益及び精神的苦痛の損害の発生を予見し、その賠償を請求することが社会通念上可能であつたものというべく、したがつて、原審が右認定にかかる事実関係に基づき、本件損害賠償請求権の消滅時効は遅くとも前記昭和 41 年 2 月 12 日にはその進行を始め、本訴が提起された昭和 44 年 2 月 12 日までに右消滅時効が完成していると判断したのは正当であり、原判決に所論の違法はない。論旨は採用することができない。」

　上記昭和 49 年判決は，前掲昭和 42 年判決を引用しながら，後遺症が顕在化した時が（後遺症による）損害を知った時であるとしつつ，後遺症が顕在化した当時において発生が予見可能であったものは，全て被害者においてその認識があったものとして取り扱い，消滅時効が後遺症顕在化時から進行を始める，としたものである。

従来の多数説　　後遺障害による損害については症状固定時から，それ以外の損害（治療費，休業損害等の，傷害による損害）については事故時から，それぞれ消滅時効が進行する，という考え方が従来の多数説であったと思われる。

近年の下級審裁判例　　これに対し，近年の下級審裁判例では，後遺障害による損害のみならず，それ以外の損害を含め，全損害について症状固定時から消滅時効が進行する，と解するものが圧倒的多数を占めている[1]。損害の全体が確定する時を時効の起算点とすることが公平であるし，1 回の訴訟で解決することができるから，妥当な考え方といえよう。

1　『赤い本 2002 年版』274 頁〔河邉義典〕，『赤い本 2010 年版（下）』14 頁〔千葉和則〕。

自賠責保険における後遺障害等級認定と消滅時効の起算点　少なくとも，後遺障害による損害ついては症状固定時から消滅時効が進行することになるが，症状固定の判断は，原則として医師の診断によることになる（自賠責保険後遺障害診断書（→**資料 8**）に症状固定日を記入する欄がある）。自賠責保険における後遺障害等級認定の帰趨により消滅時効の起算点が変わることはない。

●最二小判平成 16 年 12 月 24 日裁判集民 215 号 1109 頁・判タ 1174 号 252 頁
　「(1)　民法 724 条にいう『損害及ヒ加害者ヲ知リタル時』とは，被害者において，加害者に対する賠償請求をすることが事実上可能な状況の下に，それが可能な程度に損害及び加害者を知った時を意味し［最二小判昭和 48 年 11 月 16 日民集 27 巻 10 号 1374 頁参照］，同条にいう被害者が損害を知った時とは，被害者が損害の発生を現実に認識した時をいうと解するのが相当である［最三小判平成 14 年 1 月 29 日民集 56 巻 1 号 218 頁・判タ 1086 号 108 頁参照］。
　(2)　前記の事実関係によれば，被上告人は，本件後遺障害につき，平成 9 年 5 月 22 日に症状固定という診断を受け，これに基づき後遺障害等級の事前認定を申請したというのであるから，被上告人は，遅くとも上記症状固定の診断を受けた時には，本件後遺障害の存在を現実に認識し，加害者に対する賠償請求をすることが事実上可能な状況の下に，それが可能な程度に損害の発生を知ったものというべきである。自算会による等級認定は，自動車損害賠償責任保険の保険金額を算定することを目的とする損害の査定にすぎず，被害者の加害者に対する損害賠償請求権の行使を何ら制約するものではないから，上記事実認定の結果が非該当であり，その後の異議申立てによって等級認定がされたという事情は，上記の

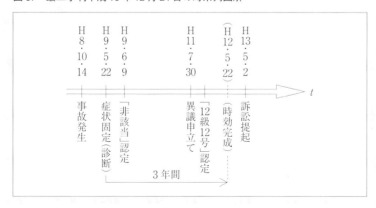

図 37　最二小判平成 16 年 12 月 24 日の時系列図解

結論を左右するものではない。そうすると、被上告人の本件後遺障害に基づく損害賠償請求権の消滅時効は、遅くとも平成9年5月22日から進行すると解されるから、本件訴訟提起時には、上記損害賠償請求権について3年の消滅時効期間が経過していることが明らかである。」

後遺症が残存しない場合　　損害の全体が確定する時という意味では、治癒した時と考えるべきである[2]。

3 時効の停止

交通事故の被害者が心神喪失の状況に陥った場合には、成年後見人が付されるべきであるが、時効期間の満了前6か月以内の間に、成年後見人（法定代理人）が付されていないときは、被害者が行為能力者となった時、または成年後見人が就職した時から6か月間は時効の完成が猶予される（民法158条）。未成年者に法定代理人がないときも同様である。

交通事故では、遷延性意識障害の場合でも、事実上、配偶者等が後見的役割を果たし、正式に成年後見人が付されていないことが多いので、民法158条が適用される場面が出てくるであろう。

> **【民法（債権法）改正案】**
> 　民法改正案では、「時効の停止」は「時効の完成猶予」と呼称が改められた。民法158条の内容には変更はないが、時効の中断事由とされている仮差押え・仮処分が時効の完成猶予事由となった（改正案149条）。さらに、新たに「権利についての協議を行う旨の合意が書面でされたとき」が時効の猶予事由として創設された（改正案151条）。これは、交通事故損害賠償においても活用されることになろう。

4 時効の中断

中断事由　　時効の中断とは、時効の進行中に一定の事由が生じた場合に、

2　『赤い本2002年版』274頁〔河邉〕、348頁〔来司直美〕。

それまでに経過した期間を無意味なものとし，改めて時効を進行させるものである。時効の中断事由としては，①請求，②差押え・仮差押え・仮処分，③承認が規定されている（民法147条）。

> **【民法（債権法）改正案】**
> 　民法改正案では，「時効の中断」は「時効の更新」と呼称が改められた。前述のとおり，時効の中断事由とされている仮差押え・仮処分は時効の完成猶予事由に変更された。

承　認　承認とは，債務者（損害賠償義務者）が債務（損害賠償債務）の存在を認めることである。しかし，どのような行為が承認に当たるのかは難しい問題がある。

時効完成後の承認　　時効完成後に債務者が債務の承認を行った場合は，時効利益の放棄（民法146条参照）あるいは援用権の喪失と解されている。その時点から新たに時効期間が進行する。

自賠責保険会社に対する被害者請求　　自賠法16条に基づく被害者の自賠社に対する直接請求権は，被害者の加害者に対する損害賠償請求権とは別個の権利であるから（不真正連帯の関係に立つと理解されている），自賠社に対する被害者請求は，加害者に対する損害賠償請求権の時効を中断しない。自賠社から損害賠償額が支払われても同じである。

任意保険会社に対する直接請求　　自動車保険約款に規定されている任意社に対する損害賠償の請求はどうであろうか。約款に基づく被害者の任意社に対する直接請求権も，被害者の加害者に対する損害賠償請求権とは別個の権利であるから，任意社に対する直接請求は加害者に対する損害賠償請求権の時効を中断しない。

示談代行　　しかし，任意社が示談交渉に応じてきた場合は，どうであろうか。任意社は，約款に基づく被害者の直接請求権の相手方（当事者）であると同時に，被保険者のために示談代行を行うべき立場にもある。

自動車保険約款では，「当会社は，当会社が被保険者に対して支払責任を負う限度において，当会社の費用により，被保険者の同意を得て，被保険者のために，折衝，示談または調停もしくは訴訟の手続を行います」と規定されている（標準約款第1章10条）。「示談代行」と呼ばれる制度で，実務上重要な機能を営んでいるが，「代理」との違いははっきりしていない。自動車保険約款の注釈書[3]では，上記規定は，保険会社が被保険者の代理人として法律行為を行い，その効果が直接被保険者（本人）に帰属する（民法99条1項）ことを表している，と解説されている。

　上記規定における「被保険者の同意」を代理権授与行為とみれば，任意社は加害者の代理人の地位にあると考えられる。そうすると，任意社が示談交渉に応じてきた場合には，損害額や過失相殺について争いがあっても，それをもって「承認」に当たると解すべきであろう。

ADRに係属する場合　　公益財団法人日弁連交通事故相談センターも公益財団法人交通事故紛争処理センターも，裁判外紛争解決手続利用促進法の認証紛争解決事業者として認証されていないので（この両機関は交通事故専門のADRとして，長年実績を積み重ねてきており，改めて認証を得る必要性もない），各センターに対する示談斡旋の申立てには時効中断効（同法25条）がない。したがって，消滅時効の完成が近付いている場合には，別途，時効中断手続をとらなければならない。

　保険会社が示談斡旋に応じて，出頭し，損害額や過失相殺について提示してきた場合には，加害者に対する損害賠償請求権についても承認があったと解されるが，念のため，加害者に対する催告等の時効中断手続をとるべきであろう。

5　被害者請求権（自賠法16条）

時効期間　　自賠法19条は，自賠法16条に基づく被害者の直接請求権は3年間で時効により消滅する，と規定している。時効の起算点については明記

3　鴻常夫編『註釈 自動車保険約款（上）』（有斐閣・1995年）108頁〔庄司裕幸〕。

されていないが，民法724条が適用されると解されている（最三小判昭和56年3月24日民集35巻2号271頁・判タ440号83頁〔→349頁〕も，消滅時効は，加害者と損害の発生とを知った時から進行するとした第一審・第二審の判断を，その点については是認している）。自賠責保険の実務では，傷害による損害は事故発生日の翌日から，後遺障害による損害は症状固定日の翌日から，死亡による損害は死亡日の翌日から起算される取扱いである。

後遺障害認定に対する異議申立て　異議申立ては新たな被害者請求として取り扱われるので，等級認定がされた場合は損害賠償額が支払われた日の翌日から3年，非該当とされた場合は支払不能通知到達日の翌日から3年で時効が完成する（異議申立てができなくなる）。

一括手続が先行している場合の起算点　任意社による一括手続（→353頁）が先行している場合には，一括手続が解除されてから期間が走り出すとする取扱いである。

時効の中断方法　実務では，自賠社に対して時効中断承認申請書（→**資料11**）を提出する取扱いである。これはほぼ無条件で承認されている。

6 加害者請求権（自賠法 15 条）

　自賠法15条に基づく保険金請求権は，3年で時効消滅する（保険法95条1項）。起算点については特に定めがないので，期限の定めがない債権ということになり，民法166条1項より，権利を行使することができる時から消滅時効が進行する。自賠法15条は，被害者に対する損害賠償額の支払いを先履行することを保険金請求の条件としているので，被害者に対する支払いをなした日の翌日が起算点となる。

7 保障金請求権

　自賠法72条1項に基づく政府に対する保障金請求権の消滅時効も3年で

ある（自賠法 75 条）[4]。その起算点は，傷害による損害は事故発生日，死亡による損害は死亡日，後遺障害による損害は症状固定日と解されている。

保障金請求権は，加害車の保有者が明らかでないため被害者が自賠法 3 条に基づく損害賠償請をすることができないことが要件となっているので，ある者が保有者であるかどうかにつき争われている場合は，自賠法 3 条による損害賠償請求権が存在しないことが確定した時から期間が走り出す。

●最三小判平成 8 年 3 月 5 日民集 50 巻 3 号 383 頁・判タ 910 号 76 頁
「そもそも，<u>ある者が交通事故の加害自動車の保有者であるか否かをめぐって，右の者と当該交通事故の被害者との間で自賠法 3 条による損害賠償請求権の存否が争われている場合においては，自賠法 3 条による損害賠償請求権が存在しないことが確定した時から被害者の有する本件規定による請求権の消滅時効が進行するというべきである。</u>

けだし，（一）　民法 166 条 1 項にいう『権利ヲ行使スルコトヲ得ル時』とは，単にその権利の行使につき法律上の障害がないというだけではなく，さらに権利の性質上，その権利行使が現実に期待のできるものであることをも必要と解するのが相当である［最大判昭和 45 年 7 月 15 日民集 24 巻 7 号 771 頁参照］，（二）交通事故の被害者に対して損害賠償責任を負うのは本来は加害者であって，本件規定は，自動車損害賠償責任保険等による救済を受けることができない被害者に最終的に最小限度の救済を与える趣旨のものであり，本件規定による請求権は，自賠法 3 条による請求権の補充的な権利という性質を有する，（三）　交通事故の被害者に対して損害額の全部の賠償義務を負うのも加害者であって，本件規定による請求権は，請求可能な金額に上限があり，損害額の全部をてん補するものではない，（四）　そうすると，交通事故の加害者ではないかとみられる者が存在する場合には，被害者がまず右の者に対して自賠法 3 条により損害賠償の支払を求めて訴えを提起するなどの権利の行使をすることは当然のことであるというべきであり，また，右の者に対する自賠法 3 条による請求権と本件規定による請求権は両立しないものであるし，訴えの主観的予備的併合も不適法であって許されないと解されるから，被害者に対して右の 2 つの請求権を同時に行使することを要求することには無理がある，（五）　したがって，交通事故の加害者ではないかとみられる者との間で自賠法 3 条による請求権の存否についての紛争がある場合には，右の者に対する自賠法 3 条による請求権の不存在が確定するまでは，本件規定による請求権の性質からみて，その権利行使を期待することは，被害者に難き

4　事故発生日が平成 22 年 3 月 31 日以前の場合は 2 年である。

> を強いるものであるからである。」

8 人身傷害保険の支払いに基づく求償権の消滅時効

　人身傷害保険に基づき被害者（被保険者）に対し人傷保険金が支払われると，保険法 25 条 1 項（旧商法 662 条 1 項）に基づき，その限度で，被害者が加害者に対して有する損害賠償請求権が人傷社に移転する。人傷社は加害者に対して求償権を行使できるが，これは被害者が加害者に対して有していた不法行為に基づく損害賠償請求権と同一のものであるから，その消滅時効の起算点は，被害者が損害および加害者を知った時から進行することになる[5]。

5　『赤い本 2012 年版（下）』63 頁以下〔三木素子〕。東京高判平成 20 年 5 月 29 日自保ジャーナル 1799 号 5 頁。

第 20 章——紛争解決手段 [1]

1 - 示　　談

1 示談の法的性質

民法上の和解　　示談の法的性質は民法上の和解（民法 695 条）であるから
（同法 695 条では当事者の互譲が要件とされているので，当事者の一方のみが譲歩
する示談は和解類似の無名契約と解されているが，交通事故ではそのような示談
はまず見当たらないし，そのような示談にも同法 696 条の類推適用があると解さ
れているから区別する実益はない），心裡留保（同法 93 条），詐欺・強迫による
取消し（同法 96 条），錯誤による無効（同法 95 条）などが問題となりうるこ
とは，一般の契約と同じである。

和解の確定効　　錯誤との関係では，和解の確定効（民法 696 条）が問題とな
る。和解の確定効とは，争いの対象（目的）であった事項については，後日
それが真実に反することが明らかになっても改めて争うことができなくなる
効力である。

免責証書　　保険実務では，一方当事者だけに損害が発生しているような場
合で，損害額もそれほど大きくない事故では，示談書に代えて，被害者が一
方的に保険会社に差し入れる（加害者側の署名押印がない）「免責証書」（→**資
料 14**）と呼ばれる書類が作成されている。これは，「○○万円の賠償金の支
払いを受けた後は損害賠償請求権を行使しない」という内容であるが，保険
約款において損害賠償請求権者の直接請求権の支払条件となっている，「損
害賠償請求権者が被保険者に対する損害賠償請求権を行使しないことを被保

1　飯村敏明編『現代裁判法大系 6 交通事故』（新日本法規出版・1998 年）1〜17 頁〔大嶋芳樹〕。

380

険者に対して書面で承諾した場合」に当たるものである。

2 権利放棄条項

権利放棄条項の効力　示談書の最後には「被害者はその余の請求を放棄する」という権利放棄条項，もしくは，「和解条項以外に債権債務がないことを確認する」という清算条項が挿入されるのが通常である。

最二小判昭和 43 年 3 月 15 日　判例は，示談書の中に権利放棄条項が入っていても，後日，示談当時には予想できなかった損害が発生した場合には，その損害については示談の効力は及ばない，としている（最二小判昭和 43 年3 月 15 日民集 22 巻 3 号 587 頁・判タ 218 号 125 頁）。
　事案は，被害者が左前腕骨複雑骨折の傷害を受け，事故直後における医師の診断は全治 15 週間の見込みであったので，被害者自身も，傷は比較的軽微なものであり，治療費等は自賠責保険金で賄えると考えていたので，事故後 10 日を出でず，まだ入院中（事故から 9 日後）に，自賠責保険金（10 万円）で示談したが，事故後 1 か月以上経ってから傷害は予期に反する重傷であることが判明し，再手術を余儀なくされ，手術後も左前腕関節の用を廃する程度の機能障害が残り，77 万余円の損害を受けたというものである。

●最二小判昭和 43 年 3 月 15 日民集 22 巻 3 号 587 頁・判タ 218 号 125 頁
「全損害を正確に把握し難い状況のもとにおいて，早急に小額の賠償金をもつて満足する旨の示談がされた場合においては，示談によつて被害者が放棄した損害賠償請求権は，示談当時予想していた損害についてのもののみと解すべきであつて，その当時予想できなかつた不測の再手術や後遺症がその後発生した場合その損害についてまで，賠償請求権を放棄した趣旨と解するのは，当事者の合理的意思に合致するものとはいえない。」

限定解釈　上記昭和 43 年判決は，示談中の権利放棄条項を限定解釈したものであるが，錯誤による権利放棄条項の一部無効とする解釈もありうる。

留保条項　そうはいっても，この点の争いを避けるため，示談書には後遺

障害に関する留保条項を挿入しておくべきである。たとえば，「将来，乙（被害者）に後遺障害が発生し，自賠責保険において等級認定された場合には，別途協議する」（示談当時，後遺障害が認定されていないとき），「将来，乙（被害者）の後遺障害が自賠責保険において 14 級を超える等級に認定された場合には，別途協議する」（示談当時には 14 級に認定されていたとき）というような具合である（→**資料 13**）。

判例の考え方との違い　　上記留保条項は公益財団法人交通事故紛争処理センターの様式であるが，判例の立場とは異なり，将来の後遺障害を（示談当時に）予想できたかどうかは問題としない一方で，後遺障害が自賠責保険において等級認定されることを条件としている。こちらのほうが明確性の点では優ると思われる。

3 共同不法行為と免除（債権放棄）の効力

　「民法 719 条所定の共同不法行為者が負担する損害賠償債務は、いわゆる不真正連帯債務であって連帯債務ではないから、その損害賠償債務については連帯債務に関する同法 437 条の規定は適用されない」と解されている（最一小判平成 6 年 11 月 24 日裁判集民 173 号 431 頁・判タ 867 号 165 頁。ただし，事案は交通事故ではない不法行為における求償事案）。共同不法行為ではないが，運行供用者と運転者，使用者と被用者とが不真正連帯債務を負う場合（全部義務と賠償額の一倍性に特徴付けられる）も同様に解される。

　ただし，最一小判平成 10 年 9 月 10 日民集 52 巻 6 号 1494 頁・判タ 985 号 126 頁は，被害者と共同不法行為者のうちの 1 人である甲との間で訴訟上の和解が成立し，甲が損害額の約 3 分の 2 を支払い，被害者がその余の請求を放棄したケースにおいて，被害者が他の共同不法行為者乙の残債務をも免除する意思を有していると認められるときは，乙に対しても残債務の免除の効力が及ぶものというべきである，としている。理論的には当然のことであろうが，どのような場合にその意思が認定できるのかが問題である。免除を受けた者の負担部分の割合（負担部分の割合が著しく大きい者に対する免除は他の者に対しても免除する意思を推認させよう），免除を受けた者と他の者との関

係（運行供用者・使用者に対する免除は運転者・被用者に対しても免除する意思を推認させよう），免除を受けた者の資力（資力のある者に対する免除は資力のない者に対しても免除する意思を推認させよう）等を勘案して判断することになろう。

●最一小判平成 10 年 9 月 10 日民集 52 巻 6 号 1494 頁・判タ 985 号 126 頁

「1　甲と乙が共同の不法行為により他人に損害を加えた場合において、甲が乙との責任割合に従って定められるべき自己の負担部分を超えて被害者に損害を賠償したときは、甲は、乙の負担部分について求償することができる［最二小判昭和 63 年 7 月 1 日民集 42 巻 6 号 451 頁・判タ 676 号 65 頁，最二小判平成 3 年 10 月 25 日民集 45 巻 7 号 1173 頁参照］。

2　この場合、甲と乙が負担する損害賠償債務は、いわゆる不真正連帯債務であるから、甲と被害者との間で訴訟上の和解が成立し、請求額の一部につき和解金が支払われるとともに、和解調書中に『被害者はその余の請求を放棄する』旨の条項が設けられ、被害者が甲に対し残債務を免除したと解し得るときでも、連帯債務における免除の絶対的効力を定めた民法 437 条の規定は適用されず、乙に対して当然に免除の効力が及ぶものではない［最二小判昭和 48 年 2 月 16 日民集 27 巻 1 号 99 頁，最一小判平成 6 年 11 月 24 日裁判集民 173 号 431 頁・判タ 867 号 165 頁参照］。

しかし、被害者が、右訴訟上の和解に際し、乙の残債務をも免除する意思を有していると認められるときは、乙に対しても残債務の免除の効力及ぶものというべきである。そして、この場合には、乙はもはや被害者から残債務を訴求される可能性はないのであるから、甲の乙に対する求償金額は、確定した損害額である右訴訟上の和解における甲の支払額を基準とし、双方の責任割合に従いその負担部分を定めて、これを算定するのが相当であると解される。」

---

4 示談と労災保険

労災保険実務　判例（最三小判昭和 38 年 6 月 4 日民集 17 巻 5 号 716 頁・判タ 151 号 72 頁）を受けて，労災保険実務（労働省昭和 38 年 6 月 17 日基発第 687 号「第三者行為災害に係る示談により保険給を行わない場合の要件について」）では，当該示談の内容が，受給権者（被害者）の第三者（加害者）に対して有する損害賠償請求権の全部の填補を目的としている場合には，保険給付を行わない，とされていることに注意が必要である。

示談における注意事項　したがって，労災保険給付の受給を前提に示談を する場合には，その旨を示談書から読み取れるようにしておくべきである。 たとえば「労災保険給付により補填される損害を除く損害について，以下の とおり示談する」という具合である。

●最三小判昭和 38 年 6 月 4 日民集 17 巻 5 号 716 頁・判タ 151 号 72 頁
　「労働者災害補償保険法 20 条［現行 12 条の 4］は、その 1 項において、政府 は、補償の原因である事故が、第三者の行為によつて生じた場合に保険給付をし たときは、その給付の価額の限度で、補償を受けた者が第三者に対して有する損 害賠償請求権を取得する旨を規定するとともに、その 2 項において、前項の場合 において、補償を受けるべきものが当該第三者より同一の事由につき損害賠償を 受けたときは、政府は、その価額の限度で災害補償の義務を免れる旨を規定して おり、右二項は、単に、被災労働者らが第三者から現実に損害賠償を受けた場合 には、政府もまた、その限度において保険給付をする義務を免れる旨を明らかに しているに止まるが、<u>労災保険制度は、もともと、被災労働者らのこうむつた損 害を補償することを目的とするものであることにかんがみれば、被災労働者ら自 らが、第三者の自己に対する損害賠償債務の全部又は一部を免除し、その限度に おいて損害賠償請求権を喪失した場合においても、政府は、その限度において保 険給付をする義務を免れるべきことは、規定をまつまでもない当然のことであつ て、右二項の規定は、右の場合における政府の免責を否定する趣旨のものとは解 されないのである。</u>そして、補償を受けるべき者が、第三者から損害賠償を受け 又は第三者の負担する損害賠償債務を免除したときは、その限度において損害賠 償請求権は消滅するのであるから、政府がその後保険給付をしても、その請求権 がなお存することを前提とする前示法条 1 項による法定代位権の発生する余地の ないことは明らかである。補償を受けるべき者が、現実に損害賠償を受けないか ぎり、政府は保険給付をする義務を免れず、したがつて、政府が保険給付をした 場合に発生すべき右法定代位権を保全するため、補償を受けるべき者が第三者に 対する損害賠償請求権をあらかじめ放棄しても、これをもつて政府に対抗しえな いと論ずるがごときは、損害賠償請求権ならびに労災保険の性質を誤解したこと に基づく本末顛倒というほかはない。」

2 - 裁判外紛争処理機関（ADR）

1 公益財団法人交通事故紛争処理センター[2]

無料で嘱託弁護士が法律相談（予約制）と示談幹旋を行う。示談が不調に終わった場合，当事者が希望すれば審査に回される。

審　査　審査員3名の合議により裁定が出され，なお，保険会社等は審査会の裁定を尊重することになっており，被害者が裁定に同意した場合は，和解が成立する。被害者が裁定に同意するかどうかは自由であり，不同意の場合はセンターの手続は終了する。

保険会社等に対する片面的拘束力　ここの強みは，日本損害保険協会に加盟する保険会社，外国損害保険協会に加盟する保険会社，全国共済農業協同組合連合会（JA共済連），全国労働者共済生活協同組合連合会（全労済），全国トラック交通共済協同組合連合会（交協連），全国自動車共済協同組合連合会（全自共），全日本火災共済協同組合連合会（日火連）との間の協定により，保険会社等が審査結果（裁定）につき尊重義務を負っているところである（片面的拘束力）。

2 公益財団法人日弁連交通事故相談センター（N-TACC）[3]

無料で弁護士が法律相談（予約制ではない）と示談幹旋を行う点では交通事故紛争処理センターと異ならず，示談が不調に終わった場合，当事者が希望すれば審査に回される点も同じである。なお，N-TACCでは電話による法律相談にも応じている。

2　高野真人＝溝辺克己＝八木一洋編『交通事故賠償の再構築』（ぎょうせい・2009年）226～233頁〔新美育文〕。

3　高野＝溝辺＝八木編・前掲注2 214～225頁〔園高明〕。

審査の範囲　審査の範囲で交通事故紛争処理センターとの違いがある。こちらは，歴史的な経緯から，損害保険会社との間では協定がないため，審査を実施することができない。他方，自動車共済に関しては，全労済，JA，交協連，全自共にくわえ，教職員共済生活協同組合（教職員共済生協），全国自治協会（自治協会），全国町村職員生活協同組合（町村生協），生活協同組合全国都市職員災害共済会（都市生協），全国市有物件災害共済会（市有物件共済会），全日本自治体労働者共済生活協同組合（自治労共済生協）との間に協定があり，これら共済は審査意見（評決）につき尊重義務を負っている（片面的拘束力）。

どちらの ADR を利用すべきか　筆者はどちらの ADR にも係わってきたが，法律相談のみで間に合うのであれば予約の必要もない N-TACC が早い。賠償額の乖離がはなはだしい事案等で，損害保険会社との間の示談斡旋を申し立てる見通しの場合には，やや時間はかかるが，損害保険会社に対して裁定の拘束力のある交通事故紛争処理センターを利用するのがよいであろう。ただ，N-TACC においても，損害保険会社の協力により示談斡旋で解決に至るケースが多いから，賠償額の乖離がそれほど大きくないケースでは，時間的にやや早い N-TACC の示談斡旋も利用するとよいであろう。

　なお，このほかに，最近，保険業法に基づく指定紛争解決機関（金融ADR）として，一般社団法人日本損害保険協会の損害保険紛争解決サポートセンター（そんぽ ADR センター）と，（外資系損害保険会社については）一般社団法人保険オンブズマンが設立され，交通事故（自動車保険）に関わる紛争解決も対象としているが，交通事故については，長年の実績がある交通事故紛争処理センターか日弁連交通事故相談センターを利用すべきであろう。

3 弁護士会の仲裁センター・簡易裁判所の民事調停

　これらの機関の利用も可能であるが，自動車保険（共済）が付保されているケースでは，交通事故に関しては，専門性が高く審査手続もある交通事故紛争処理センターか日弁連交通事故相談センターを利用したほうがよい。自動車保険（共済）が付保されていない場合には仲裁センター・民事調停の活

用も検討すべきであろう。

3 – 損害賠償請求訴訟[4]

1 管轄裁判所

事物管轄　訴額が 140 万円以下の場合は簡易裁判所，140 万円を超える場合には地方裁判所が第一審となる。

土地管轄　被告の普通裁判籍所在地（住所等）（民訴法 4 条），交通事故発生地（同法 5 条 9 号），被害者（債権者）の現住所（同法 5 条 1 号，民法 484 条）を管轄する裁判所へ提訴できる。通常は原告（被害者）の現住所を管轄する裁判所へ提訴することになろう。

　民事訴訟法 5 条 1 号は，財産権上の訴えについて「義務履行地」を管轄する裁判所を管轄裁判所としているところ，民法 484 条によれば，特定物引渡債務以外の債務の義務履行地は債権者（被害者）の現在の住所とされているから，損害賠償請求訴訟は被害者の現住所を管轄する裁判所へ提訴できるわけである。

併合管轄　損害賠償義務者が 2 人以上存在し，その全員を共同被告とする場合には，そのうちの 1 人につき管轄のある裁判所に他の被告についても提訴できる（民訴法 7 条，38 条前段）。

2 当事者

　損害賠償請求訴訟では被害者が原告となり，加害者側に立つ者が被告となる。

　被害者が死亡した場合には，その相続人が原告となるが，相続人ではない

4　飯村編・前掲注 1 18～32 頁〔溝辺克己〕。

第 20 章　紛争解決手段　　387

近親者が固有の慰謝料を請求できる場合もあるし（→234頁），相続人ではない被扶養者が扶養利益喪失損害を固有損害として請求できる場合もある（→229頁以下）。

任意保険会社を被告とする場合　　自動車保険約款に直接請求権が規定されている場合には，保険会社を共同被告とすることもできる。これは保険会社の本店が大都市にあることから，併合管轄を利用して，その地を管轄する裁判所に訴訟を提起するために行われることも多い。保険会社に対する請求は，被保険者（加害者）に対する認容判決確定を停止条件とする将来給付の訴え（民訴法135条）となるため（→360頁，→**資料16**），かつては，特別の事情のない限り，将来給付の必要性を欠く（訴えの却下）との見解もあった。しかし，保険会社が（被保険者とともに）原告の損害賠償請求を争っている以上，訴えの利益を欠くとまでいう必要はない（裁判所の手間が増えるわけでもないし，保険会社の顧問的弁護士が加害者の代理人と保険会社の代理人を兼ねることになるから，被告とされた者に特に負担が生じるわけでもない）。

　もっとも，併合請求の裁判管轄を生じさせることだけを目的として任意保険会社を共同被告として提起する訴訟では，被告から移送申立て（民訴法17条）がなされた場合には移送が認められることが多いであろう。

債務不存在確認訴訟　　債務不存在確認訴訟では，損害賠償義務者が原告となり，被害者側に立つ者が被告となる。

自賠責保険会社を被告とする場合　　通常，被害者が自賠社を被告として提訴する必要性はないが，自賠責保険で無責と判断された場合とか，算定された損害額（法定化された支払基準により算定される〔→354頁〕）が保険金額の上限に達せず，裁判基準で算定する損害額が自賠基準により算定された損害額を上回ることが見込まれ，加害者が任意保険に加入していない場合には，自賠社を被告として提訴する必要が出てくる。

　裁判所は法定化された自賠基準には拘束されないから（→354頁），判決で自賠基準による損害額を上回る損害額が認定されれば，保険金額の上限に達するまで自賠責保険から支払いが受けられることになる。

図38　自賠責保険会社を被告とする場合

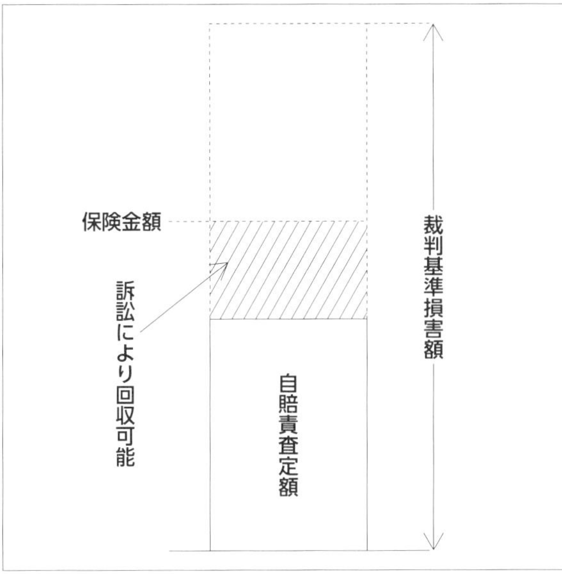

3 請求原因（根拠条文）

　人身損害に関しては，運行供用者（保有者）に対しては自賠法3条，運転者に対しては民法709条である。物損に関しては，民法709条，715条である。運送契約者に対しては，商法577条（物品運送），同法590条（旅客運送）が請求原因となることもある。道路の設置管理の瑕疵が原因となっている場合には国家賠償法2条1項が請求原因となる。

　自賠社を被告とする場合の請求原因は自賠法16条1項であり，任意社を被告とする場合の請求原因は直接請求権を規定した約款である。

　訴状の記載例については，本書資料16〜18を参考とされたい。

4 証拠関係での留意事項

交通事故証明書　　交通事故の特定は，自動車安全運転センターが発行する

第20章　紛争解決手段　　389

交通事故証明書により行うが，同証明書は，人身事故については事故発生から5年，物件事故については事故発生から3年を経過したものについては取得不能となる。

刑事記録　　刑事記録は有力な証拠方法となるので，犯罪被害者保護法3条による申請，弁護士法23条の2に基づく照会，刑事訴訟法53条による閲覧申請，少年法5条の2による申請を利用することにより，提訴前に取り寄せて検討しておくべきである[5]。

登録事項証明書　　加害車の所有者を調査する必要がある場合には，弁護士法23条の2に基づく照会を利用しなければならなくなった[6]。

5　被害者に意思能力が欠けているとき

　被害者が事故により植物状態になったときなど意思能力を欠くとき（事理弁識能力を欠く常況にあるとき）は，後見開始の審判を申し立て，成年後見人を付する必要がある（民法7条）。そのための費用は損害の一部として認められている（→133頁）。

4 - 債務不存在確認訴訟[7]

請求の趣旨　　損害賠償義務者とされる者から先制攻撃的に提訴する訴訟である。請求の趣旨は，通常，別紙を利用して，

　「別紙目録記載の交通事故による原告の被告に対する損害賠償債務は金○○万円を超えて存在しないことを確認する」

　とされる。原告は，請求の趣旨（と補充的に請求の原因）で債権を特定し，請求の原因において確認の利益（被告が○○万円を超える損害賠償請求権の存

5　刑事記録等の取り寄せ方法については『赤い本2011年版』395～405頁参照。

6　平成19年11月19日以降は，登録事項等証明書の交付請求に，自動車登録番号のほかに車台番号の記載が必要になったためである。『赤い本2009年版』380頁参照。

7　飯村編・前掲注1 33～47頁〔高野真人〕。

在を主張していること）を主張すれば足りる（→**資料 18**）。

請求権の特定　　私法上の請求権単位で訴訟物を把握する旧訴訟物理論に依拠する以上，請求の原因において責任原因（損害賠償請求権の根拠規定）も主張すべきである。

訴訟物　　例示したような一定金額を超える債務の存在しないことの確認請求における訴訟物は，損害賠償債権額から当該一定額を控除した残債務額であるとされている（最二小判昭和 40 年 9 月 17 日民集 19 巻 6 号 1533 頁・判タ 183 号 99 頁）。

裁判実務での取扱い　　一般的な裁判実務としては，債務不存在確認訴訟が提起された場合には，被告に反訴（損害賠償請求訴訟）の提起を促し，反訴が提起されると本訴の訴えの利益がなくなるので，訴えを取り下げさせているようである。

確認の利益　　交通事故における債務不存在確認訴訟で最も問題となるのは，確認の利益，なかんずく即時確定の利益（紛争の成熟性）である。この点，東京地判平成 9 年 7 月 24 日判タ 958 号 241 頁（中間判決）が参考となろう。

●東京地判平成 9 年 7 月 24 日判タ 958 号 241 頁

　「損害賠償債務に係る不存在確認訴訟は，被害者側が，種々の事情により，訴訟提起が必ずしも適切でない，或いは時期尚早であると判断しているような場合，そのような被害者側の意思にかかわらず，加害者側が，一方的に訴えを提起して，紛争の終局的解決を図るものであることから，被害者側は，応訴の負担などの点で過大な不利益が生じる場合と考えられる。

　このような観点に照らすならば，交通事故の加害者側から提起する債務不存在確認訴訟は，責任の有無及び損害額の多寡につき，当事者間に争いがある場合には，特段の事情のない限り，許されるものというべきであるが，他方，①事故による被害が流動的ないし未確定の状態にあり，当事者のいずれにとっても，損害の全容が把握できない時期に，訴えが提起されたような場合，②訴訟外の交渉において，加害者側に著しく不誠実な態度が認められ，そのような交渉態度によっ

第 20 章　紛争解決手段　　**391**

て訴訟外の解決が図られなかった場合、或いは、③専ら被害者を困惑させる動機
により訴えが提起された場合などで、訴えの提起が権利の濫用にわたると解され
るときには、加害者側から提起された債務不存在確認訴訟は、確認の利益がない
ものとして不適法となるというべきである。」　　（＊丸囲み数字は筆者による。）

巻末資料

【資料 1】 後遺障害別等級表・労働能力喪失率

【資料 2】 自賠責保険・共済支払基準

【資料 3】 簡易生命表

【資料 4】 賃金センサス一覧表

【資料 5】 ホフマン係数およびライプニッツ係数表

【資料 6】 在留資格一覧表

【資料 7】 休業損害証明書

【資料 8】 自賠責保険後遺障害診断書

【資料 9】 自賠責委任状

【資料10】 自賠責保険支払請求書

【資料11】 時効中断申請書

【資料12】 自賠責保険後遺障害認定等級異議申立書

【資料13】 示談書

【資料14】 免責証書

【資料15】 紛争処理申請書

【資料16】 訴状（傷害事故）

【資料17】 訴状（死亡事故）

【資料18】 訴状（債務不存在確認訴訟）

【資料19】 自動車保険普通保険約款（標準約款）

【資料20】 人身傷害補償条項

【資料1】

後遺障害別等級表・労働能力喪失率

≪平成22年6月10日以降発生した事故に適用する表≫

別表第一

等　　級	介護を要する後遺障害	保険金額	労働能力喪失率
第1級	1　神経系統の機能又は精神に著しい障害を残し、常に介護を要するもの 2　胸腹部臓器の機能に著しい障害を残し、常に介護を要するもの	4,000万円	$\frac{100}{100}$
第2級	1　神経系統の機能又は精神に著しい障害を残し、随時介護をを要するもの 2　胸腹部臓器の機能に著しい障害を残し、随時介護をを要するもの	3,000万円	$\frac{100}{100}$

備考　各等級の後遺障害に該当しない後遺障害であって、各等級の後遺障害に相当するものは、当該等級の後遺障害とする。

（注）　既に後遺障害のある者がさらに同一部位について後遺障害の程度を加重したときは、加重後の等級に応ずる保険金額から既にあった後遺障害の等級に応ずる保険金額を控除した金額を保険金額とする。

別表第二

等　　級	後　遺　障　害	保険金額	労働能力喪失率
第1級	1　両眼が失明したもの 2　咀嚼及び言語の機能を廃したもの 3　両上肢をひじ関節以上で失ったもの 4　両上肢の用を全廃したもの 5　両下肢をひざ関節以上で失ったもの 6　両下肢の用を全廃したもの	3,000万円	$\frac{100}{100}$
第2級	1　1眼が失明し、他眼の視力が0.02以下になったもの 2　両眼の視力が0.02以下になったもの 3　両上肢を手関節以上で失ったもの 4　両下肢を足関節以上で失ったもの	2,590万円	$\frac{100}{100}$
第3級	1　1眼が失明し、他眼の視力が0.06以下になったもの 2　咀嚼又は言語の機能を廃したもの 3　神経系統の機能又は精神に著しい障害を残し、終身労務に服することができないもの	2,219万円	$\frac{100}{100}$

等　級	後　遺　障　害	保険金額	労働能力喪失率
	4　胸腹部臓器の機能に著しい障害を残し、終身労務に服することができないもの 5　両手の手指の全部を失ったもの		
第4級	1　両眼の視力が0.06以下になったもの 2　咀嚼及び言語の機能に著しい障害を残すもの 3　両耳の聴力を全く失ったもの 4　1上肢をひじ関節以上で失ったもの 5　1下肢をひざ関節以上で失ったもの 6　両手の手指の全部の用を廃したもの 7　両足をリスフラン関節以上で失ったもの	1,889万円	$\dfrac{92}{100}$
第5級	1　1眼が失明し、他眼の視力が0.1以下になったもの 2　神経系統の機能又は精神に著しい障害を残し、特に軽易な労務以外の労務に服することができないもの 3　胸腹部臓器の機能に著しい障害を残し、特に軽易な労務以外の労務に服することができないもの 4　1上肢を手関節以上で失ったもの 5　1下肢を足関節以上で失ったもの 6　1上肢の用を全廃したもの 7　1下肢の用を全廃したもの 8　両足の足指の全部を失ったもの	1,574万円	$\dfrac{79}{100}$
第6級	1　両眼の視力が0.1以下になったもの 2　咀嚼又は言語の機能に著しい障害を残すもの 3　両耳の聴力が耳に接しなければ大声を解することができない程度になったもの 4　1耳の聴力を全く失い、他耳の聴力が40センチメートル以上の距離では普通の話声を解することができない程度になったもの 5　脊柱に著しい変形又は運動障害を残すもの 6　1上肢の3大関節中の2関節の用を廃したもの 7　1下肢の3大関節中の2関節の用を廃したもの 8　1手の5の手指又はおや指を含み4の手指を失ったもの	1,296万円	$\dfrac{67}{100}$
第7級	1　1眼が失明し、他眼の視力が0.6以下になったもの 2　両耳の聴力が40センチメートル以上の距離では普通の話声を解することができない程度になったもの	1,051万円	$\dfrac{56}{100}$

等　級		後　遺　障　害	保険金額	労働能力喪失率
	3	1耳の聴力を全く失い、他耳の聴力が1メートル以上の距離では普通の話声を解することができない程度になったもの		
	4	神経系統の機能又は精神に障害を残し、軽易な労務以外の労務に服することができないもの		
	5	胸腹部臓器の機能に障害を残し、軽易な労務以外の労務に服することができないもの		
	6	1手のおや指を含み3の手指を失ったもの又はおや指以外の4の手指を失ったもの		
	7	1手の5の手指又はおや指を含み4の手指の用を廃したもの		
	8	1足をリスフラン関節以上で失ったもの		
	9	1上肢に偽関節を残し、著しい運動障害を残すもの		
	10	1下肢に偽関節を残し、著しい運動障害を残すもの		
	11	両足の足指の全部の用を廃したもの		
	12	外貌に著しい醜状を残すもの		
	13	両側の睾丸を失ったもの		
第8級	1	1眼が失明し、又は1眼の視力が0.02以下になったもの	819万円	$\dfrac{45}{100}$
	2	脊柱に運動障害を残すもの		
	3	1手のおや指を含み2の手指を失ったもの又はおや指以外の3の手指を失ったもの		
	4	1手のおや指を含み3の手指の用を廃したもの又はおや指以外以外の4の手指の用を廃したもの		
	5	1下肢を5センチメートル以上短縮したもの		
	6	1上肢の3大関節中の1関節の用を廃したもの		
	7	1下肢の3大関節中の1関節の用を廃したもの		
	8	1上肢に偽関節を残すもの		
	9	1下肢に偽関節を残すもの		
	10	1足の足指の全部を失ったもの		
第9級	1	両眼の視力が0.6以下になったもの	616万円	$\dfrac{35}{100}$
	2	1眼の視力が0.06以下になったもの		
	3	両眼に半盲症、視野狭窄又は視野変状を残すもの		
	4	両眼のまぶたに著しい欠損を残すもの		
	5	鼻を欠損し、その機能に著しい障害を残すもの		

等　級		後　遺　障　害	保険金額	労働能力喪失率
	6	咀嚼及び言語の機能に障害を残すもの		
	7	両耳の聴力が1メートル以上の距離では普通の話声を解することができない程度になったもの		
	8	1耳の聴力が耳に接しなければ大声を解することができない程度になり、他耳の聴力が1メートル以上の距離では普通の話声を解することが困難である程度になったもの		
	9	1耳の聴力を全く失ったもの		
	10	神経系統の機能又は精神に障害を残し、服することができる労務が相当な程度に制限されるもの		
	11	胸腹部臓器の機能に障害を残し、服することができる労務が相当な程度に制限されるもの		
	12	1手のおや指又はおや指以外の2の手指を失ったもの		
	13	1手のおや指を含み2の手指の用を廃したもの又はおや指以外の3の手指の用を廃したもの		
	14	1足の第1の足指を含み2以上の足指を失ったもの		
	15	1足の足指の全部の用を廃したもの		
	16	外貌に相当程度の醜状を残すもの		
	17	生殖器に著しい障害を残すもの		
第10級	1	1眼の視力が0.1以下になったもの		
	2	正面を見た場合に複視の症状を残すもの		
	3	咀嚼又は言語の機能に障害を残すもの		
	4	14歯以上に対し歯科補綴を加えたもの		
	5	両耳の聴力が1メートル以上の距離では普通の話声を解することが困難である程度になったもの		
	6	1耳の聴力が耳に接しなければ大声を解することができない程度になったもの	461万円	$\dfrac{27}{100}$
	7	1手のおや指又はおや指以外の2の手指の用を廃したもの		
	8	1下肢を3センチメートル以上短縮したもの		
	9	1足の第1の足指又は他の4の足指を失ったもの		
	10	1上肢の3大関節中の1関節の機能に著しい障害を残すもの		

等　級	後　遺　障　害	保険金額	労働能力喪失率
	11　1下肢の3大関節中の1関節の機能に著しい障害を残すもの		
第11級	1　両眼の眼球に著しい調節機能障害又は運動障害を残すもの 2　両眼のまぶたに著しい運動障害を残すもの 3　1眼のまぶたに著しい欠損を残すもの 4　10歯以上に対し歯科補綴を加えたもの 5　両耳の聴力が1メートル以上の距離では小声を解することができない程度になったもの 6　1耳の聴力が40センチメートル以上の距離では普通の話声を解することができない程度になったもの 7　脊柱に変形を残すもの 8　1手のひとさし指、なか指又はくすり指を失ったもの 9　1足の第1の足指を含み2以上の足指の用を廃したもの 10　胸腹部臓器の機能に障害を残し、労務の遂行に相当な程度の支障があるもの	331万円	$\dfrac{20}{100}$
第12級	1　1眼の眼球に著しい調節機能障害又は運動障害を残すもの 2　1眼のまぶたに著しい運動障害を残すもの 3　7歯以上に対し歯科補綴を加えたもの 4　1耳の耳殻の大部分を欠損したもの 5　鎖骨、胸骨、ろく骨、けんこう骨又は骨盤骨に著しい変形を残すもの 6　1上肢の3大関節中の1関節の機能に障害を残すもの 7　1下肢の3大関節中の1関節の機能に障害を残すもの 8　長管骨に変形を残すもの 9　1手のこ指を失ったもの 10　1手のひとさし指、なか指又はくすり指の用を廃したもの 11　1足の第2の足指を失ったもの、第2の足指を含み2の足指を失ったもの又は第3の足指以下の3の足指を失ったもの 12　1足の第1の足指又は他の4の足指の用を廃したもの 13　局部に頑固な神経症状を残すもの 14　外貌に醜状を残すもの	224万円	$\dfrac{14}{100}$

等　級		後　遺　障　害	保険金額	労働能力喪失率
第13級	1	1眼の視力が0.6以下になったもの	139万円	$\dfrac{9}{100}$
	2	正面以外を見た場合に複視の症状を残すもの		
	3	1眼に半盲症、視野狭窄又は視野変状を残すもの		
	4	両眼のまぶたの一部に欠損を残し又はまつげはげを残すもの		
	5	5歯以上に対し歯科補綴を加えたもの		
	6	1手のこ指の用を廃したもの		
	7	1手のおや指の指骨の一部を失ったもの		
	8	1下肢を1センチメートル以上短縮したもの		
	9	1足の第3の足指以下の1又は2の足指を失ったもの		
	10	1足の第2の足指の用を廃したもの、第2の足指を含み2の足指の用を廃したもの又は第3の足指以下の3の足指の用を廃したもの		
	11	胸腹部臓器の機能に障害を残すもの		
第14級	1	1眼のまぶたの一部に欠損を残し又はまつげはげを残すもの	75万円	$\dfrac{5}{100}$
	2	3歯以上に対し歯科補綴を加えたもの		
	3	1耳の聴力が1メートル以上の距離では小声を解することができない程度になったもの		
	4	上肢の露出面にてのひらの大きさの醜いあとを残すもの		
	5	下肢の露出面にてのひらの大きさの醜いあとを残すもの		
	6	1手のおや指以外の手指の指骨の一部を失ったもの		
	7	1手のおや指以外の手指の遠位指節間関節を屈伸することができなくなったもの		
	8	1足の第3の足指以下の1又は2の足指の用を廃したもの		
	9	局部に神経症状を残すもの		

備考
①　視力の測定は、万国式試視力表による。屈折異状のあるものについては、矯正視力について測定する。
②　手指を失ったものとは、おや指は指節間関節、その他の手指は近位指節間関節以上を失ったものをいう。
③　手指の用を廃したものとは、手指の末節骨の半分以上を失い、又は中手指節関節若しくは近位指節間関節（おや指にあっては、指節間関節）に著しい運動障害を残すものをいう。

【資料1】後遺障害別等級表・労働能力喪失率

④　足指を失ったものとは、その全部を失ったものをいう。

⑤　足指の用を廃したものとは、第1の足指は末節骨の半分以上、その他の足指は遠位指節間関節以上を失ったもの又は中足指節関節若しくは近位指節間関節（第1の足指にあっては、指節間関節）に著しい運動障害を残すものをいう。

⑥　各等級の後遺障害に該当しない後遺障害であって、各等級の後遺障害に相当するものは、当該等級の後遺障害とする。

（注1）後遺障害が2つ以上あるときは、重い方の後遺障害の該当する等級による。しかし、下記に掲げる場合においては等級を次の通り繰上げる。

　　①　第13級以上に該当する後遺障害が2つ以上あるときは、重い方の後遺障害の等級を1級繰上げる。ただし、それぞれの後遺障害に該当する保険金額の合算額が繰上げ後の後遺障害の保険金額を下回るときはその合算額を保険金額として採用する。

　　②　第8級以上に該当する後遺障害が2つ以上あるときは、重い方の後遺障害の等級を2級繰上げる。

　　③　第5級以上に該当する後遺障害が2つ以上あるときは、重い方の後遺障害の等級を3級繰上げる。

（注2）既に後遺障害のある者がさらに同一部位について後遺障害の程度を加重したときは、加重後の等級に応ずる保険金額から既にあった後遺障害の等級に応ずる保険金額を控除した金額を保険金額とする。

【資料 2 】

自動車損害賠償責任保険の保険金等及び自動車損害賠償責任共済の共済金等の支払基準

平成 13 年　金 融 庁　告示第 1 号
国土交通省

第 1　総則

1　自動車損害賠償責任保険の保険金等の支払は、自動車損害賠償保障法施行令（昭和 30 年政令第 286 号）第 2 条並びに別表第 1 及び別表第 2 に定める保険金額を限度としてこの基準によるものとする。

2　保険金額は、死亡した者又は傷害を受けた者 1 人につき、自動車損害賠償保障法施行令第 2 条並びに別表第 1 及び別表第 2 に定める額とする。ただし、複数の自動車による事故について保険金等を支払う場合は、それぞれの保険契約に係る保険金額を合算した額を限度とする。

第 2　傷害による損害

傷害による損害は、積極損害（治療関係費、文書料その他の費用）、休業損害及び慰謝料とする。

1　積極損害

(1)　治療関係費

　①　応急手当費

　　応急手当に直接かかる必要かつ妥当な実費とする。

　②　診察料

　　初診料、再診料又は往診料にかかる必要かつ妥当な実費とする。

　③　入院料

　　入院料は、原則としてその地域における普通病室への入院に必要かつ妥当な実費とする。ただし、被害者の傷害の態様等から医師が必要と認めた場合は、上記以外の病室への入院に必要かつ妥当な実費とする。

　④　投薬料、手術料、処置料等

　　治療のために必要かつ妥当な実費とする。

　⑤　通院費、転院費、入院費又は退院費

　　通院費、転院、入院又は退院に要する交通費として必要かつ妥当な実費とする。

　⑥　看護料

　　ア　入院中の看護料

原則として 12 歳以下の子供に近親者等が付き添った場合に 1 日につき 4,100 円とする。

 イ 自宅看護料又は通院看護料

  医師が看護の必要性を認めた場合に次のとおりとする。ただし、12 歳以下の子供の通院等に近親者等が付き添った場合には医師の証明は要しない。

  ㈠ 厚生労働大臣の許可を受けた有料職業紹介所の紹介による者
   立証資料等により必要かつ妥当な実費とする。

  ㈡ 近親者等
   1 日につき 2,050 円とする。

 ウ 近親者等に休業損害が発生し、立証資料等により、ア又はイ㈡の額を超えることが明らかな場合は、必要かつ妥当な実費とする。

⑦ 諸雑費

 療養に直接必要のある諸物品の購入費又は使用料、医師の指示により摂取した栄養物の購入費、通信費等とし、次のとおりとする。

 ア 入院中の諸雑費

  入院 1 日につき 1,100 円とする。立証資料等により 1 日につき 1,100 円を超えることが明らかな場合は、必要かつ妥当な実費とする。

 イ 通院又は自宅療養中の諸雑費

  必要かつ妥当な実費とする。

⑧ 柔道整復等の費用

 免許を有する柔道整復師、あんま・マッサージ・指圧師、はり師、きゅう師が行う施術費用は、必要かつ妥当な実費とする。

⑨ 義肢等の費用

 ア 傷害を被った結果、医師が身体の機能を補完するために必要と認めた義肢、歯科補てつ、義眼、眼鏡（コンタクトレンズを含む。）、補聴器、松葉杖等の用具の制作等に必要かつ妥当な実費とする。

 イ アに掲げる用具を使用していた者が、傷害に伴い当該用具の修繕又は再調達を必要とするに至った場合は、必要かつ妥当な実費とする。

 ウ ア及びイの場合の眼鏡（コンタクトレンズを含む。）の費用については、50,000 円を限度とする。

⑩ 診断書等の費用

 診断書、診療報酬明細書等の発行に必要かつ妥当な実費とする。

⑵ 文書料

 交通事故証明書、被害者側の印鑑証明書、住民票等の発行に必要かつ妥当な実費とする。

(3) その他の費用

⑴治療関係費及び⑵文書料以外の損害であって事故発生場所から医療機関まで被害者を搬送するための費用等については、必要かつ妥当な実費とする。

2 休業損害

⑴ 休業損害は、休業による収入の減少があった場合又は有給休暇を使用した場合に1日につき原則として5,700円とする。ただし、家事従事者については、休業による収入の減少があったものとみなす。

⑵ 休業損害の対象となる日数は、実休業日数を基準とし、被害者の傷害の態様、実治療日数その他を勘案して治療期間の範囲内とする。

⑶ 立証資料等により1日につき5,700円を超えることが明らかな場合は、自動車損害賠償保障法施行令第3条の2に定める金額を限度として、その実額とする。

3 慰謝料

⑴ 慰謝料は、1日につき4,200円とする。

⑵ 慰謝料の対象となる日数は、被害者の傷害の態様、実治療日数その他を勘案して、治療期間の範囲内とする。

⑶ 妊婦が胎児を死産又は流産した場合は、上記のほかに慰謝料を認める。

第3 後遺障害による損害

後遺障害による損害は、逸失利益及び慰謝料等とし、自動車損害賠償保障法施行令第2条並びに別表第1及び別表第2に定める等級に該当する場合に認める。

等級の認定は、原則として労働者災害補償保険における障害の等級認定の基準に準じて行う。

1 逸失利益

逸失利益は、次のそれぞれに掲げる年間収入額又は年相当額に該当等級の労働能力喪失率（別表Ⅰ）と後遺障害確定時の年齢における就労可能年数のライプニッツ係数（別表Ⅱ-1）を乗じて算出した額とする。ただし、生涯を通じて全年齢平均給与額（別表Ⅲ）の年相当額を得られる蓋然性が認められない場合は、この限りでない。

⑴ 有職者

事故前1年間の収入額と後遺障害確定時の年齢に対応する年齢別平均給与額（別表Ⅳ）の年相当額のいずれか高い額を収入額とする。ただし、次の者については、それぞれに掲げる額を収入額とする。

① 35歳未満であって事故前1年間の収入額を立証することが可能な者

事故前1年間の収入額、全年齢平均給与額の年相当額及び年齢別平均給与額の年相当額のいずれか高い額。

【資料2】自賠責保険・共済支払基準　403

② 事故前1年間の収入額を立証することが困難な者

ア 35歳未満の者

全年齢平均給与額の年相当額又は年齢別平均給与額の年相当額のいずれか高い額。

イ 35歳以上の者

年齢別平均給与額の年相当額。

③ 退職後1年を経過していない失業者（定年退職者等を除く。）

以上の基準を準用する。この場合において、「事故前1年間の収入額」とあるのは、「退職前1年間の収入額」と読み替えるものとする。

(2) 幼児・児童・生徒・学生・家事従事者

全年齢平均給与額の年相当額とする。ただし、58歳以上の者で年齢別平均給与額が全年齢平均給与額を下回る場合は、年齢別平均給与額の年相当額とする。

(3) その他働く意思と能力を有する者

年齢別平均給与額の年相当額とする。ただし、全年齢平均給与額の年相当額を上限とする。

2 慰謝料等

(1) 後遺障害に対する慰謝料等の額は、該当等級ごとに次に掲げる表の金額とする。

① 自動車損害賠償保障法施行令別表第1の場合

第1級	第2級
1,600万円	1,163万円

② 自動車損害賠償保障法施行令別表第2の場合

第1級	第2級	第3級	第4級	第5級
1,100万円	958万円	829万円	712万円	599万円
第6級	第7級	第8級	第9級	第10級
498万円	409万円	324万円	245万円	187万円
第11級	第12級	第13級	第14級	
135万円	93万円	57万円	32万円	

(2)① 自動車損害賠償保障法施行令別表第1の該当者であって被扶養者がいるときは、第1級については1,800万円とし、第2級については1,333万円とする。

② 自動車損害賠償保障法施行令別表第2第1級、第2級又は第3級の該当

者であって被扶養者がいるときは、第1級については1,300万円とし、第2級については1,128万円とし、第3級については973万円とする。

(3) 自動車損害賠償保障法施行令別表第1に該当する場合は、初期費用等として、第1級には500万円を、第2級には205万円を加算する。

第4　死亡による損害

　死亡による損害は、葬儀費、逸失利益、死亡本人の慰謝料及び遺族の慰謝料とする。

　後遺障害による損害に対する保険金等の支払の後、被害者が死亡した場合の死亡による損害について、事故と死亡との間に因果関係が認められるときには、その差額を認める。

1　葬儀費

⑴　葬儀費は、60万円とする。

⑵　立証資料等により60万円を超えることが明らかな場合は、100万円の範囲内で必要かつ妥当な実費とする。

2　逸失利益

⑴　逸失利益は、次のそれぞれに掲げる年間収入額又は年相当額から本人の生活費を控除した額に死亡時の年齢における就労可能年数のライプニッツ係数（別表Ⅱ-1）を乗じて算出する。ただし、生涯を通じて全年齢平均給与額（別表Ⅲ）の年相当額を得られる蓋然性が認められない場合は、この限りでない。

　　①　有職者

　　　事故前1年間の収入額と死亡時の年齢に対応する年齢別平均給与額（別表Ⅳ）の年相当額のいずれか高い額を収入額とする。ただし、次に掲げる者については、それぞれに掲げる額を収入額とする。

　　ア　35歳未満であって事故前1年間の収入額を立証することが可能な者

　　　　事故前1年間の収入額、全年齢平均給与額の年相当額及び年齢別平均給与額の年相当額のいずれか高い額。

　　イ　事故前1年間の収入額を立証することが困難な者

　　⑺　35歳未満の者

　　　　全年齢平均給与額の年相当額又は年齢別平均給与額の年相当額のいずれか高い額。

　　⑷　35歳以上の者

　　　　年齢別平均給与額の年相当額。

　　ウ　退職後1年を経過していない失業者（定年退職者等を除く。）

　　　　以上の基準を準用する。この場合において、「事故前1年間の収入額」

とあるのは、「退職前1年間の収入額」と読み替えるものとする。

② 幼児・児童・生徒・学生・家事従事者

　全年齢平均給与額の年相当額とする。ただし、58歳以上の者で年齢別平均給与額が全年齢平均給与額を下回る場合は、年齢別平均給与額の年相当額とする。

③ その他働く意思と能力を有する者

　年齢別平均給与額の年相当額とする。ただし、全年齢平均給与額の年相当額を上限とする。

(2) (1)にかかわらず、年金等の受給者の逸失利益は、次のそれぞれに掲げる年間収入額又は年相当額から本人の生活費を控除した額に死亡時の年齢における就労可能年数のライプニッツ係数（別表Ⅱ-1）を乗じて得られた額と、年金等から本人の生活費を控除した額に死亡時の年齢における平均余命年数のライプニッツ係数（別表Ⅱ-2）から死亡時の年齢における就労可能年数のライプニッツ係数を差し引いた係数を乗じて得られた額とを合算して得られた額とする。ただし、生涯を通じて全年齢平均給与額（別表Ⅲ）の年相当額を得られる蓋然性が認められない場合は、この限りでない。

　年金等の受給者とは、各種年金及び恩給制度のうち原則として受給権者本人による拠出性のある年金等を現に受給していた者とし、無拠出性の福祉年金や遺族年金は含まない。

① 有職者

　事故前1年間の収入額と年金等の額を合算した額と、死亡時の年齢に対応する年齢別平均給与額（別表Ⅳ）の年相当額のいずれか高い額とする。ただし、35歳未満の者については、これらの比較のほか、全年齢平均給与額の年相当額とも比較して、いずれか高い額とする。

② 幼児・児童・生徒・学生・家事従事者

　年金等の額と全年齢平均給与額の年相当額のいずれか高い額とする。ただし、58歳以上の者で年齢別平均給与額が全年齢平均給与額を下回る場合は、年齢別平均給与額の年相当額と年金等の額のいずれか高い額とする。

③ その他働く意思と能力を有する者

　年金等の額と年齢別平均給与額の年相当額のいずれか高い額とする。ただし、年齢別平均給与額が全年齢平均給与額を上回る場合は、全年齢平均給与額の年相当額と年金等の額のいずれか高い額とする。

(3) 生活費の立証が困難な場合、被扶養者がいるときは年間収入額又は年相当額から35%を、被扶養者がいないときは年間収入額又は年相当額から50%を生活費として控除する。

3　死亡本人の慰謝料

死亡本人の慰謝料は、350万円とする。

4　遺族の慰謝料

　　慰謝料の請求権者は、被害者の父母（養父母を含む。）、配偶者及び子（養子、認知した子及び胎児を含む。）とし、その額は、請求権者1人の場合には550万円とし、2人の場合には650万円とし、3人以上の場合には750万円とする。

　　なお、被害者に被扶養者がいるときは、上記金額に200万円を加算する。

第5　死亡に至るまでの傷害による損害

　　死亡に至るまでの傷害による損害は、積極損害〔治療関係費（死体検案書料及び死亡後の処置料等の実費を含む。）、文書料その他の費用〕、休業損害及び慰謝料とし、「第2　傷害による損害」の基準を準用する。ただし、事故当日又は事故翌日死亡の場合は、積極損害のみとする。

第6　減額

1　重大な過失による減額

　　被害者に重大な過失がある場合は、次に掲げる表のとおり、積算した損害額が保険金額に満たない場合には積算した損害額から、保険金額以上になる場合には保険金額から減額を行う。ただし、傷害による損害額（後遺障害及び死亡に至る場合を除く。）が20万円未満の場合はその額とし、減額により20万円以下となる場合は20万円とする。

減額適用上の被害者の過失割合	減　額　割　合	
	後遺障害又は死亡に係るもの	傷害に係るもの
7割未満	減額なし	減額なし
7割以上8割未満	2割減額	2割減額
8割以上9割未満	3割減額	
9割以上10割未満	5割減額	

2　受傷と死亡又は後遺障害との間の因果関係の有無の判断が困難な場合の減額

　　被害者が既往症等を有していたため、死因又は後遺障害発生原因が明らかでない場合等受傷と死亡との間及び受傷と後遺障害との間の因果関係の有無の判断が困難な場合は、死亡による損害及び後遺障害による損害について、積算した損害額が保険金額に満たない場合には積算した損害額から、保険金額以上となる場合には保険金額から5割の減額を行う。

附　　則

　この告示は、平成 14 年 4 月 1 日から施行し、同日以後に発生する自動車の運行による事故に係る自動車損害賠償責任保険の保険金等及び自動車損害賠償責任共済の共済金等の支払から適用する。

　　　附　　則（平成 22 年金融庁・国土交通省告示第 1 号）

　この告示は、平成 22 年 4 月 1 日から施行し、同日以後に発生する自動車の運行による事故に係る自動車損害賠償責任保険の保険金等及び自動車損害賠償責任共済の共済金等の支払から適用する。

別表 I

労働能力喪失率表

自動車損害賠償保障法施行令別表第1の場合

障害等級	労働能力喪失率
第 1 級	100／100
第 2 級	100／100

自動車損害賠償保障法施行令別表第2の場合

障害等級	労働能力喪失率
第 1 級	100／100
第 2 級	100／100
第 3 級	100／100
第 4 級	92／100
第 5 級	79／100
第 6 級	67／100
第 7 級	56／100
第 8 級	45／100
第 9 級	35／100
第10 級	27／100
第11 級	20／100
第12 級	14／100
第13 級	9／100
第14 級	5／100

別表Ⅱ-1

就労可能年数とライプニッツ係数表

(1) 18歳未満の者に適用する表

年令	幼児・児童・生徒・学生・右欄以外の働く意思と能力を有する者		有職者	
	就労可能年数	係　数	就労可能年数	係　数
歳	年		年	
0	49	7.549	67	19.239
1	49	7.927	66	19.201
2	49	8.323	65	19.161
3	49	8.739	64	19.119
4	49	9.176	63	19.075
5	49	9.635	62	19.029
6	49	10.117	61	18.980
7	49	10.623	60	18.929
8	49	11.154	59	18.876
9	49	11.712	58	18.820
10	49	12.297	57	18.761
11	49	12.912	56	18.699
12	49	13.558	55	18.633
13	49	14.236	54	18.565
14	49	14.947	53	18.493
15	49	15.695	52	18.418
16	49	16.480	51	18.339
17	49	17.304	50	18.256

(注) 1. 18歳未満の有職者及び18歳以上の者の場合の就労可能年数については、
　　　(1) 54歳未満の者は、67歳から被害者の年齢を控除した年数とした。
　　　(2) 54歳以上の者は、平均余命年数の1/2とし、端数は切上げた。
　　2. 幼児・児童・生徒・18歳未満の学生及び働く意思と能力を有する者（有職者・家事従事者・18歳以上の学生以外）の場合の就労可能年数及びライプニッツ係数は、下記（例）に準じて算出する。
　　　(例) 3歳の場合
　　　(1) 就労の終期（67歳）までの年数64年（67年－3年）に対応する係数　19.119
　　　(2) 就労の始期（18歳）までの年数15年（18年－3年）に対応する係数　10.380
　　　(3) 就労可能年数　49年（64年－15年）
　　　(4) 適用する係数　8.739（19.119－10.380）

【資料2】自賠責保険・共済支払基準

(2) 18歳以上の者に適用する表

年令	就労可能年数	係　数	年令	就労可能年数	係　数	年令	就労可能年数	係　数	年令	就労可能年数	係　数
歳	年		歳	年		歳	年		歳	年	
18	49	18.169	39	28	14.898	60	12	8.863	81	4	3.546
19	48	18.077	40	27	14.643	61	11	8.306	82	4	3.546
20	47	17.981	41	26	14.375	62	11	8.306	83	4	3.546
21	46	17.880	42	25	14.094	63	10	7.722	84	4	3.546
22	45	17.774	43	24	13.799	64	10	7.722	85	3	2.723
23	44	17.663	44	23	13.489	65	10	7.722	86	3	2.723
24	43	17.546	45	22	13.163	66	9	7.108	87	3	2.723
25	42	17.423	46	21	12.821	67	9	7.108	88	3	2.723
26	41	17.294	47	20	12.462	68	8	6.463	89	3	2.723
27	40	17.159	48	19	12.085	69	8	6.463	90	3	2.723
28	39	17.017	49	18	11.690	70	8	6.463	91	2	1.859
29	38	16.868	50	17	11.274	71	7	5.786	92	2	1.859
30	37	16.711	51	16	10.838	72	7	5.786	93	2	1.859
31	36	16.547	52	15	10.380	73	7	5.786	94	2	1.859
32	35	16.374	53	14	9.899	74	6	5.076	95	2	1.859
33	34	16.193	54	14	9.899	75	6	5.076	96	2	1.859
34	33	16.003	55	14	9.899	76	6	5.076	97	2	1.859
35	32	15.803	56	13	9.394	77	5	4.329	98	2	1.859
36	31	15.593	57	13	9.394	78	5	4.329	99	2	1.859
37	30	15.372	58	12	8.863	79	5	4.329	100	2	1.859
38	29	15.141	59	12	8.863	80	5	4.329	101〜	1	0.952

別表Ⅱ-2

平均余命年数とライプニッツ係数表

年齢	男		女		年齢	男		女	
	平均余命年数	係数	平均余命年数	係数		平均余命年数	係数	平均余命年数	係数
歳	年		年		歳	年		年	
0	78	19.555	85	19.684	27	52	18.418	59	18.876
1	77	19.533	84	19.668	28	51	18.339	58	18.820
2	76	19.509	83	19.651	29	50	18.256	57	18.761
3	75	19.485	82	19.634	30	49	18.169	56	18.699
4	74	19.459	81	19.616	31	48	18.077	55	18.633
5	73	19.432	80	19.596	32	47	17.981	54	18.565
6	72	19.404	79	19.576	33	46	17.880	53	18.493
7	71	19.374	78	19.555	34	45	17.774	52	18.418
8	70	19.343	77	19.533	35	44	17.663	51	18.339
9	69	19.310	76	19.509	36	43	17.546	50	18.256
10	68	19.275	75	19.485	37	42	17.423	49	18.169
11	67	19.239	74	19.459	38	41	17.294	48	18.077
12	66	19.201	73	19.432	39	40	17.159	47	17.981
13	65	19.161	72	19.404	40	39	17.017	46	17.880
14	64	19.119	71	19.374	41	38	16.868	45	17.774
15	63	19.075	70	19.343	42	37	16.711	44	17.663
16	62	19.029	69	19.310	43	37	16.711	43	17.546
17	62	19.029	68	19.275	44	36	16.547	42	17.423
18	61	18.980	67	19.239	45	35	16.374	41	17.294
19	60	18.929	66	19.201	46	34	16.193	40	17.159
20	59	18.876	65	19.161	47	33	16.003	39	17.017
21	58	18.820	64	19.119	48	32	15.803	38	16.868
22	57	18.761	63	19.075	49	31	15.593	37	16.711
23	56	18.699	62	19.029	50	30	15.372	36	16.547
24	55	18.633	62	19.029	51	29	15.141	35	16.374
25	54	18.565	61	18.980	52	28	14.898	34	16.193
26	53	18.493	60	18.929	53	27	14.643	34	16.193

(注) 平均余命年数は「第20回生命表」による平均余命とした。

年齢	男		女		年齢	男		女	
	平均余命年数	係数	平均余命年数	係数		平均余命年数	係数	平均余命年数	係数
歳	年		年		歳	年		年	
54	27	14.643	33	16.003	81	7	5.786	10	7.722
55	26	14.375	32	15.803	82	7	5.786	9	7.108
56	25	14.094	31	15.593	83	6	5.076	9	7.108
57	24	13.799	30	15.372	84	6	5.076	8	6.463
58	23	13.489	29	15.141	85	5	4.329	7	5.786
59	22	13.163	28	14.898	86	5	4.329	7	5.786
60	22	13.163	27	14.643	87	5	4.329	6	5.076
61	21	12.821	26	14.375	88	4	3.546	6	5.076
62	20	12.462	25	14.094	89	4	3.546	5	4.329
63	19	12.085	24	13.799	90	4	3.546	5	4.329
64	18	11.690	24	13.799	91	3	2.723	5	4.329
65	18	11.690	23	13.489	92	3	2.723	4	3.546
66	17	11.274	22	13.163	93	3	2.723	4	3.546
67	16	10.838	21	12.821	94	3	2.723	4	3.546
68	15	10.380	20	12.462	95	2	1.859	3	2.723
69	15	10.380	19	12.085	96	2	1.859	3	2.723
70	14	9.899	18	11.690	97	2	1.859	3	2.723
71	13	9.394	18	11.690	98	2	1.859	2	1.859
72	13	9.394	17	11.274	99	2	1.859	2	1.859
73	12	8.863	16	10.838	100	2	1.859	2	1.859
74	11	8.306	15	10.380	101	1	0.952	2	1.859
75	11	8.306	14	9.899	102	1	0.952	2	1.859
76	10	7.722	14	9.899	103	1	0.952	2	1.859
77	9	7.108	13	9.394	104	1	0.952	1	0.952
78	9	7.108	12	8.863					
79	8	6.463	11	8.306					
80	8	6.463	11	8.306					

別表Ⅲ

全年齢平均給与額（平均月額）

男	415,400	女	275,100

別表Ⅳ

年齢別平均給与額（平均月額）

年令	男	女	年令	男	女
歳	円	円	歳	円	円
18	187,400	169,600	44	482,000	298,800
19	199,800	175,800	45	485,600	296,500
20	219,800	193,800	46	489,300	294,300
21	239,800	211,900	47	492,900	292,000
22	259,800	230,000	48	495,500	291,800
23	272,800	238,700	49	498,100	291,700
24	285,900	247,400	50	500,700	291,600
25	298,900	256,000	51	503,300	291,400
26	312,000	264,700	52	505,800	291,300
27	325,000	273,400	53	500,700	288,500
28	337,300	278,800	54	495,500	285,600
29	349,600	284,100	55	490,300	282,800
30	361,800	289,400	56	485,200	280,000
31	374,100	294,700	57	480,000	277,200
32	386,400	300,100	58	455,400	269,000
33	398,000	301,900	59	430,900	260,900
34	409,600	303,700	60	406,300	252,700
35	421,300	305,500	61	381,700	244,500
36	432,900	307,300	62	357,200	236,400
37	444,500	309,100	63	350,100	236,400
38	450,500	307,900	64	343,000	236,400
39	456,600	306,800	65	336,000	236,500
40	462,600	305,600	66	328,900	236,500
41	468,600	304,500	67	321,800	236,500
42	474,700	303,300	68〜	314,800	236,600
43	478,300	301,000			

（注）本表は、平成12年賃金センサス第1巻第1表産業計（民・公営計）によりもとめた企業規模10〜999人・学歴計の年齢階層別平均給与額（含臨時給与）をその後の賃金動向を反映して0.999倍したものである。

【資料3】

簡易生命表（平成22～26年）

男	平成22年	平成23年	平成24年	平成25年	平成26年
年齢	平均余命	平均余命	平均余命	平均余命	平均余命
0（週）	79.64	79.44	79.94	80.21	80.50
1	79.69	79.48	79.98	80.25	80.54
2	79.68	79.47	79.97	80.24	80.53
3	79.67	79.46	79.96	80.23	80.51
4	79.65	79.45	79.95	80.22	80.50
2（月）	79.59	79.38	79.88	80.15	80.43
3	79.52	79.31	79.81	80.08	80.36
6	79.30	79.09	79.59	79.86	80.14
0（年）	79.64	79.44	79.94	80.21	80.50
1	78.83	78.62	79.13	79.39	79.67
2	77.86	77.66	78.15	78.41	78.70
3	76.88	76.68	77.17	77.43	77.71
4	75.89	75.70	76.18	76.44	76.73
5	74.90	74.71	75.19	75.45	75.74
6	73.91	73.73	74.20	74.46	74.74
7	72.92	72.74	73.21	73.47	73.75
8	71.93	71.75	72.22	72.47	72.76
9	70.93	70.76	71.22	71.48	71.77
10	69.94	69.77	70.23	70.49	70.77
11	68.94	68.77	69.24	69.49	69.78
12	67.95	67.78	68.24	68.50	68.78
13	66.96	66.79	67.25	67.50	67.79
14	65.97	65.80	66.25	66.51	66.80
15	64.98	64.81	65.26	65.52	65.81
16	63.99	63.83	64.28	64.53	64.82
17	63.00	62.85	63.29	63.54	63.83
18	62.02	61.87	62.31	62.56	62.85
19	61.05	60.90	61.33	61.58	61.87
20	60.07	59.93	60.36	60.61	60.90
21	59.10	58.96	59.39	59.64	59.92
22	58.13	57.99	58.42	58.67	58.96
23	57.17	57.03	57.45	57.70	57.99

男 年齢	平成 22 年 平均余命	平成 23 年 平均余命	平成 24 年 平均余命	平成 25 年 平均余命	平成 26 年 平均余命
24	56.20	56.07	56.49	56.74	57.02
25	55.24	55.10	55.52	55.77	56.05
26	54.27	54.14	54.56	54.80	55.09
27	53.31	53.18	53.59	53.83	54.12
28	52.34	52.21	52.62	52.86	53.15
29	51.37	51.25	51.66	51.90	52.18
30	50.41	50.28	50.69	50.93	51.21
31	49.44	49.32	49.72	49.96	50.25
32	48.48	48.35	48.75	48.99	49.28
33	47.52	47.39	47.78	48.02	48.31
34	46.55	46.43	46.82·	47.06	47.35
35	45.59	45.47	45.85	46.09	46.38
36	44.63	44.51	44.89	45.12	45.41
37	43.67	43.55	43.92	44.16	44.45
38	42.71	42.59	42.96	43.20	43.48
39	41.76	41.64	42.01	42.24	42.52
40	40.81	40.69	41.05	41.29	41.57
41	39.86	39.74	40.10	40.33	40.61
42	38.92	38.79	39.15	39.38	39.66
43	37.97	37.85	38.20	38.43	38.71
44	37.04	36.92	37.26	37.49	37.76
45	36.10	35.98	36.32	36.55	36.82
46	35.17	35.05	35.39	35.61	35.89
47	34.25	34.13	34.46	34.68	34.95
48	33.33	33.21	33.53	33.76	34.02
49	32.42	32.29	32.61	32.84	33.10
50	31.51	31.39	31.70	31.92	32.18
51	30.61	30.49	30.79	31.01	31.27
52	29.71	29.59	29.89	30.11	30.36
53	28.83	28.71	29.00	29.21	29.46
54	27.95	27.83	28.11	28.32	28.57
55	27.07	26.95	27.23	27.44	27.68
56	26.21	26.08	26.35	26.57	26.80
57	25.36	25.22	25.48	25.70	25.93

男	平成 22 年	平成 23 年	平成 24 年	平成 25 年	平成 26 年
年齢	平均余命	平均余命	平均余命	平均余命	平均余命
58	24.51	24.37	24.62	24.84	25.07
59	23.67	23.53	23.77	23.98	24.21
60	22.84	22.70	22.93	23.14	23.36
61	22.03	21.88	22.10	22.30	22.52
62	21.22	21.07	21.28	21.48	21.70
63	20.43	20.27	20.48	20.67	20.88
64	19.64	19.48	19.68	19.87	20.08
65	18.86	18.69	18.89	19.08	19.29
66	18.08	17.92	18.12	18.30	18.51
67	17.32	17.16	17.35	17.53	17.74
68	16.56	16.41	16.59	16.77	16.98
69	15.81	15.66	15.84	16.02	16.23
70	15.08	14.93	15.11	15.28	15.49
71	14.35	14.20	14.38	14.55	14.76
72	13.64	13.49	13.66	13.83	14.04
73	12.93	12.78	12.95	13.12	13.33
74	12.25	12.10	12.25	12.42	12.63
75	11.58	11.43	11.57	11.74	11.94
76	10.93	10.78	10.91	11.07	11.27
77	10.30	10.14	10.26	10.42	10.62
78	9.70	9.53	9.64	9.79	9.99
79	9.12	8.95	9.05	9.18	9.37
80	8.57	8.39	8.48	8.61	8.79
81	8.04	7.86	7.93	8.05	8.22
82	7.54	7.35	7.41	7.53	7.69
83	7.06	6.86	6.92	7.04	7.18
84	6.60	6.39	6.45	6.56	6.70
85	6.18	5.96	6.00	6.12	6.24
86	5.77	5.55	5.58	5.69	5.82
87	5.40	5.16	5.19	5.29	5.41
88	5.04	4.79	4.82	4.92	5.03
89	4.71	4.45	4.48	4.58	4.68
90	4.41	4.14	4.16	4.26	4.35
91	4.12	3.84	3.86	3.95	4.04

【資料 3】簡易生命表　　417

男	平成 22 年	平成 23 年	平成 24 年	平成 25 年	平成 26 年
年齢	平均余命	平均余命	平均余命	平均余命	平均余命
92	3.86	3.56	3.58	3.67	3.76
93	3.61	3.31	3.32	3.41	3.49
94	3.38	3.06	3.08	3.17	3.25
95	3.17	2.84	2.86	2.94	3.02
96	2.97	2.63	2.65	2.73	2.81
97	2.79	2.44	2.46	2.53	2.61
98	2.61	2.26	2.28	2.35	2.43
99	2.45	2.09	2.11	2.18	2.25
100	2.30	1.93	1.95	2.02	2.09
101	2.16	1.79	1.81	1.87	1.95
102	2.03	1.65	1.68	1.74	1.81
103	1.91	1.53	1.55	1.61	1.68
104	1.79	1.41	1.44	1.49	1.56
105〜	1.68	1.30	1.33	1.38	1.45

女	平成 22 年	平成 23 年	平成 24 年	平成 25 年	平成 26 年
年齢	平均余命	平均余命	平均余命	平均余命	平均余命
0 （週）	86.39	85.90	86.41	86.61	86.83
1	86.43	85.95	86.46	86.65	86.87
2	86.42	85.94	86.45	86.64	86.86
3	86.41	85.93	86.44	86.63	86.85
4	86.40	85.92	86.43	86.61	86.83
2 （月）	86.33	85.85	86.36	86.54	86.76
3	86.26	85.78	86.29	86.47	86.69
6	86.04	85.56	86.07	86.25	86.47
0 （年）	86.39	85.90	86.41	86.61	86.83
1	85.57	85.10	85.60	85.78	86.00
2	84.60	84.13	84.63	84.81	85.03
3	83.62	83.16	83.64	83.82	84.05
4	82.63	82.18	82.66	82.83	83.06
5	81.64	81.19	81.67	81.84	82.07
6	80.65	80.20	80.68	80.85	81.07
7	79.65	79.21	79.68	79.85	80.08
8	78.66	78.22	78.69	78.86	79.08

【資料3】簡易生命表

女	平成 22 年	平成 23 年	平成 24 年	平成 25 年	平成 26 年
年齢	平均余命	平均余命	平均余命	平均余命	平均余命
9	77.66	77.23	77.69	77.86	78.09
10	76.67	76.24	76.70	76.87	77.09
11	75.67	75.25	75.70	75.87	76.10
12	74.68	74.26	74.71	74.88	75.10
13	73.68	73.27	73.71	73.88	74.11
14	72.69	72.27	72.72	72.88	73.11
15	71.70	71.28	71.72	71.89	72.12
16	70.70	70.29	70.73	70.90	71.12
17	69.71	69.30	69.74	69.91	70.13
18	68.73	68.32	68.75	68.91	69.14
19	67.74	67.33	67.76	67.92	68.15
20	66.75	66.35	66.78	66.94	67.16
21	65.77	65.37	65.79	65.95	66.17
22	64.78	64.39	64.81	64.97	65.19
23	63.80	63.41	63.82	63.98	64.20
24	62.82	62.43	62.84	63.00	63.22
25	61.83	61.45	61.85	62.01	62.23
26	60.85	60.48	60.87	61.03	61.25
27	59.86	59.50	59.89	60.04	60.27
28	58.88	58.52	58.91	59.06	59.28
29	57.90	57.54	57.92	58.07	58.30
30	56.92	56.56	56.94	57.09	57.32
31	55.94	55.59	55.96	56.11	56.34
32	54.96	54.61	54.98	55.13	55.36
33	53.98	53.63	54.00	54.15	54.38
34	53.00	52.66	53.02	53.17	53.40
35	52.03	51.69	52.04	52.19	52.42
36	51.05	50.71	51.07	51.22	51.44
37	50.08	49.74	50.09	50.24	50.47
38	49.11	48.78	49.11	49.27	49.49
39	48.14	47.81	48.14	48.29	48.52
40	47.17	46.84	47.17	47.32	47.55
41	46.20	45.88	46.20	46.35	46.58
42	45.24	44.92	45.24	45.38	45.61

女	平成 22 年	平成 23 年	平成 24 年	平成 25 年	平成 26 年
年齢	平均余命	平均余命	平均余命	平均余命	平均余命
43	44.27	43.96	44.27	44.42	44.64
44	43.31	43.00	43.31	43.45	43.68
45	42.36	42.05	42.35	42.49	42.72
46	41.40	41.10	41.39	41.54	41.76
47	40.45	40.15	40.44	40.58	40.81
48	39.50	39.21	39.49	39.63	39.85
49	38.55	38.26	38.54	38.69	38.91
50	37.61	37.32	37.59	37.74	37.96
51	36.68	36.39	36.65	36.80	37.02
52	35.74	35.46	35.72	35.86	36.08
53	34.81	34.53	34.78	34.93	35.14
54	33.88	33.60	33.85	34.00	34.21
55	32.95	32.68	32.92	33.07	33.28
56	32.03	31.76	32.00	32.14	32.36
57	31.11	30.84	31.08	31.22	31.43
58	30.19	29.93	30.16	30.30	30.51
59	29.28	29.02	29.24	29.38	29.60
60	28.37	28.12	28.33	28.47	28.68
61	27.47	27.22	27.42	27.56	27.77
62	26.57	26.32	26.51	26.65	26.87
63	25.67	25.43	25.61	25.75	25.97
64	24.78	24.54	24.72	24.86	25.07
65	23.89	23.66	23.82	23.97	24.18
66	23.01	22.77	22.94	23.09	23.30
67	22.13	21.90	22.06	22.21	22.42
68	21.26	21.03	21.18	21.33	21.54
69	20.39	20.16	20.31	20.46	20.67
70	19.53	19.31	19.45	19.59	19.81
71	18.68	18.46	18.60	18.74	18.95
72	17.83	17.62	17.75	17.89	18.10
73	17.00	16.79	16.91	17.05	17.25
74	16.18	15.97	16.08	16.21	16.42
75	15.38	15.16	15.27	15.39	15.60
76	14.59	14.37	14.47	14.59	14.79

女	平成 22 年	平成 23 年	平成 24 年	平成 25 年	平成 26 年
年齢	平均余命	平均余命	平均余命	平均余命	平均余命
77	13.81	13.59	13.68	13.80	13.99
78	13.05	12.83	12.91	13.02	13.21
79	12.31	12.08	12.16	12.26	12.45
80	11.59	11.36	11.43	11.52	11.71
81	10.88	10.66	10.71	10.81	10.99
82	10.20	9.98	10.03	10.12	10.29
83	9.54	9.32	9.36	9.45	9.62
84	8.91	8.68	8.72	8.81	8.97
85	8.30	8.07	8.10	8.19	8.35
86	7.72	7.49	7.51	7.59	7.75
87	7.18	6.93	6.95	7.03	7.18
88	6.67	6.41	6.42	6.49	6.64
89	6.20	5.92	5.93	5.99	6.13
90	5.76	5.46	5.47	5.53	5.66
91	5.35	5.03	5.04	5.10	5.22
92	4.98	4.64	4.64	4.70	4.82
93	4.64	4.27	4.27	4.33	4.45
94	4.34	3.92	3.93	3.98	4.11
95	4.06	3.60	3.61	3.66	3.78
96	3.81	3.31	3.32	3.36	3.47
97	3.58	3.03	3.04	3.08	3.19
98	3.37	2.78	2.79	2.82	2.92
99	3.18	2.54	2.56	2.58	2.67
100	3.00	2.33	2.34	2.36	2.44
101	2.84	2.13	2.14	2.16	2.23
102	2.69	1.94	1.96	1.97	2.03
103	2.55	1.77	1.79	1.80	1.85
104	2.42	1.62	1.64	1.64	1.68
105〜	2.30	1.47	1.49	1.50	1.52

注：本表は，厚生労働省大臣官房統計情報部「簡易生命表」からの抜すいである。

【資料4】

賃金センサス一覧表

①産業計・企業規模計・全労働者 （単位：千円）

区分　　　年	平成 22 年	平成 23 年	平成 24 年	平成 25 年	平成 26 年
全労働者	4,667.2	4,709.3	4,726.5	4,689.3	4,796.8
～19 歳	2,376.4	2,308.3	2,299.3	2,302.8	2,351.1
20～24	2,964.9	2,985.5	2,961.7	2,961.6	3,014.3
25～29	3,641.6	3,715.3	3,704.3	3,694.7	3,761.4
30～34	4,232.7	4,269.1	4,257.9	4,218.3	4,302.8
35～39	4,807.0	4,835.4	4,818.9	4,753.0	4,834.0
40～44	5,387.2	5,387.1	5,340.4	5,264.2	5,301.2
45～49	5,739.2	5,790.4	5,793.4	5,681.2	5,793.0
50～54	5,761.7	5,794.3	5,881.9	5,831.1	5,974.5
55～59	5,368.4	5,414.6	5,542.5	5,493.9	5,692.9
60～64	3,833.6	3,825.8	3,810.1	3,806.6	3,918.8
65～69	3,437.1	3,401.8	3,414.3	3,463.8	3,502.0
70 歳～	3,300.2	3,549.5	3,593.2	3,203.8	3,431.9

②産業計・企業規模計・男性労働者

区分　　　年	平成 22 年	平成 23 年	平成 24 年	平成 25 年	平成 26 年
学歴計	5,230.2	5,267.6	5,296.8	5,241.0	5,360.4
～19 歳	2,498.7	2,429.2	2,392.8	2,412.5	2,440.4
20～24	3,121.3	3,134.9	3,115.5	3,134.2	3,186.2
25～29	3,850.7	3,934.2	3,919.0	3,912.2	3,988.9
30～34	4,543.9	4,588.8	4,600.4	4,540.0	4,634.3
35～39	5,236.6	5,249.9	5,263.8	5,180.5	5,276.1
40～44	5,994.0	5,980.4	5,937.8	5,851.2	5,865.8
45～49	6,551.1	6,625.5	6,620.3	6,435.9	6,570.0
50～54	6,606.7	6,665.8	6,784.5	6,681.3	6,856.8
55～59	6,119.3	6,136.9	6,292.6	6,235.7	6,469.0
60～64	4,151.0	4,134.4	4,092.9	4,098.9	4,212.3
65～69	3,659.1	3,637.8	3,624.3	3,671.6	3,713.4
70 歳～	3,480.6	3,790.2	3,850.2	3,361.7	3,526.6
中卒	4,019.5	3,883.1	3,839.6	3,902.8	3,906.3
～19 歳	2,079.4	2,126.1	1,967.0	2,180.2	2,297.1
20～24	3,023.0	2,725.2	2,837.0	2,991.3	2,962.2
25～29	3,262.1	3,312.9	3,357.9	3,440.0	3,380.1
30～34	3,774.8	3,626.1	3,626.2	3,654.4	3,784.9

区分 \ 年	平成 22 年	平成 23 年	平成 24 年	平成 25 年	平成 26 年
35〜39	4,004.1	4,102.3	3,885.7	4,172.7	4,067.9
40〜44	4,416.5	4,234.3	3,956.5	4,371.6	4,355.2
45〜49	4,651.7	4,474.3	4,438.4	4,553.4	4,551.9
50〜54	4,762.5	4,701.1	4,450.1	4,631.4	4,618.7
55〜59	4,813.8	4,656.1	4,704.0	4,805.5	4,806.0
60〜64	3,307.6	3,223.8	3,380.3	3,260.1	3,364.7
65〜69	2,808.4	2,833.0	2,870.8	2,823.3	2,944.7
70 歳〜	2,657.8	2,690.7	2,730.7	2,600.0	2,747.3
高卒	4,619.0	4,588.9	4,585.1	4,540.8	4,663.5
〜19 歳	2,517.8	2,448.1	2,426.8	2,425.7	2,449.2
20〜24	3,132.7	3,155.6	3,150.8	3,180.2	3,246.3
25〜29	3,551.2	3,535.4	3,558.2	3,520.5	3,635.7
30〜34	4,111.1	4,053.0	4,090.8	4,046.9	4,103.8
35〜39	4,661.0	4,661.4	4,637.5	4,545.2	4,592.6
40〜44	5,067.4	4,999.0	4,978.7	5,006.2	5,114.9
45〜49	5,528.8	5,493.5	5,444.5	5,284.0	5,452.6
50〜54	5,650.1	5,520.8	5,593.0	5,540.2	5,747.0
55〜59	5,449.2	5,460.3	5,548.3	5,355.3	5,530.6
60〜64	3,551.0	3,566.4	3,575.4	3,563.5	3,642.5
65〜69	2,955.4	3,048.0	3,002.9	3,077.0	3,087.3
70 歳〜	2,819.2	2,861.9	2,930.4	2,762.7	2,831.7
高専・短大卒	4,700.3	4,775.5	4,841.3	4,775.4	4,874.9
〜19 歳	－	－	－	－	－
20〜24	2,914.1	2,964.8	2,939.8	2,961.7	2,961.9
25〜29	3,574.6	3,602.6	3,613.1	3,686.6	3,677.4
30〜34	4,196.4	4,260.0	4,225.4	4,200.7	4,212.4
35〜39	4,836.1	4,850.8	4,846.4	4,748.5	4,804.0
40〜44	5,476.4	5,504.5	5,595.9	5,478.4	5,469.9
45〜49	5,981.1	6,098.7	6,035.4	5,957.1	6,049.2
50〜54	6,211.0	6,394.4	6,342.9	6,144.2	6,312.6
55〜59	6,229.0	6,454.8	6,463.4	6,035.1	6,179.5
60〜64	4,335.6	4,172.4	4,107.9	4,176.3	4,344.4
65〜69	3,973.7	3,879.4	3,697.0	3,037.3	3,538.4
70 歳〜	3,333.7	4,118.4	3,055.2	2,799.2	4,215.0
大学・大学院卒	6,332.4	6,460.2	6,481.6	6,405.9	6,487.1
〜19 歳	－	－	－	－	－
20〜24	3,230.8	3,230.6	3,160.3	3,159.9	3,214.5
25〜29	4,191.8	4,353.7	4,311.7	4,280.2	4,352.2
30〜34	5,134.8	5,258.0	5,243.5	5,145.3	5,265.4

区分 ＼ 年	平成 22 年	平成 23 年	平成 24 年	平成 25 年	平成 26 年
35〜39	6,127.8	6,172.5	6,173.7	6,096.7	6,197.6
40〜44	7,413.2	7,465.5	7,353.4	7,159.4	7,084.9
45〜49	8,095.4	8,365.8	8,346.5	8,168.9	8,279.0
50〜54	8,245.7	8,463.4	8,553.0	8,447.3	8,590.0
55〜59	7,896.4	7,826.5	7,968.0	8,002.6	8,103.5
60〜64	5,955.1	6,077.5	5,726.7	5,752.4	5,753.3
65〜69	6,298.1	6,146.6	5,928.5	6,270.0	5,831.5
70 歳〜	6,372.5	7,445.5	7,029.9	6,134.8	6,285.9

③産業計・企業規模計・女性労働者

区分 ＼ 年	平成 22 年	平成 23 年	平成 24 年	平成 25 年	平成 26 年
学歴計	3,459.4	3,559.0	3,542.7	3,539.3	3,641.2
〜19 歳	2,170.0	2,106.0	2,131.6	2,122.1	2,189.4
20〜24	2,792.7	2,823.3	2,788.3	2,772.7	2,820.4
25〜29	3,320.0	3,385.7	3,387.3	3,359.4	3,419.3
30〜34	3,546.0	3,619.2	3,582.0	3,557.4	3,643.4
35〜39	3,712.7	3,825.0	3,742.8	3,760.2	3,819.7
40〜44	3,815.1	3,941.4	3,935.5	3,846.2	3,963.0
45〜49	3,821.8	3,925.9	3,920.7	3,947.6	4,077.7
50〜54	3,743.4	3,858.4	3,857.2	3,880.8	3,991.4
55〜59	3,472.2	3,640.7	3,624.2	3,688.9	3,841.0
60〜64	2,971.1	2,964.2	3,015.8	2,988.6	3,108.5
65〜69	2,790.4	2,740.5	2,859.6	2,861.2	2,923.0
70 歳〜	2,896.0	3,004.8	2,956.0	2,835.2	3,191.9
中卒	2,469.9	2,410.1	2,426.5	2,446.2	2,555.7
〜19 歳	1,965.8	1,751.8	1,806.9	1,867.2	1,850.6
20〜24	2,154.9	1,988.5	1,944.1	2,103.7	2,148.9
25〜29	2,243.3	2,170.2	2,210.4	2,454.5	2,452.4
30〜34	2,321.5	2,167.2	2,162.7	2,460.8	2,283.0
35〜39	2,464.8	2,475.6	2,632.2	2,552.9	2,698.1
40〜44	2,597.9	2,678.5	2,679.2	2,524.4	2,698.9
45〜49	2,653.2	2,534.9	2,666.0	2,618.3	2,669.9
50〜54	2,737.0	2,641.4	2,652.3	2,775.2	3,059.8
55〜59	2,715.7	2,653.6	2,786.6	2,814.9	2,842.3
60〜64	2,300.7	2,255.9	2,250.6	2,234.2	2,422.2
65〜69	2,114.1	2,158.5	2,127.0	2,186.5	2,305.3
70 歳〜	2,143.4	2,304.0	2,330.0	2,004.1	2,378.5
高卒	2,940.6	2,957.7	2,942.3	2,959.4	3,053.3

区分 \ 年	平成 22 年	平成 23 年	平成 24 年	平成 25 年	平成 26 年
～19 歳	2,177.7	2,120.5	2,154.3	2,129.6	2,204.0
20～24	2,562.0	2,518.6	2,535.4	2,575.3	2,606.8
25～29	2,690.9	2,659.8	2,679.7	2,663.0	2,788.3
30～34	2,850.9	2,858.6	2,844.6	2,812.6	2,893.2
35～39	3,105.3	3,118.9	3,020.9	2,997.9	3,086.1
40～44	3,118.5	3,155.6	3,137.2	3,125.9	3,267.2
45～49	3,154.8	3,181.1	3,177.3	3,239.1	3,317.0
50～54	3,128.0	3,159.9	3,120.8	3,219.3	3,301.7
55～59	3,072.3	3,146.4	3,131.6	3,143.6	3,224.2
60～64	2,682.6	2,606.4	2,640.6	2,652.3	2,729.1
65～69	2,498.3	2,534.7	2,582.2	2,700.3	2,705.3
70 歳～	2,684.0	2,868.6	2,727.7	2,632.2	2,906.4
高専・短大卒	3,762.8	3,830.6	3,812.1	3,769.3	3,852.6
～19 歳	–	–	–	–	–
20～24	2,817.9	2,886.1	2,840.5	2,786.8	2,807.5
25～29	3,327.1	3,382.5	3,319.7	3,299.6	3,311.0
30～34	3,648.2	3,601.7	3,618.4	3,547.3	3,562.8
35～39	3,899.9	3,931.0	3,867.1	3,864.4	3,842.3
40～44	4,191.2	4,204.0	4,258.3	4,126.7	4,197.3
45～49	4,281.3	4,406.8	4,325.0	4,291.9	4,373.2
50～54	4,371.0	4,503.8	4,367.0	4,296.6	4,441.4
55～59	4,410.9	4,540.3	4,359.3	4,302.4	4,486.6
60～64	3,863.0	3,877.9	3,971.4	3,737.2	3,698.9
65～69	4,081.5	3,647.4	3,761.9	3,372.8	3,497.1
70 歳～	4,614.2	3,638.4	3,813.4	4,128.0	4,128.2
大学・大学院卒	4,284.9	4,482.4	4,434.6	4,406.6	4,479.8
～19 歳	–	–	–	–	–
20～24	3,069.4	3,115.8	3,044.5	3,000.3	3,054.6
25～29	3,732.1	3,825.0	3,851.2	3,821.3	3,864.8
30～34	4,210.4	4,405.8	4,266.9	4,234.7	4,321.8
35～39	4,807.7	4,968.1	4,762.5	4,758.4	4,795.7
40～44	5,507.5	5,825.0	5,472.0	5,249.3	5,235.7
45～49	5,760.7	5,985.2	5,979.5	5,962.4	6,139.9
50～54	5,933.0	5,889.9	6,224.4	6,077.0	6,109.1
55～59	5,923.2	6,133.6	5,930.9	5,762.9	6,058.2
60～64	6,340.3	6,275.1	6,117.7	5,726.6	6,003.7
65～69	6,075.9	6,596.1	6,285.6	5,418.4	5,386.1
70 歳～	6,355.8	5,694.8	5,404.5	6,136.9	5,963.0

【資料4】賃金センサス一覧表　　425

【資料5】

【資料5-1】 ホフマン係数およびライプニッツ係数表（現価表）

労働能力 喪失期間	ホフマン 係数（年5％）	ライプニッツ 係数（年5％）	ライプニッツ 係数（年4％）	ライプニッツ 係数（年3％）	ライプニッツ 係数（年2％）
1	0.95238095	0.95238095	0.96153846	0.97087379	0.98039216
2	0.90909091	0.90702948	0.92455621	0.94259591	0.96116878
3	0.86956522	0.86383760	0.88899636	0.91514166	0.94232233
4	0.83333333	0.82270247	0.85480419	0.88848705	0.92384543
5	0.80000000	0.78352617	0.82192711	0.86260878	0.90573081
6	0.76923077	0.74621540	0.79031453	0.83748426	0.88797138
7	0.74074074	0.71068133	0.75991781	0.81309151	0.87056018
8	0.71428571	0.67683936	0.73069021	0.78940923	0.85349037
9	0.68965517	0.64460892	0.70258674	0.76641673	0.83675527
10	0.66666667	0.61391325	0.67556417	0.74409391	0.82034830
11	0.64516129	0.58467929	0.64958093	0.72242128	0.80426304
12	0.62500000	0.55683742	0.62459705	0.70137988	0.78849318
13	0.60606061	0.53032135	0.60057409	0.68095134	0.77303253
14	0.58823529	0.50506795	0.57747508	0.66111781	0.75787502
15	0.57142857	0.48101710	0.55526450	0.64186195	0.74301473
16	0.55555556	0.45811152	0.53390818	0.62316694	0.72844581
17	0.54054054	0.43629669	0.51337325	0.60501645	0.71416256
18	0.52631579	0.41552065	0.49362812	0.58739461	0.70015937
19	0.51282051	0.39573396	0.47464242	0.57028603	0.68643076
20	0.50000000	0.37688948	0.45638695	0.55367575	0.67297133
21	0.48780488	0.35894236	0.43883360	0.53754928	0.65977582
22	0.47619048	0.34184987	0.42195539	0.52189250	0.64683904
23	0.46511628	0.32557131	0.40572633	0.50669175	0.63415592
24	0.45454545	0.31006791	0.39012147	0.49193374	0.62172149
25	0.44444444	0.29530277	0.37511680	0.47760557	0.60953087
26	0.43478261	0.28124073	0.36068923	0.46369473	0.59757928
27	0.42553191	0.26784832	0.34681657	0.45018906	0.58586204

労働能力 喪失期間	ホフマン 係数(年5％)	ライプニッツ 係数(年5％)	ライプニッツ 係数(年4％)	ライプニッツ 係数(年3％)	ライプニッツ 係数(年2％)
28	0.41666667	0.25509364	0.33347747	0.43707675	0.57437455
29	0.40816327	0.24294632	0.32065141	0.42434636	0.56311231
30	0.40000000	0.23137745	0.30831867	0.41198676	0.55207089
31	0.39215886	0.22035947	0.29646026	0.39998715	0.54124597
32	0.38461538	0.20986617	0.28505794	0.38833703	0.53063330
33	0.37735849	0.19987254	0.27409417	0.37702625	0.52022873
34	0.37037037	0.19035480	0.26355209	0.36604490	0.51002817
35	0.36363636	0.18129029	0.25341547	0.35538340	0.50002761
36	0.35714286	0.17265741	0.24366872	0.34503243	0.49022315
37	0.35087719	0.16443563	0.23429685	0.33498294	0.48061093
38	0.34482759	0.15660536	0.22528543	0.32522615	0.47118719
39	0.33898305	0.14914797	0.21662061	0.31575355	0.46194822
40	0.33333333	0.14204568	0.20828904	0.30655684	0.45289042
41	0.32786885	0.13528160	0.20027793	0.29762800	0.44401021
42	0.32258065	0.12883962	0.19257493	0.28895922	0.43530413
43	0.31746032	0.12270440	0.18516820	0.28054294	0.42676875
44	0.31250000	0.11686133	0.17804635	0.27237178	0.41840074
45	0.30769231	0.11129651	0.17119841	0.26443862	0.41019680
46	0.30303030	0.10599668	0.16461386	0.25673653	0.40215373
47	0.29850746	0.10094921	0.15828256	0.24925876	0.39426836
48	0.29411765	0.09614211	0.15219476	0.24199880	0.38653761
49	0.28985507	0.09156391	0.14634112	0.23495029	0.37895844
50	0.28571429	0.08720373	0.14071262	0.22810708	0.37152788
51	0.28169014	0.08305117	0.13530059	0.22146318	0.36424302
52	0.27777778	0.07909635	0.13009672	0.21501280	0.35710100
53	0.27397260	0.07532986	0.12509300	0.20875029	0.35009902
54	0.27027027	0.07174272	0.12028173	0.20267019	0.34323433
55	0.26666667	0.06832640	0.11565551	0.19676717	0.33650425
56	0.26315789	0.06507276	0.11120722	0.19103609	0.32990613
57	0.25974026	0.06197406	0.10693002	0.18547193	0.32343738

【資料5】ホフマン係数およびライプニッツ係数表　　427

労働能力 喪失期間	ホフマン 係数(年5%)	ライプニッツ 係数(年5%)	ライプニッツ 係数(年4%)	ライプニッツ 係数(年3%)	ライプニッツ 係数(年2%)
58	0.25641026	0.05902291	0.10281733	0.18006984	0.31709547
59	0.25316456	0.05621230	0.09886282	0.17482508	0.31087791
60	0.25000000	0.05353552	0.09506040	0.16973309	0.30478227
61	0.24691358	0.05098621	0.09140423	0.16478941	0.29880614
62	0.24390244	0.04855830	0.08788868	0.15998972	0.29294720
63	0.24096386	0.04624600	0.08450835	0.15532982	0.28720314
64	0.23809524	0.04404381	0.08125803	0.15080565	0.28157170
65	0.23529412	0.04194648	0.07813272	0.14641325	0.27605069
66	0.23255814	0.03994903	0.07512762	0.14214879	0.27063793
67	0.22988506	0.03804670	0.07223809	0.13800853	0.26533130
68	0.22727273	0.03623495	0.06945970	0.13398887	0.26012873
69	0.22471910	0.03450948	0.06678818	0.13008628	0.25502817
70	0.22222222	0.03286617	0.06421940	0.12629736	0.25002761
71	0.21978022	0.03130111	0.06174942	0.12261880	0.24512511
72	0.21739130	0.02981058	0.05937445	0.11904737	0.24031874
73	0.21505376	0.02839103	0.05709081	0.11557998	0.23560661
74	0.21276596	0.02703908	0.05489501	0.11221357	0.23098687
75	0.21052632	0.02575150	0.05278367	0.10894521	0.22645771
76	0.20833333	0.02452524	0.05075353	0.10577205	0.22201737
77	0.20618557	0.02335737	0.04880147	0.10269131	0.21766408
78	0.20408163	0.02224512	0.04692449	0.09970030	0.21339616
79	0.20202020	0.02118582	0.04511970	0.09679641	0.20921192
80	0.20000000	0.02017698	0.04338433	0.09397710	0.20510973
81	0.19801980	0.01921617	0.04171570	0.09123990	0.20108797
82	0.19607843	0.01830111	0.04011125	0.08858243	0.19714507
83	0.19417476	0.01742963	0.03856851	0.08600236	0.19327948
84	0.19230769	0.01659965	0.03708510	0.08349743	0.18948968
85	0.19047619	0.01580919	0.03565875	0.08106547	0.18577420
86	0.18867925	0.01505637	0.03428726	0.07870434	0.18213157

【資料 5 - 2】 ホフマン係数およびライプニッツ係数表（年金現価表）

労働能力 喪失期間	ホフマン 係数（年 5 %）	ライプニッツ 係数（年 5 %）	ライプニッツ 係数（年 4 %）	ライプニッツ 係数（年 3 %）	ライプニッツ 係数（年 2 %）
1	0.9524	0.9524	0.9615	0.9709	0.9804
2	1.8615	1.8594	1.8861	1.9135	1.9416
3	2.7310	2.7232	2.7751	2.8286	2.8839
4	3.5644	3.5460	3.6299	3.7171	3.8077
5	4.3644	4.3295	4.4518	4.5797	4.7135
6	5.1336	5.0757	5.2421	5.4172	5.6014
7	5.8743	5.7864	6.0021	6.2303	6.4720
8	6.5886	6.4632	6.7327	7.0197	7.3255
9	7.2783	7.1078	7.4353	7.7861	8.1622
10	7.9449	7.7217	8.1109	8.5302	8.9826
11	8.5901	8.3064	8.7605	9.2526	9.7868
12	9.2151	8.8633	9.3851	9.9540	10.5753
13	9.8212	9.3936	9.9856	10.6350	11.3484
14	10.4094	9.8986	10.5631	11.2961	12.1062
15	10.9808	10.3797	11.1184	11.9379	12.8493
16	11.5364	10.8378	11.6523	12.5611	13.5777
17	12.0769	11.2741	12.1657	13.1661	14.2919
18	12.6032	11.6896	12.6593	13.7535	14.9920
19	13.1161	12.0853	13.1339	14.3238	15.6785
20	13.6161	12.4622	13.5903	14.8775	16.3514
21	14.1039	12.8212	14.0292	15.4150	17.0112
22	14.5801	13.1630	14.4511	15.9369	17.6580
23	15.0452	13.4886	14.8568	16.4436	18.2922
24	15.4997	13.7986	15.2470	16.9355	18.9139
25	15.9442	14.0939	15.6221	17.4131	19.5235
26	16.3790	14.3752	15.9828	17.8768	20.1210
27	16.8045	14.6430	16.3296	18.3270	20.7069
28	17.2212	14.8981	16.6631	18.7641	21.2813

労働能力喪失期間	ホフマン係数(年5%)	ライプニッツ係数(年5%)	ライプニッツ係数(年4%)	ライプニッツ係数(年3%)	ライプニッツ係数(年2%)
29	17.6293	15.1411	16.9837	19.1885	21.8444
30	18.0293	15.3725	17.2920	19.6004	22.3965
31	18.4215	15.5928	17.5885	20.0004	22.9377
32	18.8061	15.8027	17.8736	20.3888	23.4683
33	19.1834	16.0025	18.1476	20.7658	23.9886
34	19.5538	16.1929	18.4112	21.1318	24.4986
35	19.9175	16.3742	18.6646	21.4872	24.9986
36	20.2746	16.5469	18.9083	21.8323	25.4888
37	20.6255	16.7113	19.1426	22.1672	25.9695
38	20.9703	16.8679	19.3679	22.4925	26.4406
39	21.3093	17.0170	19.5845	22.8082	26.9026
40	21.6426	17.1591	19.7928	23.1148	27.3555
41	21.9705	17.2944	19.9931	23.4124	27.7995
42	22.2931	17.4232	20.1856	23.7014	28.2348
43	22.6105	17.5459	20.3708	23.9819	28.6616
44	22.9230	17.6628	20.5488	24.2543	29.0800
45	23.2307	17.7741	20.7200	24.5187	29.4902
46	23.5337	17.8801	20.8847	24.7754	29.8923
47	23.8323	17.9810	21.0429	25.0247	30.2866
48	24.1264	18.0772	21.1951	25.2667	30.6731
49	24.4162	18.1687	21.3415	25.5017	31.0521
50	24.7019	18.2559	21.4822	25.7298	31.4236
51	24.9836	18.3390	21.6175	25.9512	31.7878
52	25.2614	18.4181	21.7476	26.1662	32.1449
53	25.5354	18.4934	21.8727	26.3750	32.4950
54	25.8057	18.5651	21.9930	26.5777	32.8383
55	26.0723	18.6335	22.1086	26.7744	33.1748
56	26.3355	18.6985	22.2198	26.9655	33.5047
57	26.5952	18.7605	22.3267	27.1509	33.8281

労働能力喪失期間	ホフマン係数(年5%)	ライプニッツ係数(年5%)	ライプニッツ係数(年4%)	ライプニッツ係数(年3%)	ライプニッツ係数(年2%)
58	26.8516	18.8195	22.4296	27.3310	34.1452
59	27.1048	18.8758	22.5284	27.5058	34.4561
60	27.3548	18.9293	22.6235	27.6756	34.7609
61	27.6017	18.9803	22.7149	27.8404	35.0597
62	27.8456	19.0288	22.8028	28.0003	35.3526
63	28.0866	19.0751	22.8873	28.1557	35.6398
64	28.3247	19.1191	22.9685	28.3065	35.9214
65	28.5600	19.1611	23.0467	28.4529	36.1975
66	28.7925	19.2010	23.1218	28.5950	36.4681
67	29.0224	19.2391	23.1940	28.7330	36.7334
68	29.2497	19.2753	23.2635	28.8670	36.9936
69	29.4744	19.3098	23.3303	28.9971	37.2486
70	29.6966	19.3427	23.3945	29.1234	37.4986
71	29.9164	19.3740	23.4563	29.2460	37.7437
72	30.1338	19.4038	23.5156	29.3651	37.9841
73	30.3488	19.4322	23.5727	29.4807	38.2197
74	30.5616	19.4592	23.6276	29.5929	38.4507
75	30.7721	19.4850	23.6804	29.7018	38.6771
76	30.9805	19.5095	23.7312	29.8076	38.8991
77	31.1867	19.5329	23.7800	29.9103	39.1168
78	31.3907	19.5551	23.8269	30.0100	39.3302
79	31.5928	19.5763	23.8720	30.1068	39.5394
80	31.7928	19.5965	23.9154	30.2008	39.7445
81	32.9908	19.6157	23.9571	30.2920	39.9456
82	32.1869	19.6340	23.9972	30.3806	40.1427
83	32.3810	19.6514	24.0358	30.4666	40.3360
84	32.5733	19.6680	24.0729	30.5501	40.5255
85	32.7638	19.6838	24.1085	30.6312	40.7113
86	32.9525	19.6989	24.1428	30.7099	40.8934

注：小数点以下5桁目を四捨五入した。

【資料6】

在留資格一覧表

A 活動に基づく在留資格

1 各在留資格に定められた範囲での就労が可能な在留資格

在留資格	本邦において行うことができる活動≪当該職業例など≫	在留期間
外交	日本国政府が接受する外国政府の外交使節団若しくは領事機関の構成員、条約若しくは国際慣行により外交使節と同様の特権及び免除を受ける者又はこれらの者と同一の世帯に属する家族の構成員としての活動≪外国政府の大使、公使、総領事等とその家族≫	「外交活動」を行う期間
公用	日本国政府の承認した外国政府若しくは国際機関の公務に従事する者又はその者と同一の世帯に属する家族の構成員としての活動（「外交」の項に掲げる活動を除く。）≪外国政府の職員等とその家族≫	5年、3年、1年、3月、30日又は15日
教授	本邦の大学若しくはこれに準ずる機関又は高等専門学校において研究、研究の指導又は教育をする活動≪大学の教授、講師など≫	5年、3年、1年又は3月
芸術	収入を伴う音楽、美術、文学その他の芸術上の活動（「興行」の項に掲げる活動を除く。）≪画家、作曲家、著述家など≫	5年、3年、1年又は3月
宗教	外国の宗教団体により本邦に派遣された宗教家の行う布教その他の宗教上の活動≪外国の宗教団体から派遣される宣教師など≫	5年、3年、1年又は3月
報道	外国の報道機関との契約に基づいて行う取材その他の報道上の活動≪外国の報道機関の記者、カメラマンなど≫	5年、3年、1年又は3月
投資・経営	本邦において貿易その他の事業の経営を開始し若しくは本邦におけるこれらの事業に投資してその経営を行い若しくは当該事業の管理に従事し又は本邦においてこれらの事業の経営を開始した外国人（外国法人を含む。以下この項において同じ。）若しくは本邦におけるこれらの事業に投資している外国人に代わってその経営を行い若しくは当該事業の管理に従事する活動（「法律・会計業務」の項に掲げる資格を有しなければ法律上行うことができないこととされている事業の経営若しくは管理に従事する活動を除く。）≪企業の経営者、管理者≫	5年、3年、1年又は3月
法律・会計業務	外国法事務弁護士、外国公認会計士その他法律上資格を有する者が行うこととされている法律又は会計に係	5年、3年、1年又は3月

	る業務に従事する活動≪弁護士、公認会計士など≫	
医療	医師、歯科医師その他法律上資格を有する者が行うこととされている医療に係る業務に従事する活動≪医師、歯科医師、薬剤師、看護師≫	5年、3年、1年又は3月
研究	本邦の公私の機関との契約に基づいて研究を行う業務に従事する活動（「教授」の項に掲げる活動を除く。）≪政府関係機関や企業等の研究者≫	5年、3年、1年又は3月
教育	本邦の小学校、中学校、高等学校、盲学校、聾学校、養護学校、専修学校又は各種学校若しくは設備及び編成に関してこれに準ずる教育機関において語学教育その他の教育をする活動≪小・中・高校の語学教師など≫	5年、3年、1年又は3月
技術	本邦の公私の機関との契約に基づいて行う理学、工学その他の自然科学の分野に属する技術又は知識を要する業務に従事する活動（「教授」の項に掲げる活動並びに「投資・経営」の項、「医療」の項から「教育」の項まで、「企業内転勤」の項及び「興行」の項に掲げる活動を除く。）≪機械工学等の技術者≫	5年、3年、1年又は3月
人文知識・国際業務	本邦の公私の機関との契約に基づいて行う法律学、経済学、社会学その他の人文科学の分野に属する知識を必要とする業務又は外国の文化に基盤を有する思考若しくは感受性を必要とする業務に従事する活動（「教授」の項、「芸術」の項、「報道」の項並びに「投資・経営」の項から「教育」の項まで、「企業内転勤」の項及び「興行」の項に掲げる活動を除く。）≪企業の語学教師、デザイナー、通訳など≫	5年、3年、1年又は3月
企業内転勤	本邦の本店、支店その他の事業所のある公私の機関の外国にある事業所の職員が本邦にある事業所に期間を定めて転勤して当該事業所において行うこの表の「技術」の項又は「人文知識・国際業務」の項の下欄に掲げる活動≪外国の事業所からの転勤者≫	5年、3年、1年又は3月
興行	演劇、演芸、演奏、スポーツ等の興行に係る活動又はその他の芸能活動（「投資・経営」の項に掲げる活動を除く。）≪歌手、ダンサー、俳優、プロスポーツ選手など≫	3年、1年、6月、3月又は15日
技能	本邦の公私の機関との契約に基づいて行う産業上の特殊な分野に属する熟練した技能を要する業務に従事する活動≪外国料理のコック、貴金属加工職人、パイロットなど≫	5年、3年、1年又は3月
技能実習	技能実習1号　「講習による知識習得活動」及び「雇用契約に基づく技能等修得活動」 技能実習2号　技能実習1号に従事し、技能等を修得	1号、2号合わせて最長3年

	した者が当該技能等に習熟するため、雇用契約に基づき修得した技能等を要する業務に従事する活動 ※1号、2号とも下記イ、ロのどちらかに分類されます。 イ　海外にある合弁企業等事業場上の関係を有する企業の社員を受け入れて行う活動（企業単独型） ロ　商工会等の営利を目的としない団体の責任及び監理の下で行う活動（団体監理型）	

2　就労はできない在留資格

在留資格	本邦において行うことができる活動≪当該職業例など≫	在留期間
文化活動	収入を伴わない学術上若しくは芸術上の活動又は我が国特有の文化若しくは技芸について専門的な研究を行い若しくは専門家の指導を受けてこれを修得する活動（「留学」の項から「研修」の項までに掲げる活動を除く。）≪日本文化の研究者など≫	3年、1年又は6月
短期滞在	本邦に短期間滞在して行う観光、保養、スポーツ、親族の訪問、見学、講習又は会合への参加、業務連絡その他これらに類似する活動≪観光、短期商用、親族・知人訪問など≫	90日、30日又は15日
留学	本邦の大学若しくはこれに準ずる機関、専修学校の専門課程、外国において12年の教育を修了した者に対して本邦の大学に入学するための教育を行う機関又は高等専門学校において教育を受ける活動≪大学・短期大学・高等専門学校等の学生≫	4年3月、4年、3年3月、3年、2年3月、2年、1年3月、1年、6月又は3月
就学	本邦の高等学校若しくは盲学校、聾学校若しくは養護学校の高等部、専修学校の高等課程若しくは一般課程又は各種学校（「留学」の項に規定する機関を除く。）若しくは設備及び編成に関してこれに準ずる教育機関において教育を受ける活動≪高等学校・専修学校（高等又は一般課程）等の生徒≫	1年又は6月
研修	本邦の公私の機関により受け入れられて行う技術、技能又は知識の修得をする活動（「留学」の項及び「就学」の項に掲げる活動を除く。）≪研修生≫	1年、6月又は3月
家族滞在	「教授」から「文化活動」までの在留資格をもって在留する者又は「留学」、「就学」若しくは「研修」の在留資格をもって在留する者の扶養を受ける配偶者又は子として行う日常的な活動≪就労外国人等が扶養する配偶者・子≫	5年、4年3月、4年、3年3月、3年、2年3月、2年、1年3月、1年、6月又は3月

3 個々の外国人に与えられた許可の内容により就労の可否が決められる在留資格

在留資格	本邦において行うことができる活動《当該職業例など》	在留期間
特定活動	対象となる外国人に対して交付される「指定書」で確認出来ます。《外交官等の家事使用人、難民認定申請中の者、卒業後就職活動を行う留学生、ワーキングホリデー、アマチュアスポーツ選手、EPA協定に基づく看護師・介護福祉士候補生など》 高度人材に対するポイント制の対象となる方の在留資格も「特定活動」となります。この場合、高度人材外国人本人は、「高度学術研究活動」「高度専門・技術活動」「高度経営・管理活動」の3区分に、高度人材外国人の配偶者については、「高度人材の就労配偶者」「高度人材として入国する人の扶養を受ける配偶者」の2区分に分かれます。	5年、4年、3年、2年、1年、6月、3月又は法務大臣が個々の外国人に指定する期間（5年を超えない期間）

B 身分又は地位に基づく在留資格

在留資格	本邦において有する身分又は地位《当該職業例など》	在留期間
永住者	法務大臣が永住を認めるもの《法務大臣から永住の許可を受けた者》	無期限
日本人の配偶者等	日本人の配偶者若しくは民法（明治29年法律第89号）第817条の2の規定による特別養子又は日本人の子として出生した者《日本人の配偶者・実子・特別養子》	5年、3年、1年又は6月
永住者の配偶者等	永住者の在留資格をもって在留する者若しくは入管特例法に定める特別永住者（以下、「永住者等」と総称する。）の配偶者又は永住者等の子として本邦で出生しその後引き続き本邦に在留している者《永住者・特別永住者の配偶者及び我が国で出生し引き続き在留している実子》	5年、3年、1年又は6月
定住者	法務大臣が特別な理由を考慮し一定の在留期間を指定して居住を認める者《インドシナ難民、条約難民、日系3世、外国人配偶者の実子など》	1．5年、3年、1年又は6月 2．5年を超えない範囲内で法務大臣が個々の外国人について指定する期間

注：「東京外国人雇用サービスセンター」のホームページ（http://tokyo-foreigner.jsite.mhlw.go.jp/）から引用。

【資料6】在留資格一覧表　435

【資料7】

> 前年度分源泉徴収票をここに貼ってください。
> (源泉徴収を実施している事業所は、前年度の源泉徴収票を添付してください。)

休 業 損 害 証 明 書
(下記の必要箇所に記入または該当箇所に○印を付けしてください。)

給与所得者(パート・アルバイト含む。)

職種 役職		氏名		採用日	平成 昭和　　　年　　月　　日

1. 上記の者は、自動車事故により、平成　　年　　月　　日 から平成　　年　　月　　日 までの期間内仕事を休んだ(遅刻・早退した日を含む)。

2. 上記期間中の内訳は、
   欠勤　　　　日　年次有給休暇[注]　　　日　遅刻　　　回　早退　　　回
   (注) 労働基準法第39条に定める使途を限定しない年次有給休暇であって、必要に応じて自由な時期に取得できる休暇

3. 上記について休んだ日は下表のとおり

月	1	2	3	4	5	6	7	8	9	10	11	12	13	14	15	16	17	18	19	20	21	22	23	24	25	26	27	28	29	30	31
月	1	2	3	4	5	6	7	8	9	10	11	12	13	14	15	16	17	18	19	20	21	22	23	24	25	26	27	28	29	30	31
月	1	2	3	4	5	6	7	8	9	10	11	12	13	14	15	16	17	18	19	20	21	22	23	24	25	26	27	28	29	30	31

   (注) 休んだ日(年次有給休暇を含みます)には○印を記入し、勤務先の所定の休日には×印を記入してください。

4. 上記休んだ期間の給与は、
   ア. 全額支給した。　　イ. 全額支給しなかった。
   ウ. 一部 (支給)(減給) した。その額は、＿＿＿＿＿＿＿ 円

   内訳 { 本　給は、　月　日から　月　日分まで　＿＿＿＿ 円
         付加給は、　月　日から　月　日分まで　＿＿＿＿ 円

   (注) 支給または減給に○印を付し、その額および計算根拠(式)を記入してください。

   〈計算根拠(式)記入欄〉

5. 事故前3か月間に支給した月例給与(賞与は除く。)は下表のとおり

	稼働日数	支給金額		社会保険料	所得税	差引支給額
		本　給	付加給			
年　　月分						
年　　月分						
年　　月分						
計						

   (注) ① 給与所得者の場合、給与の毎月の締切日：　　　　　日
       ② パート・アルバイトの場合
          所定勤務時間 ：　　時　　分 ～　　時　　分(一日実働　　時間　　分)
          給与計算基礎 ： 月給、日給　　　　円、時給　　　　円

6. 社会保険(労災保険、健康保険等で、公務員共済組合を含む。)から傷病手当金・休業補償費の給付を
   ア. 受けた(名称および電話番号は下表のとおり)　　イ. 手続中　　ウ. 受けない

名　称		電話	(　　　)

   上記のとおりであることを証明します。
   平成　　　年　　月　　日

所 在 地		電　話	(　　　)
商号または名称		担当者名	
代表者氏名	㊞	担 当 者 連絡先	(　　　)

436　　【資料7】休業損害証明書

【資料8】

自動車損害賠償責任保険後遺障害診断書

氏　　名			男・女
生年月日	明治 昭和 大正 平成　　年　　月　　日（　　歳）		

■ 記入にあたってのお願い

1. この用紙は、自動車損害賠償責任保険における後遺障害認定のためのものです。交通事故に起因した精神・身体障害とその程度について、できるだけくわしく記入してください。
2. 歯牙障害については、歯科後遺障害診断書を使用してください。
3. **後遺障害の等級は記入しないでください。**

住　　所		職　業	
受傷日時	年　　月　　日	症状固定日	年　　月　　日
当　院 入院期間	自　年　月　日（　）日間 至　年　月　日	当　院 通院期間	自　年　月　日　実治療日数 至　年　月　日（　）日
傷病名		既存障害	今回事故以前の精神・身体障害：有・無 （部位・症状・程度）
自覚症状			

各 部 位 の 後 遺 障 害 の 内 容

（各部位の障害について、該当項目や有・無に○印をつけ①の欄を用いて検査値等を記入してください）

① 精神・神経の障害 他覚症状および検査結果	知覚・反射・筋力・筋萎縮など神経学的所見や知能テストなど精神機能検査の結果も記入してください X－P・CT・EEGなどについても具体的に記入してください 眼・耳・四肢に機能障害がある場合もこの欄を利用して、原因となる他覚的所見を記入してください
② 胸腹部臓器・生殖器・泌尿器の障害	各臓器の機能低下の程度と具体的症状を記入してください 生化学検査・血液学的検査などの成績はこの欄に簡記するか検査表を添付してください

③ 眼球・眼瞼の障害		視　　力		調　節　機　能		視　　野	眼瞼の障害
		裸眼	矯正	近点距離・遠点距離	調節力	イ．半盲（¼半盲を含む） ロ．視野狭窄 ハ．暗　点 ニ．視野欠損	イ．まぶたの欠損 ロ．まつげはげ ハ．開瞼・閉瞼障害
	右			cm　　cm（　）D			
	左			cm　　cm（　）D			
	眼球運動	注視野障害 （全方向⅓以上の障害）	右 左	複視	イ．正　面　視 ロ．左右上下視	（視野表を添付して）ください	
	眼症状の原因となる前眼部・中間透光体・眼底などの他覚的所見を1の欄に記入してください						（図示してください）

オージオグラムを添付してください	耳介の欠損	⑤鼻の障害	⑦醜状障害（採皮痕を含む）

④聴力と耳介の伴う障害

	イ．感音性難聴（右・左） ロ．伝音性難聴（右・左） ハ．混合性難聴（右・左）	聴力表示 イ．聴力レベル ロ．聴力損失	イ．耳介の½以上 ロ．耳介の½未満 （右①欄に図示してください）	イ．鼻軟骨部の欠損 （右①欄に図示してください） ロ．鼻呼吸困難 ハ．嗅覚脱失 ニ．嗅覚減退	1．外ぼう　イ．頭　部　2．上　肢 ロ．顔面部　3．下　肢 ハ．頸　部　4．その他

	検査日	6分平均	最高明瞭度		耳　鳴	⑥そしゃく・言語の障害	
第1回	年 　月 　日	右　　　dB 左　　　dB	dB dB	％ ％	聴力レベル30dB 以上の難聴を伴 う耳鳴を対象と します	原因と程度（摂食可能な 食物、発音不能な語音な ど）を左面①欄に記入し てください。	
第2回	年 　月 　日	右　　　dB 左　　　dB	dB dB	％ ％			
第3回	年 　月 　日	右　　　dB 左　　　dB	dB dB	％ ％	右　・　左	右　・　左	（大きさ・形態等を図示してください）

⑧脊柱の障害

圧迫骨折・脱臼（椎弓切除・固定術を含む）の部位	運動障害	イ．頸椎部		ロ．胸腰椎部		荷重機能障害	常時コルセット装用の必要性	⑨体幹骨の変形
		前　屈	度	後　屈	度		イ．鎖骨　二．肩甲骨 ロ．胸骨　ホ．骨盤骨 ハ．肋骨 （裸体になってわかる程度） X－Pを添付してください
		右　屈	度	左　屈	度	有・無	
X－Pを添付してください		右回旋	度	左回旋	度		

⑩上肢・下肢および手指・足指の障害

短縮	右下肢長	cm	（部位と原因）	長管骨の変形	イ．仮関節 （部位）	ロ．変形癒合
	左下肢長	cm				X－Pを添付してください

	上　肢		下　肢		手　指		足　指	
	（右）	（左）	（右）	（左）	（右）	（左）	（右）	（左）
欠損・障害 （離断部位を図示してください）								

関節機能障害 （健側患側とも記入してください 日整会方式により自動他動および）	関節名	運動の種類	他　動		自　動		関節名	運動の種類	他　動		自　動	
			右	左	右	左			右	左	右	左
			度	度	度	度			度	度	度	度

障害内容の増悪・緩解の見通しなどについて記入してください

上記のとおり診断いたします。

所　在　地

名　　　称

診　断　日　平成　　年　　月　　日　　診療科

診断書発行日　平成　　年　　月　　日　　医師氏名　　　　　　　㊞

【資料9】

当事者ご本人が請求される場合は必要ありません

委 任 状

年　　　月　　　日

御中

受任者	住所		
		電話　　　（　　　）	
	氏名		

私は上記の者を代理人と定め、

年　　　月　　　日	発生した自動車事故の	被害者

が受けた損害に関し、自動車損害賠償保障法に基づく

※

①	保険金
②	損害賠償額（　イ　全額　　　　ロ　医療費のみ　）
③	仮渡金

の請求・受領に関する一切の権限を委任します。

委任日	年　　　月　　　日

委任者	〒　　　－		
	住所		
		電話　　　（　　　）	
	氏名		㊞

（印鑑証明の印を押印願います。）

（注）1. 委任者の印鑑証明書を添付してください。

　　　2. ※ □ 内は、いずれかの該当するものを○印で囲んでください。

【資料10】

自動車損害賠償責任保険 支払請求書兼支払指示書

【資料10】自賠責保険支払請求書

【資料11】

時 効 中 断 申 請 書

御中　　　　　　| 平成　　年　　月　　日 |

申請者	住所　　　　　　　電話　（　　　）
	氏名　　　　　　　　　　　　　　㊞
	被害者との関係 本人・加害者側・その他（　　　　）

　下記自動車事故に係る自動車損害賠償責任保険金の請求に関し、下記理由により請求が遅延していますので、民法第147条に基づく時効中断の承認を申請いたします。

記

1．自賠責証明書番号	第　　　　　　　　　　　　　　　号
2．保 険 契 約 者 名	
3．被　　害　　者　　名	
4．事　　故　　日	年　　　　月　　　　日
5．時効中断申請理由 （該当するものに○を付ける）	①治療中　　　②請求資料取付中 ③示談交渉中　④訴訟中 ⑤その他（　　　　　　　　　　　）
6．初 回 損 害 賠 償 日 （加害者申請の場合のみ記入）	年　　　　月　　　　日

（注）① 時効の起算日は加害者請求の場合には損害賠償日の翌日、被害者請求の場合には事故日の翌日（死亡については死亡日の翌日、後遺障害については症状固定日の翌日）で、ご請求のできる期間は、それぞれ3年間となります。
　　② 本書は2通ご提出ください。1通を承認書としてお返しいたします。
　　③ ご請求の際は本承認書を必ず添付願います。
　　④ 申請者が代理人である場合などは、委任状を添付願います。

承 認 書

　　　　　　　　様

　上記の申請書に基づいて本件の時効中断を承認いたします。
　なお、本承認によりご請求のできる期間は、平成　　年　　月　　日までとなりますので、それまでにご請求の手続を行なってください。

受　付　印	承　認　印	対象となる損害※
		傷害 後遺障害 死亡

※抹消された損害は既に時効完成のため、請求できません。

【資料11】時効中断申請書　　441

【資料12】

　　　　　御中

自 動 車 損 害 賠 償 責 任 保 険
後遺障害認定等級に対する異議申立書

平成　　年　　月　　日

申立人　氏　名＿＿＿＿＿＿＿＿＿＿＿＿㊞

電話番号　　　＿　　　＿

　過日、貴社より通知のありました後遺障害の認定等級について次のとおり異議申立をいたします。

被害者	氏　名	
	住　所	
異議申立の主旨 〔認定等級に対するあなたのご意見およびその根拠について記載してください。〕		
添　付　資　料		

（注）●太枠に所要事項をご記入願います。

　　　●「異議申立の主旨」欄は、調査事務所および当社担当者に対し申し述べられた内容を記載願います。なお、必要であれば便箋等別紙をご利用ください。

　　　●「添付資料」欄は、あなたの主張を裏付ける新たな診断書・医師の意見書等があれば書類名をご記入のうえ、同封してください。

保 険 会 社 整 理 番 号		事故発生日	年　　　月　　　日
保険証明書 番　　号		認定等級	〔併合・相当　　　　級
取　扱 調査事務所		第　　級　　号	加重　　級（既存　　級）〕
調査事務所 受付番号		後遺障害による損害の支払見込額	

【資料13】

示　談　書

<table>
<tr><td rowspan="4">当事者
（甲）</td><td rowspan="2">運転者</td><td>住所</td><td colspan="3"></td></tr>
<tr><td>氏名</td><td></td><td>車両登録番号</td><td></td></tr>
<tr><td rowspan="2">保有者
又は使用者</td><td>住所</td><td colspan="3"></td></tr>
<tr><td>氏名</td><td colspan="3"></td></tr>
<tr><td rowspan="2">当事者
（乙）</td><td colspan="2">住所</td><td colspan="3"></td></tr>
<tr><td colspan="2">氏名</td><td></td><td>車両登録番号</td><td></td></tr>
<tr><td colspan="3">事故発生日時</td><td colspan="3">平成　　年　　月　　日　　時　　分ごろ</td></tr>
<tr><td colspan="3">事故発生場所</td><td colspan="3"></td></tr>
<tr><td colspan="3">事故状況</td><td colspan="3">上記日時場所において、</td></tr>
<tr><td colspan="3">示談条項</td><td colspan="3">1　甲は乙に対し、（連帯して）本件事故により乙が被った一切の損害に対する賠償として、既払金　　　　　円のほか、金　　　　　円の支払義務のあることを認め、これを一括して、平成　年　月　日限り、乙指定の銀行口座へ送金する方法により支払う。
2　将来乙に本件事故を原因とする後遺障害等級　級を超える後遺障害が、新たに認定された場合は別途協議する。
3　甲乙間には、本件事故については、本示談条項に定める他には、債権債務がないことを確認する。</td></tr>
</table>

　　上記のとおり示談が成立いたしましたので、示談書2通を作成し、各1通を保管します。

　　　　　　　　　　　　　　　　　　　　　　　　　平成　　年　　月　　日

当事者（甲）運転者　住所 ……………………………………………………………

　　　　　　　　　　氏名 …………………………………………………………… 印

　　　　　　保有者　住所 ……………………………………………………………
　　　　　又は使用者

　　　　　　　　　　氏名 …………………………………………………………… 印

当事者（乙）　　　　住所 ……………………………………………………………

　　　　　　　　　　氏名 …………………………………………………………… 印

＊公益財団法人交通事故紛争処理センターで利用されている書式をもとに加筆した。

【資料14】

免　責　証　書

平成　　　年　　　月　　　日

当事者　甲　　　　　　　　　　　　　殿

当事者　丙　　　　　　　　　　　　　殿

当事者　丁　　　　　保険株式会社　　　　　御中

　　　　　　　当事者　乙　住所

　　　　　　　　　　　氏名　　　　　　　　　　　　　　　　㊞

事故当事者	当事者　乙	住所			
		氏名		車両登録番号	
	当事者　甲	住所			
		氏名		車両登録番号	
	当事者　丙 （甲の使用者 又は保有者）	住所			
		氏名			

事故発生日時　　平成　　　年　　　月　　　日　　　時　　　分ごろ

事故発生場所

事故状況　　　　上記日時場所において

　　上記事故によって乙の被った一切の損害に対する賠償金として、当事者甲・丙および当事者丁からの既払金　　　　　　　　　　円のほか、金　　　　　　　　　　円を受領したときには、その余の請求を放棄するとともに、甲・丙および丁に対し、今後裁判上・裁判外を問わず、何ら異議申立て、請求および訴えの提起等をいたしません。

　　ただし、将来乙に本件事故を原因とする後遺障害等級　　　級を超える後遺障害が新たに認定された場合は、それに関する損害賠償請求権を留保し、別途協議します。

《支払方法》　　甲・丙および丁は乙に対し金　　　　　　　　　円を乙指定の口座へ送金して支払う。

＊対人賠償責任保険が締結されていない場合は「丁」は不要。
＊「ただし」以下の2行は、後遺障害が認定されていない場合には、次のようにする。
「ただし、将来乙に本件事故と相当因果関係があり、かつ自賠法施行令による認定を受けた後遺障害が発生した場合は、それに関する損害賠償請求権を留保し、別途協議します。」
＊公益財団法人交通事故紛争処理センターで利用されている書式をもとに加筆した。

【資料15】

紛 争 処 理 申 請 書

①	申　請　年　月　日		平成　　　　年　　　　月　　　　日		
②	自動車事故 の 当　事　者	被害者氏名			
		相手方氏名			
③	申　請　書 （※自賠責保 険に対する支 払請求権者）	フ リ ガ ナ 氏　　　　名			㊞
			電話　　　　－　　　　　－		
		現　住　所	〒（　　　－　　　）		
		当事者との 続　　柄	被害者側（本人・親族・その他　　　　　　　　　　　　　　　）		
			相手方側（本人・親族・その他　　　　　　　　　　　　　　　）		
④	申　請　者 の 代　理　人	フ リ ガ ナ 氏名又は名称			㊞
			電話　　　　－　　　　　－		
		現　住　所	〒（　　　－　　　）		
		申請者との関係	弁護士・その他（　　　　　　　　　　　　　　　　　　　）		
⑤	支払請求先の保険会社 又は 共済組合（名称及び取扱部署）		電話　　　　－　　　　　－		
⑥	紛争処理を求める事項 （※該当する番号に○をつけて ください）		1 過失の有無及び過失割合（減額）に関すること 2 後遺障害の等級に関すること 3 事故と死亡、傷害、後遺障害との因果関係に関すること 4 その他（別紙に具体的に記入してください。） **保険会社又は共済組合からの通知書（解答書）を添付して ください。（コピー可）**		
⑦	紛争の問題点、交渉の経過の概要及び請求の内容（※別紙に記入してください）				
⑧	交通事故証明書が添付できない場合は、下記項目に記入してください。 【交 通 事 故 発 生 日】　　　平成　　　　年　　　　月　　　　日 【自賠責保険会社・共済組合名】　〔　　　　　　　　　　　　　　　〕 【保険・共済　証明書番号】　　　第　　　　　　　　　　　号				
⑨	他で手続き中の場合、機関名		1. 交通事故紛争処理センター　2. 日弁連交通事故相談センター 3. その他		

別 紙

紛争の争点	1. 後遺障害　2. 過失の有無　3. 減額　4. 因果関係　5. 休業損害　6. その他 （1～6 から紛争の争点を○で囲んでください。）
あなたの主張	

添付資料	

指定紛争処理機関
一般財団法人自賠責保険・共済紛争処理機構

【資料16】

＊被害者Xが加害車の保有者Y₁とその任意保険会社Y₂を共同被告とするケースを想
　定する。

訴　　　状

平成　年　月　日

東京地方裁判所民事部　御中

原告訴訟代理人弁護士　北　河　隆　之

（郵便番号）

（住所）

　　　　原　告　　　　　　　X

〒160-0022

東京都新宿区新宿2丁目8番1号　新宿セブンビル809

メトロポリタン法律事務所（送達場所）

電　話　3356-7618，FAX　3356-7614

　　　　上記訴訟代理人弁護士　北　河　隆　之

（郵便番号）

（住所）

　　　　被　告　　　　　　　Y₁

（郵便番号）

（住所）

　　　　被　告　　　　　　　Y₂（保険会社）

　　　　代表者代表取締役　　A

交通損害賠償請求事件

訴訟物の価額　　　　　　円

貼用印紙額　　　　　　　円

請　求　の　趣　旨

1　被告 Y_1 は，原告に対し，金　　　円及びこれに対する平成　年　月
　　日から支払済みまで年5分の割合による金員を支払え。

2　被告 Y_2 は，原告に対し，被告 Y_1 に対する前項の判決が確定したと
　　きは，金　　　円及びこれに対する平成　年　月　日から支払済みまで年
　　5分の割合による金員を支払え。

＊保険会社（任意社）を共同被告とする場合には，被保険者に対する判決の確定を停止
　条件とする将来給付の訴えとなる。なお，保険会社 Y_2 に対する遅延損害金の起算日
　は（異論があるが）被保険者 Y_1 と同じ日としてよい。

3　訴訟費用は被告らの負担とする。
　　との判決並びに仮執行宣言を求める。

請　求　の　原　因

第1　事故の発生
　　原告は下記交通事故（以下「本件事故」という）により受傷した。
　　　(1)　日時
　　　(2)　場所
　　　(3)　加害車　普通貨物自動車（登録番号）
　　　(4)　加害車運転者
　　　(5)　態　様

＊交通事故証明書等を参考に記載する。事故態様に争いがある場合には，この項では争
　いがない範囲で概要を記載すればよい。

第2　責任原因
　　1　被告 Y_1 は，加害車を所有し，これを自己のため運行の用に供して

いたから，自動車損害賠償保障法3条に基づき，原告に生じた損害を
賠償すべき責任がある。

＊本件では保有者が加害車を運転していた事故を想定しているが，保有者と運転者が別
人である場合には，運転者については民法709条を責任原因として主張することにな
る。

2　被告 Y_1 は，被告 Y_2 と自動車保険契約を締結しており，被告 Y_2 の
自動車保険約款には，被保険者が損害賠償請求権者に対して負担する
法律上の損害賠償責任の額について，被保険者と損害賠償請求権者と
の間で，判決が確定した場合には，損害賠償請求権者が同社に対して
損害賠償額の支払いを請求することができる旨の定めがある。

＊保険会社（任意社）については保険約款（直接請求権の規定）が責任原因となる。

第3　原告の傷害の内容及び治療の経過
　1　傷病名

　2　治療状況
　　　平成　年　月　日から平成　年　月　日までB病院に入院し（入
　　院日数　日），平成　年　月　日から平成　年　月　日でC病院に通
　　院した（通院実日数　日）。

＊入通院日数は慰謝料算定の基準ともなる。

　3　後遺症の内容・程度

＊この項で，症状固定日，固定時の年齢，後遺症の内容，自賠責保険における認定等級
等を記載する。後遺症の内容は自賠責保険後遺障害診断書が基本的資料となるが，日
常生活における支障（特に仕事への影響）をできるだけ具体的に主張しておくとよい。

【資料16】訴状（傷害事故）　　449

第4　損　害

1　積極損害　　　　　合計　　　　円

(1)　治療費　　　　　　　　　　　円

＊保険会社が病院へ直接支払っている分については提訴時に把握できないことがあるが，その場合にはその旨を記載しておくとよい。

(2)　入院雑費　　　　　　　　　　円

(3)　入院付添費　　　　　　　　　円

(4)　通院交通費　　　　　　　　　円

＊重度後遺障害のケースで，将来介護費等の将来の積極損害が発生する場合には，「積極損害（過去分）」と「積極損害（将来分）」とに分けて記載するとよい。

2　消極損害　　　　　合計　　　　円

(1)　休業損害　　　　　　　　　　円

(2)　後遺障害逸失利益　　　　　　円

3　慰謝料　　　　　　合計　　　　円

(1)　入通院慰謝料　　　　　　　　円

(2)　後遺症慰謝料　　　　　　　　円

＊『赤い本』に掲載されている慰謝料基準を目安とするが，増額事由があれば具体的に主張するとよい。

4　損害合計額　　　　　　　　　　円

5　損害の填補（既払額）　　　　　　　円

＊損害の填補となるものを差し引くことになるが，差し引くルールに注意が必要である。

6　弁護士費用

＊既払額を差し引いた後の損害残額の10パーセント程度を計上する。

7　結　論
　よって，原告は，被告Y$_1$に対し，自賠法3条に基づく損害賠償として
金　　円及びこれに対する不法行為の日である平成　年　月　日から支払
済みまで民法所定の年5分の割合による遅延損害金の支払いを，被告Y$_2$
に対し，自動車保険約款の直接請求権に基づき，原告の被告Y$_1$に対する
判決確定を条件に損害賠償として金　　　円及びこれに対する不法行為の日
である平成　年　月　日から支払済みまで民法所定の年5分の割合による
遅延損害金の支払いを，それぞれ求める。

第5　本訴提起に至る経緯

＊何が争点となるのかを予め示しておくとよい。

証　拠　方　法

＊手許にある基本的な書証は当初から提出しておくべきである。

附　属　書　類
1　訴訟委任状　　　　　　　　　　　1通
2　資格証明書　　　　　　　　　　　1通
3　証拠方法の写し　　　　　　　　　各1通

【資料16】訴状（傷害事故）　　451

【資料17】

＊Aが死亡し，相続人である妻X_1と子X_2が原告となるケースを想定する。

訴　　　　状

平成　年　月　日

東京地方裁判所民事部　御中

原告ら訴訟代理人弁護士　北　河　隆　之

（郵便番号）

（住所）

　　　　　　　原　　告　　　　　　X_1

（郵便番号）

（住所）

　　　　　　　同　　　　　　　　　X_2

〒160-0022

東京都新宿区新宿2丁目8番1号　新宿セブンビル809

メトロポリタン法律事務所（送達場所）

電　話　3356-7618，FAX　3356-7614

　　　　上記原告ら訴訟代理人弁護士　北　河　隆　之

（郵便番号）

（住所）

　　　　　　　被　　告　　　　　　Y

交通損害賠償請求事件

訴訟物の価額　　　　　　　　円

貼用印紙額　　　　　　　　　円

請 求 の 趣 旨

1 被告は，原告 X_1 に対し，金　　円及びこれに対する平成　年　月　日から支払済みまで年 5 分の割合による金員を支払え。
2 被告は，原告 X_2 に対し，金　　円及びこれに対する平成　年　月　日から支払済みまで年 5 分の割合による金員を支払え。
3 訴訟費用は被告の負担とする。
との判決並びに仮執行宣言を求める。

請 求 の 原 因

第1　事故の発生
　A は下記交通事故（以下「本件事故」という）により死亡した。
　　(1)　日時
　　(2)　場所
　　(3)　加害車　普通乗用自動車（登録番号）
　　(4)　加害車運転者　被告
　　(5)　態　様

＊交通事故証明書等を参考に記載する。事故態様に争いがある場合には，この項では争いがない範囲で概要を記載すればよい。

第2　責任原因
　1　被告は，加害車を所有し，これを自己のため運行の用に供していたから，自動車損害賠償保障法 3 条に基づき，A 及び原告らに生じた損害を賠償すべき責任がある。

＊本件では保有者が加害車を運転していた事故を想定しているが，保有者と運転者が別人である場合には，運転者については民法 709 条を責任原因として主張することになる。

【資料17】訴状（死亡事故）　453

第3 損害

＊以下の損害のほかに，死亡に至るまでの治療関係費等が考えられる。

1 Aの損害
(1) 死亡逸失利益

＊Aの死亡時年齢（生年月日），職業，事故前の年収（基礎収入），生活費控除率，就労可能年数に対応するライプニッツ係数等から逸失利益を計算する。

(2) 死亡慰謝料

＊一家の支柱かどうか等により基準慰謝料額が異なるので，本人の立場を記載しておく必要がある。増額事由があれば指摘する。

2 相続
Aの損害賠償請求権は，その妻 X_1，子 X_2 が各2分の1の割合で相続した。

＊Aの損害賠償請求権は，法定相続分に応じて相続人が取得するというのが判例の立場である。

3 X_1 の損害
(1) 葬儀費用

＊このほか，原告らは，民法711条に基づく固有の慰謝料を請求できるが，慰謝料総額は変わらないので，あえて固有慰謝料として請求しなくてもよい。

4 損害の填補（既払額）

＊損害の填補となるものを差し引くことになるが，差し引くルールに注意が必要である。

5　弁護士費用

＊既払額を差し引いた後の損害残額の10パーセント程度を計上する。

第4　結　論

　よって，①原告 X_1 は被告に対し，自賠法3条に基づく損害賠償として
金　　円及びこれに対する不法行為の日である平成　年　月　日から支払
済みまで民法所定の年5分の割合による遅延損害金の支払いを，②原告
X_2 は被告に対し，自賠法3条に基づく損害賠償として金　　円及びこれ
に対する不法行為の日である平成　年　月　日から支払済みまで民法所定
の年5分の割合による遅延損害金の支払いを，それぞれ求める。

＊遅延損害金の起算点が不法行為の日にならない場合には，たとえば「不法行為の後で
　自賠責保険支払日の翌日である平成　年　月　日から」というように記載する。

第5　本訴提起に至る経緯

＊何が争点となるのかを予め示しておくとよい。

証　拠　方　法

　1　甲1（交通事故証明書）　　　　　　　1通
　2　甲2（刑事訴訟記録）　　　　　　　　1部

＊手許にある基本的な書証は当初から提出しておくべきである。

附　属　書　類

　1　訴訟委任状　　　　　　　　　　　　1通
　2　証拠方法の写し　　　　　　　　　　各1通

【資料18】

＊損害賠償義務者Ｘが原告となり，被害者Ｙを被告として提訴する訴訟を想定する。

訴　　　状

平成　年　月　日

東京地方裁判所民事部　御中

原告訴訟代理人弁護士　北　河　隆　之

（郵便番号）

（住所）

　　　　　　原　告　　　　　　Ｘ

〒160-0022

東京都新宿区新宿2丁目8番1号　新宿セブンビル809

メトロポリタン法律事務所（送達場所）

電　話　3356-7618，FAX　3356-7614

　　　　上記訴訟代理人弁護士　北　河　隆　之

（郵便番号）

（住所）

　　　　　　被　告　　　　　　Ｙ

債務不存在確認請求事件

訴訟物の価額　　　　　　　　円

貼用印紙額　　　　　　　　　円

請 求 の 趣 旨

1　別紙目録記載の交通事故による原告の被告に対する損害賠償債務は金　　　　円を超えて存在しないことを確認する。

2　訴訟費用は被告の負担とする。
　との判決を求める。

請 求 の 原 因

1　原告と被告との間で，別紙目録記載の交通事故（以下「本件事故」という）が発生し，被告が受傷した。

2　原告は被告に対し，自動車損害賠償保障法3条及び民法709条に基づき，被告が被った本件事故と相当因果関係のある損害につき賠償責任を負うが，被告の受傷内容は，全治1週間の軽度の頸椎捻挫であり，本件事故と相当因果関係のある損害は多くとも金　　　　円を超えることはない。

＊訴訟物を私法上の請求権単位で捉える旧訴訟物理論の立場からは，請求権発生の根拠規定を記載しておくべきである。

3　しかるに，被告は病院を変えながら1年以上も入通院を繰り返し，原告が示談を申し入れても話し合いに応じようとしない。

＊この項が訴えの利益の記載である。

4　よって，原告は請求の趣旨記載の判決を求める。

証　拠　方　法

1　甲1（交通事故証明書）　　　　　　　　1通

附　属　書　類

1　訴訟委任状　　　　　　　　　　　　　3通
2　証拠方法の写し　　　　　　　　　　　1通

（別紙）交通事故目録

(1)　日　　時
(2)　場　　所
(3)　加害車　普通乗用自動車（登録番号）
(4)　加害車運転者兼所有者　原告
(5)　被害車　普通乗用自動車（登録番号）
(6)　態　　様
　信号待ちで停止中の被告運転の被害車に，原告運転の加害車が追突し，被告が負傷したもの。

【資料19】

自動車保険普通保険約款

第1章　賠償責任条項

第1条（用語の定義）

この賠償責任条項において、次の用語の意味は、それぞれ次の定義によります。

用語	定義
記名被保険者	保険証券記載の被保険者をいいます。
自動車	原動機付自転車を含みます。
自動車取扱業者	自動車修理業、駐車場業、給油業、洗車業、自動車販売業、陸送業、運転代行業等自動車を取り扱うことを業としている者をいい、これらの者の使用人、およびこれらの者が法人である場合はその理事、取締役または法人の業務を執行するその他の機関を含みます。
自賠責保険等	自動車損害賠償保障法（昭和30年法律第97号）に基づく責任保険または責任共済をいいます。
対人事故	被保険自動車の所有、使用または管理に起因して他人の生命または身体を害することをいいます。
対物事故	被保険自動車の所有、使用または管理に起因して他人の財物を滅失、破損または汚損することをいいます。
配偶者	婚姻の届出をしていないが事実上婚姻関係と同様の事情にある者を含みます。
被保険自動車	保険証券記載の自動車をいいます。
未婚	これまでに婚姻歴がないことをいいます。
免責金額	支払保険金の計算にあたって損害の額から差し引く金額をいいます。免責金額は被保険者の自己負担となります。

第2条（保険金を支払う場合－対人賠償）

（1）当会社は、対人事故により、被保険者が法律上の損害賠償責任を負担することによって被る損害に対して、この賠償責任条項および基本条項に従い、保険金を支払います。

（2）当会社は、1回の対人事故による（1）の損害の額が自賠責保険等によって支払われる金額（注）を超過する場合に限り、その超過額に対してのみ保険金を支払います。

（注）被保険自動車に自賠責保険等の契約が締結されていない場合は、自賠責保険等によって支払われる金額に相当する金額をいいます。

第3条（保険金を支払う場合－対物賠償）

当会社は、対物事故により、被保険者が法律上の損害賠償責任を負担することによって被る損害に対して、この賠償責任条項および基本条項に従い、保険

金を支払います。

第4条（保険金を支払わない場合－その1　対人・対物賠償共通）

（1）当会社は、次のいずれかに該当する事由によって生じた損害に対しては、保険金を支払いません。

① 保険契約者、記名被保険者またはこれらの者の法定代理人（注1）の故意

② 記名被保険者以外の被保険者の故意

③ 戦争、外国の武力行使、革命、政権奪取、内乱、武装反乱その他これらに類似の事変または暴動（注2）

④ 地震もしくは噴火またはこれらによる津波

⑤ 台風、洪水または高潮

⑥ 核燃料物質（注3）もしくは核燃料物質（注3）によって汚染された物（注4）の放射性、爆発性その他有害な特性の作用またはこれらの特性に起因する事故

⑦ ⑥に規定した以外の放射線照射または放射能汚染

⑧ ③から⑦までの事由に随伴して生じた事故またはこれらに伴う秩序の混乱に基づいて生じた事故

⑨ 被保険自動車を競技、曲技（注5）もしくは試験のために使用すること、または被保険自動車を競技、曲技もしくは試験を行うことを目的とする場所において使用（注6）すること。

⑩ 被保険自動車に危険物（注7）を業務（注8）として積載すること、または被保険自動車が、危険物（注7）を業務（注8）として積載した被牽<ruby>牽<rt>けん</rt></ruby>引自動車を<ruby>牽<rt>けん</rt></ruby>引すること。

（注1）保険契約者または記名被保険者が法人である場合は、その理事、取締役または法人の業務を執行するその他の機関をいいます。

（注2）群衆または多数の者の集団の行動によって、全国または一部の地区において著しく平穏が害され、治安維持上重大な事態と認められる状態をいいます。

（注3）使用済燃料を含みます。

（注4）原子核分裂生成物を含みます。

（注5）競技または曲技のための練習を含みます。

（注6）救急、消防、事故処理、補修、清掃等のための使用を除きます。

（注7）道路運送車両の保安基準（昭和26年運輸省令第67号）第1条（用語の定義）に定める高圧ガス、火薬類もしくは危険物、道路運送車両の保安基準の細目を定める告示（平成14年国土交通省告示第619号）第2条（定義）に定める可燃物、または毒物及び劇物取締法（昭和25年法律第303号）第2条（定義）に定める毒物もしくは劇物をいいます。

（注8）家事を除きます。

（2）当会社は、被保険者が損害賠償に関し第三者との間に特約を締結している場合は、その特約によって加重された損害賠償責任を負担することによって被る損害に対しては、保険金を支払いません。

第5条（保険金を支払わない場合－その2　対人賠償）

当会社は、対人事故により次のいずれかに該当する者の生命または身体が害された場合には、それによって被保険者が被る損害に対しては、保険金を支払

いません。

① 記名被保険者
② 被保険自動車を運転中の者またはその父母、配偶者もしくは子
③ 被保険者の父母、配偶者または子
④ 被保険者の業務（注）に従事中の使用人
⑤ 被保険者の使用者の業務（注）に従事中の他の使用人。ただし、被保険者が被保険自動車をその使用者の業務（注）に使用している場合に限ります。

（注）家事を除きます。

第６条（保険金を支払わない場合－その３　対物賠償）

当会社は、対物事故により次のいずれかに該当する者の所有、使用または管理する財物が滅失、破損または汚損された場合には、それによって被保険者が被る損害に対しては、保険金を支払いません。

① 記名被保険者
② 被保険自動車を運転中の者またはその父母、配偶者もしくは子
③ 被保険者またはその父母、配偶者もしくは子

第７条（被保険者の範囲－対人・対物賠償共通）

この賠償責任条項における被保険者は、次のいずれかに該当する者とします。

① 記名被保険者
② 被保険自動車を使用または管理中の次のいずれかに該当する者
　ア．記名被保険者の配偶者
　イ．記名被保険者またはその配偶者の同居の親族
　ウ．記名被保険者またはその配偶者の別居の未婚の子
③ 記名被保険者の承諾を得て被保険自動車を使用または管理中の者。ただし、自動車取扱業者が業務として受託した被保険自動車を使用または管理している間を除きます。
④ 記名被保険者の使用者（注）。ただし、記名被保険者が被保険自動車をその使用者（注）の業務に使用している場合に限ります。

（注）請負契約、委任契約またはこれらに類似の契約に基づき記名被保険者の使用者に準ずる地位にある者を含みます。

第８条（個別適用）

（１）この賠償責任条項の規定は、それぞれの被保険者ごとに個別に適用します。ただし、第４条（保険金を支払わない場合－その１　対人・対物賠償共通）（１）①の規定を除きます。

（２）（１）の規定によって、第13条（支払保険金の計算－対人賠償）（１）および第 14 条（支払保険金の計算－対物賠償）（１）に定める当会社の支払うべき保険金の限度額が増額されるものではありません。

第９条（当会社による援助－対人・対物賠償共通）

被保険者が対人事故または対物事故にかかわる損害賠償の請求を受けた場合には、当会社は、被保険者の負担する法律上の損害賠償責任の内容を確定するため、当会社が被保険者に対して支払責任を負う限度において、被保険者の行う折衝、示談または調停もしくは訴訟の手続について協力または援助を行います。

第 10 条（当会社による解決－対人賠償）
（1）被保険者が対人事故にかかわる損害賠償の請求を受けた場合、または当
　　会社が損害賠償請求権者から次条の規定に基づく損害賠償額の支払の請求を
　　受けた場合には、当会社は、当会社が被保険者に対して支払責任を負う限度
　　において、当会社の費用により、被保険者の同意を得て、被保険者のために、
　　折衝、示談または調停もしくは訴訟の手続（注）を行います。
　　（注）弁護士の選任を含みます。
（2）（1）の場合には、被保険者は当会社の求めに応じ、その遂行について当
　　会社に協力しなければなりません。
（3）当会社は、次のいずれかに該当する場合は、（1）の規定は適用しません。
　　①　被保険者が損害賠償請求権者に対して負担する法律上の損害賠償責任
　　　の額が、保険証券記載の保険金額および自賠責保険等によって支払われる
　　　金額（注）の合計額を明らかに超える場合
　　②　損害賠償請求権者が、当会社と直接、折衝することに同意しない場合
　　③　被保険自動車に自賠責保険等の契約が締結されていない場合
　　④　正当な理由がなく被保険者が（2）に規定する協力を拒んだ場合
　　（注）被保険自動車に自賠責保険等の契約が締結されていない場合は、自賠
　　　責保険等によって支払われる金額に相当する金額をいいます。

第 11 条（損害賠償請求権者の直接請求権－対人賠償）
（1）対人事故によって被保険者の負担する法律上の損害賠償責任が発生した
　　場合は、損害賠償請求権者は、当会社が被保険者に対して支払責任を負う限
　　度において、当会社に対して（3）に定める損害賠償額の支払を請求するこ
　　とができます。
（2）当会社は、次のいずれかに該当する場合に、損害賠償請求権者に対して
　　（3）に定める損害賠償額を支払います。ただし、当会社がこの賠償責任条
　　項および基本条項に従い被保険者に対して支払うべき保険金の額（注）を限
　　度とします。
　　①　被保険者が損害賠償請求権者に対して負担する法律上の損害賠償責任
　　　の額について、被保険者と損害賠償請求権者との間で、判決が確定した場
　　　合または裁判上の和解もしくは調停が成立した場合
　　②　被保険者が損害賠償請求権者に対して負担する法律上の損害賠償責任
　　　の額について、被保険者と損害賠償請求権者との間で、書面による合意が
　　　成立した場合
　　③　損害賠償請求権者が被保険者に対する損害賠償請求権を行使しないこ
　　　とを被保険者に対して書面で承諾した場合
　　④　（3）に定める損害賠償額が保険証券記載の保険金額（注）を超えるこ
　　　とが明らかになった場合
　　⑤　法律上の損害賠償責任を負担すべきすべての被保険者について、次のい
　　　ずれかに該当する事由があった場合
　　ア．被保険者またはその法定相続人の破産または生死不明
　　イ．被保険者が死亡し、かつ、その法定相続人がいないこと。
　　（注）同一事故につき既に当会社が支払った保険金または損害賠償額がある
　　　場合は、その全額を差し引いた額とします。
（3）前条およびこの条の損害賠償額とは、次の算式によって算出した額とし

ます。

$$
\begin{array}{c}
\text{被保険者が損害賠償} \\
\text{請求権者に対して負} \\
\text{担する法律上の損害} \\
\text{賠償責任の額}
\end{array}
-
\begin{array}{c}
\text{自賠責保険} \\
\text{等によって} \\
\text{支払われる} \\
\text{金額（注）}
\end{array}
-
\begin{array}{c}
\text{被保険者が損害賠} \\
\text{償請求権者に対し} \\
\text{て既に支払った損} \\
\text{害賠償金の額}
\end{array}
=
\begin{array}{c}
\text{損害賠償額}
\end{array}
$$

　　（注）被保険自動車に自賠責保険等の契約が締結されていない場合は、自賠
　　　　責保険等によって支払われる金額に相当する金額をいいます。

（4）損害賠償請求権者の損害賠償額の請求が被保険者の保険金の請求と競合
　　した場合は、当会社は、損害賠償請求権者に対して優先して損害賠償額を支
　　払います。

（5）（2）の規定に基づき当会社が損害賠償請求権者に対して損害賠償額の支
　　払を行った場合は、その金額の限度において当会社が被保険者に、その被保
　　険者の被る損害に対して、保険金を支払ったものとみなします。

第12条（費用−対人・対物賠償共通）

　　保険契約者または被保険者が支出した次の費用（注）は、これを損害の一
　　部とみなします。

　①　基本条項第 20 条（事故発生時の義務）①に規定する損害の発生または
　　　拡大の防止のために必要または有益であった費用

　②　基本条項第 20 条⑥に規定する権利の保全または行使に必要な手続をす
　　　るために要した費用

　③　対人事故または対物事故が発生した場合において、損害の発生または拡
　　　大の防止のために必要または有益と認められる手段を講じた後に法律上
　　　の損害賠償責任のないことが判明したときは、その手段を講じたことによ
　　　って要した費用のうち、応急手当、護送、診療、治療、看護その他緊急措
　　　置のために要した費用、およびあらかじめ当会社の書面による同意を得て
　　　支出した費用

　④　対人事故に関して被保険者の行う折衝または示談について被保険者が
　　　当会社の同意を得て支出した費用、および第 10 条（当会社による解決−
　　　対人賠償）（2）の規定により被保険者が当会社に協力するために要した
　　　費用

　⑤　損害賠償に関する争訟について、被保険者が当会社の書面による同意を
　　　得て支出した訴訟費用、弁護士報酬、仲裁、和解もしくは調停に要した費
　　　用またはその他権利の保全もしくは行使に必要な手続をするために要し
　　　た費用

　（注）収入の喪失を含みません。

第13条（支払保険金の計算−対人賠償）

（1）1 回の対人事故につき当会社の支払う保険金の額は、次の算式によって
　　算出した額とします。ただし、生命または身体を害された者 1 名につき、そ
　　れぞれ保険証券記載の保険金額を限度とします。

$$
\begin{array}{c}
\text{被保険者が損害賠償} \\
\text{請求権者に対して負} \\
\text{担する法律上の損害} \\
\text{賠償責任の額}
\end{array}
+
\begin{array}{c}
\text{前条①から③} \\
\text{までの費用}
\end{array}
-
\begin{array}{c}
\text{自賠責保険等} \\
\text{によって支払} \\
\text{われる金額} \\
\text{（注）}
\end{array}
=
\begin{array}{c}
\text{保険金の額}
\end{array}
$$

（注）被保険自動車に自賠責保険等の契約が締結されていない場合は、自賠責保険等によって支払われる金額に相当する金額をいいます。

（２）当会社は、（１）に定める保険金のほか、次の額の合計額を支払います。

① 前条④および⑤の費用

② 第10条（当会社による解決－対人賠償）（１）の規定に基づく訴訟または被保険者が当会社の書面による同意を得て行った訴訟の判決による遅延損害金

第14条（支払保険金の計算－対物賠償）

（１）１回の対物事故につき当会社の支払う保険金の額は、次の算式によって算出した額とします。ただし、保険証券記載の保険金額を限度とします。

$$
\begin{array}{l}
\left(\begin{array}{l}\text{被保険者が損害賠償}\\\text{請求権者に対して負}\\\text{担する法律上の損害}\\\text{賠償責任の額}\end{array}\right)
+
\left(\begin{array}{l}\text{第12条（費用}\\\text{－対人・対物賠}\\\text{償共通）①から}\\\text{③までの費用}\end{array}\right)
-
\left(\begin{array}{l}\text{被保険者が損害賠償請求権者}\\\text{に対して損害賠償金を支払っ}\\\text{たことにより取得するものが}\\\text{ある場合は、その価額}\end{array}\right)
\\[2em]
-
\left(\begin{array}{l}\text{保険証券に免責金}\\\text{額の記載がある場}\\\text{合は、その免責金額}\end{array}\right)
=
\text{保険金の額}
\end{array}
$$

（２）当会社は、（１）に定める保険金のほか、次の額の合計額を支払います。

① 第12条（費用－対人・対物賠償共通）⑤の費用

② 被保険者が当会社の書面による同意を得て行った訴訟の判決による遅延損害金

第15条（仮払金および供託金の貸付け等－対人・対物賠償共通）

（１）第9条（当会社による援助－対人・対物賠償共通）または第10条（当会社による解決－対人賠償）（１）の規定により当会社が被保険者のために援助または解決にあたる場合には、当会社は、次の金額の範囲内で、仮処分命令に基づく仮払金を無利息で被保険者に貸し付け、また、仮差押えを免れるための供託金もしくは上訴のときの仮執行を免れるための供託金を当会社の名において供託し、または供託金に付されると同率の利息で被保険者に貸し付けます。

① 対人事故については、生命または身体を害された者１名につき、それぞれ保険証券記載の保険金額（注１）

② 対物事故については、１回の事故につき、保険証券記載の保険金額（注２）

（注１）同一事故につき既に当会社が支払った保険金または第11条（損害賠償請求権者の直接請求権－対人賠償）の損害賠償額がある場合は、その全額を差し引いた額とします。

（注２）同一事故につき既に当会社が支払った保険金がある場合は、その全額を差し引いた額とします。

（２）（１）により当会社が供託金を貸し付ける場合には、被保険者は、当会社のために供託金（注）の取戻請求権の上に質権を設定するものとします。

（注）利息を含みます。

（３）（１）の貸付けまたは当会社の名による供託が行われている間においては、第11条（損害賠償請求権者の直接請求権－対人賠償）（２）ただし書、第13

条（支払保険金の計算－対人賠償）（1）ただし書および前条（1）ただし書の規定は、その貸付金または供託金（注）を既に支払った保険金とみなして適用します。

　　　（注）利息を含みます。

（4）（1）の供託金（注）が第三者に還付された場合には、その還付された供託金（注）の限度で、（1）の当会社の名による供託金（注）または貸付金（注）が保険金として支払われたものとみなします。

　　　（注）利息を含みます。

（5）基本条項第 23 条（保険金の請求）の規定により当会社の保険金支払義務が発生した場合は、（1）の仮払金に関する貸付金が保険金として支払われたものとみなします。

第 16 条（先取特権－対人・対物賠償共通）

（1）対人事故または対物事故にかかわる損害賠償請求権者は、被保険者の当会社に対する保険金請求権（注）について先取特権を有します。

　　　（注）第 12 条（費用－対人・対物賠償共通）の費用に対する保険金請求権を除きます。

（2）当会社は、次のいずれかに該当する場合に、保険金の支払を行うものとします。

　　① 被保険者が損害賠償請求権者に対してその損害の賠償をした後に、当会社から被保険者に支払う場合（注1）

　　② 被保険者が損害賠償請求権者に対してその損害の賠償をする前に、被保険者の指図により、当会社から直接、損害賠償請求権者に支払う場合

　　③ 被保険者が損害賠償請求権者に対してその損害の賠償をする前に、損害賠償請求権者が（1）の先取特権を行使したことにより、当会社から直接、損害賠償請求権者に支払う場合

　　④ 被保険者が損害賠償請求権者に対してその損害の賠償をする前に、当会社が被保険者に保険金を支払うことを損害賠償請求権者が承諾したことにより、当会社から被保険者に支払う場合（注2）

　　　（注1）被保険者が賠償した金額を限度とします。

　　　（注2）損害賠償請求権者が承諾した金額を限度とします。

（3）保険金請求権（注）は、損害賠償請求権者以外の第三者に譲渡することはできません。また、保険金請求権（注）を質権の目的とし、または（2）③の場合を除いて差し押さえることはできません。ただし、（2）①または④の規定により被保険者が当会社に対して保険金の支払を請求することができる場合を除きます。

　　　（注）第 12 条（費用－対人・対物賠償共通）の費用に対する保険金請求権を除きます。

第 17 条（損害賠償請求権者の権利と被保険者の権利の調整）

　　保険証券記載の保険金額が、前条（2）②または③の規定により損害賠償請求権者に対して支払われる保険金と被保険者が第 12 条（費用－対人・対物賠償共通）の規定により当会社に対して請求することができる保険金の合計額に不足する場合は、当会社は、被保険者に対する保険金の支払に先立って損害賠償請求権者に対する保険金の支払を行うものとします。

第2章　自損事故条項

第1条（用語の定義）

この自損事故条項において、次の用語の意味は、それぞれ次の定義によります。

用語	定義
医学的他覚所見	理学的検査、神経学的検査、臨床検査、画像検査等により認められる異常所見をいいます。
運転者	自動車損害賠償保障法（昭和30年法律第97号）第2条（定義）第4項に定める運転者をいいます。
後遺障害	治療の効果が医学上期待できない状態であって、被保険者の身体に残された症状が将来においても回復できない機能の重大な障害に至ったものまたは身体の一部の欠損をいいます。
自動車	原動機付自転車を含みます。
自動車取扱業者	自動車修理業、駐車場業、給油業、洗車業、自動車販売業、陸送業、運転代行業等自動車を取り扱うことを業としている者をいい、これらの者の使用人、およびこれらの者が法人である場合はその理事、取締役または法人の業務を執行するその他の機関を含みます。
治療	医師による治療をいいます。ただし、被保険者が医師である場合は、被保険者以外の医師による治療をいいます。
通院	治療が必要な場合において、病院もしくは診療所に通い、または往診により、治療を受けることをいいます。
入院	治療が必要な場合において、自宅等での治療が困難なため、病院または診療所に入り、常に医師の管理下において治療に専念することをいいます。
被保険自動車	保険証券記載の自動車をいいます。
保険金	死亡保険金、後遺障害保険金、介護費用保険金または医療保険金をいいます。
保有者	自動車損害賠償保障法第2条第3項に定める保有者をいいます。

第2条（保険金を支払う場合）

（1）当会社は、被保険者が次のいずれかに該当する急激かつ偶然な外来の事故により身体に傷害を被り、かつ、それによってその被保険者に生じた損害に対して自動車損害賠償保障法第3条（自動車損害賠償責任）に基づく損害賠償請求権が発生しない場合は、その傷害に対して、この自損事故条項および基本条項に従い、保険金を支払います。

　① 被保険自動車の運行に起因する事故

　② 被保険自動車の運行中の、飛来中もしくは落下中の他物との衝突、火災、爆発または被保険自動車の落下。ただし、被保険者が被保険自動車の正規の乗車装置またはその装置のある室内（注）に搭乗中である場合に限ります。

466　【資料19】自動車保険普通保険約款（標準約款）

（注）隔壁等により通行できないように仕切られている場所を除きます。
（２）　（１）の傷害にはガス中毒を含みます。
（３）　（１）の傷害には、次のものを含みません。
　①　日射、熱射または精神的衝動による障害
　②　被保険者が症状を訴えている場合であってもそれを裏付けるに足りる
　医学的他覚所見のないもの

第３条（保険金を支払わない場合―その１）

（１）　当会社は、次のいずれかに該当する傷害に対しては、保険金を支払いません。
　①　被保険者の故意によって生じた傷害
　②　被保険者が法令に定められた運転資格を持たないで被保険自動車を運転している場合、酒に酔った状態（注）もしくは身体に道路交通法施行令（昭和35年政令第270号）第44条の３（アルコールの程度）で定める程度以上にアルコールを保有する状態で被保険自動車を運転している場合、または麻薬、大麻、あへん、覚せい剤、シンナー等の影響により正常な運転ができないおそれがある状態で被保険自動車を運転している場合に生じた傷害
　③　被保険者が、被保険自動車の使用について、正当な権利を有する者の承諾を得ないで被保険自動車に搭乗中に生じた傷害
　④　被保険者の闘争行為、自殺行為または犯罪行為によって生じた傷害
　（注）アルコールの影響により正常な運転ができないおそれがある状態をいいます。
（２）傷害が保険金を受け取るべき者の故意によって生じた場合は、当会社は、その者の受け取るべき金額については、保険金を支払いません。
（３）　当会社は、平常の生活または平常の業務に支障のない程度の微傷に起因する創傷感染症（注）に対しては、保険金を支払いません。
　（注）丹毒、淋巴腺炎、敗血症、破傷風等をいいます。

第４条（保険金を支払わない場合―その２）

（１）当会社は、次のいずれかに該当する事由によって生じた傷害に対しては、保険金を支払いません。
　①　戦争、外国の武力行使、革命、政権奪取、内乱、武装反乱その他これらに類似の事変または暴動（注１）
　②　地震もしくは噴火またはこれらによる津波
　③　核燃料物質（注２）もしくは核燃料物質（注２）によって汚染された物（注３）の放射性、爆発性その他有害な特性の作用またはこれらの特性に起因する事故
　④　③に規定した以外の放射線照射または放射能汚染
　⑤　①から④までの事由に随伴して生じた事故またはこれらに伴う秩序の混乱に基づいて生じた事故
　⑥　被保険自動車を競技、曲技（注４）もしくは試験のために使用すること、または被保険自動車を競技、曲技もしくは試験を行うことを目的とする場所において使用（注５）すること。
　⑦　被保険自動車に危険物（注６）を業務（注７）として積載すること、または被保険自動車が、危険物（注６）を業務（注７）として積載した被牽

引自動車を牽引すること。

（注１）群衆または多数の者の集団の行動によって、全国または一部の地区において著しく平穏が害され、治安維持上重大な事態と認められる状態をいいます。

（注２）使用済燃料を含みます。

（注３）原子核分裂生成物を含みます。

（注４）競技または曲技のための練習を含みます。

（注５）救急、消防、事故処理、補修、清掃等のための使用を除きます。

（注６）道路運送車両の保安基準（昭和26年運輸省令第67号）第１条（用語の定義）に定める高圧ガス、火薬類もしくは危険物、道路運送車両の保安基準の細目を定める告示（平成14年国土交通省告示第619号）第２条（定義）に定める可燃物、または毒物及び劇物取締法（昭和25年法律第303号）第２条（定義）に定める毒物もしくは劇物をいいます。

（注７）家事を除きます。

（２）当会社は、自動車取扱業者が被保険自動車を業務として受託している間に、被保険者に生じた傷害に対しては、保険金を支払いません。

第５条（被保険者の範囲）

（１）この自損事故条項における被保険者は、次のいずれかに該当する者とします。

① 被保険自動車の保有者
② 被保険自動車の運転者
③ ①および②以外の者で、被保険自動車の正規の乗車装置またはその装置のある室内（注）に搭乗中の者

（注）隔壁等により通行できないように仕切られている場所を除きます。

（２）（１）の規定にかかわらず、極めて異常かつ危険な方法で被保険自動車に搭乗中の者は被保険者に含みません。

第６条（個別適用）

この自損事故条項の規定は、それぞれの被保険者ごとに個別に適用します。

第７条（死亡保険金の支払）

（１）当会社は、被保険者が第２条（保険金を支払う場合）の傷害を被り、その直接の結果として死亡した場合は、1,500万円（注）を死亡保険金として被保険者の法定相続人に支払います。

（注）１回の事故につき、被保険者に対し既に支払った後遺障害保険金がある場合は、1,500万円から既に支払った金額を控除した残額とします。

（２）（１）の被保険者の法定相続人が２名以上である場合は、当会社は、法定相続分の割合により死亡保険金を被保険者の法定相続人に支払います。

第８条（後遺障害保険金の支払）

（１）当会社は、被保険者が第２条（保険金を支払う場合）の傷害を被り、その直接の結果として、別表１の１または別表１の２に掲げる後遺障害が生じた場合は、同表の各等級に定める金額を後遺障害保険金として被保険者に支払います。

（２）別表１の１または別表１の２の各等級に掲げる後遺障害に該当しない後遺障害であっても、各等級の後遺障害に相当すると認められるものについては、身体の障害の程度に応じ、それぞれその相当する等級の後遺障害に該当

したものとみなします。

（３）同一事故により、別表１の２に掲げる２種以上の後遺障害が生じた場合には、当会社は、次の額を後遺障害保険金として支払います。

① 第１級から第５級までに掲げる後遺障害が２種以上ある場合は、重い後遺障害に該当する等級の３級上位の等級に定める金額

② ①以外の場合で、第１級から第８級までに掲げる後遺障害が２種以上あるときは、重い後遺障害に該当する等級の２級上位の等級に定める金額

③ ①および②以外の場合で、第１級から第13級までに掲げる後遺障害が２種以上あるときは、重い後遺障害に該当する等級の１級上位の等級に定める金額。ただし、それぞれの金額の合計額が上記の金額に達しない場合は、その合計額とします。

④ ①から③まで以外の場合は、重い後遺障害に該当する等級に定める金額

（４）既に後遺障害のある被保険者が第２条（保険金を支払う場合）の傷害を受けたことによって、同一部位について後遺障害の程度を加重した場合は、次の算式によって算出した額を後遺障害保険金として支払います。

別表１の１または別表１の２に掲げる加重後の後遺障害に該当する等級に定める金額 － 既にあった後遺障害に該当する等級に定める金額 ＝ 後遺障害保険金の額

第９条（介護費用保険金の支払）

（１）当会社は、被保険者が第２条（保険金を支払う場合）の傷害を被り、その直接の結果として、別表１の２の第１級もしくは第２級に掲げる金額の支払われるべき後遺障害または同表の第３級③もしくは④に掲げる後遺障害が生じ、かつ、介護を必要とすると認められる場合は、200万円を介護費用保険金として被保険者に支払います。

（２）当会社は、（１）の規定にかかわらず、被保険者が事故の発生の日からその日を含めて30日以内に死亡した場合は、介護費用保険金を支払いません。

第10条（医療保険金の支払）

（１）当会社は、被保険者が第２条（保険金を支払う場合）の傷害を被り、その直接の結果として、生活機能または業務能力の滅失または減少をきたし、かつ、治療を要した場合は、平常の生活または平常の業務に従事することができる程度になおった日までの治療日数に対し、次の算式によって算出した額を医療保険金として被保険者に支払います。

① 入院した場合

6,000円 × 入院日数 ＝ 医療保険金の額

② 通院した場合

4,000円 × 通院日数（注） ＝ 医療保険金の額

（注）①に該当する日数を除きます。

（２）（１）の治療日数には、臓器の移植に関する法律（平成９年法律第104号）第６条（臓器の摘出）の規定によって、同条第４項で定める医師により「脳死した者の身体」との判定を受けた後、その身体への処置がされた場合であって、その処置が同法附則第11条に定める医療給付関係各法の規定に基づく医療の給付としてされたものとみなされる処置（注）であるときには、その

処置日数を含みます。

　　（注）医療給付関係各法の適用がない場合は、医療給付関係各法の適用があ
　　　　れば、医療の給付としてされたものとみなされる処置を含みます。
（3）（1）の医療保険金の額は、1回の事故につき、100万円を限度とします。
（4）被保険者が医療保険金の支払を受けられる期間中にさらに医療保険金の
　　支払を受けられる傷害を被った場合においても、当会社は、重複しては医療
　　保険金を支払いません。

第11条（他の身体の障害または疾病の影響）

（1）被保険者が第2条（保険金を支払う場合）の傷害を被った時既に存在し
　　ていた身体の障害もしくは疾病の影響により、または同条の傷害を被った後
　　にその原因となった事故と関係なく発生した傷害もしくは疾病の影響により
　　同条の傷害が重大となった場合は、当会社は、その影響がなかったときに相
　　当する金額を支払います。
（2）正当な理由がなく被保険者が治療を怠ったことまたは保険契約者もしく
　　は保険金を受け取るべき者が治療をさせなかったことにより、第2条（保険
　　金を支払う場合）の傷害が重大となった場合も、（1）と同様の方法で支払い
　　ます。

第12条（当会社の責任限度額等）

（1）1回の事故につき、当会社が支払うべき死亡保険金の額は、第7条（死
　　亡保険金の支払）の規定による額とし、かつ、1,500万円を限度とします。
（2）1回の事故につき、当会社が支払うべき後遺障害保険金の額は、第8条
　　（後遺障害保険金の支払）および前条の規定による額とし、かつ、2,000万円
　　を限度とします。
（3）当会社は、（1）および（2）に定める保険金のほか、1回の事故につき、
　　第9条（介護費用保険金の支払）および前条の規定による介護費用保険金な
　　らびに第10条（医療保険金の支払）および前条の規定による医療保険金を支
　　払います。

第13条（代位）

　　当会社が保険金を支払った場合であっても、被保険者またはその法定相続人
　　がその傷害について第三者に対して有する損害賠償請求権は、当会社に移転し
　　ません。

第3章　無保険車傷害条項

第1条（用語の定義）

　　この無保険車傷害条項において、次の用語の意味は、それぞれ次の定義に
　　よります。

用語	定義
相手自動車	被保険自動車以外の自動車であって被保険者の生命または身体を害した自動車をいいます。ただし、被保険者が所有する自動車（注）を除きます。 （注）所有権留保条項付売買契約により購入した自動車、および1年以上を期間とする貸借契約により借り入れた自動車

	を含みます。
医学的他覚所見	理学的検査、神経学的検査、臨床検査、画像検査等により認められる異常所見をいいます。
後遺障害	治療の効果が医学上期待できない状態であって、被保険者の身体に残された症状が将来においても回復できない機能の重大な障害に至ったものまたは身体の一部の欠損をいいます。
自動車	原動機付自転車を含みます。
自動車取扱業者	自動車修理業、駐車場業、給油業、洗車業、自動車販売業、陸送業、運転代行業等自動車を取り扱うことを業としている者をいい、これらの者の使用人、およびこれらの者が法人である場合はその理事、取締役または法人の業務を執行するその他の機関を含みます。
自賠責保険等	自動車損害賠償保障法（昭和 30 年法律第 97 号）に基づく責任保険または責任共済をいいます。
所有権留保条項付売買契約	自動車販売店等が顧客に自動車を販売する際に、自動車販売店、金融業者等が、販売代金の全額領収までの間、販売された自動車の所有権を顧客に移さず、留保することを契約内容に含んだ自動車の売買契約をいいます。
対人賠償保険等	自動車の所有、使用または管理に起因して他人の生命または身体を害することにより、法律上の損害賠償責任を負担することによって被る損害に対して保険金または共済金を支払う保険契約または共済契約で自賠責保険等以外のものをいいます。
治療	医師による治療をいいます。ただし、被保険者が医師である場合は、被保険者以外の医師による治療をいいます。
配偶者	婚姻の届出をしていないが事実上婚姻関係と同様の事情にある者を含みます。
賠償義務者	無保険自動車の所有、使用または管理に起因して被保険者の生命または身体を害することにより、被保険者またはその父母、配偶者もしくは子が被る損害に対して法律上の損害賠償責任を負担する者をいいます。
被保険自動車	保険証券記載の自動車をいいます。
保険金請求権者	無保険車事故によって損害を被った次のいずれかに該当する者をいいます。 ① 被保険者（注） ② 被保険者の父母、配偶者または子 （注）被保険者が死亡した場合は、その法定相続人とします。
無保険自動車	相手自動車で、次のいずれかの場合に該当すると認められる自動車をいい、相手自動車が明らかでないと認められる場合は、その自動車を無保険自動車とみなします。ただし、相手自動車が 2 台以上ある場合には、それぞれの相手自動車について適用される対人賠償保険等の保険金額または共済金額の合計額（注 1）が、この保険証券記載の保険金額に達しないと認められるときに限り、それぞれの相手自動車を無保険自動車とみなします。

【資料 19】自動車保険普通保険約款（標準約款）　471

	①　その自動車について適用される対人賠償保険等がない場合
	②　その自動車について適用される対人賠償保険等によって、被保険者またはその父母、配偶者もしくは子が被る損害について、法律上の損害賠償責任を負担する者が、その責任を負担することによって被る損害に対して保険金または共済金の支払を全く受けることができない場合
	③　その自動車について適用される対人賠償保険等の保険金額または共済金額（注２）が、この保険証券記載の保険金額に達しない場合
	（注１）③に該当するもの以外の相手自動車については、保険金額または共済金額がないものとして計算します。
	（注２）対人賠償保険等が２以上ある場合は、それぞれの保険金額または共済金額の合計額とします。
無保険車事故	無保険自動車の所有、使用または管理に起因して、被保険者の生命が害されること、または身体が害されその直接の結果として別表１の１または別表１の２に掲げる後遺障害（注）もしくは身体の障害の程度に応じて同表の後遺障害に相当すると認められる後遺障害（注）が生じることをいいます。
	（注）被保険者が症状を訴えている場合であっても、それを裏付けるに足りる医学的他覚所見のないものを含みません。

第２条（保険金を支払う場合）

（１）当会社は、無保険車事故によって被保険者またはその父母、配偶者もしくは子が被る損害に対して、賠償義務者がある場合に限り、この無保険車傷害条項および基本条項に従い、保険金を支払います。

（２）（１）の損害の額は、第８条（損害額の決定）に定める損害の額とします。

（３）当会社は、１回の無保険車事故による（１）の損害の額が、次の合計額を超過する場合に限り、その超過額に対してのみ保険金を支払います。

　①　自賠責保険等によって支払われる金額（注１）

　②　対人賠償保険等によって、賠償義務者が（１）の損害について損害賠償責任を負担することによって被る損害に対して保険金または共済金の支払を受けることができる場合は、その対人賠償保険等の保険金額または共済金額（注２）

　（注１）自賠責保険等がない場合、または自動車損害賠償保障法に基づく自動車損害賠償保障事業により支払われる金額がある場合は、自賠責保険等によって支払われる金額に相当する金額をいいます。

　（注２）対人賠償保険等が２以上ある場合は、それぞれの保険金額または共済金額の合計額とします。

第３条（保険金を支払わない場合－その１）

（１）当会社は、次のいずれかに該当する損害に対しては、保険金を支払いません。

　①　被保険者の故意によって生じた損害

　②　被保険者が法令に定められた運転資格を持たないで被保険自動車を運転している場合、酒に酔った状態（注）もしくは身体に道路交通法施行令

（昭和35年政令第270号）第44条の3（アルコールの程度）で定める程度以上にアルコールを保有する状態で被保険自動車を運転している場合、または麻薬、大麻、あへん、覚せい剤、シンナー等の影響により正常な運転ができないおそれがある状態で被保険自動車を運転している場合に生じた損害

③　被保険者が、被保険自動車の使用について、正当な権利を有する者の承諾を得ないで被保険自動車に搭乗中に生じた損害

④　被保険者の闘争行為、自殺行為または犯罪行為によって生じた損害

（注）アルコールの影響により正常な運転ができないおそれがある状態をいいます。

（２）損害が保険金を受け取るべき者の故意によって生じた場合は、当会社は、その者の受け取るべき金額については、保険金を支払いません。

第４条（保険金を支払わない場合－その２）

当会社は、次のいずれかに該当する事由によって生じた損害に対しては、保険金を支払いません。

①　戦争、外国の武力行使、革命、政権奪取、内乱、武装反乱その他これらに類似の事変または暴動（注１）

②　地震もしくは噴火またはこれらによる津波

③　台風、洪水または高潮

④　核燃料物質（注２）もしくは核燃料物質（注２）によって汚染された物（注３）の放射性、爆発性その他有害な特性の作用またはこれらの特性に起因する事故

⑤　④に規定した以外の放射線照射または放射能汚染

⑥　①から⑤までの事由に随伴して生じた事故またはこれらに伴う秩序の混乱に基づいて生じた事故

⑦　被保険自動車を競技、曲技（注４）もしくは試験のために使用すること、または被保険自動車を競技、曲技もしくは試験を行うことを目的とする場所において使用（注５）すること。

⑧　被保険自動車に危険物（注６）を業務（注７）として積載すること、または被保険自動車が、危険物（注６）を業務（注７）として積載した被牽引自動車を牽引すること。

（注１）群衆または多数の者の集団の行動によって、全国または一部の地区において著しく平穏が害され、治安維持上重大な事態と認められる状態をいいます。

（注２）使用済燃料を含みます。

（注３）原子核分裂生成物を含みます。

（注４）競技または曲技のための練習を含みます。

（注５）救急、消防、事故処理、補修、清掃等のための使用を除きます。

（注６）道路運送車両の保安基準（昭和26年運輸省令第67号）第１条（用語の定義）に定める高圧ガス、火薬類もしくは危険物、道路運送車両の保安基準の細目を定める告示（平成14年国土交通省告示第619号）第２条（定義）に定める可燃物、または毒物及び劇物取締法（昭和25年法律第303号）第２条（定義）に定める毒物もしくは劇物をいいます。

（注７）家事を除きます。

第5条（保険金を支払わない場合－その3）
（1）当会社は、次のいずれかに該当する者が賠償義務者である場合は保険金を支払いません。ただし、これらの者以外に賠償義務者がある場合を除きます。
　　①　被保険者の父母、配偶者または子
　　②　被保険者の使用者。ただし、被保険者がその使用者の業務（注）に従事している場合に限ります。
　　③　被保険者の使用者の業務（注）に無保険自動車を使用している他の使用人。ただし、被保険者がその使用者の業務（注）に従事している場合に限ります。
　　（注）家事を除きます。
（2）当会社は、被保険者の父母、配偶者または子の運転する無保険自動車によって被保険者の生命または身体が害された場合は保険金を支払いません。ただし、無保険自動車が2台以上ある場合で、これらの者または（1）②もしくは③に定める者以外の者が運転する他の無保険自動車があるときを除きます。
（3）被保険自動車について適用される対人賠償保険等によって、被保険者またはその父母、配偶者もしくは子が被る損害について法律上の損害賠償責任を負担する者が、その責任を負担することによって被る損害に対して保険金または共済金の支払を受けることができる場合（注）には、当会社は、保険金を支払いません。
　　（注）保険金請求権者が対人賠償保険等によって損害賠償額の支払を直接受けることができる場合を含みます。
（4）当会社は、自動車取扱業者が被保険自動車を業務として受託している場合は、その自動車に搭乗中に生じた損害に対しては、保険金を支払いません。

第6条（被保険者の範囲）
（1）この無保険車傷害条項における被保険者は、被保険自動車の正規の乗車装置またはその装置のある室内（注）に搭乗中の者とします。ただし、極めて異常かつ危険な方法で搭乗中の者を除きます。
　　（注）隔壁等により通行できないように仕切られている場所を除きます。
（2）（1）の被保険者の胎内にある胎児が、無保険自動車の所有、使用または管理に起因して、その出生後に、生命が害されること、または身体が害されその直接の結果として別表1の1または別表1の2に掲げる後遺障害（注）もしくは身体の障害の程度に応じて同表の後遺障害に相当すると認められる後遺障害（注）が生じることによって損害を被った場合は、（1）の規定の適用において、既に生まれていたものとみなします。
　　（注）その者が症状を訴えている場合であっても、それを裏付けるに足りる医学的他覚所見のないものを含みません。

第7条（個別適用）
　　この無保険車傷害条項の規定は、それぞれの被保険者ごとに個別に適用します。

第8条（損害額の決定）
（1）当会社が保険金を支払うべき損害の額（以下「損害額」といいます。）は、賠償義務者が被保険者またはその父母、配偶者もしくは子が被った損害に対

して法律上負担すべきものと認められる損害賠償責任の額によって定めます。
（2）（1）の損害額は、保険金請求権者と賠償義務者との間で損害賠償責任の
額が定められているといないとにかかわらず、次の手続によって決定します。
　　①　当会社と保険金請求権者との間の協議
　　②　①の協議が成立しない場合は、当会社と保険金請求権者との間における
　　　訴訟、裁判上の和解または調停

第9条（費用）
　　保険契約者または被保険者が支出した次の費用（注）は、これを損害の一部
とみなします。
　　①　基本条項第 20 条（事故発生時の義務）①に規定する損害の発生または
　　　拡大の防止のために必要または有益であった費用
　　②　基本条項第 20 条⑥に規定する権利の保全または行使に必要な手続をす
　　　るために要した費用
　　（注）収入の喪失を含みません。

第 10 条（支払保険金の計算）
　　1 回の無保険車事故につき当会社の支払う保険金の額は、次の算式によって
算出した額とします。ただし、保険証券記載の保険金額から次の②の額を差し
引いた額を限度とします。

$$\begin{matrix}\text{第8条（損害額の決定）} \\ \text{の規定により決定される} \\ \text{損害額}\end{matrix} + \text{前条の費用} - \begin{matrix}\text{次の①から④まで} \\ \text{の合計額}\end{matrix} = \text{保険金の額}$$

　　①　自賠責保険等によって支払われる金額（注1）
　　②　対人賠償保険等によって賠償義務者が第 2 条（保険金を支払う場合）
　　　（1）の損害について損害賠償責任を負担することによって被る損害に対
　　　して保険金または共済金の支払を受けることができる場合は、その対人賠
　　　償保険等の保険金額または共済金額（注2）
　　③　保険金請求権者が賠償義務者から既に取得した損害賠償金の額。ただし、
　　　賠償義務者がその損害賠償金の全部または一部に対して、自賠責保険等ま
　　　たは対人賠償保険等によって保険金または共済金の支払を受けている場
　　　合は、その支払を受けた額を差し引いた額とします。
　　④　第 8 条の規定により決定される損害額および前条の費用のうち、賠償義
　　　務者以外の第三者が負担すべき額で保険金請求権者が既に取得したもの
　　　がある場合は、その取得した額
　　（注1）自賠責保険等がない場合、または自動車損害賠償保障法に基づく自
　　　動車損害賠償保障事業により支払われる金額がある場合は、自賠責保険等
　　　によって支払われる金額に相当する金額をいいます。
　　（注2）対人賠償保険等が 2 以上ある場合は、それぞれの保険金額または共
　　　済金額の合計額とします。

第 11 条（保険金請求権者の義務）
（1）被保険者またはその父母、配偶者もしくは子が第 2 条（保険金を支払う
　　場合）（1）の損害を被った場合は、保険金請求権者は賠償義務者に対して遅
　　滞なく書面によって損害賠償の請求をし、かつ、次の事項を書面によって当
　　会社に通知しなければなりません。
　　①　賠償義務者の住所および氏名または名称

【資料 19】自動車保険普通保険約款（標準約款）　　475

② 賠償義務者の損害に対して保険金または共済金を支払う対人賠償保険等の有無およびその内容
③ 賠償義務者に対して書面によって行った損害賠償請求の内容
④ 保険金請求権者が第2条（1）の損害に対して、賠償義務者、自賠責保険等もしくは対人賠償保険等の保険者もしくは共済者または賠償義務者以外の第三者から既に取得した損害賠償金または損害賠償額がある場合は、その額

（2）当会社は、保険金請求権者が、正当な理由がなく（1）の規定に違反した場合または（1）の書類に事実と異なる記載をした場合は、それによって当会社が被った損害の額を差し引いて保険金を支払います。

第12条（保険金請求の手続）
　　保険金の請求は、保険金請求権者の代表者を経由して行うものとします。

第13条（代位）
　　保険金請求権者が他人に損害賠償の請求をすることができる場合については、基本条項第29条（代位）（1）および（2）の規定を適用します。この場合には、同条項第24条（保険金の支払時期）（1）⑤ならびに第29条（1）および（2）中の「被保険者」を「保険金請求権者」と読み替えるものとします。

第4章　搭乗者傷害条項

第1条（用語の定義）
　　この搭乗者傷害条項において、次の用語の意味は、それぞれ次の定義によります。

用語	定義
医学的他覚所見	理学的検査、神経学的検査、臨床検査、画像検査等により認められる異常所見をいいます。
後遺障害	治療の効果が医学上期待できない状態であって、被保険者の身体に残された症状が将来においても回復できない機能の重大な障害に至ったものまたは身体の一部の欠損をいいます。
自動車	原動機付自転車を含みます。
自動車取扱業者	自動車修理業、駐車場業、給油業、洗車業、自動車販売業、陸送業、運転代行業等自動車を取り扱うことを業としている者をいい、これらの者の使用人、およびこれらの者が法人である場合はその理事、取締役または法人の業務を執行するその他の機関を含みます。
治療	医師による治療をいいます。ただし、被保険者が医師である場合は、被保険者以外の医師による治療をいいます。
通院	治療が必要な場合において、病院もしくは診療所に通い、または往診により、治療を受けることをいいます。
入院	治療が必要な場合において、自宅等での治療が困難なため、病院または診療所に入り、常に医師の管理下において治療に専念することをいいます。
被保険自動	保険証券記載の自動車をいいます。

車	
保険金	死亡保険金、後遺障害保険金、重度後遺障害特別保険金、重度後遺障害介護費用保険金または医療保険金をいいます。
保険金額	保険証券記載の保険金額をいいます。

第2条（保険金を支払う場合）

（1）当会社は、被保険者が次のいずれかに該当する急激かつ偶然な外来の事故により身体に傷害を被った場合は、この搭乗者傷害条項および基本条項に従い、保険金を支払います。

　① 被保険自動車の運行に起因する事故

　② 被保険自動車の運行中の、飛来中もしくは落下中の他物との衝突、火災、爆発または被保険自動車の落下

（2）（1）の傷害にはガス中毒を含みます。

（3）（1）の傷害には、次のものを含みません。

　① 日射、熱射または精神的衝動による障害

　② 被保険者が症状を訴えている場合であってもそれを裏付けるに足りる医学的他覚所見のないもの

第3条（保険金を支払わない場合－その1）

（1）当会社は、次のいずれかに該当する傷害に対しては、保険金を支払いません。

　① 被保険者の故意または重大な過失によって生じた傷害

　② 被保険者が法令に定められた運転資格を持たないで被保険自動車を運転している場合、酒に酔った状態（注）もしくは身体に道路交通法施行令（昭和35年政令第270号）第44条の3（アルコールの程度）で定める程度以上にアルコールを保有する状態で被保険自動車を運転している場合、または麻薬、大麻、あへん、覚せい剤、シンナー等の影響により正常な運転ができないおそれがある状態で被保険自動車を運転している場合に生じた傷害

　③ 被保険者が、被保険自動車の使用について、正当な権利を有する者の承諾を得ないで被保険自動車に搭乗中に生じた傷害

　④ 被保険者の闘争行為、自殺行為または犯罪行為によって生じた傷害

　（注）アルコールの影響により正常な運転ができないおそれがある状態をいいます。

（2）傷害が保険金を受け取るべき者の故意または重大な過失によって生じた場合は、当会社は、その者の受け取るべき金額については、保険金を支払いません。

（3）当会社は、平常の生活または平常の業務に支障のない程度の微傷に起因する創傷感染症（注）に対しては、保険金を支払いません。

　（注）丹毒、淋巴腺炎、敗血症、破傷風等をいいます。

第4条（保険金を支払わない場合－その2）

当会社は、次のいずれかに該当する事由によって生じた傷害に対しては、保険金を支払いません。

　① 戦争、外国の武力行使、革命、政権奪取、内乱、武装反乱その他これらに類似の事変または暴動（注1）

　② 地震もしくは噴火またはこれらによる津波

【資料19】自動車保険普通保険約款（標準約款）　　477

③　核燃料物質（注2）もしくは核燃料物質（注2）によって汚染された物
　（注3）の放射性、爆発性その他有害な特性の作用またはこれらの特性に
　起因する事故
④　③に規定した以外の放射線照射または放射能汚染
⑤　①から④までの事由に随伴して生じた事故またはこれらに伴う秩序の
　混乱に基づいて生じた事故
⑥　被保険自動車を競技、曲技（注4）もしくは試験のために使用すること、
　または被保険自動車を競技、曲技もしくは試験を行うことを目的とする場
　所において使用（注5）すること。
⑦　被保険自動車に危険物（注6）を業務（注7）として積載すること、ま
　たは被保険自動車が、危険物（注6）を業務（注7）として積載した被牽
　引自動車を牽引すること。
（注1）群衆または多数の者の集団の行動によって、全国または一部の地区
　において著しく平穏が害され、治安維持上重大な事態と認められる状態を
　いいます。
（注2）使用済燃料を含みます。
（注3）原子核分裂生成物を含みます。
（注4）競技または曲技のための練習を含みます。
（注5）救急、消防、事故処理、補修、清掃等のための使用を除きます。
（注6）道路運送車両の保安基準（昭和26年運輸省令第67号）第1条（用語
　の定義）に定める高圧ガス、火薬類もしくは危険物、道路運送車両の保安
　基準の細目を定める告示（平成14年国土交通省告示第619号）第2条（定
　義）に定める可燃物、または毒物及び劇物取締法（昭和25年法律第303号）
　第2条（定義）に定める毒物もしくは劇物をいいます。
（注7）家事を除きます。
第5条（被保険者の範囲）
（1）この搭乗者傷害条項における被保険者は、被保険自動車の正規の乗車装
　置またはその装置のある室内（注）に搭乗中の者とします。
　（注）隔壁等により通行できないように仕切られている場所を除きます。
（2）（1）の規定にかかわらず、次のいずれかに該当する者は被保険者に含み
　ません。
　①　極めて異常かつ危険な方法で被保険自動車に搭乗中の者
　②　業務として被保険自動車を受託している自動車取扱業者
第6条（個別適用）
　この搭乗者傷害条項の規定は、それぞれの被保険者ごとに個別に適用します。
第7条（死亡保険金の支払）
（1）当会社は、被保険者が第2条（保険金を支払う場合）の傷害を被り、そ
　の直接の結果として、事故の発生の日からその日を含めて 180 日以内に死亡
　した場合は、保険金額の全額（注）を死亡保険金として被保険者の法定相続
　人に支払います。
　（注）1回の事故につき、被保険者に対し既に支払った後遺障害保険金があ
　る場合は、保険金額から既に支払った金額を控除した残額とします。
（2）（1）の被保険者の法定相続人が2名以上である場合は、当会社は、法定
　相続分の割合により死亡保険金を被保険者の法定相続人に支払います。

478　【資料19】自動車保険普通保険約款（標準約款）

第8条（後遺障害保険金の支払）
（1）当会社は、被保険者が第2条（保険金を支払う場合）の傷害を被り、その直接の結果として、事故の発生の日からその日を含めて 180 日以内に別表1の1または別表1の2に掲げる後遺障害が生じた場合は、次の算式によって算出した額を後遺障害保険金として被保険者に支払います。

$$\text{保険金額} \times \begin{array}{c} \text{別表1の1または別表1の2に掲げる} \\ \text{後遺障害に該当する等級に対する保険} \\ \text{金支払割合} \end{array} = \begin{array}{c} \text{後遺障害保険金} \\ \text{の額} \end{array}$$

（2）別表1の1または別表1の2の各等級に掲げる後遺障害に該当しない後遺障害であっても、各等級の後遺障害に相当すると認められるものについては、身体の障害の程度に応じ、それぞれその相当する等級の後遺障害に該当したものとみなします。
（3）同一事故により、別表1の2に掲げる2種以上の後遺障害が生じた場合には、当会社は、保険金額に次の保険金支払割合を乗じた額を後遺障害保険金として支払います。
　①　第1級から第5級までに掲げる後遺障害が2種以上ある場合は、重い後遺障害に該当する等級の3級上位の等級に対する保険金支払割合
　②　①以外の場合で、第1級から第8級までに掲げる後遺障害が2種以上あるときは、重い後遺障害に該当する等級の2級上位の等級に対する保険金支払割合
　③　①および②以外の場合で、第1級から第13級までに掲げる後遺障害が2種以上あるときは、重い後遺障害に該当する等級の1級上位の等級に対する保険金支払割合。ただし、それぞれの後遺障害に対する保険金支払割合の合計の割合が上記の保険金支払割合に達しない場合は、その合計の割合を保険金支払割合とします。
　④　①から③まで以外の場合は、重い後遺障害に該当する等級に対する保険金支払割合
（4）既に後遺障害のある被保険者が第2条（保険金を支払う場合）の傷害を受けたことによって、同一部位について後遺障害の程度を加重した場合は、次の算式によって算出した額を後遺障害保険金として支払います。

$$\text{保険金額} \times \left(\begin{array}{c} \text{別表1の1または別} \\ \text{表1の2に掲げる加} \\ \text{重後の後遺障害に該} \\ \text{当する等級に対する} \\ \text{保険金支払割合} \end{array} - \begin{array}{c} \text{既にあった後} \\ \text{遺障害に該当} \\ \text{する等級に対} \\ \text{する保険金支} \\ \text{払割合} \end{array} \right) = \begin{array}{c} \text{後遺障害保険} \\ \text{金の額} \end{array}$$

（5）被保険者が事故の発生の日からその日を含めて 180 日を超えてなお治療を要する状態にある場合は、事故の発生の日からその日を含めて 181 日目における被保険者以外の医師の診断に基づき、発生の見込まれる後遺障害の程度を認定して、（1）のとおり算出した額を後遺障害保険金として支払います。
第9条（重度後遺障害特別保険金および重度後遺障害介護費用保険金の支払）
（1）当会社は、被保険者が第2条（保険金を支払う場合）の傷害を被り、その直接の結果として、事故の発生の日からその日を含めて 180 日以内に別表

1の1もしくは別表1の2の第1級もしくは第2級に掲げる保険金支払割合を保険金額に乗じた額の支払われるべき後遺障害または同表の第3級③もしくは④に掲げる後遺障害が生じ、かつ、介護を必要とすると認められる場合は、次の算式によって算出した額を重度後遺障害特別保険金として被保険者に支払います。ただし、100万円を限度とします。

　　　保険金額 × 10% ＝ 重度後遺障害特別保険金の額

（2）当会社は、被保険者が第2条（保険金を支払う場合）の傷害を被り、その直接の結果として、事故の発生の日からその日を含めて180日以内に（1）に定める後遺障害が生じ、かつ、介護を必要とすると認められる場合は、次の算式によって算出した額を重度後遺障害介護費用保険金として被保険者に支払います。ただし、500万円を限度とします。

　保険金額 × 別表1の1または別表1の2に掲げる後遺障害に該当する等級に対する保険金支払割合 × 50% ＝ 重度後遺障害介護費用保険金の額

（3）被保険者が事故の発生の日からその日を含めて180日を超えてなお治療を要する状態にある場合は、事故の発生の日からその日を含めて181日目における被保険者以外の医師の診断に基づき、発生の見込まれる後遺障害の程度および介護の要否を認定して、（1）および（2）のとおり算出した額を重度後遺障害特別保険金および重度後遺障害介護費用保険金として支払います。

第10条（医療保険金の支払）

（1）当会社は、被保険者が第2条（保険金を支払う場合）の傷害を被り、その直接の結果として、生活機能または業務能力の滅失または減少をきたし、かつ、治療を要した場合は、平常の生活または平常の業務に従事することができる程度になおった日までの治療日数に対し、次の算式によって算出した額を医療保険金として被保険者に支払います。

　① 入院した場合

　　　保険証券記載の入院保険金日額 × 入院日数 ＝ 医療保険金の額

　② 通院した場合

　　　保険証券記載の通院保険金日額 × 通院日数（注）＝ 医療保険金の額

　（注）①に該当する日数を除きます。

（2）（1）の治療日数には、臓器の移植に関する法律（平成9年法律第104号）第6条（臓器の摘出）の規定によって、同条第4項で定める医師により「脳死した者の身体」との判定を受けた後、その身体への処置がされた場合であって、その処置が同法附則第11条に定める医療給付関係各法の規定に基づく医療の給付としてされたものとみなされる処置（注）であるときには、その処置日数を含みます。

　（注）医療給付関係各法の適用がない場合は、医療給付関係各法の適用があれば、医療の給付としてされたものとみなされる処置を含みます。

（3）当会社は、いかなる場合においても、事故の発生の日からその日を含めて180日を経過した後の期間に対しては、医療保険金を支払いません。

（4）被保険者が医療保険金の支払を受けられる期間中にさらに医療保険金の支払を受けられる傷害を被った場合においても、当会社は、重複しては医療保険金を支払いません。

第11条（他の身体の障害または疾病の影響）
（1）被保険者が第2条（保険金を支払う場合）の傷害を被った時既に存在していた身体の障害もしくは疾病の影響により、または同条の傷害を被った後にその原因となった事故と関係なく発生した傷害もしくは疾病の影響により同条の傷害が重大となった場合は、当会社は、その影響がなかったときに相当する金額を支払います。
（2）正当な理由がなく被保険者が治療を怠ったことまたは保険契約者もしくは保険金を受け取るべき者が治療をさせなかったことにより第2条（保険金を支払う場合）の傷害が重大となった場合も、（1）と同様の方法で支払います。

第12条（当会社の責任限度額等）
（1）1回の事故につき、当会社が支払うべき死亡保険金および後遺障害保険金の額は、第7条（死亡保険金の支払）、第8条（後遺障害保険金の支払）および前条の規定による額とし、かつ、保険金額を限度とします。
（2）当会社は、次の保険金の合計額が保険金額を超える場合であっても、重度後遺障害特別保険金および重度後遺障害介護費用保険金を支払います。
　①　（1）に定める死亡保険金および後遺障害保険金
　②　第9条（重度後遺障害特別保険金および重度後遺障害介護費用保険金の支払）および前条の規定による重度後遺障害特別保険金および重度後遺障害介護費用保険金
（3）当会社は、（1）および（2）に定める保険金のほか、1回の事故につき、第10条（医療保険金の支払）および前条の規定による医療保険金を支払います。

第13条（代位）
　当会社が保険金を支払った場合であっても、被保険者またはその法定相続人がその傷害について第三者に対して有する損害賠償請求権は、当会社に移転しません。

第5章　車両条項

第1条（用語の定義）
　この車両条項において、次の用語の意味は、それぞれ次の定義によります。

用語	定義
自動車	原動機付自転車を含みます。
所有権留保条項付売買契約	自動車販売店等が顧客に自動車を販売する際に、自動車販売店、金融業者等が、販売代金の全額領収までの間、販売された自動車の所有権を顧客に移さず、留保することを契約内容に含んだ自動車の売買契約をいいます。
全損	第7条（損害額の決定）（1）による損害額または第8条（修理費）の修理費が保険価額以上となる場合**（注）**をいいます。

【資料19】自動車保険普通保険約款（標準約款）　481

	（注）車両が盗難され、発見できなかった場合を含みます。
装備	自動車の機能を十分に発揮させるために備品として備えつけられている状態または法令に従い被保険自動車に備えつけられている状態をいいます。
定着	ボルト、ナット、ねじ等で固定されており、工具等を使用しなければ容易に取りはずせない状態をいいます。
配偶者	婚姻の届出をしていないが事実上婚姻関係と同様の事情にある者を含みます。
被保険自動車	保険証券記載の自動車をいいます。
被保険自動車の価額	被保険自動車と同一の用途車種・車名・型式・仕様・初度登録年月等（注）で同じ損耗度の自動車の市場販売価格相当額をいいます。 （注）初度検査年月を含みます。
付属品	被保険自動車に定着または装備されている物をいい、次の物を含みません。 ① 燃料、ボデーカバーおよび洗車用品 ② 法令により自動車に定着または装備することを禁止されている物 ③ 通常装飾品とみなされる物 ④ 保険証券に明記されていない付属機械装置（注） （注）医療防疫車、検査測定車、電源車、放送中継車等自動車検査証記載の用途が特種用途である自動車に定着または装備されている精密機械装置をいいます。
分損	第7条（損害額の決定）（1）による損害額および第8条（修理費）の修理費がいずれも保険価額未満となる場合をいいます。
保険価額	損害が生じた地および時における被保険自動車の価額をいいます。
保険金額	保険証券記載の保険金額をいいます。
免責金額	支払保険金の計算にあたって損害の額から差し引く金額をいいます。免責金額は被保険者の自己負担となります。
用途車種	登録番号標等（注）上の分類番号、色等に基づき定めた、自家用普通乗用車、自家用小型乗用車、自家用軽四輪乗用車、自家用小型貨物車、自家用軽四輪貨物車、二輪自動車、原動機付自転車等の区分をいいます。 （注）車両番号標および標識番号標を含みます。

第2条（保険金を支払う場合）

（1）当会社は、衝突、接触、墜落、転覆、物の飛来、物の落下、火災、爆発、盗難、台風、洪水、高潮その他の偶然な事故によって被保険自動車に生じた損害に対して、この車両条項および基本条項に従い、被保険者に保険金を支払います。

（2）（1）の被保険自動車には、付属品を含みます。

第3条（保険金を支払わない場合－その1）

　当会社は、次のいずれかに該当する事由によって生じた損害に対しては、保

険金を支払いません。

① 次のいずれかに該当する者の故意または重大な過失
- ア．保険契約者、被保険者または保険金を受け取るべき者（注１）
- イ．所有権留保条項付売買契約に基づく被保険自動車の買主、または１年以上を期間とする貸借契約に基づく被保険自動車の借主（注１）
- ウ．アおよびイに定める者の法定代理人
- エ．アおよびイに定める者の業務に従事中の使用人
- オ．アおよびイに定める者の父母、配偶者または子。ただし、被保険者または保険金を受け取るべき者に保険金を取得させる目的であった場合に限ります。

② 戦争、外国の武力行使、革命、政権奪取、内乱、武装反乱その他これらに類似の事変または暴動（注２）

③ 地震もしくは噴火またはこれらによる津波

④ 核燃料物質（注３）もしくは核燃料物質（注３）によって汚染された物（注４）の放射性、爆発性その他有害な特性の作用またはこれらの特性に起因する事故

⑤ ④に規定した以外の放射線照射または放射能汚染

⑥ ②から⑤までの事由に随伴して生じた事故またはこれらに伴う秩序の混乱に基づいて生じた事故

⑦ 差押え、収用、没収、破壊など国または公共団体の公権力の行使。ただし、消防または避難に必要な処置として行われた場合を除きます。

⑧ 詐欺または横領

⑨ 被保険自動車を競技、曲技（注５）もしくは試験のために使用すること、または被保険自動車を競技、曲技もしくは試験を行うことを目的とする場所において使用（注６）すること。

⑩ 被保険自動車に危険物（注７）を業務（注８）として積載すること、または被保険自動車が、危険物（注７）を業務（注８）として積載した被牽引自動車を牽引すること。

（注１）これらの者が法人である場合は、その理事、取締役または法人の業務を執行するその他の機関をいいます。

（注２）群衆または多数の者の集団の行動によって、全国または一部の地区において著しく平穏が害され、治安維持上重大な事態と認められる状態をいいます。

（注３）使用済燃料を含みます。

（注４）原子核分裂生成物を含みます。

（注５）競技または曲技のための練習を含みます。

（注６）救急、消防、事故処理、補修、清掃等のための使用を除きます。

（注７）道路運送車両の保安基準（昭和26年運輸省令第67号）第１条（用語の定義）に定める高圧ガス、火薬類もしくは危険物、道路運送車両の保安基準の細目を定める告示（平成14年国土交通省告示第619号）第２条（定義）に定める可燃物、または毒物及び劇物取締法（昭和25年法律第303号）第２条（定義）に定める毒物もしくは劇物をいいます。

（注８）家事を除きます。

第４条（保険金を支払わない場合―その２）

当会社は、次のいずれかに該当する損害に対しては、保険金を支払いません。
① 被保険自動車が航空機または船舶によって輸送されている間（注１）に生じた損害。ただし、その船舶がフェリーボート（注２）である場合を除きます。
② 被保険自動車に存在する欠陥、摩滅、腐しょく、さびその他自然の消耗
③ 故障損害（注３）
④ 被保険自動車から取りはずされて車上にない部分品または付属品に生じた損害
⑤ 付属品のうち被保険自動車に定着されていないものに生じた損害。ただし、被保険自動車の他の部分と同時に損害を被った場合または火災によって損害が生じた場合を除きます。
⑥ タイヤ（注４）に生じた損害。ただし、被保険自動車の他の部分と同時に損害を被った場合または火災もしくは盗難によって損害が生じた場合を除きます。
（注１）積込みまたは積下し中を含みます。
（注２）官庁の認可または許可を受けて、一定の航路を定期的に自動車と運転者とを同時に乗せて輸送することを目的とする自動車渡船をいいます。
（注３）偶然な外来の事故に直接起因しない被保険自動車の電気的または機械的損害をいいます。
（注４）チューブを含みます。
第５条（保険金を支払わない場合－その３）
当会社は、次のいずれかに該当する者が法令に定められた運転資格を持たないで被保険自動車を運転している場合、酒に酔った状態（注１）もしくは身体に道路交通法施行令（昭和35年政令第270号）第44条の３（アルコールの程度）で定める程度以上にアルコールを保有する状態で被保険自動車を運転している場合、または麻薬、大麻、あへん、覚せい剤、シンナー等の影響により正常な運転ができないおそれがある状態で被保険自動車を運転している場合に生じた損害に対しては、保険金を支払いません。
① 保険契約者、被保険者または保険金を受け取るべき者（注２）
② 所有権留保条項付売買契約に基づく被保険自動車の買主、または１年以上を期間とする貸借契約に基づく被保険自動車の借主（注２）
③ ①および②に定める者の法定代理人
④ ①および②に定める者の業務に従事中の使用人
⑤ ①および②に定める者の父母、配偶者または子
（注１）アルコールの影響により正常な運転ができないおそれがある状態をいいます。
（注２）これらの者が法人である場合は、その理事、取締役または法人の業務を執行するその他の機関をいいます。
第６条（被保険者の範囲）
この車両条項における被保険者は、被保険自動車の所有者とします。
第７条（損害額の決定）
（１）当会社が保険金を支払うべき損害の額（以下「損害額」といいます。）は、保険価額によって定めます。
（２）被保険自動車の損傷を修理することができる場合には、次の算式によっ

て算出した額を損害額とします。

$$\left(\begin{array}{l}\text{次条に定める}\\\text{修理費}\end{array}\right) - \left(\begin{array}{l}\text{修理に際し部分品を交換}\\\text{したために被保険自動車}\\\text{全体として価額の増加を}\\\text{生じた場合は、その増加額}\end{array}\right) - \left(\begin{array}{l}\text{修理に伴って生じ}\\\text{た残存物がある場}\\\text{合は、その価額}\end{array}\right) = \text{損害額}$$

第8条（修理費）

前条の修理費とは、損害が生じた地および時において、被保険自動車を事故発生直前の状態に復旧するために必要な修理費をいいます。この場合、被保険自動車の復旧に際して、当会社が、部分品の補修が可能であり、かつ、その部分品の交換による修理費が補修による修理費を超えると認めたときは、その部分品の修理費は補修による修理費とします。

第9条（費用）

保険契約者または被保険者が支出した次の費用（注1）は、これを損害の一部とみなします。

① 基本条項第20条（事故発生時の義務）①に規定する損害の発生または拡大の防止のために必要または有益であった費用

② 基本条項第20条⑥に規定する権利の保全または行使に必要な手続をするために要した費用

③ 当会社が保険金を支払うべき損害により被保険自動車が自力で移動することができない場合には、これを損害発生の地からもよりの修理工場もしくは当会社の指定する場所まで運搬するために要した費用、またはこれらの場所まで運転するために必要な仮修理の費用

④ 盗難にあった被保険自動車を引き取るために必要であった費用

⑤ フェリーボート（注2）によって輸送されている間に生じた共同海損に対する被保険自動車の分担額

（注1）収入の喪失を含みません。

（注2）官庁の認可または許可を受けて、一定の航路を定期的に自動車と運転者とを同時に乗せて輸送することを目的とする自動車渡船をいいます。

第10条（支払保険金の計算）

（1）1回の事故につき当会社の支払う保険金の額は、次のとおりとします。ただし、保険金額を限度とし、保険金額が保険価額を超える場合は、保険価額を限度とします。

① 全損の場合は、保険価額

② 分損の場合は、第7条（損害額の決定）の損害額から保険証券記載の免責金額（注）を差し引いた額。ただし、保険金額が保険価額に達しない場合は、次の算式によって算出した額とします。

$$\left(\text{第7条の損害額} - \begin{array}{l}\text{保険証券記載の}\\\text{免責金額（注）}\end{array}\right) \times \dfrac{\text{保険金額}}{\text{保険価額}} = \text{保険金の額}$$

（注）当会社が支払責任を負う事故の発生の時の順によって定めます。

（2）当会社は、（1）に定める保険金のほか、前条の費用の合計額を支払います。

（3）第7条（損害額の決定）の損害額および前条の費用のうち、回収金（注1）がある場合において、回収金（注1）の額が被保険者の自己負担額（注

２）を超過するときは、当会社は（１）および（２）に定める保険金の合計額からその超過額を差し引いて保険金を支払います。
　　（注１）第三者が負担すべき金額で被保険者のために既に回収されたものをいいます。
　　（注２）損害額および費用の合計額から（１）および（２）に定める保険金の合計額を差し引いた額をいいます。

第11条（現物による支払）

　　当会社は、被保険自動車の損害の全部または一部に対して、修理または代品の交付をもって保険金の支払に代えることができます。

第12条（被害物についての当会社の権利）

（１）当会社が全損として保険金を支払った場合は、被保険自動車について被保険者が有する所有権その他の物権を取得します。ただし、支払った保険金の額が保険価額に達しない場合には、当会社は、支払った保険金の額の保険価額に対する割合によってその権利を取得します。

（２）被保険自動車の部分品または付属品が盗難にあった場合に、当会社がその損害に対して保険金を支払ったときは、当会社は、支払った保険金の額の損害額に対する割合によって、その盗難にあった物について被保険者が有する所有権その他の物権を取得します。

（３）（１）および（２）の場合において、当会社がその権利を取得しない旨の意思を表示して保険金を支払ったときは、被保険自動車またはその部分品もしくは付属品について被保険者が有する所有権その他の物権は当会社に移転しません。

第13条（盗難自動車の返還）

　　当会社が被保険自動車の盗難によって生じた損害に対して保険金を支払った日の翌日から起算して60日以内に被保険自動車が発見された場合は、被保険者は、既に受け取った保険金を当会社に払い戻して、その返還を受けることができます。この場合、発見されるまでの間に被保険自動車に生じた損害に対して保険金を請求することができます。

第6章　基本条項

〈略〉

> ここに掲載した約款は損害保険料率算出機構から提供を受けたものであるが、参考純率算出の基礎となる契約条件を定めた標準約款であり、あくまで本文の叙述を補う参考として掲げるものである。現在の各社の約款と異なる部分がある可能性があることに留意されたい。

【資料20】

人身傷害補償条項

第2章　傷害保険
第1節　人身傷害条項
第1条（この条項の補償内容）

(1) 当会社は、人身傷害事故により第2条（被保険者および保険金請求権者）に規定する被保険者またはその父母、配偶者（＊1）もしくは子に生じた損害（＊2）に対して、この人身傷害条項および基本条項にしたがい、第4条（お支払いする保険金）に規定する保険金を支払います。

(2) この人身傷害条項において人身傷害事故とは、日本国内において、下表のいずれかに該当する急激かつ偶然な外来の事故により、被保険者が身体に傷害を被ることをいいます。

①	自動車または原動機付自転車の運行に起因する事故
②	ご契約のお車の運行中の、次のいずれかに該当する事故 　ア．飛来中または落下中の他物との衝突 　イ．火災または爆発 　ウ．ご契約のお車の落下

（＊1）婚姻の届出をしていないが事実上婚姻関係と同様の事情にある者を含みます。
（＊2）この損害の額は、第4条（お支払いする保険金）(2)に規定する損害の額をいいます。

第2条（被保険者および保険金請求権者）

(1) この人身傷害条項において被保険者とは、ご契約のお車の正規の乗車装置または正規の乗車装置のある室内（＊1）に搭乗中の者をいいます。

(2) (1)の規定にかかわらず、下表のいずれかに該当する者は被保険者に含みません。

①	極めて異常かつ危険な方法でご契約のお車に搭乗中の者
②	業務としてご契約のお車を受託している自動車取扱業者（＊2）

(3) この人身傷害条項の規定は、それぞれの被保険者ごとに個別に適用します。

(4) この人身傷害条項において保険金請求権者とは、人身傷害事故によって損害を被った下表のいずれかに該当する者をいいます。

①	被保険者
②	被保険者の法定相続人。 ただし、被保険者が死亡した場合に限り、保険金請求権者とします。
③	次のいずれかに該当する者 　ア．被保険者の配偶者（＊3） 　イ．被保険者の父母または子

（＊1）正規の乗車装置のある室内には、隔壁等により通行できないように仕切られている場所を含みません。

(*2) 業務として受託しているご契約のお車に搭乗中の事故の場合に限ります。
(*3) 婚姻の届出をしていないが事実上婚姻関係と同様の事情にある者を含みます。

〈中略〉

第4条（お支払いする保険金）
(1) 1回の人身傷害事故について、当会社は、被保険者1名について次の算式によって算出される額を保険金として支払います。ただし、1回の人身傷害事故について当会社の支払う保険金の額は、被保険者1名について、保険証券記載の保険金額を限度とします。

(2) (1)の損害の額は、被保険者が人身傷害事故の直接の結果として、下表のいずれかに該当した場合に、その区分ごとにそれぞれ、(7)、(8)およびこの人身傷害条項の別紙の規定により算定された額の合計額とします。ただし、賠償義務者（*1）がある場合において、算定された額の合計額が自賠責保険等によって支払われる金額を下回る場合には、自賠責保険等によって支払われる金額を損害の額とします。

①	傷害
②	後遺障害
③	死亡

(3) (1)に規定する保険金を支払うべき損害が生じた場合で、人身傷害事故により、被保険者の治療日数（*2）の合計が5日以上となった場合は、当会社は、被保険者1名について10万円を傷害一時費用保険金として被保険者に支払います。
(4) 当会社は、(3)の規定によって支払うべき傷害一時費用保険金の額と(1)の保険金の額の合計額が保険証券記載の保険金額（*3）を超える場合であっても、傷害一時費用保険金を支払います。
(5) 保険契約者または被保険者が支出した下表の費用は、これを損害の一部とみなし、(1)の規定にしたがい、保険金を支払います。ただし、収入の喪失は下表の費用に含みません。

	費　用	費用の説明
①	損害防止費用	基本条項第3節第1条（事故発生時、損害発生時または傷害発生時の義務）の表の①に規定する損害の発生または拡大の防止のために必要または有益であった費用
②	請求権の保全、行使手続費用	基本条項第3節第1条の表の⑥に規定する権利の保全または行使に必要な手続をするために必要とした費用

(6) 下表のいずれかに該当するものがある場合において、その合計額が保険金請求権者の自己負担額（*4）を超過するときは、当会社は、(1)の規定によって決定

される額からその超過額を差し引いて保険金を支払います。なお、賠償義務者（＊1）があり、かつ、判決または裁判上の和解（＊5）において、賠償義務者（＊1）が負担すべき損害賠償額がこの人身傷害条項の別紙の規定と異なる基準により算定された場合（＊6）であって、その基準が社会通念上妥当であると認められるときは、自己負担額（＊4）の算定にあたっては、その基準により算定された額（＊7）を(2)の規定により決定された損害額とみなします。

①	自賠責保険等によって支払われる金額
②	自動車損害賠償保障法に基づく自動車損害賠償保障事業によって既に給付が決定しまたは支払われた金額
③	第1条（この条項の補償内容）(1)の損害について、賠償義務者（＊1）が法律上の損害賠償責任を負担することによって被る損害に対して、対人賠償保険等によって既に給付が決定しまたは支払われた保険金もしくは共済金の額
④	保険金請求権者が賠償義務者（＊1）から既に取得した損害賠償金の額
⑤	労働者災害補償制度によって既に給付が決定しまたは支払われた額（＊8）
⑥	(2)の規定により決定された損害の額および(5)の費用のうち、賠償義務者（＊1）以外の第三者が負担すべき額で保険金請求権者が既に取得したものがある場合は、その取得した額
⑦	①から⑥までの額のほか、第1条(1)の損害を補償するために支払われる保険金、共済金その他の給付で、保険金請求権者が既に取得したものがある場合は、その取得した給付の額またはその評価額（＊9）

(7) 同一の人身傷害事故により、基本条項別表1の2に掲げる2種以上の後遺障害が生じた場合には、下表の「生じた後遺障害」欄に対応する「適用する後遺障害の等級」欄の等級を後遺障害の等級として適用し、損害を算定します。ただし、同一の人身傷害事故により、同条項別表1の1に掲げる後遺障害が生じた場合は、その後遺障害に該当する等級と、下表の規定による後遺障害の等級のいずれか上位の等級を適用し、損害を算定します。

	生じた後遺障害	適用する後遺障害の等級
①	基本条項別表1の2の第1級から第5級までに掲げる後遺障害が2種以上ある場合	最も重い後遺障害に該当する等級の3級上位の等級
②	①以外の場合で、基本条項別表1の2の第1級から第8級までに掲げる後遺障害が2種以上あるとき	最も重い後遺障害に該当する等級の2級上位の等級
③	①および②のいずれにも該当しない場合で、基本条項別表1の2の第1級から第13級までに掲げる後遺障害が2種以上あるとき	最も重い後遺障害に該当する等級の1級上位の等級

【資料20】人身傷害補償条項　489

④	①から③までのいずれにも該当しない場合で、基本条項別表1の2に掲げる後遺障害が2種以上あるとき	最も重い後遺障害の該当する等級

(8) 既に後遺障害のある被保険者が第1条（この条項の補償内容）(2) の傷害を被ったことによって、同一部位について後遺障害の程度が加重された場合は、次の算式にしたがい損害を算定します。

$$
\boxed{\begin{array}{c}\text{加重された後の後遺障害に}\\\text{該当する等級により算定し}\\\text{た損害}\end{array}} - \boxed{\begin{array}{c}\text{既にあった後遺障害に該}\\\text{当する等級により算定し}\\\text{た損害}\end{array}} = \boxed{\begin{array}{c}(2)\text{の表の}\\②\text{の損害}\end{array}}
$$

(9) 当会社は、下表のいずれかに該当する事由により、第1条（この条項の補償内容）(2)の傷害が重大となった場合は、その事由がなかったときに相当する額を損害の額として決定して保険金を支払います。

①	被保険者が第1条(2)の傷害を被った時に、既に存在していた身体の障害または疾病が影響したこと。
②	被保険者が第1条(2)の傷害を被った後に、その原因となった事故と関係なく発生した傷害または疾病が影響したこと。
③	正当な理由がなくて被保険者が治療を怠ったこと。
④	正当な理由がなくて保険契約者または保険金の受取人が被保険者に治療をさせなかったこと。

(＊1) 自動車または原動機付自転車の所有、使用または管理に起因して被保険者の生命または身体を害することにより、被保険者またはその父母、配偶者（＊10）もしくは子が被る損害に対して法律上の損害賠償責任を負担する者をいいます。

(＊2) 治療日数については、以下のとおり取り扱います。

　ⅰ. 治療日数とは、病院等または介護保険法に定める介護療養型医療施設に入院または通院した治療日数をいいます。ただし、事故の発生の日からその日を含めて180日以内の治療日数に限ります。また、通院した治療日数には、医師等による往診日数を含みます。

　ⅱ. 治療日数には、臓器の移植に関する法律第6条の規定によって、同条第4項に定める医師により「脳死した者の身体」との判定を受けた場合は、その後の、その身体への処置日数を含みます。ただし、その処置が同法附則第11条に定める医療給付関係各法の規定に基づく医療の給付としてされたものとみなされる処置（＊11）である場合に限ります。

　ⅲ. 治療日数には、被保険者が入院または通院しない場合であっても、次のいずれかに該当するギプス等（＊12）を常時装着したときは、その装着日数を含みます。ただし、骨折の傷害を被った部位を固定するために医師等の治療により装着した場合に限ります。

　　（ⅰ）長管骨（＊13）の骨折または脊柱の骨折によるギプス等（＊12）

　　（ⅱ）長管骨（＊13）に接続する三大関節部分（＊14）の骨折で長管骨（＊13）部分も含めたギプス等（＊12）

(＊3) 第5条（支払限度額に関する特則）(1)の規定が適用される場合は2億円、同条(3)の規定が適用される場合は保険証券記載の保険金額の2倍の額とします。

490　【資料20】人身傷害補償条項

（＊4） (2)の規定により決定された損害の額および(5)の表の費用の額の合計額から(1)の規定によって決定される額を差し引いた額をいいます。

（＊5） 民事訴訟法に定める訴え提起前の和解を含みません。

（＊6） 人身傷害条項の別紙の規定により算定された額を超える場合に限ります。

（＊7） 訴訟費用、弁護士報酬、その他権利の保全または行使に必要な手続きをするために必要とした費用および遅延損害金は含みません。

（＊8） 社会復帰促進等事業に基づく特別支給金を除きます。

（＊9） 保険金額および保険金日額等が定額である傷害保険もしくは生命保険等の保険金または共済金等を含みません。

（＊10） 婚姻の届出をしていないが事実上婚姻関係と同様の事情にある者を含みます。

（＊11） 臓器の移植に関する法律附則第11条に定める医療給付関係各法の適用がない場合は、同法附則第11条に定める医療給付関係各法の適用があれば医療の給付としてされたものとみなされる処置を含みます。

（＊12） ギプス等とは、ギプス、ギプスシーネ、ギプスシャーレ、シーネその他これらに類するものをいいます。

（＊13） 長管骨とは、上腕骨、橈骨、尺骨、大腿骨、脛骨および腓骨をいいます。

（＊14） 三大関節部分とは、肩甲骨、鎖骨、手根骨、腸骨、恥骨、坐骨、膝蓋骨、距骨、踵骨および足根骨をいいます。

〈別紙〉 人身傷害条項損害額基準

〈略〉

ここに掲載した「人身傷害補償条項」は、この保険の開発者である東京海上日動株式会社の自動車保険Web約款（http://www.tokiomarine-nichido.co.jp/service/auto/covenant/）に掲載されている「トータルアシスト自動車保険」（2016年4月1日〜始期契約）からの引用である。

事項索引

あ

RSD······190
青色申告······153, 159
青色申告特別控除額······153
青砥事件······92

い

慰謝料······234, 345
　——の機能······236
　——の増額事由······237
　——の認定とその基準······238
　——の補完的機能······237
慰謝料斟酌事由······279
遺族年金······215, 255
一元説······29, 33
一時金賠償方式······127
一時滞在中の外国人······174
1日当たりの基礎収入······140
一部請求と過失相殺の方法······298
一括払制度······353
逸失利益······107, 111, 116, 139, 322
　遺族年金を控除できる——の範囲······255
　過去の——······139
　将来の——······139, 141, 142, 177
　——の分類······139
一体的過失相殺······335
一般不法行為······1, 6
違法収入······165
違法性······9
違法性阻却事由······14
医療過誤······329
因果関係······10, 77, 88, 356
　——の判断過程······10

う

内払い制度······360
得べかりし利益······111
上乗せ保険······353, 357

運

運行······64
　——によって······27, 77
運行起因性······64
運行供用者······26, 34, 38, 48, 83, 101, 102
　——から運転者への求償······333
運行供用者責任······1, 3, 26, 35, 46, 102
運行支配······30, 33, 46, 52, 54
　——の減衰······51
　——の態様······91
　——の程度······91
　——の内容······31
運行支配喪失原因事実······38, 52
運行利益······30, 33
運送契約······59
運転者······4, 27, 84, 85, 102, 348
　——の地位の離脱······85
運転代行依頼者······53
運転代行業者······52
運転代行事件······95
運転補助者······84, 85, 87
　——の判断基準······88

え

ADR······376, 385
N-TACC······385
永住者······174

お

OPLL 事件······310
公の営造物······22
夫と妻······292
温泉療養費······122

か

買替え差額······338
外形標準説······14
外国人被害者······174
　——の慰謝料······245
介護保険······264, 271

事項索引　493

介護補償給付……………………256
介護料……………………125, 287
──が認められる重度後遺障害…………125
外貌醜状痕……………………185
カイロプラクティック療法……………122
家屋改造費……………………132
加害運行供用者……………………88, 91
加害者請求（権）……………5, 349, 377
学生……………………169, 217
確定分控除説……………………258
確認の利益……………………391
確率的心証論……………………306
加算的過失相殺……………………335
貸金の担保として車を預かった者………55
家事従事者……………………167
下肢短縮……………………189
過失相殺……………262, 289, 298, 314
──の意義……………………289
──の対象となる損害……………295
──の法的性質……………………297
過失相殺後控除説……………………263
過失相殺率……………………295
　過失割合と──……………………295
過失相殺類推適用説……………………306
過失の主要事実……………………7
貸主の責任否定要素……………………41
歌手……………………177
過剰診療……………………120
家事労働加算……………………171
肩代わり分……………………147
仮定の利益状態……………………107
稼働可能期間……………………224
仮渡金……………………5
簡易生命表……………………415
管轄裁判所……………………387
間接反証説……………………36
完全非控除説……………………279

き

既往症減額基準……………………319
期間制限……………………369
企業損害……………………160, 162
危険運転致死傷罪……………………1

器質的障害……………………196
義手……………………130
帰責相当性の判断……………………10
義足……………………130
基礎収入……………140, 174, 213
──の確定……………………180
規範的要件説……………………35
記名被保険者等に生じた人身損害………360
客観的過失論……………………6
客観的関連共同説……………………323
客観的容認説……………………48
嗅覚の障害……………………186
休業損害……………139, 142, 160
──の算出方法……………………140
休車損……………………343
給付型……………………247
給与所得……………………142
行政上の責任……………………1
強制保険………3, 28, 121, 181, 183, 347
共同運行供用者……………53, 90, 300
──の他人性……………………88, 98
共同不法行為……………………321
──と過失相殺……………………334
──と自賠責保険……………………274
──と免除（債権放棄）の効力
　……………………382
──の効果……………………332
──の成立……………………321
共同不法行為論の現状……………………322
共同暴走行為……………………293
許諾被保険者……………………357
寄与度……………………314
義理の妹……………………235
近親者付添人……………………124
近親者の慰謝料請求権……………………234
近親者の固有慰謝料……………………243

く

具体説……………………33
首の長い女性事件……………………310
車椅子……………………130
車自体説……………………69

け

経済的一体性の判断要素⋯⋯⋯⋯⋯⋯⋯⋯163
経済的全損⋯⋯⋯⋯⋯⋯⋯⋯⋯⋯⋯337, 338
刑事記録⋯⋯⋯⋯⋯⋯⋯⋯⋯⋯⋯⋯⋯⋯390
刑事責任⋯⋯⋯⋯⋯⋯⋯⋯⋯⋯⋯⋯⋯⋯⋯1
頸椎後縦靱帯骨化症事件⋯⋯⋯⋯⋯⋯310
欠陥車⋯⋯⋯⋯⋯⋯⋯⋯⋯⋯⋯⋯⋯⋯⋯103
欠損障害⋯⋯⋯⋯⋯⋯⋯⋯⋯⋯⋯⋯⋯⋯196
減額率⋯⋯⋯⋯⋯⋯⋯⋯⋯⋯⋯⋯⋯⋯⋯315
研究会基準⋯⋯⋯⋯⋯⋯⋯⋯⋯⋯315, 319
兼業主婦⋯⋯⋯⋯⋯⋯⋯⋯⋯⋯⋯⋯⋯⋯168
健康保険診療の可否⋯⋯⋯⋯⋯⋯⋯⋯121
健康保険に係る療養給付⋯⋯⋯⋯⋯⋯265
現実監督説⋯⋯⋯⋯⋯⋯⋯⋯⋯⋯⋯⋯⋯16
現実収入がある場合⋯⋯⋯⋯⋯⋯⋯⋯141
現実的利益状態⋯⋯⋯⋯⋯⋯⋯⋯⋯⋯107
減収なければ損害なし⋯⋯⋯⋯⋯107, 116
限定的控除説⋯⋯⋯⋯⋯⋯⋯⋯⋯⋯⋯252
原動機説⋯⋯⋯⋯⋯⋯⋯⋯⋯⋯⋯⋯⋯⋯65
権利放棄条項⋯⋯⋯⋯⋯⋯⋯⋯⋯⋯⋯381
権利・利益侵害⋯⋯⋯⋯⋯⋯⋯⋯⋯⋯⋯9

こ

故意⋯⋯⋯⋯⋯⋯⋯⋯⋯⋯⋯⋯⋯⋯⋯⋯359
　　──の意義⋯⋯⋯⋯⋯⋯⋯⋯⋯⋯⋯358
公安委員会⋯⋯⋯⋯⋯⋯⋯⋯⋯⋯⋯⋯⋯1
後遺症慰謝料⋯⋯⋯⋯⋯⋯⋯⋯⋯⋯⋯242
後遺障害⋯⋯⋯⋯⋯⋯⋯⋯⋯⋯⋯⋯⋯185
　　──の意義⋯⋯⋯⋯⋯⋯⋯⋯⋯⋯179
　　──への拡張⋯⋯⋯⋯⋯⋯⋯⋯⋯235
後遺障害等級の認定⋯⋯⋯⋯⋯⋯⋯⋯181
後遺障害別等級表⋯⋯⋯⋯⋯⋯⋯⋯⋯394
後遺障害非該当の場合⋯⋯⋯⋯⋯⋯242
後遺症が残存する場合⋯⋯⋯⋯⋯⋯370
後遺症（障害）逸失利益⋯⋯116, 179, 206, 220
　　──の算出方法⋯⋯⋯⋯⋯⋯⋯⋯179
好意同乗減額⋯⋯⋯⋯⋯⋯⋯⋯⋯289, 300
好意同乗と共同不法行為⋯⋯⋯⋯⋯301
高額診療⋯⋯⋯⋯⋯⋯⋯⋯⋯⋯⋯⋯⋯120
交叉的不法行為⋯⋯⋯⋯⋯⋯⋯⋯⋯118
工事請負契約⋯⋯⋯⋯⋯⋯⋯⋯⋯⋯⋯59
高次脳機能障害⋯⋯⋯⋯⋯⋯⋯125, 191

控除の時的範囲⋯⋯⋯⋯⋯⋯⋯⋯⋯258
控除の主観的範囲⋯⋯⋯⋯⋯⋯⋯⋯261
厚生年金⋯⋯⋯⋯⋯⋯⋯⋯⋯⋯⋯⋯⋯255
交通事故証明書⋯⋯⋯⋯⋯⋯⋯⋯⋯389
交通事故と医療過誤の競合⋯⋯⋯⋯329
交通事故紛争処理センター⋯⋯⋯376, 385
交通費⋯⋯⋯⋯⋯⋯⋯⋯⋯⋯⋯⋯⋯⋯129
香典⋯⋯⋯⋯⋯⋯⋯⋯⋯⋯⋯⋯⋯⋯⋯134
構内自動車⋯⋯⋯⋯⋯⋯⋯⋯⋯⋯⋯⋯28
　　──と政府保障事業⋯⋯⋯⋯⋯368
抗弁説⋯⋯⋯⋯⋯⋯⋯⋯⋯⋯⋯⋯⋯⋯34
公務員災害補償⋯⋯⋯⋯⋯⋯⋯⋯⋯255
高齢者⋯⋯⋯⋯⋯⋯⋯⋯⋯⋯⋯⋯⋯⋯224
高齢主婦⋯⋯⋯⋯⋯⋯⋯⋯⋯⋯⋯⋯⋯168
国民年金⋯⋯⋯⋯⋯⋯⋯⋯⋯⋯⋯⋯⋯255
個人営業主⋯⋯⋯⋯⋯⋯⋯⋯⋯⋯⋯153
　　──の逸失利益算定⋯⋯⋯⋯⋯148
固定経費⋯⋯⋯⋯⋯⋯⋯⋯⋯⋯⋯⋯⋯154
子の所有車両による事故についての親の責任
　　⋯⋯⋯⋯⋯⋯⋯⋯⋯⋯⋯⋯⋯⋯⋯61
子の友人⋯⋯⋯⋯⋯⋯⋯⋯⋯⋯⋯⋯⋯40
個別損害項目積み上げ方式⋯⋯108, 110, 116
固有装置説⋯⋯⋯⋯⋯⋯⋯⋯⋯⋯⋯⋯65
固有装置の範囲⋯⋯⋯⋯⋯⋯⋯⋯⋯67
コンタクトレンズ⋯⋯⋯⋯⋯⋯⋯⋯130

さ

債権侵害説⋯⋯⋯⋯⋯⋯⋯⋯⋯⋯⋯163
財産的損害⋯⋯⋯⋯⋯⋯⋯⋯⋯110, 116
再調達価格⋯⋯⋯⋯⋯⋯⋯⋯⋯⋯⋯339
裁判基準差額説⋯⋯⋯⋯⋯⋯⋯⋯⋯281
裁判外紛争処理機関⋯⋯⋯⋯⋯⋯⋯385
債務不存在確認訴訟⋯⋯⋯⋯⋯⋯⋯390
在留資格⋯⋯⋯⋯⋯⋯⋯⋯⋯⋯⋯⋯⋯432
差額説⋯⋯⋯⋯⋯⋯⋯⋯⋯⋯⋯107, 175
鎖骨の変形⋯⋯⋯⋯⋯⋯⋯⋯⋯⋯⋯187
山王川事件⋯⋯⋯⋯⋯⋯⋯⋯⋯⋯⋯323

し

歯牙障害⋯⋯⋯⋯⋯⋯⋯⋯⋯⋯⋯⋯⋯187
事業執行性⋯⋯⋯⋯⋯⋯⋯⋯⋯⋯⋯14
事業所得者⋯⋯⋯⋯⋯⋯⋯⋯⋯⋯⋯153
時効完成後の承認⋯⋯⋯⋯⋯⋯⋯375

事項索引　495

時効の中断‥‥‥‥‥‥‥‥‥‥‥298, 374
時効の停止‥‥‥‥‥‥‥‥‥‥‥‥‥374
自己過失‥‥‥‥‥‥‥‥‥‥‥‥‥‥289
事故減価額証明書‥‥‥‥‥‥‥‥‥‥340
事故後の被扶養者の変動‥‥‥‥‥‥‥220
事故時基準説‥‥‥‥‥‥‥‥‥‥‥‥196
事故時説‥‥‥‥‥‥‥‥‥‥‥‥‥‥197
事故当時における価格‥‥‥‥‥‥‥‥339
事故と無関係な後発的事情による死亡‥‥199
事故の寄与度‥‥‥‥‥‥‥‥‥315, 317
自己のための運行‥‥‥‥‥‥‥‥‥‥35
事故を防止すべき責任を負う者‥‥‥‥‥31
自殺の寄与基準‥‥‥‥‥‥‥‥‥‥‥320
事実説‥‥‥‥‥‥‥‥‥‥‥‥‥‥‥33
事実的因果関係‥‥‥‥‥‥‥‥‥‥‥10
支出節約型‥‥‥‥‥‥‥‥‥‥247, 251
死傷損害説‥‥‥‥‥‥‥‥‥‥‥‥‥108
自損事故保険‥‥‥‥‥‥‥‥‥‥‥‥361
下請負人‥‥‥‥‥‥‥‥‥‥‥‥‥‥60
示談‥‥‥‥‥‥‥‥‥‥‥‥‥380, 383
示談代行‥‥‥‥‥‥‥‥‥‥‥360, 375
疾患‥‥‥‥‥‥‥‥‥‥‥‥‥‥‥‥312
──と身体的特徴の区別‥‥‥‥‥‥‥312
失業者‥‥‥‥‥‥‥‥‥‥‥‥‥‥‥172
指定紛争処理機関‥‥‥‥‥‥‥‥‥‥6
児童‥‥‥‥‥‥‥‥‥‥‥‥‥169, 217
自動車‥‥‥‥‥‥‥‥‥‥‥‥‥‥‥26
自動車改造費‥‥‥‥‥‥‥‥‥‥‥‥132
自動車事故対策機構‥‥‥‥‥‥‥‥‥287
自動車修理業者‥‥‥‥‥‥‥‥‥‥‥55
自動車重量税‥‥‥‥‥‥‥‥‥‥‥‥344
自動車取得税‥‥‥‥‥‥‥‥‥‥‥‥344
自動車税‥‥‥‥‥‥‥‥‥‥‥‥‥‥344
自動車損害賠償保障法（自賠法）‥‥‥1, 2
自賠責保険（共済）‥‥‥‥3, 28, 167, 181, 183,
　　　　　238, 259, 272, 347, 373
──で非該当とされた後遺障害‥‥‥‥195
──における後遺障害等級認定と消滅時効の
　起算点‥‥‥‥‥‥‥‥‥‥‥‥‥373
──の支払要件と被保険者‥‥‥‥‥‥4
──の締結強制‥‥‥‥‥‥‥‥‥‥‥3
──の適用除外車‥‥‥‥‥‥‥‥3, 347
──の取扱い‥‥‥‥‥‥‥‥‥‥‥‥51

自賠責保険会社（自賠社）‥‥‥‥‥‥388
自賠責保険・共済紛争処理機構‥‥‥‥6, 355
自賠責保険支払基準‥‥‥‥‥‥‥‥‥401
自賠法2条1項‥‥‥‥‥‥‥‥‥‥‥26
自賠法2条2項‥‥‥‥‥‥‥‥‥‥64, 69
自賠法2条3項‥‥‥‥‥‥‥‥‥‥‥97
自賠法2条4項‥‥‥‥‥‥‥‥‥‥‥85
自賠法3条‥‥‥‥‥2, 15, 26, 47, 50, 61, 83, 85, 88,
　　　　　91, 93, 97, 99, 300, 348, 361, 366
自賠法5条‥‥‥‥‥‥‥‥‥‥‥‥‥347
自賠法11条‥‥‥‥‥‥‥‥‥‥‥‥‥84
自賠法15条‥‥‥‥‥‥‥‥‥‥349, 377
自賠法15条請求‥‥‥‥‥‥‥‥‥‥349
自賠法16条‥‥‥44, 50, 83, 183, 285, 360, 375, 376
──の直接請求権‥‥‥‥‥‥‥‥‥‥138
自賠法16条請求‥‥‥‥‥‥‥‥‥4, 350
自賠法16条の3‥‥‥‥‥‥‥‥‥‥‥354
自賠法19条‥‥‥‥‥‥‥‥‥‥‥‥376
自賠法23条の5‥‥‥‥‥‥‥‥‥‥‥355
自賠法72条1項‥‥‥‥‥‥‥‥231, 377
自賠法75条‥‥‥‥‥‥‥‥‥‥‥‥378
支払基準の法定化‥‥‥‥‥‥‥‥5, 354
事物管轄‥‥‥‥‥‥‥‥‥‥‥‥‥‥387
死亡慰謝料‥‥‥‥‥‥‥‥‥‥‥‥‥243
死亡逸失利益‥‥‥‥‥‥116, 212, 247, 252
社会的全損‥‥‥‥‥‥‥‥‥‥337, 338
車外の第三者‥‥‥‥‥‥‥‥‥‥‥‥97
社会保険給付‥‥‥‥‥‥‥‥‥‥‥‥252
若年の給与所得者‥‥‥‥‥‥‥‥‥‥218
車庫出入り説‥‥‥‥‥‥‥‥‥‥‥‥69
車両保険‥‥‥‥‥‥‥‥‥‥‥‥‥‥365
重過失減額‥‥‥‥‥‥‥‥‥‥‥‥‥356
従業員所有車両‥‥‥‥‥‥‥‥‥‥‥56
自由業者‥‥‥‥‥‥‥‥‥‥‥‥‥‥160
就職遅延‥‥‥‥‥‥‥‥‥‥‥‥‥‥170
自由診療‥‥‥‥‥‥‥‥‥‥‥‥‥‥121
修正差額説‥‥‥‥‥‥‥‥‥‥‥‥‥116
修理費‥‥‥‥‥‥‥‥‥‥‥‥‥‥‥337
就労可能年数‥‥‥‥‥‥‥‥‥‥‥‥410
主観的過失論‥‥‥‥‥‥‥‥‥‥‥‥7
宿泊費‥‥‥‥‥‥‥‥‥‥‥‥‥‥‥129
主婦‥‥‥‥‥‥‥‥‥‥‥‥‥‥‥‥167
準所有者‥‥‥‥‥‥‥‥‥‥‥‥‥‥97

傷害慰謝料……………………239
障害者…………………………177
　　——の慰謝料………………178
障害年金………………………214
　　——の加給分………………216
消極損害………………………108
使用者責任……………1, 14, 56
症状固定後の治療費…………123
症状固定時説…………………196
　　——の妥当性………………198
症状の固定……………………179
使用貸借の貸主…………………39
商法14条…………………………60
消滅時効………………………369
　　——と除斥期間の違い……369
　　——の起算点………………370
賞与……………………………144
将来の逸失利益……139, 141, 142, 177
将来の介護料……………124, 209
将来の定期昇給………………144
将来のベースアップ…………143
職業付添人………………123, 124
植物状態…………………126, 220
女性の平均賃金………………171
除斥期間………………………369
所得補償保険金………………277
所有権留保付売買……………341
所有権留保特約付売主…………53
所有者……………………38, 40
　　——の責任……………………94
所有者以外の者…………………55
事理弁識能力…………………289
白トラ…………………………166
心因性加重……………………307
心因的要因………………307, 313
　　——による減額基準………319
人件費…………………………159
申告外収入の取扱い…………153
人傷一括払い…………………284
身障者用ベッド………………130
人身事故…………………………1
人身傷害補償保険……………365
人身傷害補償保険金…………279

人身損害………………28, 110, 116
真正間接損害……………147, 160
真正の過失……………………289
親戚………………………………40
新責任肯定説…………………100
身体的特徴………309, 312, 313
心的外傷後ストレス障害……189
信頼の原則………………………8

す

スポーツ選手…………………177

せ

生活費…………………………252
生活費控除………………206, 219
生活費控除率……………216, 219
生活保護法による扶助費……288
生活保障説……………………110
請求異議の訴え………………210
請求原因説………………………33
税金……………………………251
制裁的機能……………………236
精神的損害………………110, 116
製造物責任の肩代わり………104
生徒………………………169, 217
政府保障事業……6, 260, 347, 366
生命侵害………………………234
生命保険金……………………277
脊柱の変形……………………187
責任充足的因果関係……………10
責任主体……………………26, 83
責任設定的因果関係……………10
責任能力…………13, 102, 103, 105
積極損害…………108, 120, 209
窃取………………………………49
専業主婦…………………167, 218
専業主夫………………………168
専従者給与………………153, 159
専従者控除……………………159
全損………………………337, 338
全年齢平均給与額……………414
先履行主義……………………349
全労働者平均賃金……………172

事項索引　　497

そ

素因競合の諸相……………………………305
素因減額…………………………………314
素因減責…………………………………304
　　──と本来的過失相殺の実施方法………309
　　──の可否…………………………………190
素因原則考慮説…………………………304
素因原則不考慮説……………………304, 306
相関関係説………………………………10
葬儀関係費………………………………133
装具・器具等購入費……………………130
走行装置説………………………………66
相殺禁止…………………………………117
相殺合意…………………………………119
相殺後控除説……………………………262
操縦・操作………………………………69
相続構成…………………………………229
相対的過失相殺……………………303, 334
相当因果関係…………………11, 77, 200, 201
相当因果関係説…………………………163
訴訟物……………………………………116, 391
その運行…………………………………35
損益相殺…………………………………247
損害………………………………………10, 107
　　──の金銭的評価…………………………11
　　──の算定…………………………………11
　　──の填補…………………………………247
　　──の発生…………………………………10
　　──を知った時……………………………370
損害填補説………………………………236
損害賠償請求権…………………………369
損害賠償請求訴訟………………………387
損害賠償の範囲…………………………10
損害範囲の因果関係……………………10
損害保険料率算出機構…………………355
そんぽ ADR センター…………………386

た

代位………………………………………250
　　──と損益相殺の異同……………………249
対応原則…………………………………253
　　──の単位…………………………………256

──の不考慮……………………………273
代行運転…………………………………52
代行運転契約……………………………96
胎児が死亡した場合の慰謝料…………244
体質的素因………………………………308
胎児の損害賠償請求権…………………245
代車………………………………………39, 342
退職金……………………………………145
退職金規程の必要性……………………145
退職金差額………………………………145
退職年金…………………………………213
対人賠償保険……………………………276, 357
代替労働のための支出…………………168
第二事故による死亡……………………203
対物賠償保険……………………………276, 365
代理監督者………………………………15
他人（性）……………27, 45, 50, 83, 84, 101
玉掛け作業………………………………86
短期消滅時効……………………………6
短縮障害…………………………………196
男女別賃金格差…………………………171

ち

遅延損害金………………………………117, 134
注意義務…………………………………102
中間利息…………………………………196
　　──の控除…………………………………224, 247
中間利息控除の起算点…………………196
中古車……………………………………339
駐車場内の事故…………………………295
抽象説……………………………………34
駐停車と「運行」………………………70
注文者の責任……………………………59
腸骨の採取………………………………186
調度品購入費……………………………132
重複取得型………………………………250
重複填補…………………………………247, 250
直接請求権………………………………360
治療費の支払方法………………………121
賃金センサス………………154, 170, 422

つ

通院交通費………………………………129

498　　事項索引

通院実日数⋯⋯⋯⋯⋯⋯⋯⋯240
通院付添費⋯⋯⋯⋯⋯⋯⋯⋯123
通常損害⋯⋯⋯⋯⋯⋯⋯⋯⋯11
付添看護費⋯⋯⋯⋯⋯⋯⋯⋯123
妻は「他人」事件⋯⋯⋯⋯⋯⋯83

て

定期金賠償⋯⋯⋯⋯⋯⋯⋯⋯225
定期金賠償方式⋯⋯⋯⋯⋯⋯126
定期昇給⋯⋯⋯⋯⋯⋯⋯⋯⋯143
低髄液圧症候群⋯⋯⋯⋯192,193
転付命令と条件成就⋯⋯⋯⋯349
填補金請求権の差押禁止⋯⋯⋯6

と

同一の事由⋯⋯⋯⋯⋯⋯⋯⋯253
当該装置⋯⋯⋯⋯⋯⋯⋯⋯⋯65
当事者⋯⋯⋯⋯⋯⋯⋯⋯⋯387
搭乗者傷害保険⋯⋯⋯⋯278,361
搭乗者傷害保険金⋯⋯⋯⋯⋯278
同乗者の帰責性⋯⋯⋯⋯⋯⋯300
東洋医学による施術費⋯⋯⋯122
登録事項証明書⋯⋯⋯⋯⋯⋯390
登録手続関係費⋯⋯⋯⋯⋯⋯344
特殊自動車の固有装置⋯⋯⋯⋯67
特段の事情⋯⋯⋯⋯⋯⋯⋯94,96
特別支給金⋯⋯⋯⋯⋯⋯⋯⋯257
特別室使用料⋯⋯⋯⋯⋯⋯⋯122
特別損害⋯⋯⋯⋯⋯⋯⋯⋯⋯11
土地管轄⋯⋯⋯⋯⋯⋯⋯⋯⋯387
泥棒運転⋯⋯⋯⋯⋯⋯⋯⋯⋯46

な

内縁⋯⋯⋯⋯⋯⋯⋯⋯⋯232,292
「なおったとき」⋯⋯⋯⋯⋯⋯179

に

二元説⋯⋯⋯⋯⋯⋯⋯⋯⋯⋯29
日弁連交通事故相談センター⋯⋯⋯⋯376,385
荷物の積み下ろし⋯⋯⋯⋯⋯⋯86
入院雑費⋯⋯⋯⋯⋯⋯⋯⋯⋯129
入院付添費⋯⋯⋯⋯⋯⋯⋯⋯123
入通院慰謝料⋯⋯⋯⋯⋯239,241

「によって」⋯⋯⋯⋯⋯⋯⋯⋯77
任意（自動車）保険⋯⋯101,348,357
任意保険会社⋯⋯⋯⋯⋯⋯⋯388
　　──に対する直接請求権⋯137
任意保険基準⋯⋯⋯⋯⋯⋯⋯239

ね

年金現価表⋯⋯⋯⋯⋯⋯225,228
年金受給権の喪失⋯⋯⋯222,224
年金の逸失利益性⋯⋯⋯⋯⋯213
年金未受給者⋯⋯⋯⋯⋯⋯⋯215
年齢別平均給与額⋯⋯⋯⋯⋯414

は

売春行為⋯⋯⋯⋯⋯⋯⋯⋯⋯166
反射性交感神経ジストロフィー⋯190

ひ

PTSD⋯⋯⋯⋯⋯⋯⋯⋯⋯⋯189
被害運行供用者⋯⋯⋯⋯⋯88,91
被害者⋯⋯⋯⋯⋯⋯205,304,350
　　──に意思能力が欠けているとき⋯390
　　──の遺族⋯⋯⋯⋯⋯⋯⋯205
　　──の自殺⋯⋯⋯⋯⋯⋯⋯200
　　──の承諾⋯⋯⋯⋯⋯⋯⋯105
　　──の素因⋯⋯⋯⋯⋯⋯⋯304
　　──の直接請求権⋯⋯⋯⋯350
　　──の被用者の過失⋯⋯⋯294
被害者側の過失⋯⋯⋯⋯290,291
被害者車外型⋯⋯⋯⋯⋯⋯⋯98
被害者請求⋯⋯⋯⋯⋯⋯5,350
被害者請求権⋯⋯⋯⋯⋯⋯⋯376
　　──の差押禁止⋯⋯⋯⋯⋯5
控え目算定判決⋯⋯⋯⋯⋯⋯217
ひき逃げ事故⋯⋯⋯⋯⋯⋯⋯366
腓骨の偽関節⋯⋯⋯⋯⋯⋯⋯188
非財産的損害⋯⋯⋯⋯⋯108,110
非接触事故⋯⋯⋯⋯⋯⋯12,79
脾臓喪失⋯⋯⋯⋯⋯⋯⋯⋯⋯188
評価根拠事実⋯⋯⋯⋯⋯⋯⋯7
評価障害事実⋯⋯⋯⋯⋯⋯⋯7
評価説⋯⋯⋯⋯⋯⋯⋯⋯⋯109
評価損⋯⋯⋯⋯⋯⋯⋯⋯⋯340

事項索引　　499

評価段階説……………………………110
病死…………………………………201
平林基準……………………………315, 320
便乗……………………………………95

ふ

ファイナンス・リース………………54
フォークリフト………………………70
不可抗力……………………………105
複数車両が関与する事故……………70
扶助料………………………………215
不真正間接損害……………………147
不真正連帯債務……………………332
普通恩給……………………………214
物件損害……………………………110, 337
物損事故………………………………1
物損の訴訟物………………………117
物的設備……………………………160
物理的全損…………………………337
不当利得返還請求の可否…………210
不法行為……………………………296
　　──に基づく損害賠償請求…………117, 118
扶養利益……………………………231
　　──の算定………………………232
不労所得……………………………141
紛争解決手段………………………380
分損…………………………………337

へ

平均賃金……………………………168, 170
平均余命年数………………………412
併合…………………………………195
併合管轄……………………………387
ベースアップ………………………143
ペットの死傷………………………345, 346
変形障害……………………………196
弁護士費用…………………………134, 136
弁済供託……………………………349

ほ

包括・一律請求方式………………112
法人化されていない場合…………161
法定監督義務者に準ずべき者………17

法的地位説……………………………34
法の適用に関する通則法17条…………174
法律要件分類説………………………36
保険オンブズマン……………………386
保険金額………………………………4
保険契約者等の悪意…………………349
保険法………………………………366
歩行者と自転車の事故………………295
保護の客体……………………………83
保障金請求権………………………377
補助道具論……………………………76
ホステス……………………………177
ホフマン係数表……………………426, 429
ホフマン式…………………………225
　　──に対する批判………………225
保有者………4, 29, 48, 84, 86, 92, 97, 348, 350
保有者同乗・被害者車内型…………95, 97
保有者非同乗・被害者車内型…………92

ま

真明堂薬局事件……………………161
松葉杖………………………………130

み

味覚の障害…………………………186
民事上の責任…………………………1
民事損害賠償責任……………………1
民法422条…………………………248
民法695条…………………………380
民法709条…………………2, 6, 101, 235, 247
　　──に基づく損害賠償責任…………72
　　──の特則………………………26
民法710条…………………………235, 345
民法711条…………………………234, 236
　　──の類推適用…………………235
民法712条…………………………13
民法713条…………………………13
民法715条…………………14, 47, 60, 85
　　──に関する判断………………48
民法716条…………………………59
民法719条…………………321, 324, 325
民法720条…………………………14
民法721条…………………………245

500　　　事項索引

民法 722 条 2 項⋯⋯⋯⋯⋯⋯⋯⋯⋯⋯289
民法 886 条⋯⋯⋯⋯⋯⋯⋯⋯⋯⋯⋯⋯245
民法（債権法）改正案⋯⋯⋯⋯369, 374, 375
　　──と中間利息控除の起算点⋯⋯⋯198
　　──の中間利息控除の利率⋯⋯⋯⋯227
　　──の法定利率⋯⋯⋯⋯⋯⋯⋯⋯135
民法上の和解⋯⋯⋯⋯⋯⋯⋯⋯⋯⋯⋯380

む

無償貸出⋯⋯⋯⋯⋯⋯⋯⋯⋯⋯⋯⋯⋯39
無断運転⋯⋯⋯⋯⋯⋯⋯⋯⋯⋯⋯⋯⋯42
無断運転者⋯⋯⋯⋯⋯⋯⋯⋯⋯⋯⋯⋯43
むち打ち損傷⋯⋯⋯⋯⋯⋯⋯⋯⋯⋯⋯192
無保険車⋯⋯⋯⋯⋯⋯⋯⋯⋯⋯⋯⋯⋯28
無保険車傷害保険⋯⋯⋯⋯⋯⋯⋯⋯⋯363

め

名義貸与者⋯⋯⋯⋯⋯⋯⋯⋯⋯⋯⋯59, 63
名義残り⋯⋯⋯⋯⋯⋯⋯⋯⋯⋯⋯⋯⋯60
明示的一部請求許容説⋯⋯⋯⋯⋯⋯⋯298
眼鏡⋯⋯⋯⋯⋯⋯⋯⋯⋯⋯⋯⋯⋯⋯130
免責⋯⋯⋯⋯⋯⋯⋯⋯⋯⋯⋯⋯⋯⋯⋯4
免責型⋯⋯⋯⋯⋯⋯⋯⋯⋯⋯⋯⋯⋯250
免責事故⋯⋯⋯⋯⋯⋯⋯⋯⋯⋯⋯⋯105
免責証書⋯⋯⋯⋯⋯⋯⋯⋯⋯⋯⋯⋯380
免責事由（要件）⋯⋯⋯⋯⋯102, 104, 105
メンテナンス・リース⋯⋯⋯⋯⋯⋯⋯54

も

元請負人⋯⋯⋯⋯⋯⋯⋯⋯⋯⋯⋯⋯⋯60
元被用者⋯⋯⋯⋯⋯⋯⋯⋯⋯⋯⋯⋯⋯39

や

役員報酬⋯⋯⋯⋯⋯⋯⋯⋯⋯⋯⋯⋯⋯148

ゆ

有給休暇の利用⋯⋯⋯⋯⋯⋯⋯⋯⋯⋯146
遊休車⋯⋯⋯⋯⋯⋯⋯⋯⋯⋯⋯⋯⋯343
有償貸出⋯⋯⋯⋯⋯⋯⋯⋯⋯⋯⋯⋯⋯38
友人夫妻⋯⋯⋯⋯⋯⋯⋯⋯⋯⋯⋯⋯⋯40

よ

養育費⋯⋯⋯⋯⋯⋯⋯⋯⋯⋯⋯⋯⋯251

幼児⋯⋯⋯⋯⋯⋯⋯⋯⋯⋯⋯⋯169, 217
容認⋯⋯⋯⋯⋯⋯⋯⋯⋯⋯⋯⋯⋯⋯32
予見可能性⋯⋯⋯⋯⋯⋯⋯⋯⋯⋯⋯8, 24
予算制約論⋯⋯⋯⋯⋯⋯⋯⋯⋯⋯⋯25
余命期間の認定⋯⋯⋯⋯⋯⋯⋯⋯⋯126
代々木トルコ風呂事件⋯⋯⋯⋯⋯89, 93

ら

ライプニッツ係数表⋯⋯⋯⋯410, 412, 426, 429
ライプニッツ式⋯⋯⋯⋯⋯⋯⋯⋯⋯225

り

リース会社⋯⋯⋯⋯⋯⋯⋯⋯⋯⋯⋯53
リース契約⋯⋯⋯⋯⋯⋯⋯⋯⋯⋯⋯341
留年費用⋯⋯⋯⋯⋯⋯⋯⋯⋯⋯⋯⋯170
留保条項⋯⋯⋯⋯⋯⋯⋯⋯⋯⋯⋯⋯381

れ

連帯債務⋯⋯⋯⋯⋯⋯⋯⋯⋯⋯⋯⋯332
レンタカー業者⋯⋯⋯⋯⋯⋯⋯⋯⋯38

ろ

労災保険⋯⋯⋯⋯⋯⋯⋯⋯⋯⋯⋯⋯383
労災保険給付⋯⋯⋯⋯⋯⋯⋯⋯254, 267
労働対価部分の認定⋯⋯⋯⋯⋯⋯⋯150
労働能力⋯⋯⋯⋯⋯⋯⋯⋯⋯⋯⋯⋯108
労働能力喪失期間⋯⋯⋯⋯⋯⋯⋯⋯195
労働能力喪失説⋯⋯⋯⋯⋯⋯⋯⋯⋯107
労働能力喪失率⋯⋯⋯180, 181, 184, 185, 394
労務価額説⋯⋯⋯⋯⋯⋯⋯⋯⋯148, 155
老齢年金⋯⋯⋯⋯⋯⋯⋯⋯⋯⋯⋯⋯214

わ

和解⋯⋯⋯⋯⋯⋯⋯⋯⋯⋯⋯⋯⋯⋯380
　　──の確定効⋯⋯⋯⋯⋯⋯⋯⋯380
若杉基準⋯⋯⋯⋯⋯⋯⋯⋯⋯⋯315, 318
渡辺基準（方式）⋯⋯⋯⋯⋯⋯314, 317
割合的因果関係論⋯⋯⋯⋯⋯⋯⋯⋯306

事項索引　　501

判例索引

■ 大審院

大判大正 15 年 5 月 22 日民集 5 巻 386 頁……………………………………………………11

大判昭和 7 年 10 月 6 日民集 11 巻 2023 頁 ……………………………………………………245

大判昭和 9 年 10 月 15 日民集 13 巻 1874 頁…………………………………………………323

■ 最高裁判所

最二小判昭和 28 年 11 月 20 日民集 7 巻 11 号 1229 頁 ………………………………………238

最一小判昭和 32 年 2 月 7 日裁判集民 25 号 383 頁……………………………………………238

最三小判昭和 32 年 3 月 26 日民集 11 巻 3 号 543 頁・判タ 69 号 63 頁……………………326

最一小判昭和 33 年 7 月 17 日民集 12 巻 12 号 1751 頁………………………………………343

最三小判昭和 33 年 8 月 5 日民集 12 巻 12 号 1901 頁・判時 157 号 12 頁…………………235

最二小判昭和 34 年 2 月 20 日民集 13 巻 2 号 209 頁・判時 178 号 3 頁……………………298

最一小判昭和 34 年 11 月 26 日民集 13 巻 12 号 1573 頁・判時 206 号 14 頁………………291

最二小判昭和 37 年 8 月 10 日民集 16 巻 8 号 1720 頁…………………………………………298

最三小判昭和 37 年 9 月 4 日民集 16 巻 9 号 1834 頁・判タ 139 号 51 頁…………………135

最二小判昭和 37 年 12 月 14 日民集 16 巻 12 号 2368 頁・判タ 141 号 49 頁………………61

最三小判昭和 38 年 6 月 4 日民集 17 巻 5 号 716 頁・判タ 151 号 72 頁…………383, 384

最一小判昭和 39 年 1 月 28 日民集 18 巻 1 号 136 頁・判時 363 号 10 頁…………………234

最三小判昭和 39 年 2 月 4 日民集 18 巻 2 号 252 頁・判タ 159 号 181 頁……………14, 15

最三小判昭和 39 年 2 月 11 日民集 18 巻 2 号 315 頁・判タ 160 号 69 頁……………33, 42

最大判昭和 39 年 6 月 24 日民集 18 巻 5 号 854 頁・判タ 166 号 105 頁…………289, 290

最三小判昭和 39 年 6 月 24 日民集 18 巻 5 号 874 頁・判タ 166 号 106 頁………208, 217

最二小判昭和 39 年 9 月 25 日民集 18 巻 7 号 1528 頁・判タ 168 号 94 頁…………………277

最一小判昭和 39 年 10 月 29 日民集 18 巻 8 号 1823 頁・判タ 170 号 120 頁………………166

最二小判昭和 39 年 12 月 4 日民集 18 巻 10 号 2043 頁………………………………………31

最二小判昭和 40 年 9 月 17 日民集 19 巻 6 号 1533 頁・判タ 183 号 99 頁…………………391

最二小判昭和 41 年 4 月 15 日裁判集民 83 号 201 頁……………………………………………42

最三小判昭和 41 年 6 月 21 日民集 20 巻 5 号 1078 頁・判タ 194 号 83 頁…………………297

最二小判昭和 41 年 11 月 18 日民集 20 巻 9 号 1886 頁・判タ 202 号 103 頁………………332

最三小判昭和 42 年 5 月 30 日民集 21 巻 4 号 961 頁・判タ 208 号 108 頁…………………16

最三小判昭和 42 年 6 月 27 日民集 21 巻 6 号 1507 頁・判タ 209 号 143 頁………………291

最三小判昭和 42 年 7 月 18 日民集 21 巻 6 号 1559 頁・判タ 210 号 148 頁………………371

最二小判昭和 42 年 9 月 29 日裁判集民 88 号 629 頁・判タ 211 号 152 頁…………………300

最二小判昭和 42 年 11 月 10 日民集 21 巻 9 号 2352 頁・判タ 215 号 94 頁………113, 182

最一小判昭和 42 年 11 月 30 日民集 21 巻 9 号 2477 頁・判タ 216 号 118 頁………………118

最一小判昭和 42 年 11 月 30 日民集 21 巻 9 号 2512 頁・判タ 215 号 94 頁………………42

最二小判昭和 43 年 3 月 15 日民集 22 巻 3 号 587 頁・判タ 218 号 125 頁…………………381

最三小判昭和 43 年 4 月 23 日民集 22 巻 4 号 964 頁・判タ 222 号 102 頁…………………323

最二小判昭和 43 年 8 月 2 日民集 22 巻 8 号 1525 頁・判タ 227 号 131 頁…………………156

最三小判昭和 43 年 8 月 27 日民集 22 巻 8 号 1704 頁・判タ 226 号 78 頁 ……………………… 144
最三小判昭和 43 年 9 月 24 日裁判集民 92 号 369 頁・判タ 228 号 112 頁 ……………………… 30, 31
最三小判昭和 43 年 10 月 8 日民集 22 巻 10 号 2125 頁・判タ 228 号 114 頁 ……………………… 66
最三小判昭和 43 年 10 月 18 日判タ 228 号 115 頁 …………………………………………… 31, 55
最二小判昭和 43 年 10 月 18 日裁判集民 92 号 625 頁 ……………………………………………… 130
最二小判昭和 43 年 11 月 15 日民集 22 巻 12 号 2614 頁・判タ 229 号 153 頁 …………………… 161
最三小判昭和 43 年 12 月 17 日裁判集民 93 号 677 頁・判タ 230 号 178 頁 ……………………… 219
最三小判昭和 43 年 12 月 24 日民集 22 巻 13 号 3454 頁・判タ 230 号 170 頁 …………………… 297
最二小判昭和 44 年 1 月 31 日裁判集民 94 号 155 頁 ……………………………………………… 31
最二小判昭和 44 年 3 月 28 日民集 23 巻 3 号 680 頁・判タ 234 号 127 頁 ………………………… 85
最二小判昭和 44 年 9 月 12 日民集 23 巻 9 号 1654 頁・判タ 240 号 143 頁 ………………… 31, 42, 55
最一小判昭和 44 年 9 月 18 日民集 23 巻 9 号 1699 頁・判タ 240 号 144 頁 ………………………… 59
最三小判昭和 44 年 12 月 23 日裁判集民 97 号 921 頁・判タ 243 号 199 頁 ……………………… 173
最一小判昭和 45 年 1 月 22 日民集 24 巻 1 号 40 頁・判タ 244 号 157 頁 ………………… 103, 104
最一小判昭和 45 年 2 月 26 日裁判集民 98 号 255 頁 ……………………………………………… 134
最二小判昭和 45 年 2 月 27 日裁判集民 98 号 295 頁・判時 586 号 57 頁 ………………………… 59
最一小判昭和 45 年 7 月 16 日裁判集民 100 号 197 頁・判時 600 号 89 頁 ………………………… 31
最二小判昭和 45 年 7 月 24 日民集 24 巻 7 号 1177 頁・判タ 253 号 162 頁 ……………………… 252
最一小判昭和 45 年 8 月 20 日民集 24 巻 9 号 1268 頁・判タ 252 号 135 頁 ……………………… 23
最三小判昭和 46 年 1 月 26 日民集 25 巻 1 号 102 頁・判タ 260 号 212 頁 ………………………… 39
最三小判昭和 46 年 1 月 26 日民集 25 巻 1 号 126 頁・判タ 260 号 214 頁 ………………………… 53
最三小判昭和 46 年 1 月 26 日裁判集民 102 号 137 頁・判時 621 号 35 頁 ………………………… 40
最三小判昭和 46 年 4 月 6 日裁判集民 102 号 401 頁・判時 630 号 62 頁 ………………………… 58
最三小判昭和 46 年 6 月 29 日民集 25 巻 4 号 650 頁・判タ 265 号 99 頁 ………………………… 288
最一小判昭和 46 年 7 月 1 日民集 25 巻 5 号 727 頁・判タ 266 号 176 頁 ……………………… 32, 42
最三小判昭和 46 年 11 月 9 日民集 25 巻 8 号 1160 頁・判タ 269 号 100 頁 ……………………… 38
最三小判昭和 46 年 11 月 16 日民集 25 巻 8 号 1209 頁・判タ 271 号 180 頁 ……………………… 39
最三小判昭和 46 年 12 月 7 日裁判集民 104 号 583 頁・判時 657 号 46 頁 ………………………… 61
最三小判昭和 46 年 12 月 7 日裁判集民 104 号 595 頁・判時 657 号 50 頁 ………………………… 61
最三小判昭和 47 年 5 月 30 日民集 26 巻 4 号 898 頁・判タ 278 号 106 頁 ………………………… 83
最三小判昭和 47 年 5 月 30 日民集 26 巻 4 号 939 頁・判タ 278 号 145 頁 ………………………… 12
最一小判昭和 47 年 10 月 5 日民集 26 巻 8 号 1367 頁・判タ 285 号 158 頁 ……………………… 31, 54
最三小判昭和 48 年 1 月 30 日裁判集民 108 号 119 頁・判時 695 号 64 頁 ………………………… 40
最一小判昭和 48 年 4 月 5 日民集 27 巻 3 号 419 頁・判タ 299 号 298 頁 …………… 116, 117, 298, 299
最一小判昭和 48 年 6 月 7 日民集 27 巻 6 号 681 頁 ……………………………………………… 11
最二小判昭和 48 年 7 月 6 日裁判集民 109 号 473 頁・判タ 300 号 207 頁 …………………… 27, 28, 348
最二小判昭和 48 年 11 月 16 日民集 27 巻 10 号 1374 頁 ………………………………………… 370
最二小判昭和 48 年 11 月 16 日裁判集民 110 号 469 頁・交民 6 巻 6 号 1693 頁 ………………… 182
最一小判昭和 48 年 12 月 20 日民集 27 巻 11 号 1611 頁・判時 737 号 40 頁 ………………… 31, 46, 47
最二小判昭和 49 年 3 月 22 日民集 28 巻 2 号 347 頁 …………………………………………… 21, 22
最二小判昭和 49 年 4 月 15 日民集 28 巻 3 号 385 頁 …………………………………… 337, 338, 339
最一小判昭和 49 年 4 月 25 日民集 28 巻 3 号 447 頁 …………………………………………… 11, 130
最三小判昭和 49 年 6 月 28 日民集 28 巻 5 号 666 頁・判タ 311 号 140 頁 ………………………… 118

判例索引　　503

最三小判昭和 49 年 7 月 16 日民集 28 巻 5 号 732 頁・判タ 312 号 209 頁 ·················· 62,63
最二小判昭和 49 年 7 月 19 日民集 28 巻 5 号 872 頁・判タ 311 号 134 頁 ················ 167,218
最一小判昭和 49 年 9 月 26 日裁判集民 112 号 709 頁 ··· 371
最三小判昭和 49 年 12 月 17 日民集 28 巻 10 号 2040 頁 ··· 234,235
最三小判昭和 50 年 1 月 31 日民集 29 巻 1 号 68 頁・判タ 319 号 129 頁 ··························· 248
最一小判昭和 50 年 5 月 29 日裁判集民 115 号 33 頁・判時 783 号 107 頁 ·························· 38
最一小判昭和 50 年 6 月 26 日民集 29 巻 6 号 851 頁・判タ 325 号 189 頁 ·························· 25
最三小判昭和 50 年 7 月 8 日裁判集民 115 号 257 頁・交民 8 巻 4 号 905 頁 ···················· 167
最一小判昭和 50 年 9 月 11 日裁判集民 116 号 27 頁・判時 797 号 100 頁 ·························· 61
最二小判昭和 50 年 10 月 24 日民集 29 巻 9 号 1379 頁・判タ 329 号 127 頁 ···················· 261
最三小判昭和 50 年 11 月 4 日民集 29 巻 10 号 1501 頁・判タ 330 号 256 頁 ····················· 89
最三小判昭和 50 年 11 月 28 日民集 29 巻 10 号 1818 頁・判タ 330 号 258 頁 ·········· 31,60,62
最一小判昭和 51 年 3 月 25 日民集 30 巻 2 号 160 頁・判タ 336 号 220 頁 ························ 292
最一小判昭和 52 年 5 月 2 日裁判集民 120 号 567 頁 ·· 99
最一小判昭和 52 年 9 月 22 日民集 31 巻 5 号 767 頁・判タ 354 号 253 頁 ····················· 57,58
最三小判昭和 52 年 9 月 22 日裁判集民 121 号 281 頁 ·· 42,99
最三小判昭和 52 年 9 月 22 日裁判集民 121 号 289 頁 ·· 99
最一小判昭和 52 年 11 月 24 日民集 31 巻 6 号 918 頁・判タ 357 号 231 頁 ·················· 65,66
最一小判昭和 52 年 12 月 22 日裁判集民 122 号 565 頁・判時 878 号 60 頁 ······················ 56
最二小判昭和 52 年 12 月 23 日民集 31 巻 7 号 1570 頁・判タ 359 号 209 頁 ····················· 60
最三小判昭和 53 年 7 月 4 日民集 32 巻 5 号 809 頁・判タ 370 号 68 頁 ··························· 24
最三小判昭和 53 年 8 月 29 日交民 11 巻 4 号 941 頁 ·· 40
最二小判昭和 53 年 10 月 20 日民集 32 巻 7 号 1500 頁・判タ 371 号 60 頁 ····················· 251
最三小判昭和 54 年 7 月 24 日裁判集民 127 号 287 頁・判タ 406 号 91 頁 ························ 77
最三小判昭和 54 年 12 月 4 日民集 33 巻 7 号 723 頁・判タ 406 号 83 頁 ························ 367
最三小判昭和 55 年 6 月 10 日判タ 424 号 82 頁 ·· 99
最三小判昭和 56 年 2 月 17 日裁判集民 132 号 149 頁・判タ 437 号 100 頁 ····················· 293
最三小判昭和 56 年 3 月 24 日民集 35 巻 2 号 271 頁・判タ 440 号 83 頁 ················· 349,377
最二小判昭和 56 年 11 月 13 日判タ 457 号 82 頁 ··· 67
最一小判昭和 56 年 12 月 16 日判時 1025 号 39 頁 ·· 24
最三小判昭和 56 年 12 月 22 日民集 35 巻 9 号 1350 頁・判タ 463 号 126 頁 ·············· 113,114
最三小判昭和 57 年 1 月 19 日民集 36 巻 1 号 1 頁・判タ 463 号 123 頁 ····················· 75,134
最一小判昭和 57 年 3 月 4 日裁判集民 135 号 269 頁・判タ 470 号 121 頁 ······················ 332
最二小判昭和 57 年 4 月 2 日裁判集民 135 号 641 頁・判タ 470 号 118 頁 ····················· 49,99
最三小判昭和 57 年 4 月 27 日判タ 471 号 99 頁 ·· 99
最二小判昭和 57 年 11 月 26 日民集 36 巻 11 号 2318 頁・判タ 485 号 65 頁 ·················· 31,93
最二小判昭和 58 年 2 月 18 日裁判集民 138 号 141 頁・判タ 494 号 72 頁 ················· 357,358
最一小判昭和 58 年 2 月 24 日裁判集民 138 号 217 頁・判タ 495 号 79 頁 ······················ 20
最三小判昭和 58 年 9 月 6 日民集 37 巻 7 号 901 頁・判タ 509 号 123 頁 ······················ 136
最二小判昭和 62 年 1 月 19 日民集 41 巻 1 号 1 頁・判タ 629 号 95 頁 ························· 171
最二小判昭和 62 年 2 月 6 日裁判集民 150 号 75 頁・判タ 638 号 137 頁 ············ 127,128,225
最二小判昭和 62 年 7 月 10 日民集 41 巻 5 号 1202 頁・判タ 658 号 81 頁 ····················· 253
最一小判昭和 62 年 10 月 22 日自保ジャーナル 748 号 ·· 50

504　　判例索引

最一小判昭和 62 年 12 月 17 日裁判集民 152 号 281 頁 ···················· 196
最一小判昭和 63 年 4 月 21 日民集 42 巻 4 号 243 頁・判タ 667 号 99 頁 ·················· 307
最一小判昭和 63 年 6 月 16 日民集 42 巻 5 号 414 頁・判タ 681 号 111 頁 ·············· 2, 71, 72
最一小判昭和 63 年 6 月 16 日裁判集民 154 号 177 頁・判タ 685 号 151 頁 ············ 67, 68, 73
最二小判昭和 63 年 6 月 17 日自保ジャーナル 762 号 1 頁 ···················· 221
最二小判昭和 63 年 7 月 1 日民集 42 巻 6 号 451 頁・判タ 676 号 65 頁 ·················· 333
最一小判平成元年 1 月 19 日裁判集民 156 号 55 頁・判タ 690 号 116 頁 ················· 277
最三小判平成元年 4 月 11 日民集 43 巻 4 号 209 頁・判タ 697 号 186 頁 ················· 262
最三小判平成元年 4 月 20 日民集 43 巻 4 号 234 頁・判タ 698 号 195 頁 ·············· 349, 351
最三小判平成元年 6 月 6 日交民 22 巻 3 号 551 頁 ····························· 56
最一小判平成元年 12 月 21 日民集 43 巻 12 号 2209 頁・判タ 753 号 84 頁 ·············· 369
最三小判平成 3 年 4 月 23 日自保ジャーナル 905 号 2 頁 ························· 81
最一小判平成 3 年 11 月 19 日裁判集民 163 号 487 頁・判タ 774 号 135 頁 ················ 8
最二小判平成 4 年 4 月 24 日交民 25 巻 2 号 283 頁 ···························· 99
最一小判平成 4 年 6 月 25 日民集 46 巻 4 号 400 頁・判タ 813 号 198 頁 ················· 308
最二小判平成 4 年 12 月 18 日裁判集民 166 号 953 頁・判タ 808 号 165 頁 ··············· 350
最三小判平成 5 年 3 月 16 日裁判集民 168 号 21 頁・判タ 820 号 191 頁 ··········· 6, 29, 368
最大判平成 5 年 3 月 24 日民集 47 巻 4 号 3039 頁・判タ 853 号 63 頁 ········ 213, 255, 258, 271
最三小判平成 5 年 3 月 30 日民集 47 巻 4 号 3262 頁・判タ 842 号 153 頁 ··············· 358
最三小判平成 5 年 4 月 6 日民集 47 巻 6 号 4505 頁・判タ 832 号 73 頁 ················· 230
最一小判平成 5 年 9 月 9 日裁判集民 169 号 603 頁・判タ 832 号 276 頁 ·············· 200, 201
最三小判平成 5 年 9 月 21 日裁判集民 169 号 793 頁・判タ 832 号 70 頁 ················ 214
最三小判平成 6 年 11 月 22 日判タ 867 号 169 頁 ····························· 99
最一小判平成 6 年 11 月 24 日交民 27 巻 6 号 1553 頁 ·························· 221
最一小判平成 6 年 11 月 24 日裁判集民 173 号 431 頁・判タ 867 号 165 頁 ············ 332, 382
最三小判平成 7 年 1 月 24 日民集 49 巻 1 号 25 頁・判タ 872 号 186 頁 ················· 102
最二小判平成 7 年 1 月 30 日民集 49 巻 1 号 211 頁・判タ 874 号 126 頁 ················ 278
最三小判平成 7 年 4 月 25 日裁判集民 175 号 123 頁・判タ 884 号 128 頁 ··············· 349
最三小判平成 7 年 5 月 30 日交民 28 巻 3 号 701 頁 ···························· 99
最二小判平成 7 年 7 月 7 日民集 49 巻 7 号 1870 頁・判タ 892 号 124 頁 ················· 25
最二小判平成 7 年 7 月 14 日交民 28 巻 4 号 963 頁 ··························· 136
最一小判平成 7 年 9 月 28 日交民 28 巻 5 号 1255 頁 ··························· 74
最二小判平成 8 年 2 月 23 日民集 50 巻 2 号 249 頁・判タ 904 号 57 頁 ················· 257
最三小判平成 8 年 3 月 5 日民集 50 巻 3 号 383 頁・判タ 910 号 76 頁 ················· 378
最一小判平成 8 年 4 月 25 日民集 50 巻 5 号 1221 頁・交民 29 巻 2 号 302 頁 ············· 202
最二小判平成 8 年 5 月 31 日民集 50 巻 6 号 1323 頁・交民 29 巻 3 号 649 頁 ······ 203, 204, 206
最三小判平成 8 年 10 月 29 日民集 50 巻 9 号 2474 頁・判タ 931 号 164 頁 ············ 310, 311
最三小判平成 8 年 10 月 29 日交民 29 巻 5 号 1272 頁 ························· 310
最一小判平成 8 年 12 月 19 日交民 29 巻 6 号 1615 頁 ·························· 79
最三小判平成 9 年 1 月 28 日民集 51 巻 1 号 78 頁・判タ 934 号 216 頁 ·············· 175, 176
最二小判平成 9 年 7 月 11 日民集 51 巻 6 号 2573 頁・判タ 958 号 93 頁 ················ 236
最三小判平成 9 年 9 月 9 日裁判集民 185 号 217 頁・判タ 955 号 139 頁 ················ 293
最二小判平成 9 年 10 月 31 日民集 51 巻 9 号 3962 頁・判タ 959 号 156 頁 ······· 31, 52, 95, 96

判例索引　505

最一小判平成 9 年 11 月 27 日裁判集民 186 号 227 頁・判タ 960 号 95 頁……………………40
最二小判平成 10 年 6 月 12 日民集 52 巻 4 号 1087 頁・判タ 980 号 85 頁……………………369
最一小判平成 10 年 9 月 10 日民集 52 巻 6 号 1494 頁・判タ 985 号 126 頁………………382, 383
最一小判平成 10 年 9 月 10 日裁判集民 189 号 819 頁・判タ 986 号 189 頁…………………273
最三小判平成 11 年 1 月 29 日裁判集民 191 号 265 頁・判タ 1002 号 122 頁………………274
最二小判平成 11 年 7 月 16 日裁判集民 193 号 493 頁・判タ 1011 号 81 頁………………86, 87
最二小判平成 11 年 10 月 22 日民集 53 巻 7 号 1211 頁・判タ 1016 号 98 頁……………214, 216
最一小判平成 11 年 12 月 20 日民集 53 巻 9 号 2038 頁・判タ 1021 号 123 頁…………203, 209
最一小判平成 12 年 3 月 9 日民集 54 巻 3 号 960 頁・判タ 1037 号 101 頁…………………351
最一小判平成 12 年 9 月 7 日裁判集民 199 号 477 頁・判タ 1045 号 120 頁………………232
最二小判平成 12 年 9 月 8 日金法 1595 号 63 頁……………………………………………273
最三小判平成 12 年 11 月 14 日民集 54 巻 9 号 2683 頁・判タ 1049 号 220 頁………………215
最三小判平成 12 年 11 月 14 日裁判集民 200 号 155 頁・判タ 1049 号 218 頁………………215
最三小判平成 13 年 3 月 13 日民集 55 巻 2 号 328 頁・判タ 1059 号 59 頁……… 303, 323, 329, 330, 334
最三小判平成 14 年 1 月 29 日民集 56 巻 1 号 218 頁・判タ 1086 号 108 頁………………370
最三小決平成 14 年 7 月 9 日交民 35 巻 4 号 917 頁…………………………………………172
最三小決平成 14 年 7 月 9 日交民 35 巻 4 号 921 頁…………………………………………172
最二小判平成 15 年 7 月 11 日民集 57 巻 7 号 815 頁・判タ 1133 号 118 頁………………335
最二小判平成 16 年 12 月 20 日裁判集民 215 号 987 頁・判タ 1173 号 154 頁…255, 256, 261, 269, 272
最二小判平成 16 年 12 月 24 日裁判集民 215 号 1109 頁・判タ 1174 号 252 頁……………373
最一小判平成 17 年 6 月 2 日民集 59 巻 5 号 901 頁・判タ 1183 号 234 頁…………………265
最三小判平成 17 年 6 月 14 日民集 59 巻 5 号 983 頁・判タ 1185 号 109 頁………………226
最二小判平成 18 年 2 月 24 日裁判集民 219 号 541 頁・判タ 1206 号 177 頁………………22
最三小判平成 18 年 3 月 28 日民集 60 巻 3 号 875 頁・判タ 1207 号 73 頁…………………364
最一小判平成 18 年 3 月 30 日民集 60 巻 3 号 1242 頁・判タ 1207 号 70 頁………………5, 354
最三小判平成 19 年 4 月 24 日裁判集民 224 号 261 頁・判タ 1240 号 118 頁………………292
最三小判平成 19 年 5 月 29 日裁判集民 224 号 449 頁・判タ 1255 号 183 頁………………79, 361
最三小判平成 20 年 2 月 19 日民集 62 巻 2 号 534 頁・判タ 1268 号 123 頁…………275, 352
最一小判平成 20 年 3 月 27 日裁判集民 227 号 585 頁・判タ 1267 号 156 頁………………314
最二小判平成 20 年 7 月 4 日交民 41 巻 4 号 839 頁…………………………………………293
最二小判平成 20 年 9 月 12 日裁判集民 228 号 639 頁・判タ 1280 号 110 頁………32, 43, 44, 95, 98
最三小判平成 21 年 4 月 28 日民集 63 巻 4 号 853 頁・判タ 1299 号 134 頁………………369
最三小決平成 21 年 9 月 29 日交民 42 巻 1 号 18 頁…………………………………………295
最一小判平成 21 年 12 月 17 日民集 63 巻 10 号 2566 頁・判タ 1315 号 90 頁…………260, 368
最三小判平成 22 年 3 月 2 日裁判集民 233 号 181 頁・判タ 1321 号 74 頁…………………23
最一小判平成 22 年 9 月 13 日民集 64 巻 6 号 1626 頁・判タ 1337 号 92 頁………256, 267, 272, 276
最二小判平成 22 年 10 月 15 日裁判集民 235 号 65 頁………………………………………267, 272
最一小判平成 24 年 2 月 20 日民集 66 巻 2 号 742 頁・判タ 1366 号 83 頁………281, 282, 283
最二小判平成 24 年 4 月 27 日裁判集民 240 号 223 頁・判タ 1371 号 133 頁……………364, 365
最三小判平成 24 年 5 月 29 日裁判集民 240 号 261 頁・判タ 1374 号 100 頁………………281
最一小判平成 24 年 10 月 11 日裁判集民 241 号 75 頁・判タ 1384 号 118 頁………………355
最大判平成 27 年 3 月 4 日民集 69 巻 2 号 178 頁・判タ 1414 号 140 頁……………269, 273
最一小判平成 27 年 4 月 9 日民集 69 巻 3 号 455 頁・判タ 1415 号 69 頁…………………17

最三小判平成 28 年 3 月 1 日自保ジャーナル 1963 号 5 頁···17, 18
最二小判平成 28 年 3 月 4 日自保ジャーナル 1963 号 1 頁···························64, 82, 362, 363

■ 高等裁判所

広島高岡山支判昭和 37 年 1 月 22 日民集 22 巻 8 号 1549 頁···156
東京高判昭和 38 年 11 月 27 日高民集 16 巻 8 号 734 頁··16
大阪高判昭和 40 年 10 月 26 日下民集 16 巻 10 号 1636 頁··107
大阪高判昭和 41 年 3 月 17 日判タ 191 号 85 頁···144
大阪高判昭和 43 年 7 月 5 日民集 24 巻 1 号 51 頁・判タ 225 号 183 頁···························104
札幌高判昭和 47 年 12 月 26 日民集 28 巻 3 号 399 頁··339
高松高判昭和 48 年 4 月 10 日民集 28 巻 5 号 739 頁・判タ 306 号 238 頁·························62
福岡高宮崎支判昭和 49 年 3 月 27 日民集 29 巻 1 号 80 頁···248
東京高判昭和 49 年 7 月 30 日民集 29 巻 10 号 1516 頁··89
名古屋高判昭和 49 年 11 月 20 日判タ 295 号 153 頁··24
福岡高宮崎支判昭和 50 年 1 月 20 日交民 8 巻 6 号 1606 頁··63
名古屋高判昭和 51 年 6 月 29 日民集 31 巻 6 号 936 頁··65
広島高松江支判昭和 51 年 6 月 30 日民集 31 巻 5 号 782 頁··58
大阪高判昭和 53 年 10 月 17 日交民 15 巻 1 号 16 頁···75
東京高判昭和 53 年 12 月 19 日判タ 382 号 116 頁···115
東京高判昭和 55 年 9 月 4 日判タ 430 号 132 頁··93
大阪高判昭和 55 年 12 月 23 日交民 14 巻 6 号 1261 頁··67
名古屋高判昭和 56 年 7 月 16 日判タ 473 号 233 頁··50
仙台高判昭和 57 年 1 月 27 日交民 15 巻 1 号 37 頁・判タ 469 号 241 頁·······················152
東京高判昭和 59 年 1 月 23 日交民 17 巻 1 号 16 頁···93
札幌高判昭和 60 年 2 月 13 日交民 18 巻 1 号 27 頁···338
東京高判昭和 61 年 5 月 28 日判タ 617 号 134 頁··72
高松高判昭和 61 年 9 月 30 日交民 22 巻 3 号 564 頁··56
東京高判昭和 62 年 3 月 31 日判タ 645 号 226 頁··50
東京高判昭和 63 年 1 月 26 日判タ 671 号 220 頁··81
東京高判昭和 63 年 4 月 25 日金判 920 号 34 頁···309
福岡高判平成 2 年 4 月 17 日訟月 37 巻 5 号 909 頁···150
札幌高判平成 4 年 11 月 26 日交民 29 巻 6 号 1621 頁··79
東京高判平成 4 年 12 月 21 日金判 940 号 29 頁···200
福岡高宮崎支判平成 4 年 12 月 25 日交民 29 巻 5 号 1262 頁···310
大阪高判平成 5 年 5 月 27 日交民 29 巻 5 号 1291 頁··310
東京高判平成 6 年 11 月 29 日判タ 884 号 173 頁···178
広島高判平成 6 年 12 月 15 日交民 27 巻 6 号 1569 頁··74
福岡高那覇支判平成 8 年 11 月 19 日交民 32 巻 4 号 1000 頁··87
大阪高判平成 9 年 4 月 30 日交民 30 巻 2 号 378 頁··310
大阪高判平成 9 年 11 月 28 日 LEX/DB28040354···210
東京高判平成 10 年 4 月 28 日判タ 995 号 207 頁···330
大阪高判平成 12 年 8 月 9 日交民 33 巻 4 号 1132 頁···81
高松高判平成 12 年 9 月 7 日自保ジャーナル 1399 号 2 頁···169

判例索引　　507

高松高判平成 13 年 10 月 22 日判時 1789 号 92 頁 ……………………… 100

仙台高判平成 14 年 1 月 24 日判時 1778 号 86 頁 ……………………………81

東京高判平成 15 年 7 月 29 日判時 1838 号 69 頁 …………………………… 128

福岡高判平成 18 年 4 月 11 日 LLI/DB06121057 …………………………… 128

仙台高判平成 18 年 8 月 30 日交民 40 巻 3 号 586 頁 …………………… 80, 361

大阪高判平成 19 年 2 月 27 日交民 40 巻 1 号 49 頁 …………………………78

名古屋高判平成 19 年 3 月 22 日交民 41 巻 5 号 1095 頁 …………………………44

東京高判平成 19 年 11 月 29 日民集 64 巻 6 号 1689 頁 …………………… 276

東京高判平成 20 年 3 月 13 日判時 2004 号 143 頁 ………………………… 284

札幌高判平成 20 年 4 月 18 日自保ジャーナル 1739 号 2 頁 …………………23

東京高判平成 20 年 5 月 29 日自保ジャーナル 1799 号 5 頁 ……………… 379

名古屋高判平成 20 年 9 月 30 日交民 41 巻 5 号 1186 頁 …………… 345, 346

名古屋高判平成 21 年 2 月 12 日交民 42 巻 1 号 1 頁 ……………………… 294

名古屋高判平成 21 年 3 月 19 日交民 41 巻 5 号 1097 頁 ………… 46, 95, 98

東京高判平成 22 年 10 月 20 日判タ 1344 号 176 頁 ……………………… 193

福岡高判平成 23 年 12 月 12 日判時 2151 号 31 頁 ………………………… 129

大阪高判平成 24 年 6 月 7 日高民集 65 巻 1 号 1 頁・判タ 1389 号 259 頁 …… 283

東京高判平成 25 年 5 月 22 日交民 46 巻 6 号 1701 頁 …………………………80

■ 地方裁判所

東京地判昭和 42 年 12 月 8 日判タ 216 号 171 頁 ………………………… 165

宮崎地判昭和 43 年 4 月 8 日民集 29 巻 1 号 76 頁 ………………………… 248

金沢地判昭和 43 年 10 月 23 日交民 1 巻 4 号 1216 頁 …………………… 276

横浜地判昭和 44 年 8 月 18 日交民 2 巻 4 号 1121 頁 ……………………… 230

横浜地川崎支判昭和 46 年 3 月 15 日判タ 261 号 248 頁 ………………… 290

名古屋地判昭和 48 年 3 月 30 日判タ 295 号 153 頁 …………………………24

津地四日市支判昭和 49 年 11 月 18 日民集 31 巻 6 号 924 頁 ………………65

福井地武生支判昭和 52 年 3 月 25 日交民 10 巻 2 号 473 頁 ……………… 121

東京地判昭和 52 年 9 月 27 日交民 10 巻 5 号 1372 頁 …………………………27

大阪地判昭和 52 年 10 月 28 日交民 15 巻 1 号 9 頁 …………………………76

名古屋地判昭和 54 年 1 月 31 日交民 12 巻 1 号 157 頁 …………………… 166

大阪地判昭和 54 年 6 月 29 日判時 948 号 87 頁 …………………………… 349

東京地判昭和 55 年 12 月 23 日判時 993 号 68 頁 …………………………………80

東京地判昭和 58 年 12 月 23 日交民 16 巻 6 号 1734 頁 …………………………54

大阪地判昭和 59 年 1 月 24 日交民 17 巻 1 号 67 頁 ……………………… 253

大阪地判昭和 60 年 6 月 28 日判タ 565 号 170 頁 ………………………… 121

札幌地判昭和 60 年 7 月 10 日自保ジャーナル 628 号 ………………………… 151

大阪地判昭和 61 年 1 月 30 日交民 19 巻 1 号 132 頁 ……………………… 343

東京地判昭和 61 年 5 月 15 日判タ 620 号 149 頁 ………………………… 130

松山地判昭和 61 年 5 月 26 日交民 19 巻 3 号 688 頁 ……………………… 141

東京地判昭和 61 年 5 月 27 日判タ 621 号 162 頁 ………………………… 149

大阪地判昭和 62 年 5 月 29 日判タ 660 号 203 頁 …………………………………39

神戸地判昭和 63 年 5 月 27 日交民 21 巻 3 号 539 頁 ……………………… 147

東京地判平成元年 3 月 14 日判タ 691 号 51 頁……………………………………………120
東京地判平成元年 9 月 7 日判タ 729 号 191 頁……………………………………………308
東京地判平成元年 11 月 21 日判タ 717 号 180 頁……………………………………321, 322
仙台地判平成元年 12 月 6 日判タ 722 号 259 頁……………………………………………81
東京地判平成 2 年 3 月 13 日判タ 722 号 84 頁……………………………………………342
大阪地判平成 2 年 9 月 17 日判時 1377 号 76 頁……………………………………………78
甲府地判平成 3 年 1 月 22 日判タ 754 号 195 頁……………………………………………81
東京地判平成 3 年 4 月 26 日判時 1409 号 84 頁………………………………………245, 246
千葉地判平成 3 年 8 月 30 日判時 1404 号 105 頁…………………………………………78
神戸地判平成 3 年 9 月 4 日判タ 791 号 209 頁……………………………………………54
横浜地判平成 4 年 3 月 5 日判タ 789 号 213 頁……………………………………………178
神戸地判平成 4 年 8 月 21 日交民 25 巻 4 号 954 頁………………………………………342
大阪地判平成 4 年 8 月 28 日交民 25 巻 4 号 993 頁………………………………………340
東京地判平成 4 年 9 月 24 日判タ 806 号 181 頁…………………………………………177
大阪地判平成 5 年 9 月 27 日交民 26 巻 5 号 1215 頁………………………………………39
和歌山地判平成 6 年 12 月 20 日交民 27 巻 6 号 1858 頁……………………………………39
新潟地判平成 7 年 11 月 29 日交民 28 巻 6 号 1638 頁………………………………………37
東京地判平成 7 年 12 月 14 日判タ 909 号 214 頁……………………………………………40
東京地判平成 8 年 7 月 31 日交民 29 巻 4 号 1132 頁………………………………………137
東京地判平成 8 年 9 月 19 日判タ 925 号 269 頁……………………………………………78
富山地判平成 9 年 2 月 28 日判タ 946 号 257 頁……………………………………………81
東京地判平成 9 年 7 月 24 日判タ 958 号 241 頁…………………………………………391
大阪地判平成 10 年 2 月 24 日自保ジャーナル 1261 号 2 頁………………………………337
神戸地判平成 10 年 3 月 19 日交民 31 巻 2 号 377 頁………………………………………38
東京地判平成 10 年 3 月 19 日判タ 969 号 226 頁……………………………………221, 222
大阪地判平成 10 年 6 月 29 日判タ 1039 号 206 頁………………………………………133
東京地判平成 12 年 3 月 31 日交民 33 巻 2 号 681 頁………………………………………287
大阪地判平成 13 年 7 月 13 日交民 34 巻 4 号 906 頁………………………………………220
東京地判平成 14 年 7 月 17 日判時 1792 号 92 頁…………………………………………189
東京地判平成 14 年 10 月 24 日判時 1805 号 96 頁…………………………………………40
名古屋地判平成 15 年 3 月 24 日判時 1830 号 108 頁……………………………………266
東京地判平成 15 年 7 月 24 日判タ 1135 号 184 頁………………………………………127
東京地判平成 15 年 8 月 4 日交民 36 巻 4 号 1028 頁………………………………………344
東京地判平成 15 年 8 月 28 日交民 36 巻 4 号 1091 頁……………………………………271
東京地判平成 15 年 12 月 18 日交民 36 巻 6 号 1623 頁……………………………………164
東京地判平成 17 年 2 月 24 日交民 38 巻 1 号 275 頁………………………………………129
大阪地判平成 17 年 7 月 25 日交民 38 巻 4 号 1032 頁……………………………………126
神戸地判平成 19 年 10 月 1 日自保ジャーナル 1743 号 2 頁………………………………154
大阪地判平成 19 年 12 月 10 日判タ 1274 号 200 頁………………………………………122
東京地判平成 19 年 12 月 20 日交民 40 巻 6 号 166 頁……………………………………169
横浜地判平成 20 年 2 月 15 日自保ジャーナル 1736 号 15 頁……………………………190
東京地判平成 20 年 6 月 5 日 LLI/DB06331560……………………………………………295
大阪地判平成 21 年 3 月 24 日交民 42 巻 2 号 418 頁………………………………………194

判例索引　　509

東京地判平成 21 年 10 月 2 日自保ジャーナル 1816 号 35 頁……………………………… 132
東京地判平成 21 年 10 月 27 日自保ジャーナル 1823 号 57 頁……………………………… 154
東京地判平成 21 年 11 月 24 日交民 42 巻 6 号 1540 頁…………………………………………… 13
東京地判平成 21 年 12 月 22 日交民 42 巻 6 号 1669 頁………………………………………… 286
東京地判平成 21 年 12 月 25 日自保ジャーナル 1826 号 39 頁……………………………… 341
東京地判平成 22 年 1 月 29 日 LLI/DB06530038……………………………………………………… 193
名古屋地判平成 22 年 3 月 5 日判時 2079 号 83 頁…………………………………………………… 130
東京地判平成 22 年 3 月 26 日交民 43 巻 2 号 455 頁…………………………………………… 276
東京地判平成 22 年 6 月 24 日判時 2082 号 149 頁………………………………………………… 106
東京地判平成 22 年 7 月 22 日交民 43 巻 4 号 911 頁…………………………………………… 122
東京地判平成 22 年 7 月 28 日 LLI/DB06530396………………………………………………………… 22
札幌地判平成 22 年 12 月 3 日自保ジャーナル 1844 号 34 頁……………………………… 123
横浜地判平成 23 年 10 月 18 日判時 2131 号 86 頁…………………………………………………… 14
横浜地判平成 23 年 11 月 30 日交民 44 巻 6 号 1499 頁………………………………………… 342
名古屋地判平成 23 年 12 月 8 日交民 44 巻 6 号 1527 頁…………………………………………… 14
富山地判平成 24 年 1 月 26 日自保ジャーナル 1867 号 1 頁………………………………… 192
横浜地判平成 24 年 7 月 30 日交民 45 巻 4 号 922 頁…………………………………………… 168
東京地判平成 24 年 9 月 6 日 LEX/DB25496887……………………………………………………… 346
東京地判平成 24 年 10 月 11 日判タ 1386 号 265 頁……………………………………………… 129
東京地判平成 24 年 12 月 6 日判タ 1391 号 261 頁………………………………………………… 80
東京地判平成 25 年 1 月 30 日交民 46 巻 1 号 176 頁…………………………………………… 169
東京地判平成 25 年 3 月 7 日判タ 1394 号 250 頁……………………………………………… 14, 37
大阪地判平成 25 年 6 月 28 日交民 46 巻 3 号 842 頁…………………………………………… 151
神戸地判平成 25 年 7 月 4 日判時 2197 号 84 頁……………………………………………… 21, 295
名古屋地判平成 25 年 7 月 9 日交通事故紛争処理センター新判例紹介 16865 号………………… 341
大阪地判平成 26 年 1 月 9 日交通事故紛争処理センター新判例紹介 17811 号………………… 137
大阪地判平成 26 年 6 月 26 日交民 47 巻 3 号 784 頁…………………………………………… 133
名古屋地判平成 26 年 12 月 26 日自保ジャーナル 1941 号 42 頁………………………… 264
さいたま地判平成 27 年 3 月 20 日判時 2255 号 96 頁………………………………………… 194
東京地判平成 27 年 3 月 26 日自保ジャーナル 1950 号 1 頁……………………………… 155

□著者紹介

北河　隆之（きたがわ　たかゆき）

［略歴］
1951 年生まれ
1975 年 10 月　司法試験合格
1976 年 3 月　東京都立大学法学部法律学科卒業
1976 年 4 月　第 30 期司法修習生として採用される
1978 年 4 月　弁護士登録（東京弁護士会）
2000 年 4 月　明海大学不動産学部教授に着任
2004 年 4 月　琉球大学大学院法務研究科（法科大学院）教授に
着任

［現在］
メトロポリタン法律事務所主宰，琉球大学大学院法務研究科教授，
財団法人交通事故紛争処理センター嘱託弁護士，社団法人生命保
険協会裁定審査会委員（議長）

［主な著書］
『逐条解説 自動車損害賠償保障法』（中西茂・小賀野晶一・八島
宏平との共著，弘文堂・2014 年）
『詳説後遺障害―等級認定と逸失利益算定の実務』（八島宏平・川
谷良太郎との共著，創耕舎・2014 年）
『判例にみる工作物・営造物責任』（柳憲一郎との共著，新日本法
規出版・2005 年）
『詳解 後遺障害逸失利益―裁判例の分析と新基準試案』（藤村和
夫との共著，ぎょうせい・1996 年）など

交通事故損害賠償法［第 2 版］

2011（平成23）年 4 月 15 日　初　版 1 刷発行
2016（平成28）年 6 月 15 日　第 2 版 1 刷発行

著　者　北河　隆之

発行者　鯉渕　友南

発行所　株式会社　弘文堂　　101-0062 東京都千代田区神田駿河台 1 の 7
　　　　　　　　　　　　　　TEL 03(3294)4801　振替 00120-6-53909
　　　　　　　　　　　　　　http://www.koubundou.co.jp

装　丁　青山　修作

印　刷　三　陽　社

製　本　井上製本所

© 2016 Takayuki Kitagawa. Printed in Japan

JCOPY 〈(社)出版者著作権管理機構　委託出版物〉
本書の無断複写は著作権法上での例外を除き禁じられています。複写される場合は，
そのつど事前に，(社)出版者著作権管理機構（電話 03-3513-6969、FAX 03-3513-6979、
e-mail: info@jcopy.or.jp）の許諾を得てください。
また本書を代行業者等の第三者に依頼してスキャンやデジタル化することは、たとえ
個人や家庭内での利用であっても一切認められておりません。

ISBN 978-4-335-35659-9

| 法律実務を 正しく理解するために—— | 弘文堂の『法律実務』 |

名誉毀損の法律実務【第2版】
弁護士 佃 克彦◎著

■名誉毀損の訴訟実務のすべてを1冊に。

名誉毀損訴訟に精通する弁護士による書。重要な判例の網羅はもちろんのこと、各論点に対する学説、実務の原則等も詳解。　　　　　　　　　　4,000円

プライバシー権・肖像権の法律実務【第2版】
弁護士 佃 克彦◎著

■プライバシー権・肖像権の最新実務が充実。

近年、インターネット上でも問題となっているプライバシー権や肖像権侵害に関する法律実務について、判例・学説を中心に丁寧に解説。　　　　　　4,300円

税務訴訟の法律実務【第2版】
弁護士 木山泰嗣◎著

■税務訴訟実務のすべてが1冊に。

税務訴訟に必要な民事訴訟、行政訴訟の基礎知識から判例・学説、訴訟実務の実際までを詳細に解説。第34回日税研究賞「奨励賞」受賞。　　　　　3,700円

雇用と解雇の法律実務
弁護士 岡芹健夫◎著

■正しく雇い、正しく解雇するために。

雇用関係の始まりから終わりまで、その間の人事も含め、雇用する側とされる側との間に起こる様々な法律問題を重要判例を軸に解説。　　　　　3,800円

交通事故損害賠償法【第2版】
弁護士 北河隆之◎著

■「交通事故法」のすべてを1冊に。

重要論点・最新判例を網羅、豊富な図表、具体例に加え、債権法改正案にも言及。「交通事故法」の全体像を、実務と理論の両面からとらえた決定版。　5,000円

逐条解説自動車損害賠償保障法
弁護士 北河隆之　　裁判官 中西茂　　学者 小賀野晶一
損害保険料率算出機構 八島宏平◎著

■最新かつコンパクトな自賠法の逐条解説書。

自動車事故損害賠償の実務と研究のために、法改正および判例の蓄積をふまえ、関連する最高裁判例を網羅した、必携必備のコンメンタール。　　3,700円

＊価格（税抜）は、2016年5月現在のものです。